“大学堂”开放给所有向往知识、崇尚科学，对宇宙和人生有所追问的人。

“大学堂”中展开一本本书，阐明各种传统和新兴的学科，导向真理和智慧。既有接引之台阶，又具深化之门径。无论何时，无论何地，请你把它翻开……

后浪出版公司
大学堂050

A Practical Introduction, 4e

MANAGEMENT

认识管理

管什么和怎么管的艺术

（第4版）

（美）安杰洛·基尼齐（Angelo Kinicki）
布赖恩·威廉姆斯（Brian K. Williams）著
刘平青 等译

世界图书出版公司
北京·广州·上海·西安

承　诺

让学习管理简单、有效率和成效

《认识管理》（第 4 版）是一本概念性的管理学入门课程，它运用了大量教师的反馈来判断前几版中哪些方面起到了最好的效果，以及哪些方面应该改善和扩展。通过综合安杰洛的学识、教学以及管理咨询经验与布赖恩的写作及出版背景，我们再一次努力创造一本基于研究且具有高度可读性、创新性、实用性的教材。

我们的首要目标很容易陈述但很难执行：使管理原理的学习尽可能地简单、有效率和成效。于是，本书整合了写作、图表、设计以及跟杂志类似的排版，以符合当今读者的视觉感知、尊重他们的时间限制和不同的学习风格。以一种经我们最初的版本测试、并在随后的版本中调整的方式，我们把主题分解为容易掌握的若干部分，并融入了频繁使用的各种强化技术。当然，我们希望对读者的生活产生一些影响：制作一本学生喜欢阅读并能给他们提供实际利益的教科书。

这本教科书涵盖了大多数管理学教师都希望在一本导论性教材中出现的内容：计划、组织、领导和控制，再加上当今读者需要有意识地去关注的一些问题，如以顾客为中心、全球化、多样性、道德规范、信息技术、企业家精神、工作团队、服务经济和小企业。

除了这些，本书还有三个独特的特征：

1. 以读者为中心的学习方式
2. 提高可读性和强化学习的富有想象力的写作
3. 强调实用性

基尼齐和威廉姆斯提供了一本不可思议的以读者为中心的、可理解度高的、注重实用的管理与组织行为教科书。书中介绍了大量有代表性的管理者和组织的实际例子，来展现管理的四项职能。比我们现有的书籍做得更多的是，它提供了一系列帮助导师和学生的令人印象深刻的补充材料。

——Kevin S. Groves　加利福尼亚州立大学

特征 1：以读者为中心的学习方式

章首：旨在帮助读者有目的地阅读

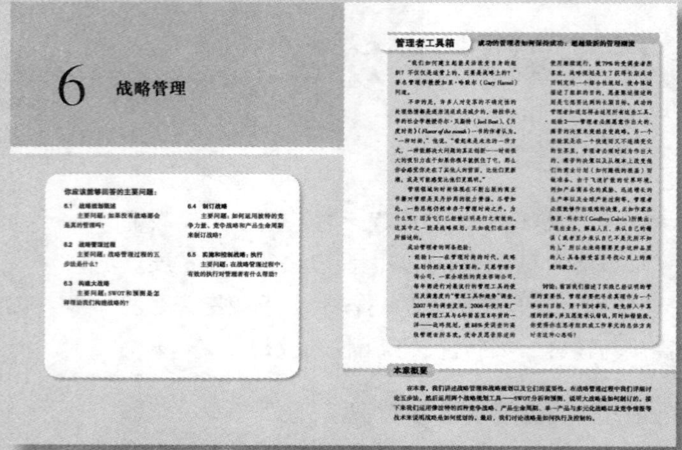

6 战略管理

你应该能够回答的主要问题：

6.1 战略规划概述
主要问题：如果没有战略那会是真的管理吗？

6.2 战略管理过程
主要问题：战略管理过程的五步法是什么？

6.3 构建大战略
主要问题：SWOT和预测是怎样帮助我们构建战略的？

6.4 制订战略
主要问题：如何运用波特的竞争力量、竞争战略和产品生命周期来制订战略？

6.5 实施和控制战略：执行
主要问题：在战略管理过程中，有效的执行对管理者有什么帮助？

管理者工具箱

本章概要

每章以4到8个激起兴趣的、鼓励思考的**主要问题**开头，唤起读者对“我能从中学到什么”的关注，帮助他们带着目的和重点去阅读。

不像大多数教科书那样以常规的案例开头，我们从**管理者工具箱**开始，它提供读者即将阅读的该章内容相关的实用的、具体的建议，能激发积极性，并可以课堂讨论。这一版16个工具箱中有14个是新的或者做了重新设计。

章节：更容易学习的组织结构

各章的编排涵盖了每一个主要问题，提供给读者的是若干能一口吃下去的信息模块。每节以**主要问题**开头并包括“**本节概要**”，展现给学生一个概观，即他们即将阅读的这一节是如何回答那个主要问题的。

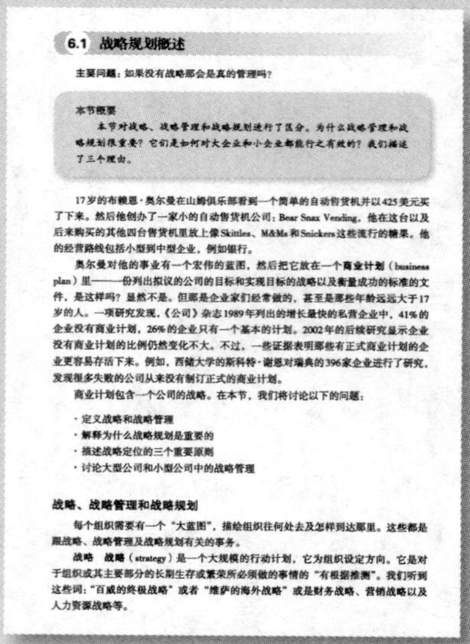

6.1 战略规划概述

主要问题：如果没有战略那会是真的管理吗？

本节概要

本节对战略、战略管理和战略规划进行了区分。为什么战略管理和战略规划很重要？它们是如何对大企业和小企业都能行之有效的？我们描述了三个理由。

17岁的布赖恩·奥尔曼在山姆俱乐部看到一个简单的自动售货机并以425美元买了下来。然后他创办了一家小的自动售货机公司：Bear Snax Vending。他在这台以及后来购买的其他四台售货机里放上像Skittles、M&Ms和Snickers这些流行的糖果。他的经营路线包括小型到中型企业，例如银行。

奥尔曼对他的事业有一个宏伟的蓝图，然后把它放在一个**商业计划**（business plan）里——一份列出拟议的公司的目标和实现目标的战略以及衡量成功的标准的文件，是这样吗？显然不是。但那是企业家们经常做的，甚至是那些年龄远远大于17岁的人。一项研究发现，《公司》杂志1989年列出的增长最快的私营企业中，41%的企业没有商业计划，26%的企业只有一个基本的计划。2002年的后续研究显示企业没有商业计划的比例仍然变化不大。不过，一些证据表明那些有正式商业计划的企业更容易存活下来。例如，西储大学的斯科特·谢恩对瑞典的396家企业进行了研究，发现很多失败的公司从来没有制订正式的商业计划。

商业计划包含一个公司的战略。在本节，我们将讨论以下的问题：

- 定义战略和战略管理
- 解释为什么战略规划是重要的
- 描述战略定位的三个重要原则
- 讨论大型公司和小型公司中的战略管理

战略、战略管理和战略规划

每个组织需要有一个“大蓝图”，描绘组织往何处去及怎样到达那里。这些都是跟战略、战略管理及战略规划有关的事务。

战略 **战略**（strategy）是一个大规模的行动计划，它为组织设定方向。它是对于组织或其主要部分的长期生存或繁荣所必须做的事情的“有根据推测”。我们听到这些词：“百威的终极战略”或者“维萨的海外战略”或是财务战略、营销战略以及人力资源战略等。

基尼齐和威廉姆斯编写的这本教科书十分注重以读者为中心……它以一种容易理解和应用的方式向读者提供对关键管理概念的理解……作者在编写这本管理教科书时也考虑到了读者对阅读教科书的看法。

——Erika E. Small 卡罗莱纳海岸大学

章工具帮助学生掌握学习方法

在焦点小组、专题讨论会、评论文章中，教师们告诉我们许多学生不具有在大学里成功所需要的技能。为了给学生获取这些技能提供支持，我们提供了如下内容：

"控制你的时间：应对大学及职业生涯中的信息泛滥"，在第1章的结尾，提供给学生时间管理技巧、扎实的学习习惯、记忆辅助、课堂学习、成为有效应试者等方面的速成课程。

实用技能 控制你的时间：应对大学及职业生涯中的信息泛滥

应该如何管理好我们的时间？这是多数大学生和所有管理者都要面对的一个重大问题。下面我们将介绍一些技巧，对于你的学习生活和未来的事业都是非常有益的。

旧金山的建筑师道格·休梅克每天晚上尽量保证在6点之前回到家，他说："我一直在精简自己的行程，这样我就有时间享受外面世界的精彩。我是一个非常有条理的人，我专注于工作，而且很好地把它们完成。"

职业人士和管理者们都不得不应对这样一个中心问题：怎样不让生活屈从于工作？不过，大学是一个起点。如果你在自己还是一个学生的时候就学会了如何管理自己的时间，你会发现这会带来回报。你不仅可以可以获得更高的成绩；而且当你以后成为一名管理人员的时候你会感觉到，这些高效处理信息的技巧是非常有用的。

关键术语用黑体强调，并在后面的括号中注明了相应的英文，帮助学生建立他们的管理词汇表。

为什么学习国际化管理？

国际化管理（international management）是指监督国外机构经营行为的管理，包括跨国公司和跨国机构。

- **跨国公司**（multinational corporation）或者跨国企业指的是在多个国家进行商业活动的公司。我们的出版商——麦格劳-希尔教育出版公司就是跨国公司。从收入的角度讲，美国真正的跨国巨头包括沃尔玛、埃克森美孚、通用汽车、雪佛龙、康菲石油、通用电气和福特汽车公司等。国外巨头有英国石油公司（英国）、壳牌公司（荷兰/英国）、戴姆勒·克莱斯勒（德国/美国）和丰田（日本）等。
- **跨国组织**（multinational organization）指的是在多个国家运作的非营利组织。例如世界卫生组织、国际红十字会、后期圣徒教会等。

帮助学生增进理解的其他设计：

- 重要学者名字加粗，这样读者能记住此管理领域的关键贡献者。
- 频繁使用项目符号列表和标题帮助读者抓住中心思想。
- 图表附在相关文本讨论的附近，这样读者能容易查阅而避免翻页。

- **权力距离——在组织和社会中，权力分配应该有多大程度的不平等？**权力距离表示的是社会成员预期的权力分配不平等程度。
- **不确定性规避——人们应该在多大程度上依靠社会标准和规则以规避不确定性？**不确定性规避表示的是一个社会依靠社会标准和程序以减少未来事件的不可预测性的程度。
- **宏观集体主义——领导者应该在多大程度上鼓励和奖赏对社会单元的忠诚？**宏观集体主义，或者个人主义/集体主义表示的是反对追求个人目标并鼓励和奖赏个人对社会群体忠诚的程度。
- **微观集体主义——人们应该对他们的家庭和组织有多自豪和多忠诚？**和个人主义相反，微观集体主义表示的是人们对于自身作为家庭成员、密友圈内的一分子和对他们所工作的组织应该具有的自豪感程度。

基尼齐和威廉姆斯的教科书是市场上最好的书。我的学生喜欢它，我也一样。其写作最好地迎合了当今学生的阅读风格，保持了良好的效果。

——Stephen F. Hallam 阿克伦大学

特征 2：提高可读性的富有想象力的写作

研究表明，以一种富有想象力的、以人为本的风格写作，能明显改善读者记住信息的能力。我们采用了一些新闻式的设计使材料尽可能地吸引读者。

我们运用丰富多彩的事实、吸引注意力的引文、传记式的描写和生动的标记线来吸引读者阅读时的注意力。

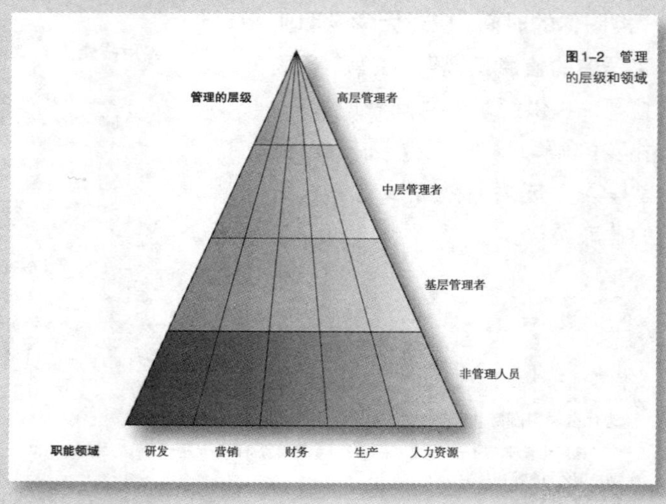

我们对实用性和应用性的强调延伸到了案例框，它通过一些对真实世界进行浓缩的“小案例”来解释文本中的概念。每个案例最后的“思考”是为了引起读者批判性的思考和课堂讨论。

案　例　**消极和积极的冲突：令人讨厌的老板有更好的绩效吗？**

在电影《穿普拉达的恶魔》中，梅丽尔·斯特里普饰演令人恐惧的时尚杂志主编，她让她的助理恐惧得颤抖。这个描绘是真的吗？产妇服装设计师、同时是编辑助理的利兹·兰格说，“如果你恰巧为不合适的编辑工作，你会发现自己在做他们孩子的作业或正在浴室里大叫、哭喊。”不幸的是，这种独裁很普遍，根据Zogby国际的一项调查，37%的美国工人说他们在工作中被欺负。

这种消极的冲突能否取得满意的结果？令人惊讶的是，往往能。一项随机抽取373名员工的研究发现，尽管在面对虐待型的老板时，有些人的反应是做很少或什么都不做，但是其他人表现得更好——部分是为了使自己看起来好，让其他人看起来更差。然而，其他研究表明，虐待在走下坡路，当主管觉得他们受到不公正的对待时，他们可能通过谩骂那些向他们汇报的人来发泄不满。下属通常选择回避，较少选择对抗来应付，在任何情况下都不可能对组织感到忠诚，对外界说不利于公司的话，同时在其他地方寻找工作。

斯坦福大学组织心理学家罗伯特·萨顿发表了一篇短文，他呼吁组织通过采用他所说的“无混蛋规则”，来促进更多的文明（尽管他使用的是比“混蛋”更有力的词），他收到的电子邮件比在其他研究课题上收到的更多，表明问题已经触及神经。他说，混蛋可能无处不在，但关键是要让参加雇佣决策的每一个人都清楚，有较强能力但看不起其他人的候选人在任何情况下都不会被雇用。此外，羞辱、奚落、侮辱性取笑、粗暴打断应该尽快被处理，最好被公司中最受尊重和最有权力的成员处理。

思考：

你是否曾经为混蛋工作过？（或者像萨顿把这类人叫做“暴君、欺凌弱小者、粗野的人、破坏家、心理虐待者”）你是如何回应他们的？

基尼齐和威廉姆斯提供了精炼的、前沿的和易读的论述，涵盖了在全球市场进行有效管理的主要话题。它对管理基础的重要元素进行了充分描述，并且不会使阅读者不知所措。通过教材网站还能得到一些其他支持性材料。

——Pamela A. Dobies　密苏里大学

特征 3：强调实用性

我们希望本书能成为读者们的“收藏”，成为他们今后课程以及职业生涯的一个资源，所以在涵盖管理学基本概念的基础上，我们还给了读者们大量实用的建议。不仅在整本书的讨论中能发现应用点，在下面的专门板块中也有涉及：

实际行动 处理分歧：五种冲突处理风格

即使作为管理者，与群体和团队一起工作也会时常把你置于分歧中，有时甚至是破坏性冲突。你应如何处理？

有五种冲突处理风格或者技术，管理者可以用来处理个体之间的分歧。根据你的经验，哪一种风格你最有可能使用？

回避——“也许问题会消失”

回避包括忽视或抑制冲突。回避适合琐碎的问题，如当情绪很高，需要一个冷静期，或当对抗成本超过解决冲突的利益时。回避不适合困难或日益严重的问题。

这种方法的好处是，它在展开和模糊的情况下赢得了时间。缺点是，它仅是一个临时的解决方法并且回避了根本问题。

包容——“让我们按你的方式做”

包容的管理者也称为“温和的”或“乐于助人的”管理者。包容允许对方的愿望实现。正如一位作家所说：“乐于助人的人忽略他自

实际行动栏目，在每一章都有一个或一个以上，它给读者提供实用的、有趣的建议来应对他们在工作中将遇到的问题。

强化应用的章末资源

每章都延续了我们为强化学习采取的重复策略。我们囊括了各种独特的教学特色，帮助读者掌握每章内容中最重要的部分：

管理实践案例描述读者们所熟悉的公司是如何应对书中描述的情形或问题的。案例后面的讨论问题，可用于课堂讨论，或在线讨论。

自我评估练习使读者能够个性化地应用章节内容。这些练习包括目的、引言、用来解释结果的指南以及引导进一步思考的问题。在教材网站上也有这些内容。

道德困境给出了一些案例——通常基于真实的事件——要求读者思考他们如何处理那些情形，能够帮助他们为职业生涯中的决策做好准备。

简 目

目 录

第一篇 导 论

第二篇 管理环境

第四篇 组 织

第五篇　领　导

第六篇　控　制

1 卓越的管理者

你应该能够回答的主要问题：

1.1 管理：内涵与效果

主要问题：成为卓越管理者或职场明星有何回报？

1.2 成为卓越管理者的六个挑战

主要问题：挑战会让人有活力。管理者面临的六个挑战是什么？

1.3 管理者做什么：四项主要职能

主要问题：管理者实际上在做什么，即管理的四项主要职能是什么？

1.4 金字塔力量：管理的层级和领域

主要问题：在晋升、降职或平调时，管理者需要了解的管理层级和领域是什么？

1.5 管理者的角色扮演

主要问题：要成为卓越管理者，必须成功扮演的角色是什么？

1.6 企业家精神

主要问题：我是否具备成为企业家的素质？

1.7 卓越管理者需要的技能

主要问题：成为卓越管理者需要培养哪些技能？

管理者工具箱 怎样成为职场上的明星

我们希望本书能够尽量实用。一个体现就是每章的开头都会有“管理者工具箱”这个部分，它会为你提供即将探索的主题的一些实用建议。

本书的目的在于帮助你成为成功的、有能力的管理者，确切地说是明星管理者、卓越管理者，就像本章题目所示一样，你的表现会明显优于其他管理者。就像罗伯特·凯利（Robert E. Kelly）所说的：“明星管理者是培养的，不是天生的。他们拥有与众不同的工作理念。”下面是凯利给出的九个“明星策略”，它能帮助平庸的管理者成为卓越的管理者：

- 主动精神：凯利认为，主动精神就是做本职工作之外的事情，能够对公司的核心使命有所贡献——即做一些超出本职工作范围但是能帮到他人的事情。主动精神意味着你要经历活动的全过程并需要冒一定的风险。
- 构建网络：卓越的管理者懂得构建网络以提高自己的生产率，从而更好地完成自己手头上的工作。就像凯利所说的，“平庸的管理者等待自己需要的信息，然后通知他人去获取信息。明星管理者明白没有知识网络，工作是难以完成的，你需要提前准备构建网络。”
- 自我管理：卓越管理者知道怎样领先于比赛，而不是空等比赛的到来。他们纵观全局，思考怎样管理自己的职业生涯。他们也深知自己是谁，怎样高效率地开展工作。
- 看事情的角度：凯利认为，平庸管理者总是只从自己的角度看问题，卓越管理者努力站在老板、同事、顾客和竞争对手的角度看问题。视角的深度使他们可以发现更好的解决方法。
- 追随能力：卓越管理者不仅知道怎样脱颖而出，而且懂得如何帮助别人排忧解难——既是领导者也是追随者。这就是你帮了别人，别人以后也会关照你。
- 领导力：卓越管理者通过了解他人的兴趣爱好和通过说服他人，能够把他人最好的一面引导出来。人们都希望领导者知识渊博，能为项目带来能量并激发其他成员的能量。
- 团队精神：卓越管理者只参与他们认为能够带来改变的工作团队，他们会是非常优秀的参与者。凯利认为，“一旦这个团队聚在一起，他们就会很好地完成工作任务。”
- 组织才能：平庸管理者认为，办公室政治令人厌恶。而卓越管理者则会尽量避免办公室的是是非非，他们知道怎样处理这些利益关系以实现自己的工作目标。他们知道，不只有一个观点是对的，而是会有许多观点并存。
- 自我表现：在正式或非正式会议上，卓越管理者都知道怎样构思自己的信息，并合理地安排以引起大家的关注。为了更好地掌握“自我表现”，他们学会使他们交流的语言跟大家所说的语言相一致，然后用对自己有益的方法传达这些信息。

好消息是，这九个策略是可以通过学习掌握的，就像提高体育技能一样。要发现自己的不足之处，然后每天勤加练习。

讨论：要成长为卓越管理者，你认为现在最需要在哪两种品质上努力？

本章概要

本章我们将会描述管理者可以期望得到的回报、利益、权利等。我们也会介绍当今世界管理者所面临的六个挑战。你将了解管理的四个主要职能——计划、组织、领导和控制，还有管理的层级和领域。然后，我们将考察企业家精神的作用。最后，我们将描述管理者需要扮演的三种角色和需要掌握的三种技能。

1.1 管理：内涵与效果

主要问题：成为卓越管理者或职场明星有何回报？

本节概要

管理被定义为效果和效果地追求组织目标。组织，或是为了达成特定目标在一起工作的群体，重视管理者是因为乘数效应的缘故：优秀管理者对组织的影响在于使人们的工作成效远远超出单个人行动的成效。管理者酬劳丰厚，即使中小型企业的CEO或总裁的薪酬水平也很高。

朱迪·麦格拉斯来自宾夕法尼亚州斯科兰顿的一个爱尔兰移民蓝领社区。1978年，26岁的她来到美国纽约，只有一张英语专业的文凭。她在为女性杂志撰稿了一段时间后，开始为音乐电视网（MTV）制作宣传材料。如今，54岁的麦格拉斯已是MTV的董事长兼首席执行官。1981年，MTV作为音乐视频频道建立，现在则拥有电视频道、网络站点、无线网络服务，在162个国家拥有5. 14亿个家庭客户。是什么使麦格拉斯成为这家价值70亿美元的公司的主人？

麦格拉斯带到工作中的一种重要品质就是强烈的团体意识。她说，如果自己“做某事很机智或很幸运，那是因为选择了对的人”。另一种品质则是坚韧。她指出，“坚韧是被低估的资产，如果你真想得到什么，你一定要坚持下去。”第三种品质：通过营造让人感到安全、不怕失败的氛围，鼓励“万事皆有可能”的精神。她说，“失败是绝佳的激励因素，意外也是。”

在这个宽带盛行、iPod泛滥的“时时”在线时代，MTV面临众多威胁。公司不得不通过新的宽带渠道、手机和视频游戏来提供服务。麦格拉斯的两条行事原则由此而生，那就是“让变革成为你DNA的一部分”和“公司不会创新，是人们在创新”。

随时准备应对意外和变革对任何管理者的生存都是重要的，“持续变革”也是本书的主题——无论是在这个世界还是在职场。

管理的艺术性

成为卓越管理者或明星管理者需要天赋，就像音乐家要有完美的听力一样吗？并不完全是这样。但是管理很大程度上也是一门艺术。幸运的是这门艺术是可以学习的。

某位管理思想的先驱曾说过，管理是“通过他人把事情做好的艺术。”

把事情做好。通过他人。因此，管理者是任务导向、成就导向、以人为本的，他们在**组织**（organization）中运作，而组织是为了达成特定目标而一起工作的群体。

更正式地讲，**管理**（management）就是：（1）通过计划、组织、领导、控制组织的资源来（2）整合人们的工作，（3）以有效率和效果地达成组织目标的过程。

注意效率与效果这两个词，基本上就是“正确地做事”的意思。

- **效率——手段**。效率是达成组织目标的手段。**效率**（efficient）意味着优化配置资源，如人员、资金、原材料等。
- **效果——目标**。效果是组织的最终目标。**效果**（effective）意味着取得成果、做正确的决策以及成功地付诸实践，以达到组织的最终目标。

优秀的管理者总是努力达到这两种标准。但是很多时候，组织往往会错误地追求效率，而忽视效果。

为何组织重视管理者：乘数效应

历史上的一些伟大成就，例如科学发现或是艺术作品，都是由个人默默完成的。但是更多的成就是人们作为管理者发挥他们的天赋和能力实现的。例如，由美国建筑师学会评选的世界十大建筑奇迹，没有一个是由个人建造的。这些奇迹都是管理

案　例　效率与效果：请问有人接电话吗？

给公司打电话时，我们现在已习惯接电话的不是人，而是录制好的“电话菜单”选项了。当然这种安排对公司是有效率的，因为它们不需要那么多电话接线员。但这种方法可能惹怒顾客，以至于他们不愿意和公司再有业务往来，从这方面看就并非有效果了。

据高德纳咨询公司（Gartner Group）研究，使用自动电话系统的平均自助服务成本是1. 85美元，而使用人工客户服务的成本是4. 50美元。但因为顾客困惑和技术差错等原因，自动技术时常无法完成交易，反而变成了“打乒乓球”——顾客必须再次拨打电话，寻求客户代表解决问题。

从事客户服务调查的顾客关怀评价与咨询公司（Customer Care Measurement & Consulting）的总裁斯科特·布勒茨曼说，90%的顾客反映不想和自动电话系统再有任何瓜葛，“他们就是不喜欢”。最有说服力的发现是：50%的被调查者对此很愤怒，他们宁愿支付因人工客服而增加的费用，也不想再忍受自动电话系统。

一家评估拨打免费客户服务中心的客户体验的公司的主管理查德·夏皮罗说道，“通过与真实的服务代表对话，将会为其创造更多价值”。电话是加强关系、鼓励顾客保持品牌忠诚的机会。意识到这一点后，奈飞公司（Netflix，一家邮购租赁DVD的公司）最近新增了全天候接线员以处理顾客问题。

思考：

保罗·英格利希，一家旅游搜索引擎公司的技术总监，已经对自动语音应答服务和其他讨厌的客服方式忍无可忍了。他创建了Get Human网站来“改变客户服务的现状”。其网站（www. gethuman. com）上发布了一些未公布的代码，可以用来接通某个公司的真人接线员；并发布了最优公司与最差公司的列表和避免自动服务的小窍门。你想不想把近来不愉快的客户体验经历发布在该网上呢？

的成功结果，尽管也反应了个人的远见。（十大奇迹是中国的长城、埃及金字塔、秘鲁马丘比丘、希腊雅典卫城、意大利古罗马竞技场、泰国泰姬陵、法国埃菲尔铁塔、美国纽约的布鲁克林大桥、帝国大厦以及宾夕法尼亚的流水别墅。）

卓越管理者之所以能够创造价值，其原因在于作为管理者具有乘数效应：管理者对组织的影响会使人们工作的结果远比单个人工作要好得多。因此，单个人如推销员可能完成很多事情，生活得很好，而他或她的老板则会成就更多，挣两倍到七倍的收入。毋庸置疑管理者会产生更大的影响。

对卓越管理者的需求是很大的。《财富》杂志最近的一篇文章中写道，"商业界最稀缺、最有价值的资源不再是金融资本，而是人才。如果你还有所怀疑，请看一下公司是怎样努力争抢人才的。"每种人才都很奇缺，但最缺的是有技能、高效的管理者。

卓越管理者的财务回报

管理者的酬劳怎么样呢？据美国劳工统计局计算，2007年美国全行业工人的周工资中位数是每周700美元，每年是34,000美元。学历与工资：2006年学士学位的全职工人的平均收入是43,143美元，硕士学位的平均收入是52,390美元。（中学毕业生的平均收入是26,505美元。）

商业媒体经常报道关于顶尖首席执行官们天文数字般的收入，如石油巨头埃克森美孚公司的董事长兼首席执行官李·R·雷蒙德（Lee R. Raymond），从1993年到2005年，他的收入超过6.86亿美元，每天高达144,573美元。但是这种报酬并不普遍，更普遍的是一些小公司领导者扣税后的实得工资：2007年，小企业总裁的工资中位数是233,500美元。（小企业是指全职雇员不超过500人的公司。）拥有500到5000名员工的公司的首席执行官的全国工资中位数是500,000美元，5000名员工以上公司的首席执行官的中位数是849,375美元。

当然，组织较低层管理者通常不会挣到这么多，然而和大多数员工相比，他们的收入还是相当可观的。较低层管理者的年薪是25,000美元到50,000美元之间。中层管理者的年薪在35,000美元到110,000美元之间。

管理者通常也会有各种各样的福利和地位回报，从健康保险到股票期权再到宽敞的大办公室。在管理层的级别越高，获得的特权越多：个人停车位、名贵家具、管理层餐厅，以及大公司的高层管理者所拥有的公司专车和司机、公司专机、甚至是带薪长假（休假几个月可以干其他项目）等等。

学习与实践管理的回报

你在学习管理却并不打算成为管理者吗？或是你在努力学习使你成为卓越管理者的技巧与理念吗？不管哪种方式都会有丰厚的回报。

学习管理的回报　学生参加管理入门课程是有很多原因的。有些人可能在计划开展商业生涯，但其他人或许只是为了完成要求：或是选修课程、或是为了填补课程表上的空缺。一些学生是技术领域的，例如会计、金融、计算机科学、工程学，他们从没想过要管理他人。

下面列出了一些把管理当成一门学科学习的回报：

- **你会了解怎样从外部和组织打交道**。因为我们时时刻刻在和各种组织打交道，学习管理可以帮助你了解这些组织是怎样运作的，组织内部人员是怎样作决策的。这些知识会使你具备一些防御技巧，以供你与外部组织打交道时使用，例如你是顾客、投资者的时候。
- **你将了解怎样和上级相处**。既然大多数人都会在组织中工作，并且有老板，那么学习管理有助于了解管理者处理压力的方式以及他们怎样更好地对待你。
- **你将了解怎样和同事相处**。管理政治会影响同事的行为。学习管理可以使你更好地理解团队与团队合作、文化差异、冲突、压力、谈判与交流的技巧，这些会帮你更好地与同事相处。
- **你会了解怎样在职场上管理自己**。管理课程是一般性的，然而本书会有针对性地给你一次洞察自己的机会——你的个性、激情、价值观、理解力、需求和目标。我们将会帮你培养各方面的技巧，如自我管理的技巧、倾听的技巧、处理变化的技巧、管理压力的技巧、避免集体思维的技巧以及处理组织政治的技巧。

实践管理的回报　可能你正计划成为一名管理者。或你将要在特定领域开始自己的职业生涯，但你却发现自己正寻求某种管理者或领导者的位置。不管怎样，你成为管理者后，除了金钱和地位，还有许多回报。主要包括：

- **你和你的员工能体验到成就感**。每一个成功完成的目标不仅使你感到满足，而且会使你领导的、并帮你达成目标的员工感到满足。
- **你可以延伸自己的能力，扩大你的范围**。每一次组织层级的晋升都可以使你拓展自己的能力，挑战你的才能和技能，扩大你的成就范围。
- **你可以建立一个成功产品或服务的目录**。每一种你提供的产品或服务——就像你建造的个人埃菲尔铁塔或是帝国大厦，在某种程度上说——已成为你成就的丰碑。确实，学习管理可以助你开拓自己的事业。

最后，位于加利福尼亚州奥克兰市的时间管理系统公司（一家致力于生产率改善的公司）的老板奥德特·皮勒（Odette Pollar）指出：“管理者能够以更广视野看待企业、规划自我成长和发展。管理者史无前例地扮演着更多的领导角色。这是一个劝说、激励、建议、指导、授权和影响更大群体的机会。这些重要的技能既可以用在商业上，也可以在个人与志愿者活动上。如果你确实喜欢与人打交道，享受指导和帮助他人成长和发展，管理是一项不错的选择。”

1.2 成为卓越管理者的六个挑战

主要问题：挑战会让人有活力。管理者面临的六个挑战是什么？

本节概要

任何管理者都会面临六个挑战：你需要管理竞争优势——领先竞争对手；你需要管理种族、信条、性别等方面的多样性，因为未来不等同于过去；你需要管理全球化和信息技术带来的影响；你需要时刻运用管理来维护道德标准；最后，你需要管理以实现自己的幸福和人生目标。

心理学家米哈伊·奇克森特米哈伊（Mihaly Csikzentmihalyi）认为，很多人追求的理想状态就是一个介于无聊和不安之间的情感空间。他认为，当技能和面临的挑战不匹配的时候，就有可能引起无聊。比如，拥有高水平的技能却做着粘信封这种低技术水平的工作。当个人的能力较差但面临的挑战较高时，又会出现焦虑。

作为管理者，你能否在这两种状态之间达到一种平衡？当然，管理者有足够的挑战来让他们的生活很丰富。让我们看看这些挑战是什么。

挑战 1：管理竞争优势——领先竞争对手

竞争优势（competitive advantage）就是一个组织比竞争对手更有效果地提供产品或服务，从而超越竞争对手的能力。这意味着一个企业必须在四个领域保持领先：（1）对顾客反应灵敏；（2）创新；（3）质量；（4）效率。

1. **对顾客反应灵敏** 商业上的第一条准则是：重视顾客。没有了顾客——购买者、用户、消费者、使用者、赞助人、投资者、或者不管他们被叫做什么——组织迟早会消失。非营利组织同样被建议对它们的“顾客”反应灵敏，无论他们是市民、会员、学生、病人、选民、纳税人或者任意什么人，因为他们是组织存在的基础。

2. **创新** 发现传递新的或者更好的产品或者服务的途径就叫做**创新**（innovation）。任何组织，包括营利组织和非营利组织，都不允许自己有自满情绪——尤其是当竞争对手不断创新的时候。“创新或者死亡”是对于任何一个管理者来说都非常重要的格言。

3. **质量** 如果你的组织是其类型中唯一的一家，顾客也许能够忍受产品或者服务不完美的状况（就像是他们在某个城市出行的时候，需要忍受几乎是垄断的航空公司的枢纽系统一样），原因只在于他们没有别的选择。但是如果有其他组织出现，并且提供更好质量的旅行体验、电视节目、肉类切块、计算机软件或者其他任何什么，你可能会发现你的组织落后了。正如我们即将讨论的，在质量方面提高在当今时代已经成为一个重要的管理理念。

4．效率 30年前，企业给员工劳动报酬是基于他们服务时间的长短，然而现在强调的是效率：组织希望以最少的劳动力（和原材料）生产产品或服务。虽然降低员工价值的战略很可能会弄巧成拙——导致企业失去重要的经验和技能，甚至是顾客，但一个冗员较多的组织可能无法与更精简、更具活力的企业竞争。例如，虽然秘书的工作依然存在，但秘书类员工减少了，因为现在的很多管理者用电脑来自己做很多来往信函处理和文件整理工作。

案 例 失去竞争优势：电视网络与“点播”技术作战

ABC、CBS、NBC和Fox四大电视网络已经在它们的年收入中感受到巨大的压力。过去它们理所当然地认为是固定客户的观众，现在只剩下一小部分，这导致电视网络失去了竞争优势。在过去的12年里，它们所拥有的客户份额从72%下降到41%，仅仅在2006年到2007年之间它们的客户量就整体下降了5%。电视行业批评者戴维·弗伦德认为，这是由三种发展趋势所导致的。

第一是有线电视的发展。有线电视的发展由两大收入流所支撑，即广告主和节目订购者。弗伦德说，有线电视业务的提供商“使得最好的电视网络的节目看起来也很逊色”。例如，HBO曾经重创《黑道家族》和《朽木》、喜剧中心的《南方公园》和FX的《盾牌》。大电视网络对此的反应是推出一系列话剧和真人秀，不仅是在秋季播出而且是全年播出，并将这些节目缩短到10到12集。然而，这些策略影响了电视网络向辛迪加出售精彩节目的能力，导致它们进一步失去收入。

第二是“线性”收看模式向“点播”模式的转变，导致客户群体的进一步分离。弗伦德说，在线性模式中，只有电视网络播放时才能看节目，例如，《绝望主妇》晚上9点在ABC播出。在点播模式中，收看者可以利用跳过广告的数字录像机（TiVo系统）、iPod、个人电脑和手机随时收看节目。这会出现两种结果：一是点播电视观众频繁地被其他节目分散注意力（包括“草根”内容，例如由sk8hed制作的滑板节目）；二是他们经常跳过或删除广告。现在大约有20%～40%的电视观众跳过各种广告。这种现象使得电视网络寻求更多的“产品（或品牌）结合”，这样产品被放在观众能够看到的场景上，广告主在节目中扮演角色。例如，在一个场景中出现了“一个绝望的主妇在一个购物中心展示一辆别克汽车”。

第三是电视网络着迷于打败其他的热门节目，把成功的节目安插到不同的时间段以使其比竞争对手更加吸引人。弗伦德说，“由于想知道《芝加哥希望》能否打败《急诊室的故事》，执行官们犯了典型的比较《时代》与《新闻周刊》一样的错：只顾与它们的长期竞争对手相竞争，而忽视了周围的环境，最后它们一起掉下了悬崖。”

思考：

电视网络已经风光不再，有线电视会重蹈其覆辙吗？你认为iPod、数字录像机、高清数字电视、点播视频以及类似的技术将会对有线电视产业产生什么影响？

挑战2：管理多样性——未来不等同于过去

在接下来的半个世纪里，美国的种族或民族会发生很大的变化，因为美国的少数民族将占到人口的半数。从21世纪初到2050年，白人的比重将从总人口的69%减少到50%。非洲裔美国人的比重将从13%增加到15%，亚太裔移民的比重将从4%增加到8%，西班牙裔（他们可能来自任何种族）将从13%增加到24%。除此之外，在未来的几年，总人口和劳动力中妇女、移民和老人的比例将会出现变化。例如，在2006年，西班牙裔美国人的新生儿几乎占到美国新生儿的四分之一。

一些学者认为员工的多样化将给组织带来力量，因为我们考虑到了其他的方面。但是，未来管理者面临着的挑战也是明显的，他们需要使员工在性别、年龄、种族和民族上的多样化取得最大化的成效。我们将在第3章详细讨论这个问题。

挑战3：管理全球化——管理范围的扩展

"在日本，直接注视别人的眼睛看几秒钟是粗鲁的举动，"一份针对美国人在国外的言行举止的报告称，"在美国通常用挥手表示再见的行为，在希腊则被认为是一种侮辱。"

值得注意的是，姿势和手势对世界上的每一个人来说不是一致的。不明白这些差别会对组织的全球化管理造成影响。

美国公司已经走向世界，在世界经济中起到重要的作用。全球化向我们走来时，导致了一种现象的出现，正如《纽约时报》的专栏作家托马斯·弗里德曼（Thomas Friedman）在他2005年《世界是平的》一书中所说的，全球化使得竞争在工业化国家和新兴市场国家之间的活动区域水平化（变得"平坦"）了。确实，尽管政治上高声反对白领工作岗位在美国减少而在海外诸如印度这些国家增加，实际上外国人向美国提供的白领工作岗位远远多于美国公司向外国提供的。正如我们将在第4章深入讨论的，管理以应对全球化将会是一个复杂的、持续的挑战。

挑战4：管理信息技术

信息技术条件下的管理需要你保持持续的关注，更别提其他影响你企业的科技了。最重要的就是**互联网**（internet），这个全球网络由单独运行但是互相关联的计算机组成，连接了成千上万的小型网络。

据国际数据公司（International Data Corporation）研究，到2010年，世界范围内企业之间的在线贸易规模将超过10万亿美元。这种**电子贸易**（e-commerce）——通过计算机网络购买与销售货物及服务，重塑了各种产业，同时改变了"公司"这个词的涵义。比电子贸易更重要的是信息技术给**电子商务**（e-business）提供了便利，互联网的使用方便了商业运营的各个方面。就像一篇文章所说的，"互联网最基本的好处是极大地降低了沟通的成本。这意味着它能够使任何一种严重依赖于信息流动的工业或活动产生根本性的改变。"

电子商务的一些影响，我们整本书中都会讨论到，有以下几个方面：

- **范围广泛的电子管理和电子通信。**通过运用有线电话或无线电话、传真机、或**电子邮件**（e-mail）——通过计算机网络传送文本信息和文档，以及**项目管理软件**（project management software）——用来做计划和安排人员、成本和资源以按时完成项目的软件，21世纪的管理者将会发现他们有责任组织、激励和领导一组世界范围的专家来工作。这也要求他们掌握更加繁多的组织沟通技术，能够创造简洁、有力的电子邮件和有声邮件。
- **加速决策制定、冲突及压力。**互联网不仅加速了每一件事情，它也用它巨大的、互相联系的**数据库**（database）——用电脑处理的大量互相关联的文件的集合——中有用的和无用的信息淹没了我们。例如，近来的研究表明，职员花费了宝贵的时间和精力来处理繁多的、不重要的邮件及电话。尽管如此，如同我们将要展现的那样，这些看上去不可避免的由产品导致的冲突、压力，其实是可以管理的。
- **组织结构、职业、目标设定及知识管理的改变。**有了电脑及远程通信技术，组织和团队变得“虚拟”了，它们不再受时区和地区的约束了。例如，通过使用各种信息技术，员工可以**远程办公**（telecommute），在家或是在一个远程地点工作。会议可以用**视频会议**（videoconferencing）来组织，即使用视频和音频连接来实现不同地区的人们彼此看到、听到和交流。另外，利用先进的计算机软硬件的**协同计算**（collaborative computing），能帮助人们在一起工作得更好。目标的设定及反馈可以通过基于网络的软件来实现，如eWorkbench，它能使管理者创建和跟踪员工目标。所有这些形式的互动都需要员工和管理者更加灵活，而且将会更加强调**知识管理**（knowledge management）——通过制度和措施的实行，增加知识和信息在整个组织中共享。

挑战 5：管理道德标准

不仅有实现销售、生产和其他目标的压力，管理者会发现他们还面临着道德困境。当你发现你的员工为了使商品按期出厂，将摔坏了的回转仪装到了直升机上面，你会怎么做？你应该允许你的销售代表在多大程度上打破竞争？为了签下合同，你在送礼给国外的重要客户方面，会留多大的余地？在一个全球变暖、海平面上升的时代，你对于“绿色行事”——避免企业对环境造成不好影响的责任是什么？

道德行为不仅仅是一个细节问题，它更是做生意的一个重要部分。2003—2004年间，在电视镜头面前戴上手铐的人已经清楚地说明了这一点，这些人来自安然、泰科、世通、阿德尔菲亚和其他公司。从社会学家埃德温·萨瑟兰（Edwin Sutherland）在20世纪30年代发明了“白领犯罪”到现在，已经有如此多的高级别管理人员被告上法庭。我们将在第3章和其他一些章节讨论道德问题。

挑战 6：管理自己的幸福和人生目标

安·加西亚认为，好的管理者会下放决策权、分散掌声和承担责任。但是当她所在的技术公司给她一个团队去管理的时候，她放弃了。“我只是一个尽自己最大努力去做自己想要做的事的人，”她说，“我们中的很多人意识到自己并不喜欢美国式的职业生涯。”

不管薪酬多高，你必须考虑到，在面对组织的挑战的同时，你也面对着追求自身幸福的挑战。很多人没有发现作为一个管理者能够实现的价值。他们可能会抱怨不得不去参加太多的会议，以至于他们不能为员工做足够的事情，并夹在上级和下属中间左右为难。在卡通人物迪尔伯特塑造了那样一个被贬低的管理者形象时，他们可能会觉得他们不受尊重。他们可能会觉得，就像谚语里说的，再高的收入也买不来人生的快乐。

最后，回想奥德特·皮勒的话：“如果你确实喜欢与人打交道，享受指导和帮助他人成长和发展，管理是一项不错的选择。”就像她指出的那样，这也帮助我们懂得，“一个人的管理经验在很大程度上受到企业文化的影响。”文化或者风格，确实是一个重要的因素，因为它影响你在一个组织里快乐与否。我们会在第8章详细讨论这个问题。

1.3 管理者做什么：四项主要职能

主要问题：管理者实际上在做什么，即管理的四项主要职能是什么？

本节概要

管理有四项主要职能：计划、组织、领导和控制。

作为一名管理者，你需要做什么才能“使事情完成”——也就是怎么才能达到你所在组织的既定目标？你所做的即是**管理流程**（management process），也叫做**四项管理职能**（four management functions）：计划、组织、领导和控制。

正如下图中显示的，所有这些职能都相互影响，同时和持续地运行。（见图1–1。）

虽然管理的流程比较复杂，但这四个职能都有其重要的原理。看一眼本书的简目，它们组成了本书的四个部分。我们用大学的管理（在一些非营利组织中，被称为“行政管理”）来描述这四个职能。

计划：本书第三部分讨论

计划（planning）就是设定组织目标并决定如何去实现目标。设立大学的目的就是教育学生。大学的现任管理者或者行政管理者必须决定以怎样的方式去最好地实现这个目标。应该设置哪些学位？大学应该是住宿制还是走读制？什么样的学生应该被录取？什么样的教职工应该被雇用？学校需要什么样的建筑和设施？

图 1–1 管理流程

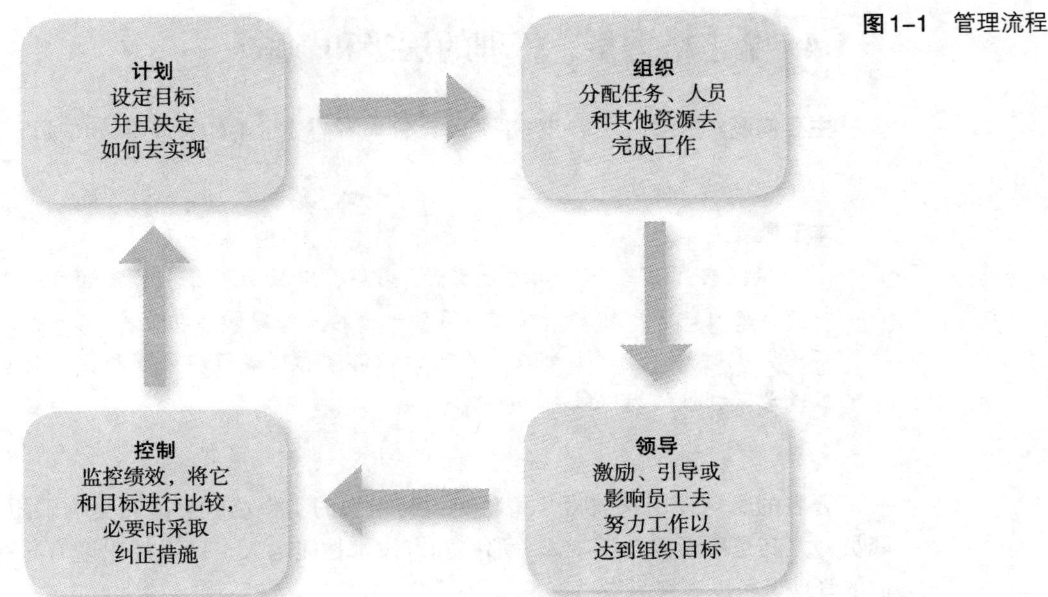

组织：本书第四部分讨论

组织（organizing）定义为分配任务、人员和其他资源去完成工作。大学的管理者必须决定要完成的任务、完成任务的人员以及何种汇报制度。学校是否应该划分院系，系主任向院长汇报，院长再向副校长汇报？学校应该雇用更多的全职导师还是兼职导师？英语教授应该只教英语文学，还是要同时教授英文写作、中级英语和基础课程呢？

领导：本书第五部分讨论

领导（leading）定义为激励、引导或影响员工努力工作以达到组织目标。在大学里，领导始于校长（学校的执行者，在营利组织中叫做首席执行官）。他或者她必须激励全体教职工、学生、校友、捐赠者和周围社区的居民来帮助实现大学的目标。你可以想象，这些群体往往有不同的需求，所以作为领导者，一个基本的职能就是解决纠纷。

控制：本书第六部分讨论

控制（controlling）是指监控绩效，将其与目标进行比较，并且在必要时采取纠正措施。学校是否发现护理专业的学生比五年前要少？是由于劳动力市场的变化带来的？还是教学质量？还是课程设置？护理系的招生过程不容乐观吗？该系的预算是否应该减少？作为控制职能的拥有者，大学校长必须解决这些问题。

1.4 金字塔力量：管理的层级和领域

主要问题：在晋升、降职或平调时，管理者需要了解的管理层级和领域是什么？

本节概要

组织内部有三个层级的管理者：高层、中层及基层。管理者可能是总经理，也可能是职能部门经理，只为一个特定部门的活动负责，如研发部、市场部、财务部、产品部或是人力资源部。管理者可能为营利性、非营利性或是互利性的组织服务。

著名的管理理论家彼得·德鲁克说，未来的工作场所可能和交响乐团很相似。职员，尤其是所谓的知识工人（那些拥有技术技能的人）可以被比喻为演奏家。他们的管理者可以被视为指挥家。

在德鲁克的类比中，演奏家服务于音乐作品——即工作项目——而不是其他人，而这些人基于他们使用的乐器而分为不同的部分（团队）。指挥家的角色不是比演奏家更好地使用乐器，而是通过一种特殊的工作引导所有人发挥出最好的效果。

这个模型与传统的金字塔似的组织模型形成鲜明的对比，在传统模型中领导者位于顶端，一层层的管理者处在其下。因此，我们首先需要看一看传统的管理安排。

传统的管理金字塔：层级和领域

由一群穿着汗衫和短裤的年轻人组成的一个新硅谷科技公司可能很小，组织很松散，以至于公司中只有一两个人可以被称为管理者。相反，通用汽车或是美国军队，有上千的管理者在做上千种不同的工作。我们能否画出一幅图，通过它描述出所有不同种类的组织之间的相似处？答案是肯定的，就如下面的金字塔模型描述的一样，组织内部确实有不同的管理层级和管理领域。（见图1–2。）

管理的三个层级

当然，并不是每个在组织中工作的人都是管理者，但管理者可以分为三个层级：高层、中层和基层。

高层管理者　高层管理者的办公室可能装备着昂贵的真皮沙发和奢华的装饰。或者，就像某个网络服务提供商一样，CEO的办公室可能只有塑料椅子，大厅里放置着破旧的家具。无论他们的装饰是什么，一个组织的高层管理者会有诸如“首席执行官”（CEO）、“首席运营官”（COO）、“总裁”、“高级副总裁”等称呼。

高层管理者可能是其领域的佼佼者，他们的照片会出现在商业杂志的封面上，例如MySpace的创始人汤姆·安德森（Tom Anderson）和克里斯·德沃夫（Chris

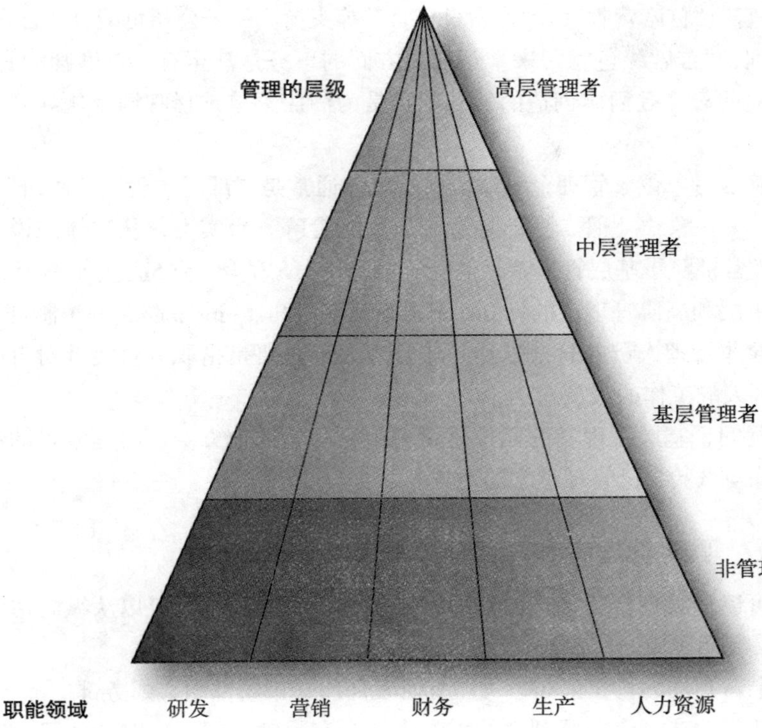

图 1–2　管理的层级和领域

管理的层级　高层管理者

中层管理者

基层管理者

非管理人员

职能领域　研发　营销　财务　生产　人力资源

DeWolfe)、百事公司的CEO 卢英德（Indra Nooyi）就出现在了2006年《财富》杂志的封面。易趣的前CEO梅格·惠特曼（Meg Whitman）和AT&T 的CEO埃德·惠特克（Ed Whitacre）就出现在了2007年《福布斯》的封面。小型和中型公司的首席执行官和总裁的年薪和分红平均为29万美元，大型公司则超过100万美元。

高层管理者（top managers）负责制订有关整个组织发展方向的长期决策，并为其设定组织目标、政策和战略。他们需要花很多精力关注组织外部环境的变化、预警组织的长期机遇和问题，并设计处理这些事务的战略。因此，在这个层次的执行官必须要以未来为导向，应对未知的、高竞争性的环境。

这些人站在管理金字塔的最顶端。但是金字塔的自然属性是你爬得越高，顶层剩余空间越小。事实上，大多数的金字塔攀爬者永远达不到顶端。尽管如此，这并不意味着你不应该去尝试。确实，你可以达到另一个较小组织的金字塔的顶端，对这个结局你可能也很满意。

中层管理者　**中层管理者**（middle managers）执行高层管理者的政策及计划，监督和协调基层管理者的活动。在非营利性的部门中，中层管理者的头衔可能是“门诊主任”、“系主任”等。在营利性部门中，头衔可能是“部门主管”、“工厂经理”和“分公司销售经理”等。他们的年薪从5万美元到11万美元不等。

有时这些头衔会随着管理职责的变更而富有创意。例如，现在有“首席安全官”、

"首席销售官"、"首席营收官"、"首席投资官"等头衔。一个公司可能有"首席学习官"来掌管培训，"首席绿色官"来掌管环境方面的事务，甚至有"首席啤酒官"，这个头衔是由福朋喜来登酒店创造的，其职责是为酒店菜单选择啤酒及领导啤酒酿造厂旅游。

基层管理者 位于管理金字塔最底层的，通常是"部门主管"、"领班"、"队长"或"主管"——文书主管、生产主管、研究主管等。事实上，从整体来说，"主管"这个头衔经常被赋予基层管理者。他们的年薪从2.5万美元到5万美元不等。

遵循中层和高层管理者的计划，**基层管理者**（first-line managers）制订短期运行决策，指导非管理人员的日常工作。非管理人员主要是指职务直接针对自己的工作而不包括别人的工作的人员。

毫无疑问，基层管理者的职位是管理生涯开始的地方。这将是宝贵的经历，因为它是训练与试验自己管理理念的地方。

管理领域：职能管理者和总经理

我们可以从管理金字塔横向切面方向来看管理层级，也可以从纵向切面看组织的部门或是职能领域，就像我们在图1–2中做的。

在一个营利性的科技公司，可能有研发部门、市场部门、财务部门、生产部门、人力资源部门，在一个非营利性的大学中，会有教师、职工、财务部门、后勤部门及行政管理部门。但无论部门的名称是什么，一个组织由两种管理者来运行——职能管理者和总经理。（这些是直线管理者，有权力指导员工。员工管理者主要职责是协助直线管理者，我们会在后面讨论。）

职能管理者 如果你的头衔是生产副总裁、财务总监或是人力资源主管，那么你是一个职能管理者。**职能管理者**（functional manager）只负责组织中的一项活动。达纳米歇尔·布伦南（Danamichele Bernnan）是麦盖蒂根伙伴公司（McGettigan Partners）的首席技术官，曾经在卢森布鲁斯旅游公司（Rosenbluth Travel）工作过，她在那里的职位是首席旅行科学家，从这个职务可以看出，很多公司有越来越多地采用更具伸缩性的职务头衔的趋势。她的职务是领导一个研究小组，通过提升服务来使预订代理转变成旅行咨询。小组的目标是便宜而且更棒的旅行。领导这个特定目标的研发活动让她成为一个职能管理者。

总经理 如果你在一个小型公司工作，例如100人，你的头衔是执行副总裁，你很可能是好几个部门的总经理，如生产、财务与人力资源。**总经理**（general manager）要为组织中的几项活动负责。在金字塔的顶端，总经理是那些出现在商业杂志文章标题上的人物，如《商业周刊》、《财富》、《福布斯》、*Inc.*、《快公司》（*Fast Company*）等等。例如，通用电气的杰弗里·伊梅尔特（Jeffery R. Immelt）和施乐的安妮·麦卡伊（Anne Mulcahy）等大企业的CEO们。也可能是小公司的CEO，如盖尔·马茨（Gayle Martz），是位于纽约的夏尔巴宠物贸易公司的主管，该公司拥有400万美元资产，10位员工，主要负责运送狗和猫。但并不是所有的总经理都在营利性组织中。

里克·奥布里博士（Rick Aubrey）是Rubicon Programs的总裁，该组织是1973年加利福尼亚州精神病院关闭后，在旧金山形成的非营利组织。该组织投资的培训、住房和就业项目帮助了成千上万曾经患病的、残疾的、贫困的、无家可归的人重新回到社会。Rubicon年度预算1390万美元中的59%来自其物业出租、企业和服务，如Rubicon面包房和Rubicon 景观服务，这两家企业同样提供职业培训。奥布里像经营企业一样经营Rubicon，体现了这位高层总经理的战略眼光。Rubicon荣获了《快公司》杂志2008年度的社会资本家奖。

三种组织的管理者：营利组织、非营利组织和互利组织

根据三种不同的目的，组织分为三种类型——营利组织、非营利组织和互利组织。

1. 营利组织：为了获得利益 营利组织或者公司成立的目的是为了通过提供产品或者服务，以赚钱或者获取利益。当大多数人想到“管理”的时候，他们想到的是商业组织，从好事达（Allstate）到真力时（Zenith），从安利（Amway）到查格（Zagat）。

2. 非营利组织：为了提供服务 非营利组织中的管理者通常叫做“行政人员”。非营利组织可能是公共所有，比如加利福尼亚大学；也可能是私人所有，例如斯坦福大学。不管是哪种形式，它们的目的就是向某些客户提供服务，并不是为了赚取利润，比如医院、大学和社会福利机构（红十字会、救世军等）。

非营利组织的一种特定形式为“公益组织”，不像非营利服务机构（提供服务给特定客户），公益组织在它们的职责范围内向所有客户提供服务。例如军事服务、美国邮政服务、当地消防和警察部门。

3. 互利组织：为了帮助成员 互利组织是其成员自愿组成的机构——政党、农业合作社、工会、行业协会、俱乐部等。这些组织的目的都是为了提高成员的利益。

不同类型组织中管理者的管理会有所不同吗？ 如果你成为管理者，不管是在什么类型的组织，你是否会做同样的事情呢？一般来说会这样。你将执行管理的四项基本职能：计划、组织、领导和控制，就是我们在1.3节中所讲的。

然而，唯一最大的不同在于，在一个营利性组织，衡量其成功与否主要是看它产生的利益或者损失有多大。在其他两种类型的组织里，虽然收入和支出也是重点考虑事项，但是成功的衡量标准主要是提供的服务的效益——如果是一个校长，要考虑有多少学生毕业；如果是警察局长，要考虑有多少犯罪行为被制止或者解决。

1.5 管理者的角色扮演

主要问题：要成为卓越管理者，必须成功扮演的角色是什么？

本节概要

管理者一般趋向于长时间和快节奏地工作；他们的工作可以被描绘为琐碎、短暂且多种多样；相对于书面的沟通方式，他们更多依靠口头方式。管理学者亨利·明茨伯格（Henry Mintzberg）认为，管理者扮演着三种角色——人际角色、信息角色以及决策角色。人际角色包括名义领导者、实际领导者和活动联络者。信息角色包括监督者、传播者以及发言人。决策角色包括企业家、危机处理者、资源分配者以及谈判者。

朱迪·麦格拉斯作为MTV的CEO，她的经验告诉我们，成为成功的管理者，需要扮演多种不同的角色，并且具备多种不同的技能。它们都包括什么呢？

管理者的角色：明茨伯格的有用发现

也许你会觉得跟踪某些管理者，看他们每天都做些什么是件有趣的事情，实际上，真的有人这么做了。这就是20世纪60年代后期管理学者明茨伯格所做的事情。他跟踪了五个首席执行者一周，并记录他们的工作情况。他的发现很有价值，因为他总结出来的管理角色不仅适合那些高层管理者，也适合其他层级的管理者。

让我们看看管理者一周的工作吧。"在工作时间内，各项活动之间没有一点休息时间，"明茨伯格在报告中写道。"邮件（平均一天36封）、电话（平均每天5个）和会议（平均8个）充斥了这些执行官从早上进入办公室到晚上离开之前的几乎每分钟。"

每天只有5个电话？当然了，那还是在电子邮件之前的时代。今天，高层管理者每天要处理100条到300条信息。事实上，如同美国管理协会的领导者埃德·莱利（Ed Reilly）所说，所有这些电子邮件、电话、短信以及其他信息导致人们"关注迫在眉睫的事情，而不是那些重要的事情"。

很明显，高层管理者的生活是相当繁忙的。下面是明茨伯格的三个发现，对未来的管理者很重要：

1. 相对于书面沟通，管理者通常更依赖于口头沟通 书写信件、备忘录以及报告都会花费时间。在明茨伯格的研究中，大部分管理者倾向于通过电话和会议来获取和传达信息。尽管电子邮件技术使得信件交流几乎已经和口头交流一样快捷，但是上面说的重要性仍然是毋庸置疑的。

2. 管理者会长时间快节奏地工作 明茨伯格在他的报告中写道："一个真正意义上的休息很少发生。咖啡是在会议时间饮用的，而午餐时间则往往被正式和非正式会议占用。"

长时间的工作是惯例。哈佛大学商学院的约翰·科特（John P. Kotter）在1999年的一项调查中发现，管理者一般一周工作50小时正常，有时高达90小时；他所研究的管理者一周平均工作近60小时。

这么长的时间真的有必要吗？在明茨伯格的研究过去了30年后，芝加哥洛约拉大学的工作场所研究总监琳达·斯特罗（Linda Stroh）做了一项研究，发现工作时间更长的人赚的钱也更多。"那些每周工作61小时或是更多的人在最近五年内平均得到了两次晋升机会，"她报告道。但是，普渡大学和麦吉尔大学的研究者发现，已经有越来越多的公司允许管理者减少工作时间，花更多的时间跟家人在一起，这样也可以保持他们工作的积极性。

3. 管理者的工作是琐碎、短暂且多样的　在明茨伯格的研究中，只有大概十分之一的管理活动持续超过一个小时，而大概有一半在9分钟之内完成。一个电话平均6分钟、非正式会议10分钟、正式会议15分钟。明茨伯格写道，"如果有空闲时间出现，那些出现过的次要事情就会迅速将它抢占。"

实际行动　完成你的工作：不要拖延，将目光集中于大局

你是否在完成工作的时候拖延了？大部分人会这样。而且事实上，近年来事情变得越来越糟糕了：当今大约有26%的美国人认为自己慢性拖延，比1978年增加了5%。原因是存在太多的杂事。最终，拖延了需要解决的重要事情会使你觉得完全被压倒。

克里斯·彼得斯（Chris Peters）是微软的一名副总裁。在微软这个以浪费工作时间出名的公司里，他知道保证合理的时间。他是怎么做到的？与其他有高成就的人一样，他能够在更短的时间里做更多的事儿，因为他能够保持精力集中于他必须要做的事情上，而不是他可能做的不重要的事情上。

像彼得斯这样的明星管理者，会将他们的目光集中于大局。他们知道"什么是底线，什么是关键途径，以及他们会解决它们，而不是一直拖延，"卡内基梅隆大学教授罗伯特·E·凯利说。明星管理者们通过观察顾客或者合作者要求他们所做的事情来保持他们的优先权。明星管理者布赖恩·格雷厄姆说，他不会参加例会，而是通过同事告诉他，"对我来说，重要的是知道不做什么，并且总是寻找解决问题的最快途径。"最后，明星管理者避免多任务——这是对大脑无法一次集中于两件事情的自然天性的反抗。时间管理大师斯蒂芬妮·温斯顿说，"成功的首席执行官们不会同时做多项任务"，她建议人们关掉即时信息。"他们在某特定时间里高度集中于一件事情。"

根据一份调查问卷，接近三分之二的美国全职雇员说在过去一年到两年里，他们的工作量增加了。作为管理者，你将如何处理工作量的问题？大学生已经开始接触这个问题。显然，如果你现在解决了这个问题，那么在你开始职业生涯的时候，节约时间的技能已经得到提升。本章最后的专栏（"实用技能"）提供了一些策略。

难怪执行官的工作时间被描述为“不断被打扰的一天”，而很多管理者，比如玫琳凯化妆品公司的创始人玫琳凯·艾施（Mary Kay Ash），每天早上五点起床以保证在不被打扰之前有一段安静的工作时间。难怪在工作和家庭生活之间找到平衡点是人们持续关注的事情。很多管理者，比如嘉信理财公司的执行副总裁道恩·莱波雷（Dawn Lepore），就对浪费管理者时间的活动越发失去耐性，已经成为这方面的代表人物。

明茨伯格的工作十分清楚地说明，“时间和任务管理”是任何一个管理者需要面对的主要挑战。上一页的实际行动专栏，“完成你的工作”，在这方面提供了一些建议；本章最后的专栏（第26页），“控制你的时间：应对大学及职业生涯中的信息泛滥”，也会提供有价值的帮助。

表1–1 三种管理角色：人际角色、信息角色和决策角色

管理角色	角色类型	描 述
人际角色	名义领导者	在这个角色中，你带领来访者参观公司，参加职员的生日聚会，告知下属道德准则。换句话说，你做的是代表你所在组织的象征性工作。
	实际领导者	在领导者角色中，你需要对下属的行为负责，因为他们的成败反映在你身上。你的影响力通过培训、激励以及对员工实施奖惩的决定表现出来。
	联络者	在联络者角色中，你必须像个政治家，与你的工作团队以及组织以外的人合作来促进工作的开展，并形成有助于实现组织目标的联盟。
信息角色	监督者	在监督者角色中，你要保持对有用信息的警觉。无论是从报纸上收集的关于竞争的信息，还是在走廊上听到下属的只言片语。
	传播者	员工们在抱怨他们永远不知道公司里发生了什么事？这个问题意味着他们的监督者没有做好信息传播者的角色。管理者需要时时刻刻通过邮件、会议等给职员传播重要的信息。
	发言人	当然，你应该成为外交家，将你的工作团队或组织活动的最好一面展现给组织外的人。这就是发言人的信息角色。
决策角色	企业家	一个好的管理者应该成为一名企业家，发起并鼓励改变和创新。
	危机处理者	不能预料的问题——从产品的缺陷到国际货币危机——要求你是个危机处理者，解决问题。
	资源分配者	因为你永远没有足够的时间、资金等资源，你需要成为一位资源分配者，决定资源使用的优先权。
	谈判者	成为一名管理者意味着成为不间断的谈判者，与组织内外的其他人合作来完成你的目标。

管理者的三种角色

通过观察和其他研究，明茨伯格总结了管理者所扮演的三大类型的角色，或者说是“有组织的行为集合”：人际角色、信息角色和决策角色。

1. 人际角色——名义领导者、实际领导者和联络者　在**人际角色**（interpersonal role）中，管理者与其工作单元内部和外部的人互动。三种人际角色包括名义领导者、实际领导者以及活动联络者。

2. 信息角色——监督者、传播者以及发言人　明茨伯格认为，管理者工作中最重要的一部分就是处理信息，因为准确的信息对于作出明智的决定是至关重要的。在三种**信息角色**（informational role）中——监督者、传播者及发言人——管理者接收并与组织内部和外部的其他人沟通信息。

3. 决策角色——企业家、危机处理者、资源分配者和谈判者　在**决策角色**（decisional role）中，管理者运用信息作出决策来解决问题或是抓住良机。四种决策角色就是企业家、危机处理者、资源分配者和谈判者。

这些角色见表 1–1。

有人说管理者的工作是轻松的吗？说这些话的人肯定没有在管理岗位上待过。最重要的是，管理者可以说都是实干家。

1.6　企业家精神

主要问题：我是否具备成为企业家的素质？

本节概要

企业家精神是商人的必备素质之一，它意味着要能够为建立一个新企业承担必要的风险。我们将通过两种创新者，即企业家和内部企业家来解释。

和其他许多大学一样，哈佛大学为每个大学一年级新生准备一份班级“花名册”，即我们熟知的“脸谱”，里面有这个班级里每个学生的照片、名字、生日、家乡以及高中学校等信息。哈佛大学的管理者计划建立一个在线“脸谱”。然而早在2004年，主修心理学专业并酷爱编程的马克·扎克伯格（Mark Zuckerberg）已经将其变成了现实。

扎克伯格在此之前还尝试过其他一些项目，包括Coursematch和Facemash等。通过Coursematch网站，哈佛学生可以查询有哪些学生选修了某一个课程；通过Facemash网站，学生们可以评判学生的相貌及吸引力，并按照顺序排列。其中，Facemash网站仅仅发布了四个小时就被学校管理者关闭了其互联网接口，并指控扎克伯格违反了安全规定，给了他警告处分。后来，在几个同伴的邀请下，扎克伯格帮助他们为一个社交网络编写代码，这个社交网络想通过模仿Friendster和Tribe. net这些鼻祖而创建“哈佛联谊会”（Harvard Connection）。同时，扎克伯格仍继续忙于他自己的项目。

在一个一周的假期里，扎克伯格一直待在他自己的寝室里创建一个网站。2004年2月4日，Facebook网站开通了。在不到24小时内，注册用户就达到了1200到1500。任何一个拥有哈佛邮箱地址的学生均可注册为Facebook网站用户，在上面创建属于自己的主页，上传照片和个人信息。用户可以利用搜索栏搜索到其他人的主页。与Friendster和MySpace等社交网站不同的是，Facebook网站不向所有人开放，它的用户一般有一个实际位置，如教授或者班级。也就是说，与其说这个网站是一个在线社区，不如说它是一个增强现实社区联系的索引录。

一位用户这样说：“不管扎克伯格是凭借运气还是才能，他确实激发了雄心勃勃且生性敏感的年轻人的无限欲望，他们渴望在一个陌生的环境中树立起自己的形象，并交到朋友。因此，这个网站很快就变成了一个自我提升的平台，一个经过宣传、精心修饰来获取比他们同伴更多关注的地方。”2004年6月底，这个网站已经扩展到40个学校，拥有了150,000个注册用户。后来，扎克伯格和他两个同为Facebook创始人的朋友搬到了加利福尼亚州的帕罗奥多市，并开始与一些风险投资商量扩大网站业务。如今，Facebook已经拥有了4亿注册用户，并以每周3% ~ 4%的速度增长。

企业家精神的定义：在寻求机遇中承担风险

在美国，推动国民经济发展的主要驱动力有很多，像Facebook这样的小企业即是其中之一。事实上，根据美国小企业管理局统计，小企业创造了大约75%的工作机会，代表了99. 7%的雇主，并雇用了50%的私人劳动力。多数小企业均起源于扎克伯格这样的人。他和他的合作伙伴都是有思想、敢于承担风险的企业家。

奇普·康利（Chip Conley）也是这样一个有思想的企业家。他成功地提出了一些不寻常的想法，扩大了其精品酒店的生意，与希尔顿酒店和凯悦酒店不同的是，它的每一个分店都有其独特的魅力。康利喜欢阅读杂志，因为杂志可以给他购买或者改革酒店提供灵感及主题。例如，旧金山的Nob Hill Lambourne酒店的想法源于《男士健康》杂志中具有健康意识的旅客；酒店在枕边放置藻类植物、维生素而不再是巧克力，为旅客们提供24小时的心理咨询服务。Rex酒店源于《纽约客》杂志，以摆满书籍的鸡尾酒休息室、旧皮革家具、诗歌朗诵为主要特征。

成功的企业家在变得越来越富有的同时也成为商业杂志的封面人物：联邦快递公司的弗雷德·史密斯 、菲尔兹夫人饼店（Mrs. Fields' Cookies）的黛比·菲尔兹（Debbie Fields）、美体小铺（The Body Shop）的安妮塔· 罗迪克（Anita Roddick）、戴尔公司的迈克尔· 戴尔等。失败的企业家会吸取教训，再次去努力，正像福特汽车公司的创始人亨利· 福特那样，经历过两次破产最终走向了成功。

什么是企业家精神？ **企业家精神**（entrepreneurship）就是承担一定风险，试图建立一个新企业的过程。总的来说，有两种企业家精神：

案例　内部企业家的例子：阿特·弗赖伊和3M的报事贴便笺纸

一个著名的内部企业家的例子发生在3M公司。3M是一家不断开发出新产品的著名企业。3M的员工阿特·弗赖伊发明了一种具有轻度黏性且颜色鲜亮的便笺纸，人们可以将它贴在墙上或者书籍上来记录信息。公司之前已经发明了一种试验性黏合剂，但是它没有什么用处。同时，当弗赖伊在做礼拜的时候发现，他用来标记赞美诗集中圣歌的小纸条总是不断滑落下来。这让他想到：利用3M的试验性黏合剂可以做成一种背面具有黏性的纸片，这种纸片可以黏合较长时间，却又很容易取下来，而且不会损坏书籍。

想到这种产品只是走出了第一步。市场调研的结果并不乐观。办公用品经销商认为这种想法意义不大。随即，弗赖伊给3M的管理者和秘书们一些样品，他们用了没多久就很快被这种便笺纸吸引住了。后来，弗赖伊用同样的方法在整个美国的管理者和秘书们中试用。现在，订单源源不断地涌向3M公司，而报事贴成为3M公司的知名品牌。

思考：

你知道有哪些公司在自己内部做产品研究和开发？

- **企业家。企业家**（entrepreneur）是指那些看到一种产品或者服务的新机遇后，成立公司以努力抓住这些机遇的人。大多数企业家经营少于100名员工的小企业。
- **内部企业家。内部企业家**（intrapreneur）是指在一个现有组织中工作的人，他们看到产品或者服务的机遇后，调动组织的资源去将这些机遇变为现实。这个人或许是研究员、科学家，又或许是管理者，他们看到了一个可能有利可图的机遇。

企业家和管理者有何不同？　管理大师德鲁克指出，企业家不一定要是个发明家，他（她）“总是寻求变动，并对变化做出反应，把变动看作是一种机遇并充分利用它”。这和管理者究竟有什么区别呢？

企业家要思考的是如何开始一项生意；而管理者则是思考如何增加效益或更好地经营企业。企业家或内部企业家的工作是开发一种新产品或者服务；而管理者的工作是协调企业的各项资源去提供更好的产品或者服务。

上文中所提及的成功例子——奇普·康利、弗雷德·史密斯、黛比·菲尔兹、安妮塔·罗迪克、迈克尔·戴尔——既是企业家又是有效的管理者。然而，也存在这样一些人，相对于管理企业来说，他们更偏爱创业。例如，史蒂芬·沃兹尼亚克和史蒂夫·乔布斯两个人共同创办了苹果计算机公司后，沃兹尼亚克选择了返回学校并完全放弃了计算机产业；而乔布斯开始了另一项生意，成立了皮克斯动画工作室，制作了著名动画电影《玩具总动员》和《海底总动员》。

人们把创业公司比喻为瞪羚，因为它们要想成功必须有具有瞪羚的两个属性：速度和灵活。《快公司》杂志的主编艾伦·韦伯说："它们掌握了快速的技巧，拥有内部方法和快速决策方法，使得它们可以在瞬息万变的商业环境中保持最大的灵活性。"

你希望成为这个智能、创新的世界中的一员吗？多数人还是更喜欢拥有一份收入稳定的工作。事实上，美国劳工统计局的数据显示：如今，即使是那些25到34岁的年轻人，其中有志于创业生活的人所占的比例要比他们父母那一代中自主经营的人所占的比例低40%左右。

企业家确实具备一些与普通管理者不一样的心理特征，主要如下：

- **二者的共同特征——很强的成就需要**。无论是企业家还是管理者，他们都有很强的成就需要。然而，企业家追求中等难度目标的内在动机主要是他们希望通过自己的努力实现自己的想法，得到经济上的回报。相反，管理者则更多是以晋升、组织给予的权力和待遇为动机的。
- **同样是二者的共同特征——相信自己可以掌控命运**。如果你相信"我是我命运的掌舵手、灵魂的掌控者"，你就已经具有所谓的内控点（internal locus of control），即相信命运由自己掌控，外部因素影响较小。（外控点恰恰相反，是指你相信外部因素掌握你的命运，而不是你自己。）企业家和管理者都更倾向于认为他们自己掌握自己的命运和生活。
- **二者的共同特征，但企业家更显著——精力充沛和行为导向**。一个管理者要爬到组织的高层位置可能需要投入很长时间。然而，对于企业家来说，创立一个新企业需要投入非凡的时间和精力。此外，在很多管理者感到一种紧迫感的时候，企业家更倾向于没有耐心，希望尽快把事情做完，这导致他们具有很强的行为取向。
- **二者的共同特征，但企业家更显著——对不确定性具有较强的忍耐力**。每个管理者都需要在不确定的情况下决策，此时，管理者没有掌握明确或完全的信息。而企业家试图做的事情是他们以前从没有做过的，因此，他们需要对不确定性有更强的忍耐力。
- **企业家比管理者表现更显著的特征——自信和风险承受力**。管理者必须有自信，愿意作决策；然而，这句话更适合运用到企业家身上。因为企业家愿意在追求机遇中承担风险，甚至是破产的风险，所以他们更需要有足够的信心果断行动。

当然，并不是所有企业家都对自己有这种信念。所谓的生存型企业家是指那些突然间必须挣钱来维持生活、改变低收入情况或者希望有一份工作的人，如公司下岗职工、退役军人、移民、离婚的家庭主妇等等。这些人占所有企业家中的11%。然而，所谓的机会型企业家是指那些为了内心的某种欲望，而不是因为没有了工作，而去开创属于自己的企业的人。这一部分人大约占所有企业家的89%。与生存型企业家不同的是，他们更加具有雄心壮志，创办具有高增长率的企业。

那么，你更乐意做一个企业家还是管理者呢？

1.7 卓越管理者需要的技能

主要问题: 成为卓越管理者需要培养哪些技能?

本节概要

卓越管理者需要掌握三种重要技能。第一种是技术技能，即执行一项特定工作的能力；第二种是概念技能，即思考问题、分析问题的能力；第三种是人际技能，即与他人有效沟通的能力。

MTV的首席执行官朱迪·麦格拉斯曾在一次员工聚会上，因为食物大战而扭伤了手腕。这种超出职责范围的活动是正确的管理技能所要求的吗？让我们看一下，哪些是"正确的技能"。

20世纪70年代中期，研究员**罗伯特·卡茨**（Robert Katz）发现管理者从教育和经验中获得三项技能：技术技能、概念技能和人际技能。

技术技能——执行一项特定工作的能力

显然，麦格拉斯具备在电视及数字娱乐产业（相对于其他产业来说，比如税法、工程或者快餐业）工作的特定知识。确实，她在美国西达克瑞斯特学院获得了英语文学学士学位，而且担任过《魅力》杂志的首席文案和*Mademoiselle*杂志的高级记者。

技术技能（technical skill）包括执行一项特定工作应该具备的所有工作知识。这种技能对基层管理者（一线管理者）来说显得尤为重要。

概念技能——思考问题、分析问题的能力

麦格拉斯同样具备跟上工作的大局知识。尽管她每天晚上尽量准时回家陪伴13岁的女儿和丈夫，可是她总会拖着大包小包的脚本和录像带回家看，而且直到午夜仍在与高管们传递信息。她不仅时刻与电影界、电视界、音乐界的高管和明星们保持联系，而且阅读广泛，从《美国周刊》到诸如萨缪尔·贝克特的小说《马龙之死》。MTV的一个前高管说，"朱迪是和我共事过的唯一一个既通晓文学又熟知美国东西部流行说唱乐的人。我一直认为，她讲故事的天赋和她的性格是她成功的两个巨大秘密武器。"

概念技能（conceptual skill）包括思考和分析问题、将组织看成是一个整体，并理解组织中每一部分是如何有效协作的能力。概念技能对于高层管理者尤其重要，他们处理的问题具有不确定性，然而却影响深远。

人际技能——与他人有效沟通的能力

这可能是所有技能中最难以掌握的技能。**人际技能**（human skill）是指与他人有

效合作从而完成工作的能力。人们经常称其为“软技能”。人际技能主要包括激励、激发信任、与他人沟通的能力，这对于任何层次的管理者来说都是必需的。但是由于组织中人员、任务及问题的广泛性，提升人际技能是一个持续的过程，需要付出终生的努力。

《商业周刊》中的一篇文章中写道，麦格拉斯“以管理人才和伴随创造性企业的混乱的娴熟技能而著名”。MTV的一名高管指出，“朱迪注重且擅长对人员的管理”。她努力倾听每一个人的想法，无论他是实习生还是资深副总裁，然后给出建议。结果，她获得了大家的信任，塑造了包容性的文化，形成了更适于创新、承担风险的企业氛围。她的前雇主说，“这里很少鲁莽的行为。它不同于以前的好莱坞大亨，彼此砸场子；而是无论在何地，无论是谁提出的，彼此能认真地倾听并接受对方的想法。”

管理者最有价值的特质

麦格拉斯的形象体现了卓越管理者尤其是高层管理者所应具备的特质。一家招聘CEO的猎头公司的高管说，“经营公司的风格和以往有很大不同，公司不需要独裁者、国王、皇帝。”他们不想要那种发号施令的人，而是需要这样的管理者：他们问探索性的问题，督促下级去思考，并找出最优方案。

企业需要高层管理者具备的主要技能如下：

- 激励、动员他人的能力
- 沟通能力
- 在国外工作的经验
- 精力旺盛，能够承受到全球各地出差，并且能够全天候工作

下面我们来看看，你可以从哪着手来获取成功所需的以上及其他素质？

实用技能 控制你的时间：应对大学及职业生涯中的信息泛滥

应该如何管理好我们的时间？这是多数大学生和所有管理者都要面对的一个重大问题。下面我们将介绍一些技巧，对于你的学习生活和未来的事业都是非常有益的。

旧金山的建筑师道格·休梅克每天晚上尽量保证在6点之前回到家，他说：“我一直在精简自己的行程，这样我就有时间享受外面世界的精彩。我是一个非常有条理的人，我专注于工作，而且很好地把它们完成。”

职业人士和管理者们都不得不应对这样一个中心问题：怎样不让生活屈从于工作？不过，大学是一个起点。如果你在自己还是一个学生的时候就学会了如何管理自己的时间，你会发现这会带来回报。你不仅可以可以获得更高的成绩；而且当你以后成为一名管理人员的时候你会感觉到，这些高效处理信息的技巧是非常有用的。

培养学习习惯：找到你的“黄金学习时间”

我们每个人有一个不同的生物节律，也就是生物钟。诀窍就是要高效地利用自己的生物钟，在你每天效率最高的时间安排最繁重的学习任务。例如，如果你在晚上的效率最高，你就应该在那个时间段学习。

制订学习计划

首先制订你的总体计划，包括整个学期中具有规律性的任务，尤其是课业和实践，然后安排好用于学习的时间段。下一步就是标出主要的学习事件，例如学期论文要交的时间及考试时间等。在每个星期初都要安排好学习时间段，并计划好你将在每一个时间段内要完成的特定任务。

选择好的学习地点

学习最重要的前提就是不能分散注意力。尽量不要选择那种和其他活动相关的地方来学习，特别是那种很舒适的地方，比如说躺在床上或者在餐桌旁。

远离浪费时间的活动，适时奖励一下自己

显然，我们应该学会避开干扰，这样才能更好地学习；同时，我们还应该懂得经常给自己点奖励，这样我们才有动力去学习。你应该有这样一种理念，每当完成任务的时候，你就给自己一点奖励。当然，奖励并不需要很复杂，可能只是散散步、吃个小点心或者其他简单的款待。

提升你的记忆力

毋庸置疑，记忆力是我们进行大学学习必需的一项主要技能，而且它对我们生活的成功也起着关键作用。

除了避免注意力分散之外，还可以采取一定的方法来增强记忆力。

分配好学习时间，而不是填鸭式学习

填鸭式学习（也就是在考前匆匆忙忙地记忆大量信息），也许是最没有效率的获取知识的方式。事实上，这样可能会让你筋疲力尽，使你在考前更加焦虑不安。研究表明，最好的方式是在连续几天内分配好学习任务。最好在每一天的同一个时间段去学习某个学科。不断的重复会填充你的长时间记忆，巩固记忆效果。

不断地回顾——甚至是“过度学习”

经过不断的回顾——“排练”——不仅可以改善你的记忆力，还可以深化你对内容的理解程度。过度学习可以很大程度上改善你的记忆力。过度学习要求你不断地温习知识，即使你感觉你好像已经把相应内容消化吸收了。

运用记忆技巧

可以采用很多组织信息的方式增强记忆效果。在旁边的小框里，我们列出了一些你应该记住的在事物之间建立联系的方法。

- 心理及实物映射：针对你要记忆的内容，运用你的视觉和其他感官构建起个人的形象化图像。事实上，我们可以使图像更加滑稽有趣、生动、有吸引力、怪诞或者骇人等等，这会有助于建立起一种个人联系。举个例子：为了记住美国第21任总统切斯特·阿瑟（Chester Arthur）的名字，你可以形象化地想象一下，一个作家（author）在一个木箱子（chest）上写下“21”。你脑中这个场景就帮你把箱子（切斯特）、作家（阿瑟）和21（第21任总统）这几个词联系到了一起。
- 首字母缩略词和离合诗：首字母缩略

词是指将一列单词的首字母组合成一个新单词。举例来说，Roy G. Biv帮助我们记忆彩虹颜色的顺序：红、橙、黄、绿、蓝、靛、紫。（七种颜色的英文分别为red，orange，yellow，green，blue，indigo，violet。——编者注）离合诗是指有一系列单词的首字母组成的短语或者句子。举例来说，Every Good Boy Does Fine帮助我们记忆五线谱上音符的顺序：E-G-B-D-F。

- 位置：位置记忆是指将一个概念与一个实际地点或者虚拟地点联系起来的方法。例如，你可以通过想象在校园里散步的过程来记忆计算机系统的组成部分。你经过的每一栋楼都可以与计算机系统的某一部分联系起来。
- 文字游戏：为了使人们记住自己的产品，厂商们在登广告时经常采用韵律和押韵这两种策略。你也可以利用描述性的方式，例如编故事。

如何提高你的阅读能力：SQ3R法

SQ3R代表调查、发问、阅读、复述和复习

这种方法是指将一篇阅读材料分成几个部分，然后逐个掌握。SQ3R法（survey，question，read，recite，and review）的五个步骤如下：

在阅读之前调查该章

在开始阅读之前，先浏览该章或者其他资料。如果你在开始阅读之前对它的内容有一个大致了解，你将能预测到作者的思路。很多教材都有概述——在每章开头列出学习目标或者各节标题。还有一些书在每一章的结尾处有一个总结。本书在每一节前都有一个“本节概要”，每章后也有一个小结。这种阅读策略在本书第一页就已经体现出来。

在读某节之前先发问

这一步是很容易做到的，关键是让你自己融入你要读的材料中去。浏览整章之后，然后进入第一部分——一节、小节、甚至一个段落，取决于文章难度及信息量大小。看到这一部分的标题，在脑中重述它并对其提问。

在你提出问题之后，继续进行第三步和第四步，即阅读和复述。然后在对下一部分内容重复上述步骤，即对标题提出问题。举例来说，看看本章第1.3节的标题，“管理者做什么：四项主要职能”。你可以问问自己：管理者的四项职能是什么呢？再比如说第2章的节标题，“关于管理的两种首要视角”和“学习本章的五个现实理由”，我们可以思考：管理的视角有哪些？为什么要学习管理？

阅读提出问题的该部分

现在对提出问题的小节进行仔细阅读。阅读是有目的性的，即希望通过阅读对前面所提出的问题进行解答。阅读中将你认为重要的、有助于回答疑问的地方画线或彩笔标注出来。如果有必要的话，你可以重复阅读，直至解决了最初提出的问题。此外，思考该部分有没有涵盖其他的重要问题，并设法依次对这些问题进行解答。阅读完该部分之后，你可以进行第四步。（也许你已经明白了这样做的意义。如果你总是带着问题去读每一部分内容，并依次解决这些问题，你会发现如果以后考到这部分内容时你已经准备得很充分。）

复述该部分的要点

复述意味着“大声说出来”。因此，要大声地（或者轻轻地）讲出这一部分主要问题的答案及其他关键知识点。对要点做笔记方便以后复习。现在，你已经完成了第一部分的阅读，接下来可以运用同样的方法阅读第二部分，按

照上面的步骤去做。同理，继续阅读该章的剩余部分，直至最后完成整章的学习。

通过重复问题来复习整章

当你阅读完整章之后，回过头来重新复习一下该章的要点。然后，不要看书，通过重复问题来测验一下你的学习效果。

很明显，SQ3R 法比简单阅读（即拿着水彩笔或者铅笔快速移动，偶尔进行一下标注）花费的时间要长。然而，这种方法却是非常有效的，因为它需要你的投入，并理解它的内容。这才是有效学习的关键。

从课堂中学习

同样是听老师讲课，真的会有区别吗？研究表明：与那些得C或者更低成绩的同学相比，得B或更高的同学课堂效率更高。

撇开讲课的优点不说，下面给出了一些如何从讲课中获取更多知识的建议。

积极听课，有效做笔记

研究表明好成绩与高质量的笔记相关。要做出高质量的笔记需要你积极听课——也就是说，要参与到讲课这个过程中。以下是做出高质量笔记的几种方法。

- 预习并预计课堂内容：在提前阅读的基础上预计讲师接下来要讲的内容。有了知识背景后再去听课，效率会更高些。
- 注意听那些标志性词语：讲师会用一些关键短语，例如“最重要的一点是……”、“存在四个原因……”、“首要原因是……”、“这里最有特殊性的是……”、“因此……”。当你听到这样的字眼时，在你笔记上标注上星号（*），或者写上“重要”。
- 用自己的语言记笔记：要努力用自己的语言记录老师讲的内容和思想，而不是简单地速记。这就要求全神贯注地去听课，并用适合自己的方式把课堂内容组织出来。此外，不要试图将课堂所有内容都记录下来，只要记录关键的知识点即可。
- 提问：通过课堂提问，你会更好地参与进来，并能促进你对课堂内容的理解。很多学生羞于提问，然而多数教授却希望同学们提问。

成为高效的考生

除了要掌握相应的课程知识之外，在准备考试的过程中也有些技巧，掌握这些技巧对你考试也是有帮助的。下面是一些建议：

定期复习笔记

根据一项研究发现，很多学生的笔记做得确实不错，然而他们没有很好地利用笔记。这也就是说，他们总是等到临近期末考试时才去复习笔记，而此时他们已经不记得笔记的大部分内容了。要把定期复习笔记提上日程，比方说在课后的下午或者一周复习一到两次。无论我们怎么强调这种复习笔记方式的重要性都是不过分的。

复习：重点复习老师强调和列举的知识点

因为我们并不总是知道考试究竟是客观性题型还是小论文形式的题型，所以我们要两手准备。下面是一些一般性技巧。

- 复习老师强调的内容：在课堂中，讲师不仅讲授那些重要的话题，他（她）还会花费一定时间讨论或者特别建议你去学习某些东西。对于教科书来说，尤其要关注关键术语（通常用斜体或者黑体强调）、其定义以及例子。此外，书中用很大篇幅谈论的内容也特别重要。

- 复习那些列举的内容：对课堂上或者笔记上任何有序列的知识点尤其要注意。可以枚举的知识点往往可以作为小论文或者多选来出题。
- 复习其他测试：仔细复习以前的小测验、课堂讨论问题以及课本上每章之后的复习题。

考前模拟测试，预估自己的考试时间

学会如何更好地利用自己的精力和时间。无论你是有条不紊地复习还是临时应对考试，以下的技巧值得借鉴：

- 复习你的笔记：在考试前夜复习你的笔记。然后就去睡觉，不要纠结自己到底吸收了多少内容（就像看电视一样）。第二天早上早起一会，再复习一遍笔记。
- 找一个好的考试地点：去考场前确定是否带全了考试所需要的笔及资料。早点去考场，至少要准时，找一个安静的地方坐下。如果你没有手表的话，尽量坐在一个可以看到钟表的地方。然后再复习一遍你的笔记。尽量不要跟别人说话，不要让别人干扰你掌握的信息或增加你的焦虑感。
- 阅读考试指南：许多学生不关注考试指南，结果因此丢了分。这是因为他们不能准确地了解考试要求。另外要仔细倾听老师考前的口头指导及暗示。
- 预估自己的时间：这是一个很重要的考试策略。在答题之前，一定要整体浏览试卷，然后计算你在每一部分所要花费的时间。之所以要提前预估时间是因为你会很讨厌在离考试结束只有几分钟的时候，自己还有很长的文章没有写。在试卷册或者草稿纸上标注你所能接受的每一道题花费的最长时间，并严格遵守这个时间计划。你计划时间的方式应该和你对自己回答问题的信心是直接相关的。

客观性试题：回答简单的问题与排除选项

针对诸如多选、判断以及填空这样的客观性试题，我们有如下建议：

- 先回答简单的问题：不要把时间浪费在困难的问题上。先做容易的题，然后做困难的题。（确保你在那些不确定的题旁边做标记。）在此期间，你潜意识里可能会做出一部分，不经意间某些事情会启发你所需要的其他信息。
- 回答所有的问题：只要老师没有告诉你做错题是要扣分的，你就要回答每一道题。如果时间充足，检查所有的问题，并确保你正确地填上了答案。
- 排除选项：划掉那些你确定不正确的选项。一定要阅读所有的可能答案，特别是第一个选项是正确的时候。（毕竟，其他选项也有可能是正确的，所以，“以上都选”这个选项也有可能是正确选项。）要注意的是，下面的问题可能会给前面的问题提供一些信息暗示。注意那些既长又详细的选项，因为越是具体详细的答案越有可能是正确选项。如果两个选项意思是相反的，其中一个极有可能就是正确答案。

论文考试：首先预想答案或列出提纲

因为考试时间有限，你的老师可能只会出几个论文型的题（主观题）。考个好成绩的秘诀就是在考前预测可能会出哪些问题，然后记忆答案的大致框架。下面是一些具体的建议：

- 预测10个可能性比较大的主观题：运用我们前面提到的复习课堂内容和教材的那几条原则，即重点复习老师多次强调的和可以列举的知识点。这样你就极有可能判断出老师将要考的10个主观题。写出这些题目。
- 准备并记忆论文答案，并不需要特别规范：针对每个问题，列出需要讨论的要点，并在括号里标注支持论点的信息。圈出每个要点中的关键词，提取每个关键词的首字母，然后利用首字母缩略词、离合诗、文字游戏等方式组成某些妙句，从而方便对关键词的记忆。不断地测试自己，直至你能回忆出每个字母所代表的关键词以及每个关键词所代表的要点。

本章小结

1.1　管理：内涵与效果

管理被定义为有效率地追求组织目标，意味着明智和有效益地利用资源；意味着取得成果，作出正确的决策，成功地实施它们以实现组织的目标。

1.2　成为卓越管理者的六个挑战

这六个挑战是：（1）管理竞争优势，这意味着组织必须在四个方面保持领先——对顾客反应灵敏、创新产品或服务、提高质量和变得更有效率；（2）管理多样性——性别、年龄、民族和种族；（3）管理全球化；（4）管理计算机和远程通信技术——信息技术；（5）正确与否——道德标准的管理；（6）管理自己的幸福和人生目标。

1.3　管理者做什么：四项主要职能

管理的四项职能：（1）计划——设定目标、制订实施方案；（2）组织——为了达成组织目标安排任务、人员以及其他资源；（3）领导——利用激励、引导及其他手段，动员员工认真工作，最终实现组织目标；（4）控制——实施监督，根据目标衡量绩效以及采取必要的纠正措施。

1.4　金字塔力量：管理的层级和领域

在一个组织中，一般存在三个层级的管理者：（1）高层管理者根据组织发展方向作出长期决策，制订组织的目标、政策和战略；（2）中层管理者执行上级制订的政策和计划，并监督和协调基层管理者的各种行动；（3）基层管理者作出短期运作决策，并指导作业人员的日常业务活动。一般而言，组织可以分为三种类型：（1）营利组织——通过提供产品或服务来获取利润；（2）非营利组织——为一些人提供服务，但并不是谋取利润；（3）互利组织——为了提高其成员的利益而志愿组成的组织。

1.5　管理者的角色扮演

明茨伯格的研究表明：第一，管理者更多是依靠口头沟通，而非书面沟通；第二，管理者会长时间快节奏工作；第三，管理者处理的问题琐碎、短暂且多样。他将管理者的角色划分为三大类型：（1）人际角色——名义领导者、实际领导者和联络者；（2）信息角色——监督者、传播者和发言人；（3）决策角色——企业家、危机处理者、资源分配者和谈判者。

1.6 企业家精神

企业家精神是商人必备的素质之一，是为了建立新企业而承担必要风险的过程。两种主要类型是：（1）企业家：企业家是指看到关于产品或服务的新机遇后，成立公司试图去抓住这些机遇的人。（2）内部企业家：内部企业家是指在现有组织中工作的人，他们看到产品或服务的机遇后，调动组织的资源去将这些机遇变为现实。企业家要思考如何开始一项生意；而管理者则思考如何增加效益或更好地经营企业。企业家和管理者的共同特征是（企业家表现更显著）：他们都有很强的成就需要、精力旺盛和行为导向、对不确定性有较强的忍耐力。企业家会更加自信，有高度的风险承受力。

1.7 卓越管理者需要的技能

卓越管理者应该培养三种技能：（1）技术技能，包括执行一项特定工作所应具备的所有工作知识；（2）概念技能，包括思考和分析问题的能力、将组织看成一个整体，并熟知组织中每一部分是如何有效地协调工作的能力；（3）人际技能，包括通过与他人合作而高效地完成工作的能力。

管理实践　通用汽车公司CEO里克·瓦格纳面临巨大的管理挑战

通用汽车公司总裁兼CEO里克·瓦格纳（Rick Wagoner）的办公室位于公司总部的39层，从办公室里可以看到美丽的风景。他可以看得很远，从底特律河对岸的加拿大到南面伊利湖沿岸的俄亥俄州。每年的这个时候，天空阴暗，河里结了冰。一向直言不讳的54岁的瓦格纳，给出了未来经济的预测，预测听起来像下面的土地一样寒冷。他预测2008年将又是让汽车生产商备受煎熬的一年。他在接受《财富》杂志的一个重要采访时说道："我们遇到了一些相当大的阻碍：经济衰退、商品和钢铁价格上涨、能源价格上涨。坦白地讲，有很多阻碍，尤其是前两个超出了我的预想。我们会有一段时间陷入迷惘。"

对通用汽车来说，这个季节似乎总是非常寒冷。然而，多年来，第一次感觉到有变暖和的迹象。瓦格纳对通用汽车的进展感觉良好，特别是其业务陷入困境的核心：北美的汽车生产和销售。通用汽车最新推出的车型——别克昂科雷、凯迪拉克CTS、雪佛兰迈锐宝——得到了市场好评，销售业绩又创新高。

新产品的发布给了通用汽车正需要的形象提升，同时，瓦格纳一直试图削减工厂的生产成本。通过削减小时工和正式员工数量、提升生产率、减少医疗费用，他为通用汽车的固定运营费用节省了90亿美元（或22%）。而且，经过与全美汽车工人联合会多年的耐心谈判，双方达成了协议，同意通用免去退休人员医疗保险费用。这个费用相当于给通用汽车在北美生产的每一辆轿车和卡车生产成本上再增加1400美元。一旦医疗保险信托基金，即志愿员工受益人协会（简称VEBA），完全建立（通用汽车贡献了295亿美元），公司将再没有这个责任了。分析家预计从2010年开始，这个新的协议将为公司每年节省40亿美元。

这些会使通用汽车的财务问题得到长期好转吗？正当通用汽车慢慢恢复正常秩序的时候，经济发生了动摇。分析家预计美国经济发展缓慢会减少汽车和轻型卡车的销售量，这也使通用汽车在短期内获得利润的空间很小。同时，家庭抵押贷款危机已经重创了通用汽车最赚钱的资产之一、它持有49%股权的通用汽车金融服务公司（GMAC），GMAC为其旗下住宅资本（Residential Capital）部门提供家庭贷款。而且通用汽车意识到，它无法利用其递延税项资产的383亿美元，使公司无法支付11月应该支付的款项。公司没有现金，这无疑给投资者传递这样一个信号：通用汽车在接下来的两年内不会获得足够的利润。股票受到了重创。

作为公司的CEO，瓦格纳并不害怕改变公司现状。他说："汽车业的很多成功是因为有一个大计划，而且这个计划比其他人实施得更好。"三年前，瓦格纳开始掌管公司在北美的产品开发、制造、营销和销售，他将他的计划付诸了实施。他决定将自己的威望——也许还有他的CEO任期——加诸于通用汽车一再强调的承诺，使企业更具竞争力。通过设立清晰易懂的目标，瓦格纳带领通用汽车突破了生产瓶颈，在劳动生产率和生产成本上都赶上了头号竞争对手——丰田汽车公司。

瓦格纳最大的一笔没有完成的业务就是重启公司的利润增长。通用汽车的轿车和货车在北美的市场份额从2000年的28. 4%降到2007年的23. 7%。这使公司不得不采取回扣和其他刺激消费的方式来减少积压的产品。尽管如此，很多指标都表明公司业绩在不断地提升，尽管很微弱……

在瓦格纳CEO生涯的第5年，他感觉到通用汽车的境况日渐危险。2005年第1季度，北美的运营积累了13亿美元的亏损，看到如此惨淡的结果，瓦格纳作出了决定，用他的原话是"自己豁出去了"。尽管他的能力远远能够胜任总裁兼CEO，瓦格纳意识到对公司中那些根深蒂固的、受传统束缚的运作进行改革已经是迫在眉睫了。他说道："随着汽油价格急剧上升，很明显，我们必须转移市场，而这个市场会更难谋取利润。另外，我们一直以来都认为我们可以透支我们的医疗保险成本。但是，由于战略总体转移（转向小型车）而使公司处于压力边缘，加之每年上涨的医疗保险费用的持续压力，我们不得不采取一些根本性的措施。"

2005年6月，瓦格纳在通用汽车的年会上为北美制定了日程表。他制定了四个目标，这些目标简单直接，即生产好的汽车和货车、恢复销售和市场、降低成本、拥有固定的医疗保险，这是通用汽车在97年之前创造的奇迹。在人们把注意力集中在通用汽车的信誉评级的时候（降级为垃圾），他的行动几乎被忽视了。外界一直以为瓦格纳是一个缺乏想象力、规避风险、不愿意改变现状的通用汽车总裁。然而，这位曾经的杜克大学篮球运动员有一段静静地超出预料的历史。尽管他不像李·艾柯卡（Lee Iacocca）和卡洛斯·戈恩（Carlos Ghosn）那样鼓舞人心，但他办事有条不紊、执著、有战略思维，并能激发下属的忠心。有人这样说他："里克是一个司机，他不松懈，他不对抗，而是勇往直前……"

工程师特洛伊·克拉克（Troy Clarke），在2006年接替了瓦格纳，成为北美地区的领导。他说："里克的通告发出后，公众的注意焦点不攻自破，目标变得更加清晰明了，重视执行力也成为必需。如果我问公司中的某个人，'你在为转型战略做些什么？'他们可能会感到惊讶。我们一直致力于四件事情。如果你没有为其中一个而忙碌，你确实需要去找你的老板寻求一些帮助。"

如果说瓦格纳学到了什么，那就是更加勇敢、更加有耐心。这个故事的宗旨是告诉大家，世界上没有什么事情是完成不了的，但是很多事情是需要花费时间的。这不是一个借口而是一个事实，所以你最好去寻找途径，因为这些事情不会自动带给你金钱。如果通用汽车只是待在原地不动来渡过恶劣天气，我们将没有机会讲述这样一个东山再起的故事。

讨论：

1. 在里克·瓦格纳成为通用汽车公司CEO之前面临本章所讲的六项管理挑战中的哪几项？讨论一下。

2. 参考图1-1，描述瓦格纳体现了哪些管理职能？

3. 瓦格纳展现了三种管理角色中的哪几种？

4. 瓦格纳在努力为通用汽车转型的时候，他多大程度上体现了企业家导向？

5. 你怎样评价瓦格纳的技术技能、概念技能和人际技能？给出你的根据。

资料来源：Excerpted from Alex Taylor III，"Gentlemen，Start Your Turnaround，" *Fortune*，January 21，2008，pp. 71–78.

自我评估　你能通过CEO测试吗？

目的

1. 评估你此时是否具备成为CEO的素质。
2. 评估你是否想成为一名CEO。
3. 了解一名CEO应具备的所有素质。

引言

首席执行官是掌管企业的人。他拥有最高的权力，因此，他也承担着常人难以想象的压力。并不是每个人都适合成为一名CEO，也并不是所有人都渴望成为CEO。很多人不愿意承受这么大的压力，也不期望自己的工作给自己带来多大的成就感。

说明

参加如下的测试，看一下你是否具备成为一名CEO所需的素质（地址：http://www.uoponline.com/mbajungle/ceotest.asp）。成功地领导一个企业需要一系列才能和技巧，这是很少人才拥有的——有些人具有，有些人没有。现在是一个测试你是否具有的机会。

伴随测试的是John Scaizi为MBA Jungle在线杂志所写的一篇文章。阅读这篇文章，然后测试你自己是否是一个潜力之星。当你完成了测试，提交你的答案，问问自己以下问题，并进行讨论。

问题讨论

1. 你想成为一名CEO吗？给出解释。
2. 你想逐级升到公司的高层显赫位置吗？
3. 你认为在一个组织的什么位置最舒适？
4. 在第7、8、11、15、16题后暗含着什么样的道德准则？
5. 描述你所认为的CEO应具备的条件。

道德困境　推迟还是不推迟？

一个全国性公司的副总裁雇用你为他们公司做一个员工态度调查，要求你对所有员工进行调查，并解释最终的结果。你认识这个副总裁有十多年了，而且你曾经多次跟她合作过。你们之间相互信任、彼此喜欢。你已经完成了你的工作，现在正准备将你的调查结果和分析结论交给这个副总裁的管理团队。这个副总裁希望你真实地解释调查结果，因为她想在该调查结果的基础上对公司进行改革。经过讨论后，你的调查报告清晰地说明了公司的竞争优势和需要改进的不足之处。例如，员工们感觉他们一直在非常认真地工作；而管理者不关心为顾客提供高质量的服务等。在会议上，你要向15名管理人员描述并解释你的结论。而这里面大多数管理者你认识也至少有5年了。

为了这个报告，你准备了幻灯片、文字资料和相应的具体建议。幻灯片已经拷到了电脑上，大多数参会人员也陆续到了会场。他们喝着咖啡，跟你说他们非常高兴听你作报告。你也兴奋地跟他们说，你很乐意分享你的见解。就在报告将要开始的前十分钟，这名副总裁把你叫了出去，说她想跟你谈谈这个报告。你们两个到了另外一间办公室后，她把门随即关上了。她告诉你，她老板的老板不想让这个报告公开。她感觉他只看到了这个报告的负面信息。他不喜欢该副总裁，并打算让他的一个朋友接替她的位置。如果你按照原计划进行报告，你就给这个人提供了充分的理由来为难这名副总裁。正因为这样，这名副总裁希望你能够推迟你的报告。你只有10分钟时间来决定怎么做。

解决困境

你会怎么做呢？

1. 按照原计划作报告。

2. 仍作报告，但跳过负面信息。

3. 回到会议室，告诉大家你的配偶在家出了点事情，你必须立刻赶回去。并给参会人员解释说，你也是刚刚得到消息，你会再跟这名副总裁联系，重新安排一次会议。

4. 给出其他观点，并讨论。

2 管理理论

你应该能够回答的主要问题：

2.1 演化的观点：管理学鸟瞰

主要问题：研究过去和当代不同的管理视角有何益处？

2.2 古典观点：科学管理和行政管理

主要问题：如果管理是为了使工作更有成效，那么从古典观点中能学到什么？

2.3 行为观点：行为主义、人际关系和行为科学

主要问题：从行为观点中能学到什么以了解怎样激励人们达到目标？

2.4 量化观点：管理科学和运筹学

主要问题：两种量化观点对管理者解决问题有何帮助？

2.5 系统观点

主要问题：系统观点对卓越管理者有何帮助？

2.6 权变观点

主要问题：对管理者来说，究竟是否存在适合所有情况的最好办法？

2.7 质量管理观点

主要问题：质量管理观点能不能为真正的成功管理提供指导？

2.8 加速变革时代的学习型组织

主要问题：组织必须学习才能避免灭亡。如何建立学习型组织？

管理者工具箱 循证管理：一种智慧的态度

《华尔街日报》专栏作家卡罗尔·希莫威茨（Carol Hymowitz）写道："如今，没有任何流行的新趋势，而只是将过去进行重新包装，管理人员面临着过量的管理指南，这些管理指南大部分没有达到所承诺的效果。很多老板不顾其公司的商业模式、资产负债表、竞争、员工储备的实力，或者其他特质，全盘采取这些管理指南。这些老板已成为模仿式的管理者，试图为他们各种各样的问题找到一种一站式的、万能的答案。"

你怎么能知道下一本列入最畅销商业书籍排行榜的"万能书"是不是简单地回收旧观点呢？答案是：你得学习过历史——这也是本章的主题。

管理实践是一门艺术还是科学？当然，它可以是一门艺术。很多高层管理者并没有受过管理方面的实际训练——例如，我们在第1章讨论过的MTV的首席执行官麦格拉斯，她有英语和新闻而非商业方面的背景。伟大的管理者，就像伟大的画家或演员，能够把直觉、判断和经验很好地融合。

但是管理也是科学。那就是管理能够审慎地、理性地、系统地实施，而不是以一种会导致可怕错误的类似模式化的、试验然后错误、边实施边弥补的方式实施。科学的方法终究是按照一种逻辑的程序，体现为四步：（1）观察事件并收集事实；（2）在那些事实的基础上提出一种可能的解决方法或者是解释；（3）对未来的事件作出预测；（4）在系统条件下检验这一预测。

科学推理的程序构成了循证管理的基础。循证管理意味着将建立在最佳证据基础上的原则转化为组织实践，将合理性带入决策过程。循证管理来自于循证医学，正如斯坦福大学商科学者杰弗里·普费弗（Jeffrey Pfeffer）和罗伯特·萨顿（Robert Sutton）所称的智慧的态度。这是这样一种心态：第一，愿意放下信念和传统智慧并针对事实采取行动；第二，有坚定的承诺去收集必要的信息作出明智的决策以跟上新证据的步调来更新实践。

萨顿说："一名好的医生或者管理者的工作，是根据现有知识行动的同时怀疑你知道的东西。所以如果病人去看医生，他希望医生做两件事情：首先翻书并作出现有条件下最好的决定。然后切实地跟踪治疗过程，看看未预料到的副作用以及什么东西在起作用。"

循证管理建立在以下三个事实之上：

- 真正的新观点很少：大部分所称的新观点，要么是旧的，要么是错误的，或者两者都是。
- 事实比新的好：高效的组织和管理者对真实比对新鲜更感兴趣。
- 做得好通常占据主导地位：将简单的、明显的甚至琐细的事情做好的组织，将会主导那些寻求"捷径和瞬间魔力"的竞争者。

讨论：你认为管理者经常被时尚、被他们在最新的书籍中看到的内容或者在最新的管理研讨会中听到的内容所驱动吗？你是否听说过有管理者采取一种实验性方法，以开放的心态尝试一种新想法看看会发生什么？你如何将循证管理的方法带到本章要讨论的观点来获利？

本章概要

本章首先对管理理论中三种主要的历史视角或观点进行概述——古典观点、行为观点和量化观点。然后对三种主要的当代观点进行描述——系统观点、权变观点和质量管理观点。最后，我们介绍学习型组织的概念。

2.1 演化的视角：管理学鸟瞰

主要问题：研究过去和当代不同的管理视角有何益处？

本节概要

通过理论的学习，管理者可以了解实践循证管理的价值，将理性带入决策过程。本章描述了两种主要的理论观点——历史观点和当代观点。学习管理理论将会有助于：了解现状、指导行动、创造新想法、理解管理者决策意图和理解外部事件。

彼得·德鲁克说："预测未来的最好方法就是创造未来。"本书的目的就是：尽最大可能提供工具，使你将来成为一名卓越管理者。

彼得·德鲁克是谁？管理大师汤姆·彼得斯说："他是现代管理理论的创造者和发明者，在20世纪50年代以前，没有人有管理这些无比复杂、超出控制的组织的方法。德鲁克是第一个给我们提供解决这个问题的方法的人。"

德鲁克是奥地利人，有经济学和国际法专业背景，于1937年来到美国，担任一家英国报社的记者，后来成为一名大学教授。1954年，他发表了他的著作《管理实践》，在这本书里，他提出管理是20世纪主要的社会发明之一，管理应当被认定为一门专业，就像医学或者法学。在这本书和其他著作中，他介绍了几种现在构成组织和管理实践的基础的观点——员工应当被当成资产、公司可以被认为是一个人类社会、没有顾客就没有企业、制度化管理的做法更需要有魅力的领导者。你在这本书中看到的很多观点——例如权力下放、目标管理、知识型员工，这些观点都是来自德鲁克的笔下。一位作家说道："没有他的分析，几乎难以想象这些分散的、遍布全球的公司的崛起。"

循证管理

在管理者工具箱里介绍的循证管理，虽然不是德鲁克发明的，但是十分符合他用理性方法思考管理学的精神。正如上文提到的，**循证管理**（evidence-based management）意味着将建立在最佳证据基础上的原则转化为组织实践，将合理性带入决策过程。正如这一理论的两位支持者斯坦福大学商科学者**杰弗里·普费弗和罗伯特·萨顿**所说，循证管理建立在这样一种信念之上，"面对关于什么起作用、什么不起作用的铁的事实，理解构成传统管理经验的半事实的危险性，拒绝那些看似良好、实则一派胡言的建议，将会帮助组织运行得更好。"我们希望你在研究许多其他方法即本章介绍的观点之后，学会基于循证管理作出管理决策的方法。

关于管理的两种首要视角

在本章，我们描述关于管理的两种首要视角：

- **历史视角**。**历史视角**（historical perspective）包括三种观点——古典观点、行为观点和量化观点。
- **当代视角**。**当代视角**（contemporary perspective）也包括三种观点——系统观点、权变观点和质量管理观点。

学习本章的五个现实理由

商科教授克莱顿·克里斯滕森（Clayton Christensen）和迈克尔·雷纳（Michael Raynor）说："理论，通常在管理者中得到不好的评价，因为一旦与'理论'这个词联系在一起，也就意味着'不切实际'。但不应该是这样的。"毕竟，与通过研究不同方法得出一种最有用的做法相比，还有什么会更加有效呢？

确实，学习管理理论视角有五个好处：

1. **了解现状**。克里斯滕森和雷纳说："好的理论能够帮助我们解释现状，理解发生的事情及其原因。"了解历史能够帮助你理解为什么一些做法至今仍受欢迎，不论是由于正确的或者错误的原因。

案　例　传统的等级制度是组织公司的唯一方法吗？

如果管理1.0（传统的金字塔式等级制度）是我们现在已经习惯的制度，那么管理2.0会是什么样子？正如管理思想家加里·哈梅尔（Gary Hamel）所言，如果管理2.0看起来很像呈现在基维百科、YouTube和其他网络社区中的Web 2.0那会怎样？传统的充满条条框框的等级制度真的变成公司的紧箍咒了吗？

这正是丹麦数字助听器生产商奥迪康（Oticon）的首席执行官拉尔斯·科林（Lars Kolind）所想的。在20世纪90年代早期，他拿起奥迪康的组织结构图，然后扔到了一边。"他单方面废除了旧金字塔结构，"一位会计说道。他将新的组织叫做"意大利面式组织"，组织中"没有正式组织、没有部门、没有职能、没有文件以及常设的桌子"。所有员工在移动工作台上工作，所有桌子都带轮子，每个人的工作项目总是与重组有关。为什么如此有意地解体？因为如果你想和CEO科林一样拥有一个的快速、敏捷、创新的公司，你可能会想要一个灵活的组织结构以允许快速的反应时间。这样是有效的。到1993年，奥迪康取得了自1904年成立以来最大的利润。

思考：

科林说意大利面式的组织结构有四个特征：更广的工作定义、更少的正式结构、更开放和非正式的物理布局以方便交流和基于价值的管理。你认为意大利面式的组织能够被应用到一个拥有成百上千的员工的大工厂吗，例如福特汽车公司的装备厂？

2. **行动指南**。好的理论帮助我们作出预测，并使你发展出一套能够指导你行动的原则。

3. **新想法的来源**。学习管理理论观点还能够提供一些当你遇到新情形时可能有用的新想法。

4. **理解管理者决策意图的线索**。学习管理理论观点能帮你理解组织的焦点，高管们的想法都“源自哪里”。

5. **领会外部事件的线索**。最后，学习管理理论观点能够使你理解发生在组织之外但可能影响组织或者你的事情。

2.1 古典观点：科学管理和行政管理

主要问题：如果管理是为了使工作更有成效，那么从古典观点中能学到什么？

本节概要

我们将讨论的三种历史管理观点包括：(1) 古典观点，在本节讨论；(2) 行为观点；(3) 量化观点。古典观点强调找到科学方法提高管理效率，它有两个分支：科学管理和行政管理。由弗雷德里克·W·泰勒、弗兰克·吉尔布雷斯和莉莲·吉尔布雷斯夫妇倡导的科学管理，强调通过对工作方法的科学研究来提高每个工人的生产率。由亨利·法约尔和马克斯·韦伯倡导的行政管理关注对整个组织的管理。

可能你从没听说过therblig这个词，尽管它描述的是每个人时时刻刻都在进行的身体动作——例如在洗盘子的时候。绝大多数字典里不会有这个词，therblig这个词是由弗兰克·吉尔布雷斯创造的，事实上，它是将“吉尔布雷斯”（Gilbreth）倒着拼写，然后t和h调换顺序。它指的是17个基本动作之一。通过在工作中区分基本动作，比如一个泥水匠的工作任务（弗兰克曾经做过），弗兰克和他的妻子莉莲认为，能够在降低疲劳的同时消除某些不必要的动作。

吉尔布雷斯夫妇是一个夫妻型工业工程师团队，他们是古典管理方法的先锋，这种古典管理方法是历史观点的一部分。正如我们提到的，有三种历史管理观点或方法（见图2–1），它们是：

- 古典观点
- 行为观点
- 量化观点

在本节，我们将介绍起源于20世纪初期的古典管理观点。**古典观点**（classical

图 2–1　三种历史观点

viewpoint）强调找到科学方法提高管理效率，有两个分支——科学管理和行政管理——分别以各自的先驱理论为特征。一般而言，古典管理假设人是理性的。让我们来比较这两个理论分支。

科学管理：泰勒和吉尔布雷斯夫妇所开创

科学管理作为解决这样一种问题的方案出现：在 20 世纪初期劳动力如此短缺，以至于管理者不得不努力提高劳动者的生产率。**科学管理**（scientific management）强调通过对工作方法的科学研究来提高每个工人的生产率。该观点的主要支持者是**弗雷德里克・W・泰勒和吉尔布雷斯夫妇**团队。

弗雷德里克・W・泰勒和科学管理的四项原则　毫无疑问，有些时候你没能如你所料地有效学习、工作。这叫做“未发挥潜能”或者是“虚度光阴”，或者是泰勒所称的“磨洋工”，故意不尽全能工作。科学管理之父泰勒是一位来自美国费城的工程师，他相信管理者能够通过运用以下四项科学原则来消除“磨洋工”（即不卖力工作）的现象：

1. 通过科学地研究一项任务的每个部分来评估一项任务（不使用老的掰指头的方法）。

2. 根据以岗定人原则仔细选择员工。

3. 给员工提供培训和奖励，以便其能用合适的方法完成任务。

4. 用科学原则来安排工作方法，并简化员工工作的方式。

泰勒在情感研究的基础上建立了他的系统，在这个系统中，他分解了每个员工在钢铁公司的工作；将工作任务细分后，训练员工利用他们表现最佳的伙伴所使用的方法。另外，他建议为员工创建一种不同的评估机制，在这个机制中更有效率的员工将挣得更高的薪水。

为什么泰勒重要：尽管“泰勒主义”遇到相当大的阻力，这些阻力来自员工们担心更努力地工作只会导致除了少数几个高产者之外的人失业。泰勒相信通过提高生产率，劳动者和管理者都可以把利润提高到一个点，他们不再需要为此而争吵。如果使用正确的话，科学管理原则能够提高生产率，而且动作研究和不同的薪酬支付体系至今仍在使用。

吉尔布雷斯夫妇与工业工程　前面已经提到，吉尔布雷斯夫妇是一个夫妻型团队，20世纪早期，他们在普渡大学讲授工程学。他们养育12个孩子的经验后来在一本书、两部电影和电视剧《儿女一箩筐》中广为人知；他们对这12个孩子应用了一些他们认为能提高效率的想法（例如在浴室门后印上摩尔斯电码，这样家庭成员能够在做其他事情的时候学习）。吉尔布雷斯夫妇在泰勒动作研究的基础上进行了扩展，例如，通过用电影摄像机来记录工人们工作的情形来分离工作的每个动作。

获得心理学博士学位的莉莲·吉尔布雷斯是第一位对管理科学有很大贡献的女性。

行政管理：法约尔和韦伯所创立

科学管理关注的是单个人的工作。**行政管理**（administrative management）关注的是管理整个组织。**亨利·法约尔和马克斯·韦伯**是其理论先驱。

亨利·法约尔和职能管理　法约尔不是第一个探究管理行为的人，但是他是第一个使之系统化的人。他是一位法国的工程师和实业家，他的著作《工业管理与一般管理》在1930年翻译为英语后，他开始闻名美国商界。

为什么法约尔重要：法约尔首次定义了管理的主要功能——计划、组织、领导、控制以及协调——你将会发现前四个功能是整个管理的框架和大部分管理书籍的框架。

马克斯·韦伯和理性官僚机构　在我们这个时代，“官僚”这个词已经带有负面含义：非人格化、不灵活、繁文缛节，对问题反应太慢等。但是，对德国社会学家马克斯·韦伯来说，“官僚机构”是建立在逻辑原则基础上的理性的、高效的、理想的组织。毕竟，在19世纪晚期的德国，很多人处于有权势的地位，并不是因为他们的能力，而是因为他们的社会地位。韦伯认为，这种机构没有效率。

韦伯认为一个表现更好的组织，应当有五个积极的官僚特征：

1. 明确界定的权力等级
2. 正式的规则和程序
3. 明确的劳动力分工
4. 非人格化
5. 用人唯才

为什么韦伯重要：韦伯的著作直到1947年才被翻译成英文，但是它的到来影响了许多大公司的结构，例如可口可乐公司。

古典观点的问题：过于机械化

古典观点的一个缺陷就是过于机械化：该观点倾向于将人看作是机器中的齿轮，而不考虑人类需求的重要性。行为观点解决了这个问题，我们将在下文中解释。

为什么古典观点重要：古典观点的核心就是，合理的方法是适合工作活动的，这种方法通过对科学方法、时间、动作研究和工作分工的研究，而有可能促进生产率的提高。事实上，这些概念至今仍然在用，每次你去麦当劳或者必胜客的时候，这些结果都是能够看见的。我们也将解释，古典观点也引出了目标管理和目标设定的创新。

2.3 行为观点：行为主义、人际关系和行为科学

主要问题：从行为观点中能学到什么以便于了解怎样激励人们达到目标？

本节概要

三种历史管理观点中的第二种是行为观点，这一观点强调理解员工行为和激励员工取得成就的重要性。行为观点的发展经历了三个阶段：（1）早期行为观点，以雨果·孟斯特伯格、玛丽·帕克·福利特和埃尔顿·梅奥为代表。（2）人际关系运动，以亚伯拉罕·马斯洛（他提出了需要层次理论）和道格拉斯·麦格雷戈（他提出了X理论和Y理论的观点来解释管理者对待员工的态度）为代表。（3）行为科学方法，依靠科学研究来发展对管理者有用的行为理论。

行为观点（behavioral viewpoint）强调理解员工行为和激励员工取得成就的重要性。行为观点的发展经历了三个阶段:（1）早期行为理论;（2）人际关系运动;（3）行为科学。

早期行为主义：孟斯特伯格、福利特和梅奥所创立

创立行为理论的三个人分别是**雨果·孟斯特伯格**、**玛丽·帕克·福利特**和**埃尔顿·梅奥**。

雨果·孟斯特伯格第一次将心理学应用到工业中　有“工业心理学之父”美誉的德国人雨果·孟斯特伯格，拥有心理学博士学位和医学学位，他在1892年受聘于哈佛大学。孟斯特伯格建议心理学家可以通过三种途径对工业作出贡献。他们可以：

1. 研究各种工作，并且决定哪些人适合特定的工作。
2. 确定能够使员工们达到最佳工作绩效的心理状况。
3. 设计管理策略来影响员工使他们服从管理部门的利益。

为什么孟斯特伯格重要：他的观点引出了工业心理学领域。工业心理学研究工作中的人类行为，至今许多高校仍在教授这门课。

玛丽·帕克·福利特的员工与管理者分享权力的观点　玛丽·帕克·福利特是一位来自马萨诸塞州的社会工作者和社会哲学家，于1933年逝世，被称为“公民社会学领域最重要的美国女性之一”。按照通常的等级层次结构，管理者是发号施令者，员工是命令接收者，但是福利特认为，组织应当变得更民主，管理者和员工应当协力合作。

以下几个观点是她最重要的贡献：

1. 组织应当像“社会”一样运作，其管理者和员工们和谐相处。
2. 冲突的解决应当是通过管理者和员工进行沟通来找出差异，并找到使双方都满意的解决办法——她称这一过程为“整合”。
3. 工作进程应当由具有相关专业知识的员工来掌控，而不是由充当协调者的管理者来掌控。

为什么福利特重要：这些观点让福利特预测了一些如今才有的概念——自我管理团队、员工授权以及跨部门团队——即来自不同部门的员工一起工作于相同项目。

埃尔顿·梅奥和“霍桑效应”　你觉得如果员工们觉得他们受到特别的关注会提高生产率吗？这是20世纪20年代后期一个哈佛研究组得出的结论。

梅奥和他的同事在西电公司的霍桑工厂进行的研究，后来被称作“霍桑实验”，开始只是研究工作场所的照明水平是否会影响员工的生产率。（这是泰勒或者吉尔布雷斯夫妇可能做过的那种研究。）在后来的实验中，其他变量改变了，例如工资水平、假期和工作日的长度，员工的表现虽有不同，但是总体趋势是随时间而增长，导致梅奥和他的同事得出后来被熟知的“霍桑效应”的假设——即假设员工们受到额外

的关注，如果员工认为管理者关心他们的福利、监督者对他们特别关注，那么员工们会更加努力地工作。

为什么霍桑实验重要：最终，霍桑实验因设计得不好和没有足够的经验数据来支撑结论而失败了。尽管如此，他们成功地引起了对“社会人”的关注，以及管理者如何利用良好的人际关系来提高工人的生产率。这导致了20世纪50年代和60年代所谓的人际关系运动。

人际关系运动：以马斯洛和麦格雷戈为先驱

对**人际关系运动**（human relations movement）贡献最大的两位理论家是亚伯拉罕·马斯洛和道格拉斯·麦格雷戈，这一理论提出更好的人际关系能够提高工人的生产率。

亚伯拉罕·马斯洛的需要层次理论　是什么激励你去劳动：食物？安全？情感？认可？自我实现？亚伯拉罕·马斯洛会说，很可能这些都是，尽管一些需要必须在其他需要之前得到满足。马斯洛是美国布兰迪斯大学心理学系主任，是最早研究激励的人之一，在1943年，他提出了著名的人类需求层次：生理、安全、社交、自尊和自我实现（我们将在第12章详细讨论，并解释为何马斯洛重要）。

道格拉斯·麦格雷戈和X理论与Y理论　道格拉斯·麦格雷戈曾一度是大学校长，他意识到管理者努力做到被喜欢是不够的；他们同样需要清楚自己对员工的态度。1960年，麦格雷戈在一本书中指出，这些态度可能是“X”或“Y”。

X理论代表对员工悲观、消极的态度。在这种观点中，员工被认为是不负责任的，抗拒改变、缺少雄心、讨厌工作，宁愿被领导而不愿领导。

Y理论代表人际关系支持者的观点——对员工乐观、积极的态度。在这种观点中，员工被认为能够承担责任、自我引导、自我控制并且充满想象力和创造力。

为什么X理论和Y理论重要：X理论和Y理论的主要贡献是它能帮助管理者避免掉进自我实现预言的陷阱。自我实现预言指的是管理者期望下属以特定的方式行动，然后员工依照这样做并做得很好，从而完成了管理者的期望：管理者的预言实现了。

行为科学方法

人际关系运动是在科学管理范围内，对无效方法进行必要的纠正，但是它的乐观将实际应用简单化了。最近，人际关系观点被管理的行为科学方法所取代。**行为科学**（behavioral science）依靠对人类行为的科学研究形成理论，并发展成可供管理者应用的实际管理工具。行为科学的学科包括心理学、社会学、人类学和经济学。

案 例 行为科学方法的应用：哪个更好——竞争还是合作？

在美国管理者中一种普遍的假设是“竞争能够给人们带来最大利益”。从经济学的观点来看，商业生存依赖于竞争。但是从人际关系的观点来看，评论家认为竞争被过分强调了，主要是因为竞争损害了合作。

阿尔菲·卡恩提出一个更加强调合作的强烈主张，他在检查了证据之后发现了他认为是竞争的失败的两个原因。

第一，他说道：“成功通常取决于资源的有效共享，但是当人们得相互对着干的时候这几乎是不可能实现的。”竞争使人们相互充满猜疑和敌意。相反，就像群体效应大于各部分效应之和的神秘过程一样，合作能够“利用群体中所有的技术优势”。

第二，卡恩说，竞争并不促进卓越，“因为努力做好和试图击败他人是两件不同的事。”卡恩举出了这样一个例子——在上课的孩子中，有人挥手得到老师的注意，但是当他们被点到了，他们却看起来很迷糊，并让老师重复一遍问题——因为他们更关注击败同学而不是问题本身。

关于合作和竞争的问题，行为科学研究提出了什么建议呢？某研究小组在回顾了122个涵盖不同的主题和场合的研究之后得出了三个结论：(1) 在提高效果和生产率方面合作优于竞争。(2) 在提高效果和生产率方面合作优于个人努力。(3) 团体间无竞争的合作比团体间有竞争的合作更能提高效果和生产率。

思考：

你认为什么样的办公室布局会产生更多的合作——是一系列的私人办公室还是一个在小范围内办公桌无分区的、分散放置的开放式办公室？

2.4 量化观点：管理科学和运筹学

主要问题：两种量化观点对管理者解决问题有何帮助？

本节概要

量化观点是历史观点的第三种也是最后一种观点，它强调将量化技术应用到管理当中，例如统计和计算机仿真。量化管理的两个分支是管理科学和运营管理。

在第二次世界大战不列颠空战中，相对少数的英国皇家空军战斗机飞行员和飞机能够成功地抵御德国军事机器的狂轰滥炸。他们是怎么做到的？实际上，军事指挥家利用了数学和统计信息来对有限的飞机做最有效的配置。

当美国在1941年参战时，他们借鉴英国模式，形成了运筹学团队来决定如何最有效地部署部队、潜水艇和其他军事人员、设备。例如，运筹学技术用来寻找飞机降落在敌人舰艇上的最优飞行模式。

战后，企业也开始使用这些技术。一个由前军官组成的、后来被称为“神童”（Whiz Kids）的小组，在福特汽车公司利用统计技术作出更优的管理决策。后来该小组的罗伯特·麦克纳马拉（Robert McNamara）成为福特公司总裁，又被任命为国防部长，他把类似的统计技术和成本效益分析推广到整个国防部。从那以后，运筹学技术已经发展成**量化管理**（quantitative management），将量化技术应用到管理中，例如统计和计算机模拟。量化管理的两个分支是管理科学和运营管理。

管理科学：用数学来解决管理问题

当停电时，如何决定修理组的工作安排？或者例如在联邦快递、UPS的隔天递送服务中，你会在何时、需要用到多少个包裹分拣机？你很可能会用到管理科学的工具。

管理科学和泰勒的科学管理不一样。**管理科学**（management science）注重运用数学来帮助解决问题和作出决策。有时候管理科学被称作运筹学。

为什么管理科学重要：管理科学强调通过合理的、基于科学的技术和数学模型来改善决策和战略规划。

运营管理：帮助企业更有效地交付产品或服务

像好市多（Costco）这样的大百货公司是怎样决定在何时进行采购的？捷蓝航空公司是怎样决定哪些飞机在何时飞往哪里的呢？管理者们运用运营管理的技术。作为管理科学的一个不太复杂的版本，**运营管理**（operations management）侧重于对组织的产品或服务的生产和交付进行管理。它关注的是工作时间安排、生产计划、设

案　例　管理科学：以半价租用宾馆房间

旅行作家埃德·珀金森说：“每年要在旅馆待上几晚的人应当加入半价优惠计划。”“类似航空公司，旅馆利用一个收益管理系统来定价，”另一位旅行作家罗伯特·贝尔斯基说，“旅馆的目标是在淡季的时候最大限度地提高入住，在旺季的时候涨价。在淡季的时候填补入住意味着度假村的淡季优惠、市中心酒店的周末半价以迎合商务旅客，以及在一年的其他时间预定的酒店夏季低价客房。”

旅店设计出半价方案用的是管理科学里的数学方法。研究表明，80%的入住率代表着盈利点。如果旅店的预约超过这个数，半价会员就得不到折扣了；低于80%就可以。（可能会有几天活动是停止的。）

思考：

你认为还有什么其他产业可以用这种折扣体系呢？怎样运作？

案 例 **运营管理：汽车生产商的“精益管理”生产技术能够应用到医院吗？**

多年来，丰田汽车公司发展了各种生产技术，这些技术均借鉴于对运营管理的研究。

首先，它强调尽可能平稳的工作流动。为达到这一目的，管理者进行价值流测绘，确定生产中的许多步骤并去除不必要的步骤。管理者同时还进行错误校对和根本原因分析，通过团队合作来检查出问题并尽快在问题出现的时候解决。另外，丰田公司开拓了一种“准时制”方法，以使他们的工厂只在需要的时候从供应商获得供应。所有这样的技术现在都归在“精益管理”这个术语之下。

然而，医生和护士并不认为他们是组装线上的工人。精益管理能被用来改善医院的病人流动吗？事实上是可以的。例如，在匹兹堡的阿勒格尼医院，两个重症监护单位已平均每天每1000名病人中有5.5人感染，并在12个月内37个病人有49例感染，51%死亡。每一例新感染一发生，医护人员就利用丰田的根本原因分析系统来调查。他们得出结论，静脉导管插入腹股沟附近的动脉感染率特别高。现在医院在不断努力用低风险的线路在手臂或锁骨附近取代原来的线路。

思考：

如果“精益管理”能应用到汽车业和医院，那么它能否应用到高等教育中以教育出更好的学生呢？怎样应用？

施的位置和设计，并决定最优的库存水平。

为什么运营管理重要：通过对资源以及商品、服务分配的合理管理，运营管理能够帮助确保企业有效率和效果地运作。

2.5 系统观点

主要问题：系统观点对卓越管理者有何帮助？

本节概要：

三种当代管理观点是：(1) 系统观点；(2) 权变观点；(3) 质量管理观点。系统观点把组织看成一个整体，或开放或封闭的，有输入、输出、转化过程和反馈。权变观点强调管理者的方法应该依据个人和环境情况来改变。质量管理观点有两个传统的方法：质量控制，即通过管理生产过程的每一个环节来减少错误的策略；质量保证，就是要关注员工的表现，督促员工为“零缺陷”努力。第三个质量管理方法是全面质量管理，一个致力于持续质量改善、培训和顾客满意的综合方法。

假设你具有把理论转变为实践的能力，你能否依据你所学到的理论来管理一个组织或部门？可能不会。原因是：人是复杂的。要成为一名卓越的管理者，你需要学习处理各种环境的个人差异。

因此，除了管理的历史观点（古典、行为和量化的观点），现在增加三种新的当代观点（如图2–2所示）。它们包括：

· 系统观点
· 权变观点
· 质量管理观点

在本节，我们将讨论系统观点。

系统观点

脚上的52块骨头、英国的君主制、暴风雨天气，每一个都是一个系统。**系统**（system）是指相互关联的部分协作运作，以实现一个共同目标。即使一个系统表现得不是非常好，就像俄罗斯政府的税收工作那样没有效率，但它仍然是一个系统。

系统观点（systems viewpoint）将组织视为相互关联的部分组成的一个系统。运用这种观点，你可以将你的组织视为组成整个系统的**子系统**（subsystems）的集合，也可以看作更大一级系统的组成部分。比如，一个大学由学院、后勤人员、学生等组成。但是它也作为教育系统的组成部分，必须对家长、毕业生、议员、居民和其他人负责。

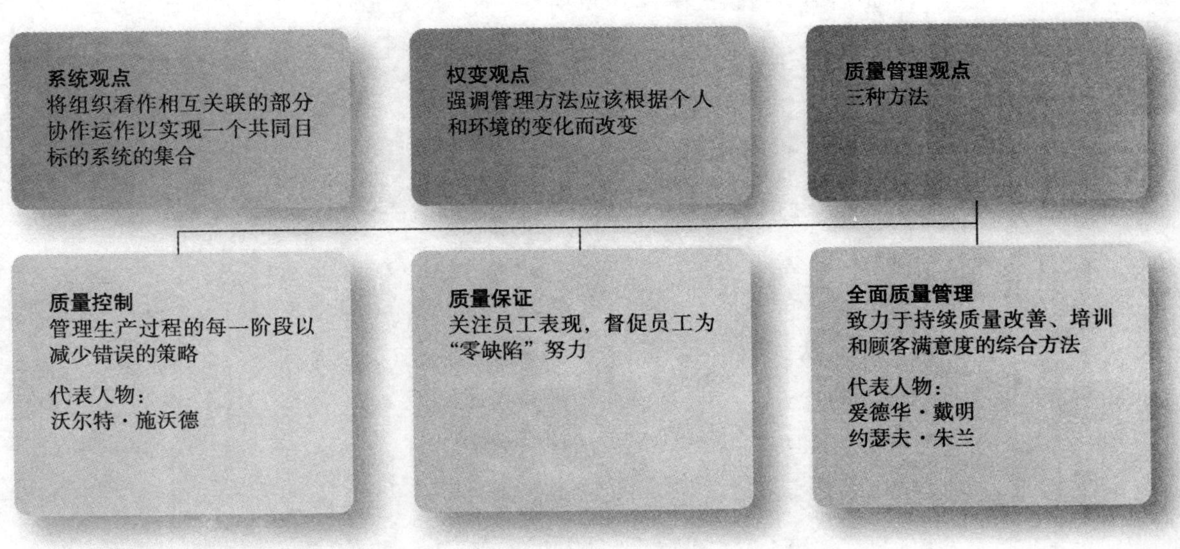

图2–2　三种当代观点

系统的四个部分

系统观点中的一些词汇是非常有用的，因为它可以使你理解各种不同类型的组织。系统的四个部分如下：

1. **输入**（inputs）指生产组织的产品或服务所需的人力、金钱、信息、设备和原料。进入系统的一切都是输入。

2. **输出**（outputs）是组织运作的结果，如产品、服务、利润、亏损、员工满意或不满等等。从系统出来的一切都是输出。

3. **转化过程**（transformation processes）是将输入转化为输出所运用的管理和技术方面的能力。组织的主要活动是将输入转化为输出。

4. **反馈**（feedback）指环境对输出的反应产生的会影响输入的信息。消费者购买还是不购买产品？这个信息就是回馈。

下面描述了系统的四个部分。（见图2-3。）

开放系统和封闭系统 几乎所有的组织，至少在一定程度上，都是开放系统而不是封闭系统。**开放系统**（open system）不断地与其所处环境相互作用。**封闭系统**（closed system）与其所处环境几乎没有相互作用，也就是说封闭系统很少得到外界反馈。古典管理观点一般将组织视为一个封闭系统，管理科学的观点也是这么认为的，它分析组织的目的是为了精简组织。然而，任何忽视开放环境带来的反馈的组织很可能遭致惨败。

为什么系统观点、特别是开放系统的概念重要：管理历史上充满了大量的组织，它们的服务或是产品之所以失败是因为它们不是足够开放的组织，且没有有效的反馈。其中最著名的失误之一是1959年，尽管顾客对Edsel汽车古怪的造型反应不一，

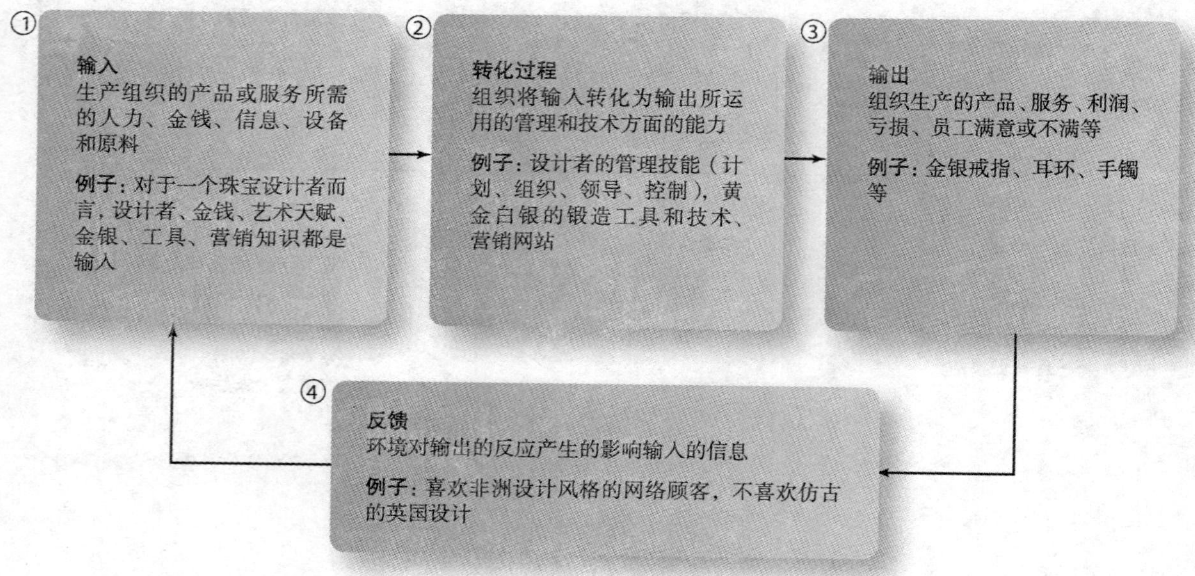

图2–3 系统的四个部分

福特汽车公司还是推出了这款汽车。开放系统的概念，强调多种环境因素的反馈，包括组织内部和组织外部的，为了纠正过去的错误并避免新的错误，而不断学习的过程。

案 例 开放系统和封闭系统：如何跟上 Y 一代的营销？

每代人之间是否存在差异？但是"一代人"是个模糊的概念，我们已经习惯了这样描述：婴儿潮一代（出生于1945年至1962年）、X一代（出生于1963年至1978年），到现在的Y一代（出生于1979年至1994年）。Y一代——又一次婴儿潮和新千年一代——组成了6000万人口。他们不如婴儿潮一代有7200万人那么多，但比X一代要多出1700万。没有营销人员能无视这样巨大的人口膨胀。但是如何发现对于这一代人而言，什么是酷，什么不是？

Y一代伴随着互联网的成长，习惯于高速更新的信息，研究显示，这些信息让时尚变化得更快，年轻消费者不停改变品牌的忠诚度。但是，汤米·希尔费格（Tommy Hilfiger）服饰依然引领时代潮流。《商业周刊》是这样认为的，"20世纪90年代初，当希尔费格独特的充满标志的T恤衫和夹克开始出现在城市说唱歌手身上，公司开始派研究人员进入音乐俱乐部，观察那些有影响力的群体的着装风格。除了传统的主流媒体广告，它还辅以特殊的促销手段。当得知其顾客对计算机游戏的热情后，公司赞助任天堂游戏竞赛并且在卖场中安装任天堂的终端。"在一个开放系统中，通过年轻顾客的持续反馈，希尔费格得到了回报：它的牛仔裤成为这一年龄群的第一品牌。事实上，像希尔费格、DKNY、耐克的设计师为了保持他们品牌"酷"的形象，甚至会拒绝打击城市中印有他们标志的盗版T恤衫和棒球帽。

相反，李维斯（Levi's）作为婴儿潮青年的真正代表，在1997年市场份额下滑时才开始惊醒。公司的研究人员发现自己的品牌在青少年中不再流行。市场研究总监戴维·斯潘格勒说，"我们变老了，结果我们失去了与青少年的接触。"于是李维斯通过建立青少年小组来开放相对封闭的系统，关注正在出现的新潮流。斯潘格勒说Y一代"是必须被认真对待的一代，他们即将掌管国家"。

当李维斯努力恢复其光辉时，最近它又遇到另一个威胁：自有品牌牛仔裤。沃尔玛、梅西百货（Macy's）、塔吉特、彭尼（JC Penny）等零售商创立了自己的品牌，去掉了中间商。例如沃尔玛引进了一个叫Metro 7的内部品牌，与李维斯的低价签名牛仔裤竞争。另一端是高端牛仔裤设计师品牌，如True Religion、Rock & Republic，Citizens of Humanity、7 for All Mankind，它们生产优质的或是100美元以上的在奢侈品商店出售的牛仔裤。

思考：

1975年，自有品牌占服装市场的25%，到2010年，有可能超过60%。不过，喜爱全国品牌如李维斯的消费者在百货商店的消费是其他消费者的3倍。为了拓宽其反馈系统，响应变化的商业环境，你对李维斯有什么建议吗？

2.6 权变观点

主要问题：对管理者来说，究竟是否存在适合所有情况的最好办法？

本节概要

权变观点是当代理论的第二种观点，强调管理方法要根据个人和环境的改变而改变。

由泰勒和法约尔提出的古典观点被广泛地应用，成为管理组织的“最好方式”。后来管理者发现，在某些情况下打破这个最好的规则可以得到更好的结果时，权变

案 例 权变观点：什么时候使用数据挖掘软件建立业务会有意义？

大多数管理者相信技术提高生产率，泰勒和吉尔布雷斯可能也同意此观点。但总是这样么？让我们看看使用数据挖掘软件来增加业务。

前哈佛商业学院教授加里·洛夫曼（Gary Loveman）现在是拥有或管理50个赌场的博彩巨头哈拉娱乐公司（Harrah）的CEO。在过去的8年里，他帮助将哈拉建成了世界最大的博彩公司。他不是像其他赌场一样通过纸牌赌博游戏来招揽赌徒，而是正如一篇文章描述的，“吸引那些常客，如老师、医生和会计师，他们一次接一次地路过这里，玩转自己的运气”。

洛夫曼在一篇著名的文章（随后出版成书）中解释道，建立商业客户群的方法，即“数据挖掘中的钻石”，便是通过使用数据挖掘软件，运用计算机转换并分析大量数据来提取和发现新的信息。洛夫曼通过全奖激励计划来确定他的最佳客户，并通过增加他们个人价值的方法来教他们回应赌场的营销努力。

但是数据挖掘总是能提高生产率么？新软件通过确定、开发个人关系电子网络来提高公司的销售额。基于在电子日历、电话记录、销售记录、公司数据库等中分析数据的数学公式，这些软件让人们了解他们所不知道的人。

这些软件可能是有益于商业网络建设的工具。尽管如此，一位作家指出，潜在的负面是，将出现“销售人员使用强大的电子网络工具，将不可避免地出现更多好胜的人参与更侵入性的行为”的世界。这种富于攻击性的关系挖掘行为可能会引起你想要接近的人们的愤怒和敌意，就像选举时政治候选人打给潜在选民的无尽的自动拨号电话。

确实，这些曾经在药品销售中发生过。药品销售代表使用计算机将医生处方中所开的药品档案电子化，用这方面的信息要求医生在处方中多用品牌药或者少用竞争者的药品。现在很多医生反对这种侵入的数据收集和过度热情的销售实践。

思考：

在未来业务中，你是否应该采用数据挖掘工具？根据权变观点，答案会是什么？

观点开始发展起来。

权变观点（contingency viewpoint）强调，管理者的方法应随着个人和环境的变化而改变。

一位赞同吉尔布雷斯方法的管理者，可能会尝试简化步骤让员工建立更好的方法。相信X理论和Y理论的管理者可能会尝试使用激励技术来提高生产率。但是持权

实际行动　专念胜于潜念：学会采用权变观点

"灵活些。"这不是我们常被告知的吗？

在你的整个职业生涯中，你必须不断作出如何解决不同问题的选择——使用哪些工具，包括本章讲述的理论。然而，采取灵活方法的一个障碍便是不用心。所以我们要采用哈佛大学心理学教授埃伦·兰格（Ellen Langer）所称的"专念"思维框架，专念是一种积极参与的形式。

我们都有潜念的时候，比如我们放错了钥匙，在写支票的日期时写成了上一年的。潜念有以下三个特征：

潜念1：陷于旧范畴

兰格说，一个热衷的网球选手在训练中像其他选手一样，被教导如何正确地拿球拍，在发球时如何抛球。但是随后，当看到顶级网球锦标赛时，她观察到没有一个顶级选手使用她所学习的发球方式，所有人的发球都多少有些不同。

重要性：做任何事都没有绝对正确的方法。在条件式的、思考式的教学过程中，教练不会说，"这是答案"，而是说"这是一个答案"。所以，所有的信息应该以开放的思维来考虑，因为它们都会有例外，甚至在自然科学和数学领域也是如此，虽然它们看上去好像只有一个正确答案。这是因为，只是在一定的使用条件或环境中，信息才是正确的。

潜念2：自动行为

兰格讲述她在百货公司使用一张新信用卡的经历。收款员注意到兰格没有在信用卡背面签名后，将信用卡退还给她签名。在打印机确认、识别信用卡后，职员将信用卡收条递给她签字，兰格照做。然后收款员"拿起收条和刚刚签上名字的信用卡对比字迹是否匹配"。

在自动行为中，我们不接受其他信号，只接受、使用我们身边有限的信号。相反，专念就是对新的信息开放——包括那些并没有分派给你的信号。专念需要你无论做什么都更加投入。

潜念3：从单一角度行动

兰格说，通常很多人假设其他人和自己有一样的动机和目的。例如，"如果我外出跑步看到一些人轻快地散步，我会猜想她在尝试锻炼，如果她能的话她也会跑步"，而事实上，她可能只是在散步。

对于某种情况，可能会有很多解读。兰格说，"每一个想法、每一个人、每一个目标可能同时取决于看待的角度。尝试不同的角度会给你在如何响应上更多的选择；产生自动反应的单一角度会减少你的选择。

学会专念意味着有意识地调整：对创新更开放，对差异更警惕，对不同的环境更敏感，对多角度更留意。那就从现在开始吧。

变观点的管理者会简单地问到，“在这些特别的环境中，哪种方法最好？”

为什么权变观点重要：权变观点是到目前为止讨论的观点中最实用的观点，因为它是基于具体问题具体分析的基础上处理问题并且适当地变换解决方法。

2.7 质量管理观点

主要问题：质量管理观点能不能为真正的成功管理提供指导？

本节概要

质量管理观点是当代视角中的第三种，包括质量控制、质量保证，特别是全面质量管理运动，致力于持续质量提升、培训和顾客满意。

20世纪的某一段时间，美国的汽车购买者之间传递着这样一个消息：人们不应该买“周一”或“周五”生产的汽车。这两天在不满意的汽车工人中，是旷工和宿醉最高的日子。原因在于，虽然量化管理尽力了，但是这两天生产的汽车还是最劣等的，看起来跟次品差不多。

20世纪70年代的能源危机为不同的选择创造了可能。美国人开始购买日本生产的更省油的汽车。消费者发现他们不仅能够使用一加仑汽油行驶得更远，而且这些汽车制造得更好，且不需要经常修理。事实上，美国汽车制造商开始采用日本的方法，所以有了“在福特，质量是首要工作”这样的口号。如今美国汽车平均使用寿命8 ~ 9年，而20年前才5 ~ 6年。

虽然还不能称其为理论，但是**质量管理观点**（quality-management viewpoint），包括质量控制、质量保证和全面质量管理，对当代管理思维方式的影响值得考虑。

质量控制和质量保证

质量（quality）指产品或服务满足消费者需要的全部能力。质量被视为产品或服务增加价值的最重要方法之一，从而使它们在竞争者中脱颖而出。两个保证质量的传统策略是质量控制和质量保证。

质量控制　**质量控制**（quality control）定义为通过管理生产的每个环节来减少错误的策略。20世纪30年代在贝尔电话实验室，沃尔特·施沃德（Walter Shewart）使用统计样本来发现错误，即在生产过程中只检测产品的一部分（而不是全部），之后发展成质量控制技术。

质量保证　**质量保证**（quality assurance）关注员工的表现，督促员工为“零缺陷”而努力，是20世纪60年代发展起来的。由于员工往往不能对工作程序的设计进行控制，质量保证并不是那么成功。

全面质量管理：建立致力于持续改进的组织

在第二次世界大战之后的几年里，印有“日本制造”的产品几乎全被认定是便宜而且易坏的。随着两名美国人**爱德华·戴明**（W. Edwards Deming）和**约瑟夫·朱兰**（Joseph M. Juran）的到来，这种现象开始改变。

爱德华·戴明　日本急于重建被战争破坏的经济，对数学家戴明“优秀管理”的演讲作出热切的反应。戴明认为质量源于“不屈不挠的意志”，即坚定地执行组织的使命，以及统计测量和减少生产步骤的变更。然而，他也强调人的因素，管理者应该重视团队合作，努力帮助而不是简单地命令，从而使员工愿意提问题。

另外，戴明提出了“85—15 原则”，就是说出错时，85% 的可能是系统出问题，只有 15% 的几率是员工的错误。（“系统”不仅包括机器和设备，还包括管理和规定。）戴明认为，大多数时候，错误都是发生于系统之中，管理者错误地责怪了员工。

约瑟夫·朱兰　在日本的质量革命过程中，另一位先驱人物是约瑟夫·朱兰，他将质量定义为“适合使用”，认为产品或服务应该满足顾客的真正需求。因此朱兰建议集中公司努力的最好方法是聚焦在消费者的真正需求上。

什么是全面质量管理　从戴明和朱兰所做的工作中，达成的对质量管理的战略性一致就是全面质量管理。**全面质量管理**（total quality management，TQM）是一个由高层管理者领导、整个组织全面支持的综合方法，致力于持续质量提升、培训和顾客满意等活动。

全面质量管理包括以下四个部分：

1. ***持续改进是首位***。全面质量管理的公司应当永不满足。在组织的每一个领域，都把点滴改进作为每一天最重要的事情。一直坚持改进每一件事的一点点，公司就能够得到长期质量、效率和顾客满意。

2. ***全员参与***。为了建立团队合作和信任，全面质量管理的公司认为每一位员工都包含在持续提升的过程之中。这要求员工必须接受培训、自主去发现问题并解决问题。目标是建立团队合作、信任和相互尊重。

3. ***倾听并向顾客和员工学习***。全面质量管理的公司重视使用其产品或服务的顾客。另外，公司内部员工倾听并向那些在他们自己工作领域外的员工学习。

4. ***使用正确的标准来查明和消除问题***。全面质量管理组织通常对竞争者如何把事情做得更好很警觉，然后试图超过它们，这个过程称为标杆学习。使用这些标准，他们在自己的流程中使用统计测量来查明问题。

为什么全面质量管理重要：全面质量管理观点强调在整个组织中灌输质量概念，使组织努力向顾客交付高质量的产品和服务。全面质量管理的运用帮助美国公司应对全球竞争。

2.8 加速变革时代的学习型组织

主要问题：组织必须学习才能避免灭亡。如何建立学习型组织？

本节概要

学习型组织积极在内部创造、获取和传递知识，并能够根据新的知识不断修正他们的行为。你作为管理者，有三种方法可以帮助建立学习型组织。

最终，我们需要从我们所描述的理论、视角和观点中提取的精华是：我们需要不断学习。组织也是如此：像人一样，组织也必须不断学习新的事物，否则就面临淘汰。因此管理者的一个关键挑战是建立能够提升员工学习能力的企业文化，即建立所谓的学习型组织。

美国麻省理工学院教授彼得·森奇（Peter Senge）创造了“学习型组织”，他说，学习型组织是“人们不断扩展能力、创造真正想要的成果的地方，是培养新的发散思维模式的地方，是发扬集体精神的地方，是人们不断学会如何共同学习的地方”。

学习型组织：掌握知识和修正行为

更正式地说，学习型组织积极在内部创造、获取和传播知识，并根据新的知识不断修正其行为。注意以下三个要点：

1. **创造和获取知识**。在学习型组织中，管理者应主动将新的想法和信息传送到组织中，这也是学习的先决条件。他们通过不断审视外部环境、在需要时勇敢雇用新的人才和专家，投入大量资源来培训和发展其员工，来获取这些知识。

2. **传播知识**。管理者积极地在整个组织中传播知识，减少员工间分享信息和想法的障碍。例如，电子数据系统（EDS）实际上发明了信息技术服务业，但是它到1996年落后于竞争者，错过了互联网浪潮的来临。当1999年新的首席执行官迪克·布朗（Dick Brown）走马上任后，他将“自己解决问题”的文化改为“组织内部分享信息”的文化。

3. **修正行为**。如果没有结果导向，学习型组织就失去了意义。因此，管理者鼓励员工使用新得到的知识来改变他们的行为，以帮助实现组织目标。

为什么组织要成为学习型组织：适应加速变革

正如你作为一个个体不得不面对我们在第1章提到的挑战——全球化、信息技术、多样性等，组织也是如此。全球化市场和互联网、电子商务革命引发的竞争形成了前所未有的加速变革，迫使企业组织必须更快、更有效率。

下面是快节奏的世界所引发的一些后果：

1. **虚拟组织的崛起**。一位行业观察家说，“抛开自大的言论，互联网至少是一种大大降低通信成本的工具，这意味着它可以从根本上改变那些依靠大量信息的任何行业或活动。其引发的一个后果是虚拟组织的出现。**虚拟组织**（virtual organization）是一种成员在地理上分开，一般通过电子邮件、协同计算和其他计算机连接来工作的组织。当他们面对顾客和其他人的时候，经常以一个独立的、联合起来的组织并有一个真实存在的办公地点的形象出现。

2. **无边界组织的出现**。计算机连接和虚拟组织引发无边界组织的出现。与有大量障碍和部门的官僚机构不同的是，**无边界组织**（boundaryless organization）是一个流动性的、高度灵活的组织，它的成员由信息技术连接在一起，合作完成共同任务。合作者可能包括竞争者、供应商和顾客。这意味着业务形式是日新月异的，组织关系是非正式的。

3. **对速度和创新的需要**。《商业周刊》上的一篇文章说，“速度正在成为最终的竞争武器，一些世界最成功的公司总是善于发现新机会、整合力量、将新的产品和服务带给市场。比如在全国设立新的合资公司。”速度正被创新不断驱动。文章继续指出，“由于一些亚洲超级集团的出现，以及新的颠覆性的互联网技术和商业模式的传播，竞争比以往任何时候都要激烈。”

4. **知识型员工越来越重要**。**知识型员工**（knowledge worker）不是体力劳动者，而是指那些主要职责是收集或解读信息的人。知识型员工使用他们的大脑而不是他们的汗水来为组织创造价值。他们是21世纪组织中最典型的员工。因为全球化和信息技术的影响，美国不再在知识型员工上占有优势。确实，由于中国、印度、俄罗斯和巴西在技术上的进步，复杂工作的外包，今天的美国年轻人在数学和科学技术上的退步，以及其他因素，正把美国推向下滑落后的危险中。

5. **对人力资本重要性的认识**。**人力资本**（human capital）是指员工知识、经验和行动的经济或生产上的潜力。将人视为人力资本的思想有明显的根据。美国人力资源管理协会总裁兼首席执行官苏珊·梅辛格（Susan Meisinger）说，“吸引、留住和培养优秀的人才有时是使我们组织跟上竞争对手或是参与全球竞争的唯一方法。研究表明，高学历、知识型的员工是最需要的，也是最难发现和最容易失去的。”

6. **对社会资本重要性的认识**。**社会资本**（social capital）指有力的、信任的和合作性的关系在经济或生产上的潜力。社会资本包括以下方面：善意、相互尊重、合作、信任和团队合作。公司内部关系是非常重要的：一项调查表明，77%的女性和63%的男性认为“与老板关系良好”非常重要，超过了良好的设备、方便的沟通和灵活的工作时间。

7. **对循证管理的新强调**。对于什么真正起作用，基于最新的、最佳的知识来作决策是一个很激进的想法吗？你难道不认为这将是医药业运作的方式吗？实际上，杰弗里·普费弗和罗伯特·萨顿说，大多数医生依靠“在学校获得的过时知识、长期存在但从未被证明的传统、从经验中收集的模式、他们相信且最擅长运用的方法以及从众多产品和服务的供应商获得的信息”。企业决策制定者的方式大致相同。挑战这一点的是在企业中运用循证管理的要求。我们将在第6章继续讨论循证管理。

如何建立学习型组织：管理者扮演的三个角色

要建立一个学习型组织，管理者必须发挥三种关键的职能或扮演三种主要的角色：（1）承诺致力于学习；（2）努力形成有意义的想法；（3）努力推广有意义的想法。

1. **承诺致力于学习**。为了让员工接受学习的观点，作为管理者应该首先对此观点进行投资，如进行公开宣传，给员工奖励以及制定学习组织的象征物等诸如此类的行动。以美国帕卡公司（PACCAR）为例，该公司生产肯沃斯卡车和彼得比尔特美式长头卡车，公司董事长兼首席执行官马克·皮戈特通过观察和学习其他公司的管理经验，吸取他们的精华，成功地做到了这一点。帕卡公司生产的卡车的价格之所以能够高出同行10%，是因为其非常重视改善产品的质量。

2. **努力形成有意义的想法**。作为管理者，你需要努力形成有意义的想法——能够给客户、员工和股东增加价值的想法——通过培训、试验新的想法和参与其他的领导活动来提高员工的竞争力。

在迪克·布朗成为EDS公司的总裁不久，他就感到公司应该进行一次彻底的改革，成为一个名副其实的大品牌公司，让员工感到在这里工作很舒适。他的市场总监决定在最大的媒体事件上推出新的宣传活动：超级碗。他们策划了一个广告：强健的牛仔们骑在1万只猫上面放牧。标语是：我们的方式很复杂。

3. **努力推广有意义的想法**。除了要形成有意义的想法，你也需要推广它们——那就是，减少员工和公司里的学习障碍。营造一种环境以减少矛盾、增加沟通、塑造团队精神、奖励承担风险、减少对失败的恐惧和增强合作意识。换言之，你可以营造一种心理方面没有负担、舒适的工作环境，增进成功、失败和优秀实践经验的分享。

本章小结

2.1 演化的观点：管理学鸟瞰

管理的一个合理方法是循证管理，指的是把基于证据的原则转换为组织的实践，使决策过程合理化。管理的两个首要视角是：（1）历史视角。包含三种观点：古典观点、行为观点和量化观点；（2）当代视角。包含三种不同的观点：系统观点、权变观点和质量管理观点。学习理论视角有五个实用原因：（1）了解现状；（2）行动指南；（3）新想法的来源；（4）理解管理者决策意图的线索；（5）领会外部事件的线索。

2.2 古典观点：科学管理和行政管理

历史视角的第一个观点是古典观点，它强调找到方法使管理工作变得更有效率。它有两个分支：（1）科学管理强调通过对工作方法的科学研究来提高工人生产率。泰勒和吉尔布雷斯夫妇团队是主要代表者。泰勒提出可用于管理的四项科学原则。吉尔布雷斯夫妇团队将工作分解为身体运动，深化了动作研究。(2) 行政管理关注对整个组织的管理。这种观点的代表人物是亨利·法约尔和马克斯·韦伯。法约尔将管理的主要职能进行了划分（计划、组织、领导和控制）。韦伯提出了有效组织应该有的五个积极的官僚特征。古典观点认为工作应该遵循理性的方法，但是被认为太机械化，把人当作机器来看待。

2.3　行为观点：行为主义、人际关系和行为科学

第二个历史视角是行为观点。它强调理解员工行为并激励员工实现目标。行为观点的发展经历了三个阶段：(1) 早期行为主义；(2) 人际关系运动；(3) 行为科学方法。早期的行为主义有三个创始人：(1) 雨果·孟斯特伯格建议，心理学家应该对工作进行研究，为这个行业作出贡献。分析员工的心理状况，以使他们更好地为组织工作。(2) 玛丽·帕克·福利特认为，组织应该是民主的，员工和管理者一起工作。(3) 埃尔顿·梅奥提出霍桑效应的假设，认为员工如果能够得到管理者的额外重视就会工作得更加努力。人际关系理论指出，良好的人际关系可以提高员工的生产率。其先行者为：(1) 亚伯拉罕·马斯洛提出需要层次理论。(2) 道格拉斯·麦格雷戈提出X理论（领导人对员工持有消极的观点）和Y理论（领导人对员工持有积极的观点）。行为科学方法依据对人类行为的科学研究形成理论，并发展成可供管理者应用的实际管理工具。

2.4　量化观点：管理科学和运筹学

量化观点是历史视角的第三种。它注重量化技术在管理中的应用。它有两种方法：(1) 管理科学。注重运用数学来辅助解决问题和制订决策。(2) 运营管理。关注更有效地管理组织的产品或服务的生产和交付。

2.5　系统观点

我们从学习历史视角转向当代视角，它包括三种观点：(1) 系统观点；(2) 权变观点；(3) 质量管理观点。系统观点把组织看作相互关联的部分组成的一个系统或子系统集合，共同运作以实现一个共同目标。一个系统有四个部分：输入、输出、转化过程和反馈。一个系统可以是开放的，与外部环境不断相互作用；也可以是封闭的，几乎没有外部联系。

2.6　权变观点

权变观点是当代视角的第二种。管理者的方法应该根据个体和环境的不同而转变。

2.7　质量管理观点

作为当代视角的第三种，质量管理观点对质量的重视（一种产品和服务满足客户需求的能力）体现在三个方面：(1) 质量控制。管理生产过程每一个阶段来减少错误的策略。(2) 质量保证。关注员工表现，督促员工为“零缺陷”而努力。(3) 全面质量管理是一种致力于持续质量提升、培训和顾客满意的综合方法。全面质量管理有四个要素：(1) 把持续改善作为首要任务；(2) 全员参与；(3) 倾听顾客和员工的意见并向他们学习；(4) 用正确的标准去识别和排除问题。

2.8　加速变革时代的学习型组织

学习型组织是一种在组织内部积极创造、获取和传播知识的组织，而且能够修正自己的行为，以适应环境变化和知识更新。建立学习型组织的七个原因：(1) 虚拟组织的崛起，其成员通过网络相互联系；(2) 流动的、灵活的、无边界的组织不断涌现；(3) 对速度和创新的

需要；（4）知识型员工越来越重要，他们主要关注收集和解读信息；（5）对人力资本重要性的认识，即员工在经济或生产方面的潜力；（6）对社会资本重要型的认识，即坚固和合作性关系在经济或生产方面的潜力；（7）对循证管理的新强调，管理者要面对什么起作用、什么不起作用的铁证。为了建立学习型组织，管理者必须扮演三个角色：（1）承诺致力于学习；（2）努力形成有意义的想法；（3）努力推广有意义的想法。

管理实践 Travelocity 和 H&R Block 基于客户的书面反馈作决策

几年前，Travelocity决定开始更好地了解其客户。

公司的一个小组用了几个月时间分发了1万多份客户调查问卷，想了解人们喜欢Travelocity哪里，不喜欢它哪里。客户支持总监唐·希尔（Don Hill）说："正如你所想象的，这是一个有挑战性的过程。"

这只是冰山一角。希尔指出，为了了解客户，调查小组需要每个月跟踪和分析3万份调查反馈、5万封电子邮件和50万条来自公司服务中心的电话记录。

解决方案呢？Travelocity求助于软件生产商Attensity公司，Attensity的产品能够快速分析文件并能找出重要信息。通过使用软件，Travelocity确定客户关注的问题，并提出修正措施。例如，Travelocity发现有些顾客认为，当航班取消的时候Travelocity是有责任的。现在Travelocity开始帮助旅客制订不容易受航班取消影响的旅游路线。它也为那些错过航班的乘客制订更好的方案。

在过去的几年里，很多大型公司发现它们也面临和Travelocity相同的问题。它们能够挖掘顾客的聪明财富——从调查报告到电子邮件再到在线访谈——但是不能有效地筛选出它们想要的东西。员工们没有时间单独阅览每份文件，而传统的数据库程序是为处理数字数据而设计的，而不是单词。

这正是Attensity公司的软件能够做的。这些程序以文本分析著称，能够扫描文本文件，迅速地识别重要的术语和概念，并将所有的信息变成容易搜索的形式。

自从9·11恐怖袭击后，美国的安全部门广泛使用这些技术。越来越多的公司开始发觉文本分析能帮助它们分析市场趋势、客户要求，发现欺诈和安全威胁以及突出产品的问题。

例如，汽车制造商可以通过顾客投诉、事故报告和保险理赔来快速确定它们生产的汽车的缺陷。一家汽车公司通过问卷调查和顾客电子邮件对某种车型获得积极的反馈意见。但是软件分析显示了顾客的潜在不满：汽车后排的载人区发出讨厌的刺耳声音。汽车制造商及时解决了这个问题，保护了公司的声誉。

文本分析是如何工作的呢？编入字典和语法的软件，从识别句子的不同成分开始，例如名词和动词、主语和谓语。然后，它运用这些信息分析每个句子和段落的主题，以及整个文件，从而找出它们之间的关系。最后，软件把这些信息全部存入数据库，用户可以通过关键词搜索。公司可以检查出顾客对自己网站的评价，如"容易使用"。

密苏里州堪萨斯城的H&R Block公司的客户体验总监约翰·格里格斯（John Griggs）说："市场已经发生了变化，顾客可以获得他们想要的，他们也可以说出他们喜欢的东西。”

两年前，H&R Block在自助在线报税服务上面临激烈竞争的时候，引进了文本分析。

第一步，H&R想了解为什么有些顾客愿意将服务推荐给朋友而有些顾客却不愿意。临近办理税务的那几周，许多业务积压到一起，公司需要快速响应，推广那些受欢迎的软件特性或服务，或者解决将客户拒之门外的问题。

H&R Block转向位于弗吉尼亚州雷斯顿的Clarabridge公司，寻求其软件来分析调查结果、客户电子邮件和H&R Block公司服务中心的电话记录，在晨报时提供前一天1万条客户联系的分析结果。格里格斯说人工查看1500份客户问卷要用67个小时，而Clarabridge的软件可以在30分钟内完成。

H&R Block发现客户在网上填写意见的过程中遇到了问题，可能正是这些问题使他们不愿意推荐其服务。例如，顾客对《2006年电话消费税退款》感到困惑。超过1.6亿个申报人有资格申请，但是H&R Block却发现大部分顾客都没有意识到。于是，公司马上优化在线申请表格，查清谁有资格申请，最大限度地帮助消费者退还税款。

讨论：

1. 文本分析更能反映管理的艺术性还是科学性？阐述你的理由。

2. 讨论：Travelocity和H&R Block所运用的管理措施，在何种程度上符合管理科学和运营管理技术的一贯原则？

3. 运用图2-3，分析H&R Block对文本分析的使用如何遵循了系统观点。

4. 文本分析的使用如何与权变管理和质量管理观点保持一致。阐述你的理由。

5. 文本分析的运用在管理决策的制订过程中存在什么隐患？试讨论。

自我评估　你的自尊水平如何？

目的

1. 了解你自己多一点。
2. 帮助你评估你的自尊。

引言

自尊、自信、自我价值、自我信念是管理者在任何组织架构中所必须具备的重要素质。然而，强烈的自尊也是当下尤其重要的素质，因为组织需要管理者能管理那些具有技能、知识和自我意志的个人而不是作为机器的附属品的人（在科学管理中如此）。过去，管理者习惯从一个中央集权的高度来操纵组织。但是在现今的组织架构里，权力是共享的，知识在某种程度上是“你在哪里获得的”。在这种情况下，为了有效管理，管理者需要高度的自尊。

说明

评估你的自尊，回答下列问题。记住，此类题目没有正确错误之分。

1 = 强烈反对
2 = 反对
3 = 中立
4 = 同意
5 = 强烈同意

问题

1. 我总是觉得我和同龄人一样有能力。	1 2 3 4 5
2. 我通常感觉我可以成就所有我想要的。	1 2 3 4 5
3. 发生在我身上的绝大多数事情都在我的掌控中。	1 2 3 4 5
4. 我很少烦恼事情会变成什么样子。	1 2 3 4 5
5. 我有信心能应对大部分问题。	1 2 3 4 5
6. 我很少怀疑自己解决问题的能力。	1 2 3 4 5
7. 我很少对让别人做事而感到内疚。	1 2 3 4 5
8. 我很少因批评而不开心。	1 2 3 4 5
9. 即使在我失败的时候，我也不会怀疑自己的能力。	1 2 3 4 5
10. 我对自己的未来很乐观。	1 2 3 4 5
11. 我觉得我已经拥有了很多提供给雇主的能力。	1 2 3 4 5
12. 我很少长时间沉浸在个人的挫折里。	1 2 3 4 5
13. 我总觉得跟老板争辩是件自在的事。	1 2 3 4 5
14. 我很少有想变成另外一个人的想法。	1 2 3 4 5
	得分________

参考标准

高度自信	56 ~ 70
中等自信	29 ~ 55
不自信	14 ~ 28

问题讨论

1. 你同意评估结果吗？为什么？
2. 你可以如何增强你的自尊？
3. 今天，没有相对强的自信心，你能生存下去吗？

道德困境　医疗设备应该用来帮助营销产品吗？

从20世纪80年代起，磁共振成像（MRI）技术便开始用于检测癫痫、瘫痪或恶性头痛患者身上的伤处或病症。但是在过去的几年中，厂商已经生产出更强大的MRI磁铁，研发了更复杂的软件，用于对扫描收集的大量细微信号进行分类整理。

成像技术的功用已经远远超出当初的探查肿块和阴影。现在精神病医师研究忧郁症患者或者其他精神类疾病患者的心理活动。研究人员将成千上万的健康人置于MRI仪器之中，让他们在扫描仪内思考、判断、感受、学习以探寻大脑的本质。制药公司希望新的“功能型”MRI（fMRI）技术能够加快药品研制的速度。执法专家希望它能成为更精准的测谎仪。随着所谓神经营销学的腾飞，甚至我们最私密的口味和冲动都有暴露于光天化日之下的可能。

fMRI技术不像其他的大脑扫描技术，如正电子发射断层扫描（PET）使用射线对患者进行治疗，它只是简单地根据磁场来分析大脑对问题的反应。这种技术是无侵入的，可视为对身体无害。意思是即使是小孩也可以进行扫描，而且长大后可以反复扫描。

一个有趣的现象是，对fMRI的使用，有争议的是刺探消费者的偏好——这个技术有时被称为神经营销学。在美国加州理工学院，研究员史蒂芬·夸尔茨（Stephen R. Quartz）正在使用fMRI探测大脑在人们接触到喜欢的或不喜欢的物品时的反应。夸尔茨问道，“在MP3播放器行业里，苹果公司的iPod是领先者，这又给我们的大脑带来怎样不同的信号？”他还经营了一家为好莱坞的电影公司提供服务的公司，当观众们观看电影预告片的时候，对他们的大脑进行测试，看哪部电影的预告片产生最大的脑电波振幅。

解决困境

你作为医疗道德委员会的一分子，投票fMRI技术是否应该应用到医疗之外的领域。例如，执法、消费者营销 。你应该如何投票？

1. 坚决反对。除了用于治疗目的，在其他领域使用医疗技术是不对的。

2. 坚决反对。我不相信有人能看出我的个人想法和偏好。

3. 同意，但大脑扫描数据的使用仅限于公共目的。这些数据必须具有科学依据，而且能够用于打击一些社会问题如种族歧视和恐怖主义。这些数据同样也对执法起作用，因为它可以帮助判定罪犯真正在想什么。

4. 给出其他选择，并讨论。

3 管理者的动态工作环境与道德责任

你应该能够回答的主要问题：

3.1 组织内部的利益相关者

主要问题：股东只是利益相关者的一部分，在组织内部，谁是重要的利益相关者？

3.2 组织外部的利益相关者

主要问题：在组织外部，谁是重要的利益相关者？

3.3 管理者的道德责任

主要问题：成功的管理者需要有怎样的道德观和价值观？

3.4 管理者的社会责任

主要问题：对社会负责任是否真的必要？

3.5 劳动力的多样性

主要问题：管理者应该了解工作场所多样性的哪些趋势？

管理者工具箱

正确地对待员工：趋向更开放的工作场所

有些公司是“有毒的组织”，斯坦福大学商科教授杰弗里·普费弗这样称那些员工流动率很高而且生产效率低下的公司。普费弗说：“正确地管理员工的公司比那些不能做到的公司效益要高30%到40%。”

普费弗在他的《人力资源方程式：以员工为本创造利润》一书里说，员工对雇主的忠诚度只有在有毒组织的驱逐下才会消失。像好市多、星巴克和Men’s Wearhouse等公司的员工流动率较低，因此它们有较竞争对手更低的替代和培训成本，原因就是：它们努力创造可以留住员工的工作环境。

以下是一些留住员工的方法：

- 善于利用个人和团队认同。CompuWorks是马萨诸塞州皮兹菲尔德的一家计算机系统集成公司，通过不断给予员工个人和团队认同感来培养忠诚度，比如授予那些做得出色的员工以“周最佳奖”。同时它还采取“时间银行”的方式，每个月为每个员工存放10个小时的自由时间，这些时间可以任由员工支配。公司对员工进行如何看财务报表、如何规划工作时间和如何看现金流水平等方面的培训。根据公司盈利情况还有定期分红。
- 偶尔站在员工一边，而不是顾客。尽管我们经常高唱“顾客永远是正确的”颂歌，不过有时公司还是要站在员工而不是顾客一边。例如，本杰明团队（Benjamin Group）是加利福尼亚州的一个公关代理机构，曾经“解雇”了一些目空一切、很难相处的客户。这件事反应了这样一种管理理论：难缠的顾客常常不能使公司获利，他们也缺少忠诚度，因此不值得花费额外的努力。
- “财务公开式管理”的运用。对传统的军事化管理提出挑战，授权员工和增加公司收入的一种方式就是“财务公开式管理”，*Inc.* 杂志编辑约翰·凯斯所起的这个术语的意思是，公司要完全向员工公开其财务状况、项目、成本、花费、甚至是工资。这种方法“意味着培训员工了解公司的运营，”一名会计师说，“意味着要求员工投入精力并且按照公司要求行事。它也意味着在公司目标实现时给员工分红。”

  通过了解重要数据，员工会多用头脑工作而不仅仅是上班、下班回家这么简单。“不论你是否有股份所有权，财务公开式管理会帮助员工感受、思考，并像所有者那样行动，”加里·布朗说，他是斯普林菲尔德再造公司的人力资源总监，该公司是密苏里州斯普林菲尔德的卡车引擎重建者。他认为，真正的财务公开式管理就是让员工明白公司的目标是什么。

讨论： 在未来高度多样化的劳动力中，人们会表现出不同的种族、年龄、能力，考虑员工的这些特点将是管理者面临的最大挑战。你会为一个管理方式老套、没有做到以上所提到的一些方法的公司工作吗——即使它会给你机会让你上升到更高的管理层？

本章概要

本章提供了一个平台，了解管理者将面临的新运营环境和必须承担的责任。首先描述管理者不得不面对的利益相关者：内部利益相关者和外部利益相关者。然后讨论管理者的道德和社会责任，同时阐述与实现管理多元化有关的新多样化劳动力、障碍以及方法。

3.1 组织内部的利益相关者

主要问题：股东只是利益相关者的一部分。在组织内部，谁是重要的利益相关者？

本节概要

管理者在两种组织环境下经营——内部环境和外部环境。这两种环境都是由利益相关者组成的，他们的利益受组织的影响。第一个环境，也就是内部环境，是由员工、所有者和董事会组成的。

沃尔玛商店（160万名员工）和它的最大竞争对手仓储批发俱乐部好市多（13.2万名员工）哪个更好一点，为什么？

它们之间的巨大不同是对待员工方式的不同。沃尔玛付的是小时工资，一般是平均10.74美元，接近于竞争对手塔吉特和凯马特。好市多付的工资在每小时11到19.5美元之间。好市多有96%的正式员工有公司健康保险（比美国大型公司平均水平80%要高）。沃尔玛说，不到10%的员工没有上健康保险，员工可以购买每个月12到21美元的家庭保险，而且减税有2000美元——对年收入不到2万美元的人来说是很大的数目。沃尔玛的低工资政策迫使竞争对手西夫韦公司（Safeway）也削减工人利益从而可以保持竞争力。好市多的工资使员工可以购置房屋和旅游。最终，沃尔玛被报道将员工锁在屋子里昼夜工作，雇用非法移民拖地，沃尔玛陷入了巨大的歧视员工丑闻中。

2000—2005年，《财富》杂志将沃尔玛列为全球排名第一或第二的年度“最受尊敬公司”。（它滑落到2006年第12名和2007年第19名的地步。而好市多在那几年已经进步到第15名和第18名。）这是因为，沃尔玛的低工资每年为消费者节省了200亿美元吗？那是因为沃尔玛从每一美元销售中赚了3.5美分，而不是好市多的1.7美分。

“你对沃尔玛持什么看法，”一位客户说，“看起来取决于你所处的位置。如果你是消费者，沃尔玛非常适合你；如果你是公司的职工，那很可能并不是什么好事情；如果你是股东，你希望公司成长；如果你是一个市民，你可能不会希望他在你家后院发展起来。”

你对好市多的看法也是取决于你所处的位置。一位证券分析师说，“从投资者角度看，公司盈利非常丰厚。公众公司需要首先照顾股东利益。”好市多的总裁兼首席执行官吉姆·辛尼格说，“我认为为了长期回报股东，我们必须满足消费者和工人的需求。”

两家公司不同之处也体现在员工流动率上，沃尔玛至少有50%甚至是70%的流动率，好市多则是24%。有计算证明，减少10%的员工流动率将为公司节省20%的员工成本。因此，相比沃尔玛的用工成本占销售收入的12%，好市多只有7%。按单店来说，沃尔玛的山姆俱乐部只产生了好市多不到一半的销售（部分原因是好市多吸引更高收入的购物者，因为它收取年度会员费，从来不花钱做广告宣传）。然而，对员工利益的更多偏好使得公司股价并不受人青睐，尤其是与沃尔玛对比来说。

公司应该偏向于哪一方呢，是员工还是所有者（股东）？亨利· 福特是福特汽车公司的创始人，他认为公司可以同时为股东和员工服务。1914年，他把工人工资调整为5美元一天，大大高出当时的平均工资。原因是：他当初作出承诺使每一个家庭都买得起汽车，他的员工也必须有能力买得起汽车，他不想使这个承诺失去信用。

内部和外部利益相关者

公司只应该对股东负责吗？或许我们需要一个更广义的词来描述与组织有关的人——**利益相关者**（stakeholders），那些利益受组织活动影响的人。

管理者处在两种运营环境中，包括不同的利益相关者。（如图 3–1 所示。）这两种环境包括内部利益相关者和外部利益相关者。

内部利益相关者

不论组织规模大小，你所在的组织总有一些人对组织的运行起重要作用。这些

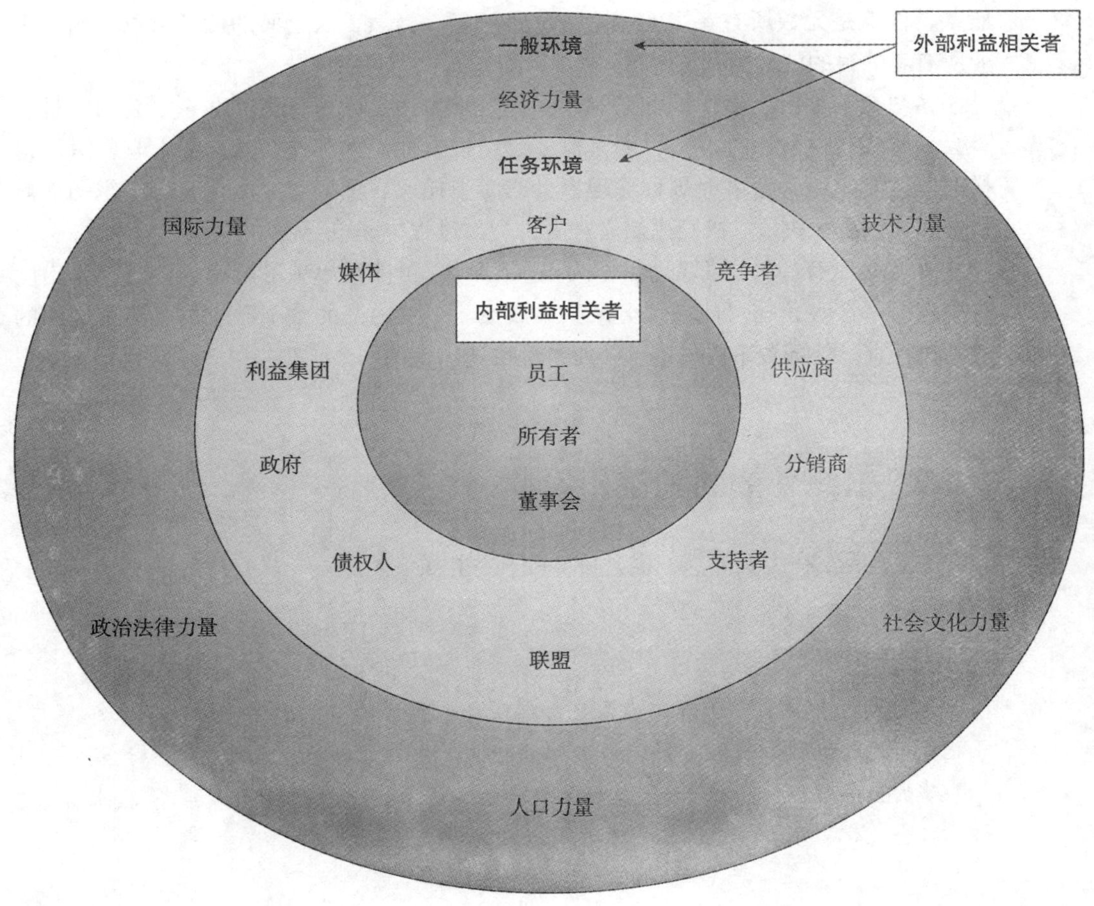

图3–1　组织的两种环境

内部利益相关者（internal stakeholders）由员工、所有者和董事会组成。下面分别说明：

员工 作为管理者，当你的员工和你经常发生冲突，你还能正常开展你的管理工作吗？当然，劳工历史中充满了不计其数的冲突。这种冲突可能降低企业绩效，并伤害到每个人的利益。在今天很多的前瞻性组织中，员工被看作组织的人才，是组织最重要的资源。

例如，在得克萨斯州奥斯汀的Trilogy软件公司，工人不被完全看成“员工”。“他们都是股东，”美国前劳工部长罗伯特·赖克在一篇关于新锐公司的文章中说，“他们都是管理者。他们都是合伙人。这就是Trilogy公司的总裁乔·雷曼德特（Joe Liemandt）选择的管理方式，也是他们成功的原因。”

所有者 组织的**所有者**（owners）由对组织拥有合法财产权的人组成，例如沃尔玛的股东。在营利商业，如果你经营一个个人设计公司，你就是所有者，也就是所谓的个体户。如果你和你的表弟一起经营一个互联网公司，你们都是所有者，你们是合作关系。如果你的家族经营一个汽车交易公司，你们都是所有者，你是这个私人公司的投资者之一。如果你在一个过半资产由员工拥有的公司工作，那么你就是其中的一个联合股东，你是员工持股计划的一员。如果你拥有公司在纽交所上市的股票，你就是无数所有者中的一个，你是股东。当然，从上面的例子可以看出，企业所有者的目的就是盈利。

董事会 在营利组织或非营利组织，是谁雇用首席执行官？在一家公司，是董事会，其成员由股东挑选，目的是监督公司根据他们的利益运营。在大学、医院这样的非营利组织，董事会被称作理事会或者受托人。董事会成员在制订组织的战略目标和提供重大决议、决定高层管理者工资的过程中起重要作用。

并不是所有的公司都有董事会。比如律师，可能是单独的所有人，自己作出所有决定。一个大公司可能有八名董事会成员。一些内部的董事会成员可能是组织的最高执行官。外部董事成员是从公司外部挑选出来的。

3.2 组织外部的利益相关者

主要问题：在组织外部，谁是重要的利益相关者？

本节概要

利益相关者的外部环境由任务环境和一般环境组成。任务环境由客户、竞争对手、供应商、分销商、战略联盟、员工组织、当地社团、金融机构、政府监管部门、特殊利益群体和大众传媒等组成。一般环境包括经济、技术、社会文化、人口、政治法律和国际环境等。

在第一节，我们描述了组织的内部环境。现在我们考察组织的外部环境，它主要由**外部利益相关者**（external stakeholders）组成，即受组织活动影响、并且处在组织的外部环境中的人或群体。外部环境包括：

· 任务环境
· 一般环境

任务环境

任务环境（task environment）由11个与处理日常事务有关的群体组成：客户、竞争对手、供应商、分销商、战略联盟、员工组织、当地社团、金融机构、政府监管部门、特殊利益群体和大众传媒。

1. 客户　我们说过的商业第一法则就是照顾好你的客户。**客户**（customer）就是那些付钱使用你公司产品或服务的人。客户不仅是营利组织关注的对象，也是非营利组织关注的焦点。

2. 竞争对手　**竞争者**（competitor）是那些与你企业竞争资源或者客户的人或者组织，比如和你争夺有能力的员工、原材料。每个组织必须清楚它的竞争对手。鲜花店和熟食店必须意识到，客户可以从西夫韦和克罗格买到同样的商品。

案　例　关注顾客：亚马逊公司着迷于“顾客体验”

华尔街的投资者关注的是什么？短期利润。当戴尔过分缩减其客户服务时，它试图带来利润。易趣也采取同样的措施，它使其最忠诚的经销商背负新的成本。《纽约时报》的财经作家乔·诺塞拉说，“最终，这种短浅眼光的战略使两家公司陷入了困境。”

相比之下，亚马逊的创始人和CEO杰夫·贝佐斯“着迷于”他自己所称的“客户体验”。顾客“关注低价、多样化的选择、送货速度快等，”贝佐斯在2007年说。“我着迷于顾客体验的原因在于，我们过去12年的成功很大一部分来源于这种顾客体验。”

因此，公司建立了方便购买的在线技术，还有一项赔本的买卖（按照华尔街的观点），即2天免费运送所有包裹，一年的收费仅仅79美元；还有一个随时可以拨打的顾客热线服务电话。他们也愿意更正他们并没有犯的错误，并且免费为顾客置换。一个价值500美元的礼物被顾客预定，这位顾客打算将礼物在圣诞节送给自己的儿子，然而这个礼物却在送达他的公寓楼的时候消失了——但是，重新送的一个在平安夜送达了。

思考：

免费运送的资金投入大大减少了亚马逊公司的利润，但是在2007年，公司的利润增长了35%，盈利能力提高了6%左右。其他的公司也开始效仿，逐渐关注顾客体验。你能想到其他公司吗——它们是盈利的吗？

3. **供应商**　**供应商**（supplier）是为你或者其他公司提供资源的组织或者个人。比如为你提供原材料、服务、设备、劳动力、能源等。反过来供应商也有自己的供应商：对于出版书本的出版社来说，先要找到出售纸张的厂商，造纸的厂商也要找提供木材的商家购买原料，而提供木材的公司要通过伐木公司来获取木材。

4. **分销商**　**分销商**（distributor）是帮助其他组织出售其商品或者服务给客户的个人或者组织。例如，杂志的出版社不直接向书报摊销售，它们通过分销商或者批发商来销售。

分销商非常重要，因一些行业（比如电影院或者杂志）由于缺少竞争，分销商有能力决定最终价格。然而，随着互联网受欢迎程度的增加，个人电脑的生产制造商可以去除"中间人"——分销商——将商品直接出售给客户。

5. **战略联盟**　公司或者非营利组织经常与其他组织（甚至是竞争对手）联盟，其目的是实现竞争优势。**战略联盟**（strategic allies）指的是两个组织的关系，它们联合双方的力量获得优势，而不单独行动。

拥有全球预订系统和熟练营销能力的大公司，比如希尔顿、凯悦、万豪、喜达屋酒店等，占领着商务酒店的顶端市场。但是，在许多城市也有独立酒店，如费城的Rittenhouse酒店、华盛顿的Hay-Adams酒店和达拉斯的Adolphus酒店，它们通过著名的地点、宏伟的建筑、丰富的历史和个性化的服务来增加自己的竞争能力。然而，最近，高端独立酒店开始与连锁酒店结成战略联盟，因为连锁酒店能够以更低价格购买供给，且有更广泛的销售渠道。有97年历史、位于圣迭戈市中心的格兰特大酒店在2005年加入了喜达屋的豪华酒店，目的是获取全球化发展的机遇。

6. **员工组织：工会和协会**　根据常规，工会（如全美汽车工人联合会或卡车司机工会）一般代表小时工；专业的协会（如全国教育协会或美国报业协会）代表正式职工。

近年来，工会所代表的劳工力量的比率开始下降（从20世纪50年代的35%到2007年的12.1%）。与此同时，工会事务也发生了变化。暴乱和冲突开始加剧。关于利益、股权关系和"生存工资"的游行一直在持续。

7. **当地社团**　当地社团对组织的利益相关者有明显的重要作用。一家大组织的到达就不用说了；当它离开时，政府官员不得不努力寻找新的产业来替代它。学校和政府以该组织的税收为依靠。家庭和商人依靠其工人提供商品。另外，从协会到小团体，每个人都可能要依靠其提供一些金融支持。

8. **金融机构**　要启动一个小的初创公司吗？随着维萨、万事达和Discover继续提供大量的信用卡，一些公司发现可以非常方便地使用信用卡为新公司提供资金。Trilogy软件公司的乔·雷曼德特就办了22张信用卡来资助自己的创业。

当收入下降或要进行财务扩张的时候，已经建立起来的公司通常也需要贷款来渡过难关，它们通常依靠商业银行、投资银行和保险公司的帮助。

9. **政府监管部门**　前面所讲的群体是组织的外部利益相关者，因为他们明显受组织活动的影响。但是为什么**政府监管部门**（government regulators）——建立组织运营的基本规则的监管机构——要被看作利益相关者呢？

案例 当地社团作为利益相关者：汽车制造商对印第安纳州和阿肯色州城镇的影响

印第安纳州的安德森市曾经拥有很多通用汽车的制造厂，为避免交通拥挤，大家必须错开上下班时间。现在，那里已经没有一家通用汽车的制造厂了。安德森的人口从7万下滑到5.8万人。一家台灯制造厂也在2006年倒闭，意味着这个城市失去另外400个家庭。尽管如此，这个城市还是依赖通用汽车公司。大约1万名制造厂的退休者和配偶以及家庭成员收到健康和养老金支票，这反过来支持当地的餐饮业、购物中心、门诊和医院。

对安德森的市长凯文·史密斯来说，依靠退休金获取收入是当前最大的隐患。"我们认识到在未来的有限岁月里，这些退休的人将不再存在，"他说，"这是我们为什么现在要极力创造更多就业机会的一个重要原因，这会雇用许多年轻人，并将他们留在我们的社区。"

印第安纳州和密歇根州等工业化州在继续失去汽车制造业的工作岗位，其他的城镇，尤其是南方城镇，正受益于亚洲和欧洲的汽车公司寻求熟练工人。例如，阿肯色州的奥西奥拉，密西西比河西岸一个9000人的小镇，吸引了电装公司，该公司是丰田公司的子公司，在当地建造了生产空调和供暖系统的工厂。电装公司被说服提高当地的教育水平，资助建立一所特许学校。"我们强烈感受到奥西奥拉的教育在和工业整合，"电装工厂的管理者杰弗里·麦克盖尔说。

思考：

如果你经营一家你的家族所有的企业(非公有企业)，这个企业在这个镇上经历了三代，员工都是当地镇上的人们，你会对该镇有责任感吗？如果你有机会迁移到成本更低的地方呢？如果你经营的是一个公众公司呢？

政府监管部门可以说是利益相关者，因为它们不仅可以影响你组织的活动，同时它们也被组织的活动影响了。例如，美国联邦航空管理局（FAA）指定飞机在空中必须相距多远，防止空中碰撞。但当航空公司在特定路线上增加航班时，FAA不得不增加更多的飞行控制及雷达设备，因为这是它的责任。

10. 特殊利益群体 2007年后期，有报告称，"Gap在印度使用童工丑闻之后开始致力于重建声誉，采取了一系列措施，试图消除产品制造对儿童的剥削来履行它的承诺。"任何组织都能变成特殊利益群体的目标，比如洛杉矶的珍珠商被曝出非法使用童工，在一家英国报纸上的照片显示儿童正在印度的一家工厂为Gap做衣服。

特殊利益群体（special-interest groups）的成员试图影响一些特殊问题，其中一些可能影响你的组织。例如母亲反对酒后驾驶组织、全国妇女组织和全国来福枪协会等。

11. 大众传媒 1989年3月24日，Exxon Valdez油轮在威廉王子湾搁浅，1100万加仑的北极原油泄漏，污染了阿拉斯加海岸线1500英里的海域。这不仅仅是美国污染环境最恶劣的事件，也是埃克森公司（Exxon Corporation）公共关系噩梦永无止境的开始。甚至在19年以后，关于污染海域的重要新闻仍然集中在这次事件上，又一次吸引了公众注意。

埃克森公司的麻烦不是传媒的错误。但是没有管理者能忽视大众传媒的力量——出版、电视、广播和互联网——这些传媒会迅速传播新闻，而不管其影响如何。因此，大多数公司、大学、医院甚至是政府部门，都有专门负责公共关系的人或者部门，有效地与传媒沟通。另外，最高执行官们常常接受指导，如何以最佳方式与媒体打交道。

一般环境

任务环境之外的环境就是**一般环境**（general environment），又名**宏观环境**（macroenvironment），包括六种力量：经济力量、技术力量、社会文化力量、人口力量、政治法律力量和国际力量。

在任务环境中，你可能控制某些因素，但是在一般环境中却不能控制它们。然而，它们可以在你完全不知情的情况下对组织的任务环境产生深刻影响。显然，作为一名管理者，你需要保持长远的眼光，因为一般环境的这些力量会影响到你的长期计划和决策。

1. 经济力量　经济力量（economic forces）由一般经济条件和趋势组成，包括失业率、通货膨胀、利率、经济增长等，这些力量都可以影响组织的绩效。你所在的国家或者地区甚至是全世界都能发现这些力量，然而这些力量是你和你的组织所不能控制的。

美国的银行利率正在上升吗？这会增加你开新商店或者新工厂的借款成本。你所在地区的失业率正在上升吗？或许你将有更多的求职者可以雇用，然而你也会有更少愿意花钱的顾客。在一个重要的供应地区，自然资源正在变得稀少吗？这样你的公司需要花费更多去购买它们或者寻求其他替代性的资源。

管理者经常关注的一个指标就是生产率增长，上升的生产率意味着更高利润、低通胀率和高股票价格。近年来，许多公司通过信息技术来缩减成本，结果就是2004年3%的年生产率增长。（然而在2007年滑落到1.8%）。

2. 技术力量　技术力量（technological forces）指将资源转换成产品或服务的新方法的开发。例如，如果没有发明电梯、空调、内燃机、飞机，现在的美国会是什么样子呢？毫无疑问，在你的管理生涯中，计算机和通信技术尤其是互联网技术，都将继续成为有影响力的技术力量。但是其他的技术趋势也会影响到你。

例如，在未来的几十年里，生物技术很可能将健康与医疗倒置。研究人员已经能够做到克隆动物，有些报告指出他们已经接近克隆人类。

3. 社会文化力量　“我有一位客户，他的身上有各种各样的文身，”加利福尼亚州奥克兰市道格文身店的店主道格说。“这些文身没有主题。她喜欢卡通名字，她的孩子或孙子的名字都是她喜欢的事物。”

当然有一天，我们的子孙会将这些视为守旧的、过时的习俗。这就是社会文化的变迁。**社会文化力量**（sociocultural forces）是影响力和潮流，源于一个国家、一个社会或者一种文化可能影响一个组织的人际关系和价值观。

4. **人口力量**　年龄、性别、种族、性取向、职位、收入、家庭规模等是人们所知的人口特征，用于衡量某个群体。**人口力量**（demographic forces）对组织产生深远影响。这些影响来自于人口特征的变化，比如年龄、性别和种族本源等。

5. **政治法律力量**　**政治法律力量**（political-legal forces）伴随政治而变化，政治改变法律，法律改变组织的机遇与威胁。在美国，无论什么政治观点在当前占统治地位，都会反映在政府如何处理反托拉斯问题上。比如某个公司在特定行业形成垄断。例如，微软公司应该被允许统治个人电脑操作系统的消费市场吗？

由于法律力量，一些国家有发展更健全的法律制度。一些国家拥有更高的人均律师。（威斯康星大学法学教授马克·格兰特说，美国有大约世界上25%的律师，而不是近几年保守党人物反复强调的70%。）美国公司似乎更愿意用法律制度来提高利益，比如起诉竞争对手来获取竞争优势。但是它们也必须小心别的竞争对手不要对自己做同样的事情。

6. **国际力量**　**国际力量**（international forces）随着经济、政治、法律和技术全球化系统而变化，这都将影响到组织的发展。

欧盟的经济一体化对美国公司制造了怎样的威胁和机会？在欧洲的美国大企业都受欧盟的管制和约束。比如，在一个为期三年的反托拉斯案件中，欧盟认为微软公司在他的视窗和办公软件领域有明显的垄断，向其罚款7. 35亿美元，并命令微软减少使其产品与操作系统挂钩来限制竞争以获得优势的做法。我们将在第4章考察全球焦点。

3.3 管理者的道德责任

主要问题：成功的管理者需要有怎样的道德观和价值观？

本节概要

管理者需要了解道德观、价值观、解决道德困境的四个方法，以及组织如何提升道德。

“在做一个守法的人与丢失工作之间做选择是一个难题，”格洛丽亚·阿尔雷德律师说，她代表的是一位由于抱怨老板在办公室运营足球彩票而被解雇的妇女。可以想象，不得不在经济效益和社会效益上作出选择，这也是商业上的道德冲突的最主要内容。这就是**道德困境**（ethical dilemma），在这种形势下，你必须决定是否执行一系列对你或者你的组织有利、但是不道德甚至是非法的行为。

定义道德观和价值观

73%的美国全职雇员说他们在工作中见到过道德失范行为，且36%的人已经被其“干扰”了。我们中的绝大多数人假定自己知道“道德观”和“价值观”的意思，但我们真的知道吗？让我们看一下。

道德观　**道德观**（ethics）是影响我们行为对与错的标准。这些标准广泛地存在于国家和文化当中。**道德行为**（ethical behavior）是根据那些标准被接受的“正确”行为，而不是所反对的“错误”行为。

一个小贴士、一份小费、一个礼物、一份捐赠、一份佣金、一笔咨询费、一笔回扣、一项贿赂，它们的区别是什么？不论钱的总数有多少，每个人都试图通过奖励服务员来获得更好的服务，不论是预期的还是已经完成的。我们对从三家制药公司获取70万美元的医疗团体的期望是什么？用于给医生介绍关于高血压的最新消息的晚餐讲座吗？如果这些讲座的要点是扩展高血压的概念，导致更多人服用血压药物呢？

价值观　受组织的**价值体系**（value system）、价值观模式的影响，道德困境经常发生。**价值观**（values）相对比较恒定、深远，在决定个体行为的时候影响其信念和态度，例如“公平意味着通过能力而不是家庭背景来雇用工人”就是一条价值观。价值观和价值体系是道德和道德行为的基础。

组织或许有两种重要的但相互矛盾的价值体系：（1）价值体系与财务绩效相对；（2）价值体系在员工关系方面增强了组织内聚力和整体感。

解决道德困境的四个方法

不同的价值观如何指导人们决定道德行为？以下四种方法可以作为指导：

1. 功利主义方法：追求最大的好处　**功利主义方法**（utilitarian approach）的道德行为是尽量为最多的人带来最大的好处。管理者经常采用功利主义的方法，运用财务绩效——如效益和利润——作为“为最多的人带来最大的好处”的最佳定义。

因此，一个基于“成本—收益”的功利主义分析可能显示，在短期来看，解雇上千员工可以改善组织的底线，马上为股东提供收益。然而，这种方式的缺陷就是导致员工士气上的伤害，损失了一批有经验有技术的员工，这种损失不能用金钱来衡量。

2. 个人主义方法：追求自己最大的长期利益，这会帮助到别人　**个人主义方法**（individual approach）的道德行为由个人最大的长期利益所指导，这最终符合每个人的个人利益。这个假设就是，你应该通过短期道德行为来避免别人对你长期的伤害。

这种方法的一个瑕疵就是，对个人来说的短期自我获益行为，在长期来说并不能为所有人带来好处。尽管农业企业的管理者每年将化学肥料施在作物上总会获益，但是化学药物减少了鱼的数量，下游的渔业将遭受灾难。事实上，这也是为什么在西北太平洋的奇努克鲑鱼，或者说是大鳞大马哈鱼濒临灭绝的原因。

3. 道德权利方法：尊重每个人的基本权利　**道德权利方法**（moral-rights approach）的道德行为由对人类基本权利的尊重所指导，例如美国宪法的《权利法案》。

我们都应该同意，反对人类的生存权利、自由权利、隐私权利、健康和安全权利和正当法律程序权利都是不道德的。

然而，这种方法的困难就是权利的冲突，比如雇主和员工的权利冲突。员工在工作中有隐私权利吗？事实上，雇主旁听商务电话并且监视所有非语言个人交流是合法的。

4. 公正主义方法：尊重公正公平的准则 **公正主义方法**（justice approach）的道德行为由对公正和公平准则的尊重所指导。这里的一个考虑就是组织的政策——例如控制晋升、性别歧视案例，是否被认为是公正无私的，不论性别、年龄、性取向和喜好。

公正常常是比较热的话题。例如，当公司CEO的薪水和分红是普通员工的上百倍，甚至是在公司不景气时，高层管理者还能获得很高报酬时，员工都会非常愤怒。

安然、萨班斯法案和道德训练

从2001年起，他们的名字反复在报纸头条出现。泰科国际公司前任CEO丹尼斯·科兹洛斯基（Dennis Kozlowski）现在正因为盗窃罪、共谋罪、证券欺诈罪、伪造商业记录、非法收入6亿美元来享受奢华生活而服刑。世通公司前领导人伯纳德·埃博尔(Bernard Ebbers）因导演了美国历史上最大的联合欺诈罪而获得了25年监禁。82岁的约翰·里加斯（John Rigas）是阿德尔菲亚（Adelphia）的前任主席和CEO，由于18起银行欺诈和共谋而获罪，正在监狱里服刑，刑期是15年。杰弗里·斯基林（Jeffrey Skilling）是安然的前CEO，安然是总部位于休斯敦的能源巨擘，他也为相似的罪名获罪，刑期是24年。罗伯特·特罗斯滕（Robert Trosten）是瑞富集团（Refco Group）前首席财务官，其在2008年由于欺诈罪、共谋罪，帮助他人隐瞒数亿债务而获罪，他将在监狱里度过85年。

白领疯狂犯罪给我们带来的感觉仅仅是让我们深出了一口气吗？很不幸，结果是否定的。现在仍有大量的公众和公司担忧这件事。

公愤和萨班斯—奥克斯利改革法 高层管理者各种形式的欺骗引发的很多公愤，不仅仅存在于员工和遭受巨大损失的利益相关者中（比如大部分安然的员工和投资者几乎失去了一切）也存在于政府监管部门和官员。结果，美国国会通过了**《2002年萨班斯—奥克斯利法案》**（Sarbanes - Oxley Act of 2002，简称萨班斯法案），这个法案确立了公共公司的正确财务记录要求和对违规的处罚。

人们怎样学习道德？科尔伯格的理论 美国商业历史中偶尔洋溢着企业的丑闻，从铁路大亨试图垄断黄金市场（1872年动产信贷公司丑闻）到对政府说谎（2004年玛莎·斯图尔特案）。而立法，如萨班斯法案，并不能阻止所有类似行为。毫无疑问，现在许多大学和学院需要更多的道德教育。

“学校要对一些管理人员的行为负有责任，”弗雷德·J·埃文斯（Fred J. Evans）说，他是在北岭的加利福尼亚州立大学的商业和经济学院院长，“如果你在商界犯了系统性的错误，你不得不回到学校询问‘你教给我们的是什么？’”或许会有一些方法，但是：2006年一项针对5万名毕业生的报告发现26%的商务专业学生承认在考试中严重作弊，54%的人承认伪造签名。

当然，大多数学生的道德发展水平受他们到学校之前就存在的个人特质和家庭教育的影响，其中一些人会比别人更优秀。心理学家**劳伦斯·科尔伯格**（Laurence Kohlberg）将个人的道德发展水平分为三个层次——前习俗水平、习俗水平和后习俗水平。

第一层次，前习俗水平——遵守规则。达到这个水平的人倾向于遵守规则，尊敬权威，避免不愉快的结果。第一层次的管理者倾向于专制和强制，期望员工为了顺从而顺从。

第二层次，习俗水平——遵从别人的期望。道德发展到这个水平的人是顺从主义者但不是盲从的。大体说来，他们的生活遵从别人的期望。第二层次的管理者受激励和合作影响，倾向于团队或小组导向。大多数的管理者都在这个层次。

第三层次，后习俗水平——受内心价值观引导。这是道德发展水平的最深层次，第三层次的管理者是独立的灵魂，他们遵从自己的价值观和标准，关注员工的需求，试图通过授权来领导员工。只有大约五分之一的美国管理者能达到这个水平。

你觉得你达到了哪一个层次的发展水平呢？

组织怎样改善道德

下面是三种组织培养高道德标准的方式：

1. 高层管理者支持强烈的道德氛围 “高层的声音是关键——员工看到的是什么，就做什么，”Booze Allen & Hamilton咨询公司的副总裁和首席财务官玛莎·克拉克·戈斯（Martha Clark Goss）说，“我们有阳光般的规则，这些规则要求员工考虑当他们站在高层管理者角度去思考时，他们会有什么感受，并解释一笔特殊的商务花费。这是一个好的原则，但只是作为指导性原则。人们通常会向上司学习。”

如果高层管理者“在问题上挤眉弄眼”，或者在道德行为上“顾左右而言他”，这都将使员工与组织越走越远。

2. 道德准则和培训项目 **道德准则**（code of ethics）是指导组织行为的正式的、书面的道德标准。大多数准则在怎样对待顾客、供应商、竞争对手和其他利益相关者方面提供指导，目的就是声明高层管理者对所有员工的期望。如你所想，大多数准则禁止贿赂、回扣、挪用公司财产、利益冲突和伪造财务账目、伪造错误的统计数字和其他记录。道德准则通常涉及的其他领域有政治捐款、员工多样性和公司信息保密等。

另外，2005年一次人力资源管理协会的周度调查显示，32%的人力资源从业者指出他们的组织提供道德培训。方式非常广泛，其中一种是用案例向员工展示道德困境。通过阐明公司对员工的期望，这种培训可以减少不道德行为。

3. 奖励道德行为：保护告密者 只是惩罚不道德行为远远不够，管理者必须奖励好的道德行为，比如鼓励（或者说至少是不打压）告密者。

告密者（whistleblower）是指举报组织中违规行为的员工，例如健康和安全事故、浪费、腐败、对顾客不负责任。比如，关于职业安全和卫生管理的法律允许员工报告不安全情况，如“暴露于有毒气体；使用可以切掉手指的危险机器；使用可以使员工感染艾滋病毒的污染针头；重复手势产生的损伤，不论是在电脑键盘上或者是肉类工厂中”。

法律禁止雇主解雇报告工作环境恶劣的员工，尽管有报告发现三分之二的员工由于抱怨丢失了他们的工作。在一些案例中，告密者可能会获得奖励。例如美国国税局有权对告密者进行奖励，奖励金额高达涉案金额的30%。

3.4 管理者的社会责任

主要问题：对社会负责任是否真的必要？

本节概要

对于社会责任，管理者要了解支持的和反对的观点，并由此决定自己管理的组织是否要进行经济上的投入。

如果道德责任是要成为一个好的公民，那么社会责任意味着要成为一个好的组织公民。更正式地说，**社会责任**（social responsibility）是管理者的一种义务，意味着他必须采取行动来造福社会和他的组织。从个人扩大到组织，社会责任也可以称

案　例　**企业社会责任：联合利华的 21 世纪战略**

价值520亿美元的由荷兰、英国的公司合资成立的联合利华公司，是宝洁的竞争对手，现在不仅把焦点放在卖出更多的肥皂，更是在努力通过帮助人们战胜贫穷、水资源短缺以及气候变化带来的影响来创造一个更好的世界。该公司在巴西圣保罗的贫民窟建立了一个免费的社区洗衣店、投资环保滴灌、回收牙膏厂的废弃物、帮助印度偏远乡村妇女开办小型企业，并在其工厂减少二氧化碳的排放量。

这样做的原因并不只是为了公共关系。“公司大约40%的销售额和绝大部分的增长现在发生在发展中国家，”《商业周刊》写道。而且，“随着环境管制在世界各地日益严格，联合利华必须投资于绿色技术，否则它在包装食品、肥皂和其他商品上的领导地位就会岌岌可危。”

思考：

显然，社会责任可能有超出无私行为本身的利益。你能够想出一些没有履行任何社会责任的、高利润并且合法的企业吗？

为**企业社会责任**（corporate social responsibility，CSR），也即组织被期望采取的行动，并不仅仅是遵守法律法规和制造利润。

根据佐治亚大学商业学者**阿奇·B·卡罗尔**（Archie B. Carroll）的观点，在组织的义务金字塔中，企业社会责任位于最高层，那里还有经济、法律、道德义务。也就是说，虽然一些人依然坚持公司首先要做的就是创造利润，但是卡罗尔提出，组织的责任在全球经济中应该采取以下的排列顺序：（1）成为一个优秀的全球组织公民，（2）遵守道德，（3）遵守法律，（4）创造利润。

社会责任有价值吗？反对和支持的观点

在残酷的资本主义早期，社会责任是不被考虑的。一个公司首要的目标是通过各种手段尽可能地取得利润，即使由此造成的后果很严重。今天，营利企业则普遍认为在获得利润的同时需要"回馈给社会一些东西"。

然而，并不是每个人都支持这种新的观点。来看看这两种观点：

反对社会责任　自由市场经济学家米尔顿·弗里德曼（Milton Friedman）认为："没有任何趋势能够彻底地破坏自由社会的基础。一个公司不可能只接受社会责任，而不去为它的股东尽可能地获取最大利润。"

弗里德曼代表的观点是，如他所说，"商业组织的社会责任就是创造利润。"一个公司，只有把精力放在最大化利润上，才能提高产品和服务，如果分散精力，就得不到好的效果。这样才能使股东获益、创造工作机会、促进经济增长，这才是公司存在的真正社会理由。

这种观点刚好验证了一些公司表面上将公司的总部建在离岸的加勒比海避税天堂，而实际上它们的总部还是在美国本土，这样只是为了减少税务负担。

支持社会责任　著名经济学家保罗·萨缪尔森（Paul Samuelson）说："当前大公司不仅应参与社会事务，它们应该更好地去履行其社会责任。"那就是，一个公司必须像对待其公司利润一样关注社会福利。

除了道德义务的事实之外，这种观点也有一个合理的逻辑关系，既然企业制造了问题，例如环境污染，那么它就应该帮助解决问题。再者，它们通常拥有解决问题的资源，而非营利部门却没有这种资源。最后，对社会负责任能够使企业树立良好的公众形象，从而帮助其抵抗政府的管制。

综合价值的观点：权衡经济效益和社会效益

杰布·埃默森（Jeb Emerson）曾经是一名社会工作者，现在在斯坦福大学商业研究生院做一名讲师，他提出，"如果不只从商业利润上来衡量一个商业组织，那我们应该怎么做？"引起了人们的关注。根据埃默森的观点，"我们倾向于把价值分为两种：经济价值和社会价值。如果你为非营利组织工作，那么你创造的是社会价值；如果你为营利组织工作，那么创造的就是经济价值。"实际上，营利组织也创造社会价值：它们创造了工作机会（这样可以供养家庭），创造了改善人们生活的产品，它们缴纳的税款有助于建设当地社区。相对地，非营利组织也创造了经济价值，因为它们同样创造了工作机会，消费产品和服务。（非营利组织代表了7%的GDP。）

综合价值（blended value）就是指所有的投资同时具备经济和社会领域的价值。埃默森说："这两者之间并没有'权衡'，而是一个并发的价值追求。经济价值和社会价值不是独立的，而是同时共存的。这两种价值都不能离开彼此而存在。"

埃默森提出，经济价值和社会价值（包括环境价值）都是价值的组成部分。这里存在的问题是：经济价值可以通过数字来衡量，但是衡量社会价值就困难得多。衡量环境的影响需要仅仅是过去5~10年的事，而更需要5~50年去了解如何充分地追踪和报道社会价值。埃默森相信，"有不断增加的压力来促使公司去理解、量化和衡量它们的社会影响，这是必然的趋势。成功的公司将会懂得，拥有完整的价值主张意味着拥有更多的机会。"

两种类型的社会责任：可持续性和慈善事业

2006年，一些重要事件充斥着新闻媒体，提升了美国公众关注两项与企业和社会责任相关的重要事务的意识——可持续性和慈善事业。

可持续性：绿色商务　通用电气、沃尔玛、丰田和其他公司发起了一场"绿色营销"运动，旨在推广环境友好型的事业、产品或商店。而且，明显的气候变化、破坏性的飓风，以及在美国乃至世界各地发生的灾难，都引起了人们对"绿色行动"的重视。美国前副总统阿尔·戈尔（Al Gore）出版的《难以忽视的真相》一书和拍摄的同名纪录片将全球变暖和可持续发展的商业模式的概念深入人心。

我们的经济体系带来了繁荣，但是同时也造成了商业活动的不可持续发展，因为它假定自然资源是无限的，但实际上不是的。**可持续性**（sustainability）是指经济的发展在满足当前需求的条件下不影响后代的需求。通用电气曾经因制造变压器产生的多氯联苯而污染了哈得逊河，现在他们已经积极地变绿，并承诺每年投资15亿美元来研究更清洁的技术。这样的措施是有好处的，它能够提高他们产品的影响力。但是一些对环保没有采取积极主动态度的企业却不得不去面对不令人喜欢的抵制活动。例如，埃克森美孚就因为其挑战全球变暖理论和侵犯北极国家的野生动物保护区而遭到了股东和环境保护者的抵制。相反，英国石油公司因提倡减少碳排放而免受抵制。

慈善事业："不要将财富带进棺材"　19世纪钢铁大王安德鲁·卡内基在他将兴趣从赚钱转向**慈善事业**（philanthropy），即对有益于人类的慈善捐献时说过："不要将财富带进棺材。"卡内基的出名正是从他支持成立免费图书馆开始的。

最近，世界首富比尔·盖茨宣布，他将在2008年辞去公司的职务，尽管这家公司是由他一手创立、并经过夜以继日的辛苦经营才发展起来的，转而专注经营由他创立的拥有290亿美元的慈善基金。比尔和梅琳达·盖茨基金会承诺将提供数亿美元致力于健康、教育以及克服贫困。同时，世界第二富豪巴菲特声称他将斥资310亿美元到盖茨基金会用以研究治疗世界疑难疾病的方法

实际行动 绿色行动：企业和个人如何抵抗全球变暖

亚当·韦巴赫（Adam Werbarch）说："当沃尔玛成为全球最大的零售商时，他们并没有理解随之而来的责任，甚至没有意识到他们受到的关注。但现在他们尽可能作出了改变，无论你是喜欢还是讨厌沃尔玛，与我曾经从事的环境保护组织相比，他们是为可持续发展做得最多的。"

该观点备受关注的原因，不仅仅是因为韦巴赫曾经是塞拉俱乐部（Sierra Club）的负责人，同时也因为他在旧金山的环保咨询公司将沃尔玛吸纳为它的一名顾客。韦巴赫称：沃尔玛有大量的工程师来进行不断地改进。如改变包装的尺寸，选择性地关闭一些显示屏幕用于省电。他还提到，如果你是这个国家最大的用电客户，那这将是一笔很大的节省。

联合国政府间气候变化专门委员会（IPCC）2007年报告称：如果没有立即行动，全球温室效应将带来"不可逆转"的改变。IPCC称我们可以通过大量投资新能源来保护我们的地球，麦肯锡公司的一名能源专家称，通过投资新能源可降低28%的温室气体排放；通过能源节省活动，小企业可降低20%～30%的能耗。

有很多事情需要个人和企业去执行，努力对抗全球变暖，尽管这是个棘手且复杂、同时需要更多研究的问题。

增加回收

将美国的回收率从30%提高到60%，每年可节省相当于315万吨原油（参见www.earth911.org）。旧电脑和其他电子产品可以回收或者捐赠（参见www.eiae.org）。

安装节能灯

荧光灯比普通白炽灯更贵，但它的寿命是白炽灯的10倍，而且产生的热量要低90%。从长期来看，荧光灯也更便宜；将30盏白炽灯换成荧光灯，在这些白炽灯的使用寿命里可以节省1000美元。

购买能源之星产品

能源之星产品效率更高（参见www.energystar.gov）。如果每个家庭中的电视、DVD播放机、VCR以及电话均使用该系列产品，将相当于减少了300万辆汽车的排放。

使用绿色能源

现在，美国超过一半的家庭使用的是可再生能源——通过风力、太阳能、生物能来发电，还有水电，以及各种植物材料供电；利用新能源供电，一般居民家用电花费在5美元左右。目前美国风力发电占美国用电消耗的1%（参见www.eere.energy.gov/greenpower）。

电子存储文件

鼓励员工和客户使用电子存储文件而不是数以万计的打印纸张，既可以减少浪费，又可以节省开支（参见www.greenbiz.com和www.greenerworldmedia.com）。

除个人以外，一些企业也在做一些慈善事业，例如，谷歌承诺将其1%的收入用于全球公共环境改善。其慈善事业的受益者涵盖了从抵抗疾病，到开发商业化的插入式电动车等一系列团体。但是甚至是普通个人也可以成为某种类型的慈善者。莫娜·珀迪是伊利诺伊州的一名发型师，在一次危地马拉的度假中，注意到许多孩子用柏油将他们的脚包起来，为的是能够参与本地的赛跑。因此，她回到家中并创立了非营利组织“分享你的鞋子”，它收集鞋子并发送至世界各地。“我一直认为我太忙了，没法帮助他人，”她说，“现在我开始帮助别人并发现自己惊奇于我生命中的这一部分。”

负责任的回报

从一个头脑清醒的管理者的角度来看，道德行为和高度的社会责任能带来经济上的回报吗？这里有一些研究证实的东西。

对客户的影响 根据一项调查，88%的参与者说他们更倾向于从具有社会责任的公司买东西。另一项针对2037名成年人的调查发现，72%的人倾向于到商业行为具备道德责任和高价位的公司购买商品和服务，相对而言，18%的参与者倾向的公司则是商业行为有问题和低价位。

对求职者和在职员工的影响 道德责任可以影响申请到该组织工作的人员的质量。一项针对1020名参与者的在线调查显示，83%的人表示在决定接受工作岗位时，公司的商业道德记录是“非常重要的考虑因素”，而仅有2%的参与者认为这“不重要”。一项全国性的商业道德调查显示，79%的员工说他们公司对道德的关注是使他们留下的关键因素。

对销售增长的影响 公司的违法活动宣布以后可能减少好几年的销售增长。一项调查发现，80%的人在决定购买一家公司的产品或服务时，会部分基于该公司的道德观念。

对公司效率的影响 一项调查发现，在去年出现管理不善的公司中，71%的（公司的）员工很少看到或是从没看到诚信的应用，52%看到诚信的偶尔应用，25%经常看到诚信的应用。

对公司收益的影响 根据美国注册舞弊审核师协会的报告，员工欺诈的不道德行为使美国组织每年损失6520亿美元。员工欺诈发生的次数两倍于消费者欺诈行为（例如信用卡诈骗和身份盗窃），使雇主每赚一美元就损失掉其中的20%。

对股价的影响 一项调查发现74%的参与者认为公司的诚信直接影响他们决定是否买入其股票。更早的研究表明投资于不具道德责任的公司，长期而言会有负收益。

对盈利的影响 研究表明，诚信和企业公民方面的名声会增强盈利。

道德行为和社会责任已不仅是令人尊敬的运营方式。它们给予一个组织明显的竞争优势。

3.5 劳动力的多样性

主要问题：管理者应该了解工作场所多样性的哪些趋势？

本节概要

如今，最重要的管理挑战之一是与各种不同类型的利益相关者一起工作，他们有着多样化的年龄、性别、种族、信仰、民族、性取向、能力和社会经济背景。管理者应该意识到内在和外在多样性维度的不同以及多样性的障碍。

我们的人口不断改变。随便举三个例子：

- **种族**：在美国，非西班牙裔白人的比例从1950年的76%降到了2005年的67%。
- **信仰**：2008年的一项调查发现，44%的成年美国人说他们的宗教或信仰不同于他们小时候的宗教或信仰。
- **怀孕/工作模式**：另一项2008年的调查发现，更多的美国女性（67%）相比于四十年前（44%）在怀孕期间工作更长时间，并更快返回工作。

多样化可能有它的好处，但是它也是管理中的一个重要挑战。下面我们探讨这一点。

如何认识多样性：哪些不同是重要的？

多样性（diversity）代表人们所有的相同和不相同方面：在年龄、性别、种族、信仰、民族、性取向、能力和社会经济背景上的不同和相似。作为一名管理者，要注意“多样性”与“不同”含义并不相同，多样性包括不同和相似。这意味着管理者需要协调两者的关系。

为了区别人们在某些重要方面的不同，多样性专家李·戈登斯瓦茨（Lee Gardenswartz）和安妮塔·罗（Anita Rowe）定义了“多样性转轮”，它包括四层多样性：（1）个性；（2）内在维度；（3）外在维度；（4）组织维度。（见图3-2。）

个性 多样性转轮的中心是个性。把它放在中心是因为**个性**（personality）是指决定一个人身份的稳定的身体和精神上的特征。我们将在第11章讨论个性维度。

内在维度 **多样性的内在维度**（internal dimensions of diversity）是指那些在我们生活的每个阶段都能发挥有力、持久效果的差别，如性别、年龄、种族、民族、性取向和身体的能力。这些被认为是多样性的基本维度，因为它们不在我们的控制范围内。但是它们强烈影响着我们对其他人的态度、期望和设想，同样反过来影响我

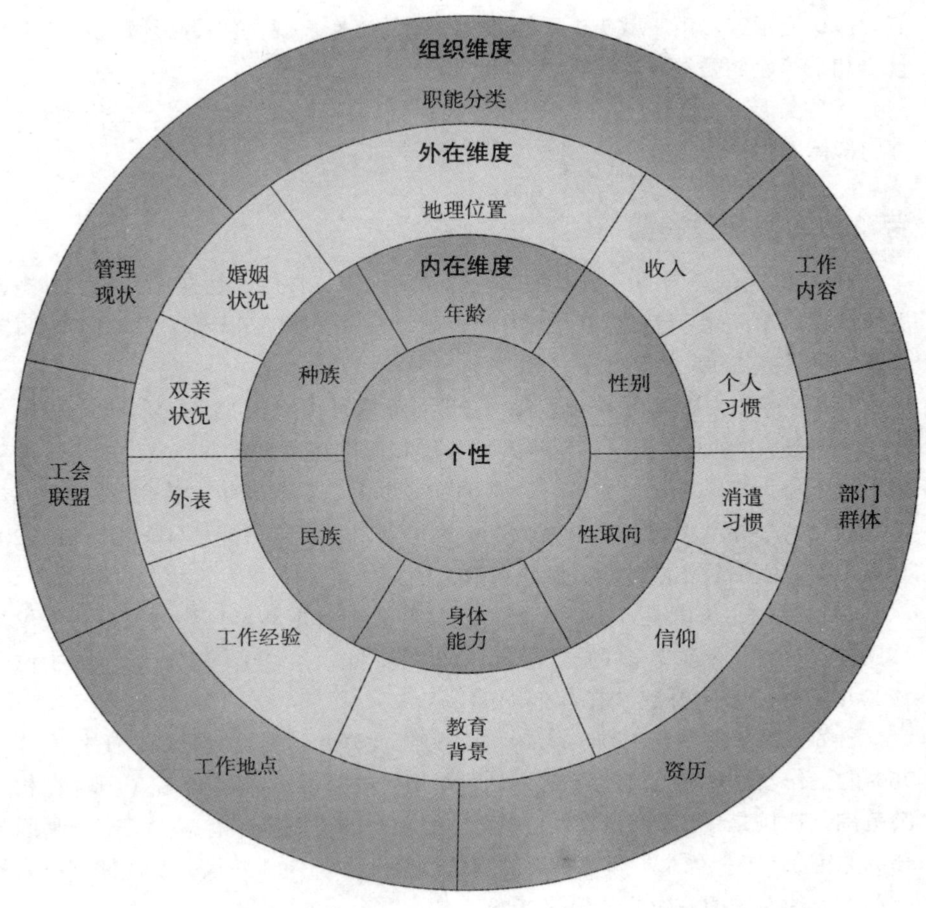

图3-1　多样性转轮

们自己的行为。

多样性的内在维度的特征是易见和显著的。因为这些特征十分易见，所以它们与某些一成不变的观念有联系，例如黑人做粗活。一个非洲裔美国女性中层管理者在报告中写道，“在一次度假中，当我坐在度假村的游泳池边时，一名五十岁左右的白人男性接近我，要我给他拿毛巾。我说，‘什么意思？’他说，‘噢，你不在这工作啊。’语气中没有一点困窘和歉意。”

外在维度　**多样性的外在维度**（external dimensions of diversity）包括一种选择因素，指一些在人们生活中可以培养、丢弃、改进的个人特征，诸如教育背景、婚姻状况、双亲状况、信仰、收入、地理位置、工作经验、消遣习惯、外表、个人习惯。比起内在维度，我们有更强的能力去影响或控制它们。

这些外在维度在我们的感知、行为和态度上也发挥着显著影响。举个例子，如果你不是信仰穆斯林，你可能对它的一些做法的重要性没有感觉。亚特兰大一家安检公司的几个管理者将在杜勒斯国际机场的安全岗位上工作的7名带伊斯兰教头巾的妇女遣送回了家。由于戴头巾不会影响她们的工作表现，公司必须赔偿这7名妇女并且要和平等雇佣委员会商议解决此问题。

组织维度 组织维度包括职能分类、管理现状、工会联盟、工作地点、资历、部门群体、工作内容等。

劳动力的多样性趋势

在21世纪，美国的劳动力是如何变得更加多样性的？让我们分析五种多样性维度来认识这个问题：包括内在维度中的年龄、性别、种族/民族、性取向和身体能力，以及一种外在维度：教育水平。

年龄：劳动力中有更多老年人 管理哲学家彼得·德鲁克认为，最显著的人口统计学事件是，“在发达国家，年轻人的数量和比例在迅速减少……这些更少的年轻人将不得不努力推动经济的发展，并帮助赡养更大数量的老年人。”在欧洲和日本，出生率和死亡率并不相同。例如，意大利的人口到21世纪末可能从6000万下降到2000万。甚至中国也面临着年龄差距，意味着这个国家可能面临廉价劳动力的短缺。

德鲁克说，美国是唯一一个经济发达并且拥有足够年轻人的国家，仅仅是因为移民到美国的人有着较多的家庭成员。即便如此，预计美国工人的年龄中位数将从1980年的34.3岁上升到2012年的41.4岁。

性别：更多女性在工作 从20世纪60年代开始，女性大量涌入工作岗位，大约75%的工作女性年龄在25 ~ 54岁，而50年代的时候还只是40%。（男性在相同的年龄范围，比例是90%。）虽然女性在整体劳动力的比例上略有减少（部分是因为生小孩的原因），如今女性掌握着一半的管理和专业性工作。并且，女性拥有越来越多的企业，大约占美国非农业公司的30%。

一般地说，女性和男性在每年工资在25,000美元到30,000美元之间的工作上挣得的工资差不多。收入越高，教育水平越高，收入的差距越大。男性挣1美元，一个女收银员挣93美分，一个行政助理挣93美分，一个注册护士挣88美分。但是，对一个女内科或外科医生，能挣59美分，一个女律师或法官挣69美分，女大学教授挣75美分，女心理学家挣83美分。女性进步的障碍被认为是**玻璃天花板**（glass ceiling）——阻止女性的无形阻碍的比喻，只有少数人被提升至高管职位。例如，根据猎头顾问协会的调查，357个全球高级行政官中的56%报告他们公司的最高行政人员中有一个或者没有女性。2006年，在《财富》500强公司中女性在执行官职位中仅占15.6%。

什么因素导致女性落后呢？有三方面原因被人提及：负面刻板印象、缺乏指导者和有限的一线管理或普通管理经验。对那些在《财富》1000强公司成为副总或者更高职位的女性，四项策略在她们的成功中起至关重要的作用：始终如一地超越所期望的表现、培养男性管理者感觉舒适的风格、寻求困难或具有挑战性的任务和拥有影响力的指导者。

然而有趣的是，一些研究显示女性管理者在几乎每件事情上胜过她们的男性搭档，从激励他人到促进沟通，到保持高质量工作，到设定目标到指导员工。确实，

Catalyst的一项关于公司女性群体的研究发现，拥有更多女性执行者的公司有更好的财务表现。我们在后面的章会深入讨论这一点。

种族和民族：劳动力中有更多的有色人种 到2020年，美国成年劳动力中的有色人种预期达到37%（西班牙裔/拉美裔占17%，非洲裔美国人占13%，亚裔美国人占6%，土著美国人占0. 8%）。不幸的是，三种趋势显示美国商业需要在人口方面做得更好。

首先，有色人种已经碰到玻璃天花板。例如，在2001年，在所有的管理和专业工作中，非洲裔美国人仅11. 3%，西班牙裔只占10. 9%。

第二，少数民族倾向于挣得比白人少。2006年，非洲裔美国人的家庭收入中位数是32,000美元，西班牙裔是37,800美元，白人是50,700美元。（亚裔家庭有最高的收入中位数，64,200美元。）

第三，一项关于200名黑人管理者和139名西班牙裔雇员的研究表明，他们成功的机会受到明显种族歧视的伤害。相比白人而言，非洲裔美国人的工作成果被接受的概率低。另一项研究发现与890名白人管理者相比，44名黑人管理者经历提升的速度更慢。这样黑人比白人执行者的流失率高40%就不足为奇了。

现在，雇主不得不开始意识到在种族和民族关系中的另一项问题——他们雇用的劳动者是否合法。根据皮尤拉美裔中心2006年的一项研究，20个工人中有1个是非法移民。他们在农场的比例占到四分之一，女仆和管家中占六分之一，在建筑工作中占七分之一，在餐馆中占八分之一。像佐治亚州的地毯生产商Mohawk Industies这样的公司长期依赖墨西哥和其他拉丁美洲的移民，他们大多数是非法移民。

性取向：男同性恋和女同性恋更加明显 根据估计，在美国人口中，男同性恋和女同性恋占6%。四分之一至三分之二的人报告说，他们在工作中受到歧视（男性对他们直接的消极态度多于女性）。一项2003年的研究发现，41%的同性恋员工说，他们因为性取向问题而被人厌烦，被迫辞职或者被拒绝提升。根据报告，比起异性恋员工，同性恋员工压力水平更高，这种现状的来源之一可能是，在很多州，对于解雇一个员工来说，同性恋关系仍然是一种合法的法律依据。最终，同性恋和双性恋的男性员工挣的钱比同等水平的异性恋者要少11% ~ 27%。

性取向问题有多重要？如果管理者重视雇用并留住工作人才，他们就不会忽视员工中6%的人的积极性和生产率。许多雇主认识到：排名前500的美国公司中有430个现在的政策禁止基于性取向的歧视，一半以上的公司为同性夫妻的另一半提供帮助。

具有不同身体和心理能力的人们 根据美国劳工部的统计，每六个美国人中就有一个有一种身体或者心理上的缺陷。自1992年以来，我们已经通过了禁止歧视残疾人的《美国残疾人法案》（Americans with Disabilities Act），并要求组织合理容纳个人的缺陷。

即使这样，残疾人找工作仍有困难，大概三分之二的残疾人失业。（例如，盲人中有大约70%的人失业。）在接下来的几年里，这毫无疑问也会是一个管理者正在逐步挖掘的人才库。

教育水平：教育和劳动力需求的不匹配 教育和劳动力之间的两个不匹配是：

· **大学毕业生从事不需要这么高学历的工作**。大约27%正在工作的人有大学文凭。但是有些人**大材小用**（underemployed），在不需要这么高学历的工作上工作，例如吧台维护、管理录像带店，或者其他有较低教育水平的人可以做的工作。

在2000—2004年间，一个针对2350名大学毕业生的全国性调查发现，18%的人大材小用。据估计，就总体劳动力而言，无论是否受过大学教育，大约四分之一的人是大材小用了，这种现象伴随着更高的旷工率、犯罪率、未婚生子和较低的工作积极性、工作参与和心理健康。

· **高中辍学生和其他人可能不具有很多工作需要的读写能力**。美国教育部最近的一项研究发现，在全国最大的100个公共学区，有31%的学生退学或者毕不了业。另外，在1992年到2003年间，读写能力在各个教育层次中都得不到重视。就像已经被断言的那样，多于三分之二的美国劳动力的读写水平在9年级以下水平，这对于雇主来就说是一个严重问题，因为大约70%的工作的读写材料在这个水平之上。

多样性的障碍

一些障碍是多样化的人们自己建立起来的。但是，大多数障碍是被各组织建立的。当我们谈到“组织的障碍”，我们当然是指组织中尤其是那些在组织里待过一段时日的人们，他们抵制更加多样化。

抵制变化通常是一种所有管理者时不时遭遇的态度，而抵制多样化就是其中一种。可以用如下六种方式表达。

1. **刻板印象和偏见** **民族优越感**（ethnocentrism）是指坚信自己的母国、文化、语言、能力或行为优越于别的文化。怀有刻板印象和偏见的人将差异视为为弱点，他们认为雇用多样化的人会导致能力和质量上的牺牲。

2. **对逆向歧视的恐惧** 一些员工害怕在他们的组织里尝试更多样化会导致逆向歧视，例如，更多黑人或者亚裔员工被提升，这会使他们爬到更多训练有素的白人头上，导致白人首领或者警察副官遭到解雇。

3. **抵制多样化项目的优先权** 一些公司，例如3M在如何相处方面，提供容纳多样性的指导。一些员工可能会认为多样化项目使他们从组织的“真正工作”中分心。另外，他们会憎恨提出这一多样化的政策，这些政策使组织绩效评估和奖励制度的特殊标准提高了。

4. **不利的社会环境** 多样化的雇员可能会排斥在办公室友情和社交活动之外。

5. **缺少对家庭需求的支持** 在美国的大多数家庭里（63%，根据美国劳工统计局），父母亲都工作；有29.5%的家庭只有父亲工作，4.5%的家庭只有母亲工作。但是越来越多的女性随经济环境的好坏，不断充当家庭主妇或者工作的角色。但是在大量的家庭中，仍然主要是女性照顾孩子，做家庭杂务。当组织不再支持提供灵活的工作时间和职责，这些女性可能会发现在晚上和周末工作或者需要过夜的商务旅行比较困难。

6. 缺少对职业规划的支持　组织可能没有针对不同职工的需求提供适合他们的环境。另外，组织可能也没有提供的正式培训或者指导来帮助他们提高政治头脑，从而去做联络工作和其他活动。

本章小结

3.1　组织内部的利益相关者

管理者在两个由利益相关者组成的组织环境中运作，即内部环境和外部环境。这些利益相关者的利益都受到组织行为的影响。第一个环境是内部环境，包括员工、所有者和董事会。

3.2　组织外部的利益相关者

利益相关者的外部环境包括任务环境和一般环境。

任务环境由11个群体组成，他们交给管理者每日处理的任务：（1）付钱来使用组织的产品和服务的客户；（2）竞争着客户和资源的竞争者；（3）为其他组织提供物品，如原材料、服务、装备、劳动力或者能源的供应商；（4）帮助其他组织销售其产品和服务给客户的分销商；（5）齐心协力实现组织优势的战略盟友，这些优势是组织无法单独完成的；（6）工会和员工协会等员工组织；（7）依靠该组织的税收、薪水和慈善捐献的居民、公司、政府和非营利组织等当地团体；（8）与组织交易的商业银行、投资银行和保险公司等金融机构；（9）制订组织运作基本规则的政府监管部门；（10）其成员试图影响那些可能会影响组织的特定因素的特殊利益群体；（11）影响组织公共关系的出版、广播、电视和互联网等大众媒体。

一般环境包括六种力量：（1）经济力量，包括一般经济条件和趋势——失业、通货膨胀、利率、经济增长，这些可能会影响一个组织的业绩；（2）技术力量，把资源转换成产品和服务的新方式；（3）社会文化力量，是指源自国家、社会、或者文化的可能影响组织的人际关系的影响力和趋势；（4）人口力量，影响组织在人口特征上的变化，例如年龄、性别和种族来源；（5）政治法律力量，指的是政治塑造法律、法律塑造组织的机遇和威胁；（6）国际力量，通过改变经济、政治、法律和全球技术系统来影响组织。

3.3　管理者的道德责任

道德是影响行为对错的标准。道德行为是根据这些标准可以用“正确”和“错误”来评判的行为。

由于组织的价值体系，道德困境经常发生。价值观是相对永恒的并且根深蒂固的信念和态度，这些信念和态度确定一个人的行为。

解决道德困境有四个方法：（1）功利主义方法。道德行为由那些可以实现最多人的最大利益的标准来指导；（2）个人主义方法。道德行为由那些可以实现个人最大的长期利益，最终也符合每个人的自身利益的标准来指导；（3）道德权利方法。道德行为由对人类基本权利的尊重，如美国宪法权利法案中所表达的那些权利的尊重为指导；（4）公正主义方法。道德行为由尊重公平、公正的标准为指导。

公众对白领犯罪的愤怒导致《2002年萨班斯—奥克斯利法案》的产生，该法案确立了对公共公司和违规处罚保存适当的金融记录的要求。

劳伦斯·科尔伯格提出了道德发展的三个水平:(1)道德发展的前习俗水平。人们往往遵守规则、服从权威;(2)习俗水平。人们是顺从者,一般服从他人的期望;(3)后习俗水平。人们遵循其内在的价值观。

这里有三种方法可以促进组织培养高道德标准:(1)高级管理者必须支持强大的道德氛围;(2)组织可能拥有正式的书面道德标准组成的道德守则;(3)组织必须奖励符合道德的行为,不得打击那些报告组织不好行为的举报者。

3.4 管理者的社会责任

社会责任是指管理者有责任采取有利于社会利益和组织利益的行为。

社会责任的理念有反对和支持两种观点。反对的观点是:公司的社会职责是盈利;支持的观点则认为:因为公司造成了一些问题(比如污染等),它应该帮助解决这些问题。

有人建议,商业组织不能只被认定为盈利,它具有综合价值,其中所有的投资应当被理解同时具备经济领域和社会领域的价值。

社会责任的两种类型是:(1)可持续性,定义为经济发展满足当前需求,但是不损害或危及后代子孙的需求;(2)慈善事业,进行慈善捐献以惠泽人类。

良好的道德行为和社会责任可以得到多种形式的回报,如:客户的良好意愿、更优秀的求职者、稳定的员工、提高销售业绩增长、更少的员工失误或欺诈、更高的股价和更好的收益。

3.5 劳动力的多样性

多样性体现在人们在各方面的差异:年龄、性别、种族、信仰、民族、性取向、能力和社会背景等等。

多样性存在两个维度:(1)内在维度:如性别、种族、民族、身体能力、年龄和性取向等,这些不同将对我们的生活产生持续而强大的影响;(2)外在维度:包括随着成长而逐渐获得、放弃或修正的各种特征,如个人习惯、教育背景、宗教信仰、收入、婚姻状况等等。

在美国,劳动力在五个内在维度和一个外在维度上更趋向多样化,内在维度是:(1)年龄;(2)性别;(3)民族和种族;(4)性取向;(5)身体残疾。外在维度:教育水平。

员工或管理者在排斥这种多样性上会有六种表现:(1)一些人会表现出基于民族优越感的刻板印象和偏见,认为自己的国家、文化、语言、能力或行为优于其他人;(2)一些人害怕逆向歧视;(3)一些员工认为这些多样性项目偏离他们在组织的既定工作范畴;(4)多样化员工可能会遇到不友好的社交氛围;(5)组织可能没有给职员提供支持或灵活的时间安排以照顾家庭需要;(6)组织可能没有对多样化员工的职业规划提供足够的支持。

管理实践 安全巡查员吹响飞机机械故障的警哨

西北航空公司的技师们在2005年8月20日发生罢工事件后,美国联邦航空管理局(FAA)的安全巡查员马克·伦德开始探寻发生问题的迹象。一个新技师不懂如何测试引擎,另一个不会关闭机舱门。许多人没有进行充分的岗前培训。在伦德看来,正是这些经验不足导致了危险的错误。例如，一架DC-10里的厕所管道破裂使得污物直接撒到重要的导航设备上，在阿姆斯特丹到明尼阿波利斯的航班上，破裂越趋严重，西北航空明知有问题，仍打算让飞机坚持飞到火奴鲁鲁，直到与伦德共事的一个安全巡查员在明尼阿波利斯及时制止了这个问题。

在罢工开始两天后，伦德就他权限所及，给他的上司和FAA在华盛顿的总部写了一封“预防事故的安全建议”的信，称目前的一些状况足以威胁生命安全。伦德建议西北航空减少航班，直到它的技师和安全巡查员能够“正确无误”地完成职责。但是受到惩罚的不是西北航空。8月29日，伦德的上司没收了他出入西北航空的通行证并把他调到文职。同一天，西北航空向FAA发信抱怨伦德的蓄意报复性扰乱行为。FAA回复称其对伦德的处理是合理的。

自此西北航空挑起了与伦德的战争，伦德开始反击。越过FAA的数级管理者，他把他的安全建议传真给西北航空所在的明尼苏达州的民主党参议员马克·戴顿。戴顿继而把这件事情呈报给督管FAA的交通运输部监察长。

在伦德对西北航空的安全隐患吹响警哨的两年后，他说，FAA使他的生活不顺，现在，到了“回报”的时候了。2007年9月27日，监察长发布通告严斥FAA对伦德的不公正处理，他声称，尽管伦德的发现说明自己工作不到位，但这正是他对工作尽职的表现。在监察长的敦促下，FAA正在拿出针对安全巡查员提出的安全隐患的修正和应对方案。FAA也对该问题进行细致调查。2008年3月，众议院航空委员会举行了一名安全巡查员被指控对西北航空进行蓄意报复扰乱行为的听证会。

伦德的故事曝光了大多数乘客完全不知情的安全巡查员与航空公司的冲突。安全巡查员犹如航空公司在地面上的警察，他们确保引擎能正常点火、螺旋桨能流畅转动以及所有其他部件都能在飞行中良好有序地运行。他们有权根据自己的判断来推迟或取消一个航班，这些权利经常使得极力追逐本已有限的利润的航空公司们大为光火。如果一个安全巡查员对一条存在明显安全隐患的航线展开正式调查（2007年这种调查有200多次），结果通常导致花费巨大的维修。如果维修费用超过50,000美元，FAA就需要就此问题向外界昭告。

航空公司有时也会回击。公司管理人员不时借各种问题会见当地FAA官员，并偶尔抱怨那些难缠的安全巡查员。航空公司偶尔会将他们的问题直接提交至FAA总局。前安全巡查员琳达·古德里奇说：“如果航空公司觉得不舒服，其管理者就会打电话到FAA总局，FAA总局会立刻询问我们又对航空公司做了些什么。你可以想象如果他的长官对航空公司惧畏有加，一名安全巡查员将能如何开展工作。”古德里奇现在担任代表安全巡查员利益的专业航空系统专家（PASS）联盟的副总裁，这个组织在伦德与航空公司的争端中并没有发挥什么作用。

《商业周刊》采访了一些安全巡查员，他们说：在9·11恐怖袭击发生后，上层给他们施压不要给航空公司造成一些大额支出，因为9·11对航空业已造成重大冲击。于是，安全巡查员上报安全隐患的数量减少了。《商业周刊》整理FAA提供的数据得出：从2001年9月11日起的6年内，针对全美最大的六家航空公司的所谓的强制调查报告（EIRs）比起前一个6年减少了62%，只有1480起。而同期国内乘客数量却增长了约42%。

毫无疑问，伦德与一些人也有摩擦。他对FAA厚厚的法规条例了然于心，并严格地遵循执行。“马克只是站出来讲出了实情，”伦德在亚利桑那州斯科茨代尔上班的同行迈克·冈萨雷斯说，“有些人，包括他的同事，不太喜欢他这一点。”另一个同事称伦德“固执”且“不讨人喜欢”。在1990年加入FAA之前，伦德先是在美国海军当一名空军电工，后在明尼阿波利斯的一家小航空公司担任维修主管。伦德也不愿因为自己或显生硬的性格而向别人道歉，“我的职责就是保证公众安全，”伦德说，他现在是当地PASS联盟的官员。如果可能存在安全隐患，“我就会对该航班喊停，并且全程监控。”

当他取消一些航班时，航空公司常会抱怨，伦德向《商业周刊》讲到，1993年，他因为西北航空公司没有修复客座缺陷而取消了5班DC-10航班。“文件都已经签署过了，但是去检查时发现他们并没有完全维修好。”西北航空向他的上司施压，他的上司让伦德先回公司并保证航空公司会妥善解决这个问题。“我相信他们认真处理了，但是我们没有去核实。”

1994年在巡查西北航空的一架747时，伦德发现在紧急状态下掉下来的氧气罩仍悬离乘客的头部约两英尺高，这等于氧气罩没用了。他直到这个状况完全修正后才对这班航机放行。对此事知情的一名FAA巡查员说，“航空公司发怒了”，西北航空拒绝对此事件作出回应。

据一位同事讲，伦德也接到过令人不快的命令。据知情人讲，有一次，一个管理者强令他修改已出具的关于一个小安全问题的报告，“他拒绝了，他们就发了一封警示训斥信，”这差点使得伦德被解雇。“他们不希望航空公司再有什么问题，他们也不希望马克再有什么问题。”这名巡查员说。FAA对于试图解雇伦德的控告不予回应。

来自巡查员总署的澄清整整晚了两年，在巡查员总署的推动下，FAA启用新的流程来审核巡查员上交的报告。这将需要一个独立的机构来运行——从对安全巡查员的督导，到调查巡查员与航空公司间的争端。伦德说，如今他与西北航空和FAA上司间已经没有那么多的冲突了。总署的报告“支持我继续自己的工作”。

讨论：

1. 有哪些外部或内部的利益相关者受到安全巡查员行为的正面或负面影响？
2. 六个一般环境力量中有哪些影响到西北航空针对马克·伦德的行为？试讨论。
3. 运用解决道德困境的四个方法来分析西北航空和FAA对待伦德是否合乎道德。
4. FAA该如何提升航空业的道德规范？
5. 西北航空和FAA在何种程度上是以对社会负责任的方式行事的？请解释。

资料来源：Excerpted from Stanley Holmes, “Airline Safety: A Whistleblower’s Tale,” *BusinessWeek* , February 11, 2008, pp. 48 - 52.

自我评估　你的道德准则是什么？

目的

1. 理解你的道德标准。
2. 理解职场中有不同的道德标准。

引言

多少个世纪以来，人类都在定义道德与道德行为。诸多理论逐渐演变成针对不同方面的道德准则，但没有孰优孰劣——它们只是不同的视角而已。你可能遵循其中一套，但你的朋友可能选择另一套。这种现象同样发生在公司和员工身上。例如，强生公司就因其合德和对社会负责任而声誉卓著，而福特公司和安达信公司（Arthur Andersen）在道德行为和社会责任上则引起诸多疑问。

说明

对下列原则按照从1（对我最重要的指导

原则)到3(与我最无关的道德标准)的顺序排名。

1. 功利主义：满足最多人的最大利益，或者认为应以对社会产生的利益或成本来衡量行为或政策的优劣的类似观点。

违反了吗？福特汽车公司在问题为美国所知6年前就已知晓他们的轮胎存在问题，但是这是来自欧洲市场的消息，如果没有在美国境内发生问题，美国法律就不会要求他们提交说明。

2. 权利理论：权利是指个体对特定事物的要求或利益。一个人有权以某种方式对别人采取某种行为。包括法律规定的权利、道德权利和人权。

违反了吗？许多微软的股东希望公司“对中国员工的人权采取美国商业原则”，这项提议也得到了其他公司像李维斯和锐步等的支持。微软管理层没有同意，声称这是他们公司内部在重要问题上的固有原则和道德准则，而且提议的内容过于宽泛和模糊。其他公司也认为，美国公司不应该干涉中国人权，因为这样他们将放弃政治中立的立场。

3. 公平正义：旨在保障那些最没有能力保护自己的人们的原则。

例如：企业应建立强有力的扶持行动计划，以纠正歧视的错误行为；或者，如果一个公司要减薪，薪水最低的工人应该得到最小的减薪，那些薪水最高的人应该得到最大的减薪。

问题讨论

1. 从提升公司层次的角度看，你所坚持的首要道德原则的优点和缺点分别是什么？请讨论。

2. 为什么认为道德准则在工作中很重要？请解释。

3. 上面的三个原则中，你希望你所工作的公司采用哪一个？为什么？

4. 在这样一个竞争激烈的世界，公司能够保持多大程度上的道德？

道德困境　求职者应该向潜在雇主告知他们的慢性疾病吗？

你刚刚从大学毕业，非常兴奋地开始找工作。你有许多令人兴奋的期望，但却有一点阻碍了你——你最近刚刚被诊断患了硬皮病。这种慢性结缔组织疾病通常会在10年内杀死病人。医生对于你的疾病的态度是乐观的；然而，你已经经历了一些影响，比如你手指的肿胀和僵硬。联邦残疾人法律禁止雇主询问职位申请人的健康状况。然而，美国最高法庭规定，公司可以拒绝雇用健康状况可能对具体工作产生不利影响的申请人。

解决困境

按照你的情况，公司可能不愿意雇用你，你会怎么做？

1. 在面试中不要立刻提及你的疾病。相反，发挥你的能力、经验以及对这份工作的热情。如果被录取，你可以解释你的病情，并将因为治疗和病情突发而错过的工作用周末的时间补上。

2. 立刻提及你的疾病。你不必提供有关病症的详细细节，但是重要的是让你的雇主知道你有慢性疾病而且它会如何影响你。

3. 根本不要提及你的疾病。如果你获得这份工作且在工作的时候病情突发，并且需要休病假，这是你自己的事情。

4. 其他的选择。请讨论。

4 全球化管理

你应该能够回答的主要问题：

4.1 全球化：时间与距离的瓦解

主要问题：哪三种重要的全球化进程会影响我们？

4.2 国际化管理

主要问题：为什么学习国际化管理，成功的国际化管理者的特征是什么？

4.3 公司为何以及如何进行国际扩张

主要问题：公司为什么要进行国际扩张，如何进行？

4.4 自由贸易的世界：区域经济合作

主要问题：自由贸易的壁垒是什么，促进自由贸易的主要组织和贸易集团有哪些？

4.5 理解文化差异的重要性

主要问题：文化差异的主要领域有哪些？

管理者工具箱　学会做一个成功的海外人士：怎样成为世界公民？

不管你是自己出国还是为完成公司的任务，有这样几种方式能让你的经历促进你的职业成功。

- 不要做"丑陋的美国人"：美国人"在世界各国人民眼中是傲慢的人，自私自利且夸夸其谈，"广告巨头恒美广告公司（DDB）的前主席基思·莱因哈德（Keith Reinhard）说，他正努力通过一家名为商务外交活动（Business for Diplomatic Action，BDA）的非营利组织改变这一印象，该组织提供了很多建议。据DDB在全球100多个国家做的一份调查显示：各国的人在被问到对美国人的印象时，被调查者重复提到的词是"傲慢"、"夸夸其谈"和"对世界漠不关心"。他们对美国人外出旅游的建议是：耐心、安静、多听、少说脏话、不要谈论财富和地位。
- 眼光全球化，但思考本土化：学习你所在国家的风俗习惯，并试着结识可能对你有所帮助的人。例如，MTV国际音乐电视台的总裁比尔·洛迪（Bill Roedy）在签署推出MTV阿拉伯节目的合约前，先花时间和阿拉伯的饶舌歌手交流，并会见麦加市长。他的努力对生意的成功很有帮助。
- 了解何为恰当的行为：在你出发前，花点时间学习人际交往的方式。例如，在日本，长达数秒直盯人的眼睛被认为鲁莽。在美国惯用的挥手礼在希腊却被认为是种侮辱。在阿富汗，男人不会问候对方的妻子。

  学会尊重人的方式，包括交换名片。要明白，握手通常是允许的，但是吻面礼未必这样。穿得职业点。对女性来说，不要浓妆艳抹，不要佩戴闪亮的首饰，不要穿超短裙或者无袖的衣服（特别是在伊斯兰教国家）。在一些国家，随意着装是不尊重人的象征。不要称呼来自国外的下属职工的名字和绰号，特别是对来自具有严格社会地位的国家的人。
- 了解你所在的行业：如果你了解你所在的行业，并且有礼貌和信誉，你会受到世界各国人的欢迎。卢英德（Indra Nooyi）在她担任百事可乐公司CEO时就成功地运用了这一原则。她见识广泛，有教养，受到了世界各地人们的尊重。
- 对当地语言略知一二：不管你在哪国，至少要懂得一些当地常用的表达方式，比如怎么说"你好"、"请"和"谢谢"。成功的国际经理人认识到学习当地语言是非常重要的。

讨论：你经常出差吗？你会运用什么技巧使自己更适应新环境？

本章概要

本章阐述全球化的重要性——"地球村"的出现、一个大市场的出现、全球性的大企业和小企业的出现。我们还会描述成功的国际化管理者的特征和公司为何要进行国际扩张及如何实现。我们还会讨论自由贸易的壁垒和促进贸易的主要组织。最后，讨论成为国际化管理者会遇到的一些文化差异。

4.1 全球化：时间与距离的瓦解

主要问题：哪三个重要的全球化进程会影响我们？

本节概要

世界经济走向一个相互依存的系统的趋势便是全球化，全球化进程主要体现在以下三个方面："地球村"和电子贸易的出现；世界成为一个超级大市场的趋势；全球性的大企业和虚拟小企业的出现。

索尼娅·塞耶是Hair Universal的老板，该公司是洛杉矶一家专门编织头发使其成为时尚、色彩丰富的假发的沙龙，她认为："要国际化，你的企业并不一定要很大。"怀着扩展业务的梦想，她开始在印度寻找提供头发的供应商（在印度的寺庙，女人们会剪下她们的头发进贡给神）。

塞耶花了6个月的时间上网搜寻供应商，通过电子邮件向印度领事馆确认他们的信息以确定可能的候选人，然后飞往印度去见最终候选人。由原来的向中间商购买转为直接购买，使头发原料成本削减了一半，因而削弱了其对手的竞争力。而飞往印度的费用也早已包括在内。

你能像这样经营公司吗？我们和塞耶一样正生活在一个由于**全球化**（globalization）——世界经济走向一个相互依存的系统的趋势——而迅速变化的世界。150年来，束缚人们的时间和距离，现在已经不再是问题，正如三个重要方面的发展所反映的：

1. "地球村"和电子贸易的出现。
2. 世界正成为一个大市场而不是许多国家市场。
3. 全球性的大企业和虚拟小企业的出现。

"地球村"和电子贸易的出现

通信系统是伟大文明的标志。一开始，通信是基于交通的：就像其他古代文明国家（如印加）一样，罗马帝国也有其道路网络。后来，强大的欧洲列强有了其雄厚的海军力量。在19世纪，美国和加拿大通过建立横跨北美大陆的铁路使北美成为一体。随后，飞机的出现大大减少了来往于各地的时间。

从交通到通信　从1844年开始，电报的出现终结了快马邮递的短暂存在，而在1876年，又出现了另一竞争者——电话。随着真空管在1906年面世，商业电台开始出现。1925年，第一台电视机在英国出现。20世纪50年代和60年代，随着电视机横扫全球，传播学家马歇尔·麦克卢汉（Marshall McLuhan）提出了"地球村"的概念，指的是我们在这个世界信息大浪潮的时代分享我们的愿望、梦想和恐惧。**地球村**（global village）是指随着航空旅行和电子媒体的出现，时间和距离的概念已被模糊化，

案 例 全球性的电子贸易：亚马逊

1994年，杰夫·贝佐斯辞去了华尔街一份体面的工作，他想通过创建一个网络零售书店——亚马逊（Amazon. com）来开发网络零售业的潜力。

贝佐斯意识到没有哪家实体书店能储存超过250万本书，其中有的书还处在印刷中。而且，他认为网上书店不用在雇用售货员、实体仓库或库房上投入资金（开始时，亚马逊是在网站接到订单后再向出版商订货），因此就能以折扣的形式为顾客省钱。此外，他认为，这将有机会获得客户的信息，以便提供个性化服务（如提供他们感兴趣的书籍给他们）。最后，贝佐斯觉得这应该是一个良好的在线互动：客户可以对所读的书籍给出评论，也可以通过电子邮件向作者提出反馈意见。

亚马逊在1995年7月卖出了它的第一本书，到1998年底它已经在100多个国家中拥有620万名顾客。后来，公司开始扩大并进入非书籍领域，如在线销售音乐CD、玩具、电子产品、药品、化妆品、宠物用品和计划中的数字媒体服务技术。2008年初，公司宣布2007年净销售额比上年增长39%，达到148.4亿美元。

思考：

你能想到哪些高度专业化的全球中型或小型企业是互联网的发明使其成为可能的？你能想象自己成立类似的小企业吗？

使世界各国人民之间的交流变得更加容易。

随后，世界变得更快、更小。十五年前，手机、寻呼机、传真和语音邮件几乎还未出现。当美国电话电报公司在1983年推出第一个蜂窝通信系统时，它预测到2000年将只有不到100万的用户。但是，到1993年底，光美国就有超过1600万手机用户。到2007年初，大约有28亿部手机在世界范围内使用，并且每天有160万个新用户加入。

网络、网站和世界 然后互联网接踵而来，在2007年，估计全球有11.1亿人在使用这一全球性计算机网络。要不是蒂姆·伯纳斯·李发明了编码系统、链接和解决框架，从而在1991年第一次建立了万维网，或许网络还停留在理论阶段。一位作家写道："他发明了一个只有精英们能使用的强大的通信系统（互联网），并将其变成了大众媒介。"

网络的出现导致电子贸易的迅速兴起，即通过计算机网络来实现买卖商品和服务。预计2007年，整个美国的电子贸易销售额将达1,360亿美元。

一个巨大的全球市场：全球经济体

"我们正目睹1988年和1989年以来的事情的结果，"哈佛商学院教授罗莎贝斯·莫斯·坎特在十年之后谈道。20世纪80年代后期，柏林墙的倒塌意味着东欧社会主义终结的开始，也是太平洋沿岸国家开始向国外投资者开放其经济大门的时代。最终，政府逐步放开经济的趋势开始席卷全球。上述三个事件为货物、人员和资金在全球范围内更自由地流动创造了条件——一个全球经济体。**全球经济体**（global economy）指的是世界各经济体的活动日益相互依存而形成一个大市场，而不是许多国家市场。

全球各经济体的联系从未如此紧密。正如凯文·梅尼（Kevin Maney）在《今日美国》中写道："他们通过外汇交易数据库、网站、CNN广播等一切瞬时信息绑在一起。支撑企业运营的资本走向全球并确定了全球化的进展方式。"

正效应 全球经济体对美国真的有益吗？印度印孚瑟斯技术公司（Infosys Technologies）的首席执行官说："最终，全球化的中长期利益对每个人都是有益的。举个例子，由于我们行业增大了在印度的经济活动力度，使印度正成为更大的美国出口市场。如今，我们难以在印度找到除可口可乐和百事可乐以外的其他软饮料了。"即使是在俄亥俄州这种已流失了许多制造业工作机会的地方，一些美国的企业仍能从中受益。2007年，俄亥俄的公司货物出口额达394亿美元。

负效应 然而，全球经济的相互依赖性也存在风险。1997年发生的全球性金融危机导致全球投资的剩余资金涌入美国，并投资到房地产领域，而导致现在房贷泡沫破裂（即次贷危机），使很多人遭受损失。

另一负面影响是当公司在寻求更便宜的人力成本时，会将原先薪酬高的工作转移或者外包到海外（将在4. 3节讨论）。二十年前，损失发生在美国的制造业；近几年来，很多服务业职位也转移到海外。正如微软的比尔·盖茨所说，一部分原因是由于"美国的高中教育是过时的……如果美国不设计出一个能满足21世纪需要的高中教育，就还将继续限制——甚至毁掉——数百万美国人的生活。"与一些较低工资的国家相比（像印度、中国等亚洲国家），美国人在需要掌握的技能方面是落后的。

但是全球经济体不会因为我们不喜欢其中的一些不稳定因素而消失。"即使没有信息技术和通信革命的作用，这一过程也是不可逆的，"位于瑞士的世界经济论坛的常务董事克劳德·斯马亚（Claude Smadja）说。"问题是，我们不能自由选择，这是与想象相反的……新的全球化意味着更加强调快速、灵活、通用性和永久变化——在某些方面来说是不安全。"

跨国公司：全球性并购和小企业的出现

电子信息所驱动的全球性市场"促使事物同时向更大和更小的方向发展"，技术先驱尼葛洛庞帝（Nicholas Negroponte）说，"这很有讽刺性，事情会向两边发展，而不会留在中间。将会有更多的事情不会本土化或者全球化。"

如果尼葛洛庞帝是正确的，这意味着我们将会看到越来越多的两种相反的企业：大公司合并成超级大公司，出现小型且反应迅速的新兴企业。

超级并购遍布全球 美国在线和时代华纳；葛兰素威康和史克必成；弗莱森电讯（Verizon）和世界通信公司（MCI）；SBC和AT&T；家得宝和休斯；迪斯尼和皮克斯；

诺基亚和西门子。

过去10年是个大型并购的时期。比如石油、通信、汽车、金融服务和医药等行业，不适合以中型企业存在，更不用说小型和本土公司了，因此这些行业中的公司正在努力做大做强并跨国化。这就意味着要并购其他大公司。例如在汽车业，保时捷想收购大众以确保竞争对手不会插手；大众转而收购瑞士汽车制造商斯堪尼亚。

小企业在全球运营　互联网和万维网的应用使几乎任何事物都能全球化，凯文·梅尼指出这将导致两种重要结果：

1. **小公司更容易创办**。由于任何人都能将货物或服务上传至网站并在全球各地销售，这就消除了大型公司过去在分销和地域上拥有的竞争优势。

2. **小型公司反应更迅速**。小型公司能更迅速地改变经营方向，这使得它们比大公司在时间和距离上更具有优势。

案　例　**更易创办且反应更灵活的小公司：易趣网卖家**

很多小型公司起源于如何整合时间和距离的问题。例如，易趣网卖家在易趣销售商品，后者是一个线上拍卖公司。卖家们发现他们通过互联网拍卖能得到比拍卖行或收藏品展示更高的拍卖价格，因为招标吸引了更多的注意，通过互联网在全球范围可能会获得更多的投标。

位于加利福尼亚州奥克兰的公司——“模特疯狂”是朱迪·亨德森－汤森德在为一个亏损的网店做营销时，看到一个出售50个橱窗模特的在线广告而创办的。购买了整个库存的货品后，她开始出租橱窗模特，并从百货商店购买了更多的橱窗模特，之后便向特殊事件策划者、零售店和艺术家进行出售。

朱迪说，互联网（包括易趣）是她最大的市场来源，因为网络可以让公司接触到其他方式不能接触到的顾客。

思考：

你想到什么不常见的商品可以在易趣上卖的吗？它们可能是什么？

4.2 国际化管理

主要问题：为什么要学习国际化管理，成功的国际化管理者的特征是什么？

本节概要

通过学习国际化管理，你能学会如何与海外客户或供应商共事。成功的国际化管理者既不是种族中心者，也不是多中心者，而是地域中心者。

你能想象自己在海外工作吗？这对你的职业生涯来说绝对是个优势。猎头公司罗伯特·哈夫管理资源公司的执行董事保罗·麦克唐纳（Paul McDonald）说："拥有国际化管理经验的人，一般都能有所受益，比如，获得更高的薪水，并且表现得更加出众。"

朱莉·安德罗什克在萨摩亚群岛任教两年，后来又做过记者和麦肯锡公司的分析师。她现在在纽约。她说海外的工作经历扩展了她的全球视野，给她勇气去追求有前景的工作，使她成为一个更加忠实的职员。奈特·林肯从西北大学毕业后，找到了一份位于印度班加罗尔的软件巨头印孚瑟斯技术公司的营销工作。曾在加州奥克兰的斯科特·斯特普尔顿也接受了一份印孚瑟斯公司的营销工作，他说："在发展中国家工作，实际工作经历与生活是分不开的，并且它是一个目睹全球化的难得机会。"

据招聘者说，国外工作经历代表着独立、机智、企业家精神。其中一位这样说："你会对一位反应敏捷、具有探索精神的人产生兴趣，在海外工作和生活过的人有更强的适应性和探索精神——都是在当今工作中有价值的技能。"

为什么学习国际化管理？

国际化管理（international management）是指监督国外机构经营行为的管理，包括跨国公司和跨国机构。

- **跨国公司**（multinational corporation）或者跨国企业指的是在多个国家进行商业活动的公司。我们的出版商——麦格劳-希尔教育出版公司就是跨国公司。从收入的角度讲，美国真正的跨国巨头包括沃尔玛、埃克森美孚、通用汽车、雪佛龙、康菲石油、通用电气和福特汽车公司等。国外巨头有英国石油公司（英国）、壳牌公司（荷兰/英国）、戴姆勒·克莱斯勒（德国/美国）和丰田（日本）等。
- **跨国组织**（multinational organization）指的是在多个国家运作的非营利组织。例如世界卫生组织、国际红十字会、后期圣徒教会等。

即使在未来几年你不去北美以外的地方旅游——其实这不太可能，即使你不去看世界，世界也会来找你的。这也就是你为什么要学习国际化管理的原因了。

更具体地说，考虑你自己处于以下情形：

你可能与国外的顾客或者合伙人打交道 当你供职于一家美国公司时，你可能要与国外顾客打交道。或者你要与某合资外国公司打交道。你的洽谈对象可能不在美国或者刚到美国。由于你对一些你本该了解的文化一无所知，很可能搞砸一桩生意——也有可能是以后的所有生意。

例子不胜枚举。一位美国高管在聚会上大谈生意经时，不经意间失礼于泰国商人。他说："那是禁例，我马上意识到在吃饭前谈生意和说话是在自找麻烦。"

你可能与国外供应商打交道 当你供职于一家美国公司时，你可能要从国外供应商那里购买重要的配件、原材料或服务。你永远不知道国外的情况与你的习惯不同之处在哪里。

例如，估计北美的软件开发职位在全球的比例将从2007年初的23%跌落到2010

年的18%，此类工作几乎都从美国转移到了印度、新西兰以及东欧的其他地方。许多美国软件公司——如微软、IBM、甲骨文、摩托罗拉、诺勒、惠普以及德州仪器——已经在印度建立子公司，以利用当地的高素质劳动力。

你可能在美国的外企工作　你可能会接受一份在美国的外企的工作，如电气行业、制药行业或者汽车行业的公司。你可能不得不和与你认知不同的上司或下属打交道。例如，强调精确和节约的日本企业的运作方式明显不同于美国企业。

有时，你并不知道，一家表面上看是美国的公司却为外国所有。例如，许多美国图书出版商（不包括麦格劳-希尔）为英国或德国所有。

实际行动　成为道路勇士

商务出差者每年的飞机行程达10万英里已不再稀奇，你是否应该为加入他们而有所准备呢?

正如我们所讨论的，全球化已经瓦解了时间和距离。管理者不仅要做好为本国企业工作的准备，而且要做好在跨国机构工作的准备。为了与同事、员工、客户以及供应商保持联系，你不得不频繁出差。

商务出差有它的回报。许多人喜欢去不同的城市，认识新的人并接触新的文化。一项调查显示，商务出差在外五天甚至更多的人说，旅行提供了某种意义上的逃避，能远离工作场所（占35%）、扑灭工作“火苗”（占20%）、躲开频繁会议（占12%）并避开同事的分心（占11%）。

商务出差者要学会以下几点。

个人会面很重要，因而频繁出差有必要

《商业周刊》一篇文章写道:“没有什么能替代面对面的交流。”的确如此，智能手机、电子邮件和视频会议等高科技的应用，使与他人联系变得十分便捷——至少表面上看是这样的。一位投资银行家说:“但是，在全球化的世界，你必须与你的员工见面，与你的客户交谈，进行合资、兼并和联盟谈判时，你得出面。关键是在必要时进行有意义的出差。”

出差可能是全球性的，但必须了解当地

作为一名经常出差的工作者，总是在与时间博弈，计算着时间与地点。因此，全球性出差的高管必须在了解文化、组织机构和企业所有者方面做足功课。“认真收集你即将会见的个人和到访的公司的信息，”一位专家说，“关注所在地区的新闻。如果可以的话，试着阅读关于你要去的地方的历史和文化方面的书……并学习一点当地语言。”

频繁出差需要频繁调整

如果你频繁出差，该怎么办? 一些人随身自带行李。另外一些人在大城市有固定的住所。丽萨·伯格森有一份详细的打包清单，包括从电源适配器到茶叶甚至到足部喷雾剂在内的所有东西。她还为一周或更长时间的外出制定了每日衣柜图表，以用到所有款式，使自己看起来更美丽。一些父母外出时没人能够照看孩子，因而要利用一些托儿所，比如波士顿的ChildrenFirst和华盛顿特区的Family & Child Care Referral Agency都能为商务出差者提供儿童照看服务。

你可能在国外为美国公司工作，或者为外国公司工作 在美国公司的海外运作制度下，你很容易要去国外工作。多数大型美国公司在海外都有子公司或分支机构。另一方面，你也可能在国外的外企工作，比如在班加罗尔或者孟买的大印度企业工作。

成功的国际化管理者：地域中心者，而不是种族中心者或多中心者

或许你并不在意你对所接触的外国文化不理解。你可能会想，“有什么关系，关键是要把工作完成。”毫无疑问，一些跨国企业的管理者有这样的观点。他们被称为种族中心者，另外两种是多中心者和地域中心者，属于国际化管理者的三种主要态度。

种族中心管理者——“我们最了解” **种族中心管理者**（ethnocentric managers）认为他们的国家、文化、语言及举止要优于其他国家。种族中心管理者认为他们可以向世界任何地方传输管理者和管理实践，并认为他们更有能力、更可靠。通常种族中心者的观点不是因为偏见而是因为无知，因为相比于国外环境，这些管理者明显更了解本国环境。种族中心主义也可称作**狭隘主义**（parochialism）——只从自我角度看待问题的狭隘观点。

种族中心主义对商业有害吗？似乎是这样的。据一项对总部在美国、日本和欧洲的918家企业的调查发现，种族中心主义政策会导致招聘障碍、高流失率和有关人事政策的诉讼发生。

多中心管理者——“他们最了解” **多中心管理者**（polycentric managers）认为外国分公司的本土管理者最了解当地的人事和运作，企业高层不应干涉。因此，多中心管理者的态度与种族中心管理者几乎相反。

地域中心管理者——“最高效即最优，不论出处” **地域中心管理者**（geocentric managers）认为国内与国外的人事和运作存在差异和相似之处，应尽可能利用最高效的技术。很明显，成为种族中心管理者或者多中心管理者不需要做很多工作。但成为地域中心管理者的回报要丰厚得多。

4.3 公司为何以及如何进行国际扩张

主要问题：公司为什么要进行国际扩张，如何进行？

本节概要

跨国公司进行海外扩张的目的是保证其供应、打入新市场、降低劳动力成本、获取金融资本以及逃避关税和进口配额的限制。它们通过五种方式实现其目的：全球外包；进出口和对销贸易；授予许可权及特许经营权；建立合资企业；以及全资子公司。

苹果公司的iPod由451个零部件组成，它们是由谁制造的？不是苹果公司，而是很多亚洲的企业。例如其硬盘驱动器是由一家日本公司生产的，这家日本公司又将其外包给了菲律宾和中国的企业；其芯片则是在台湾生产的。一提到Ethan Allen和Green Mountain Boys，人们总会想到是美国的公司，其名字如此有美国特色，那么Ethan Allen的家具是谁生产的？大约有一半是由中国、菲律宾、印度尼西亚和越南的海外供应商制造的。消费品生产巨头宝洁公司的销售增长目标是5% ~ 7%，上哪去找增加的消费者呢？墨西哥是一个，那里的贫困消费者在小型、简陋的市场上最低花19美分就可以买到一袋宝洁公司生产的一次用洗发水。有很多原因促使美国公司进行全球化扩张，让我们看看它们为什么这么做以及是怎么做的。

公司为什么进行国际扩张

经过深思熟虑，很多公司决定要把公司的产品或服务限制在本国销售。这有什么错吗？

答案是：视情况而定。20世纪90年代，日本正处在经济萧条时期，日本人不愿意消费，日本电气、索尼和日立公司把其市场限定在国内可能是个严重的错误。然而，同一时期，一些美国银行若只给国内贷款就会盈利，因为当时美国经济繁荣而世界经济则不是。因此，无论公司进行国际扩张还是只在国内发展都存在风险。

那么，为什么公司要国际扩张呢？至少有以下五个方面的原因，这些原因都是为了赚钱或省钱。

1. **保证供应** 古董艺术品商人、矿产企业、香蕉种植业主和硬木商都必须到其基本供应或原材料所在的地方。例如，这么多年来，美国的石油公司已经将其采油活动扩张到国外，以寻找廉价丰富的石油资源。

2. **新市场** 在本书其他地方（第6章）我们会讨论产品生命周期，即产品销售过程自然的升降。有时，比如香烟制造商，会发现国内产品需求量降低，但是公司还能在国外市场上赚钱。或者有时候公司通过大规模进入海外市场，能逐渐超过其竞争对手，就像可口可乐公司在其传奇首席执行官罗伯特·戈伊苏埃塔（Robert Goizueta）的领导下战胜了百事公司。在过去的20年里，美国向新兴市场的出口增加了338%。

3. **低劳动力成本** 美国制造业就业岗位减少直接归咎于美国公司发现在国外生产更便宜。比如，运用马奎拉德勤斯地区（Maquiladoras）——作为雇用墨西哥公民的回报而享有在墨西哥建立制造业工厂的权利——提供制造业所需的廉价劳动力，无论是生产器械还是汽车。然而，甚至专业性或者服务类的工作也会被转移到国外。像之前提到的，一些软件应用开发商由于注意其编程需求而将其工作岗位转移到印度。

4. **获取金融资本** 很多公司受国外提供资金的吸引而向外发展。有时某国政府会通过提供补贴来吸引公司以创造就业机会。20世纪70年代，爱尔兰政府为吸引英国莲花运动汽车制造商约翰·德洛雷安（John DeLorean）就是这样做的。

5. **避免关税和进口配额限制** 很多国家都对进口商品征收关税或者制订进口配额——限定可以进口的产品数量，其目的是保护本国产业。例如，日本对从美国进口的如大米之类的农产品征收关税。为了避免这些保护措施，公司会在国外设立子公司生产产品。例如，通用电气和惠而浦公司都在海外设立了子公司以生产机械设备。

公司如何进行国际扩张

大多数公司并非最初就是跨国公司。一般来说，它们只是逐渐参与海外业务，进行少量投资，也承担较小的风险。如下图所示。(见图4–1。)

图4–1 国际扩张的五种方式

让我们看看这五种方式：

1. **全球外包** 作为很多公司普遍采用的一种方式，**外包**(outsourcing)定义为运用公司以外的供应商来提供产品和服务。例如，很多航空公司正越来越多地将飞机维护业务外包给其他公司。管理学大师彼得·德鲁克相信在不久的将来，企业会把信息系统等所有支持性业务外包出去，而不会把赚钱的业务外包出去。

全球外包(简单地说是全球采购或离岸外包)将这种手法延伸到了美国之外。**全球外包**(global outsourcing)定义为运用美国之外的供应商来提供劳动力、产品或服务。这可能是因为国外供应商提供美国没有的资源，如意大利大理石；或者供应商拥有专门的技术，比如巴基斯坦的织布工；又或者供应商的劳动力比美国劳动力廉价，现在这种情况可能性更大。作为管理者，你在美国之外的第一次商务旅行可能是检查你的某个外包供应商的生产线。

2. **进出口和对销贸易** **进口**(importing)指公司购买国外的产品并在国内销售。没有什么东西比牧马人吉普车看起来更具美国特色，但是它不仅仅在美国生产，还在加拿大生产。它还从加拿大进口并在美国销售。我们使用的很多产品都是从国外进口的，比如喜力啤酒(荷兰)、德士古汽油(沙特阿拉伯)，以及本田吹雪机(日本)。

出口(exporting)是指公司在国内生产产品并销售到国外。以电影、CD和时尚潮流为代表的美国流行文化，是美国最大的出口品之一。美国也是一个出口计算机和其他信息技术的领导者。

有时其他国家可能希望进口美国商品，但是缺少货币支付，在这种情况下美国出口公司可能寻求**对销贸易**(countertrading)——即以货物交换货物。当俄罗斯卢布的价值在1998年下跌的时候，某些商品成为比货币更适合的媒介。

实际行动 全球外包：哪些工作可能成离岸外包的牺牲品？

会有什么好工作留给大学毕业生吗？

美国人正在担忧就业情况的变化，这种变化部分是由于将低工资的工作转移到中国、印度、菲律宾和爱尔兰等国所引起的。从2001年到2004年，大约280万个工厂岗位流失，比方说被替代了。这迫使很多工人接受像零售、保健等低薪工作，其工资平均低于制造业工作21%。现在全球外包的趋势也出现在了白领工作岗位上。弗雷斯特研究公司预计在2000年到2015年之间约340万个服务业岗位将转移到海外。

离岸外包不是唯一减少工作岗位的因素

离岸外包并不是减少美国工作岗位的唯一因素。更重要的是生产率的增长——通过运用节省劳动力的技术、提高效率、延长工作时间以增加现有每个工人的产出。据预计，劳动生产率每提高一个百分点就会减少130万个就业岗位。另一个因素是雇主雇用临时工人代替长期工人以节省医疗和退休保险等花费。

全球外包真能给美国带来益处吗？

一些人认为离岸外包所带来的威胁被过分夸大了。“在过去的几年里，留在国内的高端服务岗位比转移到境外的要多，”经济学家吉恩·爱泼斯坦（Gene Epstein）说。从2002年到2006年，与总体服务岗位因离岸外包流失率4. 5%相比，某些领域的服务岗位增长了7. 7%。此外，弗雷斯特预计的15年里340万个服务岗位流失，这一数字只是某三个月里创造和流失的工作岗位数量的一半。

自由贸易的拥护者们认为把工作岗位转移到海外——甚至是信息技术和生物技术的工作——都会给美国带来回报。加州大学伯克利分校商学教授哈尔·瓦里安（Hal Varian）说：“给国外生产商——无论是企业还是工人所花的钱，都会流回美国以购买美国的产品和服务，从而增加国内就业。”困难出在政治上，他说：“美元流到境外，很容易确定谁是受害者。但是，当钱往回流时就很难辨别谁是受益者。”

富有洞察力的管理学大师彼得·德鲁克说：“似乎没人意识到我们进口的工作是我们出口的两倍或三倍。我说的是国外公司来美国创造的就业岗位。最明显的是国外的汽车公司……我们出口了低技术、低薪酬的工作，但进口的却是高技术、高薪酬的工作。”

你将如何应对这个离岸外包的世界？

哪些行业最易受到离岸外包的影响？

“我认为职业路径不会通往高级管理的一切事物都应该外包出去，”德鲁克说。举个例子，从事全面质量控制工作的专家，工作是可以在海外完成的。弗雷斯特研究公司预测会向海外转移的工作有：后勤、计算机、商业运作、建筑、法律、销售、艺术和设计等。

“一旦一种工作常规到可以用规格板来描述时，就会脆弱到可以外包，”某位作家说，“数据输入等工作，本质上就是很常规的，它属于最先可能会被外包的，但即使是设计和财务分析技能，随着时间的推移，也可以在合同签订中解释清楚以决定是否外包。”

麻省理工学院经济学家弗雷德·利维（Fred Levy）说：“如果你能准确地描述工作，或为它编写规则，它就不能存在下去。要么我们会编写计算机程序来做，或者教外国人做。”如果你是一个程序员或从事类似高风险的工作，一家软件公司的首席执行官比尔·米切尔建议你应该“专注于你能提供更大生产率的点，或改变职业”。另一种选择是创新；米切尔提到一个开发新编程方法的朋友，“这使他写某些专门应用程序的速度比他班加罗尔的主要竞争对手快八倍。”但是，这种优势可能不会持续太久。

哪些工作将留在美国

很难预测哪些工作将会留在美国，即使劳工统计局往往也不能准确知道。但是，不管他们所服务的行业是什么，这些工作有一些共同特征，如下所示：

- **面对面**。一些工作涉及面对面的接触，如作为一个售货员或急诊室医生。
- **身体接触**。其他涉及身体接触的工作，如牙医、护士、按摩师、园丁和养老院助手等。
- **识别复杂的格局**。某些工作涉及人类识别复杂格局的能力，这是很难计算机化的，如医生对不寻常的疾病（即使是在印度的放射科人员通过X光识别）的诊断能力。还比如教一年级新生或向百万富翁出售豪宅，或者需要对美国很熟悉的工作，比如向美国青少年营销或者游说国会。

最后，美国计算机协会经过一年的研究，发现离岸外包在技术工作上的影响被夸大了；那就是，虽然每年2% ~ 3%的信息技术就业岗位在离岸外包，但这被美国每年技术工作增加3%所抵消。

生存规则

对于未来可能是管理者的你，这里可以给出以下三个建议：

- **团队精神和创造性**。“工作需要始终保持活力、创造力和与他人团队合作的能力，”供职于IBM位于加利福尼亚州圣何塞阿尔马登研究中心的吉姆·斯波尔说。该研究中心主要研究IBM企业客户的业务运营。“它的核心是，一家公司就是共同创造产品和服务的团队集合。”
- **灵活**。“过去，工作在几代人中很少或根本没有改变，”斯波尔说，“现在，他们可能会在一生中改变三至四次。”灵活性——在乐于接受再培训的前提下——变得非常重要。幸运的是，德鲁克指出，美国是“唯一具有非常重要的继续教育体系国家。但这并不存在于其他任何地方。美国也是唯一的年轻人容易从一个工作换到另一个工作的国家。”
- **教育**。在经济变革时期，获得更多教育的人，越容易有优势。例如，上了四年大学的人，收入比只有高中文凭的人平均高近45%。

3. 许可及特许经营 许可证和特许权是一个事情的两个方面，许可证贸易在制造业公司中使用较多，而特许经营在服务公司中使用更频繁。

在**许可经营**（licensing）中，公司允许一家外国公司向它支付一笔费用以生产或分销该公司的产品或服务。例如，杜邦化学公司可能会许可巴西的一家公司生产特氟隆，即煎锅上的不粘物质。因此身为许可人的杜邦公司，可以从外国公司直接获得金钱却无需投资大量资金开展业务。而身为被许可人的巴西公司，比杜邦公司更了解当地市场，也许会经营得更好。

特许经营（franchising）是许可的一种形式，公司允许一家外国公司支付费用和分成其利润来使用第一家公司的品牌名称及包装材料和服务。例如，汉堡王、赫兹和希尔顿酒店等，都是知名品牌，可能会让希腊的公司使用其名称及它们的经营方式（设施的设计、器材、食谱、管理系统等）来获得前期费用及利润的百分比回报。

现在美国人在世界各地旅行，已习惯了无处不在的所谓美国特许经营：中国的Popeye's Chicken & Biscuits、土耳其的DKNY和Gap商场、墨西哥的可口可乐以及匈牙利的洲际酒店等。

4. **合资企业**　战略联盟（在第3章讲述）是两个组织联合起来以实现单独经营无法实现的战略优势。公司与国外某公司组成**合资企业**（joint venture），也被称为战略联盟，通过在国外成立一个新企业来共同分担风险和回报。例如，通用汽车在加拿大和铃木汽车组成合资企业，在加利福尼亚与丰田组成装配厂。

有时，合资企业是美国公司可以在某国存在的唯一途径，其法律禁止外国公司持有所有权。

通用汽车公司发现在纳米比亚（在其摆脱南非统治而独立后）开展业务的最佳方式是将通用汽车运送到该国的一家工厂。想当制造者而非仅仅是消费者的纳米比亚人将美国的左边驾驶改成了右边驾驶，这也应用在其他一些非洲国家。

5. **全资子公司**　**全资子公司**（wholly-owned subsidiary）是某个组织完全拥有和控制的外国子公司。国外的子公司可能是已存在的直接购买的公司。**新建合资企业**（greenfield venture）是外国组织重新建立的子公司。

通用汽车公司在德国拥有欧宝公司，在英国拥有伏克斯豪尔汽车公司，在澳大利亚拥有霍顿汽车公司，在瑞士拥有萨博汽车公司的一半股权。

4.4 自由贸易的世界：区域经济合作

主要问题：自由贸易的壁垒是什么，促进自由贸易的主要组织和贸易集团有哪些？

本节概要

自由贸易的壁垒有关税、进口配额及贸易禁令。促进国际贸易的组织有世界贸易组织、世界银行及国际货币基金组织。主要的贸易集团有北美自由贸易区、欧盟、亚太经济合作组织、南方共同市场等。

如果你生活在美国，你每天都会看到国外产品——汽车、器械、衣服、食品、啤酒、葡萄酒等等。就你每天所看到的，你认为哪些国家是我们最重要的贸易伙伴？中国？

日本？德国？英国？韩国？

这五个国家确实是美国贸易伙伴排名靠前的几个（按进出口总量计算）。然而有趣的是，排名第一和第三的贸易伙伴都是我们的近邻——加拿大和墨西哥，它们的产品可能不是很常见。（前十位依次是加拿大、中国、墨西哥、日本、德国、英国、韩国、中国台湾、沙特阿拉伯和法国。）

下面开始探讨**自由贸易**（free trade），它是指在国与国之间没有政治或经济壁垒的商品和服务流动。

国际贸易的壁垒

各国经常会利用**贸易保护主义**（trade protectionism）——利用政府管制来限制商品和服务的进口，以保护其国内的产业来对抗国外的竞争。实际上，贸易保护主义并没有好处，主要是因为它不利于总体贸易氛围。

各国设法实施贸易保护主义的三个手段是：关税、进口配额和贸易禁令。

1. 关税　**关税**（tariff）是指关税或税收形式的贸易障碍，主要是对进口进行征收。例如，为了保护美国的鞋业，美国政府曾对意大利的鞋子征收了关税。

实际上，关税有两种类型：一种是为了给政府增加收入（财政关税）；另一种，也是我们更关心的，是为了使本国产品的价格更具竞争力而提高进口商品的价格（保护性关税）。例如，在前两年国外进口钢铁大量涌入美国后，乔治·布什总统在2001年呼吁对进口钢材实施关税。虽然关税使得美国本土钢铁产业有机会进行重组并与国外钢铁制造商更好地竞争，但是在世界贸易组织于2003年裁定这是非法的以后，该项关税即被取消。

2. 进口配额　**进口配额**（import quota）是限制一种产品可以进口的数量的贸易障碍。它通过限制国外产品的供应来保护本国产业。

从2005年1月起，中国同意取消汽车进口配额（作为被允许加入WTO的条件），以前它是用来保护中国国内的汽车制造业免受美国、日本和德国等进口车的影响。

配额是为了防止倾销，**倾销**（dumping）是指公司出口到别国的产品为了压低别国产品的价格而以低于国内市场价格甚至是低于生产成本进行出口的做法。

3. 贸易禁令　你曾抽过古巴雪茄吗？由于它们被禁运，所以美国人很难得到它们。**贸易禁令**（embargo）是指对某些产品的进口或出口完全禁止。人们已经很多年不被允许进口古巴的雪茄和糖到美国，也不允许美国公司在古巴开展业务。美国政府还设法进行禁运，以防某些超级计算机和其他高科技设备出口到可能将它们用于军事的国家，例如中国。

促进国际贸易的组织

在20世纪20年代，关税壁垒机构的保护工作没有做好，压制了商品和服务的需求，从而导致了工作岗位的减少，并导致了30年代大萧条时期的大规模失业。作为这次教训的结果，第二次世界大战之后，发达国家开始认识到，如果所有国家都可以自由交易产品，那么每一个国家都能够最有效地生产，这将使所有产品的价格都更低。因此就开始去除自由贸易的壁垒。

旨在促进国际贸易的三个主要组织是：世界贸易组织、世界银行和国际货币基金组织。

1. 世界贸易组织 **世界贸易组织**（World Trade Organization，WTO）由151个成员国组成，旨在监管和执行贸易协议。协议以关税及贸易总协定（GATT）为基础，GATT是一项国际协议，首先由23个国家在1947年签署，它有助于减少全球范围的关税和其他贸易壁垒。GATT又展开了一系列的“回合”，也称协商，结果降低了贸易壁垒。例如，1996年的“乌拉圭回合”，将关税降低了三分之一。最近的协商回合是“多哈回合”，它在卡塔尔的首都多哈进行，旨在通过减少贸易壁垒还有其他一些方面来帮助世界贫困地区。

WTO成立于1995年，总部设在瑞士的日内瓦，它是在GATT之后作为贸易协商的世界论坛，同时它拥有解决贸易争端的正式法律框架。WTO还包含先前GATT没有涉及的领域，如服务和知识产权。一个特别有意思的责任范围覆盖了电信——手机、寻呼机、数据传输、卫星通信等等，有一半的WTO成员同意在1998年向国外电信公司开放它们的市场。

2. 世界银行 世界银行成立于第二次世界大战后，为了帮助欧洲国家重建。今天，**世界银行**（World Bank）的宗旨是为发展中国家提供低息贷款，以改善它们的交通、教育、卫生和电信等。它有185个成员国，大部分资金来自英国、美国、日本和德国。

近年来，世界银行成为西雅图、华盛顿特区、渥太华和其他地方示威活动的目标。一些抗议者认为，世界银行为一些项目提供贷款可能会破坏生态系统，例如三峡大坝对于中国的长江。有些人抱怨它支持那些允许低报酬血汗工厂的国家，或压制宗教自由的国家。还有人认为它在对非洲的欠发达国家得到便宜艾滋病药物一事上显得拖拖拉拉。还有很多抗议者同样也控诉国际货币基金组织，在下面进行讨论。世界银行已经答应设法支持那些对环境没有害处和那些旨在帮助人们走出贫穷的项目。

3. 国际货币基金组织 国际货币基金组织成立于1945年，现在隶属于联合国，国际货币基金组织是国际金融社会的第二个支柱。**国际货币基金组织**（International Monetary Fund，IMF）由185个成员国组成，旨在帮助各国之间的货币顺利流通。IMF扮演的角色是最后贷款人，它为那些遭遇支付逆差的国家提供短期贷款（大体是由于进口、出口或是其他原因而导致的货币在进入一个国家和离开该国家之间的差异）。

例如，在20世纪90年代末的“亚洲经济危机”期间，泰国货币的价值在1997年底时只有年初的一半，这影响了泰国的汇率，**汇率**（exchange rate）是指一个国家的货币可以换成另外一个国家的货币的比率。由于泰国欠其他国家的债，所以那些国家同样受到了影响：印度尼西亚的货币价值跌了70%，韩国跌了45%。面对亚洲国家的帮助请求，IMF给它们提供了数百亿美元的贷款——在1997年，单给韩国就贷款了570亿美元。

主要贸易集团：北美自由贸易区、欧盟、亚太经合组织及南方共同市场

贸易集团（trading bloc）也叫经济共同体，是在一个地理区域内彼此同意去除贸易壁垒的国家群体。五个主要的贸易集团是北美自由贸易区、欧盟、亚太经合组织、南方共同市场和中美洲自由贸易区。

1. 北美自由贸易协定——北美的3个国家　北美自由贸易协定（North American Free Trade Agreement，NAFTA）1994年成立，由美国、加拿大和墨西哥组成，包含4.35亿人口。该协定规定在这三个国家之间取消99%的关税和配额，允许商品、服务和资金在北美更自由地流动。自1994年以来，与加拿大和墨西哥的贸易已经占到了美国总贸易的三分之一，而在1989年是四分之一。

正如有些人所控诉的，NAFTA会扼杀工作岗位吗？在墨西哥，它没能使工作岗位大量增加，并损害了成千上万农民的生存，因此到美国的非法移民持续地增长。对于美国而言，由于NAFTA使工作岗位南移，近52.5万名工人，大部分在制造业，已经被美国政府证实已经失业或是在失业的边缘。它同样激发了美国的贸易赤字——在2007年，同墨西哥的贸易赤字是740亿美元，同加拿大是650亿美元。不过，支持者认为，NAFTA最终会在所有的贸易伙伴中带来更多的工作岗位和更高的生活标准。

2. 欧盟——欧洲的27个国家　欧盟（European Union，EU）成立于1957年，由欧洲的27个贸易伙伴组成，涵盖4.55亿消费者。

几乎所有内部的贸易壁垒都已经取消了（包括各国之间的劳动力流动），使欧盟成为一个没有边界和世界上最大的自由市场联盟。

在2002年，法郎、马克、里拉、比塞塔和盾这些国家性的符号被欧盟货币——欧元所取代。甚至有猜测说，欧元有一天能够取代美元成为占统治地位的世界货币。

3. 亚太经合组织——太平洋沿岸的21个国家　亚太经合组织（Asia-Pacific Economic Cooperation，APEC）是由21个旨在改善经济和政治关系的太平洋沿岸国家所组成的群体。大部分拥有太平洋海岸线的国家都是这个组织的成员，虽然有一些例外。在21个成员国中有美国、加拿大和中国。自1989年成立以来，亚太经合组织成员致力于在亚太地区减少关税和其他贸易壁垒。

4. 南方共同市场——拉丁美洲的10个国家　南方共同市场（Mercosur）是拉丁美洲最大的贸易集团，它有四个核心成员——阿根廷、巴西、巴拉圭和乌拉圭，在其他国家认可以后，委内瑞拉也将成为其中的正式成员，还有五个联盟成员：玻利维亚、智利、哥伦比亚、厄瓜多尔和秘鲁。除了减少75%的关税以外，南方共同市场国家正在努力实现完全经济一体化，同时联盟正与北美自由贸易区、欧盟和日本协商贸易协议。

5. 中美洲自由贸易协定——中美洲的7个国家　你听说的最新贸易协定可能是**中美洲自由贸易协定**（Central American Free Trade Agreement，CAFTA），它包括美国、哥斯达黎加、多米尼加共和国、萨尔瓦多、危地马拉、洪都拉斯和尼加瓜拉，旨在减少自由贸易的关税和其他贸易壁垒。

最惠国贸易地位

除了共同加入贸易集团外，各国之间同样还可以延伸特殊化——彼此拥有“最惠国”贸易特权。**最惠国**（most favored nation）贸易地位是指一个国家答应给予其他国家有利的贸易条约的情况，例如减少进口关税。其目的是为了促进两个国家企业间更强大和更稳定的关系。

4.5 理解文化差异的重要性

主要问题：文化差异的主要领域有哪些？

本节概要

管理者要了解其他国家的文化，要理解四种基本的文化感知，它体现在语言、非语言沟通、时间取向和宗教上。

当美国总统乔治·布什和沙特王储阿卜杜拉于2005年在得克萨斯州的克劳福德见面时，他们做了通常不会在美国做的事：他们手牵手走路。男子手牵着手可能会让很多美国人吃惊，但这在中东是很平常的，并且不带有任何性暗示。“牵手是男子之间感情最热情的表达方式，”一位黎巴嫩社会学家说，“它是团结和亲切的一种象征。”

在香港，一位乘坐电梯的美国记者向一位中国同事问好，她回答说：“你胖了。”另外三位中国同事也跟他说了同样的话，这种话在美国会被认为是粗鲁和讨厌的。“而在中国，这种来自同事的私下言论并不一定是一种侮辱，”记者写道，“这很可能只是友好。”

这些就是美国的管理者们将必须习惯的各种文化差异。在阿拉伯国家，过去他们按性别分离开来，男子有很多时间在一起，因此牵手、亲吻脸颊和长时间握手都是为了表达热爱和地位的平等。在中国，人们的私人和工作空间之间有不同的界限，他们可以谈论各种话题，因此，比如你办公室的同事可以询问你的公寓大小和你的薪水多少，并对你的衣橱和肌肉弹性进行评价。

民族文化的重要性

一个民族的**文化**（culture）是一个群体共有的一套信念、价值观、知识和行为模式。我们从小就通过与周围人互动来学习我们的文化。这就是为什么从外部来看，一个民族的文化看起来捉摸不定并令人费解。正如文化人类学家爱德华·T·霍尔（Edward T. Hall）所说的那样：“由于文化的大部分是在我们的意识之外运转的，所以我们甚至经常不知道我们了解什么……我们无意识地了解到要注意什么，不注意什么，怎样划分时间和空间，如何行走和交谈以及如何使用我们的身体，怎样表现得像男人或女人，如何与他人相处，如何对待责任……”霍尔说，其实我们所看作的“思想”就是内在的文化。

而且由于文化是由很多细小的东西组成的，这就是为什么去别国的参观者可能会遭遇**文化冲击**（culture shock）——在一个不熟悉的文化中会有不舒服和迷失方向的感觉。根据人类学家所说，文化冲击包括由一个陌生的社会环境所引起的焦虑和疑惑。

文化维度：霍夫斯泰德和 GLOBE 项目模型

误解和不良沟通经常出现在国际商业关系中，因为人们不理解对方的期望。例如，来自北美、英国、斯堪的纳维亚、德国或瑞士的人，他们出生于**低语境文化**（low-context culture），主要通过书面和口头的话来表达意思。另一方面，来自中国、韩国、日本、越南、墨西哥或许多阿拉伯国家的人，他们出生于**高语境文化**（high-context culture），人们与他人交流时十分依赖情境所暗示的意义，对于他人的官职、地位或是家庭关系依靠非语言暗示进行判断。

避免文化冲突的一种方法是对不同文化维度都有一定的了解，正如霍夫斯泰德模型和GLOBE项目模型所表述的那样。

霍夫斯泰德的四文化维度模型　三十年前，荷兰研究者及IBM心理学家**吉尔特·霍夫斯泰德**（Geert Hofstede）在53个国家收集了来自116,000名IBM员工的数据，并提出了他的**霍夫斯泰德四文化维度模型**(Hofstede model of four cultural dimensions)，该模型把民族文化分为四个维度：（1）个人主义/集体主义；（2）权力距离；（3）不确定性规避；（4）男性气质/女性气质。

- ***个人主义/集体主义——人们的社会联系有多松散或多紧密？***美国、澳大利亚、瑞典、法国、加拿大和英国重视个人价值。个人主义指的是人们更喜欢松散结合的社会结构，在这种社会结构里人们只要照看好他们自己就行了。哥斯达黎加、泰国、墨西哥、中国、危地马拉和厄瓜多尔重视集体价值。集体主义指的是人们更喜欢紧密结合的社会结构，在这种社会结构里人们和组织相互照看。
- ***权力距离——人们能接受多大程度的权力不平等？***权力距离指的是人们在社会环境中能够接受的不平等的程度。高权力距离出现在像墨西哥、印度、泰国、巴拿马和菲律宾，它意味着人们接受在人员、机构和组织之间的权力不平等。低权力距离出现在瑞典、德国、以色列和澳大利亚，意味着人们希望权力平等。
- ***不确定性规避——人们在多大程度上要求确定性？***这个维度是关于人们对待风险和不确定性的舒适程度。日本、法国、希腊、葡萄牙和哥斯达黎加等国家重视不确定性规避，它表达的是人们对不确定性和风险的不能忍受。高不确定性规避指的是人们对不确定性感觉不舒适，并希望保证确定性和一致性。像瑞典、印度、美国、新加坡和牙买加对不确定性规避的要求很低。低不确定性规避指的是人们对于不确定性和模糊性有高的容忍度。

- **男性气质/女性气质——人们在多大程度上接受男性或女性特质？**男性气质表达的是人们有多重视表现导向的男性特质，如成就感、魄力和物质上的成功。具有很强男性风格的国家有日本、墨西哥、澳大利亚和德国。女性气质表达的是人们在多大程度上接受关系导向的女性特质，如合作和群体决策。瑞典、挪威、泰国、丹麦、哥斯达黎加和法国在这个文化维度上表现较高。

总的来说，美国非常重视个人主义，相对较低的权力差距、低不确定性规避和比较重视男性气质。

GLOBE项目的九个文化维度　**GLOBE项目**（GLOBE project）由宾夕法尼亚大学的**罗伯特·豪斯**（Robert J. House）教授于1993年开始，它是一项对涉及领导力和组织程序的九个文化维度进行的大型的、持续的跨文化研究。（GLOBE是全球领导力和组织行为有效性［Global Leadership and Organizational Behavior Effectiveness］的缩写。）GLOBE逐渐发展成一个来自62个社会团体的超过150名学者的网络，并且大多数研究者来自他们所研究的当地特定文化。九个文化维度如下：

- **权力距离——在组织和社会中，权力分配应该有多大程度的不平等？**权力距离表示的是社会成员预期的权力分配不平等程度。
- **不确定性规避——人们应该在多大程度上依靠社会标准和规则以规避不确定性？**不确定性规避表示的是一个社会依靠社会标准和程序以减少未来事件的不可预测性的程度。
- **宏观集体主义——领导者应该在多大程度上鼓励和奖赏对社会单元的忠诚？**宏观集体主义，或者个人主义/集体主义表示的是反对追求个人目标并鼓励和奖赏个人对社会群体忠诚的程度。
- **微观集体主义——人们应该对他们的家庭和组织有多自豪和多忠诚？**和个人主义相反，微观集体主义表示的是人们对于自身作为家庭成员、密友圈内的一分子和对他们所工作的组织应该具有的自豪感程度。
- **性别平等——社会应该在多大程度上扩大性别角色差异？**性别平等表示的是社会应该缩小性别歧视和角色不平等的程度。
- **坚定性——个人在社会关系中应保持多大程度的对抗性和支配权？**坚定性表示与亲切和谦恭相比，社会期望人们保持对抗性和竞争性的程度。
- **未来取向——人们应该在何种程度上通过对未来进行规划和积蓄而延迟享乐？**未来取向表示的是社会鼓励通过规划和积蓄以对未来进行投资的程度。
- **绩效取向——对于绩效改进和绩效杰出，个人应该得到多大程度的奖赏？**绩效取向表示的是社会对于其成员绩效改进和绩效杰出进行鼓励和奖赏的程度。

表4–1 在GLOBE文化维度上，排名最高和最低的国家或地区

维 度	最 高	最 低
权力距离	摩洛哥、阿根廷、泰国、西班牙、俄罗斯	丹麦、荷兰、南非（黑人样本）、以色列、哥斯达黎加
不确定性规避	瑞士、瑞典、德国（前西德）、丹麦、奥地利	俄罗斯、匈牙利、玻利维亚、希腊、委内瑞拉
宏观集体主义	瑞典、韩国、日本、新加坡、丹麦	希腊、匈牙利、德国（前东德）、阿根廷、意大利
微观集体主义	伊朗、印度、摩洛哥、中国、埃及	丹麦、瑞典、新西兰、荷兰、芬兰
性别平等	匈牙利、波兰、斯洛文尼亚、丹麦、瑞典	韩国、埃及、摩洛哥、印度、中国
坚定性	德国（前东德）、奥地利、希腊、美国、西班牙	瑞典、新西兰、瑞士、日本、科威特
未来取向	新加坡、瑞士、荷兰、加拿大（说英语的）、丹麦	俄国、阿根廷、波兰、意大利、科威特
绩效取向	新加坡、中国香港、新西兰、中国台湾、美国	俄国、阿根廷、希腊、委内瑞拉、意大利
人性取向	菲律宾、爱尔兰、马来西亚、埃及、印度尼西亚	德国（前西德）、西班牙、法国、新加坡、巴西

资料来源：Adapted from M. Javidan and R. J. House, "Cultural Acumen for the Global Manager: Lessons from Project GLOBE," *Organizational Dynamics*, Spring 2001, pp. 289 - 305.

- **人性取向——社会应在何种程度上鼓励和奖赏人们的善良、公平、友好和慷慨？**人性取向表示的是个人受到鼓励而变得无私、关心他人、慷慨和公正的程度。

从18,000名管理者的数据所得出的九个文化维度的国家概况见下表。（见表4–1。）

GLOBE维度表现出大量的全球文化多样性，同样也表现出了文化模式是怎样变化的。例如，美国管理者的样本在坚定性和绩效取向上得分很高——这就是为什么美国人普遍被认为是有进取心和努力工作的。瑞士在不确定性规避和未来取向上得分高也正好解释了其几个世纪以来的政治中立和为什么会拥有世界知名的银行业。新加坡因其适合经商而闻名，因为新加坡环境清洁、社会安全以及新加坡人接受好的教育而且工作努力——该国在宏观集体主义、未来取向和绩效取向上得分高就不足为怪了。相反，俄罗斯在未来取向和绩效取向上得分低则预示了其从中央计划经济向自由企业资本主义的过渡要比预期缓慢。所有这些得出的一个实际经验是：了解外国商业伙伴和竞争者的文化倾向能给你带来战略上的竞争优势。

GLOBE研究人员还找出了普遍欢迎或反感的领导特征（见表4–2）。纵观全球，那些有远见和鼓舞人心的领导者是最好的团队建设者，一般做得最好，而以自我为中心、不合群或者好面子的领导者则往往不怎么被接受。

表4-2 62个国家中普遍欢迎和反感的领导特征

普遍被肯定的领导特征	普遍被反感的领导特征
值得信赖	不合群
公正	自我中心
诚实	不合作
有远见	脾气暴躁
提前做计划	含糊
鼓舞人心	自私自利
积极	冷酷
精力充沛	独断专行
动力激发者	
信心树立者	
有动力	
可靠	
智慧	
果断	
有效的谈判者	
双赢的问题解决者	
精通管理	
善于沟通	
见多识广	
协调者	
团队建设者	
卓越取向	

资料来源：Excerpted and adapted from P. W. Dorfman, P. J. Hanges, and F. C. Brodbeck, "Leadership and Cultural Variation: The Identification of Culturally Endorsed Leadership Profiles," in R. J. House, P. J. Hanges, M. Javidan, P. W. Dorfman, and V. Gupta, eds. *Culture, Leadership, and Organizations: The GLOBE Study of 62 Societies*, (Thousand Oaks, CA: Sage, 2004), Tables 21. 2 and 21. 3, pp. 677 - 678.

其他文化差异：语言、人际空间、时间取向和宗教

你会怎样弥合跨文化的差距？首先应该从理解开始。我们从四个基本文化领域来思考这些差异：（1）语言；（2）人际空间；（3）时间取向；（4）宗教。

不过，请注意应该将这些文化差异视作一种倾向，而不是绝对差异。我们应该认识到，与我们打交道的个人可能是文化规则的例外。尽管有些刻板印象已经深入人心，但毕竟总有健谈的和好争斗的日本人，也有安静谦恭的美国人。

1. 语言　全世界使用的不同语言超过3000种。不过，即使处在说英语的环境当中，文化之间的细微差别也能造成误解。例如，一位游历甚广的作家说，在亚洲，对一个问题回答“是”，仅仅表示明白了这个问题，这只是协商的开始。

在跨文化交流中，你有三种选择：(1) 讲母语；(美国人认为全球大约半数人能说英语，而实际上全球只有20%的人会说英语。) (2) 请翻译；(如果你请翻译的话，尽量找一个忠于你的翻译，而不是找一个忠于你海外东道主的翻译。) (3) 学习当地语言——到目前为止，这是最好的选择（据《今日美国》头条新闻报道：“美国公司正变得口齿不清，全球贸易需要外语人才”）。

2. 人际空间　不同文化的人对于可接受的人际空间有不同的看法——即一个人在与他人交流时应该保持多近或多远的距离。例如，北美和北欧的人在商务对话中一般保持3到4英尺的距离，而拉丁美洲和亚洲地区的人大概保持1英尺距离，阿拉伯人则更近。

这个就能引起跨文化的误解。人类学家霍尔说：“阿拉伯人往往会和你靠得很近，对着你呼吸。如果与阿拉伯人交谈的是美国人，这会让他感觉不适，虽然他找不出到底哪里不适，但他会觉得阿拉伯人独断专行。阿拉伯人靠近，美国人则后退。阿拉伯人再跟进，因为阿拉伯人觉得只有在一定的距离内才能交流。”但是，霍尔说，一旦美国人知道阿拉伯人有不同的人际空间，并且了解“对着人呼吸是一种交流方式”，情况有时会更好一些，美国人会感觉更舒服。

3. 时间取向　在很多文化中时间取向是不同的。人类学家霍尔在单一时间模式和多元时间模式之间做了一个有效的区分：

- **单一时间模式**。这种时间模式是标准的美国商业惯例。就是说，**单一时间模式**（monochronic time）偏向于一次只做一件事情。在这种观念下，时间被认为是有限的，并被精确分段，然后按照日程表来做事。例如，在这种时间观念下，当你计划会见某人时，你就会在所安排的时间里全神贯注地接待来访者。

  事实上，当你面试一份工作时，你就在采用单一时间模式。你得认真听明白面试人员说了什么。你可能需要仔细记笔记，此时你定然不会接电话或者不时地盯着窗外看。

- **多元时间模式**。这种时间观念在地中海、拉丁美洲，尤其是阿拉伯文化中盛行。**多元时间模式**（polychronic time）偏向于一次做几件事情。这种时间观念认为时间是灵活和多维的。

  在这种时间观念下，当你拜访一位拉丁美洲客户时，你会发现你在等候室等了45分钟，然后在会面中，发现这个客户还在同时会见另外三个人。（在美国的变体中，现在这些是指“多任务”，例如，你一边打电话，同时又在看电视和做猜字谜。）

作为管理者，在跨文化经营中，你很有可能需要重新设置你的心理时钟。

案 例 时间上的文化差异：秘鲁力争守时

Hora peruana，又称为秘鲁时间，通常意味着晚一小时，这被大多数秘鲁人视为一种他们喜欢的民族特色。但是，秘鲁官方认为经常迟到反映出对待工作的消极态度，并且不利于国家生产。例如，教授在上课一小时后才出现在课堂上。

这是一种“可恶至极、糟糕透顶、有害无益的坏习惯，”总统艾伦·加西亚（Alan Garcia）在一次全国性电视活动上说道，其活动主题是消除La Hora sin Demora——即没有延时。该活动发起于2007年3月，旨在要求学校、企业和政府机构不再容忍工作拖拉。一位来自伦敦的技术顾问称赞这项活动，他说道：“由于不守时，许多拉丁美洲国家失去了商机。”虽然这项活动并没有对迟到者提出惩罚也没有对守时者提供奖励，但是人们希望这项活动能使那些迟到者感到羞愧以改正他们迟到的习惯。

著有《时间的地理》（*A Geography of Time*）一书的加州州立大学心理学教授罗伯特·莱文（Robert Levine）说：“大多数拉美国家中占主导地位的不同的计时方式有一个一般的倾向。”他提出这样的理论：不同的文化用不同的“节奏”记录时间——一些文化根据时钟定义事件，而另一些则任由事件自由发展。他说：“秘鲁官方正要求那些习惯‘事件时间’的人转换成‘时钟时间’。”

加西亚的活动没有得到一个好的开始。邀请美联社参加上午11：00点仪式的邀请函，通信员在下午1：30才送到——此时活动已经结束了。

思考：

一份美联社调查显示美国是一个没有耐心的国家，美国人在电话中等待5分钟后，就会变得烦躁，在机动车管理部门排队等待15分钟则是极限。如果你想在秘鲁经营制造业，那么你会如何去适应？

4. 宗教 你是一个在主要信奉天主教的国家做生意的清教徒吗？或者是一个在主要信奉佛教的国家做生意的穆斯林吗？那么，宗教如何影响你打交道的那些人与工作相关的价值观？

在美国中西部的一所大学对484名国际学生做的一项研究显示，由于所属不同宗教，他们在与工作相关的价值观上表现出很大不同。例如，对于天主教徒而言，

目前世界主要宗教教派	
基督教	21亿
伊斯兰教	15亿
印度教	9亿
佛教	3.76亿
犹太教	1400万
中国传统宗教	3.94亿

与工作相关的最主要价值观是要感觉到关心；对于清教徒而言，是雇主效益；对佛教徒而言，是社会责任；对于穆斯林而言，是连续性。事实上，与工作相关的最重要价值观在宗教之间并不能达成一致。因此研究人员得出结论：对于雇主而言，考虑到宗教差异（更广泛地说，是文化因素）对员工群体的价值观会产生影响是明智的。

为什么美国管理者在国外工作中失败了？

大约有30万名美国人是**移居国外者**（expatriates），即在国外生活或工作的人，他们在美国境外工作。这一数字还会增加。例如，美国国务院对390家公司做了一项调查，显示与前一年相比，29%的公司已经计划在2007年派遣更多的员工到海外工作。支持外派员工及他们的家人移居海外是一笔不小的开销。一位专家说："把一个在美国挣16万美元的高中级管理人员派遣到印度两年，他/她带上他/她的伴侣和两个孩子，这得花费90万美元。"那么雇主们这样花钱值吗？也许并不值得。

一项调查研究了750家公司（美国、欧洲和日本），让这些公司的外派员工和他们的管理者评价他们的经历。调查发现因为对工作不满意或者存在适应困难，外派出国的美国管理人员中10% ~ 20%的人提早回国了。而那些在国外待满工作期限的员工，大约有三分之一的人完成的工作没达到上级的预期，四分之一的人离开公司转投竞争对手的公司，这一流失率是没出国的管理人员流失率的两倍。根据普华永道最近的调查，外派员工回国后仍然存在问题。调查结果显示，这些回国的外派员工中25%的人会在一年内辞掉工作。一些组织通过与员工交流国际工作和提前六个月发布这些员工的回国通知可以降低流失率。

如果你要出国担任管理人员，你需要什么生活技能或者观念？一份对72名人力资源管理者进行的调查可能给出了底线，他们被问到出国工作最重要的成功因素有哪些。近35%的人认为是文化适应性：耐心、灵活性和对他人信仰的包容。

本章小结

4.1 全球化：时间与距离的瓦解

世界经济走向一个相互依存的系统的趋势便是全球化。全球化进程主要体现在以下三个方面：（1）"地球村"和电子贸易的出现；（2）世界成为一个超级大市场的趋势；（3）全球性的大企业和虚拟小企业的出现。

"地球村"是指由于航空旅行和电子媒体使全球沟通变得更容易了，时间和空间在瓦解。互联网的发展产生了电子贸易，产品的购买和销售都能在网上进行。

全球经济体是指各经济体作为一个市场不断增长的彼此相联系的趋势。

跨国商务的发展导致了超级并购，大公司结成联合力量，而小公司的管理者可以利用网络和其他技术，使得企业创立更加容易，企业运作也更快。

4.2 国际化管理

通过学习国际化管理，你能学会如何与在美国的外国企业或者在海外的美国企业的顾客或者供应商共事。国际化管理是一种监督国外机构经营行为的管理。

成功的国际化管理者既不是民族中心者，也不是多中心者的，而是地域中心者。民族中心管理者认为他们的国家、文化、语言和行为比其他地方优越。多中心管理者认为国外市场的当地管理者最了解当地的人和风俗。地域中心管理者认为本国和国外的人和风俗之间有同有异，管理者应该运用最有效的方法来管理。

4.3 公司为何以及如何进行国际扩张

公司进行国际扩张至少有五个原因。它们寻求:（1）更廉价和更充足的供应;（2）新市场;（3）更低的劳动力成本;（4）获得金融资本;（5）逃避进口货物关税或进口配额。

公司进行国际扩张有五种方式。（1）从事全球外包，通过公司及美国以外的供应商提供货物和服务;（2）从事进出口和对销贸易（以货易货）;（3）从事许可经营（在外国公司支付费用后，允许外国公司生产或经销其产品）和特许经营（在外国公司支付费用并进行利润分成后，允许外国公司使用该公司的品牌名称）;（4）开办合资企业，在国外成立一家新企业，共担风险，共享利益，这是一种战略联盟的方式;（5）变成由一个组织完全拥有和控制的全资子公司或海外子公司。

4.4 自由贸易的世界：区域经济合作

自由贸易是指国与国之间没有政治或经济壁垒的商品和服务流动。

各国经常会利用贸易保护主义来保护它们国内的产业以对抗国外的竞争，这种贸易保护主义是利用政府管制来限制商品和服务的进口。自由贸易的三大壁垒是指关税、进口配额和贸易禁令。（1）关税是指关税或税收形式的贸易障碍，主要是对进口进行征收;（2）进口配额是限制一种产品可以进口的数量的贸易障碍;（3）贸易禁令是指对某些产品的进口或出口完全禁止。

旨在促进国际贸易的三个主要组织是:（1）世界贸易组织，旨在监督和执行贸易协议;（2）世界银行，旨在为发展中国家提供低息贷款，以改善它们的交通、教育、卫生和电信等;（3）国际货币基金组织，旨在帮助各国之间的货币顺利流通。

贸易集团是在一个地理区域内彼此同意去除贸易壁垒的国家群体。五个主要的贸易集团是:（1）北美自由贸易协定（NAFTA;美国、加拿大和墨西哥）;（2）欧盟（EU;27个欧洲贸易伙伴）;（3）亚太经合组织（APEC;21个太平洋沿岸国家）;（4）南方共同市场（阿根廷、巴西、巴拉圭和乌拉圭）;（5）中美洲自由贸易协定（CAFTA;美国和6个中美洲国家）。

除了共同加入贸易集团外，各国之间还可以延伸特殊化，即“最惠国”贸易特权，就是答应给予其他国家有利的贸易条约，比如减少关税。

4.5 理解文化差异的重要性

由于不明白来自其他文化的人的期望，就会经常出现误解和不良沟通。在低语境文化中，主要是通过书面和口头的话来表达意思。在高语境文化中，与人交流时，人们十分依赖情境所暗示的意义。

吉尔特·霍夫斯泰德提出了霍夫斯泰德四文化维度模型，该模型把民族文化分为四个维度:（1）个人主义/集体主义;（2）权力距离;（3）不确定性规避;（4）男性气质/女性气质。

罗伯特·豪斯和其他人创立了GLOBE（全球领导力和组织行为有效性）项目，它是一项对涉及领导力和组织程序的九个文化维度进行的大型的、持续的跨文化研究:（1）权力距离;（2）不确定性规避;（3）宏观集体主义;（4）微观集体主义;（5）性别平等;（6）坚定性;（7）未来取向;（8）绩效取向;（9）人性取向。

一个民族的文化是一个群体共有的一套信念、价值观、知识和行为模式。进入另一种文化，外来者会经历文化冲击——即感觉到不舒服和迷失方向。努力了解其他文化的管理者需要了解四个基本的文化感知，它们体现在:（1）语言;（2）人际空间;（3）时间取向;（4）宗教。

语言方面，当你试图跨文化交流时，你有三种选择：讲母语（如果别人能听懂的话）、请翻译或者学习当地语言。

人际空间是指在与别人交流时，双方应保持多远或多近的距离。对美国人而言，3到4英尺的距离比较合适，而对于其他国家的人，则要更近一些。

一种文化的时间取向可能是单一时间模式（一次只做一件事）或多元时间模式（一次做多件事）。

管理者需要考虑宗教差异的影响。按照各宗教的信仰人口排列，主要的世界宗教是基督教、伊斯兰教、印度教、佛教、犹太教和中国传统宗教。

管理实践 IBM扩张其全球服务运营

当罗格里奥·奥利韦拉（Rogerio Oliveira）漫步在位于巴西霍特兰迪亚市的IBM服务执行中心时，新旧IBM的对比就凸显出来了。曾经生产电脑主机的工厂现在聚集着数百名在不同流水线上工作的巴西员工。他们产出的是信息。在高耸的金属结构屋顶下，是成排的小隔间，这些隔间连接起来有一个足球场长。他们就坐在隔间内工作。几年前，这个工厂的生产工作仅面向巴西客户。如今，来自40个国家的100位客户使用这里的服务，从软件编程到金融会计领域，这些国家包括加拿大、墨西哥、南非和美国。

奥利韦拉是一名有35年工作经验的IBM老员工，拉丁美洲区的总经理。在IBM转型成“全球整合型企业”的过程中，奥利韦拉发挥着中坚力量的作用。IBM谈论它的新全球愿景有两年了，但只是近来拥有了像奥利韦拉这样的管理人才后才将这一愿景付诸实践，并取得了可观的利润。

这不是20世纪时的IBM，那时“蓝色巨人”（IBM公司的绰号）将自身定位为跨国公司。那时候IBM在160个国家有子公司，这些子公司就像是迷你版的IBM，实质上是独自运营，服务于当地客户。但是，这样的复制对于IBM来说成本太高了，因此现在公司围绕一个原则来重新组织，即选择在工作能最好地完成的地方为客户服务——以适当的价格选用适当的人才。

这一理念给IBM的运营方式带来了里程碑式的转变。过去三年里，IBM在包括巴西、中国和印度在内的低成本国家雇用了9万名员工。这些人在所谓的全球服务执行中心工作，为客户提供广泛的服务。这些工作从软件编程延伸到数据中心运营、呼叫中心、金融会计和效益管理。首先，廉价劳动力是这一动作的关键原因，印度的工资比在美国低70%到80%。不过如今，在印度和中国这样的新兴市场发掘大量的人才和新观念也是很重要的。

这些提供全球服务的员工大多数既要向当地管理者汇报工作又要向数千里以外的管理者汇报工作……

IBM在六大洲有37.5万名员工，在其成为运行良好的全球机器以前，它还有大量的工作要做。IBM首席执行官彭明盛（Samuel J. Palmisano）说："我们面临的重要问题是：将这些服务放在何处？如何保留这些服务？如何发展这些服务？如何将工作与这些服务相联系或者如何让这些服务更贴合工作？"

大约在三年前，彭明盛就开始着手研究这些问题。2003年被委以重任后，他就着重研究在高端电脑、芯片和软件方面的创新，注重在新市场和新服务上快速扩张，如后台信息处理。彭明盛的研究项目正好赶上一批有闯劲的印度技术服务公司，多亏了他们的低成本劳动力，才使IBM的价格得以降低……

单单降低成本并不能产生作用，彭明盛还得转变服务工作的执行方式。他已经把任务委任给了时年51岁的IBM资深员工罗伯特·W·莫法特。莫法特已经从IBM生产供应链的年度成本上挤出了50亿美元。数十年来，IBM的工厂主要是在一个地域市场上对应生产一种产品。但是到2005年，它们开始根据当地市场所需生产各种产品，因此IBM能够运营较少的工厂并保持更高效率的运转能力。

莫法特指出这种方式也可以用到服务工作上。他的团队对各国在成本、可用人才、教育管道、使用语言、相邻市场和政局稳定性方面做了调查。他们利用这些信息选择服务全球客户的地点。例如，莫法特在班加罗尔、布宜诺斯艾利斯、克拉科夫、上海和塔尔萨等地设立了金融和管理后台中心。

莫法特和他的同事利用各自的生产经验与IBM分散在各地的员工保持联系。正如IBM电脑里的每一个配件都要在存货和规划文件中详细列明一样，新的数据库里面记录着员工的详细档案，罗列出员工的各项能力和具体时间安排。电脑的部件不能随意更换，但是员工档案是可以更新的。因此当员工学习到技能和经验时，员工和他们的管理者就会更新数据库。这样，数据库就处于不断更新状态。

以前，项目经理管理着大型团队，团队成员都是和他们一起工作的员工。但是，随着IBM的全球扩张，项目经理发现让团队齐心协力变得更难了。现在，项目经理将详细的需要贴在一个称之为"专业市场"的数据库中，这个数据库罗列着17万多名员工包括其技能、工资标准和时间安排在内的详细档案。其他管理者监察数据库，并充当配对人员，将工作和员工配成对。比起调集团队，运用这些数据库能节约20%的时间并且为IBM总共节约了5亿美元。

通过使用先进软件筛选众多的员工数据，IBM的高层管理者可以掌握IBM拥有的全球技术人员数量，并将这些数据与其未来6到9个月的预期需求数据对比。当他们察觉存在差额时，他们便与同事协调在其他国家招聘或培训员工。

IBM巴西公司是IBM的一个真实缩影。五年内，其员工数量由4千人增加到了1. 3万人。大部分人都是在巴西硅谷霍特兰迪亚市工作，该市距离圣保罗约90分钟车程。员工们在他们的小隔间摆放着客户所在国的国旗。走到过道，你能听到英语、法语、葡萄牙语和西班牙语。对于类似工作，IBM支付给这些员工的工资是支付给在美国IBM工作的员工的一半。

虽然巴西公司的管理团队成员大多是当地人，但是IBM也会雇用其他国家的人员来加快全球一体化进程。这一任务的"代理人"之一是美国人罗伯特·佩恩（Robert Payne），他在IBM担任执行官已22年了，负责部分巴西技术服务组织工作。现年48岁的佩恩将自身和任务所在国的文化融为了一体。为了东京任务，他学会了日语。当他在三年前抵达巴西时，他声称要在九个月内学会葡萄牙语，然后用葡萄牙语召开所有会议。他确实做到了……

佩恩和其他高级执行官知道全球运营需要大量亲力亲为的管理。过去，IBM的项目常常在纽约州的一栋办公大楼里出现又消失。现在，项目被分成各个板块，再由世界各地的小团队分块完成……

这一设置的主要挑战是程序员在没有互相见面的情况下很难通过电子邮件或者视频会议沟通。陌生人之间一般不会分享技术知识。IBM的Boeblingen实验室主管德克·威特克普（Dirk Wittkopp）说："最大的问题是信任。如果你能和别人一起用餐喝酒的话，那么工作起来就会容易得多。但是，我们不能总是让员工们坐飞机去相互拜访。"

所以"蓝色巨人"试图通过使用从社交网络中借鉴来的软件来弥合距离。一个叫做蜂巢（Beehive）的程序从本质上来说就是企业版的Facebook。IBM的员工可以在蜂巢上建立自己的个人档案、上传照片、罗列个人兴趣、发表对公司事务或个人生活的评论意见。

讨论：

1. 在管理者工具箱中所列出的建议中，罗伯特·佩恩运用了哪些？请解释。

2. 根据本章内容，为什么说IBM在试图创造"全球整合型企业"？请讨论。

3. IBM在多大程度上使用了民族中心、多中心和地域中心的管理方法？举例说明。

4. 科技在IBM创造全球劳动力的过程中扮演了什么角色？请解释。

5. 在该案例中学到的关于全球管理最重要的经验是什么？请讨论。

资料来源：From Steve Hamm, "International Isn't Just IBM's First Name," *BusinessWeek*, January 28, 2008, pp. 36－40. Reprinted with permission.

自我评估　你有多适合做一名全球化管理者？

目的

1. 测试你是否已准备好做一名全球化管理者。

2. 帮助你测评你对其他文化的舒适度。

引言

商业活动变得越来越全球化，美国公司需要派驻更多的管理人员到其他国家工作。这对管理人员及其家庭通常意味着巨大的调整。在工作任务中，灵活性很关键，它使这些管理人员能够调节自身适应新的方式、新的人群、新的食物、不同的非言语沟通、新的语言和一大堆其他新事物。

在接受这样的工作安排时，你需要更多地了解自身，了解自己在这样的环境中如何工作。

说明

你准备好成为一名全球化管理者了吗？在下面的评定表中圈出对14个问题你赞成的对应回答。如果你没有特定情形的直接经验（如和来自另一个文化的人一起工作），那么圈出你觉得可能的答案。

1＝非常强烈地反对

2＝强烈反对

3＝反对

4＝不反对也不同意

5＝同意

6＝强烈同意

7＝非常强烈地同意

问题

题目	评分
1. 当与来自其他文化的人一起工作时，我会努力去了解他们的观念。	1 2 3 4 5 6 7
2. 我对我公司的产品和服务有很好的了解。	1 2 3 4 5 6 7
3. 我愿意对各种问题表明立场。	1 2 3 4 5 6 7
4. 我在与人相处上有特别的天赋。	1 2 3 4 5 6 7
5. 无论什么时候，对我说实话都靠得住。	1 2 3 4 5 6 7
6. 我擅长抓住复杂问题最重要的部分。	1 2 3 4 5 6 7
7. 我非常愿意为组织的成功付出努力。	1 2 3 4 5 6 7
8. 我能承担个人和商业风险。	1 2 3 4 5 6 7
9. 我曾根据别人的反馈作出改变。	1 2 3 4 5 6 7
10. 我乐意接受到国外工作的挑战。	1 2 3 4 5 6 7
11. 我会利用各种机会去做新的事情。	1 2 3 4 5 6 7
12. 我很难接受批评。	1 2 3 4 5 6 7
13. 即使别人不情愿，我也寻求得到回馈意见。	1 2 3 4 5 6 7
14. 事情出问题时，我不会将精力投入到我不能改变的事情上。	1 2 3 4 5 6 7

解读

这个测试评估与成为成功的全球化管理者相关的因素。这些因素包含一般智力、商业知识、人际技能、责任、勇气、跨文化能力和借鉴经验的能力。

加总你的得分，从14分到98分。得分越高，表明你成为一名成功的全球化管理者的潜力越大。

参考标准

高成功潜力	70 ~ 98
中等成功潜力	40 ~ 69
低成功潜力	39及以下

问题讨论

1. 你的得分暗示你应该做哪方面的准备以成为一名全球化管理者？你同意这些结果吗？

2. 如果让你现在去另一个国家的话，你觉得你的适应度多高？

3. 作为一个非常多元化的国家的公民，你的经历让你在理解世界其他文化时有多大帮助？

4. 假设有一天你将担任国际职务，你将改进哪些准备？请解释。

资料来源：Modified and adapted from G. M. Spreitzer, M. W. McCall Jr. , and J. D. Mahoney, "Early Identification of International Executive Potential," *Journal of Applied Psychology*, February 1997, pp. 6 - 29.

道德困境　奇基塔国际公司向哥伦比亚恐怖分子支付费用

假设你是美国大陪审团的一员，你们正在争论是否应该起诉奇基塔国际公司前审计委员会主管及美国证券交易委员会前主席罗德里克·希尔斯（Roderick Hills）。

这起案件涉及该公司将费用支付给了一个哥伦比亚暴力团伙，该团伙被美国政府认定为恐怖组织。向暴力团伙支付费用时，希尔斯先生掌管着该公司的审计委员会。案件事实指出："一个准军事性质的组织威胁要绑架或杀死在奇基塔的哥伦比亚子公司Banadex香蕉园里的员工，奇基塔公司担心即刻停止支付会伤到其员工。"希尔斯先生和其他执行官把这些费用视为"保护费"，用来保护员工生命安全。"熟知该案件的律师说希尔斯先生和奥尔森先生（前总顾问）相信司法部高级官员理解这一点，并推迟任何停止向哥伦比亚联合自卫军（其西班牙语缩写名更为知名，AUC）支付费用的要求。七年间，奇基塔向其支付了170万美元。"奇基塔从未向其会计师或其审计者安永会计师事务所隐瞒这些费用支付情况。

解决困境

在这种情况下，你会怎么做？

1. 起诉希尔斯先生。他知道与恐怖组织交易是违反美国政策的。

2. 对该公司罚款2500万美元。该公司应该关闭其哥伦比亚子公司，而不是支付费用给恐怖组织。

3. 不起诉希尔斯先生。他是在努力保护员工生命安全，并且他将公司采取的措施告知了美国政府部门。

4. 提出其他选择。

资料来源：Based on L. P. Cohen, "Chiquita Under the Gun," *The Wall Street Journal* , August 2, 2007, pp. A1, A9.

5 计 划

你应该能够回答的主要问题：

5.1 计划与不确定性

主要问题：如何应对不确定性，计划如何起作用？

5.2 计划的基本原理

主要问题：什么是使命和愿景陈述？计划和目标的三种类型是什么？

5.3 促进目标设定：目标管理和SMART目标

主要问题：什么是目标管理以及如何实现目标管理，什么是SMART目标？

5.4 计划/控制循环

主要问题：计划/控制循环如何帮助管理者保证计划在正确的方向上进行？

5.5 项目规划

主要问题：什么是项目规划？为什么项目规划很重要？什么是项目生命周期？

管理者工具箱 规划不同的职业路径:“这是一项事业而不是一份工作”

无论对于组织还是个人的职业生涯,计划都是为了应对不确定性。

你对自己的发展方向有所认识吗?毫无疑问,对于你正在追求的东西,你可以这样说:“它不仅仅是一份工作,而是一项事业。”你的职业路径就是在你生涯中所从事的所有工作及职业的一个序列。

迈克尔·J·德赖弗(Michael J. Driver)提出了不同的职业路径,分别是线性职业生涯、稳定型职业生涯及螺旋型职业生涯。

- 线性职业生涯:爬楼梯。线性职业生涯类似于一个传统的观点,即在一个组织的层级当中爬楼梯。也就是说,你是在一系列的工作中向上提升的——一般来说仅在一个职能领域内,例如:财务——每一项工作都需要承担更多的责任以及要求更高的技能。

  当然,线性职业生涯有可能停滞不前,也就是说,你上升到某一职位然后停留在那,不再有进一步晋升的机会。事实上,职业高原现象经常发生,不需要感到不光彩,甚至一些非常成功的管理者也会发生这种事情。

  当然,另一种可能性就是下降的职业生涯。一个人达到一定职位一段时间后又下降到一个较低的职位。例如,技术改变了你所从事的行业,这种情况就可能发生。
- 稳定型职业生涯:留在原地。稳定型职业生涯几乎跟线性职业生涯相反:年轻时你发现自己对某一职业非常满意,就一直从事这项工作;或者一时接受了职位的晋升,但又不想承担相应的职责,于是又选择留在原来的职位。

  实际上这种类型的职业生涯相当普遍,例如:销售代表、电脑程序员或内科医生。他们也许更乐于成为亲身实践的专家而不是管理者。
- 螺旋型职业生涯:从事彼此相关的不同工作。像线性职业生涯一样,螺旋型职业生涯也是向上走的。不过,在这种职业路径,你会从事一些基本不同但又彼此相关的工作,这会带给你更多的一般性经验和技能使你在层级和地位上得到提升。

  当然,也许你(像一些销售人员、演员、厨师或者建筑工人)可能更青睐一种变体,短暂的生涯。也就是说,你属于不想承担因晋升而带来的责任的那一类人。你是一个无拘无束的人,喜欢不断变换工作或工作地点从而得到很多不同的经历(或者你不希望被任何一件事情束缚)。

  有一种变体是“组合职业生涯”或“斜线职业生涯”,这种职业类型的人从事多种兼职工作,把这些工作组合在一起就像一份全职工作一样,诸如:普拉提教练/艺术商人、律师/神职人员、教师/舞者/操偶师等。当然,有些人完全转换了自己的职业,可能是因为调换了部门或者因为一些别的事情重新回到学校接受再教育。

讨论:你将来可能选择哪种职业生涯路径?你是如何计划的?

本章概要

在本章,我们会对计划进行描述,它是四个管理职能中的第一个。我们探讨计划的好处以及计划如何帮助你应对不确定性。我们会讨论计划的基本原理,包括使命与愿景陈述以及三种计划类型——战略计划、战术计划和运营计划。我们会探讨目标和行动计划、目标管理、SMART目标和计划/控制循环,然后我们探讨项目规划。

5.1 计划与不确定性

主要问题：如何应对不确定性，计划如何起作用？

本节概要

计划是管理过程四大职能中的第一个，它包括设定目标以及决策如何达到目标。计划能帮助你检查进程、协调活动、进行事先考虑以及应对不确定性。不确定性有三种情况：状态、效果和反应。组织对不确定性的应对有多种方式。

我们在第1章讲过，管理过程包括四个管理职能：计划、组织、领导和控制，它们构成了本书的四个部分。本章和接下来的两章我们讨论计划，前面我们定义**计划**（planning）为设定目标以及决策如何达到目标。还有另外一个定义：计划就是通过制订未来行动过程以达到指定结果从而应对不确定性。当你制订一个计划的时候，你就绘制了一幅行动蓝图来描述需要做些什么来实现你的目标。

计划和战略管理

本章所讨论的计划，就如我们将在第6章描述的一样，经常和战略管理联系在一起。我们将会看到，战略管理是一个过程，在制订、实施和执行战略以及战略目标以达到组织目标的过程中，它涉及组织中所有部门的管理者——高层管理者、中层管理者和基层管理者。因此，计划不仅包括战略计划（由高层管理者制订），还包括战术计划（由中层管理者制订）和作业计划（由基层管理者制订）。计划和战略管理源自组织的使命和愿景，我们会在接下来的几页里对它们进行阐述。（见图5–1。）

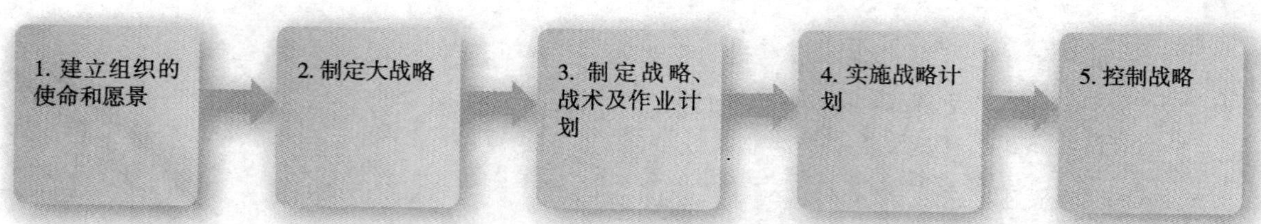

图5–1 计划和战略管理

为什么不做计划呢？

表面看来，做计划是一件很好的事情，不然我们不会用三章来阐述这一主题。但是，有两个地方要引起注意：

1. 做计划需要占用时间 当上司要求时间很紧的管理者为他们的部门做一个五年计划时，他们也许会很反感。

他们可能会埋怨："什么？要我做那件事而且仍然要找时间完成这个年度的目标！"但是，尽管时间紧张，做计划的时间还是必须留出的。不然，管理者就只能对事件作出事后反应了。

做计划意味着你必须让你的下属参与决定资源、机会和目标。在此过程中，你也许需要去部门外获取有关产品、竞争者、市场等方面的信息。

2. 在没有很多时间去做计划的情况下，你可能必须作出一些决策 在网络连接和快速读取计算机数据的现代社会，是否每个人都能快速获得真实信息进而作出明智的决策？不总是这样的。一个竞争者可能会以更能满足消费者需求的产品快速进入你的市场。消费者的购买习惯可能很快随之改变。消费者联合抵制产品的行为可能突然发生。一个重要的供应商也许令你失望。在你愿意提供的薪金水平下，也许你需要的员工才能不能立刻匹配。而且在上述任何情况下，你都没有足够的时间基于所有信息作出决策。

然而，一个可执行的计划并不需要太完美。但是你作决策时不应该鲁莽行事，也许你经常必须在只完成了四分之三的计划的基础上依据现有信息来作出决策。

计划如何帮助你：四个好处

你总是希望自己逢凶化吉或是躲过下一次飓风、地震、龙卷风或是其他自然灾害袭击你所在的地方。或者你可以通过储存手电筒电池和罐装食物来为其作出计划。哪种方法更好呢？当你作为一名管理者时，会面临同样的考虑。某天，在你化解了一场危机后，你会很高兴自己做了一个计划来处理它。做计划的好处体现在以下四个方面：

1. 计划有助于及时检查工作进展 打高尔夫球的人在进行18个击球入洞的活动前所使用的预先印制好的得分卡不是空的。对于每一个洞，这张卡片列明了标准杆数，例如3或是5，这是一个优秀的高尔夫球手应该将球从球座击到球洞的杆数。这种积分卡就是这项运动的计划，为每一个洞提供了目标。在你打完这一洞后，你把自己的杆数写在一个空白的地方。打完18洞后，把你的得分加总起来和标准杆数进行比较，以此衡量自己的表现。

在一个组织中，你的工作进展如何？除非你有一些方法检查你的进程，不然你不会知道。这就是为什么，像高尔夫球手一样，你需要有一些你要达到的期望——换句话说，就是计划。

2. 计划有助于协调活动 "右手不知道左手在做什么！"

你也许会听到这样的抱怨，例如，当危机发生时，一个组织的公关部门、法律部门和首席执行官办公室向新闻界提供的是相互矛盾的声明。显然，如果该组织在危机发生期间对于应对媒体有一个计划的话，这样的尴尬是可以避免的。计划规定不同部门的责任，协调它们的活动以达到共同的目标——至少，使一个组织看上去不会混乱无序。

3. **计划有助于提前考虑问题** 在过去的几年里，克莱斯勒的首席执行官罗伯特·纳德利（Robert Nardelli）制定了大计划来帮助公司扭转不良的财务表现。他意欲通过增加在中国、墨西哥、印度和东欧的工程中心所进行的研发工作来扩展国际销售。展望未来，他努力为汽车业下一个重大变革制订计划，同时他也计划创建一个新的工程组，致力于研发混合动力汽车和电动汽车。

类似，就像我们在产品生命周期（第6章）中描述的一样，你所提供的服务或产品，可能会在某一点达到成熟，销售量会开始下滑。因此，你需要有先见之明，超越目前的工作阶段，努力确保成为快速调整的一个而不是破产的那个。

4. **更重要的是，计划有助于应对不确定性** 你不喜欢不愉快的意外？大部分人都不喜欢。（当然，令人愉快的惊喜总是受欢迎的。）这就是为什么需要努力为令人不愉快的意外事件做计划（我们会在第6章阐述）。计划帮助你应对不确定性。

组织如何应对不确定性

你个人如何应对对不确定性？你的反应是缓慢的？谨慎的？前瞻的？你观望别人在做什么吗？组织的反应方式与此类似。

四种基本战略类型 学者雷蒙德·迈尔斯（Raymond E. Miles）和查尔斯·斯诺（Charles C. Snow）提出：组织在其所处环境中对不确定性作出反应的时候，会变成四个角色中的一个。它们是防御者、探索者、分析者和反应者。

防御者——“继续做我们做得最好的，避免参与其他事情” 无论什么时候，当你听到一个组织的领导者说：“我们要坚持基本的东西”或者说“我们要做回我们的核心业务”，这些都是防御型组织的标志。**防御者**（defender）擅长生产和销售界定得狭窄的产品和服务。它们经常是历史悠久的成功企业——例如哈雷—戴维森摩托车公司或布鲁克斯兄弟服饰公司——拥有狭窄的聚焦点。它们不打算到现有市场之外去寻求机会，而是把大部分注意力集中在把现有市场做得更好。

探索者——“创造我们自己的机会，而不要等待机会的到来” 一个被描述为“攻击性”的企业通常是一个探索型组织。**探索者**（prospector）致力于开发新产品或服务和寻找新市场，而不是满足于现状。就像19世纪的淘金者，这些公司一直都在“探索”新的做事方式。

持续的产品开发和市场创新是有代价的：这些公司也许会遭遇效率的下降。然而它们致力于求变的精神会让竞争者感到不安。

分析者——“让别人承担创新的风险，我们模仿做得最好的” 分析型企业对外界采取的反应是“我照做”。总之，它们不会被称为创造潮流者。相反，**分析者**（analyzer）让别的企业承担新产品开发和市场开拓的风险，然后模仿（或者微小地改进）做得最好的企业。

反应者——“等待危机出现，然后作出反应” 尽管探索者具有攻击性和前瞻性，

但反应者跟它刚好相反——被动的和反应性的。**反应者**（reactor）只有在环境压力的强迫下才会作出调整。最坏的情况是它们不能足够快速地作出反应，以至于它们可能面临销售量的大幅下滑，甚至退出市场。例如，凯马特由于没能及时对沃尔玛的分销和存货管理能力作出反应，导致增长停滞以及市场份额的明显下降。凯马特的核心业务再也没有从这种反应型战略中恢复过来。

适应性循环 迈尔斯和斯诺同样介绍了适应性循环的概念，它是通过三种业务问题的决策将业务描述为持续的循环：（1）企业家的循环（对产品和市场进行选择和调整）；（2）工程的循环（生产和运送产品）；（3）管理的循环（确定角色、关系及组织进程）。

因此，企业在企业家环节对一项业务作出决策后，这项业务就像是一个探索者的角色，很快又会在工程环节及管理环节作出面向探索者的决策，如此循环往复。所以，就像一个学者指出的：有了足够的循环和洞察力，一个企业就变成了一个优秀的、全面结合的探索者、分析者或者防御者。如果一个公司缺乏洞察力或是没有利用适应性循环所提供的各种机会，就会成为一个不协调和绩效差的反应者。

5.2 计划的基本原理

主要问题：什么是使命和愿景陈述？计划和目标的三种类型是什么？

本节概要

计划包括由组织的使命转化成的目标。组织的目的可以表述成使命陈述，也可以表述成愿景陈述。从它们中派生的是战略计划、战术计划和作业计划。

记者迪克·莱德写道：“每个人都想有一个让自己早上起床的清楚原因，作为人类我们渴望寻找到生活的意义和目的。”

而这个目的是什么呢？莱德说：“生活从不缺乏目标。目标是一定会有的——它取决于我们个人去发现或重新发现它。”

一个组织也有一个目标——使命。同时，管理者必须对组织的发展方向有一个目标——愿景。计划的过程可以用下面的图来概括，这个图显示了一个组织的使命如何转化成一个个目标。（见图5-2。）

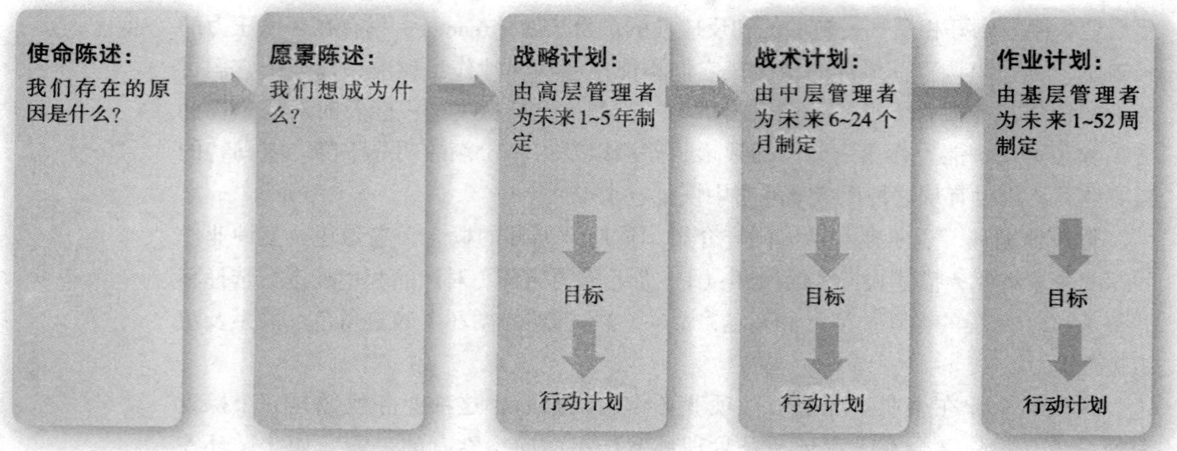

图5–2　制订计划

一个组织存在的原因在使命陈述中表述。它想成为什么在愿景陈述中表述。从它们中派生的是战略计划、战术计划和最终的作业计划。每一种计划的目的都是说明完成那些目标的目的和行动计划。

使命及愿景陈述

计划的进程开始于两个方面：使命陈述（回答组织存在的原因是什么）和愿景陈述（回答组织想成为什么）。

使命陈述——"组织存在的原因是什么？"　一个组织的**使命**（mission）就是它的目的或存在的原因。确定企业使命是高层管理者和董事会的职责。由他们来制订**使命陈述**（mission statement），它表达的是了企业的目标。

彼得·德鲁克说："只有对组织的使命和目的有一个明确的界定，才可能制订出明确可行的目标。"无论是营利组织还是非营利组织，使命陈述确定了组织现在或将来要提供的产品和服务，以及提供这些产品和服务的原因（例如：为了获取利润或是达成慈善目标）。

愿景陈述——"组织想成为什么？"　**愿景**（vision）是一个长期目标，它描述一个组织想成为什么。它是对组织未来的方向以及需要采取的行动的一个清晰认识。《财富》杂志上的一篇文章写道："愿景应该描述出组织所在的竞争环境将会发生什么以及组织应该如何应对。它应该引导决策。"

在罗杰·恩里科（Roger Enrico）成为百事公司的首席执行官之前，一份报告称该公司以"大构想，反叛思维"而蓬勃发展。问题是独立自主的企业文化导致分散控制以及管理者们"为了获得下一步的晋升而互相攻击，或者是追求新的餐馆连锁或是世界边远地区的合资企业"。因为恩里科对于公司未来发展的方向以及需要采取的行动有清晰的认识——这就是愿景——他集中控制并提供管理者薪酬体系以激励他们完成当前的工作而不是寻求下一项任务。

案 例 小企业和大企业的使命陈述：Nest Fresh Eggs和亚马逊

使命陈述回答了这个问题："我们存在的原因是什么？"或者"我们为什么在这儿？"Nest Fresh Eggs是一家位于美国科罗拉多州的家族小企业，它生产由自由放养的母鸡所产的鸡蛋，它的使命陈述是："生产或采购优质的无笼鸡蛋和柴鸡蛋来供应市场中的超市和餐馆，给这些客户提供优质的产品和服务来保持盈利；通过使用可重复使用的包装和向针对性的慈善机构捐款，成为一名具环保责任的企业公民。"

亚马逊是一家大型公司，它的使命陈述是："通过互联网提供教育、知识以及激励类的产品。我们打算建立一家在线商店，这家商店对顾客来说将会是友好且易于浏览而且还会提供最多可能的选择。"使命的另一部分是："我们相信我们成功的一个基本衡量标准就是我们创造的长期股东价值。股东价值将是以我们的能力去拓展和巩固现有市场领导地位的直接结果……市场领导地位可直接转化为更高的收入、更高的盈利能力。"

思考：

你认为这两个使命能够适用于提供不同产品和服务的不同公司吗？举一个例子。

在制定使命陈述后，高层管理者需要提出**愿景陈述**（vision statement），说明组织应该成为什么和战略上想要达到什么高度。

三种类型的计划对应三个层级的管理：战略计划、战术计划和作业计划

令人振奋而又清楚说明的使命陈述及愿景陈述提供了整个计划进程的焦点。接下来有三件事情：

- ***高层管理者进行战略计划***。利用他们的使命和愿景陈述，高层管理者进行**战略计划**（strategic planning）——根据他们预计可拥有的资源，确定在未来的

案 例 小企业和大企业的愿景陈述：Nest Fresh Eggs和亚马逊

愿景陈述回答这样的问题："组织想成为什么？"或"组织想往何处去？"

Nest Fresh Eggs这个小公司的愿景陈述："影响公众对产自美国的鸡蛋的看法，使减少养鸡场圈养鸡的数量和降低鸡笼的密度在经济上更可行，以及为小型农场的继续经营创造机会。"

亚马逊开始是出售图书的，但是它的愿景远远超过了图书："我们的愿景是成为地球上最以客户为中心的企业；构建一个空间使人们能在这里找到任何想在网上购买的东西。"

思考：

你认为这两个愿景陈述符合《财富》杂志描述的"愿景应该描述出组织所在的竞争环境将会发生什么以及组织应该如何应对。它应该引导决策"的说法吗？

1~5年，组织的长期目标应该是什么。有个权威说过："战略计划要求远见以及指向性的思考。"它不仅应该说明成长和利润方面的总体目标，而且应该制定完成这些目标的方法。

- **中层管理者进行战术计划**。战略重点和政策然后传递到中层管理者，他们要进行**战术计划**（tactical planning），也就是利用他们已有的资源确定他们的部门或类似的工作单元在接下来的6~24个月能做些什么。
- **基层管理者进行作业计划**。中层管理者接着把他们的计划传递给基层管理者以进行**作业计划**（operational planning），就是他们决定如何在接下来的1~52周使用已有资源去完成具体工作。

管理者的类型在下面的图中做进一步描述。（见图5–3。）

制订愿景陈述是一方面，另一方面就是寻找具体的方法来管理和测评绩效使愿景成为现实。一个调查发现73%的组织说他们有明确表述的战略方向，但是他们中仅有44%说他们能够同执行战略的员工们很好地沟通这一战略。

目标、行动计划和运营计划

无论什么类型——战略计划、战术计划或作业计划——计划的目的就是设定目标，然后制订行动计划。

虽然每种类型的计划都有不同的时限，但是时间会有所重叠，因为计划都是有

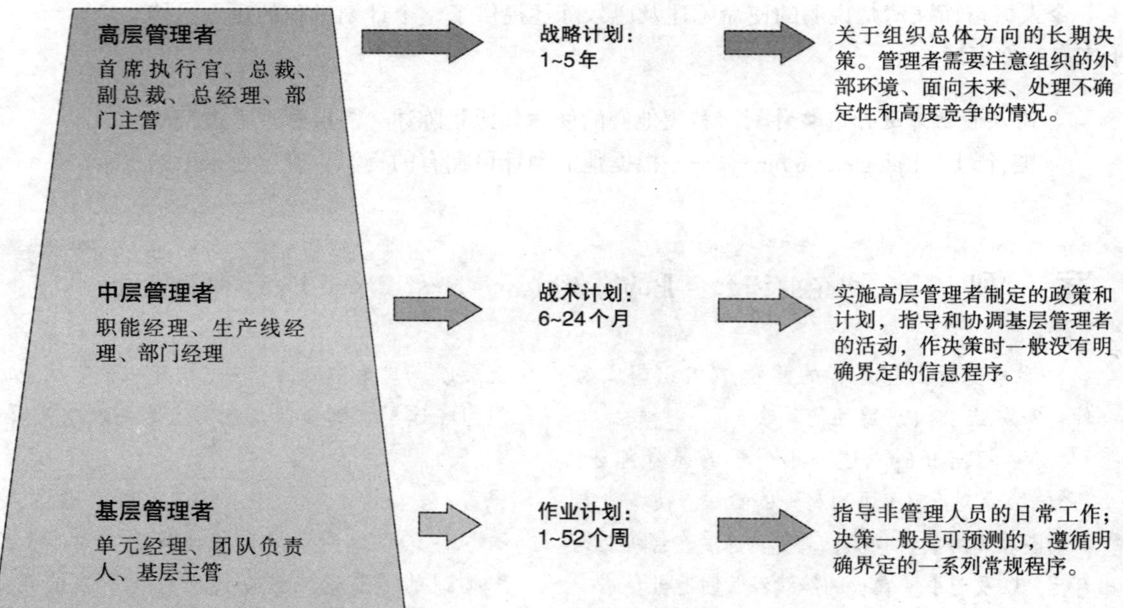

图5–3 管理的三个层次，计划的三种类型

弹性的。

目标 **目标**（goal）也被称为**目的**（objective），是在确定的时间内取得一定可衡量结果的特殊承诺。

与计划一样，目标同样有三种类型——战略目标、战术目标和作业目标。当然，类似于计划，目标也是按层级制定的**手段-目的链**（means-end chain），因为在管理链（作业的、战术的、战略的）上，低层次目标的实现是实现高层次目标或目的的手段。

- **战略目标**（strategic goal）由高层管理者为自己设定，重点放在使组织成为一个整体的目标上。
- **战术目标**（tactical goal）由中层管理者为自己设定，重点放在完成战略目标所需要采取的行动上。
- **作业目标**（operational goal）由基层管理者为自己设定，重点放在与实现战术目标相联系的短期事务上。

案 例 战略目标、战术目标和作业目标：西南航空

战略目标

位于达拉斯的西南航空高层管理者的目标是确保公司有高利润，遵循的总体战略有：（1）保持低成本和低票价；（2）提供优越的准时到达记录。西南航空公司一个最重要的战略决策就是只使用一种型号的飞机——波音737（该公司有523架这样的飞机）。因此，它能够保持低水平的培训、维护和运营支出。在本文撰写的时候，它正完成自己的战略目标：到2007年底，它已经连续盈利35年。它仍在持续降低自己的成本，而且是该行业准时服务的领导者。据一位前首席执行官说，它的另一个战略决策是构建一个强大的公司文化：让职员感觉是在用自己的头脑，发挥自己的创造力，他们可以做自己并且有幽默感，而且他们明白公司的目标是什么。

战术目标

削减成本和保持低费用对西南航空公司的中层管理者来说是一个重要的战术目标。例如，在飞机需要检查时，一次性做更多的工作以避免重复的检查，这样公司可以削减维护成本。另外，限定各航班间的转机时间为20分钟，而不是像别的航空公司的一个小时，这样一来每天可以给飞机安排更多的航班。西南航空公司的飞机也经常飞到不是很拥挤的机场，这样通过避免交通阻塞可以节约时间和费用。它只提供一种等级的座位，没有经济舱和头等舱的区别。甚至登机证都是塑料做的，可重复使用。最后，航班通过不向乘客提供饮食来节省成本：它主要提供花生，而不是餐饮。

如何使到达时间更加精准？为了完成这一第二个战术目标，中层管理者们取消了在售票前的保证有座位预定，因此，放空不会复杂化（以及因此耽搁）登机过程。（它在2007年更改了这项政策，以确保愿意为“商务选择”支付额外费用的乘客能够在起飞前被安排登机）。另外，像上文提到的，西南航空公司转机的时间刚好是20分钟，在这方面，

航空公司是一丝不苟的，所以按时出发更容易使航班按时到达。航空公司的工作规则较为宽松，因此，工人们能够在他们的正常工作之余协力完成任务。西南航空公司的一名前职员说："如果你看到有什么事情需要去做，而且你认为能够完成它，那么就去做吧。"

作业目标

设想西南航空公司的基层管理者如何能够在到达飞机处于卸载、加燃料以及清扫的状态下提高效率。前总裁赫伯·凯勒赫（Herb Kelleher）说："顾客总是提及的有关效率的一个例子是：如果你通过窗户看到一架飞机正在跑道滑行，在它还没有彻底停止前，你可以看到我们的地勤人员正在给飞机加燃料。顾客告诉我在别的航空公司，在飞机引擎没有完全停止运行前，没有人会靠近飞机。"

基层管理者也要确保座位的分配（登机证）不会提前分发出去，直到飞机应该起飞前的一个小时，掌握最大乘客数量，以填满剩余的可用座位。

思考：

西南航空公司已经启发了一批低价模仿者，例如捷蓝航空公司、穿越航空公司。西南航空公司是2008年美国航空业10大航空公司中唯一一个有望不亏损的。然而，2008年初，联邦航空管理局计划对该公司处以1,020万美元的罚款——航空史上最大罚款额——因为该公司知道有46架飞机在2年前就因为机身老化而出现裂缝，但没有及时让这些飞机停飞。一个国会委员会指出了西南航空公司存在的长期问题：检查程序的疏忽以及维修部门和联邦航空管理局巡查员（没有严格执行联邦航空管理局的相关规定）之间的一种"友好关系"。西南航空公司已经开始处理这个问题。你认为该事件表示西南航空公司在目标的制定中存在缺陷吗？

行动计划和运营计划 目标应该依据行动计划制定，因为**行动计划**（action plan）说明要完成预定目标所需的一系列行动，例如营销计划或销售计划。**运营计划**（operating plan），典型的时间跨度是一年，它明确了基于行动计划，组织该如何处理相关业务；同时它确定了明确的目标，例如收入、现金流和市场份额。

计划的类型：常用性计划和一次性计划

计划有两种类型——常用性计划和一次性计划。（见表5-1。）

常用性计划：政策、程序和规则 **常用性计划**（standing plan）是为一段时间内重复发生的活动制定的计划。常用性计划包括政策、程序和规则。

- **政策**（policy）是一种常用性计划，它列出对指定问题或情况的一般反应。例如："这个车间不许骂脏话。"这项政策是一个宽泛的陈述，它给管理者提供了处理一个说脏话的员工的一般思路，但是没有给出特别说明。

表5-1 常用性计划和一次性计划

计 划	描 述
常用性计划	为一段时间内重复发生的活动而制定
·政策	列出对指定问题或情况的一般反应
·程序	列出对特殊问题或事件的反应
·规则	指定要求的特定行动
一次性计划	为将来不太可能重复发生的活动而制定
·规划	包括一系列项目或活动
·项目	没有规划那么大的范围和复杂度

- **程序**（procedure）（或常用性运营程序）是一种常用性计划，它列出对特殊问题或事件的反应。例如：麦当劳明确规定了一个汉堡包如何制作，包括加入芥末、番茄酱和泡菜的顺序。
- **规则**（rule）是一种常用性计划，它指定要求的特定行动。例如："在这座建筑物里任何地方都不许抽烟"。这项规则表明建筑物中没有一个地方例外。

一次性计划：规划和项目 **一次性计划**（single-use plan）是为将来不太可能重复发生的活动制定的计划。这些计划可以是规划或项目。

- **规划**（program）是一种一次性的、包括一系列项目或活动的计划。例如：美国政府的太空规划有很多项目，包括挑战者项目和哈勃望远镜项目。
- **项目**（project）是一种一次性计划，它没有规划那么大的范围和复杂度。例如："发现者号"航天飞机在美国政府的太空规划中就是一个项目。

5.3 促进目标设定：目标管理和SMART目标

主要问题：什么是目标管理以及如何实现目标管理，什么是SMART目标？

本节概要

作为设定目标的一种方法，目标管理在激励员工方面有四个步骤。设定的目标必须符合SMART原则：具体（specific）、可衡量（measurable）、可实现（attainable）、结果取向（results-oriented）和有时限性（target dates）。

对你来说，在设定目标情况下和没有设定目标的情况下，哪种绩效更好呢？在目标有难度的情况下和目标容易的情况下，绩效表现又有何不同呢？

研究表明，通常情况下目标设定得越困难，例如增加学习时间30%，人们就越难实现；而目标设定得越容易，例如增加学习时间5%，人们就越容易实现，可是他们也很难达到更高的水平。人们总是在目标设定得越具体时（如每周增加学习时间10小时），表现会越好；相反，目标设定得越笼统（如这个学期学习更多），表现会越糟糕。

上述这些现象就是所谓的目标管理涉及的内容。目标管理于1954年由彼得·德鲁克首次提出，因强调将组织的总体目标转化为每个成员的具体目标而广为人知。

什么是目标管理？激励员工的四个步骤

目标管理（management by objectives，MBO）是包含四个步骤的过程：（1）管理者和员工共同参与员工目标的设定；（2）管理者制订行动计划；（3）管理者和员工一起阶段性回顾员工的表现；（4）管理者评估员工的表现，并根据评估结果对员工进行奖励。目标管理的目的是激励下属，而不是控制下属。让我们来仔细看看这四个步骤：

1. 共同设定目标 你和你的上级坐下来共同设定你所要达到的目标，然后你再和你的下属去做同样的事情。在这个过程中，上级和下属的共同参与十分重要。如果这些目标不是上级强压的那就最好不过了，例如“这是我希望你完成的目标！”上级也不能轻易赞同员工制定的目标，例如“无论你的目标是什么，对我来说都可以。”管理者和员工有必要反反复复地商定，以确保目标的可行性。研究表明，共同参与的一个结果就是促使员工设立一些更难的目标，激发他们的斗志，从而对他们的表现产生积极的影响。目标一定要落实在书面上，并且要满足SMART原则。下面有三种类型的目标。（见表5-2。）

2. 制订行动计划 一旦目标确定以后，各层管理者应当为实现目标准备一个行动计划。行动计划可能既要为个人，也要为工作单元而准备。

3. 定期回顾绩效 你和你的上级应当经常见面来回顾你的进展情况，可以是根据需要不定期见面，也可以是每三个月定期见面一次，并且你和你的下属也应该这

表5-2 目标管理中应用的三种目标类型

改进目标
目的：在一个具体领域用一种具体方式所要完成的业绩
举例：“提高10%的体育用品销售量”、“减少15%的食物浪费”
个人发展目标
目的：个人要实现的目标
举例：“参加一个五天的领导力培训班”、“在6月1日学习办公软件基础知识”
保持目标
目的：将绩效保持在先前确定的水平
举例：“继续完成上个季度制定的销售量提高目标”、“这个月再生产60万箱酒”

样做。事实上，经常沟通是非常必要的，这样每个人都会知道自己达成目标的情况。

在每一次见面中，管理者应该给员工反馈，并且在必要的时候，应该更新或是修订目标。举例来说，如果你经营绘画或是园林生意，天气的变化、核心员工的流失、或是经济低迷期对客户消费的影响都将迫使你重新考虑你的目标。

4. 给予绩效评价和奖励 6个月或是12个月以后，你和你的下属应当会面来讨论业绩结果，将他们的表现和原始目标进行比较。在这个过程中不能掺杂个人情感因素，不能找借口。

由于目标管理的目的是激励员工，所以当员工达成目标的时候，管理者应当给予奖励，奖励的方式包括表扬、加薪、奖金、晋升或是其他合适的利益。当员工没有实现目标的时候，可以重新确定下个6个月或12个月目标，甚至是采用更为有力的措施，如降职。不过，目标管理基本上被视为一个学习的过程。第四步完成之后，目标管理的下一个周期又重新开始了。

层级目标：从上至下的目标管理

为了成功实现目标管理，一定要做好以下三点：

1. 高层管理者必须作出承诺 “当高层管理者（对目标管理）的承诺度高时，”一

案 例 设定目标：沃尔玛的首席执行官设定变革日程表

之前（第3章，“实际行动”栏目）我们提到沃尔玛是如何通过招募塞拉俱乐部的前老总来帮助这个零售巨人实现可持续发展的。沃尔玛已经厌倦了对其商业实践的批评之声，他们将这一行动视为其行业领导地位的创举，证明他们已不是曾经的行业落后者。

在2008年1月的演讲中，沃尔玛的首席执行官李斯阁（H. Lee Scott Jr.）拟定了新的环境、健康和商业道德目标。除了继续在商店里以低价格促销节能产品（如荧光灯灯泡）之外，李斯阁提到公司将关注另外一些高能耗的产品，如空调、微波炉、电视机等，并与这类产品供应商一起合作，争取在3年之内将这类产品的能效提高25%。

在公共卫生服务方面，李斯阁说沃尔玛将应用它出名的削减成本技巧，帮助其他公司为它们的员工提供公共卫生服务。沃尔玛希望通过帮助大多数美国员工解决处方药支付问题（一项由称为药房福利管理者的公司负责的花销巨大的工作），在2008年节省1亿美元。

李斯阁还提到，沃尔玛正致力于与全球的供应商建立一个更加具有社会和环境意识的网络，比如，使中国的供应商遵守中国的环境法规。此外，他还呼吁其他的零售巨头加入这个由零售商和消费品公司构建的全球网络中，开发具有社会意识的制造标准。

思考：

首席执行官李斯阁描述的目标是如何反映目标管理和SMART原则的？

个评论指出，“生产率的平均增益为56%。当承诺度低时，生产率的平均增益为6%。”

2. 目标管理必须在整个组织应用 这个程序必须应用于整个组织中，即不能只应用于组织中的某些部门，必须应用于所有的部门。

3. 目标必须“从上至下” 目标管理就是要将目标**从上至下**（cascading）传递到组织中的最基层，换言之，在由组织目标构成的统一层级结构中，组织层级越低，目标越具体。高层管理者制定了大体的组织目标，然后被转化成部门目标、科室目标，最后转化成每个员工的个人目标。

制订SMART目标

任何人都可以定义目标，但是一个好的目标要具有五个特征，我们用“SMART”这五个英文字母缩写来表示。一个**SMART目标**（SMART goal）是具体的、可衡量的、可实现的、结果取向的和有时限性的。

具体 目标的陈述应该是具体的，而不是含糊不清的。像“尽可能让更多的飞机准点到达”这样的目标表述就太不具体了。而像“让90%的飞机在计划到达时间15分钟以内到达”这样的目标表述就是具体的。

可衡量 目标要尽可能地可衡量、可量化（如“让90%的飞机在计划到达时间15分钟内到达”）。换言之，应该有衡量目标实现程度的某种方法。

当然，有些目标（例如关注提高质量的目标）不能精确地量化。在这种情况下，目标也可以设置成这样，“通过每周打10个跟踪电话来改善顾客关系的质量”。你的目标可以通过打了多少个跟踪电话来衡量。

可实现 目标要具有挑战性，但也要实际并可以实现。设立一个雄心勃勃的目标，以利于激励员工达到更高的水平，这样是最好的。但是一般来说，目标的实现需要一定的时间、设备和财务支持。（见图5-4。）

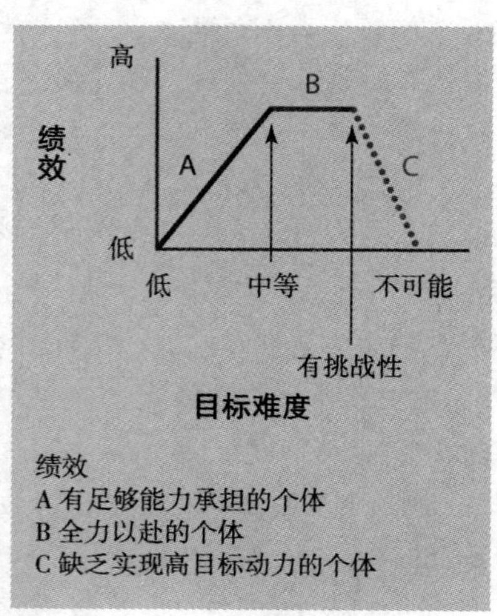

图5-4 目标难度与绩效的关系

资料来源：Adapted from E. A. Locke and G. P. Latham, *A Theory of Goal Setting and Task Performance*（Englewood Cliffs, NJ: Prentice Hall, 1990）.

如果目标过于容易实现（如“50%的飞机应该准时到达”），就不会促使员工付出更多的努力。如果目标难以实现（无论在什么天气下，所有飞机必须准时到达），员工甚至都不会去尝试达到目标，或者他们会尝试但同时伴随着不断的失败，最后会以员工士气受挫而告终。

结果取向 对于任何工作单元来说，目标不宜定得过多，五个为宜，而且这些目标应该是以结果为取向的，应是为实现组织的愿景而设立。

描述目标的时候，应该以“目的是”开头，接着应为着重于行动的动词——“完成”、“获得”、“增加”（“目的是缩短10%起飞前乘客就座的时间”）。

有些动词不应该出现在描述目标的语句中，因为它们包含了实现目标的手段（如使包裹装卸机就位）。举个例子，描述目标时不应出现“为了开发”、“为了指导”、“为了执行”等字眼。

有时限性 在设定目标的时候，要将实现目标的限定日期或是截止日期具体说明。举例来讲，想要一夜之间使一个航线的正点率提高10%是不现实的。但是，你可以限定一个目标实现的期限，如3到6个月的时间范围。这就可以让低层管理者和员工有足够的时间去调整他们的系统和工作习惯，而且给他们一个清晰的时间框架让他们明白自己应做的事。

5.4 计划/控制循环

主要问题：计划/控制循环如何帮助管理者保证计划在正确的方向上进行？

本节概要

计划/控制循环的四个步骤可以帮助你控制形势，以确保计划在正确的方向上进行。

在计划制定之后，你是如何控制以保证计划按正确方向进行的呢？实际上，这是一个持续的反馈回路在起作用，我们称之为“计划/控制循环”。（这里隐含了计划-组织-领导-控制中的“组织”和“领导”环节。）**计划/控制循环**（planning/control cycle）包含两个计划步骤（1和2）以及两个控制步骤（3和4），如下：（1）制订计划。（2）执行计划。（3）对结果和计划进行比较来控制方向。（4）控制计划按正确的方向执行有两种方式，分别是（a）在计划执行过程中纠正偏差，或是（b）改进未来的计划。（见图5-5。）

计划/控制循环存在于计划的各个层次中，包括战略层面、战术层面和作业层面。在步骤4中矫正方向（a）在可以挽救之前将项目带回正确的轨道，（b）如果大局已定，则可以为改进未来的计划提供数据。

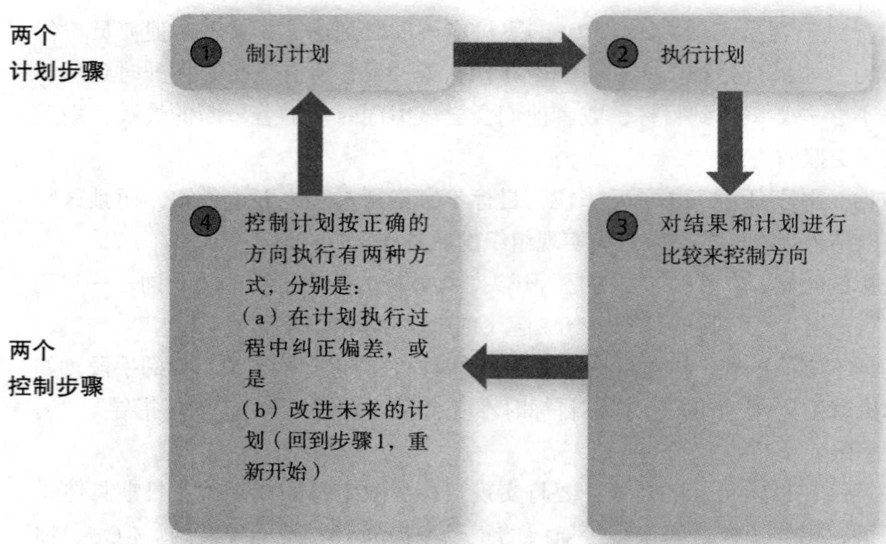

图5-5 计划/控制循环

该图描绘了一个即时反馈回路，确保计划按照正确的方向进行。

资料来源：From Robert Kreitner, *Management* 8th edition, Copyright © 2001 South-Western, a part of Cengage Learning, Inc. Reproduced with permission. www. cengage. com/permissions

案 例　计划/控制循环：苹果对大众保守产品机密

大多数电子产品或计算机制造商通常会在投放产品之前，向大客户和用户进行产品说明，以便让他们准备好接受产品。但是苹果公司却不是这样做的。苹果公司是iPhone、iPod Touch以及MacBook Air的制造商，获得了《财富》杂志“2008年最受尊敬的公司”称号，并以过去10多年的高股东回报率位于《财富》500强公司之首。保密是这家公司市场战略中非常重要的一部分。（甚至他们的创始人兼首席执行官史蒂夫·乔布斯因为癌症做手术这件事情也是保密的。）计划/控制循环很好地描绘了它是如何做到的。

步骤1：制订计划

大约60%的个人电脑卖给了公司客户和其他大型的技术采购商。由于需要巨额资金投入，这些大客户希望供应商提前一年向他们展示产品计划。然而，史蒂夫·乔布斯决定，他宁可直接将技术卖给普通消费者，而不是卖给那些公司客户和技术总监们。通过保守新产品的秘密，苹果公司吊足了公众的胃口。“这给新产品蒙上了神秘的面纱，人们纷纷猜测它会是什么样子的，”一个经验丰富的营销总监说，“这为他们营造了一个市场氛围。”这就是计划，举个例子来说，苹果跟惠普合作重新包装苹果的iPod数字音乐播放器，并给它们贴上惠普的标签进行出售。

步骤2：执行计划

按照对大众保守新产品秘密的原则，苹

果通常不会告诉惠普新iPod的机型，直到它们被公之于众的那天。尽管苹果的版本已经在商店的货架上展示了，但它还是坚持让惠普在严格保密的情况下来进行iPod产品的相关工作。苹果的其他产品也是一样，多年来，苹果的员工都被要求发誓保密。例如，当苹果决定开连锁零售店的时候，一个位于加利福尼亚州库珀蒂诺市总部之外的密封仓库里，就建起了一个6000平方英尺的与原来一模一样的商店。当苹果决定转换成英特尔处理器时，工程师为了使Macintosh操作系统适应英特尔芯片，在秘密的环境中工作了5年。

步骤3：比较结果

利用神秘感"帮助苹果吸引了大批消费者到它的零售商店，使产品大大地得到了更多的能见度，这比它相对较少的广告预算更具有说服力，"《华尔街日报》上的一则故事写道。"戴尔或是惠普的新产品基本上没有上过封面，而乔布斯先生手托iPod或是Macintosh电脑的照片已经重复出现在《时代》、《新闻周刊》和《财富》的封面上了。"保密已经给苹果的快速成长产品线——iPod带来了特殊的利益。消费者已经表现出对苹果大张旗鼓宣传的新产品的喜爱，进而不惜丢掉旧产品。然而，不幸的是惠普决定结束与苹果在iPod上的合作关系，其中一部分原因便是保密事宜。

步骤4：采取纠正措施

由于发生了泄密事件，苹果认识到保密需要强有力的措施。因此，苹果解雇了泄露未上市产品信息的员工，并对他们提起诉讼。它甚至控告过散布苹果产品谣言的网站。苹果还针对同一产品，为不同的部门起了不同代号，这样更易于跟踪信息泄露的来源。员工们都佩戴着特殊的电子徽章，这些徽章给予他们在堡垒般的苹果总部进入特定区域的权利。

思考：

为了激发消费者对新产品的兴趣，除了仅仅保密以外，你能想到一个更好的方法吗？可以建立什么样的计划/控制循环呢？

5.5 项目规划

主要问题：什么是项目规划？为什么项目规划很重要？什么是项目生命周期？

本节概要

项目规划，是为一次性计划（项目）做的准备，项目的生命周期包含四个阶段：定义、计划、执行和结束。

项目规划（project planning），是一次性计划或项目的准备。项目规划伴随着项目管理，**项目管理**（project management）通过计划、安排进度和保持构成项目的活动的进程来实现。项目规划和项目管理都是为了降低项目执行中的不确定性风险。正如我们接下来要看到的，项目规划的核心就是项目的四阶段生命周期。

为什么关注项目规划呢？这是因为项目规划越来越成为完成工作的最快速方法。技术加快了一切，包括将一项新产品或服务推向市场的进程。在这个异常激烈的竞争时代，公司的战略规划者已经改变了他们看待公司未来的方式。为了快速完成一些特殊的项目，公司将搭建临时的平台，将具有不同技术的人召集在一起工作，一旦工作完成了，这些人也随之解散。由于项目管理作用于正常控制链之外，所以项目经理必须要有很强的人际交往能力、沟通能力、激励能力以及谈判协商能力（我们会在后面的章节讨论）。

项目管理早已成为电影制作公司运营的一种标准化方法了，他们会组建一个人才团队来制作一部电影，然后在电影制作完成后解散这个团队。这种方法也常见于职业体育队、建筑公司，甚至是一些法律团队。然而，项目管理刚刚开始应用于其他的营利组织，如制造商和保险公司，同样也应用于一些非营利组织，如医疗卫生组织和教育组织。

项目规划的一个典型例子就是**臭鼬工厂**（skunkworks），这个术语用来描述一个项目团队的成员都是从一个正常运作的组织中抽离出来的，并且他们的任务是生产一种创新产品。

案 例 项目规划：非常规运营的臭鼬工厂

在*Li' I Abner*连环画里，臭鼬工厂是一种私酿酒（称作Kickapoo Joy Juice）的走私基地。未来主义者阿尔文·托夫勒（Alvin Toffler）说在一个臭鼬工厂中，“一个团队接手一个宽松的特定问题或目标，被给予一些资源，同时他们还被允许在公司规则之外运作。因此，臭鼬工厂小组可以忽视文件架和官方渠道，也就是说他们可以不用理会公司中的带有官僚作风的特殊化和等级制度。”

在20世纪60年代到80年代间，克拉伦斯·约翰逊（Clarence Johnson）掌管着洛克希德飞机制造公司极度机密的高级发展项目部，这个建立于加利福尼亚州伯班克市的部门被视为是一个臭鼬工厂。在严格保密下，这里开发出了美国的一些最为复杂而精巧的飞机，包括超快速的SR-71战略侦察机。约翰逊的两项基本运作规则是：“臭鼬工厂的管理者必须被授予这个项目各个方面的完全控制权”以及“汇报的次数要尽可能少，但是重要工作一定要完整记录”。

计算机行业已经开始创造性地引入臭鼬工厂这一概念。为了赶超1976年推出的苹果电脑，IBM在1981年推出了自己的微型计算机——IBM个人电脑。为了使个人电脑快速进入市场（仅用了12个月），IBM决定丢弃传统的、慢速的、有条不紊的开发流程，而将开发个人电脑的任务交给位于佛罗里达州博卡拉顿的一个几乎完全自主的团队，团队成员有权利按照自己的想法工作，只需每个季度交给总部一个总结。

在加利福尼亚州山景城成立的搜索引擎公司谷歌，已经将臭鼬工厂这一概念由“受保护的地方”延伸到了“受保护的思想”。谷歌的管理者保持一个“Top 100”优先清单（现在已经有240款内容了）。在项目旁边的“S”代表的就是“skunkworks”，并保护他们免受不成熟的想法和批评的攻击。

臭鼬工厂的概念还可以用于减少创新过程中的损失。医药公司礼来（Eli Lilly）组建了一个自主的实验单位，叫做Chorus。根据描述，“它在一个分子组合中寻找最有可能成功的药物候选分子（大多数时候都是注定失败的），将仅存的最强有力的候选分子送到花费巨大的后期开发中。”

思考：

IBM的战略总监杰拉德·穆尼说：“所有的大公司都会在赶超下一个大创意的过程中遇到麻烦。”这个问题已经被贴上了“创新者的困境”的标签：大公司为了迎合他们最好的客户，集中精力开发先进而又略微高价的产品，将低端产品留给最终会侵蚀大公司的核心市场的创业公司。一种可能的因素是随着大公司的项目越来越复杂，经验丰富的管理者们从他们的经验中也很难找到解决问题的方法，所以项目被拖延或超出预算。然而，创新能力强的大公司——亚马逊、苹果、通用电气和宝洁等公司都在努力为自己创造机会。他们的一个共同点就是：勇气。你认为可能将勇气运用到项目规划中吗？

项目生命周期：一个项目可预测的演进

如果你不能同时纵观全局又关注细节，成为一个项目经理对你来说将是一个挑战。因此，让我们看看全局——项目生命周期的四个阶段，这是任何一个项目都要经历的，不论是开发在线杂志，还是在非洲举行的艾滋病音乐公益活动。

项目生命周期（project life cycle）从开始到结束要经历四个阶段：定义、计划、执行和结束。（如图5-6。）正如我们看到的，该图反映的项目生命周期曲线类似于产品生命周期，我们将在第6章讨论。

阶段1：定义 在定义阶段，你需要纵观全局，提出问题，注意假设和风险，确认项目目标，决定预算和进程。你可能还要写一个项目计划书。

阶段2：计划 在计划阶段，你需要考虑使大局得以实现的一些细节。要确定设施设备、人员及其职责、进程以及协调工作。

阶段3：执行 执行阶段是实际工作的阶段。你需要树立管理风格，建立控制工具。你需要监督工作进程，回顾项目进程，发布变化命令，为客户（老板或顾客）准备阶段性工作进展报告。联信公司前任首席执行官拉里·博西迪（Larry Bossidy）认为，许多管理者没有按照公司战略所要求的成果而注意执行过程。我们将在第6章对他的观点进行详细讨论 。

你的主要焦点是按时完成项目，并在预算允许的情况下满足客户的期望。

阶段4：结束 当客户接受项目的时候，项目生命周期就结束了。这一阶段可能是短促的，但应该是循序渐进的，像你需要安装一些设备（例如一个完整的电脑系统）

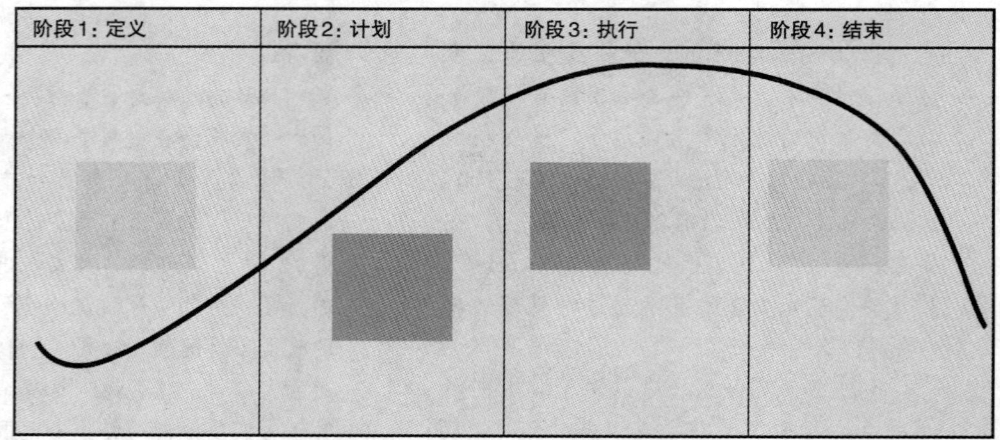

图5–6 项目生命周期

资料来源：Adapted from J. W. Weiss and R. K. Wysocki, *5–Phase Project Management* (Reading, MA: Addison-Wesley, 1992) and J. K. Pinto and O. P. Kharbanda, *Successful Project Manager: Leading Your Team to Success* (New York: Van Nostrand Reinhold, 1995), pp. 17 - 21.

案例 项目生命周期：撰写研究论文

一个应用项目生命周期完成项目的例子，如推荐的一种撰写研究论文的方法。

阶段1：定义

在定义阶段，你的主要任务是选题。就是说，你要设定一个最后期限，在这个时间范围内，你需要决定所撰写的题目。你可以挑选三个你感兴趣的、对导师比较重要的题目作为备选。下一步，你需要将这三个题目提炼成三个问题，并将它们设计成你论文里要解决的问题。然后，你需要和导师一起探讨选题是否在研究意义和研究范围上符合他的要求。

阶段2：计划

当你写一个学期论文的时候，在你的计划阶段，你要在网上和图书馆里进行初期的搜索，看看是否有足够多可用的资料帮助你完成研究论文。然后你要列个大致的提纲，以便指导文章的写作思路。

阶段3：执行

当你撰写一篇研究论文的时候，执行阶段是最持久最耗费精力的阶段。这个阶段会做大量的研究工作，整理研究笔记，还要根据研究结果的变化调整写作提纲。先写一个初稿，在此基础上继续修改校对，最后完成终稿。

阶段4：结束

当你把研究论文交给你的导师的时候就进入了你论文的结束阶段。

思考：

有时候你略过了阶段1和阶段2，匆匆忙忙写了一篇论文，这样做有多么成功呢？当你的上司让你去调查一个新市场或是新产品，你会这样做吗？为什么？

以及进行培训时。

你可能还需要写一份总结，记录整个项目发生的情况。

项目截止日期的重要性

毫无疑问，对很多学生来说大学就是一个压力锅，原因自然是它看起来似乎有无穷无尽的截止日期。但是仔细思考一下：如果没有截止日期的话，你能完成所有的课程作业吗？你能意识到自己正在接受教育吗？

我们知道SMART目标中的“T”就是有时限性的意思，截止日期对项目规划来说很重要，同样对你的大学生涯也是不可缺少的。由于一个有计划的项目的全部意义就在于在规定时间内交付客户指定的成果，截止日期就变成了一个很大的动力，不论是对你还是对为你工作的人。

当然，截止日期有可能误导你太关注即时结果而忽略了项目规划。比如说，学生会将过多的精力放在一门课程的考试上，而忽略了其他课程的考试。但是一般而言，截止日期都可以帮助你在注重细节的同时兼顾全局，还可以帮助你集中精力，使你快速作出决定而不是拖延时间。

截止日期可以帮助你忽略那些无关紧要的事情（比如清理一张杂乱的桌子），而令你更关注真正重要的事情——在规定时间和预算下完成项目。截止日期提供了一个自我反馈的方法。

实际行动 如何实现重要目标：不要打开每一扇选择之门

我们一直被告之：要保留多种选择。可是我们真的应该这样做么？

“你甚至都不知道相机的突发模式闪存是怎么工作的，但你却会说服自己为这个特性而花额外的钱，以防万一它能用得上，”一个记者针对这种现象写道，“你和一个人再也没有任何共同语言了，但是他仍然电话不止地缠着你，而你却不愿意切断你们的关系。你的小孩在上完课后的足球班、芭蕾班和中文班之后，已经筋疲力尽了，但你还是不愿让他落下钢琴班。它们会派得上用场的。”

丹·阿雷利（Dan Ariely）教授指出人们有一种不愿意关上任何一扇门的天性，他是麻省理工学院的行为经济学家以及《可预测的非理性》一书的作者。在那本书中，他描述了一个实验，参与实验的有几百名麻省理工学院的学生，结果表明他们不能忍受放弃自己的选择，即使那个选择是不好的。这个实验涉及的是一个电脑游戏，学生拥有100次点击机会寻找屏幕上出现的三扇门后面的金钱，他们每找到一次都有真实的现金回报。为了挣更多的钱，学生会快速想到最好的战略就是检查这三扇门，然后固定在这三扇门中回报最高的那扇以获得金钱。但是当学生离开那扇门的时候，门会开始摇晃，最终消失。观察者们发现，大多数学生会急着要重新打开那扇门而不惜浪费点击机会，甚至当他们这样做的时候会丢掉金钱——但他们仍继续疯狂地点击想保持每扇门都是开的，尽管他们会因为这样的来回点击而罚款。

那么学生们是不是仅仅想保持他们的选择之门都开着呢？阿雷利并不这样认为。他认为真正的驱动力是一种对失去的恐惧。"关上一扇选择之门就等同于一种失去，而人们愿意为避免这种失去的感觉而付钱，"他说。

显然，这个实验对超时间超负荷工作的我们来说很具有实际意义，它帮助我们集中精力完成重要的目标。下次你在考虑增加一门课程、转专业或是追求另外一项事业，再或者你在疑惑是否应该继续一段对你不再有益的人际关系时，考虑到"放弃选择"的优点！

本章小结

5.1 计划与不确定性

计划定义为设定目标以及决定如何实现目标。计划也定义为通过制订未来行动过程以达到指定结果从而应对不确定性。

计划有四方面的好处，它可以帮助你：(1) 检查进程；(2) 协调各种活动；(3) 提前思考；(4) 应对不确定性。

在应对不确定性时，组织通常扮演以下四种角色中的一种：(1) 防御者，善于生产和销售规定得狭窄的产品或服务。(2) 探索者，关注新产品和新市场的开发，而不是等着事情发生。(3) 分析者，让其他组织承担开发产品和市场的风险，然后模仿做得最好的组织。(4) 反应者，只有当最后被环境所压迫的时候，才作出调整。

5.2 计划的基本原理

一个组织存在的原因会在使命陈述中表述。而一个组织想要变成什么样子，需要哪些行动来达到这样的目的，则在愿景陈述中表述。

从这里可以衍生出战略计划、战术计划和作业计划。在战略计划中，管理者要决定在未来1到5年组织的长期发展目标；在战术计划中，管理者要决定他们的工作单元在未来6到24个月内要作出什么贡献；在作业计划中，他们要决定在未来1到52周内如何完成具体的任务。

无论是哪种计划，它的目的都是在一个既定的时间段内，实现一个目标，给出一个具体承诺——完成一个可衡量的成果。

战略目标是高层管理者为自己设定，重点放在使组织成为一个整体的目标上。战术目标是中层管理者为自己设定，重点放在完成战略目标所需要采取的行动上。作业目标则是由基层管理者为自己设定，重点放在与实现战术目标相联系的短期事务上。

设定目标之后一定要制订行动计划，也就是说为了实现既定目标而采取的一系列活动。运营计划是典型的为期一年的计划，它规定如何以行动计划为基础开展业务；它确定明确的目标，如收入、现金流和市场占有率等。

我们可以为未来一段时间内重复发生的活动制订常用性计划，也可以为未来可能不会重复发生的活动制订一次性计划。常用性计划包括三种类型：(1) 政策是一项常用性计划，列出对指定问题或情况的一般反应；(2) 程序列出对特殊问题或事件的反应；(3) 规则指定要求的特定行动。一次性计划有两种类型:(1)规划包含一系列的项目和活动;(2)项目是没有规划那么大范围和复杂度的一次性计划。

5.3 促进目标设定:目标管理和SMART目标

目标管理包含四个步骤:(1)管理者和员工一起为员工设定目标;(2)管理者制订行动计划;(3)管理者和员工阶段性地回顾员工的绩效;(4)管理者作出绩效评价,并根据员工的绩效考核结果奖励员工。目标管理是为了激励下属而不是控制下属。

目标管理的成功实现需要三个条件:(1)高层管理者的承诺是不可缺少的;(2)必须在整个组织范围内实施;(3)目标必须从上至下传递:组织层次越低,目标越具体。

SMART代表了一个好目标的五个特征:具体、可衡量、可实现、结果取向和有时限性。

5.4 计划/控制循环

一旦制定了计划,管理者就必须应用计划/控制循环来保持控制。在计划/控制循环里有两个计划步骤(1和2),两个控制步骤(3和4),如下:(1)制订计划;(2)执行计划;(3)通过比较结果与计划来控制方向;(4)采取两种纠正性措施来控制方向,它们是:(a)纠正目标执行过程中的偏差,(b)改善未来计划。

5.5 项目规划

项目规划是一次性计划或是项目的准备。项目管理就是通过计划、安排时间和保持活动进展来完成一系列目标。臭鼬工厂就是项目规划的一个例子。

项目会经历一个项目生命周期,包括四个阶段:(1)定义——项目管理者需要纵观全局,阐述问题,明确项目的目标,决定预算和时间安排;(2)计划——为了实现大局,管理者需要考虑一些细节,比如说确定设备、人员和必要的协调工作;(3)执行——管理者决定管理风格和控制工具,保证任务在既定的时间和预算下顺利完成;(4)结束——项目成果被客户接受。

截止日期对项目规划来说非常重要,因为它对管理者和员工都有很强的激励作用。

管理实践 苹果是如何计划其技术创新的?

苹果对目标市场这个概念不以为意,甚至不组建焦点小组。"你不能向人们询问他们想要的是什么,"苹果的CEO、创始人之一史蒂夫·乔布斯说。在苹果,新产品的开发从内部开始,在滚动的谈话中孕育出来,比如说:我们讨厌什么?(我们的手机。)我们有什么技术能解决?(在手机里植入Mac。)我们想拥有什么?(你猜对了,iPhone。)"苹果的秘诀之一就是我们只生产真正打动我们的产品,"乔布斯说。

就是用这种简单的模式,苹果不仅抢了微软的风头,还用一种全新的商业模式确立了美国公司的黄金标准:创造一个品牌,改变它,转化它,使它在这个混乱的年代得以繁荣发展。现在,第一代iPod问市已经是7年前的事了,苹果全部收入的一半源自音乐和iPod。然而,消费者的兴趣已经由iPod和iPhone转向了苹果电脑,使苹果电脑的销售量超出了同业竞争者。苹果已经证明了他们是如何通过开发新的独创产品,颠覆了一个又一个行业:消费类电子产品、唱片行业、电影行业、视频和音乐制品,从而创造了令人窒息的增长速度。

在这个过程中，苹果成为全美最受尊重的公司，成为一个收入快速增长的成功典范。

在苹果没有两面下注的事。“许多商学院都传授这样一个传统的管理哲学，那就是多元化。但是，我们却不这样做，”首席运营官库克说，“我们是反商学院！”苹果的哲学是这样的：太多的公司为了分散风险采用产品多元化经营，结果他们在碌碌无为中陷入了困境。而苹果的方法是将所有的资源投入到几种产品中去，把它们做得异常出色。如今苹果残酷地丢掉了过去的热门货：公司丢掉了以前最为流行的iPod、Mini，推出了新产品Nano（一个更好的产品，具有更高的利润——为什么要稀释你的资源？）……

下面是史蒂夫·乔布斯在《财富》杂志编辑贝特西·莫里斯的采访中讲的话：

iPhone降生之时

我们都有手机。我们讨厌它们，它们用起来很差劲。里面的软件太烂了，硬件也不怎么样。我们跟朋友聊天的时候，发现他们也同样讨厌他们的手机。看似每个人都不喜欢他们的手机。我们看到了这种反应的强大和有趣。这是一个巨大的市场。我的意思是手机的出货量一年有10亿部，这个订单的数量要比音乐播放器的数量大得多，是个人电脑的四倍。

这是一个巨大的挑战。让我们制造一个大家都喜爱的手机吧。没有人想过要把一个像OS X这样复杂的操作系统装进手机，这是一个大问题。关于我们是不是要这样做，公司内部展开了激烈的辩论。到了我作评判的时候了，我只说了一句：“让我们试试吧！”既然我们最有智慧的软件工程师们说他们能做到，那我们就给他们一个机会。果然他们做到了。

苹果的专注

人们认为专注就是肯定你所关注的事情，但这不是全部含义。它还包括要拒绝成百上千的其他好想法。你必须认真挑选。实际上，我为我们做过的事而骄傲，同样也为我们没有做某些事而骄傲。最清楚的一个例子就是当我们承受了多年的压力要做掌上电脑的时候，我意识到未来90%的人们走在街上时，只会从掌上电脑里获取信息，而不会输入信息。很快，手机就有了这种功能，所以掌上电脑市场将缩水为现在的一小部分。如果我们做了掌上电脑，我们就没有资源去做iPod了……

在他的马拉松周一会议上

当你雇用了一批真正的人才的时候，你需要给他们一些业务，让他们去运营。这不代表我就袖手旁观了，但是你雇用他们的原因就是要交给他们一些控制权。我希望他们可以做出像我一样甚至比我还好的决定。因此，这就要让他们了解所有的事，不只是他们运营的那部分，而应当是公司的全部。所以，我们每周一都要回顾整个公司的业务。我们要看一下我们这周之前销售的产品，我们要看一下正在开发的每一款产品——我们遇到困难的产品，或是某个地区对产品的需求超出了我们的生产能力。所有正在开发的东西我们都要回顾一下。在苹果，我们基本上没有很多程序化的东西，但这是我们一直在坚持做的为数不多的事情之一。

追赶下一次技术浪潮

你知道，事情发生得相当缓慢，确实是这样。在这些技术浪潮来临之前，你可以看出些端倪，你要做的只是明智地选择你要冲哪几个浪。如果你做了不明智的选择，你会浪费许多精力，但是如果你选择正确的话，实际上它展开得相当慢，需要几年。我们最强的洞察力之一（多年前）就是我们不想进入任何一个我们没有拥有或不能控制主要技术的行业。我们意识到几乎所有未来的消费类电子产品，它们的主要技术都将会是软件。而我们最擅长的就是做软件。

我们可以在Mac或是个人电脑上编写应用程序，可以在设备上编写软件，你可以把它放到iPod或iPhone或是其他设备里。我们可以编写云计算的后台软件，像iTunes。我们可以编写出所有这些各种各样的软件，并把它们结合在一起，使它们天衣无缝地工作。这时，你可以扪心自问，还有哪些公司可以做到这点？一定少得可怜吧……

管理以渡过2008年的经济衰退

当互联网泡沫破灭时，我们遇到过一次经济衰退。我告诉我的公司，我们将要在经济衰退中寻找自己的方式，我们不会裁员，我们要尽最大努力保证他们留在苹果原来的位置上，我们决不会裁掉他们。我们还将保持资金投入，实际上我们将要提高研发预算，这样我们才会在经济衰退结束的时候领先竞争对手。当时我们成功了，这次我们还会这样做。

讨论：

1. 你对苹果公司使用的制订计划过程有怎样的评价？请讨论。

2. 苹果应用了四种基本战略类型中的哪种？给出合理解释。

3. 你认为史蒂夫·乔布斯采用的产品开发的方法如何？

4. 根据图5-4，描述苹果正处于计划/控制循环中的程度。

5. 在此案例中，你学到了什么关于计划的知识？请解释。

资料来源：Excerpted from Betsy Morris, "What Makes Apple Golden," *Fortune*, March 17, 2008, pp. 68－74.

自我评估 霍兰德职业兴趣量表：找到适合你性格的工作环境和职业

目的

1. 理解职业规划对你的重要性。

2. 努力找到适合你个性的职业。

引言

当你长大的时候你想做什么呢？有些人似乎很早就知道答案了，有些人到了大学才认识到这个问题，还有一些人到了日后生活中遇到危机的时候才被迫思考这个问题，例如被解雇。当然，我们之中的大多数人都为自己的职业做了一些规划，但是在做规划的时候，我们可能对如何将自己的性格与可选择的职业搭配起来还不是很了解。

说明

本练习有四个部分。

首先，从六种个性类型中选择一个数字。

其次，搭配你认为适合那种个性类型的特征。

再次，选择一个你认为最适合那种个性类型的工作环境。

最后，基于之前的三个选择，选出哪一个职业是最合适的。（比如说，你选择了1、C和f，最适合的职业就是艺术家、音乐指挥家和其他相关职业。）

试着将这四部分连接起来，然后参照参考答案看看自己的配对是否正确。然后，重新浏览性格类型表，确定你的个性类型、个性特征、你喜欢的工作环境或是你认为最好的工作环境及你想拥有的职业。看看评分准则和下面的解读是否对应；如果对应的话，说明你可能正在通往成功职业的路上。

个性类型

1. 艺术型
2. 传统型
3. 现实型
4. 事业型
5. 社会型
6. 研究型

个性特征

A. 喜欢与物打交道，属于注重现实的、运动的和呆板的。

B. 善于分析，是解决问题的能手，具有科学精神和创造力。

C. 依赖感觉和想象，善于表达，相信直觉，崇尚美学。

D. 对他人的需要十分敏感，喜欢人际交往，看重教育和社会活动。

E. 爱冒险，具有领导特质，有说服力，关心政治和经济事务。

F. 有组织性，做事准确，注重细节，忠诚可靠。

工作环境

a. 技术的/机械的或是工业的。

b. 传统的，希望舒适可靠。

c. 合作的，希望有个人成长空间。

d. 组织中的管理岗位，希望获得丰厚的收入和成就。

e. 希望获得很高的学术成就，运用技术能力完成任务。

f. 不拘一格的，允许个性化，具有创造性。

职业

7. 化学家/生物学家、电脑分析师、急救医疗技术人员。

8. 律师、乘务员、销售代表、记者。

9. 会计、银行柜员、医疗记录技术员。

10. 厨师、装修工、汽车技师。

11. 艺术家、商业艺术家、音乐指挥、建筑师、作家、编辑。

12. 教师、牧师、护士、咨询员、图书管理员。

评分准则及解读

得分如下：

1–C–f–11

2–F–b–9

3–A–a–10

4–E–d–8

5–D–c–12

6–B–e–7

这个测试的目的是看个性类型、个性特征、工作环境和职业是如何最好地搭配的。当这些元素很好地搭配在一起时，你通常会感到更加有能力胜任工作，对你的职业和工作环境会更加满意。当这些因素没有很好地搭配在一起时，你会感到非常困惑，感觉没有能力完成或达不到工作要求。

问题讨论

1. 你的测试结果是否反映了你的职业选择和个性是最佳搭配呢？你对测试结果有什么看法？

2. 对于那些不匹配的人，会有什么管理工作上的挑战？请解释。

3. 鉴于得分结果，你能更清楚地描述你的个性类型、个性特征、工作环境和职业之间的关系吗？请解释。

道德困境 沃尔玛应该放弃对前员工提起诉讼吗?

52岁的黛博拉·尚克在一次与货运半挂车相撞的车祸之后患上了永久性脑损伤，并且将在轮椅上度过余生。货运公司赔偿给尚克70万美元了结了此案。除去诉讼费和医疗费，尚克还剩41.7万美元。

尚克现在住在一个疗养院中，她需要持续的最基本护理，她很需要这笔钱来保证未来的护理。不幸的是，她的前公司（沃尔玛）的保险公司正在为支付了尚克47万美元的医疗费而起诉这对夫妇。他们这样做的原因是沃尔玛的医疗计划中有一条规定:“如果员工在诉讼中获得了医疗赔偿，公司则有权收回为其支付的医疗费用。”

解决困境

如果你是沃尔玛的CEO，你会如何处理这个事件?

1. 尽管你对这个悲剧状况感到非常抱歉，但是仍然坚持诉讼。你需要保护股东和所有员工的利益。毕竟尚克也同意了该医疗计划。

2. 放弃诉讼。这个可怜的妇女比保险公司更需要这笔钱。

3. 将这个案子交给调解机构，获得公正的处理。

4. 提出其他选择。

资料来源:This case was based on V. Fuhrmans, “Accident Victims Face Grab for Legal Winnings,” *The Wall Street Journal*, November 20, 2007, pp. A1, A16.

6 战略管理

你应该能够回答的主要问题：

6.1　战略规划概述

主要问题：如果没有战略那会是真的管理吗？

6.2　战略管理过程

主要问题：战略管理过程的五步法是什么？

6.3　构建大战略

主要问题：SWOT和预测是怎样帮助我们构建战略的？

6.4　制订战略

主要问题：如何运用波特的竞争力量、竞争战略和产品生命周期来制订战略？

6.5　实施和控制战略：执行

主要问题：在战略管理过程中，有效的执行对管理者有什么帮助？

管理者工具箱 成功的管理者如何保持成功：超越最新的管理潮流

“我们如何建立起能灵活改变自身的组织？不仅仅是运营上的，还要是战略上的？”著名管理学教授加里·哈默尔（Gary Hamel）问道。

不幸的是，许多人对变革的不确定性的处理热情都是逐渐消退或是减少的，特拉华大学的社会学教授乔尔·贝斯特（Joel Best）、《月度时尚》（*Flavor of the month*）一书的作者认为。“一种时尚，”他说，“看起来是未来的一种方式，一种能解决大问题的真正创新……时尚很大的吸引力在于如果你很早就抓住了它，那么你会感觉你走在了其他人的前面，比他们更新潮，或是可能感觉比他们更聪明。”

管理领域的时尚体现在不断出版的商业书籍对管理是灵丹妙药的极力赞扬。尽管如此，一些思想仍然幸存于管理时尚之外。为什么呢？因为它们已经被证明是行之有效的。这其中之一就是战略规划，正如我们在本章所描述的。

成功管理者的两条经验：

- 经验1——在管理时尚的时代，战略规划仍然是最为重要的。贝恩管理咨询公司，一家全球性的商业咨询公司，每年都进行对最流行的管理工具的使用及满意度的“管理工具和趋势”调查。2007年的调查发现，2006年使用最广泛的管理工具与6年前甚至8年前的一样——战略规划，被88%受调查的高级管理者所喜欢。使命及愿景陈述的使用继续流行，被79%的受调查者所喜欢。战略规划是为了获得长期成功而制定的一个综合性规划。使命陈述描述了组织的目的，愿景陈述描述的则是它想要达到的长期目标。成功的管理者知道怎样去运用所有这些工具。
- 经验2——管理者必须愿意作出大的、痛苦的决策来突然改变战略。另一个经验就是在一个快速而又不连续变化的世界里，管理者必须时刻为作出大的、痛苦的决策以及从根本上改变他们的商业计划（如何赚钱的根基）而做准备。由于飞速扩散的世界环境，例如产品商品化的威胁、迅速增长的生产率以及全球产能过剩等，管理者必须能够作出艰难的决策，正如作家杰弗里·科尔文（Geoffrey Colvin）所提出：“退出业务，解雇人员，承认自己的错误（或者至少承认自己不是无所不知的）。”所以未来将需要更多这种品质的人：具备接受甚至寻找心灵上的痛楚的毅力。

讨论：前面我们描述了实践已经证明的管理的重要性，管理者要把寻求真理作为一个移动的目标，勇于面对事实，避免掉入半真理的折磨，并且愿意承认错误，同时知错能改。你觉得你在思考组织或工作单元的总体方向时有这种心态吗？

本章概要

在本章，我们讲述战略管理和战略规划以及它们的重要性。在战略管理过程中我们详细讨论五步法。然后运用两个战略规划工具——SWOT分析和预测，说明大战略是如何制订的。接下来我们运用像波特的四种竞争战略、产品生命周期、单一产品与多元化战略以及竞争情报等技术来说明战略是如何规划的。最后，我们讨论战略是如何执行及控制的。

6.1 战略规划概述

主要问题：如果没有战略那会是真的管理吗？

本节概要

本节对战略、战略管理和战略规划进行了区分。为什么战略管理和战略规划很重要？它们是如何对大企业和小企业都能行之有效的？我们描述了三个理由。

17岁的布赖恩·奥尔曼在山姆俱乐部看到一个简单的自动售货机并以425美元买了下来。然后他创办了一家小的自动售货机公司：Bear Snax Vending，他在这台以及后来购买的其他四台售货机里放上像Skittles、M&Ms和Snickers这些流行的糖果。他的经营路线包括小型到中型企业，例如银行。

奥尔曼对他的事业有一个宏伟的蓝图，然后把它放在一个**商业计划**（business plan）里——一份列出拟议的公司的目标和实现目标的战略以及衡量成功的标准的文件，是这样吗？显然不是。但那是企业家们经常做的，甚至是那些年龄远远大于17岁的人。一项研究发现，《公司》杂志1989年列出的增长最快的私营企业中，41%的企业没有商业计划，26%的企业只有一个基本的计划。2002年的后续研究显示企业没有商业计划的比例仍然变化不大。不过，一些证据表明那些有正式商业计划的企业更容易存活下来。例如，西储大学的斯科特·谢恩对瑞典的396家企业进行了研究，发现很多失败的公司从来没有制订正式的商业计划。

商业计划包含一个公司的战略。在本节，我们将讨论以下的问题：

· 定义战略和战略管理
· 解释为什么战略规划是重要的
· 描述战略定位的三个重要原则
· 讨论大型公司和小型公司中的战略管理

战略、战略管理和战略规划

每个组织需要有一个“大蓝图”，描绘组织往何处去及怎样到达那里。这些都是跟战略、战略管理及战略规划有关的事务。

战略 **战略**（strategy）是一个大规模的行动计划，它为组织设定方向。它是对于组织或其主要部分的长期生存或繁荣所必须做的事情的“有根据推测”。我们听到这些词：“百威的终极战略”或者“维萨的海外战略”或是财务战略、营销战略以及人力资源战略等。

一个关于战略的例子是“找到消费者想要什么，然后尽可能便宜和快速地提供给他们”（沃尔玛的战略）。然而，战略是不能一次就决定的。因为在快速变化的环境中，需要不断地重新审视它，每年一次或是每五年一次。

战略管理　在20世纪40年代末，大多数美国大公司都是围绕一个单一的理念或生产线组织起来的。到20世纪70年代，《财富》杂志500强公司远不止在一个产业内进行经营，并且已经扩张到了海外。公司要保持焦点和高效，就必须采取战略管理方法，这已经变得很明显。

战略管理（strategic management）是一个过程，组织各个部分的管理者都参与制订和实施战略及战略目标的这一过程。但这一定义并不意味着高层管理者在下达理念时要依从下属人员。实际上，正是因为中层管理者要去理解和实施战略，所以他们也应当帮助制订战略。这个过程的步骤见第6.2节。

战略规划　战略规划，正如我们在第5章介绍的，不仅仅要考虑未来1到5年有关增长及利润的长期目标，还应当考虑组织实现它们的方法。

正如一位咨询专家所说，“简单地说，战略规划决定组织在明年或更长时间内的发展方向，决定组织如何发展以及如何知道它是否朝预定的方向发展。”

战略管理和战略规划的重要性

为什么一个组织应当运用战略管理和战略规划，有三个原因：（1）它们能提供方向和动力；（2）它们能激发新的创意；（3）最重要的是它们能发展可持续的竞争优势。让我们来仔细分析这三个方面。

1. 提供方向和动力　一些执行官甚至不能够说清楚他们的战略是什么。其他人则每天处在他们的组织可能失去动力的压力之下。但是战略规划能够帮助人们将注意力放在最重要的问题、选择和机会上。如果每个人都能够参与到这个过程中来，就利于形成团队合作，促进学习以及在组织中建立起共同的信念。

除非战略规划就位，不然管理者们可能会将注意力集中于眼前的事情，一些常规普通的问题上，直到有竞争对手出现在他们面前使他们遭受意想不到的挫折，因为战略规划能够对事情做长远打算，行动起来也更快。近来这一问题不断地发生，数字化及网络化趋势对一些公司形成了威胁，像亚马逊对巴诺书店（Barnes & Noble）；像数码相机对柯达公司的业务；像谷歌新闻、博客、电子媒体对报纸。

但还是有很多大公司不把竞争对手当回事的例子（像西尔斯对沃尔玛、IBM对微软、通用汽车对丰田）。“在认识到小啤酒厂同样也会有很大市场这一点上我们晚了五年，”大规模啤酒制造商安海斯-布希的首席执行官奥古斯特·布希三世（August Busch III）说道，“在认识到我们应当加入他们这一点上又晚了五年。”

当然，不好的计划会将一个组织引向错误的方向。不好的计划通常来自于对未来的错误假定、对组织能力的错误评价、无效的组织动力以及信息超载。

2. 激发新的创意　有人认为计划会使思维僵化，阻碍发散性思维以及减少创造性思维和行动——“在未知的水域里，让船在预先设计好的航线航行是撞上冰山的

案 例　发展竞争优势：史泰博简化其购物体验

史泰博（Staples）在1986年创办了第一家店后，实际上就发明了为中小型企业服务的办公—零售商店。但是到了21世纪初，这一领域已经挤满了竞争对手，史泰博的销售额不断下滑。市场研究发现，购物者希望商店能够提供所有他们需要和有用的东西，并且能够给他们提供轻松自在的购物环境。这项研究结果使新的标签诞生了："史泰博：就是这样简单"。

但是史泰博接着做了一些远不止于创造一个新营销信息的事情：它花了一年时间将商店的大部分做了彻底改变，从存货里去掉了800种过多的商品（像布兰妮·斯皮尔斯背包），增加了更大的标志，把办公椅从椽子移到了地面以便顾客可以使用它们，以及培训销售人员（"销售助理"）来帮助购物者走向正确的通道。然后他们推出了新的标签并伴有图像——"简单按钮"。

许多营销者认为只要他们把广告信息宣传得够长够大声，顾客就会相信它。但在史泰博却不是这样的，它更想改变顾客在店里的体验。经过7年的重塑品牌努力，史泰博成为办公零售领域的领导者。2007年，它的利润较前一年上升了7%，在收入上领先于它的主要竞争对手Office Depot和Office Max。

思考：

你能想到可以在其他竞争性的零售业运用史泰博模式以获得竞争优势吗？

最可能途径。"

事实上，战略规划远不是新思想的束缚物，为实现长远成功，通过强调创新的重要性，能够激发出新的火花。加里·哈默尔说，像苹果公司能够获得成功是因为他们能够解除"战略创新"精神的束缚。他说，战略创新是彻底改变现有产业竞争基础的能力，"大胆的新商业模式会把压力放在防御者身上"。

有一些成功的创新者是在食品杂货业务领域创造新财富的公司，比如星巴克、Trader Joe's、Petco、ConAgra以及沃尔玛，它们已经发展出完整的新产品目录以及零售思想。例如，星巴克正推出一种叫做Pike Place Roast的新咖啡以证明它作为"咖啡创新者"的角色。星巴克目前的战略是在未来的12个月内将比它过去5年更多的创新带到咖啡产业。

3. 发展可持续的竞争优势　战略管理能提供一种可持续的竞争优势，它是一种能使组织比它的竞争对手更有效地生产产品或服务的能力（在第1章讲到过），因此会表现得比竞争对手更好。如果一个组织能够做好以下四个方面就能获得可持续的竞争优势：（1）响应顾客；（2）不断创新；（3）保证质量；（4）保证有效。

有效的战略是什么？三个原则

麦肯锡咨询公司的凯文·科因称赞哈佛商学院的教授迈克尔·波特是"当今唯一

最重要的战略家，也许一直都会是”。

他值得受到这么高的称赞吗？当然，波特作为一个在竞争战略上的领导权威是毋庸置疑的。比如，战略管理协会投票他为最有影响力的在世战略家。我们在本章会反复提到他。

根据波特所说，**战略定位**（strategic positioning）是一个公司试图通过保留某些独特的东西获得可持续的竞争优势。他说：“这就是说要与竞争对手采取不同的行动，或者以不同的方式采取相似的行动。”

三个重要的原则构成战略定位的基础：

1. 战略是创造一种独特且有价值的地位 战略地位有三个来源：

- **需求少，顾客多**。战略地位可以来源于为许多顾客的较少需求提供服务。例如：捷飞络（Jiffy Lube）只提供润滑剂，但是它向所有拥有机动车辆的人提供。
- **需求广，顾客少**。战略地位也许是建立在仅仅为一小部分顾客的广泛需求而服务的基础上。例如：贝西默信托（Bessemer Trust）只针对拥有非常高财富的客户。
- **需求广，顾客多**。战略地位可能是面向为许多顾客的广泛需求服务的。例如：卡迈克电影院（Carmike Cinemas）只在少于20万人口的城市经营。

2. 战略需要在竞争中有所取舍 从上面列举的选择中可以看出，有些战略是不相容的。因此，一个公司不仅仅要确定遵循什么战略还要明确不遵循什么战略。例如：波特指出，露得清肥皂的定位更像是一种医药产品而不是一种清洁剂。为了实现这个狭窄的定位，该公司放弃了以除臭功能为基础的销售、放弃了大规模生产以及相应地放弃了一些制造效率。

3. 战略包括在各种活动之间创造“契合” “契合”跟公司彼此作用和加强的活动的方式有关。例如：像先锋集团（Vanguard Group）这样的共同基金如采取低成本战略，就要相应地调整其所有活动，向消费者直接分配资金以及减少投资组合成交量。

战略管理对小公司和大公司一样有效吗？

你可能认为一个拥有成千上万的员工以及甚至更多“利益相关者”的大组织，会从战略管理及规划中获益。毕竟，一个像福特公司这样的大公司怎么能在没有某种大计划的情况下运营呢？

但是占总就业和就业增长半数以上的小一些的公司呢？对几项研究的分析发现，战略规划不仅仅适用于大公司，对那些员工少于100人的公司同样适用，尽管在财务业绩上的提高比较小。不过，研究者总结道，“小的业绩提高可能不值得做战略规划，但当一个公司处于一个竞争很激烈的产业，小的业绩提高都可能影响公司生存的时候，战略规划就很有必要了。”

6.2 战略管理过程

主要问题：战略管理过程的五步法是什么？

本节概要

战略管理过程有五个步骤：构建使命和愿景、构建大战略、制订战略计划、执行战略计划和保持战略控制。另外，所有步骤也许会受到执行过程中的反馈的影响。

什么时候开始战略管理过程比较好？它通常都是由一些危机所引发的。

2000年，宝洁公司的股票市场价值在六个月内损失了500亿美元之后，被迫做了严肃的自我反省。宝洁公司的执行官们决定他们需要开发一个以创新为中心的战略。

案　例　危机导致战略管理过程：捷蓝遭遇冰暴天气

捷蓝（JetBlue）创建于1998年，从一个定位为低票价、保证比其他竞争者的票价最多低65%的航空公司起家，它的服务可以描述为：乘客可以享受指定的座位、真皮座椅以及每个座位上都有单独的电视屏幕可以收看卫星电视。这一模式轰动一时，到2007年捷蓝已经从每天的6次航班和300名员工上升到每天575次航班、52个目的地且拥有9300名员工。

然后在2005年，捷蓝的创建人，戴维·尼尔曼（David Neeleman）决定抛弃这种低成本的西南航空模式，改为模仿传统的航空公司。他引进了不同种类的飞机，增加了跑道和机场，花2500万美元建了一个培训中心，期望到2010年能够将员工人数扩大到3万名。“这些举措，”一种分析指出，“在跟越来越多的对手竞争的同时增加航空公司的成本，反过来会使捷蓝更难提价。”捷蓝在2005年亏损2000万美元，在2006年亏损100万美元。

随之而来的是情人节危机。2007年2月14日，一场冰暴突袭了捷蓝位于肯尼迪国际机场的纽约中心，迫使飞机不能起飞。在这之前有预测说冰暴会转成雨，于是捷蓝继续让乘客登机，让飞机进入跑道。结果是：飞机不能起飞，乘客们被困在他们的座位上——长达6个小时。事实上，那天156个航班当中只有17个航班按时离开了肯尼迪国际机场，这扰乱了整个系统，还更换了飞机和机务人员。有个报道说：“在接下来几天，捷蓝管理层取消了越来越多的航班，这激怒了数千名乘客，直到最后，在2月20号，公司才恢复了正常运营。”

据尼尔曼说，这场冰暴事件使公司损失了3000万美元。另外，他公开向13.1万名受到航班取消或延时影响的顾客道歉，并给予了不同程度的赔偿（例如对于在飞机上滞留超过3个小时的乘客给予全额退款以及提供乘坐免费来回航班的凭单）。尼尔曼同时也宣布了一项顾客权利协议，为因延迟和机票预定过多而导致乘客被拒登机的不同类型的情况给予特殊种类的赔偿。

这一事件说明了什么呢？大体上是因为航空公司成长得太快，同时又没有足够的人员来处理所有乘客要求的重新预定航班或是在航班中断期间安排好机务人员的时间。例如，捷蓝的预定系统依靠的是分散的员工，它包括很多在家中的代理人员，而他们工作时间灵活。一位作家指出："在没有出现成千上万的乘客需要同时重新预定机票的情况下，这是一种能够运行得很好的低成本解决方式。"该公司设定了一个让能够进入公司预定系统的代理人员数量翻倍的目标。它同样建立了一个数据库来跟踪机务人员的位置以及联系信息，还加入了交叉培训机制，这样在未来的任何运营危机中都能够有900名员工在肯尼迪国际机场附近工作。

思考：

捷蓝的战略是否合理呢？"从它运营以来，"一位分析家说，"没有一个竞争者像它那样努力培训来提供真正的舒适度。"捷蓝能够继续保持低价和相对高的舒适度以及拥有足够多的人员和做好充分的安排来避免又一次情人节惨败吗？

对于戴尔而言，危机发生在2007年，当时它发现销售额和市场份额严重流失到了惠普公司和苹果公司。戴尔的创始人迈克尔·戴尔取代凯文·罗林斯（Kevin Rollins）成为首席执行官，他计划采取一个以改善生产及公司供应链为重点的战略。

战略管理过程的五个步骤

战略管理过程有五个步骤，外加一个反馈回路，如下图所示。（见图6–1。）让我们来看看这五个步骤。

步骤1：构建使命和愿景 我们在第五章讨论过使命和愿景。如果你被要求撰写一个使命陈述及愿景陈述，你会怎样写？

一个好使命陈述的特点 使命是组织存在的目的或原因，它是在使命陈述中表述。例如，下面是本书的出版商麦格劳–希尔（McGraw–Hill）的使命陈述：

以一种使我们的顾客、员工、作者、投资者及社会受益的方式来收集、评价、

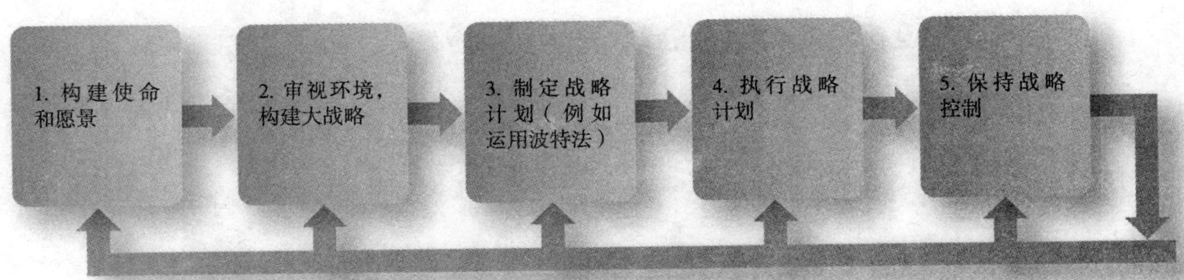

图6–1 战略管理过程

生产以及传播有价值的信息，在一个合理的利润水平上服务世界对知识的需求。

一个好愿景陈述的特点 一个组织的愿景是它想要成为什么的长期目标。它是在愿景陈述中表述的，它描述组织的长期方向及战略意图。例如，沃特·迪斯尼（Walt Disney）对迪斯尼最初的愿景有部分是这样的：

> 迪斯尼将是一个梦境般的东西：展览馆、游乐场、社区中心、博物馆以及美丽和魔力展现的地方。这里将充满我们生活的这个世界的成就、欢乐和希望。而且它会提醒我们，并向我们展示如何让那些美景成为我们生活的一部分。

尽管愿景可能简短，但它应当是积极的和振奋人心的，同时它应当延伸到组织和它的员工无法达到但又希望能够在未来出现的情景。想想谷歌，它就是一个例子。谷歌的愿景是“把世界上的信息组织起来，使它能够在全世界都是可以接触到的和有用的。”谷歌的首席执行官埃里克·施密特（Eric Schmidt）估计可能需要300年的时间来实现公司的愿景。这样做将需要谷歌有战略上的耐心，同时要设计出有广泛关注点的大战略。

以下是构建强有力的使命陈述和愿景陈述的指导方针。（见表6–1。）南加州大学工商管理学院的波特·纳鲁斯（Burt Nanus）说：“愿景具有这些性质，它能挑战和鼓舞组织中的人们，同时有利于调整他们的精力朝着一个共同的方向前进。它能够使人们在碰到突发问题时不会不知所措，因为能够帮助人们识别什么是真正重要的而不仅仅是有意思的。”

步骤2：构建大战略 下一步就是将宽泛的使命和愿景陈述转化为**大战略**（grand

表6–1 使命陈述和愿景陈述

使命陈述：你公司的使命陈述回答了这些问题吗？		
1. 谁是我们的顾客？ 2. 我们的主要产品或服务是什么？ 3. 我们在什么样的地理区域中竞争？ 4. 我们的基础技术是什么？	5. 我们对经济目标的承诺是什么？ 6. 我们的基本信念、价值观、志向和经营哲学是什么？ 7. 我们的主要力量和竞争优势是什么？	8. 我们的公共责任是什么，我们想以什么样的形象示人？ 9. 我们对员工的态度是什么样的？
愿景陈述：你公司的愿景陈述能对这些问题说“是”吗？		
1. 它是否适合组织和时代？ 2. 它是否设定了卓越的标准并反映出较高的理想？ 3. 它是否阐明了目标和方向？	4. 它是否能够激发热情并促进组织认同感？ 5. 它是否表达清晰并易于理解？	6. 它是否反映出组织的独特之处、它代表的什么、它能实现的什么？ 7. 它是否雄心勃勃？

资料来源：F. R. David, “How Companies Define Their Mission,” Long Range Planning, February 1989, pp. 90 - 97; and B. Nanus, *Visionary Leadership: Creating a Compelling Sense of Direction for Your Organization* (San Francisco: Jossey–Bass, 1992), pp. 28 - 29.

strategy），即在对组织当前的业绩作出评价后，再解释如何完成组织的使命。成长、稳定以及防御是三个常见的大战略。

制订大战略过程的第一部分就是对组织的现状进行严格的分析，第二部分是确定组织未来该往何处发展。

让我们来看看这三个常见的大战略。

1. **成长战略**　**成长战略**（growth strategy）是一种包括在销售额、市场份额、员工数量或者客户数量等方面进行扩张的大战略。

2. **稳定战略**　**稳定战略**（stability strategy）是一种没有或几乎很少重大改变的大战略。

3. **防御战略**　**防御战略**（defensive strategy）或紧缩战略是一种减少组织工作量的大战略。

三种战略的例子见下表。（见表6–2。）

你如何建立一个大战略呢？在战略规划工具和方法中可以应用：（1）SWOT分析法；（2）预测法，我们将在6. 3节讲述。

步骤3：制订战略计划　大战略必须转变为更具体的战略计划，它明确规定组织在未来的1到5年的长期目标是什么。这些不仅应当跟组织的成长和利润等一般性目

表6–2　公司如何实施大战略

成长战略
·可以改善现有的产品或服务来吸引更多的购买者。
·可以增加促销及营销的努力来扩大市场份额。
·可以通过接管之前其他人经营的分销或制造来扩大经营范围。
·可以拓展至新的产品或服务。
·可以获得类似或互补的业务。
·可以与另一家公司合并形成一家更大的公司。
稳定战略
·它适用于没有变化的战略（例如，它发现太快的成长导致秩序的混乱和顾客的抱怨）。
·它适用于变化很小的战略（例如，公司已经在以一个非常快的速度增长并感觉它需要一段时期的冷却）。
防御战略
·可以通过停止雇佣或紧缩开支来降低成本。
·可以廉价出售（清偿）资产——如土地、建筑、存货等等。
·可以逐步停止产品线或服务。
·可以通过出售整个部门或子公司来出让部分业务。
·可以宣告破产。
·可以尝试转变——本着恢复盈利的观点做一些节省。

标联系起来，还应当跟关于这些目标将如何完成的信息联系起来。此外，对于所有的目标，它们必须符合SMART原则——具体、可衡量、可实现、结果取向以及有时限性（第5章）。

战略制定（strategy formulation）是指在不同的战略之间进行选择并把它们转换成最适合组织需要的过程。因为这个过程太重要了，所以制订战略计划是一个费时的过程。制订战略的方法有波特的竞争力和战略模型以及产品生命周期模型，这两种方法我们在6.4节描述。

步骤4：执行战略计划 将计划付诸实施即是**战略执行**（strategy implementation）。当然，除非战略规划转变成更低层次的计划，否则它是不会奏效的。这就意味着高层管理者需要根据组织的结构和文化去检查战略执行过程中可能的障碍，以及检查是否有正确的人和控制系统来执行战略计划。

通常执行计划意味着要克服那些感觉计划会威胁到他们的影响力或是生计的人的抵抗。在计划必须快速执行时尤其是这样，因为延迟是最容易的一种抵抗方式（各种借口通常都可以为延迟进行辩护）。因此，高层管理者不能仅仅宣布战略计划，他们还必须积极地说服中层管理者以及基层管理者接受计划。

步骤5：保持战略控制：反馈回路 **战略控制**（strategic control）由监测战略的执行以及对战略作出调整这两部分组成。为了确保战略计划正确执行，管理者需要控制系统来监测计划进展以及当事情开始出现差错时尽早和尽快采取正确的行动。正确的行动构成了一个反馈回路，在这个回路里，问题需要管理者返回到一个更早的步骤来重新思考政策、重新做预算或修正人事安排。布赖恩·巴里提出：为了确保战略计划正确执行，你需要做好以下的事情：

- **人员参与**。你需要让员工积极参与，弄清楚你的小组希望达到什么目的以及你将怎样实现它。
- **保持简洁**。如果没有好理由要使计划更复杂的话，就要保持计划的简洁性。
- **专注**。专注于重要的事情。
- **保持前进**。朝着你的未来愿景继续前进，根据你所了解的有效知识来调整你的计划。

实际行动 如何提高会议效率

布赖恩·巴里建议："如果你的人员或董事会不能够对时间作出实际可行的承诺，那么设计一个需要四十个小时会议时间的计划过程就要注意了，结果可能会受挫甚至失败。在会议间做了很好准备的话，有效的战略规划能够在10到15小时的会议时间内完成。"

会议当然有它们的用处。正如我们在第5章末尾提到的，苹果公司的史蒂夫·乔布斯因主持马拉松式的星期一会议而著名。他说，他们用了这么长时间的原因是苹果公司雇用到了真正好的员工，“我想让他们作出好的或比我更好的决定。因此那样做是要让他们知道一切，不仅仅是他们自己的部分而是整个业务里面的每一个部分。因此，我们在每个星期一做的就是回顾整个业务。”经济学教授泰勒·科文（Tyler Cowen）指出会议同样利于与会者明确他们各自所处的位置。“谁发言了？谁认为有必要表扬谁？”人们还可以在会议中作决策的时候发展主人翁意识，这能够激励他们将那些决策付诸行动。

然而，如果你不是处在号召开会的位置，但又不得不经常参加，无奈地成为一个开得不好的会议的受害者是很令人沮丧的。一项针对大公司职员的调查显示，50%的人曾经在参加会议时发现至少有一个人睡觉。（在小点儿的公司，睡觉比较难隐藏，比例是26%。）问题会议可能来自于焦点的缺乏，没有人看时间，没有领导来保持会议正常开展。《会议死亡》（*Death by Meeting*）的作者帕特里克·伦乔尼（Patrick Lencioni）认为会议这么没有效率的一个原因是高层管理者不鼓励冲突性的意见。但是这个手段会适得其反。他说，因为它使会议索然无味并忽视了一些重要的事情。

生产率专家奥德特·波勒（Odette Pollar）建议，作为一个参与者，你总是可以通过这样的表达来拉回一个脱离了主题的对话：“我们正在讨论2009年的预算，但是现在我们看起来在讨论去年的赤字。”或者你可以尝试对一连串的评论作一个总结以使其他人不再同样跑题。如果你经常参加没有效率的会议，你也可以用制作一个议程的形式向会议主持人提供帮助，这个议程有为每个议题附的时间框架。她进一步说：“你的方法、计时和音调都很重要。你必须避免看起来是在告诉员工要做什么。”

如果是你主持会议，以下是一些提高会议效率的好方法：

取消没有必要的会议或不出席会议

如果能够用一些其他的方式来达到同样的结果就不要召开会议，如打电话、发邮件、写备忘录、一对一谈话等等。只邀请那些需要参加会议的人并让他们知道他们只需要在跟他们有关的部分留下来就行了。在一个最不会分散注意力的地方举行会议。可以考虑电话会议或视频会议。

提前分发会议议程

为会议做好功课。准备一张单子，列上会议目标、要讨论的话题及允许讨论的时间以及与会者需要带的资料。先开始讨论最重要的话题。如果可能的话，在一天前或更早时间分发议程。对于非正式的会议、电话会议以及一对一谈话，要做一个要讨论的话题清单。

保持对会议的控制

准时开始并将时间控制在议程所定的时间框架之内（茶点、午餐时间或者中场休息）。在会议开始时，礼貌地宣布你珍惜每个人的时间，所以如果讨论跑题了、变成闲谈了或者变得莫名其妙你将会打断讨论。讨论结束之前不发表意见和结论，这样每个人都会自由地给出他们的观点。不要让一小部分人独占了讨论。鼓励没发言的成员参与进来。尽量为每一个议题作出决定或者分派任务。用两个记事本或是几张纸，一个记录一般的笔记，另一个记录任务和分配情况。在会议结束时总结重点。为要采取的行动制订一个时间表。

做好后续工作

会议结束后，将任务和分配情况打印出来分发下去，设定一个后续会议的日期以评估工作进程。

6.3 构建大战略

主要问题：SWOT和预测是怎样帮助我们构建战略的？

本节概要

要构建大战略，你需要运用SWOT分析法和预测法来收集资料并作出预测。

构建大战略的第一部分，即五步战略管理过程的步骤2是收集情报，包括内部情报和外部情报。接下来是作出一些预测。

两种战略规划的工具及方法是：（1）SWOT分析法；（2）预测法——趋势分析和权变计划。

SWOT 分析法

构建大战略的第一步是**环境扫描**（environmental scanning），即仔细监测组织的内部和外部环境，以尽早发现可能影响公司计划的机会和威胁的信号。环境扫描的过程即是**SWOT分析**（SWOT analysis）——也称为形势分析，它是对影响组织的优势、劣势、机会和威胁的探索。SWOT分析应该要能够帮助你对组织的内外部环境有一个真实的了解，这样你才能更好地构建战略以追求使命。（见图6–2。）

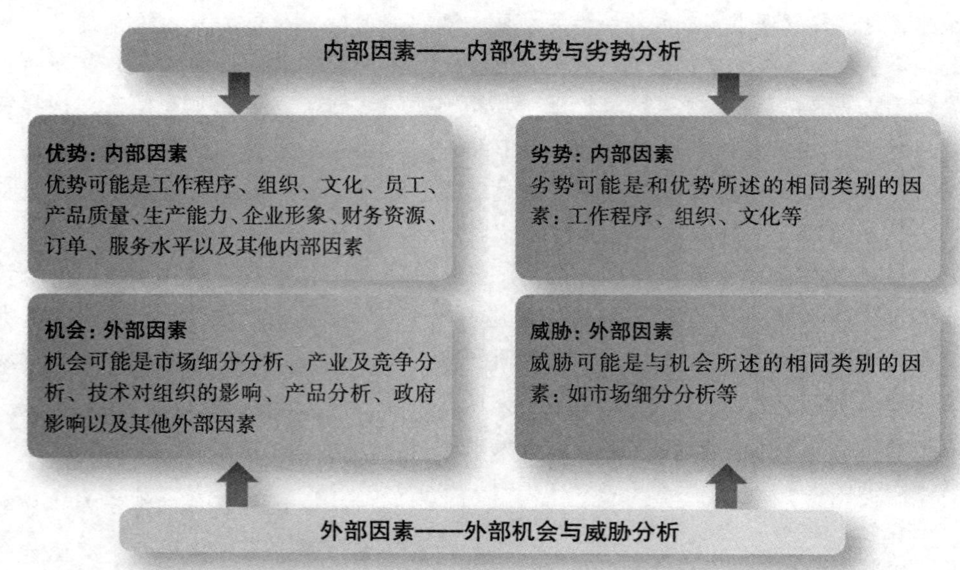

图6–2 SWOT分析

SWOT代表优势（Strengths）、劣势（Weaknesses）、机会（Opportunities）和威胁（Threats）。

SWOT分析法分为两个部分：内部因素和外部因素——即对内部优势和劣势的分析以及对外部机会与威胁的分析。左边的表格给出了一个SWOT属性的例子，它可能适用于高校。(见表6–3。)

内部因素：内部优势与劣势分析 组织是否有熟练的劳动力？较好的声誉？强大的财力？这些是**组织优势**（organizational strengths）的例子——这些技术和能力可以使组织在执行战略以追求其使命时给予组织特殊的能力及竞争优势。

另一方面，组织是否有过时的技术？陈旧的设备？不稳定的市场运作？这些是**组织劣势**（organizational weaknesses）的例子——妨碍组织执行战略以追求其使命的弱点。

外部因素：外部机会与威胁分析 组织是否幸运地遇到了较弱的对手？新兴的市场？经济的蓬勃发展？这些是**组织机会**（organizational opportunities）的例子——组织可以利用以获得竞争优势的环境因素。

同样地，组织是否需要应对新的调整？资源稀缺？替代产品的出现？这些是可能的**组织威胁**（organizational threats）——妨碍组织获得竞争优势的环境因素。

表6–3 适用于高校的SWOT属性

内部优势
·教员的教学与研究能力
·高能力的学生
·忠实的校友
·强有力的跨学科研究项目
内部劣势
·有限的商业项目
·沉重的教学负担
·缺少种族多样性
·缺少高科技基础设施
外部机会
·很多当地技术工作的增长
·很多企业向学校捐赠设备
·当地少数民族人口增长
·高中生上大学课程
外部威胁
·全国和当地经济衰退
·高中入学率降低
·来自其他高校的竞争增加
·资金来源出现风险

预测法：预测未来

在对组织的优势、劣势、机会与威胁进行了分析之后，计划者就需要对长期战略的制定作出预测。**预测**（forecast）是对未来的一种愿景或预期。

当然，很多人做预测，然而他们经常预测错误。在20世纪50年代，IBM的总裁托马斯·J·沃森（Thomas J. Watson）曾预计全球对电脑的需求不会超过5台。在20世纪90年代后期，很多电脑专家预测与1999年到2000年的转变有关的电脑故障（千年虫问题）将导致停电、供水问题、交通瘫痪、银行倒闭及更严重的问题。

当然，人们对未来预测得越远，预测就越难以精确，特别是对于科技问题。但预测仍是计划的一个必要部分。

两种类型的预测是：趋势分析和权变计划。

趋势分析 **趋势分析**（trend analysis）是对过去一系列事件的未来趋势的一种假设性延伸。基本的假设是目前的状况可以预测到未来。如果有足够的历史数据，这个假设是可行的，但是也常常会遇到意外情况。而且如果数据不可靠，则会导致错误的趋势预测。

趋势分析的一个例子是时间序列预测，这种预测是以历史数据的模式为基础来预测未来的数据。时间序列预测被用于预测长期趋势、循环模式（就像商业周期那样不断起伏），以及季节性变化（例如圣诞销售与夏季销售）。

权变计划：预测变化的未来 **权变计划**（contingency planning），也称为情景规划

案 例 SWOT分析：你如何分析星巴克？

星巴克公司的业绩开始下滑了吗？很显然投资者们担心现在世界上最大的连锁咖啡店已到达了它的顶峰。其股票价值在2007年几乎减半，并经历了一次公司改组，这次改组导致其董事长兼创始人霍华德·舒尔茨收回权力重新担任CEO。如果你是一名高级管理人员，你在SWOT分析中将能确定哪些东西？

首先，内部优势：15年来，公司市值从2.5亿美元上升到了240亿美元。公司的成功很大程度上建立在员工忠诚度的基础上。星巴克称其员工为"合伙人"，他们大部分人都很年轻（平均年龄26岁），其中85%的员工学历在高中以上。由于公司为员工提供了平均水平以上的工资、餐饮服务、健康保险、股票期权，以及如电子邮件等员工可以发表反馈的渠道，这使员工觉得他们与公司有紧密的联系，因此公司的员工流动率仅是行业平均水平的一半。员工受到了有关如何冲泡高品质的咖啡、使用咖啡豆和咖啡机及处理顾客关系的严格训练。星巴克不断地进入新市场，在美国乃至全世界开张新的分店（将近15,000个分店）。

第二，内部劣势：公司成长速度可能过快，过快地增加新店使新店吸引走了老店的客源，减缓了同店销售额的增长。此外，在其将咖啡的售价每杯上涨9美分之后，星巴克在2007年的销售额下降了，导致一些顾客去了别处。公司生产新饮料和低利润的早餐三明治和沙拉的举措也并没有引起太大的效应。其对品牌延伸的尝试结果也是喜忧参半。尽管对于顾客来说，星巴克售卖音乐的战略是一个惊喜，但他们推荐的电影只有极小的票房成功。虽然星巴克说其声誉是建立在人们口口相传的广告上，但其2007年销售的疲软使它也开始了电视广告宣传。创始人舒尔茨哀叹道，星巴克可能要使其品牌更商业化，将其从它的本土文化抽身出来，从而使其更容易面对外来的快餐连锁店的竞争。

第三，外部机会：其他的连锁店，如波士顿炸鸡（Boston Chicken）、雨林咖啡馆（Rainforest Café）、好莱坞星球酒店（Planet Hollywood）发现餐饮业运营非常艰难，使他们筋疲力尽，因为在新鲜感过去之后，他们就难以使顾客再次回来，但是许多星巴克的顾客极其忠诚。而且幸运的是，星巴克在亚洲和欧洲也有巨大的机会。

第四，外部威胁：尽管星巴克迅速扩张，但美国全国的咖啡店大约57%仍然是夫妻店店形式；而且在2000年至2005年间，这些夫妻店的数目增长了40%，而星巴克在这段时间的数量增长了两倍。星巴克的价格通常比当地的咖啡店贵很多，而且它提供的食物种类也很有限。同样重要的是，另外两家全国连锁店，麦当劳和邓肯甜甜圈（Dunkin' s Donuts），也进入了咖啡市场。麦当劳打算在其全美上千家连锁店中增加咖啡吧及一系列咖啡饮料，而且售价比星巴克更便宜。邓肯甜甜圈也打算瓜分星巴克的客户群。

思考：

一些分析人士认为，星巴克需要去掉其高技术的公司形象，回到其熟悉的邻家式咖啡店的本源，让自己深入当地文化中，使其零售业务不再千篇一律，并重新聚焦于豪华的咖啡体验。你赞成吗？你会建议星巴克做什么？

案 例 权变计划：西南航空运用对冲交易降低航空燃油的价格

2008年初，在原油价格一直处于高点（每桶100美元）时，飞机燃料的成本吞噬了航空公司的很大一部分利润。航空燃油的成本占据了航空业运营成本的15%，是仅次于劳动力成本的第二大费用。

大多数航空公司都使用一种“对冲”的方式来降低航空燃油的成本，而西南航空特别精通这一方式。西南航空进入对冲交易时，正如一名观察员所说，“当时的油价甚至比水更便宜”。用这种权变计划的方式，航空公司利用长期合同，使其能以固定价格购买燃油，从而对冲了未来市场上燃油价格上升的影响。相比传统运营商，西南航空因为其财务优势而能在更有利的地位购买较好的未来合同：它可以避免昂贵的劳动力合同，只运营一种机型，并且飞行高流量的航线。

例如，在2008年，原油价格达到一百多美元一桶时，西南航空70%的燃油是以51美元一桶的价格购买的。作为对冲，2010年它可以以63美元一桶的价格购买其30%的燃油。这些价格与其他主要航空公司相比要低得多了。（例如，美国联合航空公司只有15%的燃油对冲购买，且其价格在91美元到101美元一桶。）

思考：

是不是对冲就像玩扑克——就像一个赌徒？西南航空的财务主管塔米·罗莫说：“你需要有视野、智慧及一些勇气去做对冲。”但是如果燃油消费在未来25年内上升40%，而油价保持高位的话，你认为航空公司该怎么办呢？（提示：增加收入、降低成本、巩固或清算资产。）

或情景分析（scenario analysis），是不同假设的产物，但也有可能是未来的状况。情景体现了不同因素的各种组合，如不同的经济前景、竞争对手的不同战略、不同的预算等等。

因为情景规划尝试放眼未来——可能5年或更长时间，它们必然需要用相当笼统的方式写下来。不管怎样，权变计划的价值在于它不仅使组织有应对紧急情况和不确定性的能力，还能使管理者获得战略性的思维。

6.4 制订战略

主要问题：如何运用波特的竞争力量、竞争战略和产品生命周期来制订战略？

本节概要

战略制定需要使用一些概念。这里，我们讨论波特的五力模型、四种竞争战略、四阶段产品生命周期、多元化和协同以及竞争情报。

大战略确定之后（战略管理过程的步骤2），该进入战略制定了（步骤3）。可以用来制订战略的方法有波特的五力模型、波特的四种竞争战略、产品生命周期、多元化和协同以及竞争情报等。

波特的五种竞争力量

一个特定的产业中，是什么决定竞争力？在研究多种商业领域后，战略管理专家迈克尔·波特（Michael Porter）在他的**波特产业分析模型**（Porter' s model for industry analysis）中建议，业务层次的战略来源于企业环境中五个主要的竞争力量：（1）新进入者的威胁；（2）供应商的议价能力；（3）购买者的议价能力；（4）替代产品或服务的威胁；（5）现有企业间的竞争。

1. 新进入者的威胁 新的竞争者可以在一夜之间影响一个产业，从现有的企业夺走顾客。例如，卡夫通心粉和奶酪是一个著名且有良好声誉的品牌，但其受到来自低端卖场品牌如沃尔玛的威胁，同时也受到高端品牌如安妮奶油通心粉和老牌的威斯康星切达奶酪的威胁。

2. 供应商的议价能力 一些企业可以很容易地更换供应商以获得产品或服务，而另一些企业则不然。例如，加利福尼亚的Clark Foam of Laguna Niguel提供了全美国将近90%用于制造传统冲浪板的泡沫芯。当其在2005年末突然关闭时，许多独立的冲浪板制造商和小型零售店指责关闭它的政府机构，因为他们发现买不起国外的泡沫芯。另外，加利福尼亚州圣克鲁斯的Surftech，因为它是少数几个使用树脂而不是泡沫塑料制造冲浪板的生产者之一，而获得了销售额的大幅增长。

3. 购买者的议价能力 从一家企业购买大量商品或服务的顾客比只买少量产品的顾客有更大的议价能力。利用互联网四处购物的顾客也能通过协商获得更好的价格。例如：购买汽车曾经是一个有地域局限的活动，但现在潜在的汽车购买者可以通过互联网搜索半径100英里或更大范围内的商品，使他们有能力打压任一商家的要价。（亚马逊网最近推出了TextBuyIt服务，这是一个使消费者可以比较价格，并且仅仅需要在其手机上按几下就可以完成购买过程的程序。）

4. 替代产品或服务的威胁 同样，特别是因为有了互联网，当环境影响到组织的传统渠道时，组织可以更容易地转换到其他产品或服务。例如：石油公司可能会担心巴西很快会达到能源自给，因为通过从甘蔗提取乙醇来代替石油，巴西将能够满足其日益增长的车用燃料需要。

5. 现有企业间的竞争 以上的四个力量影响到第五个力量，产业内竞争对手间的竞争。想想便携式电子产品的制造者和销售商之间的激烈竞争，从手机到MP3播放器到电子游戏机。互联网再一次使各种组织间的竞争变得更为激烈。

波特认为，组织应该做好SWOT分析，检查这五种竞争力量。这样它才能利用我们以下所要讨论的四种竞争战略来制订有效的战略。

波特的四种竞争战略

波特的四种竞争战略（Porter' s four competitive strategies，也称为四种基本战略）是:（1）成本领先战略;（2）差异化战略;（3）成本聚焦战略;（4）聚焦差异化战略。前两种战略聚焦于广大市场，后两种战略聚焦于狭小市场。（见图6–3。）生产大量传媒制品和出版物的时代华纳公司，服务于世界范围内的宽广市场，而你身边的音响店服务的则是只有当地顾客的狭小市场。

	目标市场类型	
战略	宽广	狭小
1. 成本领先	√	
2. 差异化	√	
3. 成本聚焦		√
4. 聚焦差异化		√

图6–3 波特的四种竞争战略

接下来详细阐述这四种战略。

1. 成本领先战略：在广大市场上保持低成本和价格 **成本领先战略**（cost–leadership strategy）是以广大市场为目标，使产品或服务的成本保持在竞争对手之下，从而使价格更具有竞争力。

这样研发经理就面临着要开发出成本低廉的产品或服务的压力；产品经理面临着减少产品成本的压力；营销经理则面临着要以尽可能少的成本使产品或服务触及各种各样的客户的压力。

实施成本领先战略的公司包括电脑生产商戴尔、手表生产商天美时、硬件零售商家得宝以及钢笔生产商派克等。

2. 差异化战略：为广大市场提供独特和更高价值的产品 **差异化战略**（differentiation strategy）是以广大市场为目标，提供相比于竞争对手更具独特性和更高价值的产品或服务。

因为产品昂贵，管理者需要更注重研发、营销和顾客服务。丽思卡尔顿酒店和雷克萨斯汽车公司都使用这种战略。

该战略还被那些想要创造新品牌，从而在与对手的竞争中脱颖而出的公司采用。尽管百事可乐只比超市自有品牌的可乐贵几美分，但它还是在广告上花了几百万美元。

3. 成本聚焦战略：在狭窄市场上保持低成本和价格 **成本聚焦战略**（cost–focus strategy）是以狭窄市场为目标，使产品或服务的成本保持在竞争对手之下，从而使价格更具有竞争力。

这是一个常常在低端折扣商店里销售产品时使用的战略，像低成本的啤酒或香烟，或是地区天然气站，如在西部地区的Terrible Herbst或是Rotten Robbie连锁店。

不用说，这类企业的管理者保持低成本的压力比成本领先战略公司的管理者更大。

4. 聚焦差异化战略：在狭窄市场上提供独特和更高价值的产品或服务 **聚焦差异化战略**（focused-differentiation strategy）是以狭窄市场为目标，提供相比于竞争对手更具独特性和更高价值的产品或服务。

一些豪华车售价非常昂贵，例如劳斯莱斯、法拉利、兰博基尼等，只有少数人才买得起。采取聚焦差异化战略的还有珠宝商卡地亚和衬衫生产商滕博阿瑟(Turnbull & Asser)。但是聚焦差异化的产品并不一定都是昂贵的。出版商Chelsea Green同样因出版特别的书，如*The Straw Bale House*，获得了成功。

产品生命周期：不同阶段需要不同的战略

在第5章，我们描述了项目生命周期。产品生命周期的曲线形状和它相似（尽管曲线的末端通常不是那么急转直下）。**产品生命周期**（product life cycle）是一个产品或服务在其可销售期间所经历的四个阶段的模型:(1)引入期;(2)成长期;(3)成熟期;(4)衰退期。(见图6-4。)

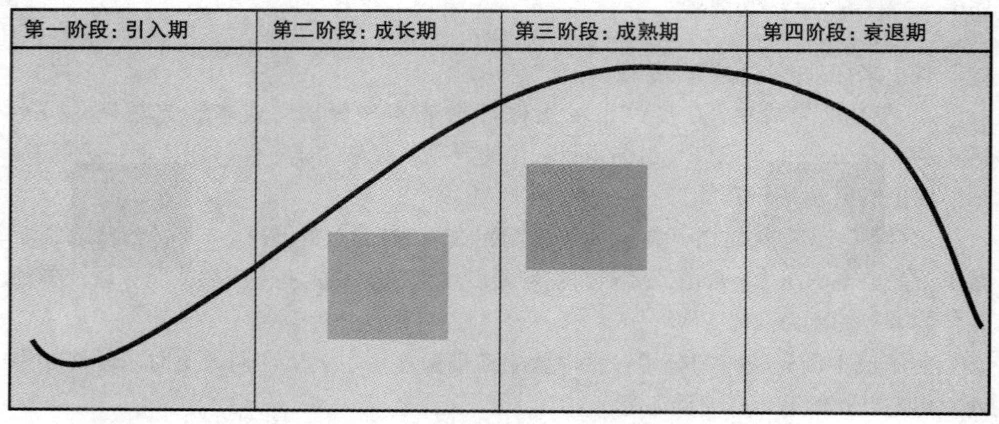

图6-4 产品生命周期

有些产品，如流行的玩具或收藏品（例如芭比娃娃），可能只有几个月或一年左右的生命周期。其他产品，如购物中心，在它们开始衰退以及需要重新设计以使其获得新号召力和时尚感之前，可能有相当于一代人时间（30年左右）的生命周期。

作为一名管理者，了解产品生命周期的概念是有用的，因为像迈克尔·波特提出的不同战略可以在产品或服务的生命周期的不同阶段使用。下面我们讨论一下这些阶段。

阶段1：引入期——使产品进入市场 **引入阶段**（introduction stage）是产品生命周期中新产品引入市场的阶段。

这一阶段，生产、营销和分销的启动成本很高。管理者需要集中精力在保证质量的同时建立库存和做好队伍建设。因为这一阶段通常销售量很低，产品可能无法盈利。同时也有很大的风险，因为产品可能不被市场接受。

在引入期，用军事上的话来比喻就是企业需要采取渗透战略。差异化或聚焦（成本聚焦或聚焦差异化）战略在这一时期比较合适。

阶段2：成长期——需求增长　成长阶段（growth stage）是利润最高的阶段。在这一阶段，顾客需求增加，产品销售量增长，然后竞争者可能会进入市场。

开始时，产品可能占据全部的市场，其需求可能很高。管理者要做的就是保证分销渠道中有足够的产品，保持质量，努力扩大销售与分销。这一阶段可能会持续好几年。但是同时，竞争者也会加入进来争夺市场。

在成长期，管理者应该加强他们攻占市场的力度，可能继续采用阶段1中的差异化或聚焦战略。

阶段3：成熟期——增长减缓　成熟阶段（maturity stage）产品开始不再那么受

案　例　产品生命周期：Divx磁盘的起落

首先出现的是录像机（VCR），也许这曾经是在一代人中最流行的消费型电子娱乐产品。之后，在20世纪90年代，出现了DVD（digital video disk的简称），主要是由华纳家庭影视支持的，是为了要替代VCR。DVD刚开始销售时，又出现一个新的竞争对手，这就是Divx磁盘。

阶段1，引入期。由于有巨大的电子产品连锁店Circuit City商场（及一家好莱坞法律公司）的支持，Divx磁盘在1997年作为VCR和DVD的竞争对手登陆市场。它的卖点在于它可以让消费者以租一盘录像带的价格购买一部在磁盘上的电影。

阶段2，成长期。Divx磁盘的需求开始增长，威胁到DVD的增长。顾客可以以租一部光盘电影的价格购买一部在磁盘上的电影，然后可以在48小时之内观看。之后，他们可以选择扔掉磁盘（因为如果没有再次付款，就不能再看了）或者再付15美元——直接通过磁盘用信用卡结账。信用卡付费允许公司的中央处理器通过连接顾客家中的电脑给予顾客影片的无限观看权，从而避免在音像店支付更多的租金。

阶段3，成熟期。DVD的支持者——以华纳家庭影视为首，开始反击。他们可以利用四个外部因素的优势。首先，全美大约1万家电子产品商店里只有750家愿意售卖Divx磁盘，他们中的大多数不愿意竞争对手Circuit City的收入增加。第二，只有三家生产商同意生产Divx磁盘，主要原因是他们不想得罪庞大的零售商。第三，音像店意识到Divx磁盘将会使他们的租赁收入下降一半，因此他们转而开始出租DVD。第四个原因是，DVD的支持者成功地与好莱坞的电影工作室结盟，使越来越多的电影有DVD版，从而大幅削减了东芝、索尼等DVD硬件生产商的价格。

阶段4，衰退期。在亏损3.75亿美元之后，Circuit City宣布不再经营Divx磁盘。

思考：

在更近的磁盘战中，DVD被一种新的高清技术所取代，这就是微软、三洋、NEC以及新线、环球电影工作室支持的东芝HD-DVD。而其对手是苹果、松下、飞利浦、三星、夏普、先锋、戴尔以及索尼、二十世纪福克斯、迪斯尼电影工作室支持的高清技术——蓝光技术。最终，2008年初，蓝光技术获得胜利，而东芝放弃了HD-DVD。尽管在2007年销量下滑了约3%，但现在普通的DVD仍占据着大部分的光盘销量。你认为DVD要到达产品生命周期的第三和第四阶段还要多久？

欢迎，销量和利润也开始下滑。

这一阶段，因为竞争者的加入，产品销量开始下降。这时，管理者需要集中精力降低成本，提高效率以保持产品利润。有时他们可以通过增加产品的各种特性来延长产品的生命周期。

在成熟期，管理者应该变得更有防御性，可能采用成本领先或聚焦战略。

阶段4：衰退期——从市场撤退 **衰退阶段**（decline stage）产品不再受欢迎，组织撤离市场。

在这一阶段，产品不再受欢迎，管理者吹响撤退的号角，缩减有关的库存、供给和人员。

尽管这一阶段意味着不再支持老产品，但它并不意味着组织的完全倒闭。许多同样的技能需要用来支持新产品的开发。

单一产品战略还是多元化战略

因为有从生到死的产品生命周期，你可能开始明白为什么企业需要考虑是采用单一产品战略还是多元化战略。不然，如果你只出售一种商品，如果这种商品失败了你该怎么办？

单一产品战略：聚焦但脆弱 在**单一产品战略**（single-product strategy）中，企业在其市场只生产并销售一种产品。在一个小镇上开车经过一些小零售店，你总能看见这种战略：可能有一家商店只卖花，一家商店只卖安全系统等。一些更大的企业也会采用这种战略。例如，印度摩托车公司——曾经是哈雷-戴维森的强劲对手之一，它只销售摩托车。

单一产品战略有优点也有弱点：

- **好处——聚焦**。只生产一种商品使你只专注于该产品的生产与销售。这意味着企业可以精于产品维修、升级生产线并注意到市场竞争，并且在广告和销售上做得很好。例如See’s Candies，这是一家位于旧金山、在美国西部有200家连锁店的公司，专业生产盒装巧克力。它做得极好，以至于当它被伯克希尔哈撒韦公司（Berkshire Hathaway）收购时，其所有者选择不去干扰它的成功而采取“无为而治”的政策。
- **风险——脆弱**。当然，单一产品的风险在于，如果你没有关注商业的所有方面，如果竞争者抢在你前面行动，如果有天意来干预（例如，一家花店的玫瑰在母亲节前一天得了枯萎病），那么你的公司可能就倒闭了。例如2003年，位于加利福尼亚州的印度摩托车公司Gilroy，由于其不能达到预定的生产目标而导致第二次破产（其在1953年破产过一次）。

多元化战略：经营不同业务以分散风险 对于单一产品战略风险的明显解决方法就是**多元化**（diversification），经营多种业务以分散风险。这种战略可以在小零售商看到，例如你开车时经过的卖汽油、食品、纪念品、租录影带和DVD电影的商店。

大公司也采用这种战略：所有主要的娱乐/传媒公司，如迪斯尼、时代华纳和索尼，都运营专门做电视、音乐、出版等不同的部门（部门结构我们将在第8章讨论）。

有两种类型的多元化：相关的与不相关的。

不相关多元化：独立业务线 如果你经营一家既销售鲜花又销售电脑的小商店，那么你采用的战略是**不相关多元化**（unrelated diversification）——同一业主运营几种彼此之间没有相互关系的业务。这是近些年大公司经常使用的战略。例如，以生产照明产品起家的通用电气，将其业务分散在各种如塑料、广播和金融服务等不相关的领域（在第8章讨论的集团结构）。

相关多元化：相关业务线 在世界上的一些地区，你必须在分散的商店里购买杂货——肉铺、面包店、蔬菜店等等。在大多数美国的杂货店里，同一家店就有所有这些商品，这是一个**相关多元化**（related diversification）的例子，即同一业主的一个组织经营的不同业务彼此之间相互联系。例如，著名的英国雨衣制造商巴宝莉（Burberry）从生产和销售外套起家，之后拓展到了相关的业务线，包括在其自己的商店里销售雨伞、童装甚至香水等附属产品。

相关多元化有三个优势：

- **降低风险——因为不止一种产品**。不像印度摩托车公司，巴宝莉可以降低其风险。例如，在雨衣的销售减缓的季节里，巴宝莉因为销售其他产品线的商品而降低了经济风险。
- **管理效率——管理扩展到几个业务**。不管业务是什么，它总有必要的管理成本——会计成本、法律成本、税金等等。巴宝莉不需要为每个业务线设计单独的管理模式，更确切地说，它通过对每个业务使用相同的管理服务能够真正节省成本。
- **协同作用——总和大于部分**。如果一个企业在一项业务上有特别的优势，则可以将其运用于相关的业务上。例如百事可乐可以在给百事可乐做营销的同时做七喜和激浪的营销。这是一个**协同作用**（synergy）的例子——同一公司和管理下相关业务的经济价值的总和比独立运营的价值大。

竞争情报

不管一个企业有哪种多元化战略（或是没有），如果它要生存，就必须随时关注竞争对手在干什么——即所谓的竞争情报。**竞争情报**（competitive intelligence）活动就是获得竞争对手活动的信息，从而可以预期他们的行动并合适地应对。如果你是一名管理者，你的噩梦之一就是竞争对手推出一种革新的产品或服务——不管是对于主要酿酒商来说的精品啤酒还是对于主要自行车制造商来说的山地自行车——如果那确实很有可能发生，就会迫使你努力去追赶。

获得竞争情报并不总是容易，但是有一些途径——令人吃惊的是它们中的大部分是公共来源，包括以下几种：

- **公开的印刷品和广告**。一种产品可能历经多年的秘密研制，但是在某些时候它受到了公告的影响——通过新闻稿、广告、新闻泄露等类似的情况。这其中的很多可以通过互联网免费获得，或订阅专业的数据库，像Nexus，它包含成百上千的新闻故事。
- **投资者信息**。通过美国证券和交易委员会的报告和企业的年度报告也可以获得关于新产品和服务的信息。
- **非正式渠道**。消费电子产品行业的人每年都会期待主要的交易展，如拉斯维加斯的国际消费电子产品展。在这个展览上，企业展出它们的新产品。在这种时候，人们也总是热衷于谈论一些关于行业未来趋势的闲话。最后，出去拜访客户的销售人员和市场人员可能会带回关于竞争对手在做什么的信息。

6.5 实施和控制战略：执行

主要问题：在战略管理过程中，有效的执行对管理者有什么帮助？

本节概要

战略实施和战略控制联系紧密。执行是将战略管理过程的这两个阶段联系起来的过程。

战略管理过程的步骤1是构建使命和愿景。步骤2是构建大战略。步骤3是制订战略计划。现在我们讨论最后两个步骤：步骤4——战略实施；步骤5——战略控制。

执行：把事情做好

美国联信公司（后来的霍尼韦尔公司）的前首席执行官拉里·博西迪（Larry Bossidy）和一名高管商业顾问拉姆·查兰（Ram Charan）是《执行：做好事情的纪律》一书的作者。他们说，**执行**（execution）不单单是战术层面的事情，它是任何一个公司战略的核心部分；它包含使用质疑、分析以及跟进，目的是使战略与现实相匹配，人员和目标相结合，并实现预期的结果。正如我们将要讨论的，任何业务的执行都是由三个核心程序组成的——人员程序、战略以及运营计划，三个程序共同作用以保证按时完成工作。

许多执行官看起来比较讨厌执行，他们将执行与乏味的做事联系在一起，就像反对愿景规划那样，交给下级去做。但是，博西迪和查兰指出，这种观念可能是一种致命的缺陷。他们写道："领导一个组织跟负责一个组织有很大的不同，那些鼓吹采取放任风格或者相信放权的领导不是在处理当前的问题……领导执行不是在于微观管理……善于执行的领导会让他们自己专注于执行的内容甚至是一些重要的细节。他们用自己的业务知识来不断地探索和质疑。他们揭露缺点并鼓励人员去改正它们。”

在当今的全球经济中，执行对于组织的成功有多重要？最近一份对来自40个国家的769位CEO的调查显示，“优秀的执行”是他们关心的最重要的问题——比利润增长、顾客忠诚、刺激创新、寻找高素质员工更重要。

博西迪和查兰列出了组织和管理者如何提升他们的执行力。有效的执行需要管理者在任何业务里找到三个核心程序来为执行建立一个基础：人员、战略和运营。

业务的三个核心程序

一个公司的整体执行能力是有效执行的基础，它涉及公司的人员、战略和运营等程序。因为所有的工作最终需要某些形式的人际交往、努力或参与。博西迪和查兰认为人员程序是最重要的。

第一个核心程序：人员 博西迪和查兰说：“如果不能把握好人员程序这一关，你永远无法实现业务的潜力。”但现今大多数组织重视对员工目前工作的评价，而不去考虑谁能够处理未来的工作。一个有效的领导者会通过将人员与特定的战略性里程碑关联起来去评估人才、培养未来的领导者、处理表现不佳者以及改革人力资源部门的任务和运作方式。

第二个核心程序：战略 在大多数组织，战略的制定没有考虑到怎样去执行。据两位作者说，一个好的战略计划要解决九个问题。（见表6–4。）通过考虑组织能否执行所制定的战略，领导者必须对组织的能力进行现实和挑剔的审视。如果没有财务、销售和制造以实现愿景的能力，成功的机会就大大降低了。

第三个核心程序：运营 战略程序规定组织想要发展的方向，而人员程序则规定谁来使组织朝着既定的方向发展。第三个核心程序，运营或者说是运营计划，给运营人员提供依循的路径。正如我们在第5章描述的，运营计划应当解决公司将要从

表6–4 一个强有力的战略计划必须解决的问题

1. 外部环境的评估是什么？
2. 对现有顾客和市场有怎样的认识？
3. 增加公司利润的最佳方式是什么，以及什么是增长的障碍？
4. 竞争对手是谁？
5. 公司能执行这个战略吗？
6. 短期和长期平衡吗？
7. 执行计划的重要里程碑是什么？
8. 公司面临的关键问题是什么？
9. 公司怎样在一个可持续的基础上赚钱？

资料来源：From *Execution* by Larry Bossidy and Ram Charan, Copyright © 2002 by Larry Bossidy and Ram Charan. Used by permission of Crown Business, a division of Random House, Inc.

事的所有主要活动——营销、生产、销售、收入等，然后为这些活动规定短期目标，让员工去实现它们。

建立执行基础

执行的基础是以领导力（第14章讨论）和组织文化（第8章讨论）为基础的。博西迪和查兰提出有七种基本的推动执行的领导行为。他们建议管理者参与以下的行为：

了解你的员工和业务 在不执行的公司中，领导者通常不接触日常工作。博西迪和查兰认为领导者必须认真地亲自与他们组织的人员和业务接触，他们不能依赖通过其他人员的观察、评价和推荐等二手信息。

从实际出发 许多人想要逃避或掩盖现实，遮掩错误或者不去面对。注重实际是从领导使他们自己变得实际而开始，并确保现实主义是组织中所有对话的目标。

设定清晰的目标和优先事项 领导者如果集中执行一个非常明确的优先事项，那么每个人都能够领会。

跟进 没有跟进是执行得不好的一个主要原因。试问散会后关于谁去做什么和什么时候做都没有一个固定结论的会议，你参加过多少？问责制和后续行动很重要。

奖励作为者 如果人们要产出特定的成果，他们就必须得到相应的奖励，要确保表现优异得到的奖励要比表现平平多得多。

拓展员工的能力 培训是执行官的工作的一个重要部分，提供有用的和具体的能够改善员工表现的反馈信息。

认识自己 领导者必须在诚实的自我评价基础上发展出"情绪韧性"（不受限于个人喜恶，能接受不同意见，也能正视自己缺点的能力）。要具有四个核心的品质：值得信赖、有自知之明、有自制力以及谦虚。

组织文化是一个组织里引导其成员行为的共同信念和价值观的机制。从这个角度来说，只有组织文化支持对及时做好高质量工作的强调，有效的执行才可能出现。第8章列出了11种管理者可以尝试创建一种执行导向的组织文化的方法。

本章小结

6.1 战略规划概述

每一个组织需要有一个"大蓝图"来描绘组织应往何处发展及怎样实现该发展，它涉及战略、战略管理以及战略规划。战略是一个大范围的行动计划，它设定一个组织的方向。战略管理涉及组织里所有部分的管理者参与战略及战略目标的制定和实施。战略规划确定组织的长期目标以及实现它们的方式。

为什么一个组织应当运用战略管理和战略规划，有三个原因：（1）它们能提供方向和动力；（2）它们能激发出新的观点；（3）发展可持续的竞争优势。如果一个组织能够做好以下四个方面就能获得可持续的竞争优势：（1）对顾客负责；（2）不断创新；（3）保证质量；（4）保证有效。

战略定位是通过保持一个公司独特的东西来尝试获得可持续的竞争优势。三个重要的原则构成了战略定位的基础:(1)战略是创造一种独特的且有价值的地位;(2)战略需要在竞争中有所取舍;(3)战略涉及在各种活动之间实现一种“契合”。

6.2 战略管理过程

战略管理过程包括五个步骤加上一个反馈回路。

步骤1是构建使命和愿景。使命阐述了组织的目标。愿景则描述了组织的长期方向和战略意图。

步骤2是将宽泛的使命和愿景陈述转化为大战略，它解释组织的使命将怎样完成。三种常见的大战略是:(1)成长战略，它与扩张有关——比如在销售收入方面;(2)稳定战略，它涉及很少或没有重大的改变;(3)防御战略，它涉及组织工作量的减少。

步骤3是战略制定，将大战略转化为更具体的战略计划，在不同的战略之间作出选择并将它们变成最契合组织需要的战略。

步骤4是战略执行——将战略计划付诸实践。步骤5是战略控制，监控战略的执行并作出调整。

正确的行动构成了一个反馈回路，在这个回路里问题需要管理者返回到一个更早的步骤来重新思考政策、重新做预算或修正人事安排。

6.3 构建大战略

为了制订大战略(上面提到的步骤2)，你需要收集资料并作出预测。制订大战略从环境扫描开始，对组织内外部环境进行监测以发现机会和威胁。

环境扫描的过程称为SWOT分析，它是对影响组织的优势、劣势、机会和威胁的探索。组织的优势是指能够带给组织特定能力以及竞争优势的技术和能力。组织的劣势是指阻碍组织执行战略的缺点。组织的机会是指可以用来为组织发展竞争优势的环境因素。组织的威胁是指阻止组织取得竞争优势的环境因素。

制订大战略的另一个工具是预测法——构建对未来的愿景或预想。两种类型的预测是:(1)趋势分析，是对过去一系列事件的未来趋势的一种假设性延伸;(2)权变计划，是不同假设的产物，但也有可能是未来的状况。

6.4 制订战略

战略制定(战略管理过程的步骤3)运用一些概念:(1)波特的五种竞争力量;(2)波特的四种竞争战略;(3)产品生命周期。

波特的产业分析模型提出，业务层次的战略来源于企业环境中的五个主要竞争力量:(1)新进入者的威胁;(2)供应商的议价能力;(3)购买者的议价能力;(4)替代产品或服务的威胁;(5)现有企业间的竞争。

波特的四种竞争战略如下:(1)成本领先战略以广大市场为目标，使产品或服务的成本保持在竞争对手之下，从而使价格更具有竞争力。(2)差异化战略以广大市场为目标，提供相比于竞争对手更具独特性和更高价值的产品或服务。(3)成本聚焦战略以狭窄市场为目标，使产品或服务的成本保持在竞争对手之下，从而使价格更具有竞争力。(4)聚焦差异化战略以狭窄市场为目标，提供相比于竞争对手更具独特性和更高价值的产品或服务。

产品生命周期是一个产品或服务在其可销售期间所经历的四个阶段的模型:(1)引入期——新产品引入市场，其生产、营销和分销的启动成本很高;(2)成长期——顾客需求增加，产品销售量增长，然后竞争者可能进入市场;(3)成熟期——产品开始不再那么受欢迎，销量和利润也开始下滑;(4)衰退期——产品不再受欢迎，组织撤离市场。

公司需要选择是采取单一产品战略，在其市场上只生产和销售一种产品，还是采取多元化战略，经营多种业务以分散风险。多元化有两种类型：不相关多元化，由经营彼此不相关的若干业务构成；相关多元化，由经营彼此相关的若干业务构成，它可以降低风险，提高管理效率，并且产生协同作用或者使总和大于部分。

公司必须收集竞争情报，获得竞争对手的信息以努力预期他们的行动，利用广告、新闻故事、投资者信息以及非正式来源等渠道收集信息。

6.5 实施和控制战略：执行

战略管理过程的最后两个阶段是：步骤4——战略执行；步骤5——战略控制。

拉里·博西迪和拉姆·查兰说，执行不单单是战术层面的事情，它是任何一个公司战略的核心部分；它包含运用质疑、分析以及跟进，目的是使战略与现实相匹配、人员和目标相结合，并实现预期的结果。

执行的三个核心程序是人员、战略和运营。（1）你必须通过将人员与特定的战略关联起来去评估人才、挖掘未来的领导者、处理表现不佳者以及改革人力资源部门的任务和运作方式。（2）通过考虑组织能否执行所制定的战略，领导者必须对组织的能力进行现实和挑剔的审视。（3）第三个核心程序，运营或者说是运营计划，给运营人员提供可依循的路径。运营计划应当解决公司将要从事的所有主要活动——营销、生产、销售、收入等等，然后为这些活动规定短期目标，让员工去实现它们。

管理实践　沃尔格林追求新成长战略

沃尔格林公司（Walgreen）通过比它的竞争对手更快速地开设新店——每16个小时就冒出一个新店，同时通过比任何其他连锁店每年推出更多的处方而繁荣了几十年。

但面对竞争对手的压力、医疗系统出现的经济疲软和一些缺陷，沃尔格林正在改变它这种经时间检验的模式。它把自己重新设计成一个更宽广的健康护理提供者而不是简单地提供瓶装药片。

2008年3月17日，位于伊利诺伊州的迪尔菲尔德公司（Deerfield），宣布计划收购I-trax公司以及全健康管理公司，这两家公司总共运营着350家健康中心。这些中心提供从治疗简单疾病到为病人提供应对糖尿病的咨询等服务。

沃尔格林准备在上班地点开设更多的药房来吸引公司员工和他们的家庭成员以及退休人员到它的药店。被并购的公司将会构成沃尔格林新的健康与保健部门，同时将包括在沃尔格林门店内部运作的136个Take Care Health诊所。

“这仅仅是我们在这个部门出现的开始，”沃尔格林的首席执行官杰弗里·赖因（Jeffrey Rein）在一个电话会议上对分析家们说。他说，在美国，有超过7600个1000人以上的办公地点可以支持这样一个健康护理中心。

在过去几年当中，沃尔格林已经开始了大胆的行动。它已经放弃了它长期对并购的厌恶，抢购了在不孕症、癌症、艾滋病以及其他治疗昂贵的方面具有专业水平的药房。它正在医院和辅助生活机构里面开设药房。去年，它将具有流感治疗和其他免疫治疗资质的药剂师的数量增加到了原来的四倍。

不过，投资者不确信它正在采取正确的手

段。2007年10月，沃尔格林披露它第一季度盈利降低，这还是过去近十年来的首次，原因是受到了更低价格的仿制药以及更高的商店和广告支出的冲击。投资者被沃尔格林公司通常稳定的业务中这次很少见的不稳定动摇了。从那以后，它的股票价格下降了近22%……

同时，沃尔格林公司的两个大的竞争对手，沃尔玛和CVS Caremark公司，在他们认为有大增长潜力的领域进行扩张：雇主的医药福利计划的业务。

在2008年1月的一个商店经理会议上，沃尔玛的首席执行官李·斯科特（Lee Scott）表示计划扩展医疗保健成本削减措施。斯科特先生说沃尔玛正在启动一个试点方案，以帮助“雇主选择……如何更好地处理和支付处方索赔”。

沃尔玛不会说出那些公司的名字，细节也是粗略的。但是斯科特先生认为沃尔玛通过减少不必要的成本，仅今年就能够给雇主节省超过1亿美元。

CVS已经将它的生意押在了药房福利管理者（pharmacy-benefit managers，简写为PBMs）的身上，在去年的一个重大交易中购买了Caremark。PBMs给大多数美国公司的工人提供处方药物，与零售药店进行谈判以获得较低的价格并从药品制造商那里获得回扣。CVS Caremark的执行官说合并后的公司将能够降低雇主的成本和简化病人获得处方药物的程序。

但是沃尔格林的首席执行官赖因先生，已经说过他的药店连锁并没有计划购买一个主要的PBM。他说：“我们和雇主、医疗计划的关系将会不断发展，这正是因为我们独立于主要的PBMs。”

沃尔格林有它自己小一点的PBM，但在它的新战略里并不是很重要。在过去，赖因先生曾经质疑过，PBM很大程度上依赖于从药品生产商那里得到回扣，从长期来看这种模式是否可以生存。

CVS Caremark的一个发言人艾琳·霍华德·邓恩（Eileen Howard Dunn）说：“我们认为PBM所提供的服务对于医疗系统的正常运作是必需的，同时它将一直会有需求，健康的PBM对回扣没有一种过度的依赖。”

当沃尔格林的股票价格下跌的时候，CVS Caremark的股票价格在过去的一年里已经上升了17%……

沃尔格林的总裁格雷戈里·沃森（Gregory Wasson）在一个采访中说：“人们没有注意的是多重战略能够在这样一个大领域里获得胜利，它很容易看到一些大的、确切的东西。CVS已经使它的股东们获得了价值。我们的战略是一个正赢得成功的战略。人们可能还没有认识到其价值。”

与此同时，健康保健生意正变得难以捉摸。据市场调查公司IMS Health公司发布的报告称，美国的处方销售额在2007年的增长率仅为3.8%，为2865亿美元，是1961年以来最低的增长率。

沃尔格林公司通过拓展到增长速度比整体处方药市场快得多的专业药房市场，对变化的环境作出了部分反应。

沃尔格林公司说，专业药房有600亿美元的市场，正以每年15%到20%的速度增长。它也具有很高的获利能力。很多最新的药物不能以药片的形式生产，必须注射到病人的血液系统或者由有经验的技师注射。

2007年9月，沃尔格林公司完成了它对OptionCare公司价值8.5亿美元的收购，该公司专门研究注射药物，比如某种癌症治疗方法。它是沃尔格林公司107年历史上最大的一笔交易，它也使沃尔格林公司成为美国最大的独立专业药房公司。

尽管专业药物的毛利率在百分比上要低一些，但每个处方的获利能力要高得多，因为专业药物要比传统药物昂贵很多。根据美国全国连锁药店协会的统计调查，每个处方上的一些专业药物可能要花费1000美元或者更多，而

2006年平均每个处方是75美元。

沃尔格林公司的管理者预想将它的Take Care诊所、专业药房以及工作场所中心用电子处方和医疗记录的方法联系起来以满足一系列需求。

比如，病人可以到他们办公楼的沃尔格林公司所拥有的诊所里就诊，然后在工作的地方或是回家的路上去一家沃尔格林药房取得处方。

沃尔格林的总裁沃森先生说："最佳的机会是去把那些点连接起来。"

讨论：

1. 根据迈克尔·波特关于有效战略特征的讨论，沃尔格林公司是否有一个好的增长战略？请解释。

2. 沃尔格林公司在多大程度上遵循了战略管理过程的五个步骤？

3. 对沃尔格林公司的当前现实做一个环境扫描或者SWOT分析，然后介绍一下沃尔格林公司当前的战略是否能够成功。

4. 波特的五种竞争力量在多大程度上帮助或者损害了沃尔格林公司的增长战略？请讨论。

5. 关于这个战略管理案例的最大收获是什么？

资料来源：Excerpted from Amy Merrick, "How Walgreen Changed Its Prescription for Growth," *The Wall Street Journal*, March 19, 2008, pp. B1, B2.

自我评估　战略规划中需要的核心技能

目的

1. 评估你是否具有战略规划的技能。

2. 看看你认为在战略规划中重要的核心技能领域是什么。

引言

战略规划成为应对不断加速的变化的一种重要方法。商业环境不再以一种可以管理的节奏变化，而是不断通过查尔斯·汉迪（Charles Handy）所说的"不连续的变化"过程彻底改变了我们思考、工作以及日常行为的方式。比如，计算机已经彻底地改变了我们通信、研究、写作和工作的方式。为了迎接这种挑战，公司有了战略规划人员以及其他对组织、文化和环境有丰富认识的人员来构建战略。个人必须对他们自身的能力有所了解，这样他们才能制订他们自己的战略规划。

说明

为了测试你是否具有作为一个战略规划者所需要的技能，请真实、仔细地用下列12个技能评估你的能力水平。用五个等级给每个技能打分：1. 十分优秀；2. 很高；3. 高；4. 低；5. 很低。

技能					
1. 综合能力	1	2	3	4	5
2. 分析技能	1	2	3	4	5
3. 计算机技能	1	2	3	4	5
4. 决断力	1	2	3	4	5
5. 人际技能	1	2	3	4	5
6. 倾听技能	1	2	3	4	5
7. 说服能力	1	2	3	4	5
8. 问题解决技能	1	2	3	4	5
9. 研究技能	1	2	3	4	5
10. 团队技能	1	2	3	4	5
11. 口语技能	1	2	3	4	5
12. 写作技能	1	2	3	4	5

评分和解释

根据在俄亥俄州立大学商学院所做的研究，对上述12项技能需要达到的水平如下：

综合能力	2
分析技能	1
计算机技能	3
决断力	3
人际技能	1
倾听技能	2
说服能力	2
问题解决技能	3
研究技能	3
团队技能	2
口语技能	2
写作技能	3

如果你的得分大多数是4和5，那么战略规划可能不适合你。

如果你的得分接近“完美”，那么它也许是你可能的职业路径。

如果你的得分都是1和2，你也许可以在这类工作中有很出色的表现，可能想更深入这种工作。

问题讨论

1. 根据你的结果，你认为你会在战略规划上有所成就吗？为什么？

2. 这个职业有什么吸引你或不吸引你的地方？请解释。

3. 你怎样提高你的战略规划技能？请讨论。

道德困境　公司应该存储禽流感药物吗？

2005年，宝洁问它的公司医生，公司是否应该为它在亚洲的2.5万名员工弄到一个公司自己的禽流感药物存储库。一年以后，他们仍然在争论这个问题。

“如果我们有公众不能获得、但却急需的药品供应，这会有多么不道德？”公司南亚的医疗主管沙瓦南德·普里奥尔卡（Shivanand Priolkar）问道。他甚至担心“人们如果逐渐知道我们有一个救命的药品，那么你就会使自己成为人们关注的目标。”

这里出现了公司对其员工和股东的责任以及它对社会的责任之间的冲突。“我们一直相信我们支持了我们经营所在的社会，”宝洁公司的普里奥尔卡博士说。存储禽流感药物“会将药品的供应从这个系统中拿走。”

解决困境

假如你是宝洁公司讨论这个问题的委员会成员之一。你会建议什么？

1. 尽管禽流感到今天还没有导致很多人死亡，你最重要的责任是对你的员工和股东。因此为你的员工存储这些药物。

2. 不要担心这个问题，因为禽流感还没有突变到一种会传染人的形式。禽流感大流行几乎不可能。

3. 在有分支机构的一些偏远地区存储药物，比如越南。那些地区的员工最有可能被感染，且最不容易获得高质量的医疗救护。

4. 有没有其他选择。请讨论。

资料来源：Excerpted from Cris Prystay, Murray Hiebert, and Kate Linebaugh, “Companies Face Ethical Issues Over Tamiflu,” *The Wall Street Journal*, January 16, 2006, pp. B1, B3.

7 个人决策与群体决策

你应该能够回答的主要问题：

7.1 决策的性质

主要问题：怎样作决策？

7.2 理性决策和非理性决策

主要问题：人们如何知道自己是理性的或非理性的？

7.3 循证决策与分析法

主要问题：怎样用循证管理和业务分析来改善决策？

7.4 决策中的道德问题

主要问题：应该遵循什么原则以确保决策不仅是合法的而且是合乎道德的？

7.5 群体决策：如何与他人共事

主要问题：如何与他人共事以把事情做好？

7.6 如何克服决策障碍

主要问题：保持理性并不总是那么容易，其障碍是什么？

管理者工具箱　卓越管理者如何检查他们的决策是否有偏差

管理者工作的最大一部分是作决策——并且他们经常是错的。下次在你准备作决策时不妨问问下面几个问题：

- “我太自大了么？”——过度自信的偏差。如果在你拥有丰富经验或专业知识的领域作决策，你就不大可能过于自大。然而有趣的是，在你处理你并不熟悉的问题，或是在遇到极度困难的问题时，你更容易过度自大。

  建议：在处理不熟悉或有难度的事情时，考虑一下你作出的紧急决策可能会出错。然后密切关注你所作决策的后果。

- “我考虑了实际的依据吗？还是拘泥于先入为主的信念？”——事先假设偏差。你有强烈的信念吗？当面对一个选择的时候，之前有强烈信念的决策制定者会基于他们的信念来作决策——即使事实证明那些信念是错误的。这被称为事先假设偏差。

  建议：虽然寻找证据来支持你事先的信念总是更令人鼓舞，但你必须意志坚定并权衡证据。

- “这些事情是真的有联系，还是仅仅是偶然？”——忽视随机性的偏差。运动鞋销量的增长是因为公司的广告活动还是因为是在学年开始？许多管理者不理解随机性法则。

  建议：不要把事情的趋势或联系归因于一个单一的、随机的事件。

- “有足够的资料用来作决策吗？”——不具代表性的样本偏差。如果你办公室的秘书都说，他们喜欢奶精胜过真正的奶油，那就是有足够的数据来刊登一则广告鼓吹奶精的优越性了吗？如果你调查了3000名秘书，那数据可能是足够的，但是3个或者30个样本就太少了。

  建议：你需要认识到样本数量的重要性。

- “回头来看，我（或者其他人）确实是在了解了足够多的资料后再作出一个更好的决策吗？”——事后之明的偏差。一旦管理者知道一个决策的后果，那么他们就会开始想，他们应该可以预计到的。他们记得的事实可能比事实本身要清晰得多。

  建议：尽量记住，事后之明不等于有远见。

讨论：“面对那些有效或无效的事实。”你需要怎样考虑，才能作出有效的管理者应该作出的决策？

本章概要

本章讲述决策制定和决策的类型，同时还描述一系列决策环境。接下来我们对理性决策和非理性决策进行区分，介绍五个非理性模型。然后我们仔细分析循证决策和分析法的使用，讨论实际决策的四个步骤。然后我们介绍群体决策，包括参与式管理和群体的问题解决方法。最后我们分析个人如何对决策情景作出反应以及四个常见的决策偏差。

7.1 决策的性质

主要问题：怎样作决策？

本节概要

决策是从若干行动方案中进行识别和选择的过程，可能会被程序化或非程序化。决策环境介于确定到风险到不确定到混乱之间。

本·斯韦特（Ben Swett）在瓦瑟学院英语专业毕业，并获得芝加哥MBA学位，是电视喜剧作家和Quaker Oats公司的执行官，他在没能完成一个看似简单的任务（在他洛杉矶家中的阳台上种一盆植物）后，于1997年开创了windowbox. com。他的使命是：经营一家在线机构以满足城市园艺爱好者的需要，同时为社会公益作出贡献。

事实证明，向庭院和园艺爱好者销售植物，是一个季节性很强的业务。斯韦特年销售额的一半来自三个时间段：情人节、母亲节和圣诞节前的两个星期。斯韦特和他的管理者们应该作出什么样的决策以调整这个不稳定的业务呢？

决策的定义

决策（decision）是在已有方案中作出的选择。例如，为了更好地为那些有临时工作或者被限制在家以及不能顺利地去校园上课的学生服务，你的大学应该提供（假设它目前不提供）计算机远程教学吗？这个问题是大学的管理者们必须要作出的决策。

制订决策（decision making）是从若干行动方案中进行识别和选择的过程。例如，学校可以通过电视转播的方式提供远程教学，在几个教室或校外的社区中心提供教授的讲座。或者它可以通过互联网提供远程交互式教学。远程教学可以只提供特定的科目（比如说，商业和教育），或者是所有专业的选修课程。它可以只在夏天或者晚上提供远程教学。学校可以对这些课程额外收费，可以为参加远程教育的高年级学生或其他学院的学生提供学分。决策的过程就是识别和整理这些选择。

一般决策风格：指向型、分析型、概念型、行为型

男性和女性作决策的方式有不同吗？例如，他们在风险倾向上有不同吗？**风险倾向**（risk propensity）是指为获得增加收益的可能性而愿意去冒险或是承担风险。

这也许可能被描述为竞争性。研究确实显示，正如一个学者总结的：“即使在他们能做得好的工作上，女性似乎回避竞争，而男性则显得更喜欢竞争。”在一个可以通过记忆数字赢得奖金的比赛的实验中，男性无论在前面的回合是否成功，他们都热衷于竞争，并且渴望继续，部分的原因是过度自信，而且他们对自己能力的评价

要高于女性对她们自己能力的评价。即使她们已经在前面的回合中做到了最好，大多数女性还是拒绝竞争。

这引出了决策风格的问题。**决策风格**（decision-making style）反映一个人如何感知信息并对信息作出反应。风格会随两个维度的不同而不同：价值取向和对模糊的容忍度；一个研究小组基于这种思想，构建了一个决策风格模型。

价值取向反映一个人在作决策的时候，对任务和技术层面或人和社会层面的重视程度。比如，有些人工作非常突出，但并不十分重视人的层面，而另一些人正好相反。

第二个维度涉及一个人对不确定性或模糊事物的容忍度。这个个人差异表示一个人在其生活中对结构或控制需求程度的高低。有些人期望在他们的生活中有许多架构（对模糊的低容忍度），对模糊的情况会觉得有压力以及心理上的不舒服。与此相反，其他人对生活架构没有高度需求，可以在不确定的情况下很从容（对模糊的高容忍度）。模糊的情况可以赋予人们高容忍度。

当价值取向和对模糊的容忍度这两个维度结合起来，它们形成四种决策风格：指向型、分析型、概念型和行为型。（见图 7–1。）

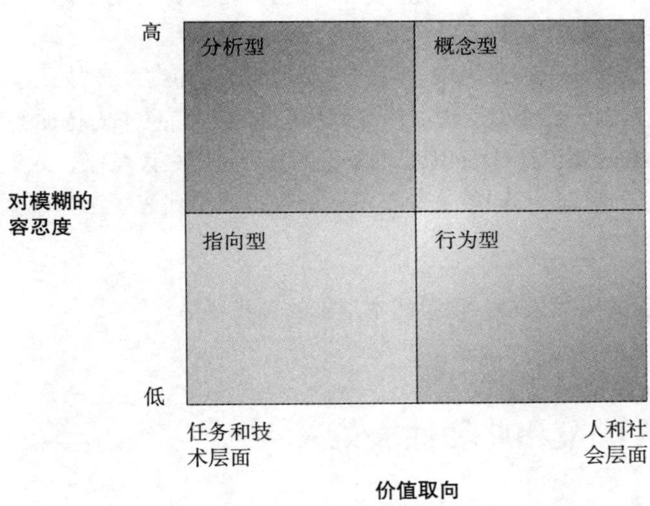

图 7–1　决策风格

1. **指向型**　指向型决策风格的人对模糊的容忍度较低，而且在作决策时是任务和技术层面导向。他们解决问题的方式有效率、逻辑、实用和系统性。

这种风格的人都是以行动为导向，果断并且专注于事实。然而，从他们对速度和结果的追求来看，这些人往往是专制地行使权力和控制，并着眼于短期。

2. **分析型**　这种风格的人对于模糊的容忍度较高，具有容易对情况过多分析的特点。这种风格的人比指向型风格的管理者倾向于考虑更多的信息和选择。

分析型的人作决策时很仔细，他们花更长的时间作决策，但是他们同样会对新的或不确定的情况很好地反应。

3. **概念型**　概念型风格的人对模糊的容忍度高，往往把工作情形的重点放在人或社会方面。他们以广阔的视野来解决问题，同时喜欢考虑许多选择和未来的可能性。

概念型风格的人都采取长期视角，依靠直觉，并通过与人讨论获取信息。他们还愿意承担风险，并善于寻找创造性地解决问题的方案。不过，概念型风格的人在作决策时可能会形成优柔寡断的方法。

4. 行为型 这种决策风格是四种决策风格中大多数人偏向的一种。这种决策风格的人善于与他人一起工作，并喜欢在社会互动中公开交换意见。行为型风格的人乐于助人，善于接受意见，表现出热情，比起书面资料来更喜欢口头表达。

虽然他们喜欢开会，但这种风格的人倾向于避免冲突，并且关注别人。这可能导致行为型风格的人采用缺乏特点或决心的决策方法，并且很难说不。

你是哪种决策风格？ 研究表明，几乎没有人只有一个占支配地位的决策风格。相反，大多数管理人员有两种或三种风格。研究还显示，决策风格会根据职业、职位水平和国家而有所不同。没有一个适用于所有情况的最佳决策风格。

你可以通过三种方式来运用决策风格的知识：

- 决策风格的知识帮助你了解自己。你的风格意识有助于你确定自己作为一名决策者的优势与弱势，并能激发自我提高的潜力。
- 你可以通过认识决策风格，增强你影响他人的能力。例如，如果你和一个分析型风格的人打交道，你应该提供尽可能多的信息来支持你的想法。
- 决策风格的知识让你意识到，通过使用不同的决策策略，人们如何运用同样的信息但是作出不同的决策。不同的决策风格代表了工作中人际冲突的一种可能的来源。

要认识自己的决策风格，请参阅本章末的自我评估。

7.2 理性决策和非理性决策

主要问题：人们如何知道自己是理性的或非理性的？

本节概要

决策可能是理性的，但很多时候是非理性的。作出理性决策的四个步骤是：（1）确定问题或机会；（2）设计备选方案；（3）评估备选方案并选择一个解决方案；（4）执行和评价所选择的解决方案。非理性模型的两个例子是满意模型和增量模型。

为什么工程师要把像DVD遥控器这样的产品设计成52个按钮，这样的产品最终只对其他工程师有用？正如2008年次贷危机所证明的，为什么专业投资者和银行家们会与业余人士一样冒险把房贷放给那些没有资格的贷款者呢？为什么一些管理者在说服他们的员工采用新程序时会有困难？答案可能是“知识的诅咒”。例如，有一位作家这样写工程师：“设计产品的是那些被他们的知识所诅咒的专家，他们无法想象像我们其他人一样愚昧。”换言之，随着我们知识和技能的增长，我们可能会越来越少地从局外人的角度去看事情——因此，我们经常容易作出非理性的决策。

让我们看看管理者可能用来作决策的两种方式：他们可能会采用一个理性模型或各种非理性模型。

理性决策：管理者应作出合逻辑的决策和最优决策

理性决策模型（rational model of decision making），也称为古典模型，阐述管理者应当如何作决策；它假定管理者会作出合逻辑的决策，最有利于促进组织的最大利益。

通常，理性决策有下面四个阶段。（见图 7–2。）

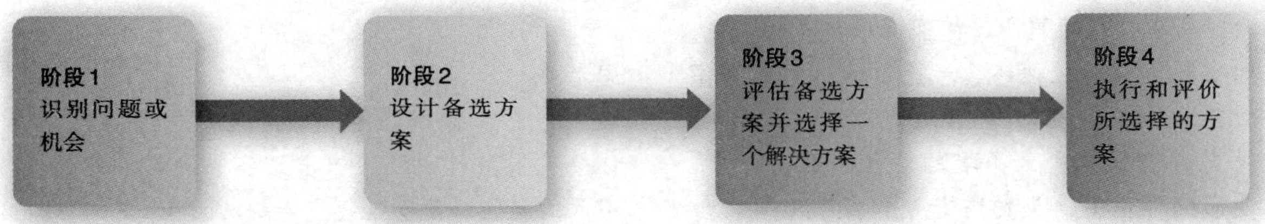

图 7–2　理性决策的四个阶段

阶段 1：识别问题或机会——确定实际的和想要的

作为管理者，你可能会发现不少阻碍目标实现的**问题**（problems）或困难。客户投诉、供应商破产、人员流失、销售不足、竞争对手创新等。

不过，你也经常可以发现**机会**（opportunities）——环境出现超出现有目标的可能性。然而，能够看到源源不断的日常问题之外，抓住真正能比预期目标做得更好的时机才是有远见的管理者。当竞争对手的一位顶级销售人员意外退出，这就为你的公司创造了一个机会，聘请这个人来使你的产品在那个销售领域更有竞争性。

无论你面对的是一个问题还是一个机会，你作出的决策是如何改进——如何使现状转为你想要的状态。这就是**诊断**（diagnosis）——分析问题的根本原因。

阶段 2：设计备选方案——既明显又具有创造性

员工有很好的创意是雇主最有竞争力的资源。《财富》杂志作家艾伦·法纳姆（Alan Farnham）说：“创意先于创新，创新是创意的物理表现，创意是所有知识产权的来源。”

在你确定了问题或机会，并诊断出其原因之后，你需要提出备选方案。

阶段 3：评估备选方案并选择一个解决方案——合德性、可行性和有效性

在这个阶段，你需要评估每一个备选方案，不仅从成本和质量上评估，而且要

案例 亿万富翁沃伦·巴菲特和女性投资者有什么共同之处？作出正确诊断

卢安·迪克斯莫（LouAnn DiCosmo）有一篇文章的标题是这样的："沃伦·巴菲特的投资像一个女孩"。那是一件好事吗？巴菲特是著名的亿万富翁投资者，众所周知的金融主宰伯克希尔哈撒韦公司的创始人。他的投资决策是非常成功的，1956年他投资的1000美元，到2006年底价值2760万美元。所以，他是否真的像一个女孩一样投资？

事实证明，巴菲特和女性投资者有共同之处，根据一个报道："女性投资者通常比男性投资者交易得更少，她们会做更多的研究，除了数字她们往往还会考虑其他的方面来作为投资决策的基础。"而迪克斯莫说："男性投资者往往是疲惫不堪的、狂热的交易员，他们皮带歪斜，头发竖直并且睡眼惺忪。耐心和良好的决策方式使女性投资者并不会这样。"因此，根据迪克斯莫引用的一项研究，女性投资者的投资组合平均收益要比男性高出1.4%，而单身女性投资者的投资组合收益比单身男性的投资组合收益高出2.3%。至于传说中的巴菲特，他的方法是使用基本的算术来分析年度报表和内部现成的财务文件，并寻找一种"从权益资本、低债务以及拥有一贯的、可预测的拥有可持续优势的业务上获取高回报，像可口可乐的软饮料特许权一样"。换言之，他尽力在作出决策之前作出正确的诊断。

思考：

当你准备作决策，尤其是财务决策时，你会花很多时间设法作出正确的诊断，进行深入的研究（如女性投资者那样做），还是会追逐"热门"提示，并作出快速判断呢（像男性投资者那样做）？

根据下列问题来进行评估：（1）是否合德？（如果不是这样，那就不要再看了。）（2）是否可行？（如果时间短，成本高，缺乏技术，或者是客户抵制，这样就不可行。）（3）最终是否有效？（如果决策仅仅是"足够好"，但从长远来看并不是最优，你可能要重新考虑。）

阶段4：执行和评价所选择的方案

对于某些决策，执行通常是简单的（尽管不一定很容易——解雇偷东西的员工可能是一个明智的决策但情感上仍然会难以承受）。其他的决策，执行可能是相当困难的。例如，当一家公司收购了另一家公司，它可能需要花几个月的时间来合并部门、会计系统、存货等。

成功执行 执行要取得成功，需要做两件事：

- **周密计划**。特别是如果撤销行动会很困难的话，你需要为执行制订周密的计划。一些决策可能需要书面计划。
- **关注受影响的人**。你需要考虑受影响的人可能对这些改变的感受——不方便、不安全甚至是恐惧，所有这些都可以产生阻力。这就是为什么在商业实践或

案　例　有问题的执行：客户服务常常是“空谈”

马克·鲍尔斯（Mark Powers）说：“我的名声是因为我每天都会回人们的电话，这也是我唯一真正擅长的事情。”毫无疑问，这就是客户服务。这就是为什么由鲍尔斯的祖父在旧金山创建于100年前的Excelsior Roofing公司仍然在经营的原因。

《华尔街日报》专栏作家卡罗尔·希莫威茨（Carol Hymowitz）写道：“执行官谈论以一流的客户服务来对客户的需求作出反应的重要性，但它通常只是空谈。”

然而，有时候对于客户服务不完善的问题，公司可能是最后一个听到的，但很多其他的潜在客户可能通过口口相传听到它。一项研究发现，只有6%的消费者发现零售商的问题后会联系公司。然而，31%的消费者会告诉朋友、家人和同事发生了什么事。事实上，根据研究，如果100个人中有一次不好的体验，则代表着一个零售商要失去32到36个现有或潜在的客户。

在一家大型电信公司工作的顾问，鼓励客户服务代表集中到一个呼叫中心来彼此分享他们的问题和成功，同时把客户带到呼叫中心来反映他们好的和不好的经历。为了鼓励客户服务代表“站在客户的立场考虑问题”，该顾问也提出给每周解决客户问题最多的代表，奖励一双婴儿鞋。

思考：

我们习惯于通过自动取款机办理取款和存款的银行业务。现在，零售商正在走向自助结账通道，就像Fresh & Easy杂货店和航空公司的自助登机服务那样。你认为自助服务趋势对客户服务来说意味着什么？

工作安排的转变期间要给予员工回旋的余地。

评估　经济学中有一个法则是非意图的结果法则——没有预见的事情发生。为此，你需要跟进以及评估决策的结果。

如果行动不起作用，你应该怎么做？一些可能性：

- **多给一点时间**。你需要确保员工、客户等有足够的时间来适应新的行动。
- **稍微作出改变**。可能行动是正确的，它只是需要“调整”——某种形式的小改变。
- **尝试另一个方案**。如果计划A似乎并不奏效，也许你应该放弃它而尝试另一个方案。
- **重新开始**。如果没有看起来切实可行的方案，你需要回到计划阶段——决策过程的第一个阶段。

理性模型是怎么回事？

理性模型是约定俗成的，描述管理者应该如何作出决策。它没有描述管理者实际上是怎么作决策的。实际上，理性模型作出了一些非常可取的假设——管理者有完整的信息，能够作出冷静的分析，并能够为组织作出最好的决策。（见表7–1。）

表7-1　理性模型的假设

· **确定的、完整的信息**：你应该获得关于行动的所有备选方案的完整无误的信息，并了解每一个方案可能带来的后果。
· **合逻辑的、冷静的分析**：没有偏见或情感盲点，你能够合逻辑地评估这些备选方案，根据你个人的偏好将它们从最好到最差进行排名。
· **对组织最好的决策**：确信行动的最佳进程，你要冷静地选择你认为能够给组织带来最大利益的方案。

案　例　评估：波音787梦幻客机——孤注一掷的决策

航空业是最不稳定的产业之一，总部位于芝加哥的航空巨头——波音公司，已经经历了艰难的繁荣与萧条交替循环。例如，1997年，由于生产问题关闭了两条装配线，公司损失了25亿美元。

然后，当波音公司在业务上正不敌它的欧洲竞争对手空中客车公司时，它被五角大楼合同的丑闻弄得身败名裂，同时不断上涨的燃料成本给航空业带来了巨大的冲击，波音公司的管理层作出了一个大胆的决定：它将制造一种新的中型商业飞机——787梦幻客机，这是它十年来的第一种新飞机，比竞争对手的飞机飞得更快，并比同等大小的飞机节省20%的燃料。为了实现这个目标，波音787将配置更具燃油效率的发动机，机身也将用塑料复合材料来代替铝。这将降低结构上的腐蚀和疲劳，从而降低必要的检查次数，并尽可能增加航班数量。航空航天记者斯坦利·霍尔姆斯说："一种轻型的、强大的飞机是对波音公司承担飞机部件用复合材料制造的风险的大回报。"

然而，在2006年年中，正当2008年的预计交货日期临近，该公司遭遇了坏消息。机身部分在测试中失败，工程师发现其表面的泡沫令人担忧。碳纤维翼太重，增加了飞机的整体重量。为了使成本下降，波音公司把生产的70%外包给作为风险分担者的主要供应商，他们在设计和制造方面发挥了很大的作用。为了回报供应商在前期投资上投入更多并承担了部分开发成本，公司给予供应商建设飞机的主要部分。2007年底，虽然供应商明显正在努力满足严格的技术要求和截止日期，然而他们的软件程序在交互上遇到了一些问题。10月份，波音公司宣布将无法满足2008年5月的交货日期，并推迟其第一次交付时间到这年的10月或11月。2008年初，波音公司表示，外包工作的低质量以及与供应商之间史无前例的大量合作，导致波音公司增加了华盛顿州埃弗里特装配厂的工作延误。据说它正设法使787客机的交货日期定在2009年的第一季度。4月份，它再一次改变了预定的交货日期，延迟到了2009年第三季度。

思考：

作为读者你可能想知道波音公司是否能赶上2009年的交货日期以及要向排队等候的客户支付多少罚金。波音公司对梦幻客机的巨大赌注取得成功了吗？你会如何评价波音公司的决策？

非理性决策：管理者发现作出最优决策很难

非理性决策模型（nonrational model of decision making）解释管理者如何作出决策；它们假设决策几乎总是不确定的和有风险的，因此管理者很难作出最优决策。非理性决策模型是描述性的，而不是约定俗成的：它们描述管理者实际上是如何作决策的，而不是他们应该如何作出决策。三个非理性模型是：（1）满意模型；（2）增量模型；（3）直觉模型。

1. 有限理性和满意模型："满意就足够好了" 在20世纪50年代，后来获得诺贝尔奖的经济学家赫尔伯特·西蒙（Herbert Simon）开始研究管理者实际上是如何作出决策。他在研究中提出，管理者无法真正合逻辑地采取行动，因为他们的理性受到了太多限制。所谓**有限理性**（bounded rationality），这个概念表明决策者保持理性的能力受到了许多的限制，比如复杂性、时间和金钱，以及他们的认知能力、价值观、技能、习惯和无意识的反射。（见图7-3。）

由于这些限制，管理者没有彻底地去寻找最佳方案。相反，他们遵循西蒙的**满意模型**（satisfying model）——管理者寻求方案直到找到满意的一个而不是最优的一个。曾经，以摩托罗拉公司为首的叫做Irridium的财团开发了一款笨重的卫星移动电话，它重达1磅，不能在建筑物内或移动的汽车内使用，售价3000美元。Irridium没有等待继续提高技术，而是选择占领手机市场，这是满意模型的一个明显的、高代价的例子。

寻找一个仅仅满意的解决方案好像是有缺陷的，而推迟作决策以等到所有信息都有了，并且权衡所有的方案后，可能会获得一些更重要的优势。不管怎样，仓促地作出决策可能会适得其反。

2. 增量模型："至少解决问题" 另一种非理性决策模型是**增量模型**（incremental model），即管理者采取小的、短期的措施去解决问题，而不是采取能够实现长期解决问题的措施。当然，随着时间的推移，一系列短期措施可能会变成一种长期解决方案。然而，暂时的措施也可能阻碍一个有利的长期解决方案。

3. 直觉模型："就是感觉不错" 尽管缺乏支持性的市场研究，但当时的克莱斯勒

■ **复杂性：**
需要解决的问题往往是极其复杂的、超出理解的。

■ **时间和金钱的限制：**
没有足够的时间和金钱来收集所有相关的信息。

■ **不同的认知能力、价值观、技能、习惯和无意识的反射：**
管理者不是以相同的方式成长起来的，当然，他们都有影响判断的个人局限和偏见。

■ **不完全的信息：**
管理者对于备选方案以及它们的后果所掌握的信息不完全且零碎。

■ **信息过载：**
有太多的信息要管理者一个人来处理。

■ **不同的优先事项：**
有些数据被认为更重要一些，所以某些事实就被忽略了。

■ **有冲突的目标：**
其他管理人员，包括同事，有相互冲突的目标。

图7-3 完全理性决策的一些障碍

公司总裁鲍勃·卢兹（Bob Lutz），下令开发了道奇蝰蛇（Dodge Viper），而这种"肌肉车"变得非常流行。后来他谈到他的决策时说："正是这种潜意识，身临其境的感觉，就是感觉好。"

"用心去发现"，或者凭**直觉**（intuition），就是在没有有意识地思考或是合逻辑地推断的情况下作决策。直觉源于专业知识——一个人对于人、环境、目标或决策时机的显性和隐性知识——即所谓的整体预感。直觉以感觉为基础，即对那些相同事情的不由自主的情绪流露，这就是所谓的自发经验。直觉能力的发展是重要的，因为在许多决策里，直觉跟你的理性分析同样重要。以下是一些建议。（见表7-2。）

表7-2 开发直觉意识的指南

建　议	描　述
1. 打开心扉	你在何种程度上相信直觉；相信感觉；依靠直觉判断；压制预感；暗中依靠直觉感受。
2. 不要混淆本能洞察力和直觉	本能、洞察力和直觉不是同一个意思；练习区分你的本能、洞察力和直觉。
3. 引导良好反馈	追踪直觉判断的效果；在内心深处树立信心；创造一个学习环境，使你可以更好地开发直觉意识。
4. 对你的平均成功率有一个了解	检测你的直觉；可靠的预感是怎样的，抓住那种感觉；问问自己，你的直觉判断如何得到改善。
5. 运用想象	运用想象而不是文字；根据你的内心感受不夸张地想象出可能的未来场景。
6. 扮演唱反调的人	充分检验直觉；提出反对意见；提出相反的论点；探索面临挑战时直觉有多强大。
7. 抓住并验证你的直觉	构建一个能让直觉自由翱翔的内在世界；捕捉有创造力的直觉；在直觉被理性分析之前，记录下它们。

资料来源：E. Sadler-Smith and E. Shefy, "The Intuitive Executive: Understanding and Applying Gut Feel in Decision Making," *Academy of Management* Executive, November 2004, p. 88. Copyright © 2004 by Academy of Management. Reproduced with permission of Academy of Management via Copyright Clearance Center.

作为决策的一种模型，直觉至少有两个好处：（1）加快决策速度，这点在最后期限临近时很有用；（2）在资源有限时对管理者很有帮助。但是，有个缺点是很难说服别人，你的直觉是行得通的。此外，直觉受那些影响理性决策的偏差支配，我们将在7.6节讨论。尽管如此，我们认为，直觉和理性是互补的，管理者应当在作决策时大胆使用直觉。

7.3 循证决策与分析法

主要问题：怎样用循证管理和业务分析来改善决策？

本节概要

循证决策依靠一种智慧的态度，建立在三个事实的基础之上。本节介绍实施循证管理的七个原则。我们还描述为什么将这个方法用于一个人的决策是困难的。最后，我们描述分析法及其三个主要特征。

正是因为波音公司没有开发喷气式飞机，才避免了可能是该公司历史上最严重的灾难，同时给了飞机开发者去寻找一个新方向的机会。

2002年底，波音公司拼命想搞清楚开发什么样的客机，使公司能够有效地与它欧洲的竞争对手空中客车公司竞争。10月份，波音公司的执行官们在西雅图会见了几个全球航空公司代表。一名波音公司的管理者在一块白板上画了一个图，用坐标轴代表航程和客运量。然后他让航空公司的代表们在图上找到理想的位置。《时代》杂志写道："数据的分布显示代表们认为效率比速度更重要，这恰恰和波音公司所想的相反。两个月后，波音公司为着手开发高速、高成本的喷气式客机制定了计划。"这成为了开发波音787梦幻客机的巨大努力。

循证决策

斯坦福大学教授杰弗里·普费弗和罗伯特·萨顿说："有太多的公司和太多的领导者更愿意模仿别人，做他们一直在做的事情，作决策也是以什么应该起作用的信念为基础，而不是看什么真正起作用。他们不能面对铁的事实以及使用最佳依据来判断竞争环境。"当波音公司准备花费数十亿美元试图通过开发一种更快速的飞机以在与空中客车公司的竞争中取胜时，它在西雅图会议上才勉强避免了那种境况。普费弗和萨顿建议，运用循证管理——将基于最佳事实为基础的原则转化为组织实践——的公司通常能在竞争中取胜。

七项实施原则　普费弗和萨顿确定了七项实施原则，以帮助那些致力于按照循证管理来做以取得利润的公司：

- **把组织看作一个尚未完成的雏形**。领导者需要这样思考和行动——就好像他们的组织是一个未完成的雏形，它不会被不安全的新思路摧毁或是由于员工和管理者的阻挠而不能改变。例如：家庭购物网络QVC公司销售的产品，是通过不断的实验过程挑选出来的，对于为什么销售这些而不销售那些，它强调循证分析。
- **不吹嘘，实事求是**。这个口号对于没有考虑是否符合事实就作出判断是一种矫正方法。例如：惠普公司首席执行官卡莉·菲奥莉娜（Carly Fiorina）曾经向新闻界吹嘘惠普收购康柏，而没有考虑消费者对康柏产品不满意，直到兼并之后才发现了这个问题。其他公司，如DaVita，一家经营透析中心的公司，在作决策前会努力评估数据。

- **像旁观者一样看待你自己和你的组织**。大部分管理者盲目乐观，骄傲地看待他们的才能以及成功的希望，这会导致他们低估风险，并继续往事实证明不对的方向上走。普费弗和萨顿提出："有一个坦率的朋友、导师或顾问，能帮助你在看待问题和采取行动上看到更有利的事实依据。"
- **循证管理不仅适用于高层管理者**。最好的组织是这样的——组织里的每个人，不仅仅是高层管理者，都感觉自己有责任去收集和研究定量的与定性的数据，并且和其他人分享结果。
- **像其他东西一样，你同样需要宣传它**。两位作者说："令人遗憾的是，即使那些新的、令人兴奋的主意不如原来的好，它们仍然能够抓住人们的眼球。生动、丰富的故事及案例研究比那些复杂的、严密的以及受公认的枯燥数据更受欢迎——无论故事多么不对或是数据多么正确。"如果事实不是很令人兴奋，要使人相信一个循证方法，你可能需要找到一个基于事实的更好方式，然后用生动的故事来吸引管理者的注意力。
- **如果所有其他的努力都失败了，就减慢不良做法的传播**。因为许多管理者和员工都面临着做一些无效事情的压力，经历一些"循证错误行为"对你来说可能是少不了的，也就是说，忽视那些你知道是错误的命令或是推迟它们的执行。
- **最好的诊断问题：当人们失败时发生了什么？**作者们写道："失败会让人受伤，会让人感觉窘迫，我们肯定宁愿没有它，但是没有失败就不会长经验……要是你看一下世界上最有效的系统是怎样被管理的，一个特征就是当事情出错时，他们会面对事实，了解发生了什么事以及为什么会发生，然后利用这些事实来使系统变得更好。"从严格检查飞机事故、细微误差以及设备问题的美国民用航空系统到英特尔公司的安迪·格罗夫（Andy Grove）都愿意从错误中吸取教训，循证管理让失败是一个伟大的老师这个观点变得有道理。这意味着组织必须"原谅并记住"那些犯错误的人，不要被先入为主的观念所困，同时要正视最佳依据和铁的事实。

循证的难处 尽管你有最好的意图，但是却很难用最好的依据来支持你的决策。原因如下：（1）有太多的依据；（2）没有足够的好依据；（3）依据不是很适用；（4）有人设法误导你；（5）你也设法误导自己；（6）副作用大于治愈的作用。（例如：尽管在学校，跨年级是一个不好的做法——也就是说，当学生们还没掌握好基础的时候，学校不应该让他们提前进入下一个年级——这样做的副作用就是，学校成本飞涨，因为学校挤满了高年级、更容易生气的学生，同时需要更多的资源。）;（7）不管如何，故事要更有说服力。

提倡分析法

也许循证管理最单纯的应用就是**分析法**（analytics）或者商业分析法的运用，这个术语被用在商业数据分析的高级形式中。一个分析法的例子是投资组合分析，在投资组合分析中，投资者评估各种股票的风险。另一个例子是时间序列预测，它是基于历史数据的模式来预测将来的数据。

一些领导者和公司在分析法方面已经成为优秀的实践者。在其他章节（第2章）我们提到了哈拉公司的加里·洛夫曼，他的著名论文和*Diamonds in the Data Mine*一书阐述了数据挖掘软件是如何用来分析大量赌场顾客数据来找到有利可图的主顾。其他的如万豪国际集团，通过它的酒店整体优化程序，分析大量的数据来为酒店房间定出最优价格，评估会议设施和餐饮服务的使用情况，并开发系统来给常客提供最优的服务。

托马斯·H·达文波特（Thomas H. Davenport）和巴布森大学工作知识研究中心的其他人对32个组织进行了研究，这些组织承诺进行定量的和基于事实的分析，最后在这些运用分析法的竞争者之间发现了三个重要的特征。

案　例　分析法的应用：奥克兰运动家队玩“魔球”

作为美国职业棒球大联盟最穷的球队之一，拥有第六低工资总额（2002年为4100万美元，而纽约洋基队是1.26亿美元）的奥克兰运动家队的运动员们是怎样赢得如此多的比赛的？这是作家迈克尔·刘易斯（Michael Lewis）着手调查的问题，并且在《魔球：逆境中制胜的智慧》一书中给出了答案。

很明显，奥克兰运动家队在公开市场的竞争中雇不起有才能的超级巨星。因此，他们不得不找其他俱乐部不看重但又能在某些方面作出贡献的队员，通过非常规的方式来使用队员以扩大他们的价值，进而降低投资风险。例如，这家位于加利福尼亚州的俱乐部发现，避开传统棒球统计数据的分析方法，成功的最好指标在于上垒率和多垒安打率，并且避免出界比击到球更重要。

2002年，虽然拥有史无前例的七个首轮选秀权，但奥克兰运动家队减少了那个数目，而且将注意力主要放在大学球员身上（而不是有经验的专业选手），第一次挑选的28名球员当中有25名大学球员。尽管球员薪水的预算比较低，但是分析法取得了成功，奥克兰运动家队单赛季赢得了102场比赛并成为一支常年的季后赛球队。

自从运动家队成功后，其他的专业体育特许经营商也将分析法应用到了他们的薪资总额上，包括美国国家橄榄球联盟（NFL）、新英格兰爱国者队（New England Patriots）——四年内夺得三次超级碗的球队。

思考：

执行官以及在其他工作线上的人事人员通常都像是老式棒球传统主义者，在评价求职者的时候信赖简历、学位、工作经验甚至是长相。还有什么其他可以更量化的方法来替代吗？

1. **建模的应用：超越简单的描述性统计** 像第一资本公司（Capital One）看的不只是基础数据，而是用数据挖掘和预测建模来识别潜在的有利可图的顾客。**预测建模**（predictive modeling）是一种数据挖掘技术，用来预测未来的行为并预期变化的结果。因此，第一资本公司一年要进行3万多次试验，用不同的利率、奖励、直邮包裹和其他各种方法来评估哪些顾客最可能申请注册信用卡并会偿还欠款。

2. **多方面应用，不仅仅是一个** UPS公司（原来的联合包裹服务公司）不仅对包裹运送的路线应用分析法而且还用分析法来仔细观察顾客的使用规律以设法识别潜在的顾客流失，这样销售人员就可以与他们接触并解决问题。达文波特说："运用分析法的竞争者并不会从一个'杀手应用'中获得优势，而是通过多方面的应用以支持业务的各个部分来获得优势。"

3. **高层的支持** 达文波特说："公司范围内对分析法的接受需要对许多员工在文化、程序、行为以及技能上进行改变。因此，像任何一个大的转换，它需要来自最高管理层对分析法有热情。"

7.4 决策中的道德问题

主要问题：应该遵循什么原则以确保决策不仅是合法的而且是合乎道德的？

本节概要

决策树图能帮助我们作出道德决策。除此之外，管理者应该意识到七项一般道德准则。

由于许多事件的原因，近年来，商业人士的道德行为已经越来越受关注。首先是2000年早期，从安然公司到世通公司的商业丑闻，执行官因此入狱。《美国新闻与世界报道》的首席编辑莫蒂默·朱克曼（Mortimer Zuckerman）写道："被认为'独立'的审计师、董事、会计以及股市顾问都被玷污了，鼓励人们参与的共同基金产业被那些操纵系统以为业内人士和富人牟利的'敲诈的艺术家们'渗透了。"然后，又出现了"甜心交易"（不符规则的协议）和在伊拉克战争区域工作的民间承包商严重侵害当地民众的报道。显然，在2007年，银行和其他的金融业已经抛弃了健康的商业判断——包括道德判断——向有需要、但没有资格的购房者提供抵押贷款（次贷），导致了房屋止赎的浪潮，同时把国家推向了一个衰退期。通过所有这些，许多意见提了出来，认为美国资本主义在帮助世界上更穷的国家上做得还不够。微软的比尔·盖茨在2008年说："我们需要找到一种方法来创造这样一种局面：服务于富人的资本主义也能服务于穷人。"他极力主张，在更富裕国家的公司，应该肩负“双重使命：获取利润和改善不能充分从市场力量中受益的人们的生活。”

所有的这些关注已经把正直的决策这个主题推向了许多组织的最高议程。确实，许多公司现在有一名**道德官**（ethics officer），这个人在工作场所进行关于道德事项的培训，尤其是如何解决道德困境。越来越多的公司正构建价值观以指导员工什么是可取的商业行为。这种意识上升的结果是，管理者现在必须设法确保他们的决策不仅是合法的而且还是合乎道德的，这一主题在第3章进行了详细讨论。

道德决策的路线图：决策树

高层管理者的最大压力之一（即使不是最大的压力），就是使股东的价值最大化，使公司所有者的投资得到最大的回报。但是，如果一个决策对股东是有益的但对员工是有害的——正如IBM做的，他们迫使员工为他们的医疗福利贡献更多，那么这个决策是道德的吗？哈佛商学院教授康斯坦斯·巴格利（Constance Bagley）提出需要一个决策树来帮助进行道德决策。**决策树**（decision tree）是一个关于决策以及它们可能的结果的图；它用来制订计划以达到目标。决策树用来辅助决策。巴格利的道德决策树如下所示。（见图7–4。）

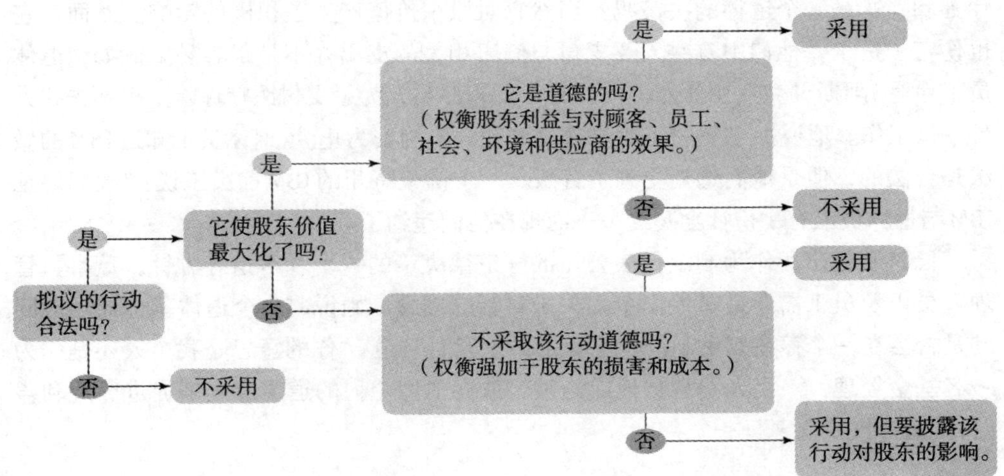

图 7–4　道德决策树

资料来源：Reprinted by permission of *Harvard Business Review*. Exhibit from “The Ethical Leader’s Decision Tree,” by C. E. Bagley, February 2003. Copyright © 2003 by the Harvard Business School Publishing Corporation; all rights reserved.

在遇到任何需要作决策的拟议行动时，管理者应当提出以下问题：

1. 拟议的行动合法吗？这可能是一个明显的问题。但是，巴格利发现，“近来公司的欺骗行为表明，一些管理者需要被提醒：如果行动不合法，不要采用它。”

2. 如果合法，这个拟议的行动能否使股东的价值最大化呢？如果行动合法，接下来必须问的一个问题就是它能否使股东受益。如果回答“是”，你应该采用它吗？

不一定。

3. 如果合法，拟议的行动是道德的吗？就像巴格利提出的，尽管董事和高层管理者们可能认为他们使股东价值最大化是受公司法约束的，但是法院和立法机关却证明他们不是这样的。更确切地说，他们的主要责任是管理“公司的最高利益”，这包含了更大一些的社区。

因此，巴格利说，在海外建立有利可图、但存在污染的工厂可能会使股东受益，但是对那个国家是有害的，对公司与该国的关系也是不利的。从道德上来说，管理者们应当增添污染控制设备。

4. 如果不合法，不采取拟议的行动是道德的吗？如果该行动不能直接使股东受益，那么采取它还会是道德的吗？

不建立海外工厂可能会对其他的利益相关者不利，如员工或顾客。因此，从道德层面来讲，最好的结论可能是建立带有污染控制设备的工厂同时向股东披露该决策的影响。

应用道德决策树

为了省钱，IBM公司提高了退休员工需要支付的医保金额以继续享有他们的医疗福利，这是一个道德的决策吗？当然它对股东价值产生了积极的影响。然而，它也伤害了员工，他们中有些人要支付与健康相关的支出并不是很容易。例如，退休员工弗兰·阿斯贝克在IBM公司做了32年的程序员，为了支付医疗保险不得不去找另外一份工作。他说：“我不得不去工作直到我入土为安为止。”退休员工知道IBM的做法是合法的，但是他们感觉受到了背叛。一个佛蒙特州的IBM前员工说：“我们感觉IBM与退休员工有一份社会契约……而现在他们违约了。”

巴格利提出，作为制定代表公司的好道德决策的一个基本指导方针，董事、管理人员以及员工需要遵循他们个人关于对错的理念。她说，一个退休基金经理被问到是否会在一个存在奴隶制的国家投资做生意时答道：“你的意思是我个人还是作为一名基金经理？”当人们自觉地或是被迫放弃他们个人的道德准则来促进商业利益时，“它会招致危害”。

管理者的一般道德原则

管理顾问和作家肯特·霍奇森（Kent Hodgson）表示，对于管理决策制定者来说没有完全道德的答案。而且他认为，管理者的目标应该以道德准则为基础，这样他们的决策就会是有原则的、合适的和可辩护的。相应地，霍奇森对管理者提出了七项一般道德原则。（见表7–3。）

表 7–3　管理者的七项一般道德原则

1. **生命的尊严：人们的生活应该受到尊重。**人类，以他们的存在为事实，拥有价值和尊严。我们不能直接伤害或者杀死一个无辜的人。人们有生活的权利，我们有责任尊重他们生活的权利。人们的生活应该得到维持并被神圣地看待。
2. **自主权：所有人都有自己的内在价值并且有权利自己决定。**我们的行动方式应该展现每个人的价值、尊严以及自由选择的权利。我们有权利采取行动维护我们自己的价值以及合法的需求。我们也不能把别人仅仅当作“东西”或者只是用来达到目的的工具。每个人都有平等的权利去追求人的基本自由，同时与别人的类似自由和谐相处。
3. **诚实：我们应该把事实告诉有权利知道这些事实的人。**诚实同样被看作是正直、讲真话和光荣。一个人说话和做事都应该反映情况的真实性。说话和做事应该是反映事情本质的一面镜子。有时其他人有从我们这听到事实的权利，有时则没有。
4. **忠诚：承诺、契约和保证应该是光荣的。**忠诚包括忠实、遵守诺言、赢得公众信任、做一个好的公民、优秀的工作质量、可靠、保证以及遵守法律和政策。
5. **公平：人们应该被公平地对待。**一个人有权利得到公平、公正和平等的对待，也有责任公正地对待他人。所有人都有权利获得生活必需的条件，尤其是那些生活举步维艰和无助的人。正义包括平等、公正、没有偏见的对待。公平能够包容多样性，接受人们之间以及他们的观念之间的差异。
6. **人性：包括两部分。**一方面，我们的行为应该是好的；另一方面，我们应该避免做恶事。我们应该善待自己和他人。我们应当关心他人的幸福；通常，我们以同情、给予、友善、服务和关怀等形式表示我们的关心。
7. **共同利益：我们的行动应该实现“最大多数人的最大利益”。**我们做事和说话的方式，在努力保护个人权利的同时，应该使最大数量的人受益。

资料来源：From Kent Hodgson, *A Rock and a Hard Place: How to Make Ethical Business Decisions When the Choices Are Tough*, AMACOM, 1992, pp. 69 - 73. Reprinted with permission of the author

7.5　群体决策：如何与他人共事

主要问题：如何与他人共事以把事情做好？

本节概要

群体决策有五个潜在的优势和四个潜在的缺点。管理者应该意识到，群体有很多特点，同时也要对参与式管理以及群体解决问题的方法有所认识。

电影赞美孤胆英雄，像克林特·伊斯特伍德（Clint Eastwood），制作他自己的电影，自由地发挥他自己。但是，大多数管理者是与群体和团队一起工作（第 13 章进行讨论）。虽然群体作出的决策没有最优秀的个人单独作出的决策那样高质量，但是研究表明群体能够作出比大部分人单独行动更好的决策。因此，要做一名有效的管理者，你需要了解群体决策。

群体决策的优势和劣势

因为你可能经常碰到这样的情况——自己单独作决策还是与他人一起商议进行决策，所以你需要了解群体辅助决策的优势和劣势。

优势 使用群体决策有五种可能的优势。但是，要产生这些好处，群体必须由不同的参与者组成，不能只有相同想法的人。

- **更多的知识**。当几个人作决策，有更多的信息可用。即使一个人不具备相关的知识和经验，别人也可能会有。
- **不同的视角**。因为不同的人对营销、生产、法律等有不同的视角，他们会从不同的角度看问题。
- **智慧激发**。一个群体可以集思广益，或以其他方式为决策过程带来比一个人单独行动更大的智慧激发和创造性。
- **更好地理解决策的根据**。如果你参与制订一个决策，你会更容易了解决策背后的原因，包括到最后一步的利弊。
- **更忠于决策**。如果你是最后作出决策的群体的成员，你会更希望看到决策的行动得以顺利实施。

劣势 群体辅助决策的劣势来源于成员之间如何互动的问题。

- **少数人支配或威胁**。有时，少数人讲得最长最大声，而群体的其他人则只能让步。或者像一个强有力的领导人，有时会通过威胁而产生不相称的影响。这抑制了想法的多样性。
- **群体思维**。当群体成员努力达成一致，并因此避开对决策情形进行准确评估的过程，这就是**群体思维**（groupthink）。这时，积极的团队精神实际上是与合理的判断对着干的。
- **令人满意**。因为大多数人只想尽快缩短一次会议，这种趋势是寻求一个“足够好”的决策，而不是推动寻求其他可能的解决办法。由于群体时间有限，缺乏正确的信息，或者无法处理大量的信息等原因就会出现“令人满意”的决策。
- **目标转移**。虽然会议的主要任务可能是解决一个特定的问题，但其他的一些考虑可能会出现，例如，竞争对手设法赢得一个争论。当一个次要目标纳入主要目标时，**目标转移**（goal displacement）就发生了。

对于群体和决策，管理者需要了解什么

如果你是一名管理者，正考虑是否召开一个群体参与的会议，需要认识到群体的四种特点：

1. **他们效率比较低** 群体花费更长的时间作决策。因此，如果时间很紧，你可

能想通过自己作决策。面对时间的压力或决策的严重影响，群体会使用较少的信息和更少的沟通渠道，这增加了错误决策的可能性。

2. **群体规模影响决策的质量**　群体越大，作出的决策的质量就越低。

3. **群体可能过于自信**　比起个人，群体对于他们的判断和选择更有信心。当然，这可能是一个不利因素，因为它会导致群体思维。

4. **知识的作用**　当群体成员知道许多关于相关问题的信息时，决策的准确度会更高。同样，当群体领导者有权衡成员意见的能力时，决策的准确度也更高。除了群体成员是否彼此了解外，知识的种类也举足轻重。例如，当成员们拥有很多独特的信息时，彼此熟悉的人容易作出更好的决策。然而，当成员们具有共同的知识时，彼此不熟悉的人也容易作出更好的决策。

要知道个人决策不一定比群体决策更好。就像我们开始所说的，尽管群体作出的决策没有最优秀的个人单独作出的决策那样高质量，但是研究表明群体能够作出比大部分人单独行动更好的决策。使用群体决策的一些指导方针见表 7–4。

表 7–4　群体决策的指导方针

1. **它什么时候能提高质量**：如果额外的信息能提高决策的质量，管理者应该使能提供所需信息的人参与进来。因而，如果一种类型的决策频繁出现，如决定晋升或谁有资格申请贷款这样的决策问题，应该使用群体决策，因为群体能比个人作出更前后一致的决策。
2. **它什么时候能提高认可**：如果认可对于组织来说是比较重要的，管理者需要使那些对于组织的认可和支持比较重要的人参与进来。
3. **它什么时候能促进发展**：如果人们能通过参与得到发展，管理者可以使那些个人发展很重要的人参与进来。

资料来源：Derived from George P. Huber, *Managerial Decision Making* (Glenview, IL: Scott Foresman, 1980), p. 149.

参与式管理：让员工参与决策

前通用电气首席执行官杰克·韦尔奇（Jack Welch）在谈到世界经济的竞争时说："只有最能生产的公司才能取得成功，如果你不能以世界上最低的价格卖出最高质量的产品，你将会被淘汰。在那种环境中，6% 的年度改进可能不再是足够好的，你可能需要 8% 到 9%。"

什么是参与式管理？　为迎接这种生产率的挑战，有种方法已经受到了很大的欢迎，它就是**参与式管理**（participative management，PM），它是让员工参与到以下几个方面的过程：（1）设定目标；（2）制定决策；（3）解决问题；（4）组织中的变革。员工好像很想在管理中参与更多：在一项对全美国范围内 2408 名员工的调查中发现，三分之二的人表示希望在工作中有更大的影响力或决策力。因此，参与式管理预计会增加员工的动力、创新和业绩，因为它帮助员工实现了三个基本的需要：自主权，工作意义以及人际交往。

参与式管理真的有效吗？　参与式管理真的有用吗？当然它能增加员工的工作投入、组织认同感和创造性，同时能降低角色冲突和误解。虽然已经证明参与对工作表现和工作满意度有重要影响，但是影响很小——一个发现对参与式管理的实用性提出了质疑。

那么管理者应该做些什么呢？在我们看来，对于一个低生产率和动力的组织来说，参与式管理不是一个快速有效的解决方法。但它在某些特定的情形下可能有效，如果管理者和员工之间是有建设性地互动的——也就是说，他们之间的关系能培养合作和尊敬，而不是竞争和防御。

尽管参与式管理不适用于所有的情况，但如果某些特定因素存在它可能就是有效的，例如能给予帮助和支持的管理者与员工之间的信任。（见表7–5。）

表7–5 能帮助参与式管理有效的因素

- **高层管理者持续参与**：实施参与式管理必须由高层管理者来监测和管理。
- **中低层管理者给予支持**：这些管理者容易反对参与式管理，因为它减少了他们的权力。因此，赢得这些层次的管理者的支持和认可是很重要的。
- **员工信任管理者**：当员工不信任管理者的时候，参与式管理不可能成功。
- **员工做好了准备**：当员工得到了恰当的培训，做好了准备，并有兴趣参与的时候，参与式管理会更有效。
- **员工不在相互依赖的工作里工作**：相互依赖的员工通常对整个产品流程没有一个广泛的理解，因此他们的参与式管理可能会起反作用。
- **参与式管理与全面质量管理一起实施**：一项对《财富》杂志1000强公司三个不同年份的研究发现，当参与式管理作为一个更广的全面质量管理项目的一部分实施时，参与式管理会更有效。

资料来源：P. E. Tesluk, J. L. Farr, J. E. Matheieu, and R. J. Vance, "Generalization of Employee Involvement Training to the Job Setting: Individual and Situational Effects," *Personnel Psychology*, Autumn 1995, pp. 607 - 632; R. Rodgers, J. E. Hunter, and D. L. Rogers, "Influence of Top Management Commitment on Management Program Success," Journal of Applied Psychology, February 1993, pp. 151 - 155; and S. A. Mohrman, E. E. Lawler III, and G. E. Ledford Jr., "Organizational Effectiveness and the Impact of Employee Involvement and TQM Programs: Do Employee Involvement and TQM Programs Work?" *Journal for Quality and Participation*, January/February 1996, pp. 6 - 10.

群体解决问题的方法：达成共识

利用群体作决策通常需要他们达成一个共识，当群体成员能表达他们的观点并且能达成一致来支持最后的决策，**共识**（consensus）就产生了。更具体地说，当所有的成员都能说他们要么同意这个决策，要么已经申诉并且不能使其他人信服他们的观点时，共识就产生了。一个决策专家说："在最后的分析中，每个人都同意支持决策。"然而，这并不意味着，群体成员同意这个决策，除非他们愿意为实现决策的成功而工作。

为了达成共识，一个管理专家提出了以下要做的和不要做的事项：

- **要做**：运用主动倾听技巧；使尽可能多的成员参与进来；找出争论的原因；挖掘事实。

- **不做**：避免"滚木立法"式的决策和精明的讨价还价交易（"如果你支持我的项目，我就支持你的项目"）。避免仅仅为保持友好的关系和不去破坏良好的现状而达成共识。最后，不要靠投票的方式达成共识，这将把群体分裂成赢的一方和输的一方，可能给后者带来不好的感受。

群体解决问题的更多方法

决策制定专家已经提出了几个群体解决问题的方法以帮助问题的解决。在这儿我们将讨论两个：（1）头脑风暴；（2）计算机辅助决策。

1. 头脑风暴：为了提高创造性　**头脑风暴**（brainstorming）是一种用来帮助群体成员在解决问题时产生多种想法和方案的方法。这个方法是由美国人奥斯本（A. F. Osborn）提出的，它是让群体成员会面并探讨需要解决的问题。然后每个成员会被要求安静地给出想法或解决方案，将这些想法收集起来（不能识别出相应的人更好）写在一个黑板或活动挂图上。第二次开会就批判和评价备选方案。它的一种延伸是**电子头脑风暴**（electronic brainstorming），有时候叫做脑力写作，它是群组成员通过计算机网络集中到一起来产生想法和方案。

产品设计公司IDEO提出了头脑风暴法的一些规则，如表7–6所示：

表7–6　头脑风暴的七个规则

1. 延迟判断。在产生想法的开始阶段不要进行评价。避免诸如"我们从来没那样做过"、"它不管用"、"这太昂贵了"和"我们的管理者永远都不会同意"等这些短语。
2. 建立在别人的想法之上。鼓励参与者延伸其他人的想法，避免用"但是"而要用"和"。
3. 鼓励大胆的想法。鼓励创新思维。越大胆越离奇的想法越好。
4. 追求数量大于追求质量。参与者应当设法产生并写下尽可能多的新想法。以数量为中心能鼓励人们在他们喜欢的想法之外思考。
5. 能看得见的。用不同颜色的笔写在挂在墙上的大活动挂图、白板或是海报板上。
6. 不要离题。应该有一个主持人来保持议论话题不要脱离主题。
7. 一次只有一个人说话。基本的规则是没有人打断另一个人，不错过任何人的想法，避免无礼和粗鲁。

资料来源：R. Kreitner and A. Kinicki, *Organizational Behavior*, 8th ed. , 2008, pp. 355 - 356. These recommendations and descriptions were derived from B. Nussbaum, "The Power of Design," *BusinessWeek*, May 17, 2004, pp. 86 - 94. Reprinted with permission of The McGraw–Hill Companies.

头脑风暴的好处是，它是为鼓励尽可能多的有用新想法或方案的一种有效方法。例如，惠普的首席执行官马克·赫德（Mark Hurd）和他的9个执行官运用头脑风暴，对如何在新兴市场增加销售额产生新想法。也就是说，头脑风暴也可能会浪费时间产生出许多没有用的想法，而且它可能不适用于评估备选方案或选择解决办法。

2. 计算机辅助决策　随着计算机进入商业生活的各个方面，它也已经走进了决策领域。在该领域，它不仅用来更快速地收集信息，还用来减少达成群体共识的障碍。

计算机辅助决策系统的两种类型是：单驱动和群驱动，如下所述：

- **单驱动系统——用于按键共识**。单驱动计算机辅助决策系统要求参与者回答在电子键盘或表盘上预定的问题。这已经被用于投票设备，例如，有观众的直播电视节目秀像“谁想成为百万富翁”，电脑能在瞬间对观众的反应进行列表显示。
- **群驱动系统——用于匿名网络**。群驱动计算机辅助决策涉及在一个房间里进行的会议，房间里的参与者通过计算机网络匿名表达他们的想法。参与者在每个人的电脑键盘上敲打他们的评论、反应或评价，而不是彼此交流。输入的信息会在房间前面的大屏幕上显示出来以使所有人都能看到。由于参与者是匿名的，而且没有人能够以地位或是个人身份来左右会议，所以每个人都能自由地参与进来，达成共识的障碍也相应地减少了。

虽然4到6个人的群组没有优势，但是与传统的头脑风暴相比，群驱动系统已经证明能够比大群体产生更高质量和更多数量的想法。这个方法同样能够比5到10名成员的群体产生出更多的想法。

无论群组成员多与少，计算机辅助决策已经证明能比传统的头脑风暴法和名义群组法产生出更多数量以及更高质量的想法。然而，其他研究发现，在线聊天群组会导致群体效果和成员满意度降低，并且与面对面群组相比，也增加了完成任务的时间。

7.6 如何克服决策障碍

主要问题：保持理性并不总是那么容易，其障碍是什么？

本节概要

对一个决策情形的反应可能以四种无效反应或三种有效反应的形式表现出来。管理者应该了解四种常见的决策偏差。

你的情绪会影响你的决策吗？比如，当你悲伤或者固执己见的时候，你会花更多钱吗？这是一个实验的发现：当研究人员让学生参与者观看关于一个男孩的导师死亡、能引起悲伤的视频时，与那些看过一个中立视频的学生相比，这些学生更容易为一件产品支付更多的钱。

不仅仅是心情本身，还有你对未来结果可能会使你多么高兴或多么悲伤的期望也会影响你的决策。根据哈佛大学心理学家丹尼尔·吉尔伯特（Daniel Gilbert）——他研究了决策制定中个人情绪的晴雨表——所说，人们期待特定生活事件的发生似乎比那些事件成为事实对他们的情绪有更大的影响。例如，大学教授预期如果他们获得终身任期将会非常高兴，而没有得到时则会非常不高兴。然而，吉尔伯特发现那些得到终身任期的人高兴是正确的，但并不像他们之前所预期的那么高兴；同时，那些被拒绝得到终身任期的人也没有变得非常不高兴。

对幸福感或失望程度的期望就跟大乐透头奖的赢家和被检查出感染了艾滋病毒的人的感受一样。也就是说，在描述什么结果会使他们感觉好或不好时，人们通常是对的，但当被要求预期他们的那种感觉会多么强烈以及会持续多久时，人们通常是错的。一个报道说："严重的生活事件对人们幸福和满意的感觉的消极影响不会超过三个月，在那之后他们的感觉至少能够归于正常。"

也许在认识到你具有思想这个"免疫系统"——它能减弱不好的感觉以及消除幸福的感觉，能够帮助你在艰难决策的制定上变得容易些。

个人如何对决策情形作出反应？无效反应和有效反应

当你突然面临一个难题或是机会的挑战时，你的一般反应是什么呢？可能有四种无效反应和三种有效反应

四种无效反应　有四种不好的识别问题和解决问题的方法，在你面对冲突情形必须作出重要决定时，会产生阻碍的作用。

1. **轻松回避——"没有必要做任何事情，没有什么不好的事情会发生"**　在**轻松回避**（relaxed avoidance）这种情形中，管理者认为不会有大的不好结果出现，所以决定不采取任何行动。这种情况是一种自满的表现：你不看也不理会危险（或者机遇）的信号。

轻松回避在2007年得到了生动的演示，次级抵押贷款在这年彻底崩溃了（银行给大量没有资格的购买者发放住房贷款，结果引发了一场巨大的金融危机和信贷的枯竭）。在那个夏天，许多自作聪明的人否认事实，说不用担心，次级抵押贷款的混乱状态会得到"抑制"。他们包括许多银行行长，甚至包括美联储主席本·伯南克（Ben Bernanke）。

2. **轻松改变——"为什么不采取最简单的方法呢？"**　在**轻松改变**（relaxed change）这种情形中，管理者认识到完全不采取行动会产生消极后果，但是会选择第一个已有的包含低风险的方案。当然，这是一种"令人满意"的形式，管理者不去探索多种选择以作出最好的决策。

例如，如果你去一个大学职业中心，签名参加一个工作面试，而且被录用了，并且你就在这一次面试的基础上接受了这份工作，那么你可能没有比较的基础来知道你是否作了正确的选择。

3. **防御性回避——"对我来说，没有理由去探索其他可选择的方案。"**　在**防御性回避**（defensive avoidance）这种情形中，管理者不能找到一个好的解决办法，随之而来的是拖延、推卸责任或者否认任何消极后果的风险。这是一种屈从的态度以及对有责任采取行动的否认。通过拖延，你推迟作出决定（"我稍后再决定"）。在推卸责

案 例 决定放手去做：MTV网络应如何对宽带互联网作出反应?

到2006年夏天，传统媒体公司已经意识到宽带互联网带来的惊人影响。例如，迪斯尼的ABC网络，已经同意向苹果公司的iTunes提供受欢迎的节目下载，Facebook已拥有550万用户，YouTube也上市了。然而，MTV网络的拥有者维亚康姆集团（Viacom）和脾气古怪的创始人萨默尔·雷德斯通（Sumner Redstone）却发现自己落后了。《新闻周刊》写道："MTV网络多年来一直是青年文化的主宰者，现在看来其影响力似乎正在消散。甚至其核心受众都在拥抱互联网为下一代娱乐媒体，而MTV不能动摇其传统媒体的形象。"雷德斯通是怎样决定放手去做的呢?

第一个决定——这应当被认为是一个至关重要的事情吗? 当雷德斯通观察到竞争对手的积极行动时，问题变得很明显了。事实上维亚康姆也正疯狂地进行收购以加强MTV网络的数字呈现，在并购方面花费了2亿美元，包括Atom娱乐及其AtomFilms. com以及游戏网站Shockwave. com和AddictingGames. com。

第二个决定——信息的可信度如何? 当一个重要的交易未能被MTV抓住时，这个问题得到了强化，最热品牌MySpace，被竞争对手鲁珀特·默多克（Rupert Murdoch）的新闻集团抢走。雷德斯通把损失归咎于他的长期副手维亚康姆的首席执行官汤姆·弗雷斯顿（Tom Freston）。

最后的决定——应以多快的速度对此信息采取行动呢? 当雷德斯通解雇了弗雷斯顿，聘请了一位新首席执行官菲利普·多曼（Philippe Dauman），给了他一个简单的要求：使MTV的数字化变得很好，但不要通过任何重大收购（这样可能重复老牌媒体公司时代华纳并购美国在线的错误，这是一个巨大的失败），这时问题就变得很明显了。一个主要的结果是，MTV提拔了数字经理人，叫做米卡·萨尔米（Mika Salmi），由MTV的首席执行官麦格拉斯领导（在第1章描述过她）。MTV和它的相关品牌现在有超过300家网站，其中包括约30个多元化媒体宽带网址，以视频、音乐以及交互性为特色（例如：Pimp My Ride、AddictingGames. com）。

思考：

如果你是负责人，在确定对MTV网络的威胁是严重的、真实的和紧迫的之后，你会如何设法重塑MTV的商业战略?

任时，你让其他人承担决策的后果（"让乔治负责这件事"）。在否认任何消极后果将带来的风险时，你设法使事情合理化（"它会有多糟糕?"）。

防御性回避的例子经常在高员工离职率的公司发生，尽管一些执行官通过提薪或是晋升的方式阻止高效率的员工离去，其他的执行官却作出防御性的反应，他们告诉自己这个员工的离去不是一个大损失。一家企业心理学咨询公司的首席执行官说："这对那些坚持不认为某些人的离开是有原因的执行官来说是一种心理上的威胁，所以这些执行官常常会把他们当作没有才华的人解雇或者否认员工的离去正在发生。"他提到一个金融服务公司的执行官坚持认为员工离职率很低，而事实上，在短短几年内，数百名新员工中的50%离职了。

4. **恐慌——“压力太大了，我必须做一些事情甚至任何事情来摆脱这个问题”**　这种反应特别容易发生在紧要关头。在**恐慌**（panic）中，管理者是如此慌乱不安地处理问题以至于他不能现实地去应付危机。在这种情形下，管理者已经完全忘记了要表现出“优雅风度”以及保持冷静的观念。如果你正经历这种反应——焦虑、易怒、失眠，甚至生病，那你的判断可能是模糊不清的以至于你在应对问题上不能接受别人的帮助或是现实地评估这些方案。

恐慌甚至可以危及生命。1999年，一架喷气式客机在小石城国际机场的跑道滑出，乘客克拉克·布鲁斯特和一个航班服务员不断地设法打开一个出口的门，而门却一点都没有移动。布鲁斯特说：“就在那个时候我听到有人说‘火’，航班服务员弯下身说，‘请保佑我。’”幸运的是，冷静的、思维敏捷的人能够找到另外的出路。

三种有效反应：决断　在**决断**（deciding to decide）这种情形中，管理者认为他必须决定面对问题或机遇应该做什么，并采取有效的决策步骤。这里有三种有效方式帮助你决定是否要放手去做，要评估以下内容：

1. **重要性——“这种情形有多么重要？”**　你需要决定要给予这个决策形势多大的重视。如果它是一个威胁，将来的损失或破坏可能达到什么程度？如果它是一个机遇，可能的收获会有多大？

2. **可信度——“关于这个情形的信息有多可信？”**　你需要评估对可能的威胁或机会的了解程度。信息的来源可信吗？有可靠的证据吗？

3. **紧急度——“我必须以多快的速度在该情形信息的基础上采取行动？”**　这种威胁是紧迫的吗？机会之门会长时间开着吗？应对这个情形的行动可以逐步完成吗？

六种常见的决策偏差：经验法则或是“启发法”

如果有人让你解释一下你作决定的基础是什么，你能说出来吗？经过一番思索之后或许你会提出一些“经验法则”。学者称之为**启发法**（heuristics）——一种简化决策过程的策略。

尽管人们一直使用这些经验法则，但这并不意味着它们是可靠的。事实上，有些经验法则正是高质量决策的障碍。在那些法则中受决策者处理信息方式的影响而容易产生的偏差有：（1）可获得性；（2）证实性；（3）代表性；（4）沉没成本；（5）锚定和调整；（6）承诺升级。

1. 可获得性偏差：只利用可以获得的信息　如果你有一个完美的持续9个月的按时上班考勤记录，但是在最后2个月因交通而迟到了4天，在考虑给你涨工资时，你的老板不应该考虑你的整个出勤记录吗？但是管理者往往对最近的行为表现给予更多的重视。这是因为**可获得性偏差**（availability bias）——管理者使用记忆里随时可获得的信息来作出判断。

当然，随时可获得的信息可能不能呈现出一个完整的画面，这就形成了偏差。可获得性偏差可能会受到新闻媒体的影响，这些媒体倾向于报道一些不寻常的或引人注目的新闻。例如，由于利益团体或知名人士的努力，更多的新闻报道可能是关于艾滋病或乳腺癌，而不是心脏病，这导致人们认为前者是更大的杀手，而事实上，后者才是最大的杀手。

2. 证实性偏差：寻找信息来支持某个人的观点 **证实性偏差**（confirmation bias）是当人们寻找支持他们观点的信息时往往不重视那些反面的数据。尽管这种偏差看起来似乎很明显，但人们一直这样做。

3. 代表性偏差：从小样本或单一事件中进行概括的错误 作为一种财务计划的形式，购买彩票不尽如人意。例如，在最近一年纽约的头奖达到7000万美元，纽约人获得该大奖的机会是1：12,913,588。（一个人被雷电击中的机会都比这大。）然而，数百万人去购买彩票，因为他们读到或听到少数人已经成为巨奖的幸运获得者。这是一个**代表性偏差**（representativeness bias）的例子，从一个小样本或一个单一事件中概括趋势。

这里的偏差，仅仅是因为事情发生了一次，但并不意味着它是有代表性的——它会再次发生或将发生在你身上。例如，仅仅因为你从一所特定的大学雇用了一名非凡的销售代表，但这并不意味着下次同一所大学会提供一个同样素质的候选人给你。然而管理者一直在使用这种雇佣决策。

4. 沉没成本的偏差：钱已经花了，似乎有理由继续 **沉没成本偏差**（sunk-cost bias）或沉没成本谬误，是当管理者把在一个项目上所有已经花费的钱加总起来然后得出结论成本太高而不能简单地放弃它。

大多数人都反感“浪费”钱，特别是如果大量资金已经花了，他们可能继续推动一个还不确定的前瞻性项目，以证明已经投入的钱是正当的。沉没成本偏差有时被称为“协调号”效应，指的是即使当时很明显对飞机的投资没有任何经济上的理由，但法国和英国政府仍旧在协调号超音速客机上进行投资的事实。

5. 锚定和调整偏差：受初始数字的影响 管理者通常会给员工薪水的提升定一个标准比例，基于对该员工在上一年度做过的所有事情的认定。即使工资的提升与其他公司所支付的相同技能的工资完全不在一个水平上，他们还是会这么做。这是一个**锚定和调整偏差**（anchoring and adjustment bias）的例子，依据初始数据来作出决策的倾向。

这种偏差是初始数字可能与市场现实不相干。这种现象有时在房地产销售中可以看到。房主可能在最初把他的房子以极高的售价标出来（可能是随机选的）。后来他就不愿意大幅度降价去迎合购买者的出价，即反映市场上房子的真正价值。

6. 承诺升级偏差：感觉在决策中过多投入 如果你真的不愿意承认自己是错误的，那么你应该认识到**承诺升级偏差**（escalation of commitment bias），尽管有关于项目的负面信息，然而决策制定者仍增加他们对项目的承诺。历史上有很多国家元首升级承诺的例子，尽管大量证据表明它正产生不利的后果。一个著名的例子是林登·约翰逊（Lyndon B. Johnson）总统对越南战争的推进，不顾伤亡人数正不断增加而国内政治动荡。

这种偏差是这样的，开始制定的可能是一个合理的决策，但是会受一些不合理原因的支持——骄傲、自我，数目庞大的开支以及“避损”等。事实上，学者已经提出了一种称为前景理论的理论，它提出决策者发现一个真正的损失的念头会比放弃收获的可能性更痛苦。当我们描述投资者坚持要抓住他们失败的东西而不是从他们成功的东西中赚钱的这一倾向时，我们看到了这个理论的一个变体。

案　例　避免承诺升级：宾永 CEO 乐意推翻重大决策，即使代价是 50 万美元

据管理专家说，大多数执行官像大多数人一样，倾向于坚持他们开始的决策，因为他们不愿意承认他们是错的，或仅仅因为它是阻力最小的。事实上，他们说，高层执行官们要推翻他们自己的可能性甚至更小，因为他们的位置看起来需要呈现出自信。这种心态将导致承诺升级。

因此，美国户外服装零售商宾永（L. L. Bean）的CEO克里斯托弗·麦考密克（Christopher McCormick）是不同寻常的，因为他更关心的是作出最好的决策，而不是被看起来优柔寡断所困扰，这使得他在制订决策时非常注重循证精神。

2004年的秋天，宾永开始在缅因州的沃特维尔附近建立一个呼叫中心。几个月后，移动电话运营商T-Mobile美国公司表示将在其旁边建立自己的呼叫中心，该中心将容纳700名或更多的员工。麦考密克立即下令停止呼叫中心的建设，尽管已经花费了超过50万美元的土地成本在它身上。几个星期后，该公司宣布将完全放弃沃特维尔的选址，在大约55英里外的地方开设一个新的呼叫中心。

是什么情况导致这个决定？麦考密克担心沃特维尔只有1.6万人口，不能给两个公司提供足够的工人；而比起在宾永的季节性就业，人们更愿意在T-Mobile公司全年就业。

思考：

麦考密克说，尽管已经花了很多钱在沃特维尔中心，但他对他的决策没有任何异议。他还希望借此向宾永的其他执行官发出一个信号。他说：“我希望我的员工能考虑所有的选择。我不希望他们成为一种观点的拥护者。”你认为你有能力作出这样一项重大的决策吗？

实际行动　卓越管理者是如何决策的？

“失败是伟大的导师。”这是生命课堂的一堂课，是由一名在职业生涯中必须作出无数决策的CEO阐述的。失败总是有可能的，但这种可能性不能阻止一个人进行决策。并且你总有可能从结果中学到东西。

“什么时候我应该决策以及什么时候我应该推迟决策？”

通常情况下，在决策之前你会想要保持开放心态，但这有时可能只是一种拖延的掩饰。（毕竟，不作决策本身就是一种决策。）

你如何知道你什么时候是开放心态什么时候是在拖延？这里有一些问题需要考虑。

理解："我对这个问题有一个合理的理解吗？"

对结果的满意度："如果我选择现有方案之一，我会感到满意吗？"

未来可能的方案："如果我有更多的时间，我可以提出一个更好的方案，这是不可能的吗？"

抓住机会："如果我等待，最好的方案可能会消失吗？"

如果你能对这些问题回答"是"，你几乎可以肯定，现在就应该作出决策，不要耽搁了。

"有作出艰难选择的准则吗？"

管理顾问奥德特·皮勒说："每一天每一周我们都可能要作出许多决策，大多数决策是比较小的，但要在危急关头作出大一些的决策真的很痛苦。"这里有一些她提出的方法能使决策更容易一些。

及时决策："延缓处理很少能大大提高决策的质量，"皮勒说。事实上，拖延可能导致更多的金钱、时间和平和心境上的损失。

不要为不重要的决策而挣扎：推迟对小问题的决策可能意味着它们之后会转化为大问题。

分开结果与过程：一个不好的结果意味着你作出了错误的决策吗？答案是不一定。重要的是经过在众多方案中进行选择的良好推理过程，这个过程增加了成功的机会。但即使如此你也不能肯定总是会有一个好结果。

知道何时停止收集信息："收集足够的信息来作出合理的决策，"皮勒建议道，"但不是所有可能的信息。"花费多余的时间可能意味着你会错过机会。

当不知所措时，缩小选择范围：有时有许多很好的方案，而你需要通过去掉一些选择来简化决策。

本章小结

7.1 决策的性质

决策是在已有备选方案中作出的选择。决策制定是从若干行动方案中进行识别和选择的过程。

决策风格反映一个人如何感知信息并对信息作出反应。决策风格往往有一种价值取向，它反映一个人在作决策时对任务和技术层面或人和社会层面的重视程度。决策风格也可能反映一个人对不确定性或模糊事物的容忍度，也就是一个人在其生活中对结构或控制需求程度的高低。当价值取向和对模糊的容忍度结合到一起时，就形成了四种决策风格：指向型、分析型、概念型和行为型。

7.2 理性决策和非理性决策

管理者在制订决策时遵循两种模型：理性和非理性模型。

在理性模型中，制订决策有四个步骤：第一阶段是确定问题或机会。问题就是阻碍目标实现的难题。机会就是出现超出现有目标的可能性。这需要诊断——分析问题的根本原因。第二阶段是思考备选方案。第三阶段是评估备选方案并选择一个解决方案。应根据成本、质量、道德、可行性和有效性五个方面去评估备选方案。第四阶段是实施和评价所选方案。

理性决策模型假定管理者会作出合逻辑的决策，最有利于促进组织的最大利益。理性模型是约定俗成的，它描述管理者应该如何作出决策。

非理性决策模型假设决策几乎总是不确定的和有风险的，因此管理者很难作出最佳决策。三种非理性模型是：满意模型、增量模型和直觉模型。（1）满意模型是基于有限理性的概念提出的，也就是说决策者保持理性的能力受到很多制约，比如时间和金钱。这些制约因素迫使管理者按照满意模型作出决策，也就是说，管理者一直寻找备选方案，直到找到一个令人满意而不是最优的方案为止。（2）在增量模型中，管理者采取小的、短期的措施来缓和问题，而不是采取大的措施来找到一个长期的解决方案。（3）直觉模型是在没有有意识地思考或是逻辑推断的情况下作决策。

7.3　循证决策与分析法

循证管理意味着将基于最佳事实的原则转化为组织实践。它的目的是将理性融入决策过程。

学者杰弗里·普费弗和罗伯特·萨顿确定了七项实施原则，以帮助那些致力于按照循证管理来做以盈利的公司：（1）将组织看作尚未完成的雏形；（2）不吹嘘，实事求是；（3）像旁观者一样看待你自己和你的组织；（4）让组织里的每个人，而不仅仅是高层管理者，都感觉自己有责任去收集和研究定量与定性数据；（5）你可能需要用生动的故事让公司里的其他人接受那些不令人兴奋的事实；（6）至少你应该减慢不良实践的传播；（7）你应该从失败中吸取教训，利用事实把事情做得更好。

将最佳事实应用到决策中是困难的，有七个原因：（1）有太多的依据；（2）没有足够好的依据；（3）依据不是很适用；（4）有人设法误导你；（5）你设法误导你自己；（6）副作用大于治愈的作用；（7）不论以何种方式，要让故事更有说服力。

也许循证管理最单纯的应用就是分析法或商业分析法的运用，这个术语被用在商业数据分析的高端形式中。在那些已经承诺进行定量、基于事实的分析的组织中，学者们发现了三个重要特征：（1）它们超越简单的描述性统计，而是用数据挖掘和预测建模来识别潜在的有利可图的顾客。（2）运用分析法的竞争者不是从一个主要的应用中获取优势，而是通过多方面的应用以支持业务的许多部分来获得优势。（3）整个公司范围内对分析法的接受需要对许多员工在文化、程序、行为以及技能上进行改变，因此，它需要高层管理者的支持。

7.4　决策中的道德问题

公司腐败再次证明了道德在决策中的重要性。许多公司有专门的道德官来解决道德难题，同时越来越多的公司正在创建价值观宣言，以引导员工可取的商业行为。

为帮助制订道德决策，决策树（一种关于决策及它们可能的结果的图）可能会有帮助。管理者应该看拟议的行动是否合法，同时如果它的目的是使股东价值最大化，那么它是否是道德的。如果不采取拟议的行动它又是否是道德的。

管理者的目标应当符合道德原则，这样他们的决策就会是有原则的、恰当的和可辩护的，要与管理者的七项一般道德原则相一致。

7.5　群体决策：如何与他人共事

虽然群体作出的决策不如最优秀的个人单独作出的决策好，但是群体能够作出比大部分人单独行动更好的决策。

群体决策有以下五种可能的优势：（1）更多的知识；（2）不同的视角；（3）智慧激发；（4）

更好地理解决策的根据;(5)更忠于决策。它也有四个劣势:(1)少数人可能支配或威胁;(2)会产生群体思维，群体成员努力达成一致，并因此避开对决策情况进行精确评估的过程;(3)令人满意;(4)目标转移，次要目标被纳入主要目标中。

群体决策有一些需要注意的特征:(1)群体效率比较低;(2)群体的规模影响决策的质量;(3)他们可能过于自信;(4)知识的作用，当群体成员知道许多关于相关问题的信息时，决策的准确度会更高。

参与式管理是员工参与设定目标、制订决策、解决问题以及改变组织中的变革的过程。参与式管理可以提高员工的工作投入、组织认同感和创造性，同时能降低角色冲突和误解。

群体决策一般要求他们达成共识，当成员能表达他们的观点并且达成一致来支持最后的决策时，共识就产生了。

辅助解决问题的两个问题解决方法是:(1)头脑风暴，用来帮助群体成员在解决问题时产生多种想法和方案的一种方法。它的一个变体是电子头脑风暴，是小组成员使用计算机网络来产生想法的方法。(2)在计算机辅助决策中，可能会用到单驱动系统，它要求参与者回答在电子键盘或表盘上预定的问题;或者可能用到群驱动系统，它是参与者在一个房间里通过计算机网络匿名表达他们的观点。

7.6 如何克服决策障碍

在面临一个难题或是机会的挑战时，人们可能有四种无效反应和三种有效反应。

无效的反应如下:(1)轻松回避，管理者认为不会有大的不好结果出现，所以决定不采取任何行动。(2)轻松改变，管理者认识到完全不采取行动将会产生消极后果，但是会选择第一个可用的包含低风险的方案。(3)防御性回避，管理者不能找到一个好的解决办法，随之而来的是拖延、推卸责任或者否认任何消极后果的风险。(4)恐慌，管理者是如此慌乱不安地去处理问题，以至于他不能现实地去应付危机。

有效的反应包括决定放手去做，即管理者认为他必须决定面对问题或机遇应该做什么，并采取有效的决策步骤。三种方法帮助管理者决定是否要放手去做，要对以下几点进行评估:(1)重要性——这种情形有多么至关重要;(2)可信度——关于这个情形的信息有多可信;(3)紧急度——管理者必须以多快的速度在有关信息的基础上采取行动。

启发法是经验法则或是简化决策过程的策略。一些启发法或受决策者处理信息方式的影响而容易产生的偏差有:可获得性偏差、证实性偏差、代表性偏差、沉没成本偏差、锚定和调整偏差以及承诺升级偏差。(1)可获得性偏差的意思是管理者使用记忆里随时可获得的信息来作出判断。(2)证实性偏差的意思是人们寻求信息以支持他们的观点，而不管那些不能够支持自己观点的信息。(3)代表性偏差是将一个小样本或一个单一事件一般化的倾向。(4)沉没成本偏差，管理者把在一个项目上所有已经花费的钱加总起来，然后得出结论是成本太高而不能简单地放弃它。(5)锚定与调整偏差是依据初始数据来作出决策的倾向。(6)承诺升级偏差描述的是，尽管有关于这个项目的负面信息，然而决策制定者仍增加他们对项目的承诺。前景理论就是一个例子，它提出决策者发现一个真正的损失的念头会比放弃收获的可能性更痛苦。

管理实践　运用分析法能产生更好的决策吗？

当今商业环境充斥着数据和数字捣弄机，但只有某些公司已经把该技术从辅助工具转化为一种战略武器。它们收集、分析和处理数据的能力是其竞争优势的基础和优秀业绩的来源。

一个最好的例子是安海斯-布希公司（Anheuser-Busch），这家位于圣路易斯 的公司是世界上许多最畅销啤酒的酿造商。它建立了科学的监测指标，使其能够了解何时、何地以及为什么消费者购买啤酒，这样的远见使该公司连续20个季度实现了两位数的利润增长。

该公司的核心竞争能力是BudNet，一个实时的网络，能收集几十个关键业绩指标的数据，公司的分销商们会把他们货架和产品定位的情况反馈到该网络。公司总部的分析师会定期分析和挖掘数据以作决策支持。

另外，安海斯-布希公司会把从分销商信息系统里搜集到的数据与其他关键数据（如美国人口普查有关社区族裔和经济构成的数据）结合起来，使公司设计出符合当地市场的促销策略。

最近，安海斯-布希公司第一个认识到顾客购买偏好向更健康饮料转移的重大转变，利用此信息成功获取了低碳水化合物的啤酒市场。

虽然各种组织几十年来一直在收集关于顾客购买习惯以及其运营过程效率的大量数据，但安海斯-布希公司是一家将分析法提升到新水平的与众不同的数据驱动公司。

位于马萨诸塞州韦尔斯利的埃森哲高绩效企业研究院的执行研究员保罗·努内斯（Paul F. Nunes）讲到："像安海斯-布希这样的公司在竞争中表现得很聪明并且以策略制胜，因为它们具有分析和处理信息的独特能力，这是它们做生意的一种基本能力。"

埃森哲对高绩效构成要素的不断研究证明，信息确实是一种强大的力量。这家全球管理咨询、技术服务和外包公司最近对横跨35个国家的19个行业的370家公司中的450名管理者进行了调查。公司证明了对分析法的广泛和熟练的运用与持续高绩效之间具有很强的联系。

通过对受访者的调查，埃森哲公司的研究证明，高绩效公司——从长期来看，在经济和产业周期中经过了几代领导，始终并且较大地超越竞争对手的能力——选择分析法作为其重要竞争优势是低绩效公司的五倍多。

珍妮·哈里斯（Jeanne Harris）是埃森哲高绩效企业研究院的董事，是她带头进行的这项研究，她指出："相信分析法并且使它成为公司独特能力的一部分，这不是关于更好的数字处理器，而是关于重塑公司的核心价值体系，这一点始终把市场领导者和失败者区别开来。"

此外，埃森哲公司确定了在分析法方面获得成功的三类公司。

"有些公司是与生俱来的，"哈里斯女士解释道。典型的例子包括互联网巨头，如谷歌——占统治地位的搜索引擎公司；亚马逊——领先的在线零售商；Netflix——在线DVD租赁公司的开辟者，这些公司都是从捕获和分析数据的基础上发展起来的。"它们正确地把分析法视为它们竞争武器库中的关键武器。"

哈里斯女士接着说道："其他公司，如宝洁公司、通用电气公司，有长期的值得骄傲的使用分析法的历史，从而驱动了它们的高绩效。"

最后，有些公司已经开始支持分析法，或者将分析法作为战略转变的一部分，或者将它作为一项大幅度改变其市场定位的计划。她说："这些就是那些利用分析法，从而使自己转变成为推动结果并拉开与竞争者距离的公司。"

与此同时，埃森哲明确指出公司可以从这

三种方法选择加入分析法的队伍中去。

首先，简单来说，公司在改善服务方面可以利用分析法来增加其所提供的价值，比如更好更及时地交付货物和提供服务；第二，它们可以为它们的用户开发和提供更个性化的服务；第三，它们可以扩大其在价值链上的参与。

Cemex S. A. 是一家水泥和建筑方案全球供应商，总部位于墨西哥的蒙特雷，通过使用分析法按时并按照客户的条件把产品交付给客户，从一个区域成员发展成了世界领先者。

深刻地了解客户，这是该公司通过认真收集有关顾客需求的数据而达到的，这使它认识到了一个关键的和未满足的需求：快速交货。

预拌混凝土容易变坏，并且在卡车装载时就开始凝结。Cemex发现，从接到承包商的订单到混凝土的交付平均需要3个小时，这些拖延对承包商来说是很昂贵的，它们的员工只有等到混凝土来了以后才能开工。

更为复杂的问题是，墨西哥和其他发展中国家一样被主要城市的交通堵塞所困扰，这使公司难以准确地按计划交付。

Cemex公司决定向时间紧迫的承包商收取额外费用，如果减少交货次数，那么公司也可以通过减少途中硬化的混凝土数量来降低成本。

为实现这一目标，Cemex公司再次转向分析法，这次是收集数据和研究运送者、快递公司、警察和护理人员所使用的方法和技术。

在此研究的基础上，Cemex公司制定了一项战略，用全球卫星定位系统和基于网络的车辆调度技术来装备其墨西哥的混凝土卡车，以缩短响应时间。使用这些系统重新配置业务流程使该公司能在20分钟的时间内把水泥运送给客户，从而提高了生产率和客户忠诚度。

讨论：

1. 与理性决策模型相关的四个步骤中，哪一个步骤最有可能受到使用分析法的影响？说出你的理由。

2. 在循证决策的七个实施原则中，安海斯-布希公司和Cemex公司使用了哪些？举例支持你的结论。

3. 分析法的使用会带来或多或少的道德决策吗？请解释。

4. 为什么没有更多的公司依靠循证管理？

资料来源：Excerpted from Peggy Anne Salz, "Intelligent Use of Information Is a Powerful Corporate Tool," *The Wall Street Journal*, April 27, 2006, p. A10.

自我评估　你的决策风格是什么？

目的

1. 评估你的决策风格。
2. 考虑你决策风格的影响。

引言

本章讨论了决策风格模型。决策风格被认为随人对模糊事物的容忍度和价值取向的不同而不同。这样，把这两个维度结合到一起就产生了四种决策风格（见图7-1）。这个练习用来评估你的决策风格。

说明

以下是有关决策的九个问题，阅读每个问题并选择最能代表你对该问题感受的选项。记住答案没有对错。

1. 我喜欢的工作
   a. 是技术性和明确的
   b. 有很大的多样性
   c. 允许独立行动
   d. 涉及人际合作
2. 在我的工作中，我寻求
   a. 实际成果
   b. 最好的解决方案
   c. 新办法或观念
   d. 良好的工作环境
3. 在面临一个待解决的问题，我
   a. 相信已被证明的方法
   b. 进行仔细分析
   c. 寻找创造性的方法
   d. 依赖自己的感觉
4. 使用信息时，我喜欢
   a. 具体的事实
   b. 准确和完整的数据
   c. 覆盖面广的多种选择
   d. 容易理解的有限数据
5. 我尤其擅长
   a. 记住日期和事实
   b. 解决难题
   c. 看到多种可能性
   d. 与其他人交互
6. 当时间很重要时，我
   a. 迅速决定和采取行动
   b. 按照计划和优先顺序
   c. 不愿承受压力
   d. 寻求指导和支持
7. 跟那些人在一起，我能工作得很好
   a. 精力充沛，雄心勃勃
   b. 自信
   c. 思想开放
   d. 礼貌和信任
8. 别人认为我
   a. 有进取心
   b. 有纪律性
   c. 想象力丰富
   d. 热心帮助
9. 我的决定通常是
   a. 现实和直接的
   b. 系统或抽象的
   c. 广泛和灵活的
   d. 对他人的需求敏感的

评分与解释

给该练习题评分，每选一个a就给a记1分，每选一个b就给b记1分，以此类推。把每个字母的分加起来，最高分就代表你的决策风格。如果你的最高分是a，你是指向型风格；如果最高分是b，你是分析型风格；如果最高分是c,你是概念型风格；如果最高分是d，你是行为型风格。看看本章对这四种风格进行详细描述的有关材料。

问题讨论

1. 你最高和最低得分的风格是什么？

2. 结果准确反映出你的自我认知吗？作出解释。

3. 你的决策风格有哪些优点和缺点？请讨论。

4. 其他的决策风格，哪种最不符合你的风格？你怎样与具有这样风格的人在一起更有效地工作？请讨论。

资料来源：Adapted from A. J. Rowe, J. D. Boulgarides, and M. R. McGrath, *Managerial Decision Making* (Chicago: SRA, 1984) .

道德困境 韦斯特伍德中学的校长应当允许毕业着装规定的特例吗?

亚利桑那州梅萨的韦斯特伍德中学的校长海伦·里德尔(Helen Riddle)面临着一个困境。韦斯特伍德中学有225名美国土著学生,包括112名来自盐河皮马-马里科帕印第安人社区,该区的大部分在梅萨联合学区的边界之内。学区范围有452名美国土著高中生,其中149名来自盐河保护区。

情况是这样的:美国土著学生问校长是否允许他们在毕业典礼上戴鹰羽毛。考虑到这些学生的风俗和传统,这似乎是合理的请求。但是据报纸报道,韦斯特伍德中学有一个规定:学生在毕业典礼上只允许穿戴传统的毕业帽和长袍,不能是其他装饰或衣服,包括军事制服。这项规定是根据学校过去的实践和传统而定的,不是学校董事会的政策。

土著学生的支持者认为,应该允许学生戴鹰羽毛,因为它们在那些人的生活中代表着重大成就。相反,学校董事会的一名成员反对违反规定的特例,他认为"这将为那些希望展示自己文化或背景的象征的其他学生打开大门。"

解决困境

如果你是韦斯特伍德中学的校长,你会怎么做?

1. 现在和将来都允许土著学生戴鹰羽毛。这表示欣赏多样性。

2. 不允许土著学生戴鹰羽毛,因为它违反现有规定。允许特例将为额外请求改变着装的同学打开方便之门。你将如何捍卫一个例外而拒绝另一个例外?

3. 只允许学生在今年的典礼上戴鹰羽毛,然后成立一个委员会来审查着装规定。

4. 想出其他选项,并讨论。

资料来源:Excerpted from J. Kelley, "Westwood Students Get OK for Eagle Feathers," *The Mesa Republic*, May 25, 2006, p. 15.

8 组织的文化、结构和设计

你应该能够回答的主要问题：

8.1 组织在何种文化中运作？

主要问题：如何找到组织的“社会凝聚力”，其通常的运作方式是怎样的？

8.2 发展高绩效文化

主要问题：如何设计组织文化，以提升其经济绩效？

8.3 组织是什么？

主要问题：营利性、非营利性和互利性组织是如何构建的？

8.4 组织的主要要素

主要问题：加入一个组织时，应该注意组织的哪七个要素？

8.5 组织结构的基本类型

主要问题：如何描述七种组织结构？

8.6 权变设计：创建最佳结构的因素

主要问题：组织结构的设计受哪些因素影响？

管理者工具箱 什么时候应当授权，什么时候不应当授权？

所有管理者都必须学会如何授权，即分派给公司下级人员相应的管理权限与职责。但即使是高层管理者，也可能出现授权失败的情况。包括那些你很难猜到的人，比如哈佛大学校长尼尔·L·鲁登斯坦（Neil L. Rudenstine）博士，他在1991年成为哈佛大学的校长。刚开始时，超负荷的工作使他疲惫不堪，以至于他不得不在家休养了两周。这件事情告诉我们，他应该学会设定优先次序，并授予下属适当的职责。

“为了一天能做更多的工作，你必须少做，而并非使每一件事情做得更快，”加利福尼亚州奥克兰的生产率专家奥德特·皮勒说。如果作为一名管理者，你发现自己经常延期，经常把工作带回家，甚至还要替下属做工作，而下属执行任务时还要不断地请求你的批准，那么就说明你授权不当。下面有一些指导准则：

- 将例行公事和技术事务授权：总是设法将一些日常工作和文书工作授权。当遇到技术方面的事务时，让专家来处理。
- 授权那些有利于下属成长的工作：尽可能让你的员工去处理他们自己的问题。让他们尝试新的东西，这样有助于他们在工作中成长起来。
- 不要将机密和私人事务授权：任何机密的或是涉及职员评估、公司纪律和职员咨询的问题，都不要交给别人做。
- 不要将紧急事务授权：所谓紧急事务，是指几乎没有时间解决但是又必须由自己处理的危机。
- 不要将老板委派的特殊任务授权给他人来做，除非你得到了老板的许可：如果主管委派你一项特殊任务，比如参加一个特别会议，除非已经得到了老板的许可，否则不要把此项任务交给他人来做。
- 授权的工作应该与下属的技能和才干相匹配：如果认识到授权会包含一定的风险，那你分配的任务就要适合员工的培训、天赋、技能和动机。

讨论：管理者授权失败有很多原因。他们过分追求完美；他们认为只有他们才可以处理好“特殊的”、“困难的”、“不同寻常的”问题或客户；他们希望保留充满乐趣的工作部分；他们害怕他人认为自己懒惰；他们不愿意让员工承担风险；他们担心下属不能按时交付工作成果；他们害怕下属工作突出甚至会超过自己。如果你不太擅长授权，是由以上原因造成的吗？还有其他方面的原因吗？

本章概要

本章主要研究组织文化及其重要性，然后考察组织的三种类型和七个基本特点，接下来讨论组织结构的七种类型。最后，我们看看设计组织结构需要考虑的五个因素。

8.1 组织在何种文化中运作?

主要问题:如何找到组织的“社会凝聚力”,其通常的运作方式是怎样的?

本节概要

组织——管理过程四个职能中的第二个职能,对它的研究始于对组织文化的研究。组织文化存在于三个层面,包含四种功能。

想要在工作场所表现突出却讨厌“办公室政治”?

在没有做好第二的情况下,你很可能无法达到第一。尽管努力工作与天赋可以让你走得很远,但是“在每个人的职业生涯当中会有一个点,办公室政治变得越来越重要,”管理学教授凯瑟琳·凯利·里尔登(Kathleen Kelley Reardon)说道。《秘密握手》(*The Secret Handshake*)与《全是办公室政治》(*It's All Politics*)的作者里尔登指出:你必须知道自己所在公司的政治气氛。“不要到最后才明白人们是如何晋升的,他们是如何受人关注的,以及项目是如何日益成熟起来的。你不必匆忙去相信这些,但是如果你不懂得这些政治阴谋的话,你会更容易失败。”

学习应对办公室政治的一个重要内容就是研究不同的行为与心理特征,这是学着了解组织文化的一个特殊的办公室手段。组织文化不仅由公司的传奇人物所构成,还包括组织的运作方式。

什么是组织文化?

根据学者**埃德加·沙因**(Edgar Schein)所说,**组织文化**(organizational culture)有时也称作企业文化,它是在组织中发展起来的、指导组织成员行为的共同信念与价值观体系。组织文化是使成员团结在一起的“社会凝聚力”。就像人有个性——可爱的、温和的、焦虑的、竞争的——组织也有自己的“个性”,这就是组织文化。

组织文化千差万别,不同的组织在风险承担、员工待遇、团队协作、规章制度、冲突处理以及奖励等方面具有不同的特点。这些特点的来源也各不相同,它们可能代表公司创立者的观念、奖励机制,或者是竞争对手的影响等等。

组织文化的四种类型:团队型、偶发型、市场型、层级型

根据一种常用的方法竞值架构(competing values framework),可以将组织文化划分为四种类型:(1)团队型;(2)偶发型;(3)市场型;(4)层级型。

1. **团队型文化:以员工为中心,重视灵活性而非稳定性** **团队型文化**(clan culture)关注组织内部,注重灵活性而非稳定性与控制性。就像一个家庭型的组织,它鼓励成员之间相互合作,通过共识与工作满意度的提升,努力增强组织内聚力,

并通过员工的参与来增强员工的认同感。团队型组织投入大量的资源来雇用和发展它们的员工，并把客户视为公司的合作伙伴。西南航空公司就是团队型文化的一个很好例子。

2. 偶发型文化：注重灵活性的冒险文化　偶发型文化（adhocracy culture）关注组织外部，注重灵活性。这种类型的文化试图在市场中通过它的适应力、创造力以及

案　例　企业文化：组织的不同“个性”

组织文化好比人们的性格，呈现出不同的特点。那么以下的例子是否与上面描述的组织文化类型相符？

美国瓦莱罗能源公司（Valero Energy）在2006年《财富》杂志评选的美国员工最乐于为之工作的公司排名中，名列第三。“我们的确将员工视为首位，”公司董事长比尔·格里希（Bill Greehey）说道，“我们公司从来没有解雇过一名员工，我们给员工提供最好的薪资和最好的福利，而且公司最低层员工也能享受股票期权……每个员工都受到公平的待遇，没有任何人受到歧视……关心的态度的确是企业文化的一个重要部分，而绝不是一句空话，我们每天都是这样做的。”

在辉瑞制药公司（Pfizer Pharmaceuticals），药品开发是高风险、高成本的尝试，针对特定的疾病，它需要上百名科学家筛选上千种化学药品，但是最后证明其中96%的成分是无效的。然而，因此而形成的企业文化使药品研究人员为了小小的成功而生活，它是一种对失败的管理。因此，一则报道中提到“当研究人员发表一篇文章或者在一项新治疗实验上取得了积极的成果时，就会在整个组织中宣扬。”

2001年，罗伯特·纳德利（Robert Nardelli）成为家得宝的首席执行官后，他决定调整公司的文化，以提升业绩。他减少了商店管理者的自主权，并集中采购职能。此外，还在每周一早上的会议中对15名执行官进行标准绩效考核。每年，他都会举办一次为期8天的计划会议，然后按季度实施计划。给予表现突出者相应的奖励，并解雇那些没能达到目标的员工。

上述分别是团队型文化、偶发型文化和市场型文化的例子。

思考：

并非所有的企业文化都能运行得很好。例如，据自曝家丑的谢伦·沃特金斯说，安然的公司文化使它成为一个“非常傲慢、不可动摇的地方”。纽约出版商哈伯柯林斯则在一起员工起诉中被控诉其文化充满“流言、背后捅刀子、散播负面消息和恶意”。据报道一些华尔街的公司，如花旗银行和美林证券，实行或者晋升或者灭亡的文化。在公司里执行官被迫追求最大利润，一旦失败则会迅速被解雇，但是在执行官离开之后又很难找到合适的人选。有时公司在试图提高业绩时对公司进行彻底的修整，但是实际的结果可能是相反的。报道过的有位于加利福尼亚州圣克拉拉的电脑芯片巨头英特尔公司，它在2006年进行了裁员，裁掉了许多在员工发展方面经验丰富的管理者。其后果是员工抱怨英特尔丢掉了使公司成为一个受欢迎的工作地的资本，包括成为“一个奖励创意、坦诚交流和员工参与的地方”。那么这些应该归于哪种组织文化呢？

对市场变化作出快速反应来创造创新产品。它鼓励员工冒险并尝试用新方法做事情。偶发型文化非常适合刚刚创建的公司、处于不断变化的产业的公司，以及那些处于成熟产业且需要通过创新获得进一步增长的公司。W. L. Gore公司就是偶发型文化的一个例子。

3. 市场型文化：充满竞争的文化，注重效益超过员工满意度 **市场型文化**（market culture）十分关注组织外部环境，注重稳定性与控制性。因为市场型文化关注外部环境，又被竞争所驱使，并且想要获得成果的动机强烈，所以相比员工的发展与满意度，组织把顾客、生产能力和利润看得更重要。组织期望员工努力工作、快速反应，并按时交付优秀的工作成果，对那些交付成果的员工给予奖励。美林证券就是市场型文化的一个例子。

4. 层级型文化：注重稳定性与控制性的结构性文化 **层级型文化**（hierarchy culture）关注组织内部，注重稳定性与控制性超过灵活性。这种文化的公司更加倾向于拥有一种形式化、结构化的工作环境，目的在于通过多种控制机制，有效监测产品生产与交付过程中的效率、时效性以及可靠性。戴尔公司就是层级型文化的一个例子。

组织文化的三个层面

组织文化表现在三个层面：(1) 外显文化产品；(2) 所信奉价值观；(3) 基本假设。每个层面都随其外在呈现和对变化的抵制而不同，并且每个层面又会影响另一个层面。

层面一：外显文化产品——文化的物理表象 在最可见的层面，组织文化表现为看得到的人工制品——物理表象，如穿着方式、奖励、公司轶事、仪式礼节以及装饰，还有管理者和员工所展现的行为等。通过允许这些外在的东西，像员工在工作日穿职业休闲装，周五可以穿牛仔装，百货商店零售商杰西潘尼（JCPenney）正努力使自己从传统的、层级型的文化转变成为更加随意和灵活的文化。

层面二：所信奉价值观——明确规定的价值观和准则 **所信奉价值观**（espoused values）是组织明确规定的价值观和准则，可能由公司的创立者或高层管理者提出。例如，惠普公司强调的"惠普之道"，是一种共同负责、人人平等的文化，它给予员工尽可能多的自主权和工作安全感。虽然管理者可能希望他们信奉的这些价值观会直接影响员工的行为，但是员工却不总是说到做到，他们经常更多地受到**所施行价值观**（enacted values）的影响，它们代表了公司中实际表现出的价值观和准则。例如，一个国际公司在总部的走廊上挂着标语，声明"信任"是它的驱动原则之一（所信奉价值观），然而公司却有个政策，在进出公司大楼时检查员工的行李（所施行价值观）。

层面三：基本假设——组织的核心价值观 基本假设不是表面的，它代表组织文化的核心价值观——那些被大家所认可的，因此对其变化非常抵制。罗伯特·纳德利作为家得宝的新任首席执行官，当他废除那种商店管理者有太多决策自由的文化时，就遇到了这种抵制。面对新的、强调一致性的高度集中的文化，管理者抱怨他们填表格的时间比服务客户的时间还要多，很多人因此丧失信心，然后离职。

员工如何学习文化：象征、故事、英雄、礼仪和仪式

文化通过一些方式来传递给员工，最常见的有以下几种方式：（1）象征；（2）故事；（3）英雄；（4）礼仪和仪式。

1. 象征　象征（symbol）可以是将意义传达给他人的目标、行为、品质或者事件。在一个组织当中，象征传递它最重要的价值观。比如，3M每年都给开发新产品并且达到重要收益水平的员工颁发“金卡奖”。

2. 故事　故事（story）建立在真实事件的基础上，不断重复讲述，有时加以润色，以突出一种特殊的价值观。这些故事是组织成员以口头的形式讲述或复述的一些在组织发生的事件。

下面是一个在丽思卡尔顿酒店讲述的例子。一个沙滩服务员正忙着摆放整齐晚上聚会的椅子，这时候一位客人请求留出两把椅子，因为他想在那个晚上跟他女朋友一起返回沙滩，然后向她求婚。虽然这个服务员就要下班了，但是他不仅在沙滩上留出了两把椅子，而且还准备了燕尾服，拿来了鲜花、香槟酒和蜡烛。到了晚上，这个服务生在沙滩上等到了这对情侣。他引领他们来到桌前，拿出鲜花，点上蜡烛，打开了香槟酒。这个故事的重点是：这位服务员的细心服务已经远远超出了自己的工作职责，传递出丽思卡尔顿酒店致力于满足顾客需求的宗旨。

3. 英雄　英雄（hero）是那些其成就能够体现组织价值观的人。英雄的成就，不管在过去还是现在，都会一直激励员工做正确的事。丽丝卡尔顿酒店的沙滩服务员正是这样的英雄。

4. 礼仪和仪式　礼仪和仪式（rites and rituals）是有计划或没有计划的庆祝公司历史上的重要事件和成就的活动与典礼。军队和运动队颁发勋章和奖品的庆祝方式广为人知，同样公司也有它们自己的礼仪和仪式。例如，玫琳凯公司每年都会举办五次背靠背会议，会议有5万名独立的美容顾问参加，他们会给在销售和招募新成员方面有突出成就的最杰出员工颁奖。公司的创立者玫琳凯·艾施（Mary Kay Ash），会亲自向最优秀的销售人员授予珠宝、提供旅游以及粉红色凯迪拉克。直到今天，这个仪式仍在继续。

文化的重要性

组织文化可以有力地塑造公司的长期成功。

“如果员工知道自己的公司代表什么，明白他们要维护什么标准，那么他们会更容易作出支持公司标准的决策，”管理专家特伦斯·迪尔（Terrence Deal）和艾伦·肯尼迪（Alan Kennedy）这样写道，“他们同样更有可能感觉他们是组织的重要部分。他们有动力，因为公司的生活对他们有意义。”对于非营利组织的员工而言，情况同样如此。

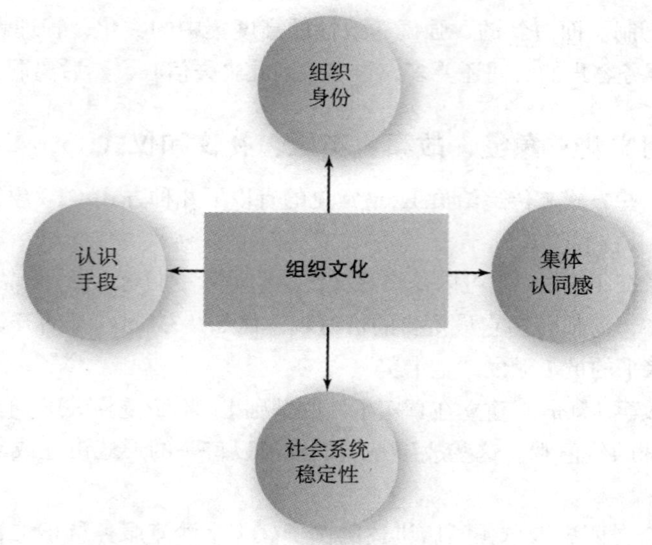

图8–1 组织文化的四种功能

资料来源：Adapted from discussion in L. Smircich, "Concepts of Culture and Organizational Analysis," *Administrative Science Quarterly*, September 1983, pp. 339 - 358. Copyright © 1983 Johnson Graduate School of Management, Cornell University. Reprinted with permission.

组织的文化有四种功能。（见图8–1。）

1. **它给成员一种组织身份** 例如在西南航空公司，高级执行官不断强调公司的宗旨——对待员工要像对待顾客一样，而且他们不断赞美那些在自己职责以外作出贡献的员工。

2. **有利于形成集体认同感** 对于3M公司，它的价值观之一是成为"员工对成为其一部分感到骄傲的公司"。这种集体认同感使3M公司的离职率低于3%。3M公司的一名管理者说："我在公司工作了27年之久，坦白说，没有什么原因可以让我离开，我有很多机会去从事不同的工作并开创一番事业。3M就是这样一个伟大的公司。"

3. **促进社会系统的稳定性** 组织越能有效地管理公司冲突与变革，员工则越能感觉到工作环境的积极面，组织内的社会系统也就会更稳定。3M公司适时地聘用有能力的大学毕业生，同时给解雇人员提供六个月的时间便于其找到新工作。这样，就有效地促进了公司的社会稳定性。

4. **帮助员工认识周围环境以塑造其行为** 组织文化可以帮助员工了解组织为什么要做它所做的事情以及打算怎样实现其长期目标。3M公司为创新设定了预期，例如，对刚来公司的实习生实行带薪实习制度，薪水为公司新来大学生员工的30%。

有时组织文化甚至可以取代组织结构，也就是说，组织文化可以取代正式的规章制度。在这些例子中，公司员工以秩序感和可预测性为指导，这正是组织文化所提供的，而并不是公司的规章制度。

8.2 发展高绩效文化

主要问题：如何设计组织文化，以提升其经济绩效？

本节概要

三种观点能够解释为什么组织文化能够提高公司的经济效益：力量、匹配和适应。一种特定文化融入一个组织的方式有很多种，这里介绍其中的11种。

当公司最成功的产品销售量开始下降时，公司应采取什么措施呢？财务软件制造商英图伊特公司（Intuit）也遭遇过这种状况，后面我们会讲到。组织能否成功应对取决于它的组织文化。

提升经济绩效的文化：三种观点

从提高竞争力和盈利能力来说，什么类型的组织文化能够提升组织的经济效益？目前的观点有三种：（1）力量；（2）匹配；（3）适应。

1. 力量观：公司拥有强势文化会带来成功 **力量观**（strength perspective）认为公司文化的力量与公司的长期财务绩效有关。当员工由于信赖公司的目标而支持公司的价值观时，这种文化就是强势的。而当员工是通过众多的程序和官僚主义被迫接受公司的价值观时，这种文化就是虚弱的。力量观支持这种观点，即强势文化能够创建用来提高组织效益的共同目标、员工动力以及合适的组织结构和控制力。

评论认为，强势文化的缺点是：财务上的成功会进一步强化文化的准则，以致管理者和员工变得骄傲自大、以自我为中心、抵制变革，高层管理者对新战略计划的需求变得盲目。例如：美国汽车制造商多年来的强势文化使得他们不愿意根据市场需求作出根本的调整。

2. 匹配观：当文化与公司的经营环境相匹配时会带来成功 **匹配观**（fit perspective）认为组织文化必须与它的经营或战略环境相匹配。恰到好处的匹配可以产生更高的财务绩效。

例如，在卡莉·菲奥莉娜上任之前，从1957年到1990年早期的惠普公司“惠普之道”文化将自主权尽可能放到公司的各个层次，并营造一种强调整体、尊重个体、重视团队合作、追求创新以及强调顾客和改善社区环境。匹配观对惠普公司的成功具有重要贡献——直到1990年后期高科技产业开始变革。

3. 适应观：当文化有助于公司适应时会带来成功 **适应观**（adaptive perspective）认为最有效的组织文化会帮助组织预测和适应环境的变化。

哪种观点是准确的？一项对22个产业的207家公司在1977—1988年期间的调查

案 例 英图伊特公司印证了适应型文化

位于美国加利福尼亚州山景城的英图伊特公司，是著名的财务软件生产商，旗下软件包括TurboTax、QuickBooks、Quicken等。然而，在2003年，公司的文化开始变革，尤其是当网上银行减少了个人财务管理软件的需求以后，公司的Quicken销售量开始下降。那时彼得·卡帕斯负责Quicken方案小组，他开始鼓励他的员工采取创新思维，而不是简单地改善他们的核心软件程序。他挑选了几名具有企业家精神的员工，鼓励他们寻求自我激励的东西，勇往直前，然后解决这些问题。

其中一名是工程部经理丹·罗宾逊，他的儿子赞恩生于2000年，患有罕见的基因混乱，需要做心脏手术、胃部手术，以及一些其他方面的治疗。在六个月的治疗中，罗宾逊和妻子承受了巨大的压力，以至于他们根本无心关注几乎每天都有的医疗账单。《商业周刊》的一篇报道写道："当罗宾逊最后坐下来开始整理文件箱中积累的文件时，才发现心脏手术的10万美元账单并没有寄给他的保险公司，而且与保险公司的账单很多对不上。"

为了解决这件事情，罗宾逊开始着手编写一个软件程序。在编写的过程中，他发现可能还有很多有健康问题的人也需要处理这方面的事务。2003年秋天，他把自己的想法告诉了卡帕斯。公司给予罗宾逊和一个叫凯特·威尔克的搭档时间和资源去访问几十个人，以了解他们如何处理他们的医疗账单以及结算单。他们发现人们为了几美元的保险赔偿，甚至会花费几个小时，并且他们想有某种方式来维护他们对医药文件的控制权。

最终，"医疗费用管理"软件诞生了，它被公司挑选出的小组迅速用来处理各种复杂的医疗事务。虽然迄今为止，以英图伊特公司的标准，它只是一棵小摇钱树而已，但是公司相信，它会对医疗领域带来革命性的影响。

思考：

你认为大多数组织都能适应不断变化的环境吗？在组织中移植一种适应型文化需要采取哪些措施？

在一定程度上支持力量观和匹配观。然而，最后的调查结果却完全与适应观相一致。具有适应型文化的公司的长期财务绩效是最高的。

文化融入组织的11种方法

公司的创立者和手下的管理者，必不可少地要运用教学式的方法来传递构成公司文化的价值观、信念、期望、行为规范以及经营哲学。以下是一些常用的传递方式：

1. **正式声明** 传递公司文化的第一种方法就是采用正式声明的方式，包括对公司哲学、使命、愿景、价值观的声明，以及招募、挑选和使员工社会化的材料。例如，沃尔玛的创立者山姆·沃尔顿声明了代表该公司文化核心的三种基本价值观：（1）尊重个体；（2）为顾客服务；（3）力争卓越。

2. **口号和格言** 公司的文化可以用语言、口号、格言和简称的形式表达出来。

例如，亚利桑那州立大学W. P. 凯瑞商学院的院长罗伯特·米特尔斯达特（Robert Mittelstaedt）通过提出“有思想高度的商学院”的口号来推动他的学校实现成为世界一流大学的目标。这个口号鼓励教师们致力于推动学校的教育质量与研究工作。

3. 故事、传奇和神话　在The Associates公司，时间是被高度重视的资源。为了强调不浪费时间的重要性，公司流传着许多关于高层管理者因为迟到而错过了飞机或者会议的故事。

4. 领导者对危机的反应　高层管理者如何应对关键事件以及组织的危机，能够传递出清晰的组织文化信息。例如，加拿大人多佛·查尼（Dov Charney）刚涉足服装贸易时还是一名大学生，他在凯马特购买了许多T恤，然后通过一个U-Haul卡车将它们进口到加拿大。后来他退学了，从他父亲那里借了1万美元，来到南卡罗来纳州制造服装，就在这个时期，其他的服装厂商发现在海外制造服装更便宜。查尼申请了破产，但随后又把公司迁到了加利福尼亚州，决定重新经营公司。他说：“我知道我可以让公司与众不同，而且我知道我可以让它起死回生，热情是成功的关键，最重要的是你要相信自己所做的事情。而且你要有韧性，因为竞争对手时刻都想打倒你。”现在查尼的公司美国服饰（American Apparel）已经拥有超过6700名员工。而且公司还会生产其他厂商已经放弃的衣服：它所有的服装都是在美国生产的。

5. 榜样塑造、培训和指导　Triage咨询集团是加利福尼亚州的一家医疗金融咨询公司，高度重视完成可衡量目标的卓越业绩。新员工要在4天内迅速掌握公司的文化与方法，接下来6周则由15名模范人员轮流训练新员工。不超过一年，表现最好的员工开始管理他们自己的项目，进一步推进他们的职业发展。公司一年要进行四次绩效评估来进一步促进成果的产生。

6. 物理设计　英特尔公司起步时，所有员工都在统一的隔间里工作，这与公司公平的理念相一致（即使高层管理者也没有预留的停车位）。然而，隔间的设计与创新的理念相冲突，所以公司尝试开放式的工作环境，同时设有小会议室。这种开放式的环境不仅激励同事间的相互合作，而且减少了喧闹的噪音，因为大家可以意识到自己的行为是否影响到了旁边的同事。英特尔公司希望这种工作环境能够有助于创新思维的产生。

7. 奖励、头衔、晋升和奖金　在Triage咨询集团，同一层次的员工得到相同的工资，但是员工有可能得到业绩奖金，这又强化了成就的文化。业绩奖金在一定程度上基于同事的投票——那些对公司贡献最多、获得支持最多的员工，会在公司每年的年度会议上得到认可。

8. 组织目标和绩效标准　许多组织为人员招募、挑选、发展、晋升、解雇和退休建立组织目标和标准，所有这些都可以加强组织想要的文化。例如，百事公司设置了具有挑战性的目标，以加强公司旨在高绩效的文化。

9. 可衡量和可控制的活动　组织有大量的活动、程序和成果，组织的领导者可以关注、衡量和控制它们，这样就会形成特定的文化。例如，美孚公司的信条是“我们所做的一切都追求效率”，因此管理者通过共同努力来衡量、控制、和奖励成本效率。

结果，不管石油的价格是升是跌，公司都以提供一致的报酬而著称。

10. **组织结构** 层级结构存在于大多数传统组织里，相比去掉很多管理层级而给予员工更多权力的扁平化组织，它更有可能形成一种倾向于控制和权力的文化。例如，铁路公司的层级结构与第2章提到的丹麦助听器制造商奥迪康公司“意大利面式”组织的文化有很大不同。

11. **组织系统和程序** 公司越来越多地利用电子网络来增进员工之间的合作，增加创新，以及提高质量和效率。例如，加利福尼亚州的盛瑞纳软件公司（Serena Software）在14个国家的29个办公地点拥有800名员工，它鼓励员工自由注册Facebook，把网络作为一种促进彼此了解的工具。与采用公共网络站点不同，陶氏化学公司（Dow Chemical）则创建了公司内部的社交网络，以在公司目前、过去和临时员工之间建立关系。

8.3 组织是什么？

主要问题：营利性、非营利性和互利性组织是如何构建的？

本节概要

营利性、非营利性和互利性组织的组织结构可以通过横向或纵向的组织结构图来表现。

根据**切斯特·巴纳德**（Chester I. Barnard）对组织的经典定义，**组织**（organization）是有意识地对两个人或更多人的活动或力量进行协调的系统。按照这个定义，两个船员为了操控一艘捕金枪鱼的船而相互协调他们的活动就如同整个星牌金枪鱼公司（StarKist Tuna）一样构成组织，这里假设两个捕鱼者是出于生计捕鱼而不是为了娱乐。

组织：三种类型

在第1章已经提到，根据构建组织的三个不同目的，组织可以分为三种类型：

- **营利性组织**。通过提供产品或服务，以赚钱为目的而构建。
- **非营利性组织**。不以赚钱为目的为一些顾客提供服务的组织（如医院、学校）。
- **互利性组织**。为了提高成员的利益而自愿组成的集体（如联盟、贸易协会）。

当然，也许你从事的职业（如审计员或警察）可以同等地适用于这三种组织的任何一个。但是，作为一名管理者，原则上要求你关注不同的目标——营利、提供公共服务，或者满足成员的需求——这些目标取决于组织的类型。

组织结构图

无论组织的大小和类型如何，它都可以在组织结构图中表示出来。**组织结构图**（organization chart）通过方块和线条形象地反映组织的权力、岗位或工作分工之间的线性关系。这种家谱式的图贴在工作场所的墙上给新来的员工看。（见图 8–2。）

组织结构图反映组织结构两方面的信息：（1）谁向谁汇报的纵向权力层级关系；（2）谁负责什么工作的横向分工关系。

纵向权力层级关系：谁向谁汇报　上下看组织结构图反映出一种纵向层级的指挥链关系。形式上的纵向层级关系同样也反映出谁跟谁交谈的正式沟通网络。在一个简单的两人组织中，老板可能只和秘书或者助理沟通。在一个复杂的组织中，总裁主要同副总裁交谈，副总裁再与助理副总裁交谈，以此类推。

横向分工关系：谁负责什么工作　左右看组织结构图反映出一种横向的分工，即不同工作的分工。夫妻经营的两人桌上出版公司可能符合这样一种情况，“主外者”负责销售、客户关系和财务，而另一人“主内”，负责生产和研发。大型公司中，市场营销、财务等各项任务可能都有相应的副总裁负责。

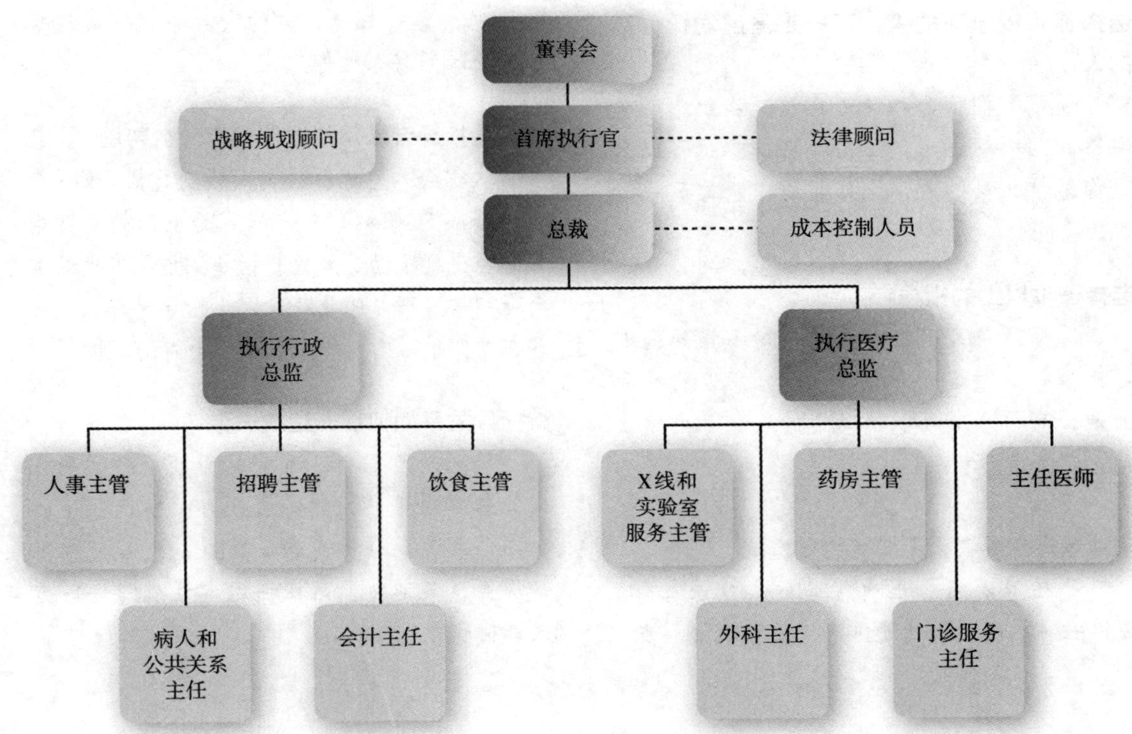

图 8–2　组织结构图

以医院为例。

实际行动 指导新规则

谁会帮助你了解新组织中的规则？你可能需要一位指导者。

如果你可以找到一个经验丰富的员工指导你，让他成为你在组织中的引导者或者帮助你理解和融入组织的文化和结构，这对你的职业生涯来说是一笔很大的财富。的确，指导对于女性和少数族裔管理者尤其有用，因为在他们的组织中可以学习的角色模型较少。一项对42个国家的4561位受访者的调查发现，46%的人认为训练或指导对事业成功有很重要的影响，45%认为有中等影响。

关于寻求一位指导者的最好建议是什么？这里是一些新的法则。

选择你可以学习的人，不一定是层次比你高的人

通常人们认为指导者应该是组织中经验丰富的上级管理者。但指导者同样也可以是跟你地位相当的人，比如组织中跟你同一层级的人。

选择一位以上的指导者

选择一位可以经常给你一对一指导的人可能很好。但是每个人都很忙，所以看看周围是否有两三个可以帮助你的人。一个建议就是“使指导者组合多样化”。

主动选择指导者，不要等待被选择

不要等着组织里有经验的人来选择你。要以一种聪明的果断的方式迈出你的第一步。

做自我评估

在联系指导者之前，先评估自己想达到的目标，以及达成目标所需的技能和知识。只有这样你才会知道需要什么样的帮助。

寻找与你不同的人

通常认为指导者和被指导者应该在个人特质或个人风格上有许多共同点。但是选择不同于你风格的人做指导者会更具挑战，并且他们能够更加客观地帮助你。

调查你的候选者

在与你的候选指导者接触之前，先联系他们的行政助理，说明你的计划并且询问他们的老板喜欢与什么样的人共事。然后找最合适的时间联系他们。

向候选指导者展示你对他们有什么帮助

大都会人寿保险公司高级副总裁安妮·海登（Anne Hayden）说：“指导是双向的，被指导者会得到帮助、建议和指导，指导者也通常会得到一些额外的收获，因为指导者可以做一些在他们平时的组织分工中不会做的事情。”

就指导关系如何展开达成一致

第一次会面时，确定见面频率和联系方式的基本规则，比如是否在办公室，在午餐时间，或者是在健身馆。建议一个月至少见一次面，其他时间应该通过电话或邮件等方式保持联系。

8.4 组织的主要要素

主要问题：加入一个组织时，应该注意组织的哪七个要素？

本节概要

本节描述一个组织的七个要素或特征。

无论是营利、非营利或是互利性组织，它们都有相同的要素。我们讨论四个由一位组织心理学家提出的要素，然后描述大多数权威人士认可的三个其他要素。

组织的共同要素：埃德加·沙因提出的四个要素

组织心理学家埃德加·沙因提出了四个共同要素：（1）共同目标；（2）协同努力；（3）劳动分工；（4）权力层级。我们来看看这些要素。

1. 共同目标：使成员一致的方法　没有目标的组织很快会开始漂浮不定而变得杂乱无章。**共同目标**（common purpose）将员工或成员统一起来，并且使每个人都了解组织存在的理由。

2. 协同努力：为了共同目标一起工作　共同目标是通过**协同努力**（coordinated effort）实现的，将个人努力协同到小组或组织范围内的努力。虽然个人确实可以对事情产生很大影响，但是他们不可能事必躬亲。

3. 劳动分工：工作专业化使效率更高　**劳动分工**（division of labor），也称作工作专业化，是将一项任务的具体部分安排给不同的人去做。即使是由两个船员操控一艘捕鱼船的组织也有工作分工——一个驾驶渔船，另一个撒网。通过劳动分工，组织可以将一项复杂的工作分配给专门的人操作，达到提到效率的目的。

4. 权力层级：指挥链　**权力层级**（hierarchy of authority），或是指挥链，是一种确保正确的人在正确的时间做正确的事情的控制机制。如果协同努力得以实现，管理者需要有更多的权力去指导其他人的工作。即使在成员共同所有的组织，一些人会比组织中的其他人拥有更多的权力，尽管可能是跟他们地位相当的人给予的权力。

此外，权力在层级结构中是最有效的。没有权力分层，一个管理者要和他领导的每一个员工商谈，这样事情会很难做好。即使在扁平化的组织中，也不只有一个管理层次。

最后，早期管理学家所强调的一个原则是**统一指挥**（unity of command），一个员工应该向不多于一个管理者汇报，以避免冲突。然而，现在随着电脑技术和网络的进步，已经有了可以让一个人与多于一个管理者进行交流的环境（比如，我们将讲述的组织结构中的矩阵结构）。

组织的共同要素：大多数权威人士认可的三个其他要素

我们可以在沙因四个共同要素的基础上加上大多数权威人士认可的三个其他要素：(5) 控制跨度；(6) 权力、责任和授权；(7) 集权与分权。

5. 控制跨度：狭窄（或高的）和宽广（或平的） **控制跨度**（span of control），或者**管理跨度**（span of management），指的是直接向特定管理者汇报的人数。控制跨度有两种类型：狭窄（或高的）和宽广（或平的）。

狭窄的控制跨度 意思是指有限的人向一个管理者汇报——比如，三个副总裁向一个总裁汇报，而不是九个副总裁。当一个组织有许多层次的狭窄控制跨度时，我们说这个组织是高的。

宽广的控制跨度 意思是指很多人向一个管理者汇报——如果管理权下放很少的话，一线主管可能有四十个或更多的下属，像组装线就是这种情况。当一个组织仅有很少的宽广控制跨度时，我们说这个组织是平的。

从历史上看，大约7到10个下属的控制跨度是最好的，但是关于最理想的控制跨度还没有达成共识。一般来说，当管理者必须与他们的下属密切接触的时候，比如管理者的任务很复杂的时候，建议他们采用狭窄的控制跨度，这就是为什么总裁倾向于让少数几个副总裁向他们汇报。相比之下，一线管理者指挥做相似工作的下级可能采用宽广的控制跨度。

最近强调的精简管理人员和更高效率，意味着在保证有足够监督的情况下，控制跨度应当尽可能宽。更宽的控制跨度同样适用于在作决策时允许员工有更多自主权的情况。在欧洲的研究表明，当利用科技来帮助交流和监测绩效的情况下，一个管理者可以监管30多名员工。

6. 权力、责任和授权：直线职位与员工职位 雄性海狮不得不同其他雄性海狮战斗以在群体中获得权力。但是，在人类组织中，权力指的是在组织中的管理权力，它与管理者的战斗能力或者个人特点无关。权力伴随着义务、责任和授权的能力。

义务 **职权**（authority）指的是管理职位固有的作决策、发号施令和使用资源的权利。（权力不同于权势，是指一个人能够影响其他人并且使他们服从命令的程度，我们将在14章讨论。）当然，在军队，发出的命令必须服从，违背命令的人容易被不光彩地开除或是关押起来。民间组织中，违背命令会导致小一些的后果（降职或者解雇），但是下属更希望接受上级管理者拥有合情合理的权力来发布命令。

权力意味着**义务**（accountability）——管理者必须向他们的上级管理者汇报并对工作结果作出说明。义务意味着你有责任去完成分配的任务。

责任 权力越大，责任越多。**责任**（responsibility）指必须完成分配的任务的义务。一个汽车生产线工人权力很少但责任也很少：仅仅是一次又一次地安装那些挡风玻璃。但是，管理者有更大的责任。

当管理者有太多的权力而没有足够的责任时，这就是一个错误的工作分配信号。在这样的情况下管理者可能会谩骂下级或者在运用权力的时候反复无常。反过来讲，管理者如果没有足够的权力，工作也会变得很难进行。

授权　**授权**（delegation）是向下级管理者或员工分配管理权力和责任的过程。为了更有效率，大多数管理者希望尽可能多地将他们的工作授权。然而，一个商业创业家可能掉进完美和信任交织的常见陷阱，如同一个作家所指出的，“你是唯一能处理特定情况的人，比如应对一个特殊客户，设计一个项目。”但是相当多的管理者没有意识到授权是他们工作中很重要的一部分。

关于权力和责任，组织结构图对直线职位和员工职位进行了区分。（见图 8–3。）

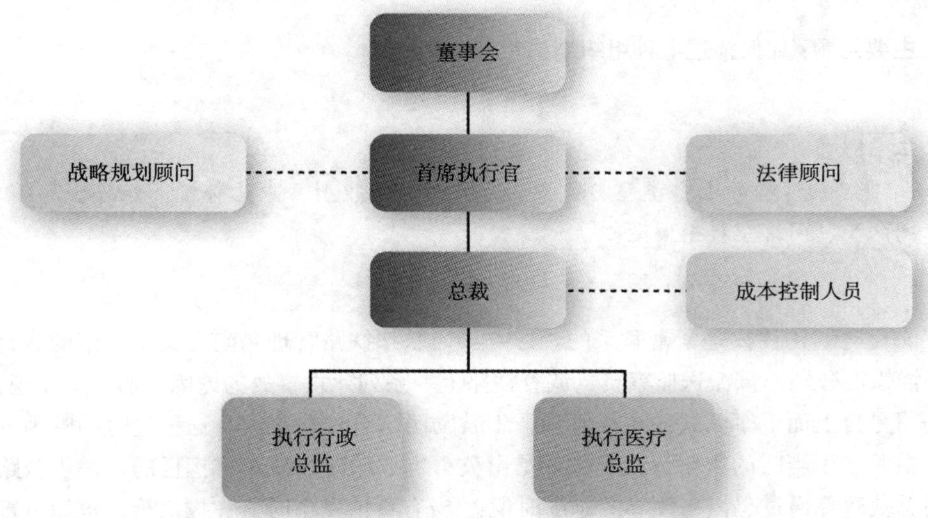

图 8–3　直线职位和员工职位

直线职位为实线，员工职位为虚线。

直线职位　**直线管理者**（line manager）有权力作决策，通常有下级向他们汇报。比如：总裁、副总裁、人事部总监、会计部主任。直线职位在组织结构图上用实线表示（一般是纵向的）。

员工职位　**工作人员**（staff personnel）有建议职能；他们向直线管理者提供建议、推荐和研究。（比如：法律顾问等专业人士，关于合并、收购或战略规划的特别顾问）。员工职位在组织结构图中用虚线表示（一般是横向的）。

7. 集权与分权　组织中谁作重要决策？这是集权与分权所关心的问题。

集权　**集权**（centralized authority）指的是重要决策都由较高层的管理者作出。尽管几乎所有的组织，在其最高层级至少会有一些集权，但是在很小的公司权力往往是最集中的。凯马特和麦当劳就是集权的例子。

采用集权的优点是工作较少重复，因为很少有员工做同样的任务，更确切地讲，任务经常是由专门部门来完成。集权的另一个优点是，程序统一，容易控制。比如，所有采购可能都会采用竞标的方式。

分权　**分权**（decentralized authority）指的是重要决策由中层或基层管理者作出。

显而易见，权力在整个组织中分派。通用汽车公司和哈雷–戴维森公司就是采用分权的例子。

采用分权的一个优点是鼓励管理者自行解决问题而不是将决策推给更高层管理者。另外，分权可以更快地作出决策，提高组织的灵活性和效率。

8.5 组织结构的基本类型

主要问题：如何描述七种组织结构？

本节概要

组织结构的七种类型分别是：简单型、职能型、事业部型、矩阵型、团队型、网络型和模块型。

文化与结构往往是紧密联系的。1997年，联邦铁路管理局向在奥马哈市的联合太平洋铁路公司总部派送监察员，调查铁路上一系列死亡事故的原因。监察员发现，该公司是自上而下军队式的层级管理，不鼓励团队合作与交流。这种过时的管理方式的根源在于当时的铁路行政职位都是由英勇抗战的前内战军官担任的。一位铁路局副总裁解释通过恐惧来领导的态度时说："当有事情发生时，你拔出枪，枪毙负责该区域的人。"联邦铁路管理局的负责人说："他们以这种方式彼此分离开来，几乎决定了问题的发生。"

我们将组织的安排分成七种结构类型：（1）简单型；（2）职能型；（3）事业部型；（4）矩阵型；（5）团队型；（6）网络型；（7）模块型。

简单结构：适用于小公司

第一个组织结构类型是简单结构。这种形式通常在公司的最早期——创业阶段出现，这个时期组织容易反映所有者或者创建者的愿望和个性。**简单结构**（simple structure）的组织，权力集中于一个人，层级单一，规则少，劳动分工水平低。（见图8-4。）

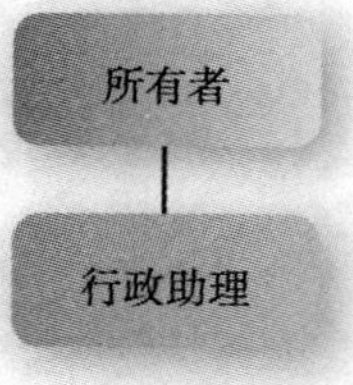

所有者

行政助理

图8-4 简单结构

所有者之下只有一个管理层级。

很多组织都是根据简单结构构建的——比如经营园艺、建筑和保险销售的一些小的夫妻店。当然，这些公司中的一些发展成不同结构类型的更大公司。惠普公司和苹果公司都是从两个人的车库开始起步，后来发展成为大公司。

职能结构：根据相似的专业工作分组

第二种组织类型是职能结构。在**职能结构**（functional structure）中，从事相似专业工作的人被分在正式的组里。这是很常见的结构类型，存在于所有种类的组织中，包括营利性和非营利性组织。（见图8-5。）

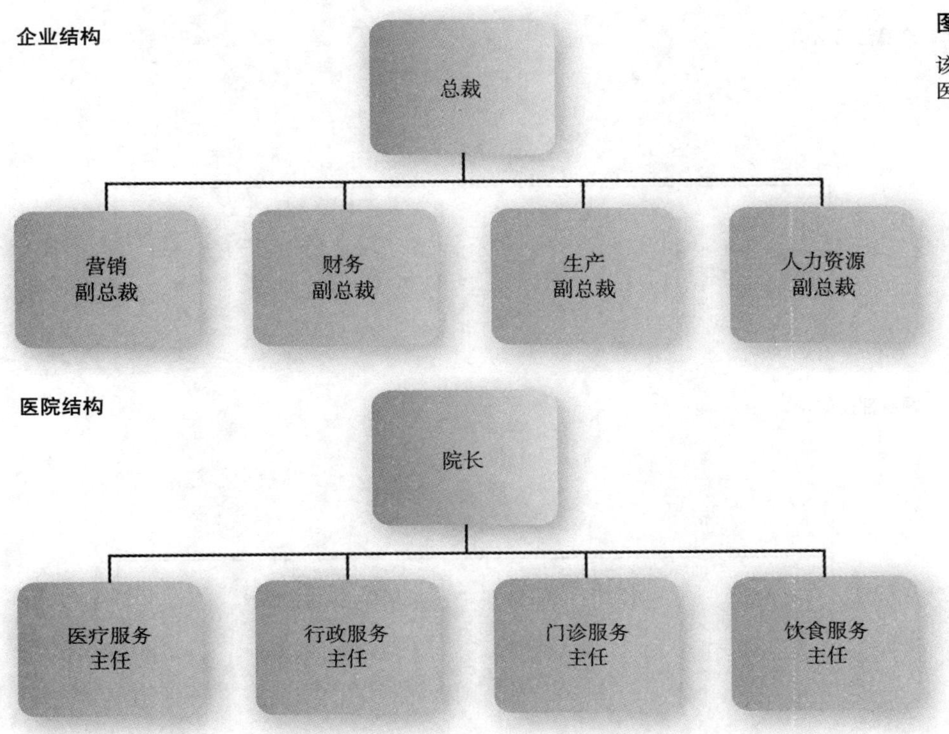

图8–5　职能结构

该图显示了企业和医院的职能结构。

例如，一家制造公司，经常将具有相似工作能力的人分到市场部，其他人到生产部或财务部等等。一个非营利性教育机构会根据员工工作的专业将他们分配到学科部、入学部、生活部等。

事业部结构：根据目的的相似性分组

第三种组织类型是事业部结构。在**事业部结构**（divisional structure）中，按照相似的产品或服务、顾客或客户或者地理区域，将不同的工作专业分到一个正式的组里。（见图8–6。）

产品部门：按照相似的产品或服务分组　**产品部门**（product division）将活动按照相似的产品或服务来组织。比如，媒体大亨时代华纳有杂志、电影、唱片、有线电视等不同部门。它旗下的华纳兄弟公司就有电影、电视、广播网络、零售店、剧院、游乐场和音乐等不同部门。

顾客部门：根据共同的顾客或客户分组　**顾客部门**（customer division）倾向于将活动按照共同的顾客或者客户来组织。比如，福特汽车公司有轿车经销商部、大型卡车顾客部和农用产品顾客部等分开的部门。储蓄贷款公司可能会分为消费贷款、抵押贷款、商业贷款和农业贷款等不同的部门。

区域部门：根据区域位置分组　**区域部门**（geographic division）的活动按照规定的区域来组织。政府机构经常采用这种方式。比如，联邦储备银行在美国范围内划分了12个区域。美国国内收入署也有几个区域。

图8–6 三个事业部结构的例子

该图显示了产品部门、顾客部门和区域部门。

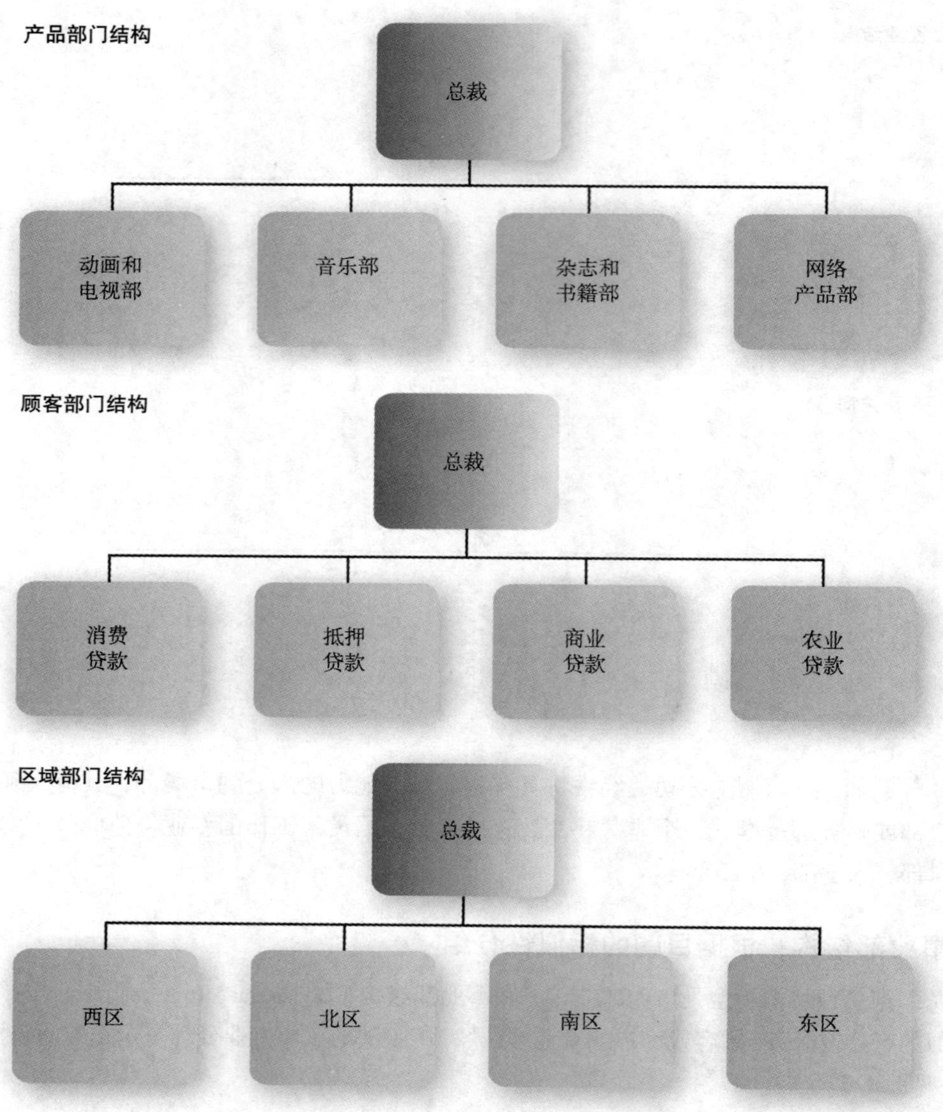

矩阵结构：结合两条指挥链的职能和部门网格

第四种组织类型是矩阵结构。在**矩阵结构**（matrix structure）中，组织是一个结合职能和部门两条指挥链的网格，所以有两个指挥结构，即纵向的和横向的。职能结构通常不会改变，它是组织的正式部门，如财务部、市场部、生产部和研发部。而事业部结构可能会发生变化，如产品、品牌，或者地理区域。（见图8–7。）

例如，职能结构可能是工程部、财务部和市场部，每个部门由一个副总裁负责。因此，汇报结构是纵向的。事业部结构可能是根据产品划分（比如，福特汽车的新系列，包括金牛座、野马、探险者、远征者等），每个产品都由项目经理带领，汇报结构是横向的。因此，一个营销人员会同时向营销副总裁和项目经理汇报。的确，福特公司利用矩阵结构的方法创造了金牛汽车和新版的野马汽车。

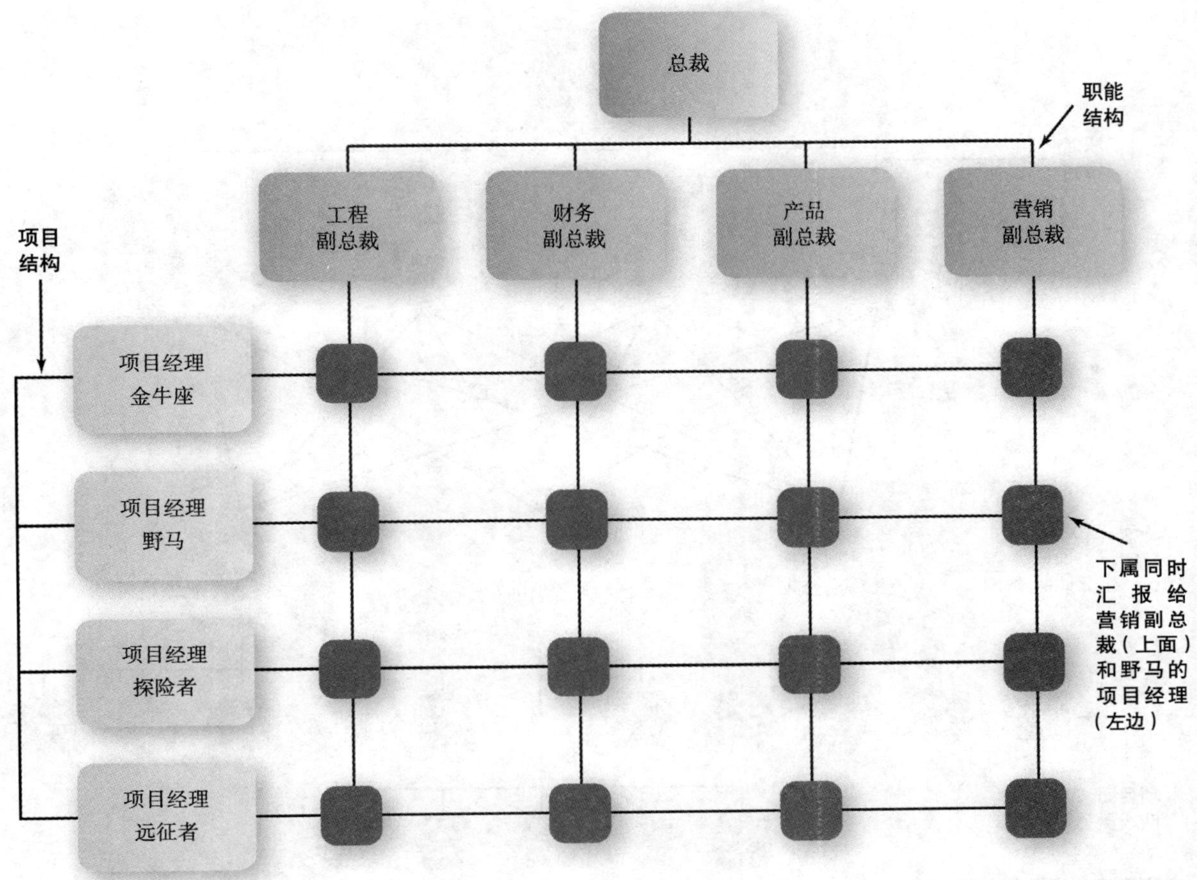

图8–7　矩阵结构

福特可能使用的组织结构。

团队结构：去掉职能障碍以解决问题

第五种组织类型是团队结构。在**团队结构**（team–based structure）中，有暂时的或是永久的团队或工作组，用来在整个组织改善横向关系和解决问题。来自不同职能部门的管理者被分到一个团队里，即跨职能团队来解决实际问题，打破部门之间的壁垒。在解决相同问题的时候，部门的利益需要让步于共同的利益。同时，团队成员仍需要全职负责职能工作，并且仍然向他们所在职能部门的管理者正式汇报。（见图 8–8。）

网络结构：通过网络把中央核心和外面的公司连接起来

第六种组织结构类型是**网络结构**（network structure），在该结构中，组织有个中央核心，将外面独立的公司通过网络连接起来，把所有外面的公司看作是单一的组织。（见图 8–9。）

使用这种组织结构的公司有时被称为虚拟公司或虚拟组织，我们在第 2 章提到过。另一个用来描述它的术语叫空心公司或者空心组织，在这种组织中，公司保留对它的业绩起关键性作用的重要核心过程（比如设计和营销）同时对其他大多数过程进

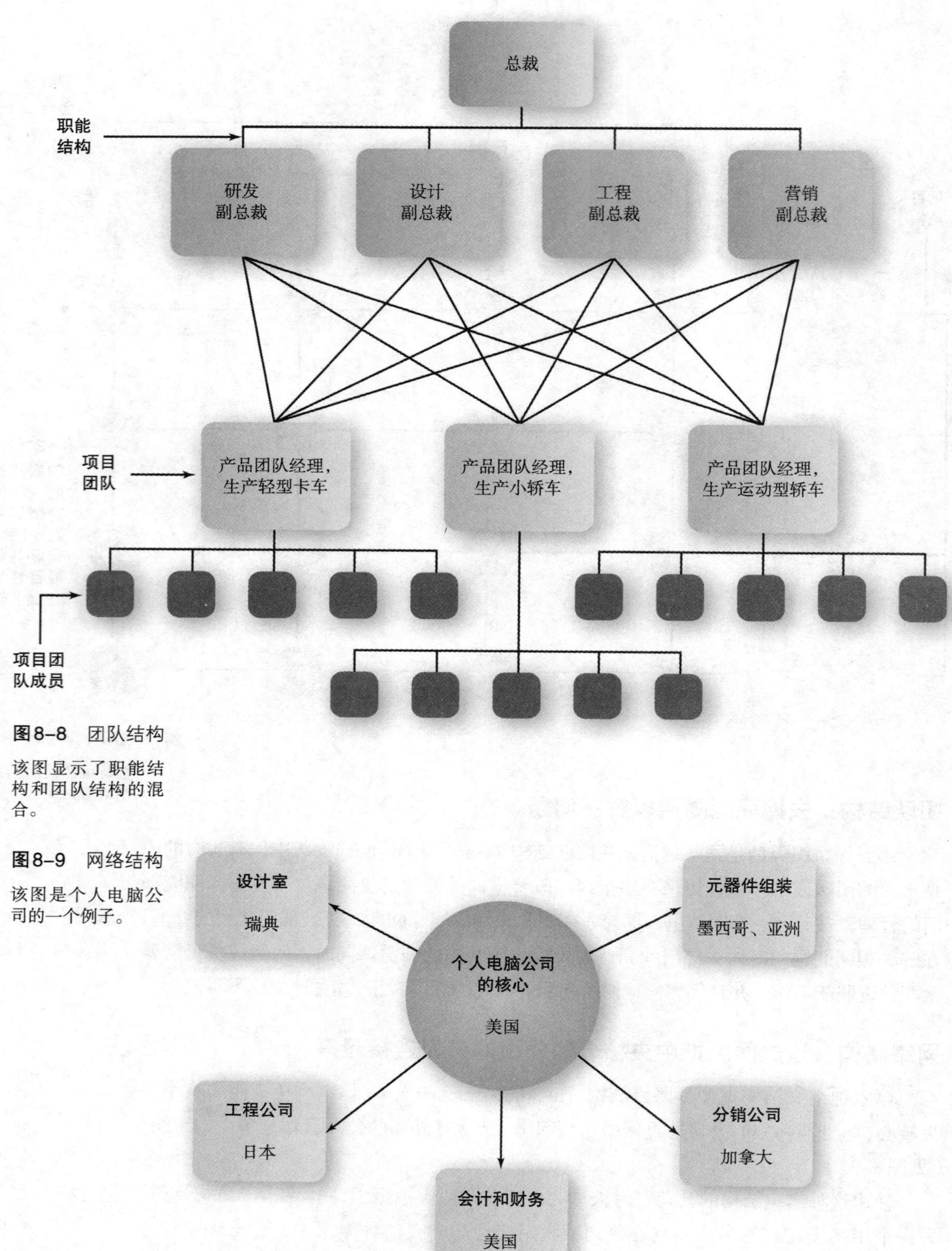

图8-8 团队结构

该图显示了职能结构和团队结构的混合。

图8-9 网络结构

该图是个人电脑公司的一个例子。

案 例 团队结构的使用：设计摩托罗拉 RAZR 手机

2003年初，摩托罗拉面临严峻的形势，它的竞争对手手机生产商诺基亚以“直板式”手机设计在世界市场份额中跃升第一。但是摩托罗拉概念手机组的工程师有一些不同的想法，他们已经制作出了被描绘成“一个不可思议的薄手机——仅十毫米……典型触发器周长的一半”的模型手机。工程师罗杰·杰利科（Roger Jellicoe）接到通知，组成一个团队来生产已经发布的最薄手机，并且要求在一年内完成，以便在2004年2月的奥斯卡金像奖上将它作为一个高端产品分发给诸位名人，进而引起轰动。

最后这个团队发展到20名工程师，他们每天在摩托罗拉位于伊利诺伊州的利伯蒂维尔总部开会，商讨如何在最小的空间里填满组件列表中的东西——天线、扬声器、键盘、照相机、显示器和光源等。他们按照臭鼬工厂的方式来运作，甚至对他们的同事都保守项目的秘密。团队使用了摩托罗拉之前没有用过的新材料和技术，放弃已被人们普遍接受的手机应有的模型。《财富》杂志的一个评论写道：“简而言之，这个团队所创造的RAZR手机打破了原有模型，同时也使公司焕发出新的活力。”

工程师在研究部件的同时，工业设计师克里斯·阿恩霍尔特（Chris Arnholt）在设计手机的外表，提供不同的设计图纸，然后让其他设计者把图纸转化为三维电脑绘图，模型制作者可以用它制造出塑料模型。几乎每一项活动都要权衡手机的功能和薄度，最终产生了两个折中的方案：手机超出原来的目标八分之一英寸，而且该团队错过了2004年2月的最后期限。

当RAZR手机在七月闪亮登场后，立马热卖。公司认识到高价、高端设计的手机拥有广阔的市场。

思考：

团队方法，即平行工程或集成产品开发，已经证明能够加快新产品的设计，因为所有的专家不是单独地做自己的事情，而是聚集在一起，然后将他们的成果传递给下一个专家组。你能想到可能会更有效的旧式非团队方法的情况吗？

行外包（比如人力资源、仓储，或分销），因此像是“挖空”了组织。

网络结构的组织可以成为无边界组织，正如我们第2章所描述的，运营范围很广，甚至是世界范围，但组织的核心可以很小，因此工资开销和管理费用很低。信息技术、战略联盟以及与供应商之间的合同安排将公司的每个部分联系在一起。

案 例 网络结构：MySQL 管理虚拟的全球员工

MySQL是一家价值4千万美元的软件制造商，它在25个国家雇用了320名员工，70%的员工在家里工作。尽管MySQL的支持总监托马斯·巴兹尔（Thomas Basil）在巴尔的摩家中地下室的办公室工作，但是他把钟表调到比赫尔辛基时间快七个钟头，他的许多团队成员都处在这个时区。

员工们通过网上实时聊天（IRC）保持联络，这一系统相当于一个公司范围的聊天室，跟skype一样，可以在网络上免费使用语音聊天。作家乔希·海厄特补充道："这很重要，它能使他们不受电子邮件的影响。"正如巴兹尔说，"声音比文本更人性化，更有利于建立真正的了解。"

像MySQL这样虚拟的、无边界的公司与传统的公司相比，管理者们学习采用不同的方法来评估员工和给予反馈。海厄特说："生产率严格按照产出评定，像魅力这样的模糊因素在网络空间里是不存在的，公司已经开发出了一个软件叫Worklog，这要求员工在完成他们的任务后进行核对。"正如预期的那样，公司严格按工作能力来雇用员工，而不是"与他人周旋的能力"。

思考：

许多人喜欢在办公室里同他人交流。但是，有些人却能够避免卷入"办公室政治"和一些随之而来的看起来是浪费时间的活动；他们喜欢在家里的办公室完成正式的工作，不时会感觉孤独和烦躁。你喜欢那一种？

模块结构：将产品零件外包给外面的公司

第七种组织形式不同于第六种，因为它是外包公司产品的特定零件而不是外包特定的程序（比如人力资源或者仓储）。在**模块结构**（modular structure）中，公司装配由外部承包商提供的产品部分，或者模块。有一篇文章将这种组织模式比作"能够吸附在一起的乐高砖组合"。

案例 模块结构：庞巴迪组装商用喷气式飞机

庞巴迪（Bombardie）的主要工厂位于堪萨斯州的威奇塔，它制造容纳八名乘客的"大陆"（Continental）商用喷气式飞机，这样命名是因为它可以不用加油就能飞越美国。飞机设计成了十几个大模块，由庞巴迪的部门和世界范围内的承包商生产。比如，飞行舱以及前面的机身由庞巴迪的蒙特利尔部门完成，中间部分在贝尔法斯特制造，机翼由日本的三菱生产，平衡器和后部机身由台湾航空工业发展公司完成，起落架由位于加拿大的Messier–Dowty公司完成，尾部整流锥由位于澳大利亚的Hawker de Havilland公司生产。引擎由通用电气提供，航空传动设备由罗克韦尔柯林斯国际公司生产，这两家公司都位于美国。这12个模块都被运到威奇塔，在那里所有部件在四天内就组装到了一起。

思考：

你能想象采用模块组装的方法来制造汽车、自行车和电脑吗？还有哪些产品？

8.6 权变设计：创建最佳结构的因素

主要问题：组织结构的设计受哪些因素影响？

本节概要

影响组织结构的五个因素是：组织所处的环境是机械的还是有机的、组织所处的环境强调差异化还是一体化、规模、技术以及生命周期。

最佳的组织规模是什么？多大是太大了？

著名管理学家德鲁克说："美国实际的增长和创新来自那些员工人数在200人到4000人的中等规模公司。"除了非正式组织，少于200人的组织并不会更好。他认为，"如果你在一个小公司工作，那么你正被消耗殆尽。除了应付昨天的危机以外，你既没有时间，也没有精力投入任何一件事情中去。"相比而言，中型公司则"有资源去开发新产品和市场，并具有小公司的灵活性和快速行动能力。这些公司现在也学到了他们曾经缺少的'如何去管理'。"

当管理者在考虑选择何种组织结构的时候，规模就是几个考虑因素或权变中的一个。回想第2章管理中的权变方法强调，管理者的方法应当视个体和环境的不同而不同。因此，管理者在寻找权变方法时直接问道："在这些特殊的情形下，什么方法是最好的？"使组织与环境相契合的过程称为**权变设计**（contingency design）。

在特定时间里，管理者采取权变方法来为他们的组织设计最佳结构时，必须考虑以下因素：

1. 环境——机械的还是有机的
2. 环境——差异化还是一体化
3. 规模
4. 技术
5. 生命周期

环境：机械式和有机式组织——伯恩斯和斯托克模型

《商业周刊》的记者凯瑟琳·德韦尼在她在麦当劳餐厅工作一天的报告中写道，"在这里，每项工作都被拆解为最小的步骤，整个程序是自动的。我认为，所有人都能胜任这项工作。"

事实上，德韦尼发现她落后了，比如在包装炸薯条的时候，这就是麦当劳的领导天才雷·克罗克（Ray Kroc）的意图所在，事实上几乎任何人都可以做到让巨无霸（麦当劳产品）在任何地方的味道都一样。举例来说，程序规定一个汉堡的制作过程总是这样的：首先放芥菜，然后是番茄酱，最后是两片腌菜。

英国行为科学家**汤姆·伯恩斯**（Tom Burns）和**G. M. 斯托克**（G. M. Stalker）认为麦当劳是机械式组织中一个极大的成功案例，相对应的是有机式组织。（见表8-1。）

表 8-1 机械式组织与有机式组织

机械式组织	有机式组织
权力集中	权力分散
许多规则和程序	较少规则和程序
专业化的任务	共同的任务
正式化沟通	非正式沟通
较少团队或工作组	许多团队或工作组
控制跨度窄，组织结构较高	控制跨度较宽，组织结构较平

机械式组织：最适用于刚性和一致性的组织 在一个**机械式组织**（mechanistic organization）中，权力集中，工作和要求规定得非常清楚，员工被管理得很严。于是，这种组织形成了官僚管理体系，有着严格的规定和上下级沟通体制。由于市场对麦当劳产品的品质、卫生和快速服务的要求非常一致，因此这种结构对麦当劳非常有效。

一般来说，当一个组织在稳定的环境中运行时，机械式设计最为有效。因此，当一个新公司在渡过了艰难的创业期后，他们可能会改变现有的组织结构，以便使公司更机械化，有清晰的管理体系。

有机式组织：最适用于松散和灵活性的组织 在一个**有机式组织**（organic organization）中，权力是分散的，有较少的规定和程序，鼓励员工之间相互合作，并且对突发的任务快速反应。汤姆·彼得斯（Tom Peters）和罗伯特·沃特曼（Robert Waterman）称这种组织是一种“松散的”结构。

有机式组织有时被称为“无固定结构的组织”，因为他们的运作没有一个固定的结构，随机应变。你可能会想到IT公司比如摩托罗拉，他们更喜欢有机的组织结构，因为他们要不断地根据技术的变化而调整，这同样适用于那些需要应对快速变化的消费者口味的公司，比如服装零售商The Worth Collection，这是一家提供高端女装并在顾客家里进行直销的虚拟公司。

环境：差异化和一体化——劳伦斯和洛尔施模型

美国哈佛大学的研究人员**保罗·劳伦斯**（Paul R. Lawrence）和**杰伊·洛尔施**（Jay W. Lorsch）对伯恩斯和斯托克的理念进行了延伸。在机械式-有机式结构的基础上，他们提出了差异化-一体化结构，这种结构使组织的各个部分分离开来或是聚集到一起。根据劳伦斯和洛尔施模型，组织的各个部分所处环境的稳定性决定了差异化或一体化的程度。

差异化：外力迫使组织分离开来 **差异化**（differentiation）是组织的各个部分分散开来的趋势。组织分离成的子单元越多，差异化程度就越高。

随着技术更加专业化，劳动分工更细，推动分散的力量也更加强烈，结果是专业人员不需要同组织中的其他部分进行合作，而以一种特殊的、单独的方式开展工作。比如说，一个生产牙线、除臭剂和其他个人护理用品的公司可能有不同的产品部门，每一种产品都有它自己的生产设备和销售人员，这就是一种差异化的组织。

一体化：外力迫使组织聚集起来　**一体化**（integration）是组织的各个部分聚集到一起以实现一个共同目标的趋势。在一个高度一体化的组织中，专业人员一起工作以实现一个共同目标。实现共同目标的方法是：一条正式的指挥链、标准化的规则和程序以及多职能团队和电脑网络的应用，这样组织的各个部分就会有频繁的沟通和合作。

规模：组织规模越大，机械化程度越高

组织规模（organizational size）通常以组织中全职员工的数量来衡量。总的来说，研究显示那些拥有2000人或者更多全职员工（或者同时有全职和兼职员工但工作量相当）的较大组织往往有更多的规则、规章、流程和更多的工作分工，同时也更加分散。这就是说，较大的公司更倾向于机械化。小型组织非正式程度往往更高，有较少的规章制度和较少的工作分工。换句话说，小公司更倾向于有机化。

长期以来，经济学家们赞扬规模经济的优点，因为随着公司的壮大，每单位产品的成本降低，因此他们认为“越大越好”。但是，反对这个观点的人则主张“小的才是美的”，他们认为大型组织更容易滋生冷漠、疏远以及产生旷工和离职。确实，现在认为公司越大并不总是越好。在20世纪60年代，公司通常愿意以**企业集团**（conglomerate）的组织形式存在，在这种形式，大公司可以经营不同的业务，以及涉足完全不相关的领域。因此，像国际电话电报公司（ITT）、德事隆集团（Textron）和泰科（Tyco）等公司经营起了宾馆、餐饮和机械设备等迥然不同的业务。如今，管理顾问和商学院都在传递一种“核心能力”的理念，即公司应该专注于适合自己技术能力和分销渠道的业务领域。于是，泰科卖掉了自己在电子和医疗保健领域的业务，专注于安全装备、电子管和控制器的产品线。类似的还有荷兰的菲利普公司，它是制造从灯泡、牙刷到电视和X射线照射仪等众多产品的制造商，正在出售它的一些部门，并把它的专注范围缩小到了消费者技术、照明和医疗保健领域。

根据汤姆·彼得斯和罗伯特·沃特曼的理论，绩效最好的组织会把它们的部门规模保持在5千万美元到1亿美元之间，“每个部门员工不超过1000人。除此之外，还会给予部门足够的独立性，并赋予他们职能和资源以进行开发。”比如说，工业电子管、自动部件和可编程运动控制器制造商Paker Hannifin，在46个国家拥有100个独立部门和263个工厂。每个部门只经营少数工厂以保持公司的独立性，并使管理者更接近顾客。其主席帕特里克·帕克（Patrick Parker）说：“只要一个工厂里有超过200名员工，我们就愿意在这家工厂的50英里外再开设另外一家。”

技术：小批量、大批量或连续过程——伍德沃模型

技术在组织的设计中具有重要的作用。**技术**（technology）包含使原材料、数据或劳动力（输入）转化为产品或服务（输出）的所有工具和理念。比如，一个手摇冰淇淋机，它是一种通过手动力量将奶油、冰、糖和调味料转化为冰淇淋的技术。这本书、教室、黑板、老师的讲课等是传递管理教育的技术。

在一项对英国100个制造企业的研究中，**琼·伍德沃**（Joan Woodward）按照增长的复杂程度，将企业分为三种技术模式：小批量、大批量和连续过程。

小批量技术：有机式组织生产定制产品　**小批量技术**（small-batch technology），通常也是最不复杂的技术，商品按照客户的定制要求小规模生产。比如，同一种类的肖像油画、Savile Row定制套装、哥伦比亚号航天飞机以及为个人设计和印刷的信封。

伍德沃发现，小批量的组织倾向于非正式和灵活，即有机的。

大批量技术：机械式组织生产大量生产的产品　**大批量技术**（large-batch technology）是一种能够大量生产的装配线技术。大量成品是由易于组装的产品部件组成的。在梅西百货买的衣服、Kenmore洗衣机和干衣机，丰田汽车和大多数我们日常购买的基本用品都属于这种类型。

根据伍德沃模型，大批量生产的组织专业化程度更高，也更加官僚化。

连续过程：有机式组织生产高度程序化的产品　**连续作业技术**（continuous-process technology）是一种机器可以完成所有工作的高度程序化技术。这种技术被用于石油提炼、伏特加酒酿造、核电厂和铸铁厂，员工主要是进行读表盘和修理机器的操作。

伍德沃发现，成功的连续过程组织有机化程度比机械化程度更高，它的刚性和正式性较弱。

生命周期：组织生命的四个阶段

如同项目生命周期的四个阶段（第5章）和产品生命周期（第6章）一样，组织也有生命周期。**组织生命周期**（organizational life cycle）的四个阶段有一个自然的阶段顺序：出生期、青年期、中年期和成熟期。一般来说，当一个组织经历了前三个阶段以后，它不仅会变得更加庞大，也会变得更加机械化、专门化、分散化和官僚化。每个阶段有不同的管理问题和不同的组织设计问题。

阶段1：出生阶段——非官僚主义　**出生阶段**（birth stage）是一个非官僚的阶段，组织在这个阶段建立。这个阶段没有成文的规定，也许除了一个秘书，几乎没有其他任何支持性工作人员。

创建者可能是一个单独的企业家，如迈克尔·戴尔，他创建戴尔电脑公司是始于在得克萨斯大学的宿舍里销售微型计算机。或者也可能是几个志同道合的朋友走到一起，比如苹果电脑公司的创立者史蒂夫·乔布斯和史蒂文·沃兹尼亚克，他们用卖掉一辆旧大众汽车的钱在沃兹尼亚克父母的车库里制造了他们的第一台电脑。

阶段2：青年阶段——有官僚倾向　在**青年阶段**（youth stage），组织处于一个有官僚倾向和成长、壮大的阶段。

这个阶段公司拥有一款在市场中处于领先地位的产品，公司员工也越来越多（文员多于专业人员），有些工作分工和规则设定也正在制订。

对于苹果电脑公司，这个阶段出现在1978—1981年，这个时期建成了Apple II产品线。

阶段3：中年阶段——官僚主义 在**中年阶段**（midlife stage），组织变得官僚化，并且从成长期逐渐趋于稳定。

这个阶段组织有了一个正式的官僚结构，专业的工作人员，职能部门分散和很多的规定。

在20世纪80年代，拥有这些特点的苹果发展成了一家大型公司。1983年，百事可乐市场人员约翰·斯卡利（John Scully）被雇为苹果电脑的一名职业经理人，乔布斯成了主席，沃兹尼亚克则离开了公司。

阶段4：成熟阶段——非常官僚化 在**成熟阶段**（maturity stage），组织变得非常官僚化、庞大，并且机械化。这个时期的危险是缺乏灵活性和创新。

1985年，乔布斯由于权力之争而被解雇以后，苹果公司进入了一个迷失方向的时期，在开发成功产品以及将它们推向市场方面遇到了困难。斯卡利强调了一项被接下来两名CEO所采用的错误技术（一个叫“牛顿”的个人数字助理，没能开发出后续产品），他们没能挽救公司衰退的市场份额。

1997年，乔布斯被重新聘任为“临时”主席，苹果公司的运气开始好转。

随着组织趋于正规化和官僚化，对于出生期和青年期就在公司的员工，他们可能渴望过去随意的和较少规则的时候。然而很明显，一些公司在时机还未成熟时就急于建立这样一种正规而官僚化的结构，而一些正在扩张的公司实际上永远都不会成熟，它们维持官僚化倾向阶段的时间太长了，从它们的组织规模来看，两种情况都阻碍了它们有效传递产品和提供服务的能力。

本章小结

8.1 组织在何种文化中运作?

组织文化是在组织中发展起来的、指导成员行为的共同信念与价值观体系。文化有四种类型：(1) 团队型，以组织内部为中心并注重灵活性；(2) 偶发型，以组织外部为中心并注重灵活性；(3) 市场型，以组织外部为中心并注重稳定性与控制性；(4) 层级型，以组织内部为中心并注重稳定性和控制性。

组织文化表现为三个层面。第一个层面是可见的物质层，它是文化的物理表象。第二个层面是所信奉的价值观，它明确规定组织的价值观和标准，尽管员工经常受到所施行价值观的影响，它们代表了公司中实际表现的价值观和准则。第三个层面由组织的基本假设组成，是组织的核心价值观。

组织文化以象征、故事、英雄、礼仪和仪式等方式传递给员工。象征是传递意义给他人的目标、行为、品质或者事件；故事是那些建立在真实事件的基础上，不断重复讲述，有时加以润色，以突出一种特殊的价值观；英雄是那些成就能够体现组织价值观的人；礼仪和仪式是有计划或者不计划的以庆祝公司历史上的重要事件和成就的活动与典礼。

组织文化可以有力地塑造公司的长期成功，它有四个作用：（1）带给成员一种组织身份；（2）有利于形成集体认同感；（3）促进社会系统的稳定性；（4）帮助员工认识周围环境以塑造其行为。

8.2 发展高绩效文化

哪种类型的组织文化能够提高组织的竞争力和盈利能力？学者们提出了以下三种观点：（1）力量观认为公司文化的力量与公司的长期财务绩效有关；（2）匹配观认为组织文化必须与它的经营或战略环境相匹配；（3）适应观认为最有效的组织文化有助于组织预期和适应环境的变化。

管理者用来传递企业文化的方法有：（1）正式声明；（2）口号和格言；（3）故事、传奇和神话；（4）领导者对危机的反应；（5）榜样塑造、培训和指导；（6）物理设计；（7）奖励、头衔、晋升和奖金；（8）组织目标和绩效标准；（9）可衡量和可控制的活动；（10）组织结构；（11）组织系统和程序。

8. 3 组织是什么？

组织是有意识地对两个人或更多人的活动或力量进行协调的系统。根据构建组织的三种不同目的，组织可以划分为三种类型：营利性组织、非营利性组织和互利性组织。

无论组织规模如何，它都可以在组织结构图中表示出来，方块和线条图显示了组织的权力、岗位或工作分工之间的线性关系。组织结构图反映组织结构两方面的信息：（1）谁向谁汇报的纵向权力层级关系；（2）谁负责什么工作的横向分工关系。

8.4 组织的主要要素

组织有七个要素：（1）共同目标，将员工或成员统一起来，并且使每个人都了解组织存在的理由；（2）协同努力，将个人努力协同到一个团体小组或组织范围内的努力；（3）劳动分工，不同的人完成任务具体的各个部分；（4）权力层级，是一种确保正确的人在正确的时间做正确的事情的控制机制；（5）控制跨度，指的是直接向特定管理者汇报的人数；（6）权力、义务、责任和授权。权力指的是管理职位固有的作决策、发号施令和使用资源的权利。义务意味着管理者必须向他们的上级汇报并对工作结果作出说明。责任是指必须完成分配任务的义务。授权是向下级管理者或员工分配管理权力和责任的过程。关于权力和责任，组织结构图对直线职位和员工职位进行了区分。直线管理者有权力作决策，通常有下级向他们汇报。工作人员有建议职能；他们向直线管理者提供建议、推荐和研究。（7）集权与分权。在集权管理中，重要决策由较高层管理者作出。在分权管理中，重要决策由中层或基层管理者作出。

8.5 组织结构的基本类型

组织可以划分为七种结构类型。（1）在简单结构中，权力集中于一个人，层级单一，规则少，劳动分工水平低；（2）在职能结构中，从事相似专业的人被分在正式的组里；（3）在事业部结构中，按照相似的产品或服务、顾客或客户或者地理区域，将不同工作专业分到正式的组里；（4）在矩阵结构中，组织是一个结合职能和部门两条指挥链的网格，所以有两个指挥结构——纵向的和横向的；（5）在团队结构中，团队或工作组用来在整个组织改善横向关系和解决问题；（6）在网络结构中，组织有个中央核心，将外面独立的公司通过网络连接起来，把所有外面的公司看做是单一的组织；（7）在模块结构中，公司装配由外部承包商提供的产品部分，或者模块。

8.6　权变设计：创建最佳结构的因素

使组织与环境相适应的过程称为权变设计。在特定的时间里，管理者采用权变方法来为他们的组织设计最佳结构时，必须考虑以下五个因素：

（1）组织可能是机械的或者有机的。机械式组织中，权力集中，任务和规则规定得很清楚，员工被管理得很严。在有机式组织中，权力分散，规则和程序较少，鼓励员工之间相互合作，并且对突发的任务能够作出快速反应。

（2）组织可能是差异化的或一体化的。差异化是组织的各个部分分散开来的趋势。一体化是组织的各个部分聚集到一起以实现一个共同目标的趋势。

（3）组织规模通常以组织中全职员工的数量来衡量。较大的组织往往有更多的规则、规章、流程和更多的工作分工，同时也更加分散。较小的组织非正式程度往往更高，有较少的规章制度和较少的工作分工。

（4）技术包含使原材料、数据或劳动力（输入）转化为产品或服务（输出）的所有工具和理念。按照增长的复杂程度，可以将企业分为三种技术模式。小批量技术，通常也是最不复杂的技术，商品按照客户的定制要求小规模生产。大批量技术是一种能够大量生产的装配线技术。连续过程技术是一种机器可以完成所有工作的高度程序化技术。

（5）组织生命周期的四个阶段中存在一种自然顺序：出生期、青年期、中年期和成熟期。出生阶段是非官僚的阶段，组织在这个阶段建立。青年阶段是组织有官僚倾向和成长、壮大的阶段。中年阶段，组织变得官僚化，并且从成长期逐渐趋于稳定。在成熟阶段，组织变得非常官僚化、庞大和机械化。这个时期的危险是缺乏灵活性和创新。

管理实践　日本富士火灾海上保险公司 CEO 努力改变公司文化

比詹·霍斯劳沙希（Bijan Khosrowshahi）是日本富士火灾海上保险公司（Fuji Fire and Marine Insurance Co.）的美籍伊朗裔首席执行官，他很少用翻译人员或是用来传输翻译的无线收话器。

霍斯劳沙希先生说英语并有着丰富的保险业从业经验，自 2004 年开始接管富士公司，他认为正是因为他与讲日语的员工之间有一个没有隔阂的沟通系统，从而帮助他融入了这个公司，即使现在他正致力于改变这个系统……

但是富士公司处在一个受到长期保护且以行动缓慢著称的行业中。于是，霍斯劳沙希先生将行动放缓，他鼓励富士的员工去主动变革，而不是命令他们。

富士的员工说他的改革起到了效果。到 2007 财年末，也就是 2008 年 3 月 31 日，富士的净保费上涨了 0. 2%，达到 2966 亿日元，即 28. 1 亿美元，这是四年来的首次增长。富士预测，随着全国范围内对汽车和购房者的限制政策而导致的汽车和房产销售减少，这个财年的净保费将再次下滑。

公司大胆启用女性管理者，从 2004 年的 1 人增加到了目前的 21 人。公司还经常询问普通员工对于新产品的想法，这两种做法在日本都是很少见的……

46岁的霍斯劳沙希先生比他的很多下属都要年轻，这对于靠资历而获得晋升的公司来说是一个不小的震动。霍斯劳沙希先生15岁时由伊朗移民至美国。1997年到2004年间，他供职于驻土耳其和韩国的美国国际集团（AIG）分公司，他说这样的经历使他面对外国文化时更加游刃有余。6500多名富士员工中一部分人表示怀疑……

霍斯劳沙希先生了解了卡洛斯·戈恩(Carlos Ghosn）对日产（Nissan）的转变，并开始学习日语。他将日语作为公司主要语言，即使对于高层管理者也一样，同时他聘请专人将文件翻译成英文供自己使用。但是他也确实动摇了一些公司长久以来形成的习惯。他改变了报告体系，让更多的管理者直接向他汇报。他禁止与会者在会议上一字一句地读出事先准备好的报告，这已经是惯例了。

霍斯劳沙希先生曾经考虑引进AIG的高管，但后来没有这么做。他说："我决定不能够引进外部人员来改变这家公司，变革应由富士的内部人员来完成。"

为了评估优秀员工，他向40位高级管理人员询问他们的工作情况，讨论了从再保险计划到从丰田汽车公司获得生意机会的各种问题。

富士公司当时的理赔部部长久里胜彦注意到了一个与先前管理者不同的地方。他说："日本的总裁不问细节问题。"他觉得霍斯劳沙希先生正在测试管理者有多了解他们的工作，以及希望变革的意愿。后来他被提升为管理执行官，负责销售业务。霍斯劳沙希先生说他可以不用说日语就能考察一个员工。他说："不只是语言，业绩、精力、肢体语言都能填补其他东西的空缺。"一年以后，他将执行团队由19人裁减至11人，用一些有希望的内部人员替代了一些经验丰富的老手。

西田先生说："执行官们抱怨要在会议开始前提交报告，这样就能把它们翻译成英文。一些人选择用他们不够完美的英语撰写报告。但是霍斯劳沙希先生并不放松要求，安排了很多管理者必须做陈述的会议。"

西田先生说，一些男性管理者私下抱怨霍斯劳沙希先生推行提升女性的做法。另一些人则请求不要将新来的女性员工分配到他们部门……

霍斯劳沙希先生督促管理者不仅要寻找解决方案而且要寻找问题，并鼓励员工提高主动性。早期，他还征集志愿者来开发新产品理念。一个志愿者团队的管理者青木康修说，出于好奇心，他同意了这个要求。另外一个团队成员则是受到老板的命令，加入了志愿者团队。

青木先生的团队被要求制定出一种新的汽车保险政策。它基于高价政策，向用户提供快速的理赔更新，并免费向用户介绍律师。当青木先生向包括霍斯劳沙希先生在内的富士委员会陈述他的计划时，他被他们尖锐的问题击退了……

霍斯劳沙希先生同样致力于激发士气，他安排与员工共进午餐，并与东京一桥大学联合推出一项公司培训计划。为了纪念去年富士的收入增长，他给每一位员工发了1万日元，大约95美元，同时还有一封以他的漫画作为信封装饰的感谢信。

池野广子是青木团队的一名办公室工作人员，他说霍斯劳沙希先生非常受欢迎，以致有些同事都将他的照片放到了他们的电脑里。

富士的执行官们说，他们现在已经习惯了通过翻译人员与霍斯劳沙希先生沟通，并习惯了作自我解释。在最近的一次销售战略会议上，讨论节奏非常快。霍斯劳沙希先生向销售总监久里先生和其他三位执行官——其中一位在东京使用电话会议，盘问竞争对手的财务状况。翻译反复用日语向小组重复霍斯劳沙希先生用英语提出的问题，并且小声连续地将答案通过自己的话筒传送到CEO的耳机上。偶尔，霍斯劳沙希先生用日语提出问题。

西田先生自小在日本崇尚谦虚的商业文化中长大，他说他已经被霍斯劳沙希先生鼓励“成了一只老虎”。他说，工作更加有趣了，“但也更加紧张了。”

讨论：

1. 为什么霍斯劳沙希先生要设法改变富士火灾海上保险公司的文化和组织结构？请作出解释。

2. 运用竞值架构理论作为参考，你怎样描述现在的组织文化？为了达成霍斯劳沙希先生的目标，需要什么样的企业文化？请讨论。

3. 在11种植入组织文化的方法中，霍斯劳沙希先生采用了哪种来改变公司文化？请提供例子来支持你的论点。

4. 霍斯劳沙希先生要创建的更多是一种机械式的还是有机式的组织？请解释。

5. 这个案例最重要的教训是什么？请讨论。

资料来源：Excerpted from Phred Dvorak, “Outsider CEO Translates a New Message in Japan,” *The Wall Street Journal*, March 28, 2008.

自我评估　你的组织是一个学习型组织吗？

目的

1. 熟悉学习型组织的特点。
2. 辨别你的组织是否是一个学习型组织。

引言

正如第2章所介绍的，学习型组织是一种积极创造、获取和转换新知识的组织。学习型组织是一个培育新理念和新想法的温床，它使人们持续地拓展自己的能力去实现想要的结果。最重要的是，学习型组织为组织和个人提供了一个能让他们持续学习以达到目标的空间。这个练习的目的是辨别你所工作的组织是否是一个学习型组织。

说明

下面的调查用以评估一个组织在多大程度上符合学习型组织的原则。如果你目前已经工作，回答这些问题时可以考虑你所在的组织。如果你目前没有工作，但是过去曾经工作过，请用过去的工作完成调查。如果你从来没有工作过，你可以用学校的经历，或是一个你熟悉的组织作为参考。比如，你可以采访你的父母关于他们所工作的组织在多大程度上符合学习型组织的原则。阅读每个句子，并用下面的数值表示哪个答案最接近你的回答：1=非常不同意；2=不同意；3=既不同意也不反对；4=同意；5=非常同意。

1. 管理者用奖励、赞扬和表彰来达到他们的目的。	1 2 3 4 5
2. 公司促进团队合作。	1 2 3 4 5
3. 奖励和表彰是基于他们做了什么，而不是他们认识谁。	1 2 3 4 5
4. 我看到更多有乐观态度/行为的人，而不是消极的人。	1 2 3 4 5
5. 我对组织愿景有清晰的认识，我的职责是帮助组织达到目标。	1 2 3 4 5

6. 这个组织更多地依靠团队而不是个人的解决方案。	1 2 3 4 5
7. 这个组织往往能纵观全局，而不是以狭隘的视角来分析问题。	1 2 3 4 5
8. 人们以开放的心态与他人一起工作。	1 2 3 4 5
9. 公司会寻找问题的根源，而不是一个快速的修复方法。	1 2 3 4 5
10. 我拥有能够持续改进我工作方法的技能和知识。	1 2 3 4 5
	总分 ________

得分

将问题的答案数字相加得到总分。范围为10到50。与以下学习型组织的标准进行比较：

总分10 ~ 23 = 低度学习型组织

总分24 ~ 36 = 中度学习型组织

总分37 ~ 50 = 高度学习型组织

道德困境　当你妹夫违反规定时

假设你是一个小型家庭经营的住宅建筑公司的采购经理。你妹夫在结构设计部工作，你妹妹是公司的首席财务官（CFO）。公司有一项政策允许员工兼职做一些小的住宅建筑工作（工程金额少于2000美元），并且可以通过公司购买建筑材料。这项政策使得员工能够通过高折扣率购买原材料来赚取额外收入。

由于你的工作职位，你能够知道所有兼职项目，以及通过公司为这些项目采购的原材料金额。最近，你发现你妹夫购买了一批原材料，金额超过了2000美元的上限标准，其中一个项目花费3000美元，另一个花费1500美元。

虽然你猜测他正在做的项目金额大概在5000美元到8000美元之间，但你还是批准了这两项采购。这类项目通常是不允许被作为兼职项目的，因为在这个价格范围里，公司也可以自己承接。你觉得你妹夫的行为没什么不大了，因为作为公司首席财务官的妹妹同样知道这笔采购。

解决困境

你妹夫刚刚提交了一份作为兼职工作的价值1万美元的材料采购请求，你该怎么做？

1. 批准这项采购。检举你妹夫并不是你的工作，而且你妹妹也知道他在做什么。

2. 致电你妹妹，表达你对你妹夫正在做的事情的担心。让她来处理可能出现的违背道德。

3. 联系你妹夫，问他是否遵守了公司关于兼职项目金额不得超过2000美元的规定。如果他说是，批准这项采购。

4. 去找CEO，让他知道你妹夫采购的细节。然后CEO能够以他认为最好的方式来处理。

5. 提出其他的解决方案。

9 人力资源管理

你应该能够回答的主要问题：

9.1 战略人力资源管理

主要问题：卓越管理者如何看待员工在其组织的成功中所扮演的角色？

9.2 人力资源管理合规

主要问题：为了避免法律诉讼，需要了解哪些领域的法律？

9.3 招聘与选拔：让合适的人做合适的工作

主要问题：如何减少雇用失误和找到为组织工作的优秀人才？

9.4 指导、培训与发展

主要问题：人员被聘用后，哪种方法最能看出他们应该做什么工作？

9.5 绩效评估

主要问题：如何更准确地评估员工的绩效并给出更有效的反馈？

9.6 管理高效员工：薪酬与福利

主要问题：薪酬有哪些不同的形式？

9.7 管理晋升、调动、处罚和解雇

主要问题：处理晋升、调动、处罚与解雇的指导原则有哪些？

管理者工具箱

如何在新工作中脱颖而出：在60天内适应组织

“作为一名准备进入职场的充满雄心的22岁青年，如何才能最快地使自己成为一名成功者？”俄勒冈州科瓦利斯的戴恩·约翰逊问道。

“一旦你进入现实世界，不管你是22岁还是62岁，不管是开始你的第1份工作还是第5份工作，都没有什么区别，”《商业周刊》专栏作家苏西·韦尔奇回答道，“让你看起来优秀并表现突出的方法就是超额完成任务。”

超额完成任务意味着你要在完成所要求的任务的基础上做更多的事，例如，不仅仅是完成老板要求你做的报告，还要做一些额外的研究，要让他对你做的事情留下深刻的印象。

在刚开始的三个月里你应该做的其他事情：

- 认识一些人并且倾听他们说什么。在最开始的两周，要去认识一些人并设法和他们共进午餐。了解这个组织如何运行，员工如何跟老板互动以及企业文化鼓励什么、不鼓励什么。在这里你的角色就是去倾听，而不是大肆表现你的魅力。要意识到你有很多地方需要学习。
- 认识第一印象的作用。根据一项调查，跟一个陌生人见面只需要三分钟，人们就会形成对他们将来的关系会发展到什么程度的看法。（实际上，根据人们对网页反应的一项调查，第一印象能在短短1/20秒内形成。）
- 让别人容易给你反馈。让你的老板、同事或者下属对自己做得怎么样给予反馈。准备大度地接受不好的评价。

  在第一个月结束的时候，带着“我做得怎么样”的问题去见你的老板。
- 超额完成。因为对新入职者的绩效考核一般在60天到90天内进行，你要完成所有的任务，最好是一些大任务，以向你的老板显示你的潜力。换句话说，按韦尔奇所建议的做：超额完成。

福克斯新闻频道CEO罗杰·埃尔斯（Roger Ailes）指出，人们要作出他们对你的看法的时间只需要7秒钟，因此在这个时间里要留下一个好第一印象。“当你第一次见某个人时，要做好一件事，就是保证你的精力水平，”埃尔斯说，“如果你没在第一天显示出你良好的精力状态，那你就糟了。”

注意：如果你感觉在设法给某个人留下一个好第一印象时弄砸了，不要太过沮丧。研究表明，关键是要确保还有机会跟那个人再见面，这样你就能展示你不同的一面。

讨论：前面的建议和你以前开始一项新工作的经历有多大程度相符？是否存在一些事情是你希望以前做得不同的？

本章概要

本章探讨人力资源管理——规划、吸引、发展和保留有效的劳动力。我们考虑人力资源管理怎样与整个公司的战略相匹配，如何评价现有的和未来的员工需求以及如何招聘和选择有能力的员工。我们讨论指导、培训和发展；如何评价员工绩效和给予反馈；管理者应了解哪些人力资源法律。最后，我们讨论如何管理薪酬和福利、晋升和处罚，以及工作表现问题。

9.1 战略人力资源管理

主要问题：卓越管理者如何看待员工在其组织的成功中所扮演的角色？

本节概要

人力资源管理由管理者的活动组成，包括规划、吸引、发展和保留有效的劳动力。人力资源需求的规划包括理解当前的员工需求和预测未来的员工需求。

你怎样才能被《财富》杂志年度“100家最适宜工作的公司”名单中的企业聘用，比如2008年名单上的谷歌、韦格曼斯食品超市（Wegmans Food Markets）、基因泰克（Genentech）和星巴克？有建议说，你可以设法认识这家公司的人；在你的简历里写上你的志愿工作，并准备接连不断地面试，同时对公司做一个广泛的研究（不仅仅是网上研究，还要采访顾客）。

《财富》杂志上最好公司的员工能得到什么东西？位于加利福尼亚州山景城的谷歌是一家搜索引擎公司，它在2007年和2008年排在第一名。在这家公司，你可以去十一家免费美食餐厅中的任意一家吃饭，也可以去一些免费的小吃屋，里面有各种谷物、糖果、坚果、新鲜水果和其他小吃。你可以带着你的狗去上班、现场理发、在健身房工作、参加有津贴的运动班、学习普通话或其他语言、免费洗衣服、或者免费咨询五位公司的医生。公司也推出了很多薪酬激励、特别奖金和可以达到百万美元的创始人奖。

为什么会有这么好的待遇？它的CEO埃里克·施密特（Eric Schmidt）说：“快乐的人产出更多。”正是这种生产率使谷歌成为“挣钱发电厂”。比如，在2008年早期，它披露第一季度净收入增长30%。换句话说，谷歌发现，它最大的竞争优势在于它的人力资源——它的员工。

人力资源管理：管理组织的最重要资源

人力资源管理（human resource management）由管理者的活动组成，包括规划、吸引、发展和保留有效的劳动力。麦肯锡在寻找初级商业顾问，美国海军在设法填充它的队伍，教堂在设法扭转牧师数量减少的趋势，所有组织都必须处理人员问题。

过去的人事部门现在被称作人力资源部门并不仅仅是表面的改变。它是想指出人员对于组织成功的重要性。虽然将人作为“资源”来谈论，可能看起来把人降低到等同于财务资源或物质资源，但事实上人是组织最重要的资源。确实，这些公司——如南圣弗朗西斯科的生物科技公司基因泰克（2006年《财富》杂志最佳企业排行第一）、韦格曼斯食品超市（2005年排行第一）、果酱制造商J. M. Smucker（2004

年排行第一)、证券经纪商爱德华·琼斯公司(2002年和2003年排行第一),以及货柜商店(The Container Store)(2000年和2001年排行第一)——发现将员工放在第一位是他们成功的基础。"如果你不一直想着要使每个人都有价值,你就不会有机会获得成功,"前通用电气总裁杰克·韦尔奇说,"什么是可以替代的?没用的想法?没有参与的员工?生气或者感觉枯燥的劳动力?这些都没有用!"

人力资源是战略规划的一部分 在许多公司,人力资源已经成为战略规划过程的一部分。因此,人力资源部门不仅要处理员工的文书工作和法律义务,还要帮助支持组织的整体战略。这是一个很重要的领域,我们在9.2节进行描述。

例如,正如韦格曼斯的所有者所想的那样,拥有忠诚、具有创新精神、聪明、热情并且尽力提升顾客满意度(该公司的使命)的员工是否重要?然后,招聘谁?如何培训?评价和奖励他们绩效的最好方法是什么?这些问题的答案应该和公司的战略使命相一致。战略人力资源过程的目的是获得有助于组织使命和目标的最优工作绩效。(见图9-1。)

我们在第2章提到过的人力资本和社会资本,是人力资源管理视角中的两个重要概念。

人力资本:员工知识和行动的潜力 你也许还记得,人力资本是员工知识和行动的经济或生产上的潜力。很好地将知识、技能和追求优秀的动机结合于一体的现有或未来的员工代表了有潜力的人力资本,他们能给组织带来有竞争力的优势。为什么人力资本很重要?一个人力资源管理专家团队说:"我们生活在这样的时代,以速度、创新、周期短、质量和顾客满意度为特征的新经济模式,高度强调无形资产的重要性,如品牌认知度、知识、创新,特别是人力资本。"

社会资本:强有力的合作关系的潜力 我们说,社会资本是有力、信任和合作的关系的经济或生产上的潜力。关系确实很重要。例如,经营家庭所有的J. M. Smucker公司的这对兄弟,遵循他们父亲所阐述的简单准则:"全身心地聆听,发现别人的优点,有幽默感,并且感谢员工出色的工作。"(该公司的员工自愿离职率仅为3%。)

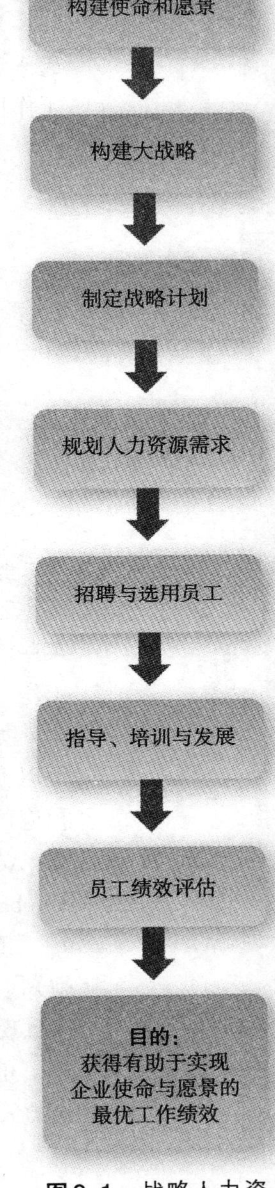

图9-1 战略人力资源管理过程

规划人力资源需求

一家建筑承包商,需要雇几个人来挖水沟,这只需要他们工作几个小时,后来找到了正站在街角的一组空闲劳动力,这是人力资源规划的一种形式吗?当然它表明了承包商的意识,在那个地方通常能够找到很多劳动力。但是如果建筑商需要很多受过专业训练的人——能给他带来战略规划过程所需要的竞争优势,那又是怎样呢?

这里我们关注的不仅仅是简单地在"需求"基础上雇用人员。**战略人力资源规划**(strategic human resource planning)包括制订一个系统的、全面的战略以理解当前的员工需求和预测未来的员工需求。让我们仔细分析这两个部分。

理解当前的员工需求 为了规划未来，你必须了解现在——当前的人员情况看起来如何？首先，这需要你（或者一个经过训练的专家）进行工作分析，然后写出工作描述和工作说明。

- **工作分析**。**工作分析**（job analysis）的目的是通过观察和分析来确定一项工作的基本要素。专家们采访工作人员他们在做什么工作，观察工作流程，并了解任务是怎样完成的。例如，UPS让专家和信使一起运送包裹，记下传送一件包裹需要多长时间并记下所遇到的困难（如交通堵塞、凶猛的狗、收件人不在家等）。
- **工作描述与工作说明**。了解了工作的基本要素以后，就可以写工作描述了，**工作描述**（job description）概括工作人员应该做什么、如何做以及为什么做这项工作。接下来写**工作说明**（job specification），工作说明描述的是胜任这份工作需要具备哪些基本条件。

这个过程可能会带来一些惊喜。比如，工作看起来需要本科学历，但是实际上根本不需要。因此，写工作分析、工作描述和工作说明的过程可以帮助你避免招聘某些能力过高（并且更昂贵）或者能力不足的人（因此产出较低）来从事某个特定工作。

另外，通过把工作描述和工作说明以及候选者的基本特征输入数据库，组织可以通过在计算机中搜索他们简历的关键词（名词）和工作描述的关键词来找到相应的候选人。例如，桌面出版工作可能被描述为应聘者应当熟悉的软件程序种类：Adobe Illustrator、Adobe PageMaker、Adobe Photoshop、InDesign、Quark Xpress、Acrobat Distiller等。

预测未来的员工需求 当然，工作描述也是不断变化的，比如汽车技师现在必须知道计算机芯片在汽车中是怎样工作的。（一辆C级奔驰可能有153道板载程序。）而且现在出现了一些新工作，例如，十年前你听过“电子商务会计”这个工作吗？

正如你所想，预测未来的员工需求意味着你必须了解组织可能需要的人员以及这类人员的可能来源。

- **组织可能需要的人员**。你可以假定你的组织不会变化太大。如果那样的话，你可以很容易预测到职位将会阶段性出现空缺（由于退休、辞职等），并且为了填补职位空缺，你需要支付同样的工资招聘少量人员以达到相同的标准。

  不过，假定组织会变化将更好。因此，你需要了解组织的愿景和战略规划，这样的话，所招聘的合适员工就能满足未来的战略和工作。
- **人员的可能来源**。你可以从组织内部或外部招聘员工。在组织内部寻找，你需要考虑哪些员工是充满动力、可训练和可提拔的，以及组织可能要进行哪些培训。组织这类信息的工具有**人力资源储备**（human resource inventory），它是由姓名、教育、培训、语言及其他重要信息所构成的组织人员名单。

在组织外部寻找，你需要考虑在你的行业和地理区域的劳动力资源可获得性，如毕业于不同院校的人员培训情况及哪类人员可能进入你的领域。美国劳工统计局和美国人口普查局发布关于这类问题的报告。

9.2 人力资源管理合规

主要问题：为了避免法律诉讼，需要了解哪些领域的法律？

本节概要

任何管理者都需要了解四个方面的人力资源法律，即劳动关系、薪酬与福利、健康与安全以及平等就业机会。

无论你组织的人力资源战略是什么，在美国（以及海外的美属部门）都必须在美国法律环境下运作。你需要了解的四个领域如下。一些重要的法律在后面的表格中加以概括。（见表9-1。）

劳动关系

最早影响员工福利的法律与工会有关，而且他们仍然发挥着重要的作用。1935年通过的《瓦格纳法案》（the Wagner Act）使美国的**全国劳资关系委员会**（National Labor Relations Board）成立了，它使员工可以投票选举工会和集体谈判来执行程序。**集体谈判**（collective bargaining）包括管理部门与员工就薪酬、福利、工作条件和工作安全等方面进行的谈判。

1947年的《塔夫脱-哈特莱法》（the Taft-Hartley Act）允许美国总统制止或结束威胁国家安全的罢工。

薪酬与福利

1935年《社会保障法》建立了美国退休系统。1938年通过的**《公平劳动标准法》**（Fair Labor Standards Act）确定了州际贸易中工人的最低生活标准，包括联邦最低工资（现在为每小时6.55美元，于2009年7月24日增加到每小时7.25美元）和最长周工作时间（目前为40小时，超过这个时间就要额外付费）的条款，还包括禁止雇用童工。薪酬主管、管理者和专业人员不受加班制度的限制。

健康与安全

从煤矿工人承受塌方的风险到纱厂工人呼吸皮棉，很多行业有肮脏、危险的工作。

从1970年颁布的《职业安全与健康法》开始，产生了很多要求组织为员工提供没有危险的工作条件的法律。随后法律又延伸到了健康层面。

平等就业机会

减少招聘中基于种族、民族、宗教偏见和性别歧视的努力开始于1964年民权法第七章。这项法案成立了**平等就业机会委员会**（Equal Employment Opportunity Commission），其职责是实施反歧视和其他与就业有关的法律。

表9–1 当前美国一些保障员工的重要联邦法律法规

年　份	法律或法规	条　款
劳动关系		
1974	隐私法	赋予员工检查提到他们的信件的合法权利
1986	移民改革和控制法	要求雇主核实所有新员工的就业资格（包括美国公民）
1988	测谎保护法	限制雇主使用测谎仪器
1988	工人调整和再培训通知法	要求拥有100名或更多员工的组织如果大量裁员或关闭工厂，必须发布60天通知
2003	萨班斯–奥克斯利法	禁止雇主降级或解雇那些对联邦机构提出欺骗指控的员工
薪酬与福利		
1974	员工退休收入保障法	为管理退休金计划制订规则；为破产计划提供联邦保险
1993	家庭与医疗休假法	要求雇主提供12周基于医疗和家庭原因的无薪假期，包括分娩、婴儿收养和家庭紧急事件
1996	健康保险流通与责任法	更换工作或接受新的保险项目时，允许员工转移健康保险计划，不管以前是否存在健康问题；禁止抛弃不健康的员工群体计划
2007	合理最低工资法	2009年7月24将联邦最低工资增加到每小时7.25美元
健康与安全		
1970	职业安全与健康法	在组织中建立最低健康与安全标准
1985	统一综合预算协调法	要求延长健康保险福利终止期限
平等就业机会		
1963	同工同酬法	要求同样岗位的男女员工获得同样报酬
1964，于1972年修改	民权法第七章	禁止基于种族、肤色、宗教、民族或性别的歧视
1967，于1978和1986年修改	就业年龄歧视法	禁止歧视40岁以上的员工；限制强制性退休
1978	怀孕歧视法	禁止歧视包含怀孕、分娩和有关的医疗条件；保障产假期间的职位安全
1990	美国残疾人法	禁止歧视身体或精神残疾、或长期病患但基本上合格的员工；要求为他们提供合理的条件以使他们能履行职责
1991	民权法	对民权法第七章、美国残疾人法和其他法律的修改和澄清；允许针对雇主的故意歧视而提出的惩罚性赔偿诉讼

民权法第七章适用于员工数量在15人以上、所经营的产业影响州际贸易的所有公司和他们的代理商。想要和美国政府做生意（像大多数学院和大学，它们都接受联邦政府的资助）的承包商们必须遵守总统发布的各项行政命令，包括反歧视。随后的一些法律禁止歧视大龄员工和身体或精神残疾的员工。

平等就业机会涵盖三个重要的概念：歧视、平权法案和性骚扰。

歧视　当人们被聘用或晋升，或者被拒绝聘用或晋升的理由与工作无关时，**歧视**（discrimination）就产生了，比如肤色、眼睛的形状、性别、宗教信仰、民族或者其他类似的因素。这里需要提出的一点就是，尽管法律对就业的所有方面都禁止歧视，但它并没有要求雇主因为种族、肤色、宗教信仰等扩大优惠待遇。

当发现组织存在歧视时，被歧视者可通过诉讼获得补贴支付和惩罚性的赔偿。2007年，由工人对私营企业主发起的联邦就业歧视诉讼飙升了9%，是20世纪90年代早期以来年增长率最高的一次。平等就业机会委员会（EEOC）整理的种族歧视案件在那一年增长了24%。EEOC收到的关于怀孕偏见的诉讼在2007年也增长了14%，与十年前相比增长了40%。更早些时期，在2005年，劳工统计局发现在很多领域存在工资差异，黑人和西班牙裔的工资分别只占白人工资的74%和58%，整体上女性工资只有男性工资的77%。

平权法案　**平权法案**（affirmative action）强调在组织中获得平等的机会。它通过积极地从过去被歧视的群体中发现、招聘和培养有才能的人，来设法弥补过去在就业中存在的歧视。方法包括积极地招聘，减少面试中带有偏见的问题和建立少数民族聘用目标。值得注意的一点就是平等就业机会不允许使用雇佣配额。

平权法案为女性和少数民族创造了大量的就业机会，但是它却遭到了一些白人男性的抵制，他们认为平权法案损害了他们的利益。如果员工认为平权法案是公平和平等的，且如果白人对不同肤色的人没有偏见，平权法案就会更加成功。另外，研究表明基于平权法案而招聘的女性和少数民族因为不合格和不称职而感到耻辱，他们比认为是基于价值而招聘的员工具备更低的工作满意度并承受着更大的压力。

性骚扰　**性骚扰**（sexual harassment）由造成不好工作环境的令人不愉快的性关注构成。性骚扰意思是猥亵的肢体动作、性笑话、有性倾向的海报和墙上涂鸦、暗示性的话语、令人不快的约会压力、没有性意味的身体接触、令人不快的触摸、性要求、如果不满足性要求就得到惩罚的威胁、猥亵的电话，以及关于性方面的类似口头或身体上的行为。这些骚扰可能由异性或同性成员带来，可能是管理者、同事或者外部人员。如果性骚扰者是组织的管理者或者是代理人，这个组织自身可能遭到起诉，即使它根本不了解情况。

下面是两种类型的性骚扰：

- ***补偿——有形的经济损害***。在补偿型中，受到直接且令人不快的性关注的人处于一种受损害的位置，除非他/她含蓄或明确地表示顺从，不然就不会被聘用或者获得工作福利和机会。

- **不友善的环境——冒犯的工作环境**。在不友善的环境型中，受到性骚扰的人不会有经济损害的危险，但是却处在一种具有冒犯性和威胁性的工作环境。2007年，一项调查显示，38%的女性说她们在工作中听到过性暗示、俏皮话或嘲笑，而2006年这一比例为22%。另一个发生率上升的问题就是工作中的恐吓，37%的员工有过此经历，并且男性和女性一样。

下面的表格列出了避免性骚扰的一些准则。（见表9-2。）

表9-2 避免性骚扰的准则

·不要做没有邀请的接触、拥抱或轻拍别人的身体
·不要请求或提出把性作为与工作或晋升有关的回报
·不要讲暗示性的性笑话，不要贬低或诋毁别人，不要有下流的动作或声音
·不要创作与性有关的图片、演示物和便条
·不要嘲笑别人的性骚扰语言或行为

资料来源：Adapted from U. S. Equal Employment Opportunity Commission, “Sexual Harassment,” March 29, 2006, www.eeoc.gov/types/sexual_harassment.html (accessed August 12, 2008) ; and CCH Inc., “Business Owners’ Tool Kit,” © 2006 CCH Inc. , www. toolkit. cch. com/tools/sxhrst_m. asp (accessed August 12, 2008) .

9.3 招聘与选拔：让合适的人做合适的工作

主要问题：如何减少雇用失误和找到为组织工作的优秀人才？

本节概要

合格的应聘者可能来源于组织内部也有可能来源于组织外部。这些方式可以帮助选择最优秀的人：审查应聘者的申请表、简历和推荐信；结构化或非结构化面试；通过对应聘者的能力、性格、表现和其他招聘方面进行测试来筛选。

《商业周刊》专栏作家杰克·韦尔奇（前通用电气CEO）和苏西·韦尔奇写道：“雇用优秀的员工很困难，新上任的管理者能有一半的时候招聘到合适的员工就是幸运的了。即使是拥有几十年经验的执行官，他们最好的情况也只有75%的时候打对了电话。”

不管多困难，设法招聘到合适的员工总是很重要的。一名CEO说：“我们本质上处在一个创新经济中，好的员工能够提出真正好的创意。公司想要通过经营下一个最好产品来打开市场，那么确保有优秀的人才去执行是至关重要的。”

招聘：如何吸引合格的应聘者

有些时候，几乎每个组织都必须思考如何才能找到合适的员工。**招聘**（recruiting）就是为组织中的空缺职位吸引和安排合格应聘者的过程。“合格”这个词很重要：你想要找到那些技能、能力和特点都最适合你组织的人。招聘有两种类型：内部招聘和外部招聘。

1. 内部招聘：从组织内部聘用 **内部招聘**（internal recruiting）意思是让已经被组织聘用的员工知道职位空缺。确实，组织的大多数职位空缺都是由内部招聘来填充，主要通过**职位发布**（job posting），将空缺职位的信息和资格要求放到公告板或公司内部网上。

2. 外部招聘：从组织外部聘用 **外部招聘**（external recruiting）意思是从组织外部吸引应聘者。职位空缺的发布通过报纸、职业介绍所、招聘公司、工会招聘大厅、大学生就业办公室、技术培训学校和职业协会的口头宣传等。不只是高科技公司，很多组织都会通过网络来为空缺职位做广告。

两种招聘方式既有优点，也有缺点。（见表9-3。）

哪种外部招聘方式最有效？ 人力资源专家说，通常最有效的来源就是员工推荐的人，因为为了保护自己的声誉，员工在推荐人员时会特别谨慎，而且他们既了解工作要求又了解他们所推荐人员的条件。找到合适职位候选人的其他有效的方式有电子招聘工具，如招聘网站；协会和贸易团体的会员名录；社交网站；特定行业的博客、论坛和新闻组等。

实际工作预览 通常，组织会为了吸引外界最优秀的应聘者而展示它最好的一面——然后又想知道为什么新招聘者一旦发现工作不如之前所承诺的那样好时，又离开了。

一种较好的方法是**实际工作预览**（realistic job preview），在聘用人员之前让他们知道职位与组织的优点和缺点。对工作有现实预期的人往往比那些没有现实预期的人离职率更低，满意度也会更高。

表9-3 内部招聘和外部招聘：优点和缺点

内部招聘	
优点	缺点
1. 激励员工更努力工作和对组织更忠诚。增强士气，因为他们意识到努力工作和留下来会有更多的机会。	1. 内部招聘限制了职位的竞争，也限制了新人才和新观点的范围。
2. 广告、面试等整个过程的成本较低。	2. 它可能促使员工认为时间长了和资历高了就自然会得到晋升。
3. 风险较小。组织已经了解内部候选人员并且他们熟悉组织。	3. 一个职位填补上了，又会有另一个职位空缺。
外部招聘	
优点	缺点
1. 应聘者可能拥有专业知识和经验。	1. 招聘过程成本更高，花费时间更长。
2. 应聘者可能有新观点。	2. 风险更高，因为对聘用的人不是很了解。

选拔：如何为工作找到最合适的人

无论招聘过程只有几个应聘者，还是有成千上万的应聘者，现在你开始进入**选择过程**（selection process），筛选应聘者以聘用到最合适的员工。实际上这就是一种预测：候选人在这个职位上会表现得多好以及他会待多长时间。

这里有三种选择工具：背景资料、面试和雇用测试。

1. 背景资料：申请表、简历和推荐信 申请表和简历提供了职位应聘者最基本的背景信息，如身份、教育、工作经历和资格证书。

令人遗憾的是，很多简历信息言过其实，甚至包含过分虚假的信息。进行背景调查的InfoLink Screening Services公司根据上万名应聘者的资料调查显示有14%的应聘者对他们的教育撒过谎。Vermont-based ResumeDoctor. com是一个提供简历编写服务的网站，调查了上传到它网站上的1133份简历，发现将近42. 7%的简历至少存在一处不准确的地方，还有12. 6%的简历存在两处或以上事实错误。人力资源管理协会2003年的一项调查发现，260万受访者中有44%的人说他们在简历中谎报了工作经历。Background Information Services是克利夫兰的一家就业前筛选公司，该公司发现56%的简历包含一些虚假的信息。

最普遍的失真就是对教育背景说谎（比如假装持有学位或者高等学位）。RadioShack公司的首席执行官戴维·埃德蒙森（David Edmondson）在2006年变得臭名昭著，在一家报纸报道他在简历中谎称拥有心理学和神学学位后，他不得不辞职。2007年，经营在线百科全书的维基百科公司（Wikipedia）在聘用卡罗琳·多兰（Carolyn Doran）为它的首席运营官前忽视了调查她的基本背景，她曾经被指控酒后驾车并逃离车祸现场。新泽西州罗斯兰的自动数据处理公司进行了员工背景验证，报告显示41%的教育记录在应聘者提供的教育信息与教育机构提供的信息之间存在差异。

另一个普遍的伪造还包括无中生有地填补就业历史中的空缺。（虽然有简单的处理方法，如强调服务期的长度而不是就业日期）。人们也会谎报年龄，因为他们害怕看起来太有经验（这样会更贵）或者太老。正如你可能想到，人们也可能修饰他们的薪资历史、工作头衔和项目成就。曾经有一段时间随着非法（无证）员工数量上升，验证美国公民身份也成了人力资源人员应尽的义务。人力资源部门还面临的另一个困难就是由于应聘者增加使用视频简历，如果应聘者属于某一个“受保护的群体”，比如少数民族个体或者年龄稍大的人，视频简历可能使组织陷于因为歧视而不雇用的诉讼当中。

推荐信也是一个问题。很多雇主不对以前的员工进行诚实的评价，主要有两个原因：他们害怕由于某些负面的评价而遭到前员工的诉讼；他们害怕如果作了某些积极的评价，而应聘者并没有做到，他们会遭到应聘者新雇主的起诉。

2. 面试：非结构化面试、情境面试和行为描述面试 面试是使用最普遍的一种员工招聘方法，可能采用面对面或视频会议的方式，或者通过网络，这种方式越来越多。（调查发现，求职者感觉面对面的面试比视频会议或电话面试更公平，也会得到公司

实际行动 申请职位要避免以下错误

求职者经常会在首次面试时犯一些错误。这里有一些建议：

做好准备——精心准备

你能准确地读出要面试的公司的名称吗？能准确说出面试官的名字吗？你是否了解该公司及自己申请的职位？你对该公司面临的竞争了解吗？自己有哪些工作方面的优势和劣势，又需要怎样提高自己的能力。这些你都知道吗？

上网查询并仔细阅读该公司的网页；搜索关于该公司的文章或新闻；打电话给该公司询问公司名称的发音；花些时间练习问答，到时面试官听起来才会觉得你很自信。

着装得体和注意仪态

即使公司对员工的着装要求是“商务休闲”，也并不意味着你面试的时候可以这样穿（或者穿学生装）。

面试时着正装。从进入公司大楼的那一刻起，就要注意自己的仪态。面试当天或提前几天，就要计算好到达公司所需要的时间。如果发生了意外事情导致面试迟到，要及时通知面试官。对公司前台的接待人员要礼貌，问候每一个向你问候的人。关掉手机的铃声。

不要表现得与面试官太熟

对面试官不要过分友好并分享太多，尤其是首次面试的时候。尽管面试官会尽量使你感觉舒适，但你要以自己所应聘的职位为中心并练习自己的答案。准备好要问面试官的问题，比如所应聘职位将来有什么挑战。不要对原来的公司作负面的评价。相反，要指出原来公司的优点，并告诉面试官从你的工作经验中了解和收获了什么。

要知道背景会被调查

由于越来越难从不诚实的人中分辨出诚实的应聘者，许多公司会定期检查员工履历或请专门的公司来核查求职者的背景。根据一项调查，96%的雇主会对员工进行背景调查。如果你注册了MySpace、Facebook，或者是一名博主，你应该考虑一些东西，现在雇主会经常利用谷歌或雅虎等搜索引擎对未来的员工进行持续秘密的背景核查，以在违反有关歧视的法律之前就终止雇佣意向。

更高的雇佣意向。）为了消除偏见，可以由三人或三人以上的委员会对面试进行设计、执行和评估。面试这种最常见的选择员工方法通常采用三种形式：

- **非结构化面试**。就像普通谈话一样，**非结构化面试**（unstructured interview）通过探讨式的问题来了解求职者是什么样的。这样的面试没有一套固定的针对所有求职者的问题，也没有系统的评分程序。因此，有人认为非结构化面试过于主观化，容易受面试官偏见的影响。同样重要的是，如今面试极易引起法律纠纷，因为面试官提出的一些问题可能会侵犯与工作无关的方面，比如隐私、多样性或者残疾。但是与结构化面试相比，非结构化面试能够对求职者与工作相关的个人优势作出更精确的评估。
- **结构化面试类型——情境面试**。**结构化面试**（structured interview）是向每

实际行动　举行面试的正确方法

雇用了一些人但是很快又不得不辞退他们，对于公司而言成本很高，因此现在公司招聘都强调有效性。尽管这是一个值得进一步探讨的主题，但这里还是给出了一些小建议：

面试前：明确你的需求和审查求职者的简历

列出所招聘岗位对求职者技能、特点及资质等方面的要求。一位人力资源经理说："雇用员工就像逛超级市场，你需要列一个清单来明确自己需要什么。"

阅读求职者的简历或申请表，以了解他们的相关经验，明确他们与所招聘岗位之间的差距和不一致的地方。

列出面试问题

应当向所有求职者提出相同的问题，这样就可以比较他们的答案。（这样做也可以避免法律纠纷。）一般来说，面试所提到的问题应当能引出以下这些类型的信息：

- **求职者是否具备胜任该工作的知识**。可以向求职者提出这些问题，例如："举出一个你所提出的创造性解决方案的例子。""你如何在网上做研究？"
- **求职者是否能够应对困境**。可以向求职者提出这些问题，例如："请告诉我你应对愤怒顾客的一次经历。你是怎样处理那种情况的，结果怎样？"
- **求职者是否愿意适应工作的需要**。可以向求职者提出这些问题，例如："对于作出不受欢迎的决策，你觉得如何？""你是否愿意30%的工作时间在出差？"
- **求职者是否适合组织文化**。可以向求职者提出这些问题，例如："你的上一个主管是怎样评价你的？""在你先前的工作中，对于出差费用，给了你多大的余地？"

采用三幕式的面试

面试可以按照三幕式的剧本来进行。

- **第一幕：最初3分钟——简短谈话和"兼容性"测试**。第一幕确实是一个"兼容性测试"，大约是3分钟的简短交流，你有机会与求职者建立融洽关系，并对求职者给你的第一印象作出判断。

  注意：根据一些调查，大约五分之四的决定在面试的最初十分钟就做好了。因此要注意，如果你很快被一名求职者所吸引，你可以花更多时间跟他谈话而不是听，尽量跟他谈论工作而不是审查他的资格。
- **第二幕：接下来的15到60分钟——提问并聆听求职者的"故事"**。在第二幕中，向求职者提出你列出的问题（并回答求职者向你提出的问题）。70%～80%的时间交给面试者，让他们谈。

  记录重点。不要忽视直觉，它在决定是否雇用某个人的问题上有重要的作用。（但是要注意，不要给人留下刻板老套的印象。）
- **第三幕：最后1到2分钟——结束面试，进行下一步**。最后的几分钟，听面试者谈谈是否对接受该工作感兴趣。

面试结束后

写一个简短的报告，对求职者的条件分别进行打分。并说明你打分的理由。

在邀请求职者参加第二轮面试前，先审查他的介绍信。

一个求职者提出同样的问题，然后将所有人的答案与预先设定好的标准答案做比较。

情境面试（situational interview,）是结构化面试的一种类型，面试官会给出一个假设情境。例如："如果见到两名职员在工作场所大声争执，你会怎么做？"这种面试方式旨在发现求职者是否有能力应对工作中可能遇到的难题。

- **结构化面试类型二——行为描述面试**。**行为描述面试**（behavioral-description interview）是结构化面试的第二种类型，面试官会挖掘求职者之前真正做过的工作。例如："你为主管、老师、同级或者下属提供的最好建议是什么？"这个问题（大学生申请军队军官培训项目时曾被问到这个问题）旨在评估求职者影响别人的能力。

3. 雇用测试：能力、性格、表现及其他　在过去，雇用测试通常包括三个方面，即笔试、面试和体能测试。但是现在认为，**雇用测试**（employment tests）包括雇用选择决策过程中使用的所有程序。因此，现在甚至连申请表、面试以及对教育、工作背景的要求都被视为测试。

最常见的雇用测试可能有以下三种：

- **能力测试**。该测试衡量的是体能、力量和耐力、装配能力、思维能力以及文案能力。例如，接线员要接受听力测试，流水线工人要接受动手能力测试。智力测试同样也很常见，用于预测员工未来的执行力。
- **表现测试**。表现测试或称技能测试，衡量的是在实际工作中的表现。比如，电脑程序员要接受某种编程语言测试，如C++等；而中层管理人员要接受一个小项目的测试。一些公司还有**评估中心**（assessment center），在这个中心里管理层职位的应聘者要参加为期数天的活动，评委会对应聘者这些天的活动作出评价。
- **性格测试**。性格测试衡量个人的一些特质，比如适应能力、精力、社交能力、独立性和对成就的欲望。最著名的性格测试之一已经存在了60多年，是一套由93个问题构成的迈尔斯布里格斯类型指标（MBTI）。每年全球约有250万人次接受该测试。观察员称该测试之所以经久不衰，是因为它在甄别个体差异方面表现很出色，能够让人们看到他们平时隐藏不见的地方。而且该测试在团队组建、促进沟通以及化解性格冲突方面，也很有价值。例如，西南航空公司发现使用MBTI性格测试，在发展团队时可以帮助建立信任。惠普公司使用性格测试来探查员工是否具有独自在家工作，即远程办公的气质，也就是说能否给予较少的监管。一位人力资源副总裁透露，在亚特兰大儿童医疗保健中心，性格测试用于探查员工是否是"好人"，也就是那些善良、热心并能培育儿童的人。

当然在运用MBTI和其他性格测试时也要谨慎，一方面是因为正确地判断人的性

案例 性格测试：一家体育用品连锁店使用网上测试来筛选求职者

2003年的一项调查显示，从小企业到通用汽车这样的业界巨人，大约有30%的美国公司使用性格测试。在体育用品全国连锁店终点线（Finish Line），商店管理者使用由俄勒冈州比弗顿的Unicru公司开发的网上测试来筛选零售店员应聘者。求职者可以通过Unicru的电话或者安装在商店里的网络电话进行申请。一家位于芝加哥的终点线门店通过这种测试在节日销售旺季前对多达70名求职者进行了测试。

Unicru的电脑根据一项四级评测机制对参与测试者给出的答案进行评分，它会提出诸如“你不会假装礼貌”或者“你喜欢听人们谈论他们自己”的说法，看参与者在多大程度上同意或不同意相应的说法。在社交能力或者创造性方面得分高的测试者会得到一个“绿色”评级，可以参加由人力资源经理组织的面试。得分中等的得到一个“黄色”评级，获得工作的机会就小一点。低分是“红色”，意味着没有机会了。

Unicru的心理分析师戴维·斯卡伯勒（David Scarborough）说：“显然，那些做得好的人必须有良好的自控力。他们必须有耐心，必须乐于助人。所有这些特质都是可以测量的。”终点线称使用Unicru的系统使员工的离职率下降了24%。

思考：

据估计，市面上大约有2500种员工认知测试和性格测试，重要的是雇主要根据他们的目的来选择相应的测试。此外，测试不应对受保护群体产生完全不同的影响，比如，某一种族或少数民族群体。在你自己做性格测试前，你会想问什么问题？

格并非易事，另一方面，如果测试的结果遭受质疑，通过法律途径捍卫检测结果也不容易。

其他测试 在适当的情况下，雇用测试的技术已经增加到包括：药物测试、测谎仪、遗传基因筛选甚至还有令人质疑的笔迹分析。（同时，人力资源从业人员也需要知道网上有很多方法教员工躲避公司的药物测试。）

对于任何测试，从法律层面要考虑的一个重要事项是它的**可靠性**（reliability），即一项测试测量同一事物的一致性，这样的话，假设一个接受测试的人性格保持不变，那么他在不同时期做测试的得分也应当一样。

另一个需要从法律层面考虑的事项是测试的**有效性**（validity），即一项测试测量的是它旨在测试的东西，并且没有偏见。如果一项测试旨在预测表现，那么个人的真实表现就应该体现在其测试的分数。使用无效的测试雇用员工会引起不好的选择决策。同样，如果这样的测试受到法律的质疑，也可能会引起法律上的诸多问题。

9.4 指导、培训与发展

主要问题：人员被聘用后，哪种方法最能看出他们应该做什么工作？

本节概要

有三种方式可以帮助新员工做好他们的工作：一是入职指导，使其与新工作和组织相适应；二是在职培训，用来提高技术型和操作型员工的技能；三是人员发展，用来提高专业人员和管理者的技能。

善于揭露丑闻的作家厄普顿·辛克莱（Upton Sinclair）在其1906年的作品《屠场》（*The Jungle*）中有这样的描述，“即使有人因工作过劳晕倒或者掉进油箱里，其他工人都很少停下手中的活。”专栏作家苏·席兰伯格（Sue Shellenbarger）写道，“他们只是让其他还有体温的人接替他。”

现在的状况与以前大相径庭。只要确立了雇佣关系，公司通常会把新入职的员工当作公司的伙伴来为他们举行一个欢迎仪式，给他们提供详细的指导，甚至会送上礼品篮，以使新人加快适应公司的速度，并很快地向其灌输企业文化。之所以这样做，是要以“人力资本”为重点。根据布鲁金斯学院的一项报告，多数公司的股票市值中，只有三分之一到二分之一来自固定资产，如房地产、工厂和设备等。公司的大部分价值在于专利权、工序以及我们谈到的十分重要的员工满意度和顾客满意度。帮助员工做好他们工作的方法就是入职指导、在职培训和人员发展。

入职指导：帮助新人熟悉情况

面试最终的胜出者得到相应的工作岗位，新员工接受它并开始工作。就像老水手说的那样，他必须开始“熟悉缆绳”。这是**指导**（orientation）的开始，帮助新员工顺利地适应工作和组织。

帮助新员工找到舒适的感觉：最初6个月　“我和其他员工会相处得怎么样？”“如果我把一个项目搞砸了怎么办？”进入一个新工作岗位可能会产生很多不确定性和焦虑。产生这种情况的一部分原因是由于工作，根据世界通信公司（MCI）的研究，在前3个月里，新员工通常只能完成一个有经验员工60%的工作量。

接手一项新工作的前6个月对于一个人的长期表现有很重要的作用，因为其在此期间会建立起心理模式。因此，雇主发现给新员工以帮助比让他们自己学习那些可能并不正确的日后会很难纠正的行为方式要好得多。

入职指导应包含的内容　就像大学新生的指导周一样，最初的社会化时期就是用来向新员工提供他们所需要的有效信息。在大型组织中，入职指导可能是一个正式的、既定的程序。但在小型组织中，入职指导可能并不是很正式，因此员工们会觉得他们只能尽他们自己的最大努力。

在入职指导过程中，员工应当熟悉以下三个方面的信息（其中很多可能在申请职位的过程中就已经获得了）：

- **工作惯例**：新员工至少需要了解他所做的工作对员工的要求是什么，工作如何进行评价，直接同事是谁，顶头上司又是谁。这些都是最基本的。
- **组织使命及运营**：当然，所有管理人员都需要知道组织是做什么的，包括它的目的、产品、服务、运营和历史。如果低层次的员工掌握了这些知识，自然就会表现得更好。
- **组织的工作规则和员工福利**：一个公用事业机构的人力资源部门可能有一本小册子来解释规章制度、加班要求、投诉程序以及详细的员工福利。一家初创的科技公司可能很不稳定，许多相关的机制尚未建立起来。尽管如此，跟法律有关的一些事项（比如有关性骚扰的问题）还是会影响到工作，这也是每个员工应当注意的问题。

培训和发展：帮助员工表现得更好

哪一项公司战略的回报率最高：（1）缩小规模；（2）实行全面质量管理，注重工作方法和过程控制；（3）员工参与，注重提高员工的技术和知识水平？根据一项对216家大公司的调查：胜出的是第三项，其平均投资回报率为19. 1%。相比之下，第一项的回报率为15. 4%，第二项为15%。

在雇佣过程中，你总是设法找到条件跟工作相匹配的人。但是通常，新员工与他们需要知道的东西之间还有些差距。这些差距需要靠培训来填补。培训过程包括五个步骤。（见图9–2。）

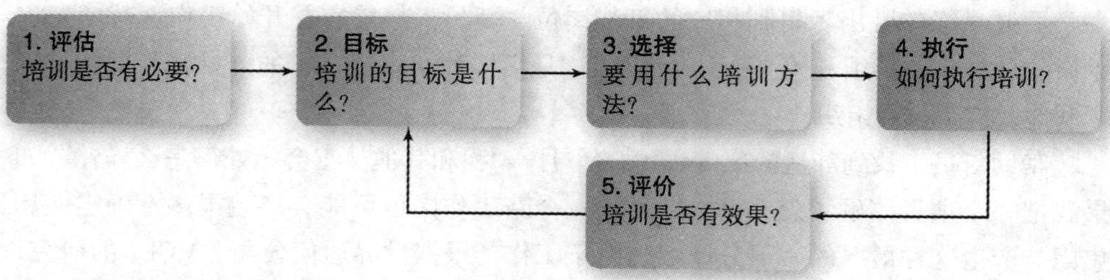

图9–2 培训过程的五个步骤

人力资源专业人员要区分培训与发展。

- **培训——提高技术型和操作型员工的技能**。电子技术人员、数据处理员、网络管理员、X光技术员，还包括其他很多技术人员，都需要在工作领域变动的时候通过培训学习新知识以达到新工作要求。**培训**（training）指的是训练技术型和操作型员工如何更好地做好当前的工作。

- **发展——提高专业人员和管理者的技能**。会计、护士、律师和各层次的管理者都需要不断接受培训以期更好地完成工作，既包括当前的工作也包括以后的工作。**发展**（development）指培训专业人员和管理人员在他们以后的工作中需要用到的技能。

典型的员工培训和发展涉及以下几个方面：客户服务、安全、领导力、电脑技能、品质创新、沟通能力、人际关系、道德、多样性及职场性骚扰等。

培训或发展的不同类型　员工培训和发展的方法有很多，其有效性取决于员工接受的是理论教育还是技能教育。如果员工学习的是理论，比如工作规则或者与法律有关的东西，那么讲座、录像带和工作手册是比较有效的学习方式。如果员工要学习的是技能，比如改善人际关系或使用新工具，那么讨论、角色扮演和实践等方法会更有效。

另外一种划分员工培训的方法是将其分为在职培训和业余培训。在职培训是在员工完成与工作相关的任务时设置的。它的四种主要培训方法是：辅导、岗位培训、轮岗和计划好的工作活动。业余培训包括课程、录像带、工作手册和类似的其他方式。很多业余培训都包括**计算机辅助教学**（computer-assisted instruction，CAI），通过这种方式电脑可以提供附加帮助或减少培训时间。

案　例　业余培训：通过电子学习获得进步

当然，很多大学生已经发现了电子学习的重要性。许多人会参加商学院或继续教育学院设置的与他们的职业生涯相关的短期实践课程。

在教育系统之外，在美国其他的一些组织中，电子学习也已经形成了一种非常健全的体制。尽管教师课堂授课仍是培训的主要方法，2007年占到了学生学习时间的65%（上年为62%），但网上自主电子学习和虚拟课堂也占到了30%（上年为29%）。当然，电子学习的好处在于不需要在交通上花时间，因此可以灵活安排时间，并可以按照自己的节奏来学习。但是电子学习也有一些弊端。“其中之一是电子学习的支持者不愿意谈论的一个简单事实，那就是当电子学习课程涉及比较复杂的方法或很长的课题时，很少有人能够真正学完该课程，比如软件培训或编程，”企业培训师罗兰多·刘说，“人们在社交环境中吸收信息的效果最好，因此也能够更好地完成复杂的工作程序。”

由于网络课堂缺乏实际课堂上师生之间的互动，因此参与网络学习的教师和学生都要承担更多的责任。一位作家指出，“如果学生没有得到老师足够的反馈和强化，他们会不确定他们学习的知识是否正确。”

思考：

神经学家发现人的大脑是一种“社会动物”，它需要与别人进行交流。你如何看待电子学习？你认为你在教室学习和在网上学习哪一个效果会更好？

如果没有人出席培训怎么办？ 许多雇主为员工提供培训，无论是内部的还是外部的，或是提供资金让其参加研讨会。但是调查显示许多员工对这些毫不知情，而且这一比例高得令人吃惊。例如，在一项调查中，92%的雇主会提供专项资金让员工参加一些研讨会或者贸易展览，但是只有28%的员工知道有这样的专项资金存在。那么很明显，雇主需要仔细研究一下自己所提供的培训是否符合大多数员工的发展目标。

9.5 绩效评估

主要问题：如何更准确地评估员工的绩效并给出更有效的反馈？

本节概要

绩效评估是评估员工的表现并给予反馈，可能是主观的也可能是客观的。评估可能由同事、下属、客户或自己进行。反馈可能是正式的也可能是非正式的。

每个学生迟早会发现教授们会根据不同的标准来评估学生，有些要求严一些，有些宽松一些，有的则比较适中。一位作家指出，"工作场所也没什么不同，有些管理者评估得比较严，有些比较宽松，而有些则比较适中。"确实，对向两名管理者汇报的5970名员工得到的评定发现，多数员工得到的评定不一致。就像一些学生可能担心那些会耍政治技巧的同班同学可能会在评定系统中获得不公平的优势，所以员工同样会有相似的想法，而且他们的想法可能是正确的。

绩效评估应当公平并且准确，不仅因为这么做是对的，还因为这是保证绩效管理有效性的根本，**绩效管理**（performance management）即是通过目标设定、反馈和辅导、奖励和正强化等方式来提高工作绩效的持续循环。绩效管理的目的是使员工的注意力集中在实现与公司的战略目标和愿景相关的目标上，并对其达成目标的情况进行评价。我们将在后面的章节对目标设定理论、奖励和强化机制进行阐述。这里先对绩效评估进行分析。

定义绩效评估

绩效评估（performance appraisal）包括：（1）评估员工表现；（2）向员工提供反馈。因此，这项管理工作有两个目的：第一，帮助员工了解他们在实现公司目标和标准的过程中表现如何，这个部分必须对员工的表现作出评价；第二，有助于他们的培训和个人发展，这个部分必须对员工提出建议。

评估一般分为客观和主观两种。

1. 客观评估　**客观评估**（objective appraisal）也称为结果评估，是根据事实来做的，并且通常是量化的。在这种评估中，你需要了解诸如员工一个月的产品销售量、顾客投诉率、货物运输里程等情况。

进行客观评估有两个主要原因：

- **客观衡量结果**。如果两个器械销售人员卖出了相同数量的洗衣机和烘干机，那么这跟他们是否拥有完全不同的性格（比如，一个很正式，说话不多且有耐心；另一个则比较随意，喜欢交际且缺乏耐心）没有什么关系。人力资源专家指出，就像我们做生意衡量销量、利润、股东价值和其他量化指标，所以衡量员工绩效、效益成本和其他有助于公司战略的内容，也是很重要的。
- **客观评估不易引起法律纠纷**。不像主观评估可能存在个人偏见，客观评估对于员工来说很难将其上升到法律诉讼的层面，比如年龄、性别或种族歧视等。

我们在第5章的目标管理中讨论过一个客观方法，它能鼓励员工感觉自己被授权采取能够产生特定结果的行为。你还记得，目标管理是一个四步骤的过程：（1）管理者和员工共同参与员工目标的设定；（2）管理者制订行动计划；（3）管理者和员工一起阶段性回顾员工的表现；（4）管理者评估员工的表现，并根据评估结果对员工进行奖励。例如，针对复印机服务技术员的一个目标可能是使未来三个月里服务电话的数量增加15%。

2. 主观评估　只有少数员工可以只通过客观评估就对其作出正确的评价，因此就需要**主观评估**（subjective appraisal），它是基于管理者对员工的特点和行为的看法。

- **特点评估**。特点评估是根据这些主观属性，如态度、主动性和领导力来评价的。特点评估可能很容易做，但它的有效性令人质疑，因为评估者的个人偏见可能对评估产生影响。
- **行为评估**。尽管行为评估在某种程度上仍然也是主观的，但它衡量的是工作表现中具体的、可见的方面，例如，按时工作。**行为锚定等级评价法**（behaviorally anchored rating scale，BARS）是一种行为评估方式，它根据特定行为的尺度来对员工的表现作出评价。例如，一个五分的BARS等级可能会从“总是到岗早并使器械处于准备状态以充分履行职责”到“经常迟到并常常未使器械处于待工作状态”之间来划分等级。

绩效评估应当由谁来做?

也许你会认为大多数绩效评估是由管理者来做的。但为了采纳不同的视角，有时评估信息是由那些熟知某些员工的人提供的。

同事、下属、客户和自己　评估信息的附加来源有：同事、下属、客户和员工自己。

- **同事和下属**。组员、同事或下属可能会清楚地看到你不同方面的表现。尽管这些信息可能不会用于绩效评估，但它们对于员工的发展来说可能是很有用的。（许多管理者会拒绝询问有关他们自己这方面的信息，当然是担心会有负面评价。）

· **客户**。一些组织，比如餐厅和酒店，会请客人对其员工作出评价。出版商会让作家来评价他们在编辑、出版和书籍推广等方面做得怎样。汽车经销商可能会向购车者发放调查问卷。

· **自我评估**。在知晓相关信息会记录到你的个人档案时，你会如何评价自己在工作中的表现？很可能你会偏向对你有利的方面。不管怎么说，自我评估会帮助员工与整个评估过程联系起来，并且可能使他们更容易接受关于需要改进的方面的反馈。

360度评估：每个人都来评估 我们说过，绩效评估可能会由同事、下属、客户和员工自己来做。有时把包含所有这些方面的评估方法叫做360度评估。

在一个圆形剧场，任何方向的观众（360度）都能够看到演员的表演。同样，作为一名员工，会有很多人从不同的方向看你。因此就提出了**360度评估**（360–degree assessment）这个概念，也称为360度反馈评估，在这一评估方法中，员工的上级、同事、下属以及客户都会对其作出评估，以提供不同的视角。

通常，员工会选择6到12个人参与评估，这些人会填写匿名评估表，评估结果由电脑做成表格。然后，员工会与其上司一起细看评估结果并对绩效目标提出一个长期计划。

将360度反馈评估融入整个评估过程，既有优势也有劣势。近期的调查发现，“如果反馈指出员工需要改进，那么员工很可能会作出改善；接受评估结果的员工对这样的反馈持积极态度，意识到确实需要改进他们的行为，对评估作出积极回应，认为改进是切实可行的，会设定恰当的目标来调整他们的行为，并采取行动以改善技能和绩效。”评估过程最重要的就是信任。一位专家指出，“信任决定了一个员工愿意为雇主贡献多少，出于发展的目的，以信任的态度来使用360度评估可以建立信任，但要是用它来触及报酬和人事决策，则会带来信任危机。”

强制排名：在曲线上评级 为了提高绩效，大约四分之一的《财富》500强企业（比如通用电气、福特、思科和英特尔公司等）建立了绩效评估体系，即强制排名系统（或称作“排名和淘汰”系统）。在**强制排名绩效考核系统**（forced ranking performance review systems）中，同一业务单元的所有员工彼此排名，评级是按照钟形曲线分布的，就像学生在大学课程中的评级一样。表现最佳的员工（比如最佳的20%）得到奖金或晋升，表现最差的（比如最差的20%）必须强令改善或被解雇。例如，每年通用电气都有10%的管理者进入最差等级，如果他们没有改善，将被公司辞退。

持支持态度的人说强制排名鼓励管理者辨别并辞退表现不好的员工，同时可以构建一条预定的补偿曲线，使管理者能够奖励表现好的员工。但是，如果在毫无准备的情况下，一夜之间就将这样的体系强加给一个组织的话，可能使员工陷入彼此相斗的境地，就会大大损害组织的士气、生产率和员工忠诚度。当员工集体投诉公司的强制排名手段对特定的员工群体产生不同的影响时，同样可能引起一些法律上的分歧。

案　例　360 度评估：如何折中？

360度评估对于绩效改善、职业生涯发展甚至是员工培训都可以起到非常积极的作用。比如，得克萨斯州的电脑生产商戴尔公司意识到为了提高绩效需要培养人才。公司据此设计了一套内部培训计划，最初是由戴尔自己的高层执行官——董事长迈克尔·戴尔（Michael Dell）和首席执行官凯文·罗林斯（Kevin Rollins）讲授，他们提出使用360度评估，希望鼓励其他执行官也这样做。一份报告称："现在，管理者的报酬一部分取决于他们把员工培养得多好。"

但是，也有很多方式会把360度评估变成灾难。在一家医疗机构，员工对人力资源副总裁的评价是一个得力、积极、有效的领导，但是他的上司——公司高级副总裁却没有评价他是非常有效的。在一次审议360度评估的会议上，人力资源副总裁提议对评估结果的差异进行讨论，但是他的上司却说："很明显，除了我之外，所有的人都是对的。所以我们就按照大家说的来做吧。"这样就破坏了一个给人力资源副总裁提供建设性反馈意见或指导的机会。

在另一个案例里，一位管理者只让特定的员工进行360度评估，完全破坏了评估过程的整体性。还有一个案例，一个销售组织执行了十分有效的评估和反馈，但是，正如一位作者所说的那样，"没有任何后续发展计划，在最初的反馈会议结束后就没有了下文，没有针对多数销售人员存在的不足而进行的培训。"

思考：

如果你接受了360度评估，你会采取什么措施来使你信任评估过程？

有效的绩效反馈

绩效评估的整体着眼点是要激励员工表现得更好。但劳伦斯·博西迪（第7章介绍过）说，传统的评估往往是含糊不清的长篇大论，对确保绩效的改善毫无用处。博西迪推荐只占半页纸并涵盖三个主题的评估方法：（1）上司喜欢你的哪些表现；（2）你有什么地方可以改进；（3）你和上司如何确保绩效得到改善。

为了改善员工绩效，管理者可以使用两种评估方法：正式的和非正式的。

1. 正式评估　正式评估（formal appraisal）定期举行，以事先建立好的绩效衡量体系来实施。一个急救医生一年可能接受两次上级的评估，一方面通过客观表现来衡量，比如出勤率；更多的时候是通过主观的方法，如行为锚定等级评价法来判定其遵守紧急救护程序及医生、护士指令的意愿。

作为评估的一部分，管理者应当给予员工反馈，对其表现得好以及表现得不那么好的地方进行描述，并举出例子。有人建议管理者把特定的事件用日记的形式记下来，这样他们就不必完全依靠自己的记忆（这样的话，他们的评估结果也会更经得起法律的推敲）。管理者在评估时要依据事实而不是印象。

2. 非正式评估 正式评估相当于学生在期中测试和期末测试得到的评估，可能几周时间过去了，你就对你课程学得怎么样没有意识。非正式评估等同于偶尔的小测验和小论文，或者是去老师的办公室跟他谈论你的学习情况，对于你的表现，你会得到更多的反馈。**非正式评估**（informal appraisal）不定期举行，且由较少的员工绩效硬性指标构成。

也许你对评价员工感觉不舒服，尤其是当你必须对他提出批评而不是表扬的时候。但是无论如何，管理者工作很重要的一部分就是给予员工绩效反馈。

表9–4 如何给予员工绩效反馈

假设你是一名教练，你正管理一支运动队。

- **采取解决问题的方法，不要批评，要尊重员工。**回想自己在工作中遇到过的最差老板，对他给予反馈的方式，你是如何反应的？不要批评员工，他们可能会自我批评。

  例如：不要说“你这么背水泥袋是错误的”（使用了“错误”一词，就成了批评）。可以说“搬重的东西，屈膝比弯腰会更好，而且这样也不会伤到你的背。”

- **在描述员工当前表现和你觉得要改进的地方时，一定要具体。**使用具体的词语描述下属当前的绩效，强调在其能力范围内对当前绩效作出改善。

  例如：不要说“你总是不能按时提交销售报告”。可以说“星期四下午打电话的时间，为什么不拿出一点时间来做销售报告呢？这样，到星期五的时候就可以和其他销售代表一起提交了。”

- **让员工参与进来。**在确定一个问题产生的原因时，听听员工的意见并让其帮助草拟解决方案。

  例如：不要说“你应该知道每天上午9点要到办公室”。可以说“你觉得应该怎样改进来保证当别人上午9点开始打电话来的时候，你的岗位也有人在？”

9.6 管理高效员工：薪酬与福利

主要问题：薪酬有哪些不同的形式？

本节概要

管理者必须管理薪酬，它包括工资或薪水、激励和福利。

我们只是为了薪水而工作吗？当然，很多人是这样的，但金钱不是薪酬的唯一形式。

薪酬（compensation）包括三个部分：（1）工资或薪水；（2）激励；（3）福利。在不同的组织，薪酬的某个部分可能要比其他部分占据更重要的地位，比如说，在一些非营利性组织（教育机构、政府机构），薪水可能并不多，但是健康福利和退休福利可能比薪水更有价值。在一家初创的高科技公司，薪水和福利可能确实稍微有点低，但是会承诺一大笔作为激励的报酬，比如股票期权或者奖金，这些可能十分有吸引力。我们简要分析一下这三个部分。（在第12章讨论激励员工的方式时会更详细地阐述。）

工资或薪水

支付给员工的**基本报酬**（base pay）由基本工资或薪水构成，以此作为他们完成工作的交换。基本薪酬由各种经济因素共同决定：特定地区和行业的普遍支付水平，竞争对手支付的薪酬，工作是否加入了工会，工作是否危险，个人在组织中的级别以及员工经验的多少等。

激 励

为了刺激员工产出更多或者为了吸引和留住表现好的员工，很多组织会给予奖励，如佣金、奖金、利润分成计划和股票期权。我们会在第12章进行详细讨论。

福 利

福利（benefits）或者附加利益，是额外的非货币薪酬形式，旨在丰富组织中员

实际行动 如何使激励支付计划符合公司目标：与员工就此沟通

有很多奖励薪酬计划，从现金奖励、礼物到利润分成和股票所有权，这些我们会在第12章详细讨论。

这里有一个问题：它们能发挥作用吗？

对139家公司（其中超过三分之一的公司属于《财富》500强）进行的一项调查发现，72%的公司有各种支付计划，但是只有22%的公司说他们的计划帮助他们完成了所有的业务目标，并且有28%的公司说他们的计划没有帮助他们达到任何目标。

什么可以解释这个差异？好的计划设计是重要的，但是好的沟通与监督也很重要。

据执行这项调查的芝加哥休伊特联营公司的顾问肯·阿伯西说，计划没能达成预期目标，常常是因为员工没有被告知足够多，因此也没有跟上计划的进程。经常与员工进行沟通的公司中有89%说他们的激励计划实现了他们的目标，相比之下，没有与员工讨论这些的公司中只有57%的公司这样说。

根据阿伯西的观点，一个成功的激励支付计划有五个要点：

- **简明**。计划简明吗？正如阿伯西所说，“你能在电梯里解释它吗？”
- **清晰的目标**。目标清晰吗？目标有没有被管理层全力支持？
- **现实目标**。目标现实吗？既不太困难也不太容易实现？
- **与现有目标的一致性**。计划与组织的现有目标是否一致？公司目标会发生变化。阿伯西指出：“很少有公司在五到七年里目标都是一样的。”
- **定期沟通**。管理者定期与员工沟通激励支付计划吗？阿伯西说：“员工需要一个计分卡。”

工的生活，全部或部分由组织支付。有很多例子，如健康保险、牙齿保险、人寿保险、残疾保险、退休计划、假日、累积病休日和假期、娱乐选择、乡村俱乐部或者健康俱乐部成员资格、家庭休假、购买公司商品打折、咨询、信用联盟、法律建议和教育补偿等。对于高层管理者，可能有“黄金降落伞”，当公司由另一家公司接管后，要支付给那些需要辞退的高层管理者大笔辞退资金。

福利是组织成本中一个不小的部分。根据美国商会的研究，2006年员工福利成本是薪资成本的44%，其中医疗成本所占比例最大。

9.6 管理晋升、调动、处罚和解雇

主要问题：处理晋升、调动、处罚与解雇的指导原则有哪些？

本节概要

作为一名管理者，你必须通过如晋升、调动、降职、解雇或者开除等方式来对员工的变动进行管理。

乔治华盛顿大学社会学家阿米塔伊·埃齐奥尼（Amitai Etzioni）指出，美国社会可以用“多元化的统一”来描述。不像欧洲人，欧洲人比较难以接受多元化的理念——如土耳其裔德国人、阿尔及利亚裔法国人，或者罗马尼亚裔奥地利人。在美国，我们理所当然地认为其他族裔的美国人也会是好的工作者和公民。

确实，我们对包容的理解似乎一直在升华，不仅包括对种族和民族多样性的包容，也包括对两性和不同年龄、宗教、性倾向以及生理与心理能力的包容。不仅如此，人们的角色也在不断发生变化，现在更多的男性寻求父亲假期，在职的父母希望工作时间灵活一些，员工希望在家办公，工作和生活相平衡的问题也受到了更大的关注。这些都表明，作为管理者，你的员工队伍可能是很复杂的。

作为一名管理者，最困难和最主要的决策是在组织内员工变动时，哪些人要得到晋升，哪些人要被调动，哪些人要受到处罚或是解雇？所有这些都是员工变动带来的问题。而且，无论何时对一个员工的工作岗位作出变动，你也要重新考虑相应的工作说明以思考如何让下一个员工能够把那项工作做得更有效。

无论何时员工辞职、退休、患重病或者死亡，你都需要应对岗位的变动。或者你可以通过晋升、调动、降职、解雇或开除等方式来变动。

晋升：向上调动

晋升，即把员工调动到一个更高的职位，是认可员工出色业绩的最显而易见的方式（除去加薪和奖金）。晋升时有三点需要考虑：

公平　晋升要公平，这点很重要。向上提拔必须是应得的。不要因为裙带关系、任用亲信或是其他不公平的方式而提拔。

没有歧视　晋升不能够因为民族、种族、性别、年龄或者生理能力等而有所歧视。

其他员工的嫉恨　如果某个员工得到了晋升，其他员工可能会因为落选而心生嫉恨。作为管理者，你要对员工进行劝告，指出他们当前的绩效还有待提升并说明他们以后还有很多机会。

调动：平行移动

调动是把员工调到具有相似职责的不同工作。地理位置可能变化也可能不变（可能是晋升的一部分）。

员工调动有四个原则：（1）利用他们的技能在其他位置解决组织的问题；（2）分配到一个不同的职位以丰富他们的经验；（3）给他们新的挑战以保持他们的兴趣和动力；（4）解决某些员工问题，如员工与上司之间的不和。

处罚和降职：向下调动的兆头

业绩不好的员工可能被给予警告或者训斥，甚至受到处罚。也就是说，他们可能暂时离开他们的工作岗位，例如一名警官被停职或是被安排行政假期，他就离开了他的日常工作领域，并可能会给他一份文书工作或者被告知不要来工作。

或者，员工可能被降职，也就是说，去除他现有的职责、报酬和津贴。比如中层管理人员可能被降职为基层管理人员（当公司缩小规模时会引起较高层管理职位的减少，这种情况就可能发生）。

解雇：离开组织

解雇分为三种：

裁员　裁员意味着员工被暂时地解雇。如当一个汽车制造商没有足够的订单来维持生产线员工数量，它就要裁员，被裁的员工可能在经济环境改善后被重新召回。

缩减规模　缩减规模是一种永久性的解雇，之后不会重新雇用。汽车制造商停止一条生产线或者行将破产都有可能永久性地让它的生产线员工离开。

开除　开除委婉地讲或者换个词来表述就是被“终止”、“分离”、“离开”、“封藏”，往往意味着员工因为某些原因被永久地解雇，比如，旷工、懒散的工作习惯、表现不够令人满意、触犯法律和其他原因。

过去管理者可以随意解雇员工。但是现在，由于法律环境发生了改变，所以必须采取措施避免员工控诉其解雇不合法。也就是说，雇主对解雇员工要谨慎地作出书面解释。

下面的实际行动栏目为处理解雇提供了一些建议。

实际行动 处理解雇的正确方法

“任意雇佣”是美国大多数州的雇佣指导原则，这意味着任何人在任何时间以任何理由——甚至没有理由，都有可能被解雇。告密者和拥有雇佣合同的人例外。民权法也禁止组织因为人的性别、肤色、或者生理的和心理的缺陷而解雇员工。

处理解雇有以下四点建议：

首先给员工一个机会

如果你正处理一个旷工、嗜酒，或者有类似不好习惯的员工，先跟他讲清楚他的表现有什么不对，然后给他设定一个改进计划（也可能包含劝告）。或者如果你处理的员工，他的文化或个性不适合公司，比如缺乏独创性和想象力、循规蹈矩，与你公司灵活、快速的特点不相适应，你可以跟他进行一次交谈并给他时间找到一份其他的工作。

不要推迟解雇并确保解雇是完全有理的

如果先前计划的改进没有实现，不要因为觉得对不起员工而留下他。你的首要职责是组织的业绩，不过要确保在解雇前你已经采取了所有的措施，同时要确保那些措施是合法的，并且符合所有的重要组织政策。

了解解雇可能的破坏性——包括被解雇的人和剩下的人

某个人的离开可能像家庭里的离婚或者死亡带来的冲击一样，解雇也可能对公司剩下的人带来不好的影响。这就是心理学家曼弗雷德·凯茨·德·弗里斯（Manfred Kets de Vries）所说的“裁员幸存病”，它的特征有：愤怒、沮丧、害怕、内疚、风险规避、不信任、脆弱、失去动力。确实，信诺集团（Cigna）和美国管理协会的一项五年研究发现了医疗报销的巨大增长，尤其是与压力相关的疾病，不仅在那些被解雇的人群中有，在那些继续工作的人中间也有。

在其找另外一份工作时提供帮助

支付几个星期的解雇金来解雇一个长期待在公司的员工，这样不但会伤害到被解雇的员工，也会对组织本身造成损害，因为消息会传到留下的员工中，也会传到可能是公司未来员工的外部人。聪明的雇主会在被解雇的员工找另外一份工作时提供帮助。

管理学者罗莎贝斯·莫斯·坎特（Rosabeth Moss Kanter）说：“最能体现公司真正价值的是在今天对员工产生影响，即使他们明天就不在公司了。一个公司，就像一个社会，可以由它如何对待它最弱小的群体来评判……恶劣地对待即将离开公司的员工会破坏那些仍然留在公司的员工的认同感。”

本章小结

9.1 战略人力资源管理

人力资源管理由管理者的活动组成，包括规划、吸引、发展和保留有效的劳动力。战略人力资源管理过程的目的是获得有利于实现公司使命和愿景的最优工作业绩。

人力资源管理中有两个重要的概念：（1）

人力资本，是员工知识与行为的经济或生产上的潜力；(2) 社会资本，是有力、信任和合作的关系的经济或生产上的潜力。

战略人力资源规划包括制订一个系统的、全面的战略以理解现有的员工需求和预测未来的员工需求。

理解现有的员工需求首先需要进行工作分析，它是通过观察和分析来确定这项工作的基本要素。然后写下工作描述，它概括工作人员应该做什么、如何做以及为什么做这项工作。接下来是工作说明，它描述的是为了胜任这份工作需要具备哪些基本条件。

预测员工需求意味着管理者需要了解组织可能需要的人员以及这类人员的可能来源，可以使用人力资源储备来组织这些信息。

9.2　人力资源管理合规

任何管理者都需要了解四个方面的人力资源法律：(1) 劳动关系，部分由全国劳资关系委员会提出，它通过员工可以投票选举工会和进行集体谈判来执行程序。集体谈判包括管理部门与员工就薪酬、福利、工作条件和工作安全等方面进行的谈判。(2) 薪酬与福利，1935 年的《社会保障法》和《公平劳动标准法》都涉及这两个方面，建立了最低工资和加班报酬制度。(3) 健康与安全，1970 年的《职业安全与健康法》以及法律涉及这两个方面。(4) 平等就业机会，由平等就业机会委员会所涉及，它的职责是实施反歧视和其他与就业有关的法律。平等就业机会涵盖三个重要的概念：(a) 当人们被聘用或晋升，或者被拒绝聘用或晋升的理由与工作无关时，歧视就产生了，比如肤色或民族；(b) 平权法案，强调在组织中获得平等的机会；(c) 性骚扰，由会造成不好工作环境的令人不愉快的性关注构成——它包括两种类型：补偿型，它可能导致直接的经济损失；不友善的环境型，受到性骚扰的人会处于一种冒犯性的工作环境中。

9.3　招聘与选拔：让合适的人做合适的工作

招聘是为组织中空缺的职位安排和吸引合格应聘者的过程。(1) 内部招聘，意思是让已经被组织聘用的员工知道职位的空缺。(2) 外部招聘，意思是从组织外部吸引应聘者。外部招聘的一个有效方法是实际工作预览，在聘用人员之前让他们了解职位与组织的优点和缺点。

选拔过程就是筛选应聘者以聘用到最合适的员工。有三种选择工具：背景资料、面试和雇用测试。(1) 背景资料通过审查申请表、简历和推荐信来确认。(2) 面试有三种形式：(a) 非结构化面试，通过探讨式的问题来了解求职者是什么样的；(b) 结构化面试，向每一个求职者提出同样的问题，然后将所有人的答案与预先设定好的标准答案做比较。第一种结构化面试是情境面试，面试官会给出一个假设情境。(c) 第二种结构化面试是行为描述面试，面试官会挖掘求职者之前真正做过的工作。(3) 雇用测试，包括雇用选择决策过程中使用的所有程序，三种最常见的雇用测试是能力测试、性格测试和表现测试。一些公司拥有评估中心，管理层职位的应聘者要参加为期数天的活动，评委会对应聘者这些天的活动作出评价。其他的测试包括药物测试、测谎仪和基因筛选。对于任何测试，从法律层面要考虑的一个重要事项是它的可信度，即测试衡量同一事物的一致程度；以及有效性，即测试测量的是它旨在测试的东西，并且没有偏见。

9.4　指导、培训与发展

有三种方式可以帮助新员工做好他们的工作，即入职指导、员工培训和人员发展。(1) 入职指导，由帮助新员工顺利地适应工作和组织的活动构成。在入职指导过程中，员工需要知道关于工作惯例、组织的使命和运营，以及组织的工作规则和员工福利等方面的信息。(2)培训要与发展区别开来。员工培训指的是训练技术型和操作型员工如何更好地做好目前的工作。(3)人员发展是培训专业人员和管理人员在他们以后的工作中需要用到的技能。员工培训和发展都会受到在职培训方法和业余培训方法的影响。

9.5 绩效评估

绩效评估由评估员工的表现并给予反馈构成。评估一般分为两种类型——客观评估和主观评估。进行客观评估的两个主要原因是它们能衡量结果并不易引起法律纠纷。(1)客观评估是基于事实来做的，并且通常是量化的。目标管理就是一个例子。(2)主观评估是基于管理者对员工的特点和行为的看法。特点评估是根据一些主观属性，如态度和领导力来评价的。行为评估衡量工作表现的具体的、可见的方面。一个例子是行为锚定等级评价法，它根据特定行为的尺度来对员工的表现作出评价。

大多数绩效评估是由管理者来做的，但它们也有可能由同事和下属、客户以及员工本人(自我评估)来做。有些时候这些都会被用到，这种方法称为360度评估，员工不仅由他们的上级来评估，也由他们的同事、下属以及有时是客户来评估。另外一种评估方法是强制排名绩效考核系统，所有同一业务单元的员工彼此排名，评级是按照钟形曲线分布的。

有两种方法可能影响有效的绩效反馈：(1)全年定期以已经建立好的绩效衡量体系来实施的正式评估。(2)以不定时的评估为基础来实施的非正式评估，由较少的员工绩效硬性指标构成。

9.6 管理高效员工：薪酬与福利

薪酬包括三个部分：工资或薪水、激励和福利。(1)在工资或薪水中，支付给员工的基本报酬由基本工资或薪水构成，以此作为他们完成工作的交换。(2)激励包括佣金、奖金、利润分成计划和股票期权。(3)福利是附加的非货币薪酬形式，比如健康保险、退休计划和家庭休假。

9.7 管理晋升、调动、处罚和解雇

管理者必须对晋升、调动、处罚与解雇进行管理。(1)在考虑晋升时，管理者必须顾及公平、没有歧视以及其他员工的嫉恨。(2)调动，或者把员工调到具有相似职责的不同工作中，可能发生在以下情况：为了解决组织问题、丰富管理者经验、保持管理者的兴趣和动力以及解决一些员工问题。(3)业绩不好的员工可能受到处罚或降职。(4)解雇由裁员、缩减规模或开除构成。

管理实践　管理者应该如何开除不合适的好员工?

瓦莱丽·弗雷德里克森(Valerie Frederickson)是硅谷的一名人力资源顾问，她遇到了一个棘手的问题：她的办公室行政人员很聪明而且口才很好，但是工作两个月之后，她看起来不是太喜欢这份工作。“我们需要她做诸如数据输入和清理冰箱之类的事情，但是她希望为我们计划事情，”弗雷德里克森女士说。

所以弗雷德里克森女士决定让这个行政人员离开——轻轻地。她给了那个员工一小笔解雇费用，帮助她找到了一份新工作，并使她确

信开除她并不是个人的原因。“我告诉她，‘我非常喜欢你，你就像我的妹妹一样，但是我不希望你再在这里工作了’，”弗雷德里克森女士回忆到。

这种仁慈的解雇方式看起来比较通情理，但是人力资源专家说，知道如何处理不适合工作环境的员工是管理者面临的最难应付的任务之一。

对于如何减少工作岗位或者解雇表现不好的员工，管理者能做得很好。但是他们经常不知道怎样应对那些工作还过得去甚至是做得很好但又不适合那项工作的员工，可能是由于个性原因，也有可能是技能不匹配或者其他的原因。

在这个问题上，雇主通常处理不好——或者是保留那些人，因为他们不知道还能做些其他什么；或者是找业绩不好的证据，即使那些可能并不是真的。“解雇处理得不好会破坏士气，使员工精神受到创伤，甚至以走上法庭而告终，”加利福尼亚州门罗公园的一名人力资源顾问莫琳·克拉克（Maureen Clark）说，出现问题时通常会让她去调查。

雇主要用一种得体的方式来说，“不合适不是你的错，让我们来想办法怎样让你找到另外一份工作，”克拉克女士说。

美国的雇主一般可以没有理由地开除不受劳动合同保护的员工。不过在实践中，法庭通常会保护员工，指责公司开除长期为公司服务或者有很好业绩的人。法官也会详细审查有争论的开除以确保没有种族、性别或者其他的歧视。

同时，提高工作的灵活性和改变技能需求会带来更多的人事问题，即“他们不适合这里”，加利福尼亚州奥克兰的一名人力资源顾问罗玛·杨（Rhoma Young）说。

在一个案例中，杨女士调查了一个高科技公司，公司把一名工程师从他做得很好的编程职位上调到需要沟通技能的职责更多的岗位，而这种技能正是他所缺乏的。工作的压力加上管理层的压迫，使得这位工程师休了好几个星期的残疾假期，并且最终这使他丢掉了工作。现在，他正扬言要起诉。

就业律师和人力资源顾问说公司在考虑开除一名不适合工作岗位的员工时，通过遵循一些准则可以省去麻烦。

管理者要确信他们了解这个问题，同时要确信员工也了解了。有些时候老板没有恰当地解释他们需要什么，或者工作需要什么，杨女士说。

加利福尼亚州圣何塞专长于劳动法的利特门德尔松律师事务所的马琳·马拉克（Marlene Muraco）律师建议，除了解雇还可以考虑其他选择，比如对其进行培训、换一个不同的职位或者换一个上司。

在北美Banco Popular，它是波多黎各Popular公司的一个部门，人力资源主管珍妮特·弗雷特（Jeannette Frett）说，公司已经指示管理者，在考虑解雇之前，要告诉那些不适合他们工作的员工什么地方没有达到期望，并提供培训以解决问题。那是非常重要的，因为在过去的几年，银行的工作发生了很大的变化，比如该银行已经与其他的贷款人断裂了关系，迫使他们的银行工作人员更加积极地去推广银行的服务。

专家说，如果一名员工必须被解雇，要诚实和友好。弗雷特女士说Banco Popular会给即将离开的员工尽可能多的关注，并且有时还会给他们提供新工作的建议或者解雇费。“他们是带着尊严和尊重离开的，”弗雷特女士说。

人力资源顾问克拉克女士建议她的客户在员工手册中详细说明对那些因为不适合他们工作而被解雇的员工，公司会给他们提供帮助。

作为其中一名客户，硅谷的公关公司McGrath/Power公司的首席执行官乔纳森·布鲁姆（Jonathan Bloom），几年前使用这个条款开除了一名新会计主管，他说这个主管并不像他期望的那样有经验，并觉得她闲聊太多而打扰到了其他员工。公司给了她一小笔解雇金并同意按照她说的来描述解雇原因。

布鲁姆先生说："你越诚实，过程往往进展得越顺利。"

管理者应当记住，那些不太合适的员工往往也是不开心的，可能他们也会同意他们在其他的地方会更好，弗雷德里克森女士说，"你希望他们承认他们确实不适合那里，并且离开那。"

弗雷德里克森女士应该知道：几年前她被一个人力资源公司解雇，很大程度上是因为她无法与她的上司相处。后来她成立了自己的公司，并且与她的前雇主展开竞争。

讨论：

1. 公司在开除不适合那项工作的好员工时，可能如何在无意中产生歧视？请解释。

2. 雇主在招聘和选择员工的过程中，如何将雇用到不合适员工的可能性降到最低？提出具体的建议。

3. 公司可以怎样修改它的绩效评估程序和过程，以减少雇用到不合适员工的问题？讨论你的建议。

4. 为什么对于管理者来说开除不合适的员工很困难？怎么做才能克服这个问题？请解释。

资料来源：Excerpted from Phred Dvorak, "Firing Good Workers Who Are a Bad Fit," *The Wall Street Journal*, May 1, 2006, p. B5. Copyright © 2006 by Dow Jones & Company, Inc. Reproduced with permission of Dow Jones & Company, Inc. via Copyright Clearance Center.

自我评估　人力资源职位

目的

1. 了解人力资源不只是招聘与解雇。

2. 评估你的技能并决定人力资源职业是否适合你。

引言

你选择的职业应最大限度地基于你的兴趣。比如，人力资源领域可以提供很多不同的职业路径，这些不同的职业路径也需要很多不同的技能。这个练习的目的是要帮助你熟悉人力资源从业人员各种不同的可能职业路径，并考虑哪条职业路径最符合你的兴趣。这次练习可以有助于你决定人力资源职业是否适合你。

人力资源领域的不同职业如下：

人力资源主管：人力资源主管有很多不同的角色，既要协商公司员工的福利待遇，也可能要面试主管层职位的应聘者。人力资源主管应该比较灵活，同时要反应敏捷。

薪酬专员：薪酬专员的需求很大，他们的职责是设计能够吸引、保留和激励员工的奖励系统。这个工作不仅需要好的技术技能，同样还需要良好的交际技能，要把它们结合起来。它还需要大量的数字运算、创意和设计才能，因为一个薪酬组合可能对这个员工有效而对另外一个员工又不起作用。

HRIS专员：HRIS指的是人力资源信息系统（Human Resource Information System）。技术现在是人力资源的一个重要部分，HRIS产品能够帮助公司管理它们的人事事务。由于现在HRIS产品很复杂，所以需要很多有经验的HRIS专员，他们必须十分注重细节，当然也要喜欢用电脑工作。这个职业会涉及产品选择、系统定制、实施以及持续管理。

福利专员：他们负责设计和执行福利计划。这个岗位需要很强的技术和沟通技能。

培训和发展专员：他们负责构建促进学习、管理和领导力发展的环境。这个领域的人可能涉及远程学习项目、现场学习项目、基于计算机的培训项目等。

组织发展专员：组织发展专员与高层管理人员一起工作以确保组织设计忠于公司的使命、愿景和目标。除了进行一些培训和发展，组织发展专员还必须能够接受变革以及长时间工作。

说明

看下列问题，圈出那些描述是否适合你。回答完所有问题以后，利用解释指南分析你的答案，并决定人力资源领域的职业是否适合你。

1. 我能快速作出反应吗？	是	否
2. 我愿意学习我目前不了解的领域吗？	是	否
3. 我能否舒服地放下一个没有完成的项目去处理其他紧急情况？	是	否
4. 我认为自己很灵活吗？	是	否
5. 当资源和指导有限时，我善于创造性地解决问题吗？	是	否
6. 我有数字方面的天分吗？	是	否
7. 我能舒服地看待其他人的薪水吗？	是	否
8. 我有很强的沟通技能吗？	是	否
9. 我有很强的计算机技能吗？	是	否
10. 整天使用电脑工作我会舒适吗？	是	否
11.12. 我有很好的组织性吗？	是	否
12. 我注重细节吗？	是	否
13. 我对于不断修改我认为已经做好的工作感觉舒服吗？	是	否
14. 我愿意为职业资格花钱并牺牲业余时间吗？	是	否
15. 我善于接受复杂的理念并使一般人都能够理解吗？	是	否
16. 我善于表达我的观点并让人们认同吗？	是	否
17. 我是一个有很强计算机技能并有创意的人吗？	是	否
18. 我在听众面前感觉舒适吗？	是	否
19. 我能舒服地完成一个很长的项目而不是一堆小项目吗？	是	否
20. 我能热情地学习和教授他人吗？	是	否
21. 我能处理变化吗？能够很好地掌控吗？	是	否
22. 我喜欢把一个难题的各个方面拉到一块吗？	是	否
23. 我在压力之下能够很好地表现吗？	是	否
24. 我是一个有大局观的人吗？	是	否

解释

对于1—4题（适用于人力资源主管）、5—8题（适用于薪酬专员）、9—12题（适用于HRIS专员）、13—16题（适用于福利专员）、17—20题（适用于培训和发展专员）、21—24题（适用于组织发展专员），如果你在某一领域回答了三个或以上的“是”，那你就非常适合该人力资源领域。

如果24个问题中的大部分你都回答了“否”，那人力资源领域可能并不适合你。（不过，这只是人力资源领域很多方面中的一个小部分，所以人力资源领域可能还是有适合你的工作。）

问题讨论

1. 测试结果在多大程度上符合你的兴趣？

请解释。

2. 看看测试中最适合你的两个人力资源领域，查看一下这些领域的介绍。你需要什么技能以获得成功？描述一下。

3. 即使你不会在人力资源领域工作，你觉得还有什么技能需要改善？请解释。

资料来源：Adapted from R. C. Matuson, "HR 101: An Overview, Parts I and II," *Monster HR*, www. monster. com , June 2002.

道德困境　更多公司希望FBI调查员工是否跟恐怖分子有关系

很多商业群体，从运输协会到体育赛事组织者，都设法获得美国联邦调查局（FBI）有关恐怖分子嫌疑人和犯罪人员严密保护的数据，企图用那些数据来筛选它们的员工。

美国货运协会就是其中一员，它正游说国会给他们直接进入联邦调查局去查看司机、装卸工人以及其成员公司应聘者的姓名和指纹的权力……

下一次，除了飞机，恐怖分子还可能会袭击其他东西，正是这种假设促使他们这么做。但是允许企业接近FBI的情报对于政府和公民自由是很棘手的。工会抗议雇主可能会使用这个系统来寻找员工过去的丑事并利用它们来作为解雇员工的借口……

让产业进入FBI通常需要有国会的法案或者一项新联邦条例。有些产业，比如银行、航空公司和核电厂已经拥有了这种权力……

最近，公司特别关注的是FBI所监视的恐怖分子嫌疑人名单，包括那些可能在几年前就已经渗透进美国的工作场所的称为“睡眠者”的人。这些名单中有一份包含64000个名字，人员遍布全世界。FBI对它的名单保密并且不会说出有多少人在它的名单上……

尽管恐怖分子一般受过训练来躲避侦查，但至少一些“9·11”的劫机者在监视名单上，因为他们的名字与先前的袭击有关：穆罕默德·阿塔被海关标出、卡力·阿敏达在中央情报局（CIA）的名单上。

FBI的背景调查应当找出有一些其他事情，如逮捕记录、刑事记录或者保护令的所有人。对于FBI以外的人，并非所有这些信息都容易获得，所以公司开始考虑自己调查那些他们得不到的信息……

但是卡车司机和其他想要FBI背景调查的人说利大于弊。Ruan运输管理系统公司卡车部门的主管托尼·切斯曼（Tony Chrestman）说：“以前，我从来没有想过会有人用我们载有丙烷的车去撞建筑物。背景调查必须改善。”

解决困境

如果你正评估卡车运输业对FBI背景调查的请求，你会怎么做？

1. 允许卡车运输业获得FBI的背景调查。

2. 不允许卡车运输业获得FBI的记录，因为这些信息可能对潜在的和现有的员工产生不利影响。

3. 允许卡车运输业获得关于人员的有限信息（仅限于与恐怖主义有关的信息）。

4. 想出其他选择。请解释。

资料来源：Excerpted from Ana Davis, "Companies Want the FBI to Screen Employees for Suspected Terrorists," *The Wall Street Journal*, February 6, 2002, pp. B1, B4.

10 组织变革和创新

你应该能够回答的主要问题：

10.1 组织变革的性质

主要问题：变革总是伴随着我们，我们应该对它有些什么了解？

10.2 组织发展

主要问题：组织发展有什么作用，其效果怎样？

10.3 促进组织内部创新

主要问题：如何激励创新？

10.4 变革的威胁：管理员工恐惧和抵制

主要问题：变革给员工带来什么威胁，怎样帮助他们调整？

管理者工具箱　管理创新和变革需要小心谨慎

“我努力到外面的世界捕捉灵感，”杜邦公司业务扩展部的负责人特里·菲德姆用这句话来描述公司为追求未来的突破而进行的持续探索。

管理创新和变革需要小心谨慎。专栏作家卡罗尔·希莫威茨说：“即使员工的工作需要依赖于采用和开发新策略，但多数人还是会遵循原有的方式。同时，要求员工以不同的方式做事情可能会吓到或冒犯其中大部分人，他们会更加坚持过去的方式……”

由于技术革命带来了汤姆·彼得斯所谓的“跳跃时代”或“无序斗争”，应对变革对于所有管理者来说都是持续的挑战。梅隆银行副董事长马丁·麦吉恩说：“当今商界一个永恒不变的因素是我们生存在一个风暴持续发生的季节，领导者的工作不仅仅是渡过眼前的风暴，更多的工作是要使员工能够成功驾驭不断出现的新风暴。”

应对变革和创新的一些方法：

- 为失败留出余地。马丁对梅隆银行员工所说的这些话赢得了许多员工的赞同：“如果我们尝试的每件事情都可以进行，那说明我们的努力是不够的，直到出现不能进行的事情时，我们的努力才算充分。”
- 给变革一致的解释。当公司经历变革时，公司会谣言四起，员工也会心神不宁。这时你和你的下属管理者需要对变革作出一致的解释。以马丁为例，他对梅隆银行个人业务部门变革的解释是：“我们想成为金融服务业最好的个人业务运营商。”
- 以非传统的方式寻找机会。安大略省的麦克马斯特大学市场营销学教授罗伯特·库珀说：“大部分新产品和服务实际上是冒牌货或是对市场上已存在商品进行稍加修改的产品，因此它们注定失败。当然，这并不意味着在完全非原创性思想和现有产品之间没有权衡的余地。但是大部分人都被狭隘的传统观念和个人经验所蒙蔽，并且无法突破传统的观念来发现巨大的潜在市场。”
- 有勇气坚持自己的观点。这可能是所有工作中最困难的一项，要尽力说服其他人相信你的变革观点是可行的，特别是观点比较极端的时候更是如此。这意味着你需要努力获得组织的支持，并抵挡住内外部竞争者的威胁，同时要做好长期孤军奋战的准备。
- 允许悲伤，然后继续前进。马丁说，监督变革的管理者应该给长期工作的员工一个为失去原有工作方式而悲伤的机会。他发现在有机会发泄自己的担忧后，员工会更希望变革。

讨论：如果你正准备为你所工作的公司带来一些创新的氛围，你会做些什么呢？

本章概要

在本章，我们讨论组织变革的性质，包括组织变革的两种类型——被动变革和主动变革，以及组织内外推动变革的力量。我们描述经常需要变革的四个方面：员工、技术、结构和战略。然后讨论组织发展和一系列实施变革的方法。接着讨论怎样在组织内促进创新。最后，我们探索组织变革的阻力，以及怎样处理员工的恐惧和抵制情绪。

10.1 组织变革的性质

主要问题：变革总是伴随着我们，我们应该对它有些什么了解？

本节概要

被动变革和主动变革是变革的两种类型。变革的力量可能由组织外部的力量构成，如人口特征、市场变化、技术进步以及社会和政策压力。也可能来自组织内部，如员工问题和管理者行为。通常需要变革的四个方面是：员工、技术、结构和战略。

人们通常不大愿意改变，即使只是一些明显很小的事情。哲学家埃里克·霍弗（Eric Hoffer）回忆他年轻时怎样度过一年农业工人的时光，一月份时开始在加利福尼亚州南部收豌豆，然后一直向北。在六月份收完豌豆后，换了另外一个地方。他被要求去收青豆，他写道："我仍然记得，第一天早晨我多么不情愿，我向青豆藤自语，我能收青豆吗？即使从豌豆到青豆的改变也会有恐惧的因素。"

如果小的改变能引起不安，那么大改变就能引起相当程度的压力。作为一名管理者，你必须处理不安和压力。

根本性变革：你需要应对哪些问题？

"事情很难预测，尤其是未来，"物理学家尼尔斯·波尔（Niels Bohr）说道。

但是识别出未来的变化趋势并为之准备是有可能的，管理学家彼得·德鲁克认为，这需要分析现在正在发生的根本性变化。比如，发达国家人口的减少、工作分工更细、知识性工作的增加、全球化的扩大、对全球变暖及可持续发展的认识、电子商务技术的提升、数字化的远程网络、数据储存的增加、特定顾客信息的获取、大规模商品定制、以拍卖代替固定价格的销售方式，等等。

除了这些明显的变化趋势之外，还有一些比较大的变化趋势会塑造未来的商业模式：

1. **市场细分程度会更大并会开发出更多利基产品**　在不久的过去，管理者思考的是与大众市场有关的一些东西，比如，大众传播、大众行为和大众价值。现在，我们有了"非大众化"，现在的消费群体分散成更小的群体，有更多特殊的消费群体要求特定的商品。"我们的文化和经济已经从以相对数量少的主流（商品和市场的主流）为焦点……转向大量的利基市场，"克里斯·安德森（Chris Anderson）在《长尾理论》中写道，"在这个没有物理货架空间和分配瓶颈限制的时代，有特殊要求的商品和服务作为主要的商品交换形式变得非常有经济吸引力。"或者说，未来商业的趋势更多的是销售更少量的更多种商品。

例如，在互联网时代，亚马逊和苹果这样的零售商不被物理货架空间限制，所以能为消费者提供选择范围更多的商品，即使很少的销售量，一次一件或两件而非上千件也可以赢得很大利润。

2. 将有更多提供专门产品的竞争者，要求对市场有更快的反应速度　提供大量商品或服务的公司现在面临来自专门商品竞争者的高压——迫使他们更快地响应市场。事实上，"速度成为最有力的竞争武器，"一篇报道这样说，"世界上一些最成功的公司都善于发现新机会，集中他们的力量，以瞬间的速度向市场提供他们的新产品和服务。"

例如，英国维珍集团（Virgin Group）以音乐和航空业务而著名，但是接连进入许多新的业务领域——移动电话、信用卡、饭店、游戏、火车，甚至还有太空旅游，并且非常迅速。维珍漫画，旨在打入印度数十亿美元的漫画市场，从产生想法到宣布发布不到11个月时间。

3. 一些传统公司或许不能承受巨大的变革　在《创新者的窘境》一书中，哈佛商学院教授克莱顿·克里斯滕森（Clayton M. Christensen）写道，当一些成功的公司面临巨大的技术变革改变他们的市场时，任何选择对他们来说都是不幸的。事实上，他认为，要充分运用新技术（如数字化）的优势对已经很成功的公司来说很难，他把它称为"破坏性创新"。他认为，这样的公司应该建立一个完全不同的部门，这相当于重新开始。

例如，柯达公司1999年的销售是140亿美元，而2003下降为133亿，因为数码相机开始替代他们以化学反应为基础的胶卷。公司放弃在胶片方面的开发，开始转向数码相机和相关附件产品、数字医疗成像技术、喷墨打印机和液晶显示器。经过34亿美元的重建后，公司在2007年创造了巨大的利润。

4. 中国、印度和其他离岸供应商在改变我们的工作方式　我们在第2章提到，全球化和外包业务正在改变工业和我们的工作方式。中国、印度、墨西哥、菲律宾和其他国家愿意以两倍的工作量、一半的薪水提供给工人和技术专家，这极大地节省了美国的劳动力。《商业周刊》报道，这些发展中国家还提供"可以通过充分利用海外人才在效率、生产率、质量和收入上的巨大收益"。与此同时，虽然一些美国人会失业，但一些公司会变得更加有效率，他们的工程师和销售人员从他们机械化的工作中解放出来，有更多的精力来创新和处理客户。

例子：克雷塔罗（Querétaro）不是一个合适度春假的地方，但却因与墨西哥不太相关的东西而迅速著名，即飞机制造。美国飞机制造商从庞巴迪（Bombardier）到塞斯纳飞机公司（Cessna Aircraft）到豪客比奇公司（Hawker Beechcraft），都有很多组装工作在这里进行，这里薪酬低，但技术没有下降。同时，如果一些制造工作转移到国外，这样美国产品就有更多的消费者。休斯敦的SolArt公司，向美国航空业提供能源管理软件和服务，找到向海外扩展的机会，现在又有新的客户，如新加坡航空公司。但是，多半是海外公司向美国寻找人才，尤其是在科技和金融方面，如爱尔兰的一些信息技术公司。

5. 知识正成为新的竞争优势　"信息迅速成为无价值的商品，知识成为新的竞争优势，”圣迭戈的一名管理顾问卡尔·阿尔布雷克特（Karl Albrecht）说道。因为，以前信息技术的工作大都是由人们完成，即使是高科技领域（如数据排序），许多低水平的员工以前被看作知识工人，现在被看成是“数据处理员工”，他们处理信息的附加值很小。不像常规的信息处理，知识性工作是分析、解决问题和抽象推理——很明显，这些工作要求有技术的管理者、专业人士、销售人员和金融分析家。未来主义者阿尔文·托夫勒（Alvin Toffler）认为，知识性工作引领未来、创造财富。

例如，许多消费者看不到的办公支持系统和职能，如库存管理、应付账款等正迅速被外包，甚至一些软件工程师和其他技术专家的工作也被送到国外。

两种变革：被动变革和主动变革

作为一名管理者，你一般需要处理两种变革：被动变革和主动变革。

1. 被动变革：应对没有预料到的问题或机遇 当管理者谈到“灭火”时，他们说

案例 被动变革：印刷媒体应对读者阅读习惯的改变

危机发生得很快，并且没有预兆。面对危机，许多公司显示出他们没有很好地处理，像1989年埃克森公司处理埃克森瓦尔德兹号油轮在阿拉斯加湾的泄油事件，1999年可口可乐公司处理比利时和法国的灌装事件，2006年博士伦（Bausch & Lomb）延迟召回发生污染的隐形眼镜水事件。（你可以在网上查到这些不幸的事件。）

但是，有些危机是慢慢发生的，公司有足够的时间来采取适当的应对措施。类似的有由于互联网的广泛使用而带给印刷媒体，尤其是报纸和杂志的危机。根据卓越新闻项目的2008年度“国家媒体”报道，传统主流新闻媒体——报纸、杂志、电视和电台正在亏损。原因如下：（1）消费者仍然喜欢这些媒体，但是他们更喜欢免费获得信息，传统媒体不知道如何使网上消费者付费。（只有《华尔街日报》有成功的在线浏览新闻付费系统。）（2）除了发行量下降（2007年整体下降2.5%），报纸同样因为数字媒体而丢掉广告商（从2005年起下降大约7%）。

威斯康星州麦迪逊市有90年历史的*The Capital Times*日报，决定不发行印刷版，而只在网上发行，也就不足为奇了。（它现在还继续发行两种印刷报纸，免费娱乐周刊和每周新闻，同其他城市对手竞争。）在未来，技术预测家和新闻调查人员预测，我们不会使用报纸和电视获得新闻。而是像其中一个人说：“我们更倾向于从朋友发来的电子邮件链接、博客、联合新闻订阅中获得新闻……下一个十年我们将看到功能强大的与印刷报纸一样方便并且容易检索的便携式电脑的普及。”

思考：

报纸似乎对它们的根本产品，即训练有素的观察家精心搜集和编写的信息失去控制了（而这是博客和新闻网站一般不能提供的）。当报纸同意免费挂在网上，理论上来说，会提升印刷报纸的利润。发行商以裁员和减少新闻覆盖面来应对报纸发行量和广告的减少，这样就把他们的销售推向危机。你认为报纸应怎样面对互联网的威胁，现在采取措施已经晚了吗？

案 例 主动变革：引领天然牛肉

位于科罗拉多州圣路易斯谷丹佛市东南180英里外的一个沙漠养牛场，是科尔曼天然食品公司（Coleman Natural Foods）所在地，1979年由梅尔·科尔曼（Mel Coleman）继承祖先的牧场所建，他的祖先1875年搬到此处。当商店没有意识到科尔曼销售的都是“天然”牛肉时，他召回了他的牛肉。在20世纪80年代的销售中，科尔曼总是试图向杂货商推销他的牛肉都是纯天然的，没有像其他生产商那样使用抗生素和生长激素。

科尔曼经过多年终于赢得了口碑，《纽约时报》说，“不仅是在零售商中，他也赢得了消费者和政府官员的信任。现在，天然肉质和有机肉质变得非常受欢迎，以致一些大型传统肉类制造商也加入了此领域，科尔曼使他们争相闯入货架。”

“天然”一词有很多含义——动物没有用抗生素和生长激素喂养，不用副产品喂养动物，完全户外喂养，或者什么也不是。但是，“有机”一词却意味着符合严格的标准，即没有使用抗生素、生长激素或者杀菌化学物，动物没有用除害药物和化学肥料喂养。除此之外，消费者还要额外付多达50%的费用，尤其是有机牛肉。另外，有机肉业是现在发展最快的有机食品部门。现在科尔曼农场由他的儿子来管理，但是父亲的宗旨保留了下来。“老科尔曼先生是发展真正天然肉类公司的先驱，”一位赞赏者说。

思考：

许多主动变革的例子包含技术公司，以苹果公司为代表，公司积极改变方向——用一个观察者的话说，成为一个“跨越界限的破坏者”。2007年，苹果公司去掉公司名称中的“电脑”一词，作为转变信号向电脑以外的领域扩展。从苹果一代、苹果二代和麦金塔电脑等向现在“数字生活”产品转变，以iPod和iPhone为代表。你还能想出其他主动变革的例子吗？

的就是**被动变革**（reactive change），即在问题或机遇出现时作出改变。当你的反应是惊讶时，通常你只有很少的时间来搜集你作出改变所需的信息和资源，而且你也可能犯严重的错误。然而，商界中最有名的还是高层管理者应对没有预料的灾难的故事。

2\. **主动变革：应对可预测的问题和机遇** 与被动变革相反的是，**主动变革**（proactive change）或有计划的变革涉及在面对预测到的或可能发生的问题和机遇时制订精细审慎的变革计划。

变革的力量：组织内部和外部

管理者怎样知道他们的组织什么时候应该变革？这个问题不好回答，但是你可以从组织内外部变革的力量中看出端倪。（见图10–1。）

源自组织外部的力量 外部力量有四种类型，如下所列：

1\. **人口特征** 之前我们介绍了美国劳动人口构成的改变。我们指出现在劳动人

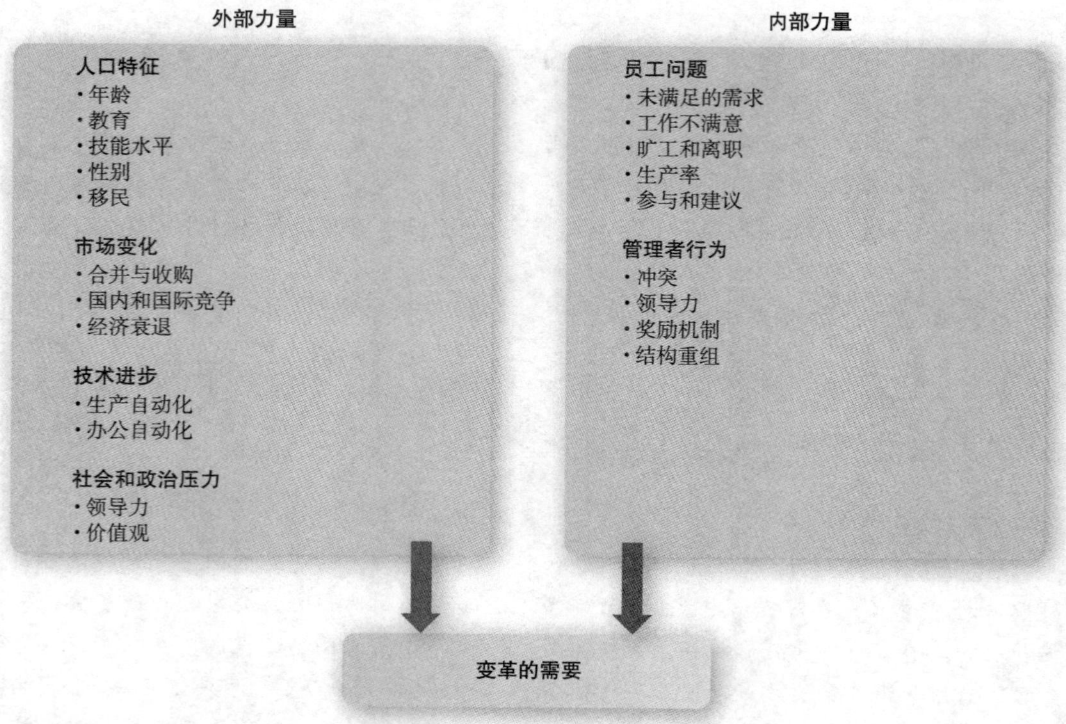

图10–1 组织变革的力量

口出现了更大的多样性，组织要有效地面对这样的多样性。

2. **市场变化** 我们在第4章讨论过，全球化经济迫使公司改变经营方式，与员工、供应商和竞争对手结成新的伙伴关系和联盟。这种压力使诺基亚丢掉美国13%的市场份额，因为诺基亚与AT&T和弗莱森电讯这两大美国运营商协作很慢。

3. **技术进步** 信息技术或许是我们生活中一个最有力的生产率了，但它也能给我们带来麻烦。

4. **社会和政治压力** 社会事件能带来巨大压力。举个例子，饮酒习惯的改变，使得葡萄酒销量大增而威士忌销量大减。

源自组织内部的力量 内部力量对组织的影响可能不是很明显，如较低的工作满意度；也可能是十分激化的，如持续的劳动力管理冲突。内部力量有以下两种类型：

1. **员工问题** 员工的需求和期望与组织的需求和期望之间存在差异吗？对工作不满意，表现为较高的旷工率和离职率，这是需要变革的重要信号。组织可能通过调整工作设计、减少员工角色冲突以及减少工作负荷等方式来解决问题。

例如，马丁·麦吉恩意识到梅隆银行的零售部员工因延长工作时间而沮丧，但是当他给予员工足够的自由来安排自己的时间后，这种不满得到了平息。

2. **管理者行为** 当管理者和员工之间的冲突过多时，这是另一个需要变革的信号。或许存在性格冲突，这样就需要调离员工。或者，可以进行人际培训。

BBDO广告公司的主席菲尔·杜森伯里（Phil Dusenberry）说，他以前用一种温和的方式说不好的事情，因为他不想伤害员工的感情。但是，这种方式经常使员工困惑。“他们回去后想，即使我不满意他们的工作，但是我还是喜欢的，”他说，“时间长了之后，我发现将事情说得黑白分明并不是一件坏事，后来我变得直接了。”

常常需要变革的方面：员工、技术、结构和战略

变革可能涉及组织的任何地方。但是，最需要变革的四个方面是员工、技术、结构和战略。

1. 人员变革 即使是只有两名员工的公司，改变员工也是需要的。改变可能有以下几种形式：

- **感知**。员工或许感到他们的工资低于他们的工作量。管理者要能够说明他们的薪酬相当于或者高于其他竞争者提供的水平。
- **态度**。在过去的制造业中，员工或许感到和管理者的对抗关系是很自然的事。管理层需要实时用教育手段改变文化与态度，使他们认识到以前的战争是过去的事情了。
- **绩效**。企业应该按怎样的方式付给其签订合同的擦窗者支付薪酬呢？是按小时、按窗户数目，还是按整体工作？有没有一种方法使他们工作迅速又好且耗费也少？什么原因使他们工作得很粗糙但是花费很高？激发员工、提高他

案 例　技术变革：Web2.0从根本上改变了商业模式

加利福尼亚州门罗公园未来研究所智库总监、未来学家保罗·萨福（Paul Saffo）说，新技术引领新产品。例如，电视机的发明，促生了电视剧和电视托盘。iPod的发明导致了音乐单曲的买卖——这是自45转唱片以来从来没有发生的事。“每次发明都使一些事情更加便宜，”萨福说，“你有更多的播放器，不可逆转地更加复杂了。”

所以，最初的万维网促生了Web 2.0，让人们以一种新的方式联系和分享信息的第二代互联网服务。其结果是社交网站（MySpace、Facebook）、图片分享网站（Flickr）和维基百科等，这些都要求积极参与和交流。Web 2.0也进入商业领域，如迪斯尼公司和其他公司利用维基扩大合作。其他公司如LinkedIn公司利用社交网络服务获得销售线索和雇佣前景。手机上网包含无线通信和手机小组件（黑莓手机、数字音乐播放器等），将改变消费方式，允许无线购物。“本质上看，这些服务是聚合到计算机上，世界上任何地方、任何通过互联网连接的电脑都可以进入。”《商业周刊》的一篇报道这样说。

Web 2.0引起的明显结构改变对传统汇报方式又是一种冲击，尽管这种方式已因全球化和外包而改变。这种新免费形式的技术将夷平管理者和员工之间的界限，减少公司和其合作者和消费者之间的障碍。

思考：

作为一名大学生，你能看到照片分享网站、博客、维基等社交网络服务在商业方面有什么可能的应用？

们的工作表现通常是一个重大挑战。

- **技能**。改变或提高员工的技能水平是一个持续的挑战，尤其是新技术能改变企业的经营方式的今天。

2. 技术变革 技术是许多组织需要变革的一个主要方面。**技术**（technology）不仅指计算机技术，也指能使企业赢得从材料到成品的竞争优势的任何机器和工艺。像啤酒厂，以前用麦芽谷物啤酒花缓慢发酵制造啤酒。现在，这个过程通常通过直接注射碳酸（二氧化碳）来实现。

3. 结构变革 当一家组织收购另一家时，结构通常会改变——或许部门结构改变，变成矩阵结构。最近的趋势是“打破层级”，消除一些中间管理层，运用电子网络来联系的工作组。

4. 战略变革 市场的改变通常导致企业战略的改变。网络浏览器的突然走红使微软公司从以计算机为重心的战略转向以互联网为重心的战略。

10.2 组织发展

主要问题：组织发展有什么作用，其效果怎样？

本节概要

组织发展是一系列实施变革的技术，如冲突管理、使组织恢复活力、适应兼并等。组织发展有三个步骤：诊断、干预和评估。有四种因素影响组织发展项目的有效性。

组织发展（organization development）是一系列实施有计划变革的技术，以使员工和组织更有成效。在变革过程中，组织发展对人员特别关注。通常，组织发展由一个人来实施，这个人称为**变革推动者**（change agent），一个具有行为科学背景的顾问，可以帮助组织以新方式处理老问题。

组织发展用来做什么？

组织发展可以用来处理以下三种事情：

1. 管理冲突 大部分组织中都有冲突。有时组织发展专家会伪装成特聘高管教练来帮助执行官改善组织成员之间的关系。

例如，戴维·希茨（David Hitz）和迈克尔·马尔科姆（Michael Malcolm）是加州森尼维尔市数据存储公司Network Appliance公司的创始人，他们一直相互争执。问题是：马尔科姆不能坚持他的决定，这让希茨很恼怒。一个组织行为专家开始在组织中和两位冲突的执行官一起工作来解决这个问题。

2. 使组织恢复活力　信息技术导致了大量变革，以至于今天几乎所有的组织都处在随时采用新技术以避免被淘汰的位置。组织发展可以帮助组织开放交流、培养创新和应对压力。

3. 适应兼并　兼并和收购通常伴随着不安、压力、缺勤、离职，并使生产率下降。两个完全不同的组织间的契合点是什么，像克莱斯勒和戴姆勒奔驰？组织发展专家可以帮助具有不同文化、产品和程序的组织实现融合。

怎样实施组织发展

像医生一样，组织发展专家和顾问遵循类似医疗的模型。（或者，用现在很流行的做法，他们遵循循证管理的原则。）他们把组织当成一个病人，使用诊断、干预和评估——“诊断”组织的病情，“开药方”或干预，并“监控”或评估过程。如果评估显示没有多少改善，那么归纳的结论应用到重新诊断上（看反馈回路），过程又重新开始。（见图 10–2。）

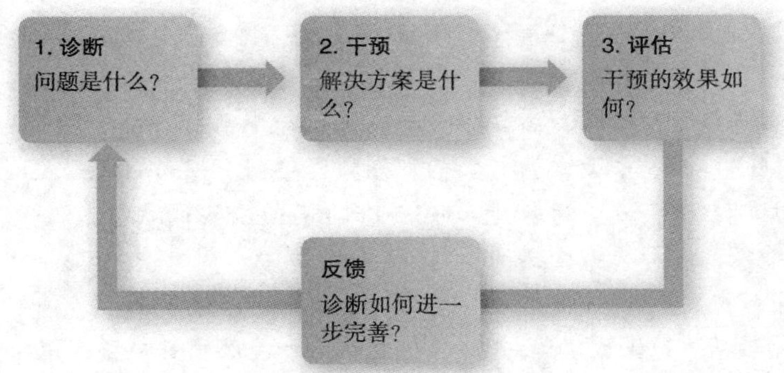

图 10–2　组织发展过程

1. 诊断：问题是什么？　为了实施诊断，组织发展专家或顾问采用多种方式的结合，如问卷、调查、采访、会议、记录和直接观察来确定人们的态度，找到问题所在。

2. 干预：解决方案是什么？　“治疗”或**干预**（intervention）是设法纠正诊断出的问题。通常是组织发展顾问和管理团队联合进行。一些为实施有计划变革的组织发展活动与员工沟通调查结果来使他们积极地参与解决问题；观察员工的交际方式，教他们提高交际技巧；帮助小组成员学习如何团队合作；促进小组之间更好的衔接；提高工作技术或组织设计。

3. 评估：干预的效果如何？　组织发展项目需要客观地评估以看它是否取得效果。结果可以从一些硬数据如缺勤、离职、抱怨、盈利等中看出，这些数字应该和早期的数字相比较来看。变革推动者可以用问卷、调查、采访等方法了解员工的态度。

组织发展的效果

实施组织发展的公司有美国航空公司、古德里奇公司（B. F. Goodrich）、通用电

案 例 组织发展：巴塔哥尼亚设法变得更环保

1979年由一位环保人士建立的巴塔哥尼亚（Patagonia）服装公司，主要销售户外服饰装备，一直以来该公司都是环保的强烈支持者。事实上，它的使命陈述就是“生产最好的产品，避免不必要的危害，通过商业来刺激和实施解决环境危机的方案”。但是，随着消费者生态意识的加强，公司陷入它的产品到底有多环保以及怎样处理其产品的困境中。巴塔哥尼亚采取的方式体现了组织发展的步骤：

诊断——“问题是什么？”为了检查到底有多环保，巴塔哥尼亚于2007年5月派员工追寻5种产品的“环境足迹”，从设计室到原料环节到美国分销中心。调查人员拜访了泰国的纺纱厂、中国的鞋类制造厂和北卡罗来纳州的纤维制造厂。好消息是，他们发现运输这些产品只消耗很少的能源，因为大多是通过海运，在整个供给链中只占到不到1%的能源。坏消息是，制造环节消耗的能源比预期高，有时还会产生对环境不利的副产品，如在巴塔哥尼亚大衣中发现的可能有毒的PFOA（全氟辛酸）。

干预——“解决方案是什么？”公司认为用不含PFOA的材料会降低产品的质量，他们一边继续用含有PFOA的防水隔膜和覆盖层，一边寻找替代品。到2008年秋天，隔膜用聚酯纤维和聚亚安酯代替，但是并没有取得理想的效果。

评估——“干预的效果如何？”没有找到PFOA的替代品是环保上的不满意，但是公司坚持保持质量。“我们不想因为环保问题而牺牲质量，”巴塔哥尼亚环境分析总监吉尔·杜曼（Jill Dumain）说道，“如果外套因为不耐用很快被丢弃，那么我们没有解决任何环境问题。”另外，该发现价值有限，因为只查看了原材料，并没有评测整个过程。巴塔哥尼亚把10种产品的调查结果以“足迹编年史”的标题挂在了网上（http://www.patagonia.com/web/us/footprint/index.jsp）。

思考：

你认为所有公司都应该采用组织发展的方法来保证其产品和服务的环保质量吗？你认为把产品信息对公众和竞争对手公开是一种威胁吗？或者公开的好处要超过代价，因为这会促使其他人想办法解决？

气公司、霍尼韦尔公司、ITT、宝丽来公司、宝洁公司、保诚保险公司、德州仪器公司、威斯汀豪斯加拿大公司等大量公司。

调查显示组织发展在下列情况下最为成功。

1. **多种干预** 成功的组织发展往往会使用多种干预手段。设定目标、反馈、认可与奖励、培训、参与、设计有挑战性的工作等，都有助于改善业绩和满意度。多种干预手段联合使用比只使用一种要好。

2. **管理支持** 当高层管理者给予组织发展项目支持并真正投入变革过程和期望目标时，组织发展更容易成功。

3. **短期目标和长期目标相匹配** 当变革项目同时致力于实现长期目标和短期目

标时，变革会更成功。管理者不应只为变革而变革。变革的努力应该带来好的结果。

4. 组织发展受文化的影响　组织发展的效果受到跨文化的影响。因此，在一个国家成功的组织发展干预不能盲目地照搬到另一个国家。

10.3 促进组织内部创新

主要问题：如何激励创新？

本节概要

创新可能是产品创新或流程创新，可能是渐进式创新或激进式创新。创新的四个特点是：不确定性、越接近创新的人越了解它、争议性和复杂性。可以通过营造组织文化、提供资源以及建立奖励机制来鼓励创新。为了实现创新，应该去识别问题和机会，获取支持，并消除员工的抵触情绪。

正如我们之前所说的，创新是一种产生新思想并将其转变为有效应用（具体的商品和服务）的活动。创新意识对保持组织活力和竞争优势至关重要。另外，进行创新可能是迫于竞争对手的压力。

成功创新

美国企业总是在广告里大力宣扬创新精神，然而它们在这方面做得怎样呢？具有讽刺意味的是，一次对美国36个行业4559名企业管理者的调查表明，大部分管理者认为，他们的公司对创新或创造力漠不关心——仅4%的人认为公司领导在创新方面值得尊敬。

为什么美国公司缺乏创新？　学者拉里·塞尔登（Larry Selden）和伊恩·麦克米伦（Ian MacMillan）认为美国公司把创新的重点放错了地方："公司将大笔资金投入孤立的实验室研发，而不是去弄清楚顾客需要什么，在顾客需要的基础上推动创新。"

辛西娅·巴顿·拉贝（Cynthia Barton Rabe）是英特尔的前创新战略家，她认为过多的知识和经验会扼杀创新，"当我们成了专家的时候，铁板钉钉的事实扼杀了我们的想象力，阻碍我们去挑战。"这可能就是我们在第7章提到的"知识的诅咒"。

杰克·韦尔奇提出，组织必须形成一种创新心态或文化，从而进行有效的创新。（回忆我们在第8章有关文化的讨论。）他鼓励管理者将组织各阶层的员工纳入创新过程中来，并给予那些提出创新想法的人奖励。

广征意见：开源思想　创新可以通过设计实现，也可能偶然发生，而且不一定以盈利为目的。例如，电脑操作系统Linux由芬兰程序员林纳斯·托瓦兹（Linus Torvalds）编写。他后来将这一作品向大众公开。现在Linux已成为一个免费的、由全

实际行动 创业是什么?

许多创业公司并非从一个激进的想法开始。《新企业的起源与演进》一书的作者阿玛尔·毕海德（Amar V. Bhide）是一位成功的企业家，他通过“对别人的东西进行小修改”开始做起。

毕海德说，大多数企业家看到了小丁点良机（他们工作的公司，或某个供应商，或某位顾客已有涉及），他们就在毫无准备或分析的情况下投入其中，但是他们对这个良机的盈利性掌握了第一手信息，所以虽然做的是别人正在做的，他们却能做得更好更快。

他还说，“更快更好”似乎是主要的不同之处。这些企业家在技术和观念方面与其他企业毫无区别。他们只是工作更努力，为顾客服务更周到。他们深知这个机会不会持续六到八个月，但是他们希望在这六到八个月中得到回报。同时，他们会寻找其他东西维持企业运转。

这种企业家的另一个特点在于“对模糊情况的忍耐力”。面对无法预料的结果，他们愿意在缺乏信息和资金，甚至是一个新颖想法的情况下勇往向前。

符合这一标准的一家创业公司是Netflix。这家公司通过网络预订和邮寄的方式向顾客出租DVD电影。这一想法并不新颖。该公司创始人里德·黑斯廷斯（Reed Hastings）有一次因为超期归还光碟，被出租公司罚了40美元。这时，他想到了一个好主意，让顾客每月只要花19.95美元就能每次租三部电影。一个加利福尼亚州退休工程师说，“如果你每月从Netflix租5到6部电影，他们要价就比Blockbuster低。”（他一个月看40部电影。）Netflix另一个特点是，如果你对租看的电影作评价，Netflix还向你推荐你没听说过的，但可能感兴趣的其他电影。

你是不是也想成立一家公司，成为富人呢？在此之前，你应该读读凯斯西储大学商学院斯科特·谢恩（Scott Shane）教授写的《创业的幻象》（*The Illusions of Entrepreneurship*）。书中写道，新企业平均在5年内倒闭，甚至那些成功的创业者挣得也不如做员工多——在10年里要少35%。主要原因在于这些企业家认为“创业公司的成长和业绩基于他们的创业才能而非他们选择的业务。”在过去20年中，他发现，计算机和办公用品行业的创业公司中，大约有4%入选了*Inc.*杂志《美国500家发展最快的企业》。但在宾馆和汽车旅馆业，仅0.005%的创业公司入榜，餐饮业仅0.007%入榜。“因此，如果你开创的是电脑公司，那么你入榜500家发展最快企业的几率比宾馆或汽车旅馆要高840倍。”

球数百名程序员共同制作的“开源”操作系统。这些程序员都为该系统源代码作出了贡献。现在Linux已成为一件每个人都能获取的基础工具。

Linux式的方法激发了许多人的灵感，并在许多公司得到推广。蒂姆·奥莱利（Tim O’Reilly）是计算机图书出版公司O’Reilly Media的创始人。他的想法基于一份报告：要实现创新，光有最富远见的管理人还不够，还应该建立起最强大的“参与机制”。即公司应提供便利，使广大员工乐于为解决问题、改善产品建言献策，并对他们给予奖励。帕德马斯里·沃里尔（Padmasree Warrior）是摩托罗拉的首席技术官，她希望在RAZA手机畅销之后再创辉煌。她负责管理一个叫做Innovate的网络系统。公司鼓励25,000名工程师不断地在上面贴出新的想法。她说："我深信未来属于通过协作进行创新的天才们！"（不幸的是，摩托罗拉移动设备受到了黑莓的猛袭，亏损严重，最终不得不被出售。）

创新的文化　我们将看到，创新很大程度上来自一个国家或一个企业的文化。和厌恶"不安全感"的欧洲人不同，美国人总体上更倾向于冒险。正如一个作家所说："冒险、运动和个人抱负是基础。美国是一个可以通过努力和自我发掘创造无限可能的国家。美国总是充满变化。"如此多不愿冒险的国家通过政府资助的技术避难所创造了硅谷式的奇迹，这并非巧合——马来西亚的多媒体超级走廊、迪拜的互联网城、新加坡的综合网路系统——但并不成功。

创新类型：产品或流程，渐进或激进

创新方式可以分为以下两种：

产品创新和流程创新　作为管理者，你可能需要改善组织的产品或服务，这通常是技术创新。你也可能需要改善产品或服务开发、制造或分销的流程，这通常是管理创新。

更正式地说，**产品创新**（product innovation）指改变一个产品或一项服务的包装或性能，或开发新产品和新服务。**流程创新**（process innovation）指改变一个产品或一项服务构想、制造或分销的流程。

一篇有关全球最具创新公司的文章写道："创新远不是指新产品，它指的是对业务流程进行再创造，建立全新的市场，满足未被开发的消费者需求。"

渐进式创新和激进式创新　创新可小可大。不同之处在于前者仅为改善，而后者对现有的产品或服务进行替代。所以，你可以进行**渐进式创新**（incremental innovation）——开发新产品、新服务或新技术，以改善现有的产品、服务或技术。你也可以进行**激进式创新**（radical innovation）——开发新产品、新服务或新技术，以替代现有的产品、服务或技术。

创新的四个特征

哈佛大学管理学者莎贝斯·莫斯·坎特提出了创新的四个特征：

1. **创新具有不确定性**　创新者就像在暴雪天气中开车先行的司机：你身处未知，你的表现被身后那些不愿冒险的人吹毛求疵。当你创新时，你无法预测进展，无法确定你的努力是否会最终取得成功。

2. **越接近创新的人越了解它，至少在开始是这样**　创新是知识密集型的活动。越接近创新思想发展的人越了解它，至少在开始是这样的。因此，局外人（例如未参与创新过程的同事和管理者）很难理解或欣赏这个过程。这就产生了第三个特点。

3. **创新可能有争议**　不管谁在利用组织的人力和资金进行创新，创新总是会导致争议，因为总有人和你竞争资源，组织的其他人也在以他们自己的方式做事。特别是在创新的积极成果尚不确定的情况下，尤其如此。

4. **由于创新可能跨越组织界线，因而它具有复杂性** 一个创新可能涉及不只一个部门或业务单元。这当然增加了创新过程的复杂性。因此，作为管理者，不仅要了解创新过程的总体情况，还应了解如何采用特别的方式，在组织的不同部分取得创新成功。因此，领导创新活动要求你具备最佳的沟通才能。

表扬失败：文化或其他因素鼓励创新

创新的发生并非理所当然。组织必须采用以下三种方法不断推动创新：（1）营造

案 例 通过表扬失败取得成功：3M的创新文化

我们在第1章提到了3M的阿特·弗赖伊，报事贴便签纸的发明者，内部企业家的典范。除此之外，3M还以鼓励尝试和创新的文化而著名——即通过表扬失败取得成功。

关于欢迎失败的政策可以创造成功，人们对此总是有后见之明。走上一条新道路的时候，没人知道自己的努力是否会取得积极成果。事实上，大多数这样的试验都失败了。但是，这种尝试应该得到鼓励，否则就永远不会有创新。

3M多年以来一直致力于将创新融入其企业文化。它允许犯错，禁止恶性批评，鼓励尝试，给予部门和个人许多自主权。3M树立目标，规定企业25%到30%的年销售额必须来自进入市场仅五年或不到五年的产品。它的研究和开发投资几乎是一般美国企业的两倍。另外，3M的员工可以将15%的时间用于个人感兴趣、但与公司正在进行的项目无关的研究领域。如果知道自己的想法行不通，他们会被鼓励寻找其他的路子。这种企业文化创造了一系列的拳头产品：遮蔽胶带、思高洁保护剂和液晶显示屏的光学薄膜。

自从前通用电气高管詹姆斯·麦克纳尼（James McNerney）2001年就任3M首席执行官以来，这种文化改变了。他建立了一种叫做“六西格玛”（将在第16章讨论）的系统。“六西格玛等效率项目旨在发现工作过程中存在的问题——然后通过严格指标来减少变化和消除缺陷，”一名作家说道。“如3M那样，当这些举措在企业文化中根深蒂固时，很有可能会压制员工创造力。毕竟，一个突破性的创新是对现有程序和规则的挑战。”2007年，麦克纳尼离职，他的后继者乔治·巴克利（George Buckley）努力争取实现效率和创新的平衡。2008年初，3M又回到了《财富》杂志“最受推崇的公司”第19位（并在药物和其他精密工业中位居第三）。

思考：

斯坦福大学组织行为学者杰克尔·邓雷耳（Jerker Denrell）认为人们对成功的研究太多，而对失败的研究还不足。采取风险战略的公司的业绩往往处于好坏两个极端。而采取保守战略的公司常常业绩平平。风险战略既可能带来巨大成功，又可能带来灾难性失败。如果只看成功，就只看到冒险对成功的积极作用。你认为呢？

适宜的组织文化；（2）运用合适的资源；（3）建立正确的奖励机制。

1. 文化：创新被认为是有益的还是无效的？ 尽管许多美国文化倾向于惩罚失败，允许甚至表扬失败的组织文化对推动创新至关重要。例如，据说制药公司礼来拥有一种悠久的文化，将失败看作发现过程中必不可少的一部分，并鼓励科学家冒险。大多数新想法会失败，而成功的只是少数。但是，如果组织不鼓励这种冒险，如果人们将试验看作是无效投资，这个组织绝不可能成为创新的明星。

如我们在第8章提到的，组织文化是“社会凝聚力”，或者说，是共同的信仰和价值观。它将所有人团结起来。根据《商业周刊》所说，最具强烈支持创新的组织文化的10家公司是苹果、谷歌、3M、丰田、通用电气、微软、宝洁、星巴克、迪斯尼和IBM。

2. 资源：管理者是否作出了准确投资 组织管理者可能会说他们鼓励创新，但是在开支问题上，他们缩手缩脚，没有作出准确投资。创新并不便宜，需要各种各样的成本，包括资金、时间、精力和焦点。例如，一个组织的研发部门可能需要提供很高的工资，雇用顶级科学家。

当然，组织内总存在资源竞争，由于有些事情似乎更为重要，创新可能被忽视。即使是在组织文化鼓励创新的公司，这也常有发生。可是，为了更紧迫的事情而减少对创新的重视可能使企业“错过下一股浪潮”。

3. 奖励：创新试验得到了有效加强吗？ 销售精英常常获得各种各样的激励，如佣金、奖金和补贴等。研发人员也获得了同样的奖励吗？例如，孟山都公司（Monsanto）每年会给予作出最大商业突破的科学家50万美元的奖励。

同样重要的是，如果创新没有取得预期效果，也不应进行惩罚，否则就不会有人再去开发新东西。试验的性质就是无法预见结果。例如，3M公司的高级管理者认识到每年五分之三的新想法在市场上失败。只有当创新人员没有全身心投入，做事拖泥带水或能力不足时，才应该采取扣工资和停止晋升等措施来惩罚。

如何培养创新：三个步骤

如果你是一位想要有所作为的管理者，你需要知道如何在组织中进行创新。创新有三个步骤：（见图10–3。）

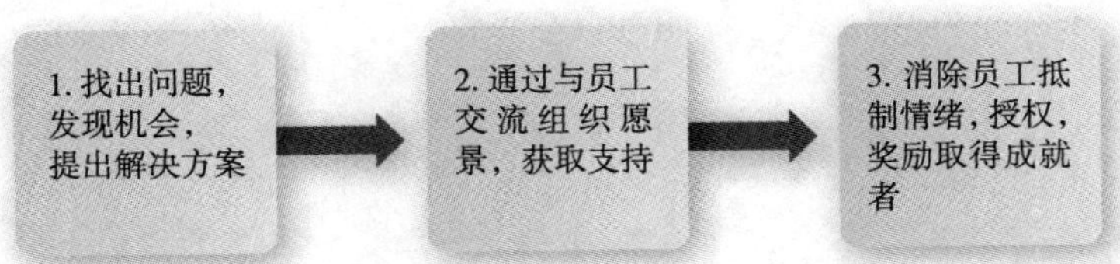

图10–3　培养创新的三个步骤

资料来源：Adapted from eight steps in K. M. Bartol and D. C. Martin, *Management 3E*, McGraw–Hill/Irwin, 1998, pp. 360 - 363. Reprinted with permission of The McGraw–Hill Companies.

1. **找出问题，发现机会，提出解决方案** 因为你发现了问题或机会，所以可能需要作出改变。

- **找出问题——找到“更好的方法”**。你应该关心所有问题，不管是竞争威胁还是员工离职问题。

  有时，问题可以带来新的商业点子。当Nevada房地产代理公司的马歇尔·扎克看到拉斯维加斯的没收房屋拍卖率在2006到2007年飙升了169%时，他们也注意到40%的房屋出售是抵押物处置中所得到的房地产。因此，他们在2008年购买了一辆有24个座位的福特公共汽车，取名为“维加斯没收房屋快车”，开始带领潜在购房者参观收回房屋，每座房产参观10分钟。
- **发现机会**。往往要依靠那些长期接触新观点的员工来发现机会（这种员工被称作“技术守门员”）。源于组织基层的想法可能成为创新的源泉。

2. **通过与员工交流组织愿景，获取支持** 一旦你决定解决一个问题或把握一个机遇，就需要提出并与员工交流你的想法。你需要设计未来的蓝图，大胆设想你的创新将带来的好处。也就是说,你需要说服组织中的其他人（也有可能是组织外的人）参与进来，支持你。硬数据可以让你更具说服力。例如，你可以说明类似的想法在其他行业取得过成功，你也可以抓住当今的潮流（销售额或人口特征），并借其预测未来。

然而，有许多创新进行得很准确，因为未来和过去没有相似之处。因此，你必须充分发挥想象力，勾画出一个最光明的未来，尽情展现你的创新可能带来的回报。

3. **消除员工抵制情绪，授权，奖励取得成就者** 一旦你说服并得到高层管理者的支持，你应该说服并争取下属的支持。当然，创新的想法有可能来自他们，你可能已经得到了他们的支持。

或者，你还必须消除员工的抵制情绪。这时，你需要扫除那些限制他们执行你想法的障碍。例如，你必须让管理部门同意你项目的方方面面。最后，你需要定期提供回报，奖励任务的完成，可以通过认可、表扬和奖金来回报。一个项目可能持续几个月之久，但在项目完成之前，不要拖延奖励发放。为了给予不断的鼓励，可以对短期任务的成功完成给予回报。

10.4 变革的威胁：管理员工恐惧和抵制

主要问题：变革给员工带来什么威胁，怎样帮助他们调整？

本节概要

本节讨论员工对变革的恐惧程度——从最小的威胁到最大的威胁。本节还介绍了卢因的三阶段变革模型：解冻阶段、改变阶段和再冻结阶段。最后，本节还介绍科特的领导组织变革八个步骤，这八个步骤和卢因的三阶段相对应。

作为管理者，你可能被强制提供短期快速的解决方法。然而，这些方法用于解决组织问题时，往往不见效：快速的解决方法没有持久力。

那么哪种管理组织变革以及员工恐惧和抵制情绪的方法最有效呢？在本节，我们将讨论以下问题：

- 员工对变革的恐惧程度，员工抵制变革的原因。
- 卢因的变革模型。
- 科特领导组织变革的八个步骤。

员工对变革的恐惧程度——从最小威胁到最大威胁

不管是管理变革还是技术变革，员工对变革的恐惧程度大体上取决于这一变革是适应性的、创新性的或是激进创新性的。

最小的威胁：适应性变革　适应性变革（adaptive change）是指重新引入一种熟悉的做法，并且这种做法已经在组织内实践过。这种变革最简单，花费最低，最具确定性。因为它为员工所熟悉，所以对员工的威胁最小，造成的抵制情绪也最小。

例如，在百货公司的年度盘货周，要求员工将每天的工作时间从原来的8小时增加到12小时。在税务准备期，百货公司会计处的工作时间也有相同的改变。虽然会计人员来自从仓库到销售的不同部门，但他们不会对暂时的时间调整严重反感，因为他们在百货公司的其他部门见到过这种做法。

中度威胁：创新性变革　创新性变革（innovative change）指引入一种组织内从未有过的新做法。这种变革的复杂性、资金花费和确定性处于中等水平。因此，它很有可能在员工中引发一些恐惧和抵制情绪。

例如，如果一家百货公司决定采用竞争对手的新做法，全天候24小时营业，并要求员工灵活调整工作时间，这将导致中度的威胁。

最大威胁：激进的创新性变革　激进的创新性变革（radically innovative change）指引入一种行业内从未有过的新做法。因为这种变革最复杂，花费资金最多，最不确定，它可能严重威胁管理人员的信心和员工的工作稳定性，并可能破坏组织的结构。

例如，一个百货公司将一些业务转向电子商务，即通过互联网出售商品，这有可能引起员工（尤其是害怕落在后面的员工）的恐惧。

员工抵制变革的十个原因 不管是适应性变革、创新性变革还是激进的创新性变革，员工都可能由于各种各样的原因抵制变革。以下是十个主要的原因：

- **个人对变化的倾向**。人们对待变化的方式很大程度上取决于他们在儿童时期学习处理变化和模糊事件的方式。孩子的父母如果是耐心的，变通的，善解人意的，她就会知道失去的东西可以得到积极的补偿。因此，她会把变革和爱以及认可联系起来。如果孩子的父母是不可理喻和顽固的，并逼着孩子做他不愿意做的事情（如上钢琴课），那么孩子将怀疑变化，因为她将变革和要求服从联系起来。
- **对未知的惊恐**。如果毫无先兆地出现大变革，例如，在没有官方通知的情况下，公司的传闻会被放大，受其影响的员工会感到恐惧。哈佛大学商学院学者罗莎贝斯·莫斯·坎特提出，在这种情况下，可指派一位过渡期管理者，负责使有关各方保持信息灵通。
- **不信任的环境**。信任涉及对他人意图和行为的信任。不信任会产生更多的秘密，并因此导致更深的怀疑，甚至有使计划周密的变革面临失败的危险。管理层应该信任员工，使变革成为开放、诚实和员工参与的过程。信任上司的员工更有可能加倍努力，并更愿意尝试新的东西。
- **害怕失败**。对工作中变化的恐惧可能致使员工怀疑自己的能力。自我怀疑会摧毁自信，阻碍个人成长和发展。
- **地位或工作保证的损失**。管理和技术方面的变革有可能改变权力或消除工作职位（企业重组过程中常会威胁中层管理人员的职位），因此会引发员工的强烈抵制。
- **同事压力**。即使有些人没有受到即将到来的变革的直接影响，他们为了维护朋友和同事的利益，也会积极抵制。
- **文化传统或群体关系的破坏**。无论何时，个人的调动、升职和重新任命都可能破坏现有的文化和群体关系。例如，索尼公司一直提升企业内部人员到新的职位。当原不属于索尼的霍华德·斯特林格（Howard Stringer）被任命为下一任董事长和首席执行官，为了给外来人员留出多数管理席位，公司内部6名官员被迫辞职时，索尼前首席执行官出井伸之担忧这将引起强烈的员工抵制。
- **个性冲突**。就像朋友会瞒着不告诉我们那些我们不愿听到的话，变革推动者的个性也可能酿成抵制情绪。
- **缺乏方法或不合理的时间安排**。用一种不顾他人感受的方式在不适当的时间引入变革可能导致员工产生抵制情绪。如果管理者有效地解释变革的价值（例如，变革对组织的战略性意义），员工更有可能接受变革。

- **薄弱的奖励机制**。如果员工看不到正在倡导的变革能带来的积极回报，他们可能不会给予支持。就像一个人被要求增加工作时间，却不能获得额外补偿那样。

卢因的变革模型：解冻、改变和再冻结

大部分有关组织变革的理论来源于社会心理学家**库尔特·卢因**（Kurt Lewin）。卢因建立了一个三阶段模型——解冻阶段、改变阶段和再冻结阶段，用来解释如何启动、管理和稳定有计划的变革。

1.**"解冻"：创造变革动机**　在解冻阶段，管理者向员工灌输变革的动机，鼓励他们放弃抵制创新的态度和行为。为了实现解冻，要使员工对旧的做法产生不满。管理者还需要在这一阶段减少变革的障碍。

2.**"改变"：学习新的做事方式**　在改变阶段，应该向员工提供变革的工具：新信息、新观点、新的行为方式。管理者可以通过提供标杆结果、榜样、导师、专家和培训等来提供帮助。

3.**"再冻结"：使新方式正常化**　在"再冻结"阶段，需要帮助员工把变革后的看法和行为融入他们正常的工作方式中。管理者可以通过以下方式为员工提供帮助：鼓励员工展示新变化，然后通过额外指导和树立榜样，强化员工按照期望的变革行事。（见表10–1。）

在第一阶段中为了解冻，组织使用的一个技巧是标杆学习（benchmarking），即公司将其绩效与高绩效组织进行比较的过程。专业体育队和包括非营利性组织在内的其他组织经常使用这种方法。

例如，一个公司发现它开发一个电脑系统的成本是竞争对手的两倍，将一个新产品投入市场的时间是竞争对手的五倍。这些数据最终被用来解冻员工的态度，并鼓励员工改变组织的内部程序以保持竞争力。

表10–1　管理员工抵制变革的六种方法

管理员工抵制变革的六种方法
1. 教育和沟通
2. 参与和融入
3. 引导和支持
4. 谈判和奖励
5. 操控和合作
6. 显性和隐性强制

资料来源：Adapted from J. P. Kotter and L. A. Schlesinger, "Choosing Strategies for Change," *Harvard Business Review*, March - April 1979, pp. 106 - 114.

科特领导组织变革的八个步骤

约翰·科特（John Kotter）是一位领导力和变革管理领域的专家，他认为组织的成功变革需要遵循八个步骤，以避免高级管理层常犯的八个错误（见表10–2）。这些步骤和卢因的解冻、改变、冻结三阶段相对应。

步骤1—4代表解冻阶段：营造紧迫感，成立指导联盟，制订愿景和战略，沟通变革愿景。

步骤5—7代表改变阶段：授权广泛的行动，取得短期成功，巩固成果，进行更多变革。

步骤8和再冻结阶段相对应，将新方法融入组织文化中。

表10-2 领导组织变革的步骤

步 骤	说 明
1. 营造紧迫感	通过提出具有说服力的原因，说明变革的必要性，解冻组织。
2. 成立指导联盟	组织一批跨职能、跨层级、具有领导变革权力的员工。
3. 制订愿景和战略	制订愿景和战略，在变革过程中提供指导。
4. 沟通变革愿景	建立或实行一套沟通战略，不断与员工沟通新愿景。
5. 授权广泛的行动	消除变革障碍，使用改革的目标元素改变组织。鼓励冒险和使用创造性手段解决问题。
6. 取得短期成功	计划并取得短期成功或改善。认可和奖励为成功作出贡献的人。
7. 巩固成果，进行更多变革	指导联盟利用从短期成功中获得的可信度进行更多变革。随着变革在整个组织开展起来，更多的人被吸收到变革过程中来。此外，还需要使变革过程再次进行。
8. 将新方法融入文化	通过强调新行为、新过程和组织成果的联系，巩固变革。开发方法来保证领导人才培养和更替。

资料来源：Reprinted by permission of Harvard Business School. Excerpt from *Leading Change* by J.P. Kotter, 1996.

科特提出的八步骤价值在于，它们对管理者在组织变革的过程中应展现出的行为提出了具体建议，从而使他们成功地领导组织变革。重要的一点是，要记住科特的研究表明，跳过某些步骤并不是有效的方法。成功的组织变革70% ~ 90%靠领导，仅10% ~ 30%靠管理。科特建议高层管理人员将精力集中在领导，而非管理变革。

本章小结

10.1 组织变革的性质

未来商业模式的大趋势有：(1) 市场细分越来越细，且产生越来越多的利基产品；(2) 将有更多提供专门产品的竞争者，要求对市场有更快的反应速度；(3) 一些传统公司可能不能在剧烈的创新变革中生存下来；(4) 中国、印度和其他离岸供应商正改变我们的工作方式；(5) 知识而不是信息正在成为新的竞争优势。

变革可分为被动变革和主动变革两种。被动变革指针对出现的问题和机遇进行变革。主动变革指面对预测到的或可能发生的问题和机遇时制订精细审慎的变革计划。

变革的力量可能来自组织内外。(1) 外部力量有人口状况、市场变化、技术发展、社会和政治压力。(2) 内部力量分为两种：员工问题和管理者行为。

四个最可能需要变革的方面是人员、技术、结构和战略。(1) 人员变革要求改变员工的认知、态度、绩效、技能；(2) 技术变革包括所有使组织获得竞争优势的机器和工艺，使之改变用于生产最终产品的材料；(3) 结构变革可能在组织并购时发生；(4) 战略变革可能由市场变化而产生。

10.2　组织发展

组织发展是一系列实施有计划变革的方法，以使员工和组织工作更加有效。通常，组织发展由变革推动者来实施，其应该是一个具有行为科学背景的顾问，可以帮助组织以新方式处理组织的老问题。组织发展可被用于管理冲突、使组织恢复活力和适应兼并。

组织发展过程遵循三个步骤：（1）诊断，确认问题。（2）干预，设法修正诊断出的问题。（3）评估，观察干预是否行之有效。

有四个因素影响组织发展的有效性：（1）使用多重干预；（2）高层管理者支持组织发展项目；（3）根据短期和长期成果调整目标；（4）组织发展受到文化的影响。

10.3　促进组织内部创新

创新可能是产品创新或流程创新。产品创新指改变一个产品或一项服务的包装或性能，或开发出新产品和新服务。流程创新指改变一个产品或一项服务的构想、制造或分销的方式。创新也可能是渐进式创新或激进式创新。渐进式创新指开发出新产品、新服务或新技术，以改善现有的产品、服务或技术。激进式创新指开发出新产品、新服务或新技术，以替代现有的产品、服务或技术。

创新的四个特点是：（1）不确定性；（2）越接近创新的人越了解它；（3）创新可能引发争议；（4）由于创新可能跨越组织界线，创新具有复杂性。

创新不是理所当然的。进行创新的方法有三种，即营造正确的组织文化、使公司成员将创新看作是有益的投资；提供资源；提供奖励，以有效加强试验。推动创新要经历三个步骤：（1）发现问题和机遇，提出解决问题的方案；（2）通过与他人沟通方案，获取支持；（3）消除员工抵制情绪，授权，并对有所成就的员工给予奖励。

10.4　变革的威胁：管理员工恐惧和抵制

员工感受的威胁程度取决于变革是适应性的、创新性的还是激进创新性的。适应性变革产生的威胁最小，是一种重新引入熟悉做法的变革；创新性变革产生中度威胁，是一种引入组织从未有过的新做法的变革；激进的创新性变革产生最大的威胁，是一种引入行业内从未有过的新做法的变革。

员工抵制变革的十个原因：（1）个人对变化的倾向性；（2）对未知的惊恐；（3）不信任的环境；（4）害怕失败；（5）地位或工作保证的损失；（6）同事压力；（7）文化传统和群体关系的破坏；（8）个性冲突；（9）缺乏方法或不合理的时间安排；（10）薄弱的奖励机制。

库尔特·卢因变革模型分为三个阶段：解冻阶段、改变阶段和再冻结阶段。这三个阶段说明了如何启动、管理和稳定有计划的变革。（1）在解冻阶段，管理者向员工灌输变革的动机。在解冻阶段使用的一个技巧是标杆学习法，即公司将其绩效与高绩效组织进行比较的过程。（2）在改变阶段，管理者应该向员工提供新信息等变革的工具。（3）在再冻结阶段，管理者应帮助员工将新的态度和行为整合成正常的行为方式。

约翰·科特建立了一种与卢因的变革模型相对应的模型。他提出，组织变革需要经历八个步骤，以避免高层管理者常犯的八个错误。前四个步骤代表解冻阶段：营造紧迫感、成立指导联盟、制订愿景和战略以及沟通方案变动。接下来的三个步骤代表改变阶段：授权广泛的行动、取得短期成功、巩固成果以及进行更多变革。最后一个步骤对应的是再冻结阶段，指将新方法融入组织文化中。

管理实践　公司努力改变员工行为，使用拼车或公共交通

多年以来，企业支持内部交通的人都被一件事困扰着，即如何引导员工走出他们自己的汽车。他们试过各种办法：给他们发公交卡，租豪华公交汽车，为合用汽车的员工保留好停车位，为骑自行车上班的人在更衣室设化妆间和提供毛巾。他们还以公司员工梦寐以求的快乐为诱饵，宣称有研究表明，那些一个人开车上班的人是最不快乐的。

然而，这些都没有今天昂贵的汽油来得有效。那些曾经嘲笑乘公车或骑自行车上班的人争先恐后地申请公司资助的交通项目。“油价每上涨一次，就有更多的员工乘坐合用汽车或公交车”，先灵葆雅公司（Schering–Plough）的交通主管希拉·吉斯特（Sheila Gist）说道。这一新的黄金时期让吉斯特忙个不停，她要为先灵葆雅的内部运输系统制订新路线。吉斯特说，仅仅去年一年，乘坐公司汽车的人数上升了40%。公司特别热心于消除员工的私人汽车瘾，因为这样做能提高生产率、壮大士气，还能赢得保护环境的好名声。

油价的飙升加速了这一趋势。有些新企业还为公司补助的交通减税。保险公司Safeco就是这样做的。去年，Safeco搬去西雅图时，建立了通勤协助人，教员工们如何使用证件乘坐公共汽车，合用汽车和渡船。那些需要整日奔走的人有免费的Zipcar汽车等候着。Safeco还为员工在家办公提供免费的电话、宽带服务和装饰家具，鼓励他们集体避开通勤。2008年，90%的员工不再自己开车上班，与2006年相比上升了40%，Safeco的目标是实现零人开车上班。Safeco交通分析员布雷迪·克拉克说：“我们还在那10%开车上班的人身上想办法。”

一些公司没有足够快地满足要求。微软在去年秋天推出第一次公交服务后，员工立即要求推出更多路线。装有Wi–Fi的豪华公共汽车变得无比地受欢迎——战略主管克雷格·穆迪是这种汽车的超级粉丝，当有消息说最近微软要增加这项服务时，无数员工还没收到通知就冲进预订系统，申请新路线。员工布赖恩·凯勒以前开20英里/加仑的本田Pilot。他说，“我现在每天节省了两小时。”通过微软的在线“碳计算器”，凯勒发现自己自从十月份（2007年）使用这项服务以来，省下了150美元的汽油，减少了1000磅的二氧化碳排量。

讨论：

1. 是什么促使像Safeco和微软这样的组织努力改变员工对开车上班的观点？请解释。

2. 从大处着眼，汽油上涨带来的是组织的渐进式创新还是激进式创新？哪些产业最受影响？

3. Safeco和微软是怎样减小员工对公共交通项目的抵制情绪的？请说明。

4. Safeco和微软的交通项目会对提高生产率起到多大的作用？请解释。

资料来源：From Michelle Conlin, “Suddenly, It’s Cool to Take the Bus,” *BusinessWeek*, May 5, 2008, p. 24. Reprinted with permission.

自我评估　你的适应能力如何?

目的

1. 评估你的适应能力。

2. 检查适应能力对你应对组织变革有什么作用。

引言

组织变革最终将影响到组织内的每个人。适应能力更强的人能更好地处理组织变革，显然这种人对于任何组织都是一笔重要的财富。这项测试的目的在于检测你的适应能力。

说明

阅读下面的陈述，运用以下等级，标出你的同意程度：

1 = 强烈不同意

2 = 不同意

3 = 不同意也不反对

4 = 同意

5 = 强烈同意

1. 在紧急情况下，我能保持头脑清醒，精力集中，并控制自己的情绪以制订必要的行动。	1 2 3 4 5
2. 在压力之下，我不会对出乎意料的消息反应过度。	1 2 3 4 5
3. 我能反复分析问题，用创新性方法解决问题，并能用他人意想不到的新方法解决问题	1 2 3 4 5
4. 我能轻松应对不确定性或突发性问题，有效地根据事情的重要性调整计划、目标和行动。	1 2 3 4 5
5. 我喜欢用新方法完成工作，并能更新我的知识和技能。	1 2 3 4 5
6. 我能通过参与任务或培训，轻松适应工作的变化。	1 2 3 4 5
7. 我与他们交往时，思想灵活、开放。我能听取或考虑他人观点，并适时调整自己的观点。	1 2 3 4 5
8. 我能接受正面和负面反馈，我擅长团队工作。	1 2 3 4 5
9. 我能学习并理解其他群体、组织或文化的价值观。我能调整自己的行为以尊重不同的传统。	1 2 3 4 5
10. 我能轻易适应不同的环境状态，如高温、潮湿、寒冷和肮脏。	1 2 3 4 5
11. 我常促使自己完成一些艰巨的任务。	1 2 3 4 5
得分	________

解释

完成练习后，把得分加起来，看自己的适应能力如何。

11 ~ 24 = 适应能力弱

25 ~ 39 = 适应能力中等

40 ~ 55 = 适应能力强

问题讨论

1. 你对测试结果感到惊讶吗？为什么？

2. 观察得分最低的方面。思考为提高适应能力，你需要提高什么技能？请描述和解释

3. 讨论适应能力在帮助你应对变革方面起到什么作用。

资料来源：Adapted from S. Arad, M. A. Donovan, K. E. Plamondon, and E. D. Pulakos, "Adaptability in the Workplace: Development of Taxonomy of Adaptive Performance," *Journal of Applied Psychology*, August 2000, pp. 612 - 624.

道德困境　应该允许药物销售员送医生免费药物样品和礼物吗？

多年来，制药公司赠送医生礼品，让他们多开自己的处方药已经成为标准做法：昂贵的晚餐、高尔夫旅行、滑雪胜地旅行和药物样品等。

TAP制药公司的11位现任和前任销售经理由于给医生、医院和其他顾客回扣而被起诉。他们这样做主要是为了让医生开Lupron（该公司治疗前列腺癌的药）和Prevacid（一种治疗胃痛的药）等。

据起诉人说，接受贿赂的医生得到了这11名TAP员工赠送的礼品，包括时髦的高尔夫和滑雪胜地旅行和“教育津贴”，这一津贴常用来支付鸡尾酒酒会、办公室圣诞舞会和旅行费用。辩护律师说销售经理只是在做分内之事。“销售人员做他们自认为是职责之内的事，而被起诉违反了医疗法规，据我所知，这还是头一次，”TAP前销售经理来自芝加哥的辩护律师洛尔·马丁说道。

解决困境

你怎么看药物销售员为了让医生开自己公司的处方药，而赠送其免费药物样品、旅行或“教育津贴”这一现象？

1. 这种行为没有错，因为药物样品和礼物只是另一种形式的广告。

2. 尽管这种行为算是贿赂，医生不应该接受礼物。但我认为医生接受免费药物样品没错。那些接受免费旅行和“教育津贴”的医生应该受到惩罚。

3. 销售员和TAP应该受到惩罚。这种行为提升了药物成本，最终将转嫁给消费者。

4. 因为美国医学协会的规定很模糊，TAP员工不应受到惩罚。我们需要清晰的规定，包括违反规定的实质性惩罚。

资料来源：Excerpted from D. Lavoie, “Drug Firm Sales RepsGo on Trial,” *San Francisco Chronicle*, April 13, 2004, pp. C1, C5.

11 管理个体差异和行为

你应该能够回答的主要问题：

11.1　个性与个体行为

主要问题：在招聘过程中，雇主是否关心候选者的个性和个体特征？

11.2　价值观、态度与行为

主要问题：个体内在的价值观和态度怎样影响员工的行为？

11.3　工作态度与行为

主要问题：对管理者来说，关注员工的态度重要吗？

11.4　认知与个体行为

主要问题：认知上的偏差会影响个人判断的哪些方面？

11.5　理解压力与个体行为

主要问题：什么造成工作压力，怎样缓解工作压力？

管理者工具箱

管理Y一代：如今的年轻员工有什么不同之处?

Y一代（指出生于1977—1994年之间的人）真的不同于较早两代（出生于1946—1964之间的婴儿潮一代以及1965—1976年之间的X一代）的人吗？这些新群体正逐渐进入职场，可能你也是其中的一员，他们需要以不同的方式来管理吗？对于以上两个问题，专家们都给出了肯定的回答。

年轻一代大多有如下特征：(1) 他们特别独立，因为许多人是由工作的父母或者离婚、单亲的父母以日托的形式或者独自留在家里长大，在作出每一个决定的时候他们都是孑然一身。(2) 他们精通科技，习惯用手机和网络进行交流，并适应了快节奏的生活。(3) 他们在种族和民族上具有多样性。(4) 他们自信，对未来感到乐观，相信自己完全能掌控它。在工作中，这些会转变成为一种对规则、政策和程序的怀疑，对更多自主权的要求和对刺激的不断需求。Y一代在工作中寻求的不仅是很好的收入和与上司、同事之间的良好关系，还有富有挑战性的日常工作、成长的机会、展示技能的机会、成就的认可、可以穿便装的工作环境以及弹性的工作和个人时间。

管理这一代的人，管理者应该怎么做？这里有一些建议。

- 允许他们独立作决定和表达：Y一代是没有耐心的、多疑的、率直的和雄辩的，但是他们习惯于适应和作决定。对他们的个性表示欣赏并让他们参与到决策中来。
- 培训和指导他们：作为受教育最多的一代，Y一代对教育和培训有着强烈的兴趣，最好的方式不是在教室里培训，而是以独立学习的形式培训。同时，应该给他们机会与导师建立长期的关系。
- 给他们持续的反馈和认可：Y一代想要知道他们的影响力，也很关注他们在工作上的贡献是否得到认可。因此，上级应该让他们知道自己的工作对组织的贡献。这一代喜欢甚至渴望一贯的褒奖，所以，管理者应该用表扬、弹性工作制和额外的责任来激励他们。
- 提供接触技术的机会：要吸引和留住Y一代的员工，公司应该提供给他们最新和最好的技术。
- 创造个性化的职业通道：Y一代更乐意自我雇佣，但是因为高昂的启动成本而很少有人能那样做。雇主可以通过对他们在组织中的进步提供物质奖励以让他们在组织中看到未来，从而加强他们想要的控制感。

讨论：作为一名员工，你可能希望被采纳以上建议的管理者所领导。但是假如你的老板是一个老式的“硬汉”，他不采取这样的管理方式，处在竞争激烈的劳动力市场，你会坚持这份工作吗？你会通过怎样的努力让你的上级知道你更喜欢的管理方式？

本章概要

本书将领导分为五章来讨论，这一章主要讨论如何管理个体差异和行为。首先讨论个性和个体行为；价值观、态度和行为；管理者需要注意的与特定工作相关的态度和行为。接下来我们讨论能影响管理判断的认知偏差。最后，我们研究个体会产生什么压力。

11.1 个性与个体行为

主要问题：在招聘过程中，雇主是否关心候选者的个性和个体特征？

本节概要

个性是个人区别于他人的稳定的心理和行为特征总和。我们会对管理者在工作行为中需要了解的五种个性维度和五种个性特征进行描述。

在本章以及接下来的四章里，我们讨论第三个管理职能（在计划和组织之后），即领导。领导，如我们在第一章里所述，指的是为了达成组织目标，激励、指导和影响员工努力工作以实现组织目标。

你怎样描述你自己？友善？有进取心？善于社交？易紧张？消极？懒惰？安静？无论以上特征怎样组合，个性都是你的基因和所处环境相互作用的结果。更正式地来说，**个性**（personality）是个人区别于他人的稳定的心理特征和行为特征的总和。作为一名管理者，你需要了解个性特征，因为他们会影响员工在组织中的感知和行为。

五种个性维度

近年来，许多个性维度被提炼成著名的“大五”。**大五类个性维度**（Big Five personality dimensions）是：（1）外倾性；（2）随和性；（3）尽责性；（4）情绪稳定性；（5）开放性。

- **外倾性**。一个人外向、健谈、社交、直率的特征。
- **随和性**。一个人信任、和善、合作、心软的特征。
- **尽责性**。一个人可靠、尽责、成就导向和持久性的特征。
- **情绪稳定性**。一个人放松、安全感、不焦虑的特征。
- **开放性**。一个人智慧、富于想象、好奇心和心胸宽广的特征。

标准化的个性测试通过测算人们在每个维度的得分，描绘出一个人的个性轮廓，这样的个性就像他或她的指纹一样独一无二。例如，如果你在第一个维度，即外倾性特征上得分比较低，你可能更倾向于有害羞和沉默寡言的行为。如果你在情绪稳定性上得分较低，你更易于紧张、激动、愤怒和焦虑。

个性测试对工作有帮助吗？ 作为管理者，你可能想知道特殊的大五个性模型和一般的个性测试能否帮助预测工作中的行为。个性测试对于预测个性和工作绩效之间的匹配度有用吗？关于这方面的研究有两点发现：

- **外倾性——外向的个性**。可以预料到，外倾性（外向的个性）已经和管理者和销售人员的成功联系起来。而且，研究者指出，在所有的行业，外倾性比随和性对工作绩效具有更强的预测作用。研究人员总结出："似乎有礼貌、信任、坦率和心软（随和性）对工作绩效的影响比健谈、积极活跃、直率（外倾性）要小得多。"

- **尽责性——可靠的个性**。研究发现，尽责性（强烈的工作道德）与工作绩效和培训绩效之间有很强的正相关性。研究者得出，"那些有很强的目的性、责任感和持久性特征的人通常比没有这些特征的人有更出色的表现。"

管理者在使用个性和心理测试招聘员工的过程中如何避免谩骂和歧视诉讼，下面的表格给出了一些建议。（见表11–1。）

表11–1　在工作中使用个性测试的注意事项

· 专家参与。	· 不要仅仅依靠个性测试结果选聘员工。	· 警惕性别、种族、民族偏见。	· 笔迹测试不管用，但是诚实测试很有效。
依靠声誉好的、有资质的心理学家对个性和心理测试的管理、计分、解释进行甄选和监督。这一点至关重要，尽管不是每个心理学家在这种测试上都是专家。	从推荐信、个人面试、能力测试、工作绩效记录中获取信息，对心理测试数据进行补充。也要避免雇佣仅仅建立在个性特征组合的基础之上。更重要的是，并不存在一个确定的"管理者个性特征"。	定期评估个性测试在雇用妇女和少数民族上可能的不利影响。这一点很重要，因为你不想发现你的公司（或者是你自己）在某些时候卷入一起法律诉讼。	个性特征和天资并不能像笔迹测试支持者宣称的那样从个人的笔迹样本中推断出来。但是，诚实测试通常能辨认出不诚实的求职者，因为据报道，即使在书面的测试中，不诚实的人也无法伪造出尽职尽责的个性特征。

主动个性　大五个性模型中在尽责性方面得分较高的人可能是优秀的员工。他或她可能也具有**主动个性**（proactive personality），他们更倾向于以主动和坚持的态度去影响环境。这种人能识别机会，并抓住机会，这些机会不仅使他们和个人、团队、组织的成功联系起来，也使他们和企业家精神联系起来。

组织中的五种重要个性特质

管理者需要了解的五种最重要的个性特质是：（1）控制点；（2）自我效能感；（3）自尊；（4）自我监督；（5）情绪智力。

1. 控制点："我是/不是自己命运的主宰者"　正如我们在第3章简要讨论过的，**控制点**（locus of control）是人们相信通过自己的努力掌控自己命运的程度。如果你有内在的控制点，你相信命运掌握在自己手中；如果你有外在的控制点，你相信外在的力量控制着你。

研究表明，内控型的人和外控型的人在工作上有显著差异。内控型的人表现出较低的焦虑、较高的工作积极性，对努力工作带来的绩效抱有更大的期望。他们也能获得更高的薪水。

这些结论对管理者有两个重要的启示：

- **为每种类型的人安排结构化和灵活程度不同的工作**。内控型的员工可能抵制严密的管理监督，因此，他们适合被安置在高自主性和低服从的工作岗位上。相反，外控型的员工可能在高度结构化和要求更多服从的工作上做得更好。
- **为每种类型设计不同的薪酬体系**。内控型的人更相信他们的行为对结果有直接影响，因此他们可能更喜欢像绩效报酬或销售提成之类的激励，并更积极地作出反应。（我们在12章讨论激励薪酬体系。）

2. 自我效能感："我能/不能胜任这项工作" 一个相关的特征是**自我效能感**（self-efficacy），即相信自己有能力胜任某项工作。不像控制点，这个特征不是关于命运的控制度（如认为能否在一门课程上拿高分取决于你或者外部的因素，如分数曲线或作弊问题）。这是关于个人的信念：相信自己有获得成功的能力。（35岁的埃里克·威翰梅尔虽然双眼失明，却自认为是"不切实际的乐观主义者"，他是第一位登上珠穆朗玛峰的盲人。）

你是否注意到那些对自己能力有信心的人易于成功，而那些将注意力集中在失败上的人却没有？的确，高自我效能感预期已经和所有正面结果联系起来，不仅有各种体力和脑力工作上的成功，还有减少焦虑感和增强对痛苦的承受力。一项研究表明，人寿保险公司中具有高自我效能感的人能取得更好的销售业绩。低自我效能感的人易患**习得性无助**（learned helplessness），即严重缺乏对自己控制环境的能力的信念。

对管理者的启示：

- **视情况安排任务**。复杂、富有挑战性和自主性的工作易于加强人们对自我效能感的认知。枯燥、单调的工作会有相反的结果。
- **开发自我效能感**。自我效能感是能够培养的，自我效能感低的员工需要大量建设性的指导和正面的反馈。目标难度需要和个人对自我效能感的认知相匹配，但是当绩效得到提高的时候可以制订更富有挑战性的目标。小小的成功也需要奖励，通过经验指导、监督和模范作用可以提高员工的期望。

3. 自尊："我喜欢/不喜欢自己" 你认为自己的价值、能力和受欢迎程度如何？对这个问题的回答表达了你的**自尊**（self-esteem），即人们喜欢或不喜欢自己的程度，自己的全面自我评估。研究给出了一些高或低自尊如何影响个人和组织的有趣结论。

- **高自尊的人**。和低自尊的人相比，高自尊的人能更积极地面对失败、乐于承担更多风险、选择更非常规的工作。但是，当面对压力的时候，高自尊的人会变得任性和自夸。有些人甚至具有侵略性和暴力倾向。
- **低自尊的人**。相反，低自尊的人在面对失败的时候聚焦于自身的弱点，对失败抱有消极的态度。而且，他们更依赖别人、更倾向于被别人影响、较少有独立的立场。

自尊能得到改善吗？一项研究表明，“让一个低自尊的人思考他拥有的可取特征比思考他没有的不可取特征更能提升其自尊。”下面是管理者塑造员工自尊的一些方法。（见表11–2。）

表11–2 塑造员工自尊的方法

· 强化员工的积极性和技能
· 时常提供积极的反馈
· 把较大的项目拆分成较小的任务和项目
· 对员工完成任务的能力表示信任
· 当员工不能完成任务的时候为其提供培训

4. 自我监督：“我完全能/不能使自己的行为与别人相适应” 当你急于奔赴一个重要会议时，却被一个同事拦住了，他开始与你讨论个人问题。你需要摆脱出来，于是你不停地看你的手表。

（a）你的同事明白了？看见你看表，他说，“抱歉，我看你很忙，咱们以后再谈。”或者（b）他不明白？他不停地讲，直到你说“我有一个重要的会议”才停下来。

这两种回答展示了高自我监督和低自我监督之间的差异。**自我监督**（self-monitoring）是指人们注意自己的行为，使之与外部情境相适应的程度。当然，我们可能都希望自己是高自我监督的人——能够合理控制“自己的表现来达到期望的公众形象，并因此对社会及他人的暗示作出快速反应”。但是，高自我监督的人被指责为变色龙，总是能够适应他们自我表现的环境；低自我监督的人被指责活在自己的世界里，对别人过于麻木。相反，他们的行为可能反映出他们内心的状态，包括他们的态度和感情。

一般可能期望高层管理者更具高自我监督，以在不同的情形下扮演不同的角色，甚至是相互矛盾的角色。研究表明，高自我监督和职业成功之间成正相关。对139名MBA毕业生进行5年的追踪调查得出，高自我监督的学生比低自我监督的学生得到了更多内部和外部晋升。其他研究发现，管理的成功（在晋升速度方面）与政治领悟力（懂得如何交际、建立社交网络、参与组织的办公室政治）相联系。

5. 情绪智力：“你十分擅长/不擅长和别人产生共鸣以及自我激励” **丹尼尔·戈尔曼**（Daniel Goleman）是罗格斯大学组织情绪智力研究团体的联合主席，也是1995年畅销书《情绪智力》的作者。1998年，他提出领导者最重要的特征是**情绪智力**（emotional intelligence），又称情商，即应付他人、与他人产生共鸣以及自我激励的能力。“当我对比高层领导者中的优秀者和一般人时，”戈尔曼写道，“几乎90%的性格特征的差异是由情绪智力而非认知能力造成的。”情绪智力的特征包括：（1）自我意识；（2）自我管理；（3）社会意识；（4）人际关系管理。（见表11–3。）

表 11–3 情绪智力的特质

1. **自我意识**。最基本的特征。了解自己的情感并且能合理控制自己情绪的能力，这样你才知道怎样去影响他人。
2. **自我管理**。控制自己的情绪，以可信的、合适的方式表现出诚实和正直的能力。你能将偶尔的坏情绪留在办公室之外。
3. **社会意识**。它包括同理心、向他人展现出关心以及组织直觉，这样你能敏锐地懂得你的情绪和行为怎样影响他人。
4. **社会管理**。这种能力体现在清晰和令人信服地交流、缓和冲突以及建立强大的个人纽带等方面。

资料来源：Adapted from D. Goleman, R. Boyatzis, and A. McKee, "Primal Leadership: The Hidden Driver of Great Performance," *Harvard Business Review*, December 2001, p. 49; and *Primal Leadership: Realizing the Power of Emotional Intelligence* (Boston: Harvard Business School Press, 2002) , p. 39.

是否存在提升你的情绪智力、锐化你的社会技能的方法？是，也不是。一部分情绪智力表现出不易改变的稳固特征。相反，其他方面的情绪智力，如同理心，就能得到开发。认识你的情绪智力水平是改善这一特征的第一步，本章最后所讨论的自我评估能促进这一目的的达成。接下来应该更多地了解你觉得在情绪智力上需要改善的方面。例如，你可以通过找出相关主题的文章并将文章里的建议付诸实践的方法，达到改善使用同理心的技能。一篇文章建议，可以通过尝试以下两种方法加强交流中的同理心：（1）理解别人对交流的事物的感受；（2）获取人们想从交流中所得的感激。

初步证据显示，情绪智力能帮你找到一份工作。一个模拟面试过程表明，面试官对求职者的情绪智力的评估与他们对申请表的印象正相关。但是，情绪智力的衡量是困难的，所以未来的研究应该围绕这项新领导特征进行。

11.2 价值观、态度与行为

主要问题：个体内在的价值观和态度怎样影响员工的行为？

本节概要

组织行为学考察在工作中怎样更好地理解和管理员工。在本节，我们讨论个体的价值观和态度以及它们怎样影响人们的行为和判断。

如果你浏览公司的年度报告或者公关部的一本手册，你易于得到它正式方面的印象：目标、政策、等级制度、结构。如果这些正式方面的印象是你知道的关于这个公司的全部，你可以发挥有效的领导力吗？非正式方面是什么？是价值观、态度、个性、认知、冲突和文化。显然，你也需要知道这些隐藏的、“杂乱”的特征。

组织行为学：解释和预测工作行为

非正式方面是组织行为学这一跨学科领域的焦点，**组织行为学**（organizational behavior，OB）致力于在工作中更好地理解和管理员工。特别地，组织行为学努力帮助管理者不仅解释工作行为，还要预测它，以便他们能更好地领导和激励他们的员工获得更高的效率。组织行为学考察两大领域：

- **个体行为**。这是本章的主题。我们讨论诸如价值观、态度、个性、认知和学习这样的个体特征。
- **群体行为**。这是接下来几章特别第13章的主题，我们会讨论准则、角色和团队。

让我们开始个体价值观、态度和行为的探讨。

正式方面
目标
政策
等级制度
结构

组织

非正式方面
价值观
态度
个性
认知
冲突
文化

图11–1　组织的正式和非正式方面

价值观：你对所有事物一贯的信念和感情是什么？

价值观（values）是在各种情境下指引一个人思维和行为的抽象概念。人们在青少年时代培养成的价值观可能会影响其终身行为模式。但是，一个人的价值观能够通过一些改变生活的重大事件重新塑造，例如生孩子、事业上的失意、爱人离去、战争或者严重的健康威胁。

从管理者的角度来看，认识到价值观是一个人愿意为之努力工作、甚至牺牲的那些观念、原则、事物、人或者活动很有帮助。薪酬、认可和地位是工作中普遍的价值观。但是，根据人力资源管理学会的一项调查，相对于仅仅挣取报酬而言，员工对工作与家庭生活之间的平衡更感兴趣。例如，60%的上班族妈妈表示，兼职工作是她们理想的工作状态。

态度：你对特定事物一贯的信念和感情是什么？

价值观是一个抽象的概念，是总体的信念和感觉，它针对所有的物体、人或事件。价值观一般不会随着时间和情境的变化而改变。相反，态度是针对特定物体、人或事件的信念和感情。更正式地说，**态度**（attitude）定义为对给定事物的习得倾向。这对于你理解态度的组成要素很重要，因为态度直接影响我们的行为。

例如，如果你不喜欢目前的工作，更换一份不同的工作会使你更高兴吗？不一定。它取决于你的态度。调查者在一项研究中发现，5000名中年男性员工的态度使他们的工作在五年的时间里非常稳定。不同的态度有着与之相对应的情绪，积极态度的人乐观，消极态度的人悲观。更有甚者，那些变换工作和职业的人也表现出他们以前就有的相同态度。

态度的三个组成要素：情感、认知和行为　态度有三个组成要素。（见表11–4。）

表11-4 态度的三个组成要素的例子

情 感	"我讨厌在餐厅打电话的人。" "我讨厌穿西装上班。" "我真的喜欢在家工作。" "我喜欢乘地铁上下班因为那样我有自己的时间。" "我不喜欢在公司的隔间里工作，因为没有门，也就没有隐私。"
认 知	"我不能委任赫舍尔，因为有创造力的人不一定是优秀的管理者。" "世界上最高的建筑在芝加哥。"（实际上，在台湾。）
行 为	"我打算明天填写我的费用报告。" "我打算在新的一年改过自新并停止吃垃圾食品。" "我打算努力避开约翰，因为他是民主党人士。" "我绝不和乔治说话，因为他是共和党人士。"

- **情感要素——"我感觉。"态度的情感要素**（affective component of an attitude）指一个人对某种情境的感觉或情绪。
- **认知要素——"我认为。"态度的认知要素**（cognitive component of an attitude）指一个人对某种情境的信念和认识。
- **行为要素——"我打算。"态度的行为要素**（behavioral component of an attitude）也叫意图要素，指一个人在某种情境下打算或期望的行为。

这三项要素经常在任何既定时间表现出来。例如，你打电话给一个公司，接通了绝对不是人应答的语音菜单（"顾客服务，请按1……"），你可能会非常愤怒，可能会说：

"我讨厌被推脱。"（情感要素——你的感觉）

"那个公司不知道怎样照顾顾客。"（认知要素——你的观念）

"我绝不会再打电话给他们。"（行为要素——你的意图）

当态度和现实发生碰撞：一致性和认知失调 你最不喜欢的事情之一可能是被指责为伪善——被批评为表里不一。毋庸置疑，大多数人都想保持行为和态度之间的一致性。

但是，万一强烈坚持的态度与严峻的现实发生冲突呢？假设你十分担忧感染艾滋病毒，并且你相信这种病毒会通过接触体液感染，包括血液。在一个第三世界国家，你遭遇了一场车祸，有生命危险，急需进行手术和输血——包括血库里陌生人的血液（可能感染艾滋病毒），你会拒绝输血以保持你对感染艾滋病毒的观念吗？

1957年，社会心理学家**里昂·菲斯汀格**（Leon Festinger）提出**认知失调**（cognitive dissonance）这一概念，描述由于认知态度和行为的不一致所带来的心理不安。菲斯汀格指出，因为这种不一致会使人们感到不安，于是他们渴望消除"不和谐"或"不一致"带来的紧张感。那么怎样处理这样的不安呢？他建议依靠以下三个因素：

- **重要性**。造成这种不和谐的因素有多重要？大部分人能忍受一些生活中的模棱两可。例如，许多司机认为遵守车速限制不是非常重要，即使他们宣称自己是守法的公民。人们吃油腻的食物，即使他们知道最终可能患上心脏病。
- **控制**。在产生不和谐的问题上有多大的控制力？陪审员可能不喜欢对死刑进行投票，但是在案件里，他或她除了遵守法律以外别无选择。纳税人可能反对他们的税收被用于某个公司的特殊福利，但是也不得不缴税。
- **回报**。在不和谐中什么回报是利害攸关的？如果你在一些想法上有大量情感或者经济上的投资，当面对新的证据时，你更倾向于抓着旧的想法不放。如果你是一名警察，工作20年为了证明一个特定嫌疑人犯有谋杀罪，那么经历了这么多年付出和努力后你不易于接受相反的证据。

减少认知失调的方法如下。（见表11–5。）

- **改变你的态度和/或行为**。这可能是面对认知失调时采取的最明显和合理的反应。
- **看轻不一致行为的重要性**。这在任何时候都会发生。
- **寻找能解决失调的和谐元素**。这种合理化方法经常发生，就如当员工面临道德困境但又不想丢失工作时。

表11–5　减少认知失调的方法举例

方　法	例　子
改变你的态度和/或行为	格里高利·维斯若曾属于白雅利安抵抗运动和其他种族主义团体。他在旧金山讲道，宣扬仇恨和攻击日本游客。然后他遇到了西尔维娅，她反对白人优越的思想。当他渐渐爱上她的时候，他发现自己被自身的观点和她的反对所困扰。为了减少这种认知失调，他放弃了自己原有的种族主义信念，也改变了自己的行为，甚至成为了反种族主义团体反诽谤联盟的代言人。
看轻不一致行为的重要性	所有的吸烟者都不断得到吸烟有害健康的信息，但很多人轻视了反吸烟信息所传递的该嗜好的风险。（“我祖母吸烟，她现在已经80岁了。”）
寻找能解决失调的和谐元素	伦理学教授Sissela Bok说学生可能会为考试作弊辩解：“我不经常这样做，但是现在我不得不这样做。”一个麻省理工学院的毕业生说，学生们看着作弊发生并觉得“他们不得不那样做，人们习惯这样，即使知道它是不对的。”

资料来源：R. Plotnik, *Introduction to Psychology*, 3rd ed.（Pacific Grove, CA: Brooks/Cole, 1993）, p. 602; S. Bok, cited in E. Venant, "A Nation of Cheaters," *San Francisco Chronicle*, January 7, 1992, p. D3, reprinted from *Los Angeles Times*; A. Dobrzeniecki, quoted in D. Butler, "MIT Students Guilty of Cheating," *Boston Globe*, March 2, 1991, p. 25.

行为：价值观和态度怎样影响人们的行为和判断

价值观（整体的）和态度（特定的）一般是和谐的，但不会总是和谐的。例如，一个管理者可能对有用的行为（整体的）有积极的价值观，对帮助一个没有职业道

案例 价值观和态度如何影响行为：IBM通过“创新果酱”，从渐进式改善到催化创新

作为一名管理者，你认为大部分员工都赞成创新是有益的——原来的硅谷企业不就是因为不断创造新产品和服务而繁荣的吗？员工可能有这个价值观，那么，创新是好的——能够带来生产率和盈利能力。

但是，对于公司一个特别成功的产品，你的员工可能持激进式创新不必要的态度。如果这个产品是如此成功，他们可能觉得，为什么要破坏它？为什么不是仅仅逐渐改善它呢？

IBM发现公司最近持续渐进式创新的声誉已经不能激励投资者，导致股票价格持续三年下跌。近期收入来自成本的削减，而不是推进新业务带来的增长。据此，首席执行官萨缪尔·J·帕米沙诺（Samuel J. Palmisano）决定推行“创新果酱”，“将成百上千的人聚集到网上，这些人包括顾客、顾问、IBM员工及员工家属，相当于一个城镇会议。他希望，10万个人的思想会强有力地催化创新，他们将实现产业变革，改变人类行为并为IBM带来新的业务。”如果IBM没有得到这两次72小时的“开源”会议中呈现出来的点子，它们可能被其他任何人使用。

IBM公司2006年的创新果酱将来自104个国家、67个公司的超过15万人集中到了一起。结果，10个新项目的发起吸引了一亿美元的投资。2007年，连续第十五年，IBM获得的美国专利超过其他公司，总计3125项，平均每周60项。

思考：

创新果酱当然为IBM提供了新思想和具有前瞻性的全球竞争者形象，你认为这种变革实践能被其他类型的公司（如西尔斯）所采纳以改变员工的价值观和态度吗？

德的同事（特定的）有消极的态度。但是，价值观和态度会综合影响人们的工作行为（behavior）——他们的行动和判断。

11.3 工作态度与行为

主要问题：对管理者来说，关注员工的态度重要么？

本节概要

态度是重要的，因为它影响行为。管理者们需要对与工作相关的态度有所警觉。如工作满意度、工作参与度以及组织承诺。在各种员工行为中，管理者需要注意到的是：工作绩效和生产率、缺勤和离职、组织公民行为以及反生产行为。

“让员工们保持开心。”

态度的重要性毋庸置疑，因为态度影响行为。但是管理者需要知道让员工快乐是为了取得成果吗？我们将在下一章讨论绩效的动机。在这里我们先思考管理者们需要了解的与工作相关的态度和行为是什么？

与工作相关的态度：工作满意度、工作参与度以及组织承诺

员工们的抱怨可能来自各个方面。例如在隔间里工作而不是在办公室里；没有得到足够的帮助；普普通通的自助餐厅食物；一无所知的管理者。他们也会讨论一些好的事情。例如不错的退休计划；弹性工作时间；某种击败了竞争对手的产品；某管理者有多么酷。

有三种管理者们特别感兴趣的态度，它们是：（1）工作满意度；（2）工作参与度；（3）组织承诺。

1. 工作满意度：你多么喜欢或者讨厌你的工作？　**工作满意度**（job satisfaction）是你对工作各个方面的积极或消极感受的程度。并不是每个人都喜欢他工作中的每一件事情。他们总体的满意度依赖于对几个部分的感受：例如工作本身、薪酬、晋升机会、同事以及督导。与工作满意度高度相关的是：更强的动机、工作参与度、组织承诺以及生活满意度、较少缺勤、延误、离职和压力感。

很多中层管理者不满意他们的工作，觉得工作过度和未受到充分的赏识，特别是在经济低迷时期，公司裁员，管理者们要工作更长的时间但仅得到少量的加薪且几乎没有认可。但是工作满意度和工作绩效的关系是什么呢——是更多的满意促使更高的绩效，还是更高的绩效引发更多的满意呢？这是管理学者们争议相当多的议题。一项综合性研究表明：工作满意度和绩效中度相关，这意味着，当管理者们尝试提升绩效的时候，员工的满意度是他们应该考虑的关键工作态度之一。但是，满意度和绩效之间的关系是复杂的，似乎这两个变量通过大量的个体差异和工作环境特征相互影响对方。

2. 工作参与度：你对你的工作有多大程度的认同？　**工作参与度**（job involvement）是指你对工作的认同或者你个人参与工作的程度。当然，很多人的工作只是简单的生存；他们对于在工作中表现卓越没有丝毫兴趣。而更多人则积极地参与到他们的工作当中，并且认为工作绩效关乎自我价值。

对28,000个人进行的87项不同研究分析表明，工作参与度与工作满意度存在中度相关。因此，管理者们被鼓励去创造令人满意的工作环境从而激发员工们的工作参与度。

3. 组织承诺　**组织承诺**（organizational commitment）反映一个员工认同组织和忠于组织目标的程度。举例来说，一些管理者仍然质疑母亲和孩子们在一起的时候能否完全投入工作中去，尽管一项针对2612位母亲的调查显示，仅有4%的母亲的老板认为她们因为有孩子而没有全心投入工作。研究显示组织承诺和工作满意度之间有很强的正相关，并且组织承诺和工作绩效之间存在中度相关。因此，管理者们

被建议提高工作满意度从而促使员工投入的提高。相应地，更高的投入能促使更高的绩效。

重要的工作行为

作为一名管理者，为什么你需要学习如何管理个体差异？正如你所料，答案是通过这样，你就能影响员工们去尽力工作。工作行为主要包括：(1) 绩效和生产率；(2) 缺勤和离职；(3) 组织公民行为；(4) 反生产工作行为。

1. 评估员工的工作行为：绩效和生产率 每一项工作都有一定预期，但是在一些工作中，绩效和生产率比别的工作更容易界定。一个电话销售人员一天中应该打多少次电话？他或她应该接多少单交易？通常，具有这种特质的工作会有业绩记录（从之前的工作承担者中得到），可以为工作绩效的量化提供参考。

然而，一个广告公司的业务经理开展像汽车制造商或饮料生产厂家这样的大客户的业务时，可能在这些业务完成的前几个月离开公司，或者某个制药公司的研究人员可能要花费数年的时间来开发一种很有前途的新处方药。

简而言之，评估行为的方式要与所从事的工作相匹配。

2. 评估员工的非工作行为：缺勤或离职 你是否应该对每一例**缺勤**（absenteeism）持有怀疑的态度——当一个员工没有在工作时间出现的时候？当然，举例说来，一些缺勤——生病、亲人离世、陪审责任——是合情合理的。这样的缺勤行为是偶尔发生的，然而缺勤与工作不满意是有关联的。

缺勤可能是**离职**（turnover）的前兆，即员工离开他们的工作岗位。每一个组织都会历经一些离职，正如员工们因为家庭、更好的工作前景或者退休而离开。然而，在一些对技能要求较低的行业，不断招募新员工通常来说并不是一个好标志，因为替换和培训的成本是十分昂贵的。例如一项研究发现，聘用和培训一名新中层管理者的直接和间接花费达到64,000美元，这其中包括输给竞争对手业务、丧失技术知识、降低其他员工的士气等。另一项研究发现更换一个关键工人或管理者的花费将近108,000美元。

3. 评估超出工作角色的行为：组织公民行为 **组织公民行为**（organizational citizenship behavior）是指并不直接属于员工工作描述中的行为的部分——它们超出了员工工作角色的要求。例如，根据一份工作描述，包括“对部门建设性的报告、表达对他人工作的个人兴趣、提出改良的建议、培训新人、遵从组织精神同时不违背相关管理的规定、爱护公司财产以及出勤率超出标准的或强制的水平”。几项研究揭示了组织公民行为和工作满意度以及绩效之间有显著的中度正相关。

4. 评估伤害组织的行为：反生产工作行为 组织公民行为的反面是**反生产工作行为**（counterproductive work behavior，CWB），即伤害员工和整个组织的各种行为。这样的行为包括缺勤和延误、滥用药品和酒精以及纪律问题，但是也会超越它们扩展到一些更加严重的行为，例如事故、破坏活动、性骚扰、暴力、偷窃以及白领犯罪。

例如，一种相当普通的反生产工作行为是欺负、骚扰或是不公平地对待下级、同事甚至是顾客。确实，在一项对美国员工的调查中，45%的人表示，他们曾经有过滥用权力的老板。这样的行为对组织特别有害，因为当一个员工被一个滥用职权的管理者恐吓、羞辱、暗中破坏时，他们更倾向于辞去他们的工作或者针对那个管理者或他的同事们用反生产工作行为进行反击。问题的严重性使得13个州的立法委员引入了反欺凌法。而且，报纸上关于不满意的或是有精神问题的员工（或者是学生，就像弗吉尼亚理工大学的校园血案那样）引发的大规模枪杀事件这类消息的报道让组织更加意识到反常的行为应尽早被发现和处理。例如必能宝开通了一条热线，员工们可以打匿名电话报告任何这样的担心，同时它也培养管理者们如何识别问题行为的征兆。

显然，如果一个员工参与了某种反生产工作行为，这个组织需要及时而准确地作出反应，确定不被接受的特定行为以及对可接受行为的要求。然而采取一些预防措施是更需要的。一种方式是在招聘过程中检查反生产工作行为。例如在认知能力（智力）测试中得到更高分数的申请人被认为在聘用之后较少卷入暴力和财产损害事件。员工们如果有一个有自主权或者不需要他们监管太多人的满意工作，他们也会较少参加反生产工作行为

11.4 认知与个体行为

主要问题：认知上的偏差会影响个人判断的哪些方面？

本节概要

认知分为四步，可能被曲解为四种误区：选择性认知、刻板印象、晕轮效应和因果归因。我们也考察自我实现预言，它也能影响我们的判断。

如果你是一个吸烟者，香烟包装上的哪种警示更能让你想到放弃呢？“吸烟严重有害您和他人的健康”或直接的“吸烟有害健康”。或者是一幅显示发黄牙齿的赤裸裸的图画。

很多国家的公共卫生管理局都在与这样的判断作斗争。（加拿大癌症学会2000年的一项研究发现，58%的吸烟者们看到形象的图画时会考虑两次吸烟对健康的危害。）换句话说，他们正尝试确定认知如何影响行为。

认知过程的四个步骤

认知（perception）是人们解释和理解所处环境的过程。认知的过程是复杂的，但是可以被归结为四个步骤。（见图 11-2。）

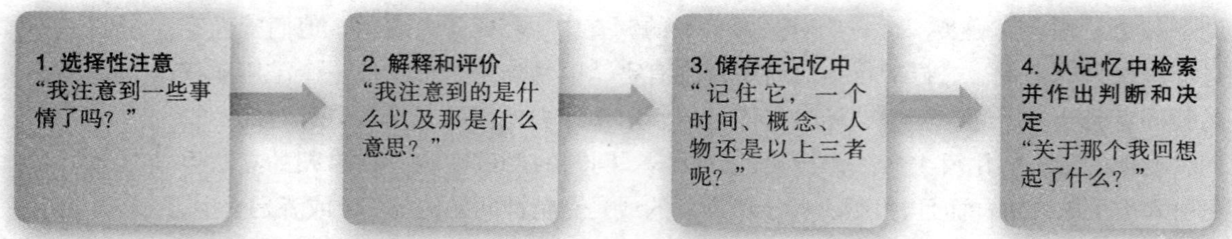

图11-2 认知过程的四个步骤

在这本书中，我们较少考虑认知的理论步骤，更多地考虑认知如何被曲解，因为他对于管理者的判断和工作有相当大的影响。认知过程四个步骤当中的任何一个都有可能存在判断上的误解和错误。认知上的错误会导致你自己、其他人和组织的误解。

认知的四个误区

尽管认知误区存在很多形式，我们主要描述以下的四种：（1）选择性认知；（2）刻板印象；（3）晕轮效应；（4）因果归因。

1. 选择性认知："我不想听" 你发现有一些让你觉得特别不舒服的话题吗——你自己的死亡问题、儿童性骚扰或者考试作弊——以至于当人们提出这些话题的时候你不予理会？例如，很多人不愿意立遗嘱，因为他们觉得太可怕了以至于不敢去想他们在不久的将来会离世。**选择性认知**（selective perception）是指过滤令人难过的、看起来不相关的或者与个人信仰相抵触的信息的倾向。

一项有代表性的研究发现，当管理者被要求在一个复杂的商业案例中查明关键问题所在时，他们总是将问题列入自己能起作用的工作范围内——他们显然过滤了其他方面的信息。也就是说，人力资源经理认为关键问题在于人，营销主管说这是销售的问题，生产人员说这是一个制造的问题。这表明管理者们如何通过选择性认知影响了问题的解决。

2. 刻板印象："这类人差不多是一样的" 如果你是高高的非洲裔美国人，人们是否会把你当作篮球运动员？如果你是爱尔兰后裔，人们会认为你酒量很好么？如果你是犹太人，人们会认为你一切向钱看么？如果你是女性，人们会认为你自动承担养育子女的重任？所有这些都是刻板印象。**刻板印象**（stereotyping）是认为当一个群体具有某些典型特征时，属于这个群体的个人同样拥有这些特征的倾向。

作为一名管理者，刻板印象的几个主要方面是必须考虑到的：（1）性别的刻板印象；（2）年龄的刻板印象；（3）种族的刻板印象。

- **性别的刻板印象**。性别的刻板印象是指不同的特征和能力让男性和女性适合不同角色的观念。

  一项有代表性的研究发现，相对于男性来说，女性被认为少一些能力，少一些主见，少一些客观，少一些逻辑；男性相比于女性被认为少一些人际关系敏感性、热情和表达能力。此外，研究还发现，相比于大女子主义来说，大男子主义更容易被认可。

尽管研究表明，男性和女性在这些带有刻板印象的行为中并没有不同，但是这种观念依旧存在。同时，不幸的是，晋升决策依旧被性别的刻板印象所影响。例如，一项对《财富》500强公司的研究发现，抛开年龄、教育程度、组织的职位、薪资水平和工作种类这些变量，男性比女性得到了更多的赞美性评价。

- **年龄的刻板印象**。年龄的刻板印象倾向于描述年长的员工比年轻人较少融入他们的工作中、满意度较低、缺乏积极性和承诺度。但是事实上研究表明，随着员工的年龄增长，他们的工作投入度、满意程度、工作动机和组织忠诚度都会随之增加。

  这种成见也体现在年长的员工缺乏创造力和事故发生率较高，然而，这并不能被证实。最终，这种认为年长的员工有较高缺勤率的固有观念没有得到调查结果的支持。如果有可能的话，对于缺勤的问题，管理者们应该将注意力更多地放在年轻的员工当中，而不是年长的员工。

  因为现在美国人年龄的中位数是36. 7岁——是历史上最大的了——这似乎很明显，管理者们可能要管理更年长的员工。此外，到2030年，大约五分之一的人口将超过65岁，但是不管是自愿的还是必须的，很多人将继续工作。例如，世界知名的心脏外科医生迈克尔·德贝基（Micheal Debakey），他生于1908年，在他90多岁时还在继续工作。

- **种族或民族的刻板印象**。种族或民族的刻板印象没有必要在这重复，但是在美国的管理者中，西班牙裔和非洲裔的管理者仍很少，这是值得注意的。例如，在美国，西班牙裔和拉美裔的人仅仅占到管理和专业性工作的17%，黑人占到27%，相比之下，白种人占到35. 5%，亚洲人占到47. 3%。

3. 晕轮效应："一个特征就能告诉我所有我想知道的"　你认为外表有吸引力的人是否比不具吸引力的人有更多令人羡慕的特质——他们更开心，更亲切，更成功，更有社交能力，更敏感，更有趣，更独立，令人兴奋，温暖，甚至更聪明和友好？所有这些特质都属于有吸引力的人们。这种情况就是**晕轮效应**（halo effect）的一个例子，即我们基于一个单一的特质形成对一个人的总体印象。（这种现象还被称作以偏概全效应，因为不仅仅是把一个单一的正面特征总结成一系列正面特质，其反方向也是一样的。）

似乎我们需要更多的证据说明生活是不公平的。已经证实有吸引力的人比缺乏吸引力的人得到了更好的对待，在学术成绩方面老师们对他们有更高的期望。潜在的雇主们能更亲切地对待他们。大体上说，有吸引力的员工比缺乏吸引力的员工得到更高的工资。然而显然，如果一个管理者不能掌握个体的所有特征，在员工没能顺利解决问题的时候就没有资格抱怨。

案 例　晕轮效应：有吸引力的男性和女性比普通人得到更多薪水吗?

在同一种工作中，有吸引力的雇员比普通的（或者不具备吸引力的）雇员得到更多的薪水吗？两位经济学家，哈佛大学的马库斯·莫比乌斯（Markus Mobius）和卫斯理大学的塔尼娅·罗森布拉特（Tanya Rosenblat）决定深入研究这个问题。

学生被招募来扮演应聘者和雇主两个角色并解决谜题。为了确定应聘者有多么吸引人，他们的照片被展示给一个专门的学生小组并要求他们对美丽程度划分等级。在应聘者解决了难题之后，雇主们在几种不同的情况之下考虑应聘者。他们考察：(1）应聘者的简历，其中列出了年龄、性别、大学、毕业时间、工作经历和参与的活动及爱好；(2）简历和照片；(3）简历和电话访问；(4）简历、电话访问和照片；(5）简历、电话访问和面试。雇主们用面试的信息来形成他们自己对实验者在他们15分钟的工作中能够解决的若干难题的估计，并且实验对象尽他们最大的努力解决难题。

经济学家们发现了一些有趣的结论：(1）尽管在解决困难方面，漂亮的人并没有比普通人做得更好，但是他们对自己的能力更加自信。这项研究的一篇文章指出，“外表姣好似乎与自信有着很强的联系，这是一个能明显吸引雇主的特质。”(2）当雇主只看简历的时候，正如你所期望的那样，外表对他们的判断没有影响。当采取了其他的一些方式时，雇主对漂亮的人的生产率有了更高的估计，特别是当他们进行了面试的时候。而且，就算通过电话访问的结果也是明显的，自信的效果从电话中传了过来。(3）外表姣好的人是优秀的交流者，这也促成了雇主的正面认知。总而言之，研究者称，甚至在员工的个性和自信受到控制后，在视觉和口头交流的作用下，雇主（错误的）预计外表较好的工作者比不那么有吸引力的对手绩效更好。

思考：

你对人们的判断是否受到了他们有多么吸引人的影响呢？作为一名管理者，你是否认为你能超越人们外表的影响从而对他们的能力作出正确的判断呢？

4. 因果归因　**因果归因**（causal attribution）是指通过观察到的行为来推断原因的活动。无论对错，我们不时地为我们自己或他人的行为构想出一个因果解释。像下面的这种归因说法很普遍：“乔伊酗酒是因为他没有克制力，但是我下班后需要喝一两杯因为我承受着巨大的压力。”尽管我们的因果归因是自私的，并且常常是无充分根据的，但是这对我们理解人们如何构想因果解释很重要，因为它深深影响着组织行为。例如，当主管把员工低下的绩效归因于其自身的不努力时，可能会训斥那个人。然而，如果主管把低下的绩效归因于能力的缺乏，那么培训就可能被认为是必须的。

作为一名管理者，你需要对两种归因倾向保持警觉，他们会歪曲一个人对观察到的行为的解释——基本归因偏见和自我服务偏见。

- **基本归因偏见**。在**基本归因偏见**（fundamental attribution bias）中，人们把其他人的行为归因于他或她的个性特征而不是环境因素。

  举例：一项针对制造业工人的研究表明，总经理把工业化产生的背痛归因于个人，但是，员工们把它归因于环境。

- **自我服务偏见**。在**自我服务偏见**（self-serving bias）中，人们倾向于为成功而不是失败承担更多的个人责任。

  举例：学生们通常在分析他们的考试成绩时就显露出了自我服务偏见，得到“A”的学生倾向于将他们的分数归因于高智商或者勤奋，而得到“D”的学生则责怪运气差、难以理解的授课和不公平的考试等因素。另外一个例子：无耻的安然公司首席执行官肯·莱伊（Ken Lay）声称公司的失败并不是因为自己的所作所为而是《华尔街日报》“一场真正的阴谋”的受害者、曾经的首席财务官安德鲁·法斯托（Andrew Fastow）给政府提供了证据以及投资市场上的卖空者打赌安然的股价会下跌。

实际行动　管理者如何利用皮格马利翁效应引导员工

自我实现预言真的会起作用吗？在对多个行业和职业的调查中发现，这种效果是相当强大的。

在微软公司，员工一贯每周工作75小时，特别是当他们为新产品赶工期时更是如此。因而微软公司以设法满足最后期限而自豪，对团队的正面期望帮助公司创造和加强对成功有高期望的组织文化。这个过程随后激发人们为组织工作，从而降低了员工离职率。

管理上的期望强烈地影响员工的行为和绩效显示了工作中的皮格马利翁效应。管理者可以通过建立等级框架来加强整个组织的正面绩效预期，利用这个效果为组织服务。这个框架的基础是员工的自我期望。相应地，正面的自我期望能通过鼓励人们朝着共同目标努力来提高人们相互之间的期望。这种合作会提高组织的生产率并促进团队内的正面绩效期望。

如何创造皮格马利翁效应

因为积极的自我预期是创造组织范围内皮格马利翁效应的基础。让我们思考管理者们如何创造积极的绩效期望。这项任务要通过以下若干组合来完成：

1. 认识到每个人都有潜力提升他或她的绩效。
2. 树立员工的信心。
3. 设立高绩效目标。
4. 对员工尽力完成工作进行正强化。
5. 在必要时提供有建设性的反馈。
6. 帮助员工在组织中提高。
7. 认可他们拥有最大的潜力。
8. 注意可能会使其他人丧失信心的个人偏见和非语言信息。
9. 鼓励员工去想象任务的成功执行。
10. 帮助员工掌握关键的技能和任务。

自我实现预言，或皮格马利翁效应

自我实现预言（self-fulfilling prophecy），也称为皮格马利翁效应（Pygmalion effect），它描述了这样一种现象，人们对自己或他人的期望能导致他们采取对应的行动以使这种期望成真。

期望非常重要。有一个例子是说一个服务生预料一些衣着朴素的顾客是吝啬的给小费者，因此给予他们劣等的服务，那样当然得到了他或她所预料到的结果——比平常低很多的小费。研究显示，通过提升管理者对个体绩效的期望，高水平的成就和生产率都能完成。作为一名管理者，可以吸取的经验便是：当你预料员工的表现不能令人满意，他们可能就会那样，而当你预料他们会表现得令人满意，他们可能就会这样。（在萧伯纳的喜剧《卖花女》中，一位口语老师打赌他能让一个下层社会的女孩改变她的口音和举止，以至于她能顺利地冒充公爵夫人。6个月后，她变成一位感觉敏锐并且有品位的女士，成功地在上流社会冒充了一次。）

11.5 理解压力与个体行为

主要问题：什么造成工作压力，怎样缓解工作压力？

本节概要

压力是当人们忍受额外的要求或者机会，并且不确定该如何应对时产生的感受。压力有六种来源：个体差异、个体任务、个体角色、团队、组织以及非工作要求。接下来，我们描述压力带来的一些后果以及三种在组织中减少压力的方法。

尽管很多员工对他们的工作感到满意，但是，24%的员工表示他们的工作“压力非常大”，而且43%的人表示“压力中等”。一项针对六家大公司的46,000名员工的健康计划的研究发现，雇主们每年要花费医疗保健费用中的近8%来治疗那些被员工们描述为超出控制的压力。这些员工经受着各种各样与压力相关的疾病，例如偏头痛、背痛、肠胃紊乱，他们要多花费46%的医疗费用。美国压力协会估计工作压力每年要花费超过3000亿美元，用于医疗保健、误工以及减轻压力等方面的医疗。

就如你可能会猜到的那样，压力也能将管理者置于风险中。研究者在超过五年的时间里对医院的800例心脏病突发患者的采访发现，管理者在他们开除某个员工之后的那个星期或者面对高压的截止期限时，心脏病突发的风险是一般风险的两倍。

工作场所的压力与积极的情感、工作满意度、组织承诺以及工作绩效负相关，而跟酗酒、滥用药物、过食以及离职有正相关。根据历史资料，研究者们普遍相信在压力和绩效之间存在着“倒U形”的关系。也就是说，低水平的压力导致低水平的绩效（因为人们没有足够的动力去表现），但是高水平的压力也会导致过度劳累甚至逃避的反应，从而产生低水平的绩效。根据这个假设，在中等程度的压力下会产生最佳绩效。

什么是压力？

压力（stress）是当人们面对或者忍受额外的要求、限制或机会时，并且不确定该如何应对时产生的紧张感。压力是紧张和压迫的感受；压力的来源称为**压力源**（stressor）。

压力受生理和情感的双重影响。身体上讲，被称为现代压力概念之父的加拿大研究者汉斯·谢耶（Hans Selye）认为，压力是“身体对任何加于其上的要求的非特定反应”。情感上讲，压力被定义为紧张不安的感受，“事件或者环境已经挑战、超越了人们成功应对的能力范围”。

压力源可以是一些麻烦的事情或者仅仅是刺激因素，例如把某物放错位置或遗失一些东西、关心某人的外貌以及太多需要做的事情。压力源也可以是危机，例如无法抗拒的恐怖——一起可怕的车祸、一起儿童虐待事件。它还可以是强烈的压力源，能够显著耗尽人们的适应能力——极度的身体不适，例如慢性剧烈背痛。

压力源可以是消极的也可以是积极的。也就是说，一个人能够明白被解雇或者离婚是压力的一个巨大来源，但是也可能是晋升或者结婚。正如谢耶写道，“我们所面临的压力源或局面是令人愉快的还是不愉快的无关紧要；真正起作用的是调节和适应的需求程度。”另外，谢耶将压力分为不好的压力（他称其为“不良刺激”）和好的压力（他称其为“良性刺激”），前者的压力源带来的结果可能是焦虑和疾病，而后者能够刺激个人更好地应对和适应，例如在考试中表现出色。然而，在这个讨论中，我们主要考虑压力如何消极地影响员工以及他们的绩效。

与工作相关的压力来源

在工作中，有六个压力来源：（1）个体差异产生的要求；（2）个体任务要求；（3）个人角色要求；（4）团队要求；（5）组织要求；（6）非工作要求。

1. 个体差异产生的要求：遗传或者个性特征产生的压力　耶鲁大学的研究者们认为，有一些人天生多愁善感，他们产生了基因突变（称为脑源性神经营养因子），以至于长期困扰于消极想法。另外有些人缺乏耐心、着急、受最后期限困扰，拥有**A型行为模式**（Type A behavior pattern）的竞争性特征，意思是他们长期坚定地抱有一个想法，即争取在短时间内完成更多任务。在教授、学生以及保险经纪人等工作中A型行为与不断增加的绩效有联系。然而，它同时也与更大的心血管活动和高血压相联系，特别是那些经常表现出愤怒、敌意以及侵犯等强烈情感的人，甚至还与心脏病突发相联系。

2. 个体任务要求：来自工作本身的压力　一些职业比另外一些职业更有压力。例如，作为一个零售店的经理，对一些人来说是相当有压力的。但是，作为一个在家工作的博客作者，收入主要产生于新闻和评论的条数，可能意味着长时间的工作以至于筋疲力尽。

低水平的工作要比高水平的工作更有压力，因为员工们对他们的生活有更少的控制权，因此具有更少的工作满意度。例如，从事高速数据处理或者电话销售的人，压力是相当大的。

有相当多的压力产生于对未来可能失业的担心。近来的调查表明，员工们时常担心被解雇。工作保障对管理来说是一个很重要的压力源，因为它能导致工作满意度、组织承诺度以及工作绩效的降低。

3. 个人角色要求：来自他人的期望的压力　角色（role）是人们对某特定职位期望的行为集合。压力可能因为角色超载、角色冲突以及角色模糊而产生。

- **角色超载**。当他人的期望超出了个人的能力时就会发生角色超载。举例：如果你作为一名学生却承担着全时课程负荷、三分之二时间的工作、渴望拥有社会生活，你便知道什么是角色超载了——也知道什么是压力了。类似的事情也发生在管理者和员工身上。
- **角色冲突**。当某人生命中的重要人物对其有着不同的期望，让其感到难以抉择的时候就会发生角色冲突。举例：你的上司需要你熬夜赶工期，但是你的家人希望你能出席孩子的生日派对。
- **角色模糊**。当其他人的期望不是很明确的时候就会发生角色模糊。举例：你发现与晋升有关的职位描述和标准是模糊的，这种抱怨常常来自组织中的新人。

4. 团队要求：来自同事和管理者的压力　即使你没有特别关注你从事的工作，但是喜欢与你一起工作的人，这也可以是满意和压力的巨大来源。当人们不能融洽相处的时候，会演变成一个巨大的压力源。即使你有可控的压力，同事的压力可能会打扰你，降低生产率。

另外，管理者们能通过多种途径给员工创造压力：表现出不一致的行为；不提供支持；表现得不关心；指导不充分；创造一个苛刻的、高生产率的环境；关注负面绩效而忽略良好业绩。拥有糟糕管理者的人因压力患有头痛、肚子痛以及失眠的概率是其他人的五倍。

5. 组织要求：来自环境和文化的压力　某些工作的自然环境是压力的重要来源：家禽加工、石棉搬运、煤矿开采、消防、警察工作、救护车驾驶等。甚至白领也会在压力的环境下工作，光线暗、噪音大、家具摆放不协调以及缺少隐私等。

对员工有高压的工作要求的组织文化将强化应激反应。信息技术的快节奏也增加了压力。麦肯锡咨询公司北美主席迈克尔·帕萨洛斯-福克斯（Michael Patsalos-Fox）说道，“例如，你过去拥有传媒公司和电信公司，对吗？……问题在于，它们之间是相互侵犯的。很多技术在初期会模糊一些独立产业之间的界限，给产业间创造了相互攻击的机会。”就如高速变化的技术以及财务压力总是会让董事长们彻夜难眠。

组织的压力能够通过员工参与式管理的方式减少，这种观念已经得到了初步研究支持。

6. 非工作要求：来自组织外部力量的压力　众所周知，倘若一个人需要应付来自工作之外的金钱、离婚、赡养老人或者其他与工作无关的严重问题时，这些工作之外的压力会对其工作产生重大的影响。同时，低收入、低教育水平、低工作地位的人特别易于有更高的压力。但是即使是平常生活的人也能发现应对家庭生活的压力并不是一帆风顺的。

压力的后果

积极的压力是有益的，并且能激励你，提升你的努力、创造力以及业绩。消极的压力是毁灭性的，导致低质量的工作、不满意、失误、缺勤和离职。

压力的征兆　消极压力表现为三种征兆：

- ***生理征兆***。轻微的生理上的征兆表现为手心出汗、烦躁不安、背痛、头痛、肚子痛和呕吐。更严重的表现为高血压和心脏病。
- ***心理征兆***。心理征兆包括烦躁、兴奋、紧张、生气、焦虑、仇恨和抑郁。
- ***行为征兆***。行为征兆包括失眠、改变饮食习惯、增加吸烟饮酒量和滥用药物。压力还可能表现为业绩的下降和工作满意度的下降。

倦怠　一家管理培训公司的创始人迈克尔·斯塔韦尔（Michael Staver）说："当你投入较多精力而得不到应有的回报时，你就会感到倦怠。"

倦怠（burnout）是情绪上、心理上以至身体上疲惫的一种状态，表现为无精打采、冷漠或是沮丧。很明显，负面压力对组织产生的最大后果是降低了生产率。压力过大的员工倾向于打电话请病假、工作不能按时完成、更长的午休时间以及对业绩漠不关心。但是，有一些员工可能在工作上投入大量的时间却没有以前完成的工作量多。

心理健康专家估计有 10% 的员工忍受抑郁和高水平的压力，而这最终会影响工作业绩。另外，有学者估计近几年来压力导致了 11% 的员工缺勤。

酒精和其他药物的滥用　是否有一个员工经常迟到？是谁经常周一打电话请病假？是谁有点粗心？他/她有可能被酒精所困扰。酗酒者来自社会各个阶层，从学生到大学教授到神父到飞行员。酒精中毒不会很明显地干扰个人工作，除非出现缺勤、事故、潦草完成工作或者大量使用公司的医疗福利。

酒精是最普遍的药物滥用，但是其他药物的误用也会影响个人的生产率——合法药物如镇静剂，非法药物如大麻、可卡因、摇头丸和海洛因。虽然工作场所使用药物在过去 15 年有所下降，但是 2002—2004 年 18 岁到 64 岁的全职员工中有 8. 2% 的人被认定曾使用过非法药物。

如果你是一名管理者，想象你可能要面对一个滥用药物的员工，那么建议你不要试图指控，而是坚定地指出生产率正在面临问题，而且这要下属员工做些什么。不要做任何想当然的事情，你可以试着把这个员工带到人力资源部。在那里可能会有一个员工协助计划，可能会帮助员工克服影响其工作业绩的个人问题。

附带提一下，虽然很多人对12步项目做出保证，比如匿名戒酒协会提供的项目。但是几项研究表明，这种项目在减少酒精依赖度和酒精相关问题方面不比其他任何干预更成功。

减少组织中的压力源

管理者可以用各种各样的**缓冲**（buffer），或行政改革，来减少导致员工倦怠的压力源。比如：在非常繁忙的时候，雇用额外的员工和增加新的设备；增加决策的自由度；提供休假或者个人发展的机会；指派一些新的岗位；3天到5天公司外的放松休闲和团队建设活动。公休假项目能恢复员工的工作精力和意愿。

一些减少不健康的压力源的组织策略如下：

- **实施员工协助计划**。**员工协助计划**（employee assistance programs，EAPs）包括一系列计划，旨在帮助员工应对压力、倦怠、药物滥用、健康问题、家庭和婚姻矛盾以及任何对工作绩效产生负面影响的问题。
- **推荐一个全面健康计划**。**全面健康计划**（holistic wellness program）主要关注自我责任感、营养意识、放松技巧以及环境意识等几个方面。这种方法不是减压，而是通过鼓励员工“承担个人责任来形成和维持一个健康促进计划从而保持生理的、心理的和社会幸福感之间和谐和有益的平衡”。
- **创造一种支持性环境**。员工在较严监管和较少自由的情况下工作通常会产生压力。如果有可能，最好使组织环境减少正式化，增加个人化，增加对员工的支持。
- **让工作更有趣**。当工作被程序化和变得无聊时压力也会产生。最好试着增加或改变工作结构来给员工一些自由。
- **开展职业咨询**。IBM等公司开展职业咨询，减少了员工由于不知道他们的职业选择和不知道他们应该朝哪个方向发展而带来的压力。

本章小结

11.1 个性与个体行为

个性是个人区别于他人的稳定的心理特征和行为特征的总和。管理者需要知道五大个性维度和五种个性特点来理解员工行为。

大五类个性维度分别是外倾性、随和性、尽责性、情绪稳定性和开放性。外倾性是一种外向的性格，与管理者和销售人员的成功有密切联系。尽责性，或者说可靠的个性，与成功的工作绩效相联系。一个在尽责性上得分很高的人可能会有主动的个性，这种人倾向于积极主动并且持续影响环境。

同样，管理者需要知道五大个性特点来理解员工行为。（1）控制点表明人们多大程度相信他们可通过自己的努力控制自己的命运。（2）

自我效能感是个人对自己工作能力的信念。低自我效能感与习得性无助以及对控制环境的个人能力的不信赖相联系。(3)自尊是人们喜欢或不喜欢自己的程度。(4)自我监督是人们观察自己的行为并使之与外部环境相适应的程度。(5)情绪智力指应付他人、与他人产生共鸣以及自我激励的能力。

11.2　价值观、态度与行为

组织行为学致力于在工作中怎样更好地理解和管理员工。组织行为学主要考察两个方面:个体行为(本章讨论)和群体行为(后面章节讨论)。

价值观应与态度和行为加以区分。(1)价值观是在各种情境下指引一个人思维和行为的抽象概念。(2)态度定义为对给定事物的习得倾向。态度有三个因素。情感因素:一个人对某种情境的感觉和情绪;认知因素:一个人对某种情境的信念和认识;行为因素:一个人在某种情境中打算或希望采取的行为。当态度与现实冲突时,便会产生认知失调,即一个人感受到的认知与行为不一致而产生的不适感。认知失调依赖于三个因素:重要性、控制和回报。减少认知失调的途径有:改变你的态度或者你的行为;看轻不一致行为的重要性;或者找出能战胜冲突的一致性因素。(3)总之,价值观和态度影响人们的工作行为,即他们的行动和判断。

11.3　工作态度与行为

管理者需要警觉的与工作相关的态度包括:(1)工作满意度,你对工作各个方面的积极或消极感受的程度。(2)工作参与度,你对工作的认同或者你个人参与工作的程度。(3)组织承诺,反映员工对组织的认同程度以及实现目标的投入程度。

在这些行为中管理者需要影响的有:(1)绩效和生产率;(2)缺勤和离职,即员工不去上班,以及员工离职;(3)组织公民行为,不属于员工直接工作范围的员工行为,即超出工作岗位要求的行为。(4)反生产工作行为,即对员工和整个组织不利的行为。

11.4　认知与个体行为

认知是解释和理解个人所处环境的过程。认知可归结为四个步骤:选择性注意、解释和评价、记忆以及回忆以作出评判和决策。认知的错误能导致管理的错误。

四种认知误区为:(1)选择性认知,即过滤掉那些不舒服的、看起来不相关的或与某人信仰相矛盾的信息;(2)刻板印象,即把群体的特征赋予群体中某个个体的倾向;(3)晕轮效应,对某个人的印象基于某个单一的特征;(4)因果归因,为观察到的行为推测原因的活动。两种归因倾向会曲解对观察到的行为的理解:基本归因偏见,即把他人的行为归因于他/她的性格而不是环境因素;自我服务偏见,指人们倾向于为成功而不是为失败承担更多个人责任。

自我实现预言(皮革马利翁效应)描述了人们对自己和别人的期望会引导他们采取各种不同的行动来使这些期望变为现实的一种现象。

11.5　理解压力与个体行为

压力是当人们忍受额外的要求、限制或机会,并且不确定该如何应对时产生的紧张感。压力是紧张和压迫的感受;压力的来源称为压力源。

在工作中有六种压力源:(1)由A类行为模式引起的个体差异所创造的要求,意思是他们长期坚定地抱有一个想法,即争取在短时间内完成更多任务。(2)个体任务要求,是工作本身引起的压力。(3)个体角色要求,是别人对你的期望引起的压力。角色是人们对某特定职位期望的行为集合。压力可能来自角色超载、角色冲突和角色模糊。(4)团队要求,是由同事和管理者引起的压力。(5)组织要求，是由组织环境和文化引起的压力。(6)非工作要求，是由组织外部力量引起的压力，比如金钱问题或离婚问题。

积极的压力可能是建设性的。消极的压力可能造成低工作质量，这类压力主要通过生理、心理和行为征兆表现出来。其中一个征兆就是倦怠，是情绪上、心理上以至身体上疲惫的一种状态。压力可能引起酒精和其他药物的滥用。

管理者可以用各种各样的缓冲或行政改革来减少导致员工倦怠的压力源，比如增加额外的员工或者增加员工的决策权。一些减少不健康压力源的组织策略有实施员工协助计划、推荐一个全面健康计划、创造一种支持的环境、让工作更有趣以及开展职业咨询。

管理实践 为好好先生工作的困惑

苏珊·洛林还记得为一个好好先生工作的经历。“哦，我非常高兴没有继续待在那，”她抱怨道。

那不仅是因为有太多的工作。她的老板向公司创始人汇报工作，公司创始人会与他分享项目中很多需要改变的新想法。然后，她唯命是从的老板虚伪的一幕就上演了：他从不指出旧计划的优势和新计划的缺点。老板开始恭维了：“多好的一个主意！我们将在星期一给您做好。”洛林女士回忆起老板说的话。

每次她对老板说“不”的时候，她都被告知她没有理解这件事情或是大局。而且总是有人愿意屈从于她唯命是从的老板，这使她看起来更差劲。“所以你放弃你自己。你变得更糟糕，即变成一个唯命是从的老板的唯命是从的下属，”她说。

洛林女士唯命是从的老板成为公司创始人最喜欢的人，而她自己每天要做准备工作，是让她痛苦的一件事。

唯命是从的人，被认为是配角、仆人、容易被控制的人。这种人完全服从他们的领导。他们恭维公司的领导，因为他们觉得领导的认同是构成他们所追求的权力的直接部分。唯命是从的人创造了一个只为工作的马拉松长跑，导致了追求目标和工作生活之间的不平衡。他们不停地督促员工工作：如果不赚钱就是在浪费时间。每个为唯命是从的人工作的员工都会觉得累，期望一种拒绝的精神。

问题在于你不能对一个唯命是从的人说“不”。由于很少说不，他们根本没有考虑到说“不”的价值。这不是说要乱用“不”，而是更加理智地、温和地对坏的结论说“不”。不管用如何巧妙的方式，对一个唯命是从的人说“不”都会变成破坏美国公司最重要的职业规则：你不是一个团队型的人。

如果唯命是从的人不那么虚与委蛇，那会是很惊讶的事。一家保险公司的中层管理者有一个唯命是从的主管，这个主管对他的老板说：“我自己也是这么想的。”这是他老板的老板要合规组做一项会计能更好地完成的任务时，他说的话。洛林女士说：“这毫无道理。”

类似地，前销售经理琳达·休梅克的老板会说：“我的字典里没有‘不’。”她经常被派去做一些琐事，如整理办公室文件。临近第三个周末的时候，她的老板告诉她需要有所改变，即使她已经检查了她的工作两遍。不夸张地说，她就是出气筒。

斯坦福大学的管理科学教授罗伯特·萨顿

说，为一个唯命是从的人工作，“只是照葫芦画瓢”。他说，因为唯命是从的人不会像好领导者那样过滤掉不相关的工作，他的员工“认为工作负荷大，责怪有这么多的事情要做”。

创新也受到了影响。唯命是从的人说，“在一个创新的组织里，人们经常忽视命令，不去做那些被要求做的事。”

萨顿教授说，为了避免唯命是从的人交代的没有意义的工作，你可以试着用事实来劝说。或者你可以执行坏的选择中最好的，这样可能会比完全服从节省一些成本。唯命是从的人说，“你说过你会完成工作，但是你做得太慢而且不合格。”

前销售员李·福尔杰以前是一个唯命是从的人。他以前常常跟他的顾客许诺，只是偶尔几次发现他没有兑现他的诺言。于是他的不诚信导致了他的失败。

所以当他学到这些教训后，他不会说“是”，而会说“我不确定我们能够达到您的期望”。

这样更好控制，但是他失去了在别人眼中看到满意与浪漫的机会。“就像是一场极好的、浪漫的宴会，却被人打断了。”

讨论：

1. 你为一个唯命是从的人工作过吗？那种感觉怎么样？

2. 你怎样描述苏珊·洛林在以前工作中的工作态度？请解释。

3. 如何用认知过程解释唯命是从的人的行为？

4. 唯命是从的人在多大程度上拥有大五类个性维度？请解释。

5. 员工如何克服为唯命是从的人工作的压力。请讨论。

资料来源：Excerpted from Jared Sandberg, "How Do You Say 'No' to a Yes Man? Often Unsuccessfully," *The Wall Street Journal*, July 25, 2006, p. B1.

自我评估　你的情商是多少？

目的

1. 帮助你评估你的情商。
2. 扩展你关于情商的知识。

引言

雇主长期以来被个性和智商其中的一个维度主导。但是，许多人类行为的研究者和观察者已经检验了智力的组成部分包括情绪。情商包括自我激励和受到挫折时仍能坚持的能力、控制冲动和减缓兴奋的能力、调整情绪和保持清醒的能力、同情他人的能力以及希望的能力。在今天不断变化和压力增加的世界，情绪维度的认知对于智力来说是很重要的。对自己的情商有一个了解是成功的基础。这个练习的目的就是看看你自己的情商。

说明

用下面的数值表示你对下面每项表述同意或不同意的程度。

1 = 非常不同意

2 = 不同意

3 = 不同意也不反对

4 = 同意

5 = 非常同意

1. 我通常能时刻意识到我的情绪在改变。	1 2 3 4 5
2. 我在行动之前会先思考。	1 2 3 4 5
3. 我在想要一些东西的时候会不耐烦。	1 2 3 4 5
4. 我会很快从挫折中恢复活力。	1 2 3 4 5
5. 我能抓住表明别人的需求和愿望的微妙暗示。	1 2 3 4 5
6. 我能很好地在各种情况下处理自己的事情。	1 2 3 4 5
7. 我会坚持追求我想得到的东西。	1 2 3 4 5
8. 当别人与我分享他们的问题时，我擅长设身处地为他们想。	1 2 3 4 5
9. 当我心情不好的时候，我会努力走出来。	1 2 3 4 5
10. 我能与各行各业的人们找到共同点并与他们建立社交关系。	1 2 3 4 5

得分及解释

这张问卷刚好构成情商的五个维度：自我认知（表述1和9）、自我管理（表述2和4）、自我激励（表述3和7）、同理心（表述5和8）和社交技巧（表述6和10）。把10个表述的分数加起来算出你的情商总分。你的总分会在10到50分之间。还没有一项可适用的精确记分方法，40分及以上表示高情商，20分及以下为相对较低的情商。

情商是对一个人成功处理需求与压力的才能有重要影响的能力与胜任力的综合。情商得分高的人有正确认知、评价、整理以及管理情绪和感觉的能力。

情商对销售和管理工作的表现最有预见性，因为销售和管理工作的成就是基于技能和人际交往技能的。情商低的人容易在管理他人、拥有出色销售成绩和发挥团队功能等方面遇到麻烦。

问题讨论

1. 你对这个结果感到奇怪吗？为什么或为什么不？

2. 看看你得分最低的三个表述。你有什么技巧或者态度来提高你的情商？请解释。

3. 你认为你的情商会在团队工作中帮助你还是阻碍你？

资料来源：Based on D. Goleman, *Emotional Intelligence: Why It Can Matter More Than IQ*（New York: Bantam, 1995）.

道德困境 “假冒伪劣测试”应该用在人身伤害诉讼中吗？

一份用来揭示假冒者的测试涉及个人伤害法律领域，使被告陷于困境，而加强了雇主和保险人的优势。

支持者赞成这份是非测试题，认为是一种确认外在伤害、心理症状和其他疾病的有效途径。在上百个案件中，专家的证词已经证实了这份测试题所提供的被告谎报伤情的证据，就像这份测试有色彩的名字：假冒伪劣测试。

开始大量使用这个测试是从去年一份世界上最受人尊敬的测试——明尼苏达多相人格量表（Minnesota Multiphasic Personality Inventory，MMPI）——的发行者支持这份假冒伪劣测试，并把它作为MMPI的一部分之后。根据圣路易斯大学的一份调查，这份测试题已经被75%的神经心理学家采用，这些神经心理学家通常作为证人出现在法庭上。

但是，现在有一些心理学家说这份测试将过多人认定为撒谎者。有些人说它也是对妇女的歧视。2008年5月，美国心理协会专家小组说缺乏足够的研究来支持这份测试。

在2007年佛罗里达州的两个法律案件中，在允许这份测试被作为证据之前，法官举行了这份测试用作法庭证据是否足够有效的听证会。最终都以排除该测试而结束。

明尼苏达大学的退休心理学家詹姆斯·布彻（James Butcher）是最主要的批评者。他说："根据这份测试，实际上每个人都是装病逃避责任的人。"他已经发表了一份研究报告指出假冒伪劣测试的错误："这对保险公司有利，但是对人们是不利的。"

这份测试要求人们对43个表述回答对或错，比如"我的睡眠总是断断续续而且觉得不安"和"我很少做噩梦"。有些曾忍受痛苦的人可能有创伤后压力心理障碍症，他们会回答"对"。但是这样做测试者可能得到总分23中的2分，而这可能使这个人被认定为可能的装病逃避责任者。

测试题其他的表述有"我很少头疼"和"我基本没有疼痛"。一个有长期性头痛的人可能会回答"错"。再一次，那些只得2分的人有可能被评估为装病逃避责任的人。大约三分之一的问题与身体症状有关，这些问题是关于压力、睡眠障碍和精力不佳的。还有很多问题与否定坏的行为有关。比如，对"我不总是说真相"这个表述回答"错"的人更多了一分使他成为装病逃避责任的人。

这份测试在最近的史蒂文·汤普森案中被指出来，汤普森曾是哈利伯顿公司（Halliburton）在伊拉克分公司KBR的一名卡车司机。他说他自从2004年回到美国后就没有办法很好地工作。两名医生得出结论：汤普森先生有"长期的"和"相当严重"的创伤后压力心理障碍症。他申请的伤残索赔被哈利伯顿公司的分公司KBR的保险人拒绝了。

汤普森先生向美国劳动部提出了诉讼，劳动部在这类案件中有审判权。他的举证为在护送途中遭袭击、看见尸体、尸体被烧焦的味道的记忆都引起了他做噩梦和其他的睡眠问题，这些问题使他太急躁，很难做好一项工作。

受雇于国防部的休斯敦精神病学家约翰·格里菲思（John D. Griffith）引用了他在假冒伪劣测试中32分的得分，得出汤普森先生夸大了他的症状的结论。劳动部的一位法官否决了汤普森先生的索赔，以测试结果与他的证词不一致为证据。汤普森先生仍在继续诉讼中。

解决困境

如果你是汤普森先生案件中的法官，你会怎样判决？

1. 我会否决索赔。测试结果表明汤普森先生对他的状况说谎，是一个装病逃避责任的人。他只是想得到工资同时不做任何事。

2. 基于美国心理协会（APA）的研究结论我会同意索赔。美国心理协会对这份测试的有效性提出了质疑，而且这份测试不应该用来判断一个人是否说谎。.

3. 我不相信只基于几个关于身体症状的问题的答案就能判断一个人是否撒谎。赞同索赔。

4. 虽然需要更多研究来支持这份测试的正确性，我会否决赔偿，因为汤普森先生得了32分，这与他的证词是不一致的。

5. 想想其他选择。

资料来源：Excerpted from David Armstrong, "Malingerer Test Roils Personal-Injury Law," *The Wall Street Journal*, March 5, 2008, p. A1, A13.

12 激励员工

你应该能够回答的主要问题：

12.1 绩效激励

主要问题：学习激励的动机是什么？

12.2 内容型激励理论

主要问题：什么类型的需要可以激励员工？

12.3 过程型激励理论

主要问题：奖励是否足够？其他因素如何影响激励？

12.4 工作设计型激励理论

主要问题：工作设计的最佳方式是什么？是人适应工作还是工作适应人？

12.5 激励的强化理论

主要问题：影响员工行为的动机有哪些？

12.6 运用薪酬和其他奖励来激励

主要问题：怎样用薪酬和其他奖励方式来激励员工？

管理者工具箱　激励管理：使员工投入工作

每个人都说："做点有意义的事。"但是确切地说，什么是有意义的事呢？

随着越来越多的人开始关注这个问题，它已经蔓延到组织生活中。其结果是产生了新的工作奖励和激励类型，这种类型称为工作–生活福利。

正如其中一种定义所说，工作–生活福利是一系列的计划，管理者运用这些计划来让员工在工作和个人生活两者之间找到平衡点，以此来提高生产率和组织忠诚度。比如灵活安排工作时间、资助学习费用、提供带薪假期用于接受教育和社区服务等非工资的奖励。

本章的主题是激励管理，在这里不能把员工看作是"人力资本"或"人力资产"，而要把员工看作是"投资者"：他们投入了时间、精力和智慧——也就是他们的生活。在组织中，他们应该得到回报来使他们感觉自己的投入有意义。

为了保持你的员工投入自己的工作中并在公司里表现良好，有必要了解一下盖洛普集团（Gallup）25年来调查8万名管理人员和100万名工人所得出的研究结论。盖洛普发现在最好的工作场所工作的员工对于以下12个问题的回答非常肯定：

- 我是否知道对我的期望？
- 我有完成自己工作所需的合适材料和设备吗？
- 每天我都有机会做到最好吗？
- 在过去的七天里，我有没有因工作优秀受到认可和赞扬？
- 在工作中，是否有我的上司或者其他人很关心我？
- 在工作中，是否有人鼓励我进步？
- 我的意见是否有人考虑？
- 公司的使命是否让我感到自己的工作很重要？
- 我的同事都注重工作质量吗？
- 在工作中我是否有一个最好的朋友？
- 在过去的6个月里，我有没有与某人谈论自己的进步？
- 我是否有机会学习和成长？

盖洛普认为，最好的管理者应该至少每3个月单独会见一次员工，而不是一年只见一两次。这样做，不仅可以讨论员工的工作表现，也可以使管理者努力发现员工要实现的目标以及确定如何帮助员工实现目标。除此之外，优秀的管理者关注员工的优点，而不是缺点，允许员工花时间做他们最擅长的事情。

前不久，《财富》杂志开始筛选"100家最适宜工作的企业"年度名单，条件之一便是管理者是否一直致力于激励他们的员工。一位参与《财富》杂志名单的项目负责人指出，最好的组织平均可以留住员工6年，这比全国的平均水平3.6年高出很多。它们是通过让各级员工都感到为公司的成就做出了贡献来做到这一点的。

讨论：以上所列出的12个问题中，哪三个对你来说是最重要的？你认为哪一个对大多数员工来说是最重要的？

本章概要

本章讨论如何激励员工使其表现优秀。我们根据四种理论来考察激励：内容型理论（包括马斯洛的理论、奥德弗的理论、麦克利兰的理论和赫茨伯格的理论）；过程型理论（包括公平理论、期望理论和目标设置理论）；工作设计；强化理论。最后，我们将这些理论运用到薪酬和其他奖励中来激励员工提高工作绩效。

12.1 绩效激励

主要问题：学习激励的动机是什么？

本节概要

激励被定义为一个心理过程，这一过程调动并引导人们做出目标导向的行为。激励的作用原理是，人们都有特定的需要，这些需要激励他们表现出特定的行为来获得奖励，这些内在的和外在的奖励，作为反馈并同时满足他们最初的需要。激励的三种主要观点是基于需要、过程和强化。

什么因素驱使你比平时早起一个半小时以保证按时上班？当你到达办公室，又是什么驱使你做到最好？

是一间不错的办公室？新租的一部车？资助大学学费？带你的宠物上班？上门洗衣，健身房，或是幼托？免费的午餐？获得成就的奖励？还是非常好的老板？

信不信由你，这些都是提供给一些幸运员工的额外补贴——不仅仅是高层管理人员。尤其是当就业率高的时候，公司都迫切希望能够吸引、挽留并激励关键员工。但是，即使在经济萧条期，总有些行业和职业的雇主认为他们需要竭尽全力来挽留他们的人力资本。

激励：什么是激励？为什么激励很重要？

为什么人们会做他们所做的事情？答案就是：他们受到激励来实现他们的需要和欲望。

什么是激励？激励是怎么起作用的？ **激励**（motivation）可以被定义为一个心理过程，这一过程调动并引导人们做出目标导向的行为。激励难于理解是因为你无法真正在另一个人身上看到它或认识它；它必须从一个人的行为推测。然而，作为一名管理者，如果你要领导你的员工完成组织目标，那么了解激励的过程是很有必要的。

激励的作用机制实际上是很复杂的。然而，在一个简化的激励模型里，人们都有一定的需要，这些需要激励他们表现出特定的行为来获得奖励，这些奖励作为反馈并满足他们原来的需要。（图 12–1。）

比如，当你发觉你饿了（需要），这一需要促使你寻找食物（激励）。你做了一个三明治然后吃掉它（行为），这一行为使你感到满足（奖励），并使你意识到（反馈）三明治可以减轻饥饿，因此以后还可以使用。再比如作为小时工，你需要更多的钱（需要），这一需要促使你（激励）工作更长的时间（行为），这一行为使你得到了更多的钱（奖励），也使你意识到（反馈）工作时间加长会在将来满足你挣更多钱的愿望。

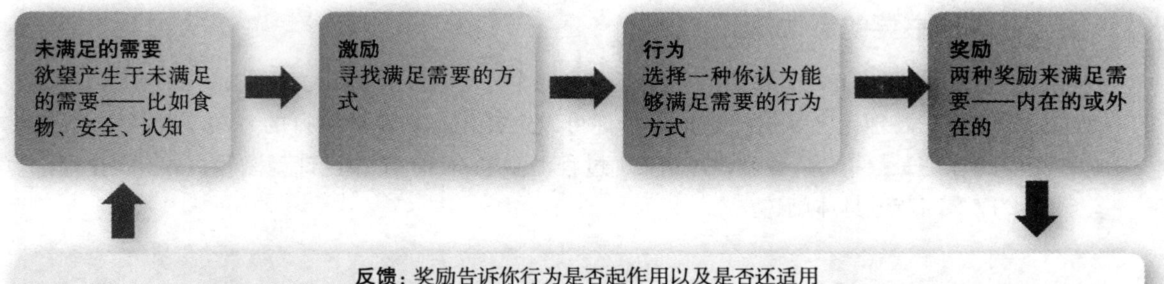

图12–1 简化的激励模型

奖励（和激励一样）有两种类型：外在的和内在的。管理者可以同时使用两种激励方式来鼓励更好的工作绩效。

- ***外在奖励——从别人那里得到的回报中获得的满足。*** **外在奖励**（extrinsic reward）就是回报，比如一个人完成一项特殊的任务从他人那里获得的金钱。外在奖励就是外部的奖励；回报来自取悦他人。

  例如：你是一位帆船制造商，你出售帆船获得大量的金钱，并从中获得主要满足——这就是外在奖励。
- ***内在奖励——从工作本身获得满足。*** **内在奖励**（intrinsic reward）就是满足感，比如一个人完成一项特殊的任务本身所获得的满足感。内在奖励就是内部的奖励；回报来自取悦你自己。

  例如：詹妮·巴拉兹离开她在华盛顿安永会计师事务所的职务，在布宜诺斯艾利斯花费了12周的时间作为一名志愿者为一个小出版公司免费提供会计服务。这是“我生命里最精彩的三个月”，这位27岁的商业咨询服务经理如是说。

为什么激励很重要？ 很明显，组织都试图激励其员工来使他们的工作更有成效。然而实际上，作为一名管理者，有五个原因会使你发现激励的重要性。按重要性的顺序，你要激励员工……

1. ***加入你的组织***。你需要培养有才能、有远见的员工，使他们有为你工作的愿望。
2. ***留在你的组织***。不论你是处在经济繁荣期还是萧条期，你总是希望能够留住优秀的人才。
3. ***在组织中不缺勤***。在许多组织中，迟到和缺勤是很严重的问题。
4. ***在组织中有更好的表现***。有些员工仅仅做到避免被解雇。但是你真正需要的是高工作效率的员工。
5. ***为你的组织做更多工作***。你希望你的员工做多于或超过职责要求的额外工作（做组织的“好公民”）。

四种主要的激励理论

关于用什么来激励员工没有一个每个人都接受的理论。因此，我们在本章介绍四种主要理论。从这些理论中，你可以选择对你来说最可行的方法。四种主要的激励理论是：（1）内容型激励；（2）过程型激励；（3）工作设计型激励；（4）强化理论。以下四节做具体阐述。

12.2 内容型激励理论

主要问题：什么类型的需要可以激励员工？

本节概要

内容型激励理论着重研究激励人们的需要。需要定义为因生理或心理上的缺乏而引起的行为。内容型激励包括四种理论：马斯洛的需要层次理论、奥德弗的ERG理论、麦克利兰的成就需要理论以及赫茨伯格的双因素理论。

内容型激励理论（content perspectives），也称为以需要为基础的理论，着重研究激励人们的需要。内容型激励理论研究人员探讨，“在工作中可以用什么类型的需要来激励员工？”**需要**（needs）定义为因生理或心理上的缺乏而引起的行为。需要有强弱之分，同时因为易受到环境因素的影响，它们会随时间、地点的不同而有所改变。

除了麦格雷戈的X理论和Y理论（回顾第2章）之外，内容型激励理论还包括以下四种理论：

- 马斯洛的需要层次理论
- 奥德弗的ERG理论
- 麦克利兰的成就需要理论
- 赫茨伯格的双因素理论

马斯洛的需要层次理论：五个层次

布兰戴斯大学的心理学教授**亚伯拉罕·马斯洛**（Abraham Maslow）是最早研究激励的学者之一，1943年，他提出了**需要层次理论**（hierarchy of needs theory），该理论提出，人们受五种层次的需要所激励：（1）生理需要；（2）安全需要；（3）社交需要；（4）尊重需要；（5）自我实现需要。

需要的五个层次　五个层次的需要包括从最基本的需要到最高层次的需要。马斯洛指出需要不会完全得到满足。也就是说，我们行动的目的在于满足尚未满足的需要，而这些需要在任何时间都不会完全得到满足。因此，比如说，一旦你实现了安全的需要，也就是第二层次最基本的需要，你将开始寻找第三层次最基本需要的满足，即社交需要。

五个层次的需要是由低到高、逐层上升的，如下图所示。（见图 12–2。）

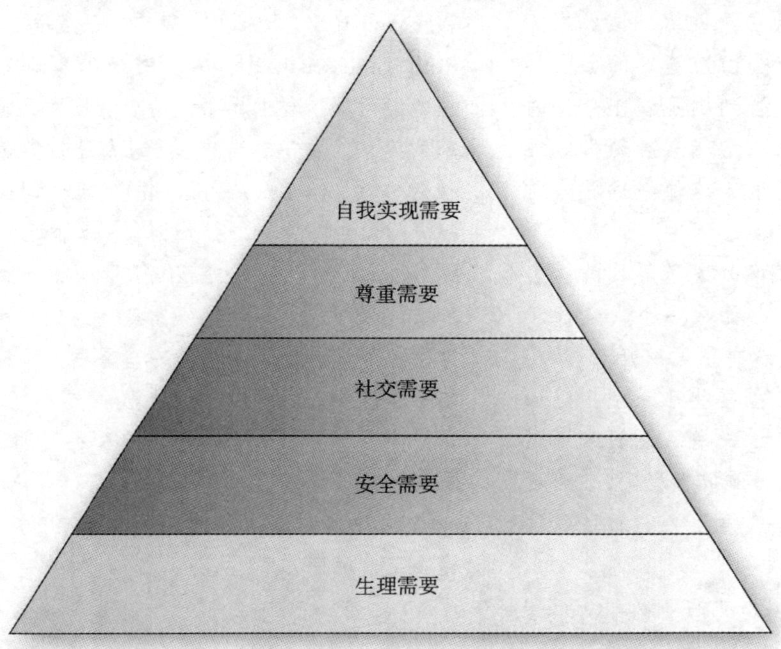

图 12–2　马斯洛的需要层次

1. **生理需要**。这是人类生存最基本的需要，其中涉及食物、衣服、住所以及舒适和自我保护。

2. **安全需要**。这种需要包括人身安全和情感安全，因此人们希望免受暴力和威胁。

3. **社交需要**。一旦最基本的需要和安全需要得到满足，人们开始寻找爱情、友谊和情感。

4. **尊重需要**。当人们满足了社交需要，人们开始关注诸如自尊心、地位、荣誉、赏识和自信等方面的需要。

5. **自我实现需要**。需要的最高层次，自我实现就是自我满足：充分发挥自己的潜能，尽全力做到最好的需要。

并没有某种研究明确地支持马斯洛的理论，但是这一理论在管理者中仍然很盛行。比如，幸福生活酒店集团（Joie de Vivre Hospitality）的总裁和创始人奇普·康利（Chip Conley）写了一本书，内容涉及他是如何运用马斯洛的理论来使位于40个地区的精品酒店免于破产。奇普是管理者中使用马斯洛的理论来建立员工、客户和投资者忠诚度的坚定支持者。

用需要层次理论激励员工　对于管理者来说，马斯洛最重要的贡献是他证明了

案 例 更高层次的需要：有人找到一种衡量诚实的方法

加利福尼亚州沃尔纳特克里克的软件工程师Firinn Taisdeal，设计了一个现在称之为Linkup Central的社会活动数据库，该数据库每年为它的19,000名旧金山海湾区的会员提供12,000项活动，从攀岩到剧院演出，每月收费5美元。但是早期他发现，活动失败往往是由于那些没有出现的人。他把这些人称之为“Flakes”。

于是，他将数据库修改成了层状的图表格式——问责制。因此，如果一个人注册了活动，但有一半的时间没有出席该活动，他/她的信用值将会下降。在一些活动中，比如只有客人们的信用值多于一半，他们才可以注册享用餐厅的晚餐。一项报告表明，“随着时间的推移，通过改变其行为，人们可以改变他们的评级。”

在文化中驱动提高其诚实的等级，Taisdeal是“文化创意”（cultural creative）的一个案例，“文化创意”这个词是由社会学家保罗·雷（Paul Ray）和谢丽·鲁思·安德森（Sherry Ruth Anderson）提出的，用来形容那些期望在他们的生活和世界中创造出长期而又深刻变革的人们。像Taisdeal这样的人还被称为“温和激进派”（tempered radical），这个词由斯坦福大学组织行为学教授黛博拉·迈耶森（Debra Meyerson）提出，用来形容那些致力于在他们的信仰和期望之间寻找平衡点的人们。用这种方法，他们实现了他们的安全需要，同时也在努力实现他们的自我实现需要。

思考：

通过你的工作，你认为你能够达到哪种更高层次的需求？

员工有赚取薪水之外的需要。在组织允许的限度，管理者首先需要满足员工第一和第二层次的需要，使员工不会被这些需要所困扰。然后，管理者需要给员工一个实现其更高层次需要的机会，而这一机会也促进了组织目标的实现。

奥德弗的ERG理论：生存需要、相互关系需要和成长需要

ERG理论（ERG theory）由**克莱顿·奥德弗**（Clayton Alderfer）在20世纪60年代后期提出，该理论假设三种基本需要影响人们的行为——生存（existence）需要、相互关系（relatedness）需要和成长（growth）需要，由首字母E、R、G表示。

三种类型的需要 与马斯洛的理论不同，ERG理论认为人的行为受三种需要的激励，而不是五种，该理论还认为一个人会同时受到不同需要的激励，而不是只受某一层次需要的激励。从最低层次到最高层次，三种需要如下：

1. **生存需要**。生存需要就是生理和物质福利的需要。
2. **相互关系需要**。相互关系需要就是与对我们重要的人建立有意义的关系的需要。
3. **成长需要**。作为人的发展的需要以及利用我们的能力发挥最大潜能的需要。

奥德弗同时指出，如果我们更高层次的需要（比如成长需要）的实现受到挫折，

我们会更强烈地想要实现低层次的需要（比如生存需要）。这就是所谓的“挫折退化效应”。

用ERG理论激励员工　ERG理论的“挫折退化效应”当然可以适用于一些工作场所。比如，如果你的工作是一名票据收款员，需要很费劲地打电话并且与同事完全没有接触，你可能会游说你的老板给你更好的薪资和福利。ERG理论与这种发现是一致的，那就是个人和文化的差别影响我们的需要。比如说，显而易见的是，人们在不同时期会受到不同需要的激励，这也就说明管理者需要不断调整奖励和认可方案来满足员工的不同需要。

麦克利兰的成就需要理论：成就需要、合群需要和权力需要

著名心理学家**戴维·麦克利兰**（David McClelland）考察了合群和权力的需要，最后提出了**成就需要理论**（acquired needs theory），这一理论认为在工作场所成就、合群和权力三方面的需要是决定人们行为的主要激励。麦克利兰认为我们并不是生来就有需要，而是从文化——我们的生活经历中习得的。

三种需要　管理人员应当认识到自己和其他人的三种需要，并试图建立起相应的工作环境。这三种需要中的任何一种都会主导我们，如下所示。（见图12-3。）

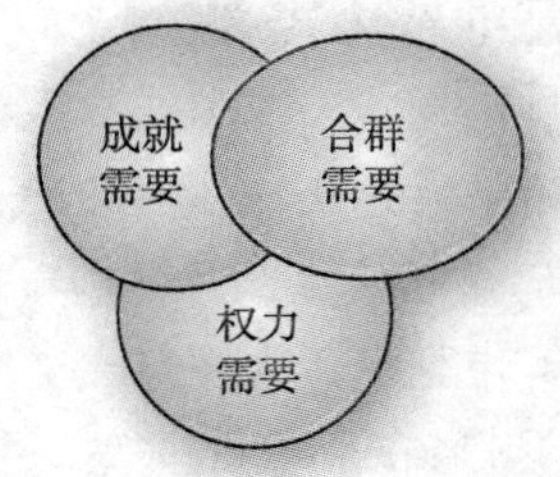

各方面“很好地均衡”的人：成就需要、合群需要和权力需要的平衡

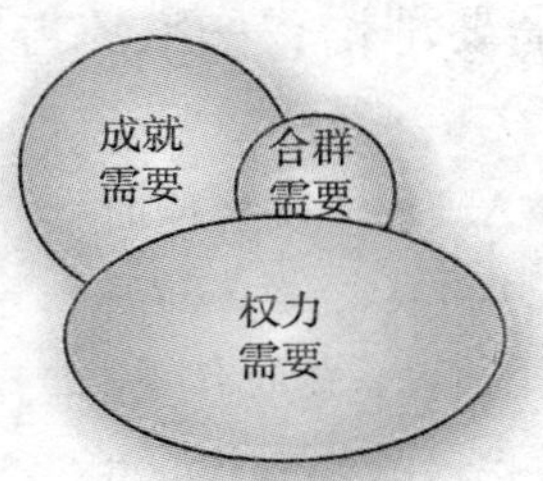

有“控制狂”倾向的人：成就需要正常，但是权力需要很大，合群需要很小

图12-3　麦克利兰的三种需要

- **成就需要——“我需要在工作中出色。”**追求卓越，更好地或更有效地解决问题或完成富有挑战性的任务。
- **合群需要——“我需要亲密的关系。”**渴望与其他人建立友好热情的关系 。
- **权力需要——“我需要控制别人。”**渴望对他人负责，影响他人的行为并控制他们。

麦克利兰确定了权力需要的两种类型。

消极的类型是对个人权力的需要，表示为统治他人的需要，包括操纵他人来使自己满意。

积极的类型是高层管理者和领导者的特征，是对组织权力的需要，表示为进一步实现组织目标而解决问题的需要。

用成就需要理论激励员工 麦克利兰将这三种需要与不同类型的工作偏好联系起来，具体如下：

- ***成就需要***。如果你（或一个员工）将完成一项任务本身看作奖励而高兴，不介意或者更喜欢单独工作，并愿意承担中等风险，那么你很可能有高成就需要。既然如此，你（或你的员工）可能会更喜欢做一些可以提供绩效反馈、具有挑战性但是有实现可能的目标并且个人对成果负责这样的工作。有高成就需要的人往往会在需要创造性和个人技能的技术领域更有优势。
- ***权力需要***。如果你像大多数高效的管理者那样有很高的权力需要，这意味着你喜欢控制人或事物，且因这种责任被认可。因此，你很可能会偏好那些使你可以控制或者影响他人、并使你的成就得到公开认可的工作。
- ***合群需要***。如果你倾向于寻找社会认可和满意的人际关系，你可能有很高的合群需要。在这种情况下，你可能不会是最有效的管理者，因为有时你不得不作出一些让人讨厌的决定。相反，你会倾向于那些可以提供个人关系和社会认可的工作，比如销售工作。

案 例　成就需要理论：一家广告代理公司总裁的权力需要

桑德·弗劳姆（Sander A. Flaum）和他的儿子乔纳森在他们的书《100英里路》（*The 100-Mile Walk*）中，描述了不同时代的价值观。62岁的桑德是纽约医疗广告代理公司Robert A. Becker Euro RSCG的总裁，该公司价值17亿美元，并拥有975名员工。38岁的乔纳森在北卡罗莱纳州的阿什维尔创办了他自己的公关公司WriteMind Communications，该公司根据项目聘请人员。桑德学会了勤奋和忠诚，把工作放在家庭的前面，这也导致了他的失败婚姻。乔纳森在独立中长大，对一切持怀疑态度，并决心在工作和家庭中找到平衡点。

当他们俩人决定合著一本关于领导力方面的书，他们在不同地区走访了总共100英里，从纽约市到飓风袭击前的新奥尔良，在此期间，他们讨论了关于工作场所的不同观点。这本书提供了他们不同观点的比较。桑德的观点是“表现出对公司的忠诚”，乔纳森的观点是“如果缺乏认可和成长的机会，那么继续前进”。桑德认为：“中国和印度的年轻人不会谈论工作和生活的平衡或者……担忧如何花更多的时间在家里。”乔纳森认为：“只工作而没有足够地建立联系和个人关系的时间会产生长期退化效应。”桑德认为：“我认为你应该习惯这样的认识，那就是不管任何时候你的竞争对手都会招募你最好的员工，窃取你的想法，接管你的顾客，并改善提升你的产品。”乔纳森认为：“有时候多疑会起作用。但是当一切都很顺利的时候多疑也就剥夺了我们充分享受这一切的时间。”

思考：

在成就需要理论中，桑德的观点似乎体现了权力需要。那么你认为乔纳森的观点体现的是什么需要？

赫茨伯格的双因素理论：从不满意因素到满意因素

弗雷德里克·赫茨伯格（Frederick Herzberg）从一项具有里程碑意义的调查中得出他基于需要的理论，这项调查涉及203名会计师和工程师，他对这些人进行了面谈，确定影响工作满意和不满意的因素。工作满意经常与成就、认可、工作的特征、责任以及进步联系起来。工作不满意经常与工作条件、薪资和安全、公司政策、管理者以及人际关系联系起来。结论就是赫茨伯格的**双因素理论**（two-factor theory），该理论提出工作满意与不满意由两种不同因素引起——工作满意是由激励因素引起的，工作不满意是由保健因素引起的。

保健因素和激励因素　在赫茨伯格的理论中，保健因素是低层次的需要，激励因素是高层次的需要。这两种因素被员工既没有满意也没有不满意的区间分隔开。（如图12-4所示。）

- **保健因素——"为什么我的员工不满意？"** 较低层次的需要，也就是**保健因素**（hygiene factors），是与工作不满意有关的因素——比如薪金、工作条件、

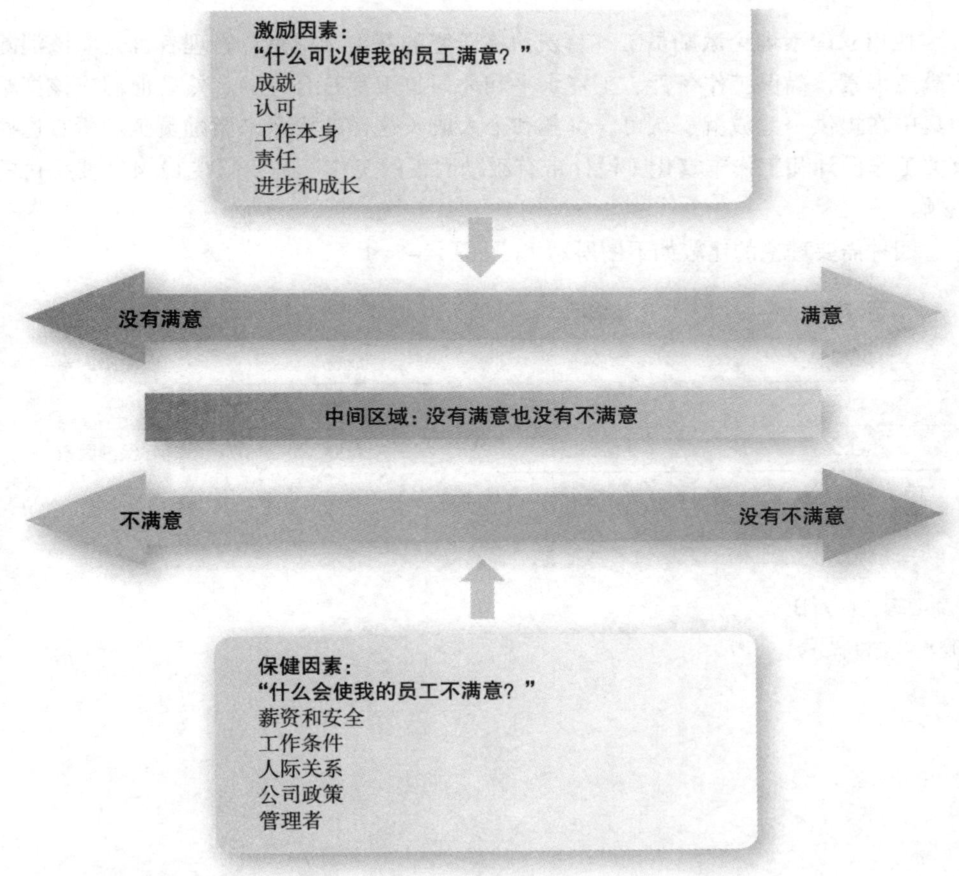

图12-4　赫茨伯格的双因素理论：满意与不满意

人际关系以及公司政策——所有这些都影响人们的工作环境。

用一个例子来说明保健因素，比如夏季在没有空调的工厂里工作，温度就是保健因素。安装空调会消除工作中的不满意感。然而，这并不能刺激工厂里工人的工作热情，并使他们对自己的工作很满意。这是因为根据赫茨伯格的理论，没有激励因素，工人只会对他们的工作持中立态度——没有感到不满意也没有感到满意。

- ***激励因素——“什么可以使我的员工满意？”*** 较高层次的需要，也就是**激励因素**（motivating factors），或者说激励，是与工作满意有关的因素——比如成就、认可、责任和进步——这些因素都影响到工作的内容或工作绩效的奖励。赫茨伯格认为，要建立诸如挑战、机会、认可一类的激励因素，以促进员工的工作绩效。

  激励因素的一个例子是让工人更多地控制他们的工作。比如说，与重复一项单一的任务不同，一个工人可以与团队中的其他工人合作，在团队中每个人可以做不同的任务。这就是瑞典汽车制造商沃尔沃汽车公司在制造汽车时所采用的方法。

使用双因素理论激励员工 赫茨伯格研究的基本结论是，管理者首先应该消除不满意因素，确保工作条件、工资水平和公司政策都是合理的。然后他们应该把精力集中在提供一些成就、认可、责任和个人成长这样的机会来激励员工。所有这些有关工作设计和工作丰富化（设计带有激励因素的工作）是我们在12. 4节要探讨的主题。

四种需要理论的比较如下图所示。（见图12–5。）

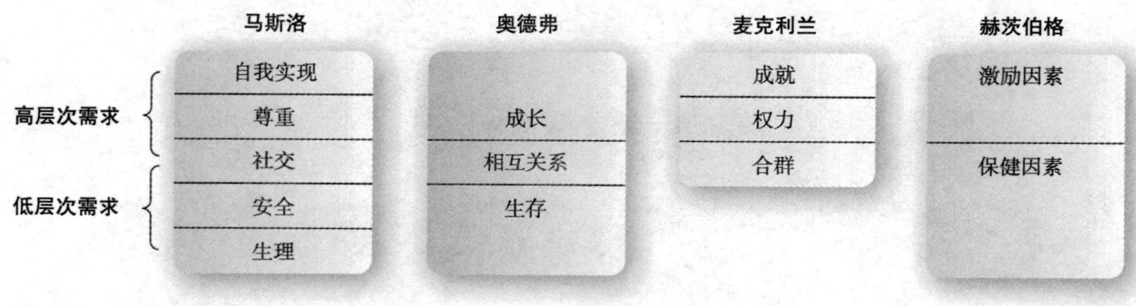

图12–5 四种需要理论的对比

麦克利兰对较低层次需要没有分类。

12.3 过程型激励理论

主要问题：奖励是否足够？其他因素如何影响激励？

本节概要

过程型激励理论关注人们决定如何行动的思维过程，主要有三种观点：公平理论、期望理论和目标设置理论。

过程型激励理论（process perspectives）关注人们决定如何行动的思维过程——员工选择如何行动来满足他们的需要。以需要为基础的理论试图简单地从员工需要角度来解释，过程型激励理论更进一步，它试图解释为什么员工有不同的需要，他们会选择何种行为来使自己感到满意以及他们如何判定他们自己的选择是否成功。

在本节，我们讨论三种过程型激励理论：

· 公平理论
· 期望理论
· 目标设置理论

公平理论：与他人相比，你认为你在多大程度上受到了公平对待？

公平——或者说，可能同等重要的，对公平的认知——在组织中是大问题。例如，你作为百思买的销售人员，因为双倍完成了你的销售额而获得了10%的奖金，这样的奖励是足够的吗？如果其他百思买的销售人员得到15%会怎样呢？

公平理论（equity theory）研究员工在与其他人相比时，他们对自己在多大程度上受到了公平对待的认识。心理学家**斯泰西·亚当斯**（J. Stacy Adams）提出了公平理论，公平理论基于员工在完成了工作绩效而期望得到的回报中体察公平的思想。员工会发泄不公平的感觉。例如，员工们知道CEO们的平均报酬比普通工人工资的180倍还多的时候，他们会有何反应？做类似的工作，女性报酬比男性低20%又如何？一些专家指出，这种不平衡是导致每年发生多于五百亿美元损失的员工偷窃的部分原因。

公平理论的要素：将自己的投入和产出与他人相比较　公平理论的关键要素是投入、产出（奖励）以及比较。（见图12-6。）

· **投入——“你认为你为工作付出了什么？”**人们意识到他们对组织的投入有他们的时间、努力、训练、经验、智力、创造力、权威、地位等等。
· **产出或奖励——“你认为你从工作中得到了什么？”**产出是人们从组织中收到的回报：工资、福利、表扬、认可、奖金、晋升、地位津贴（比如可以观

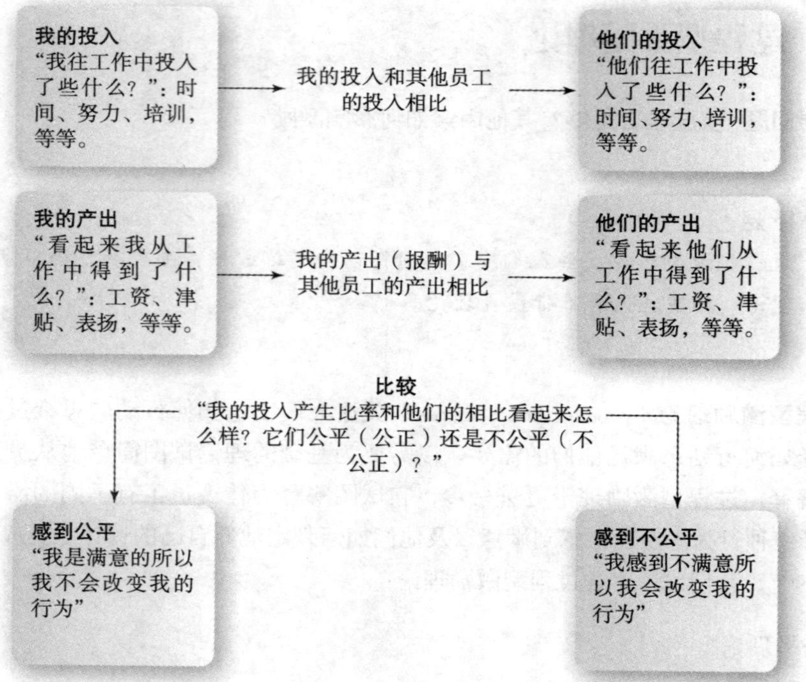

图 12–6 公平理论

人们感到他们受到公平或不公平对待的程度。

景的转角办公室，或者专用停车位）等。

- **比较——“与其他人相比你认为你的投入与产出之比如何？”**公平理论认为人们会将自己的投入产出比与其他人的投入产出比相比较。当员工们与其他人——不论是同一个组织中的同事还是组织外从事相似工作的另一些人——比较他们的投入产出比时，他们对公平有一个判断。他们或者觉得公平——他们对比率满意，因此不改变他们的行为。或者他们觉得不公平——他们感到愤怒并且行动起来去改变这种不公平。

要了解你自己对公平差异的反应，可以参照本章末的自我评估。

用公平理论激励员工 亚当斯认为感觉到自己得到低回报的员工将会对这种已觉察到的不公平以一种或多种消极的方式作出反应，比如通过减少他们的投入以试图改变他们的产出或收到的回报、扭曲这种不公平、改变比较对象或者离开这种环境。（见表 12–1。）

通过对比，认为受到了公平对待的员工更愿意支持组织的变革，更易于在团队环境中合作，并且更不易于诉诸仲裁机构或法庭去解决现实存在的或者想象中的冤屈。

我们可以从公平理论中吸取三条实用经验，如下：

1. **员工的看法才是重要的**。可能公平理论最重要的研究结论是：不论管理者们

表 12–1 员工试图减少不公平的一些方式

· **减少投入**：他们将做更少的工作，长时间的休息，请病假，早退等。
· **改变产出或收到的回报**：他们将游说老板提升工资，或者偷窃公司设备。
· **扭曲这种不公平**：他们将夸大他们工作的努力程度并抱怨他们没有获得符合他们价值的报酬。
· **改变参照对象**：他们可以将自己与另一个人相比，而不是先前的那一个。
· **离开这种环境**：他们将退出、调动、或者转移到另一个参照群体。

认为组织的政策、流程和奖励体系多么公平，每个员工对这些因素的看法才是重要的。

2. **员工参与的益处**。管理者们得益于允许员工参与重要决策。例如，当员工在他们的业绩评估期间拥有话语权时，他们会对其业绩评估更加满意。

3. **拥有上诉程序的益处**。当员工们可以对影响他们福利的决策上诉时，会促使他们相信公司管理层对他们是公平的。公平待遇的看法会促进工作满意、奉献和组织公民行为，并且减少缺勤和人员流失。

期望理论：你想得到多少以及你得到的可能性

期望理论由**维克多·弗洛姆**（Victor Vroom）提出，**期望理论**（expectancy theory）认为人们受到两种因素的激励：（1）他们想要得到某种东西的程度；（2）他们认为他们得到它的可能性。换句话说，假定他们有选择，在他们认为自己可以得到它的时候，将会选择有最大回报的那个。

三要素：期望、功用性、效价 什么决定你（或者一个员工）会认真完成对组织的成功很重要的工作？弗洛姆说，答案是“当你想要去做的时候，你愿意去做你可以胜任的工作”。

根据期望理论，你的动机受你的努力、你的业绩和对你的业绩结果（比如报酬或者认可）的渴望程度三者之间的关系所影响。这些关系受到期望值、功用性和效价三种因素的影响。（见图 12–7。）

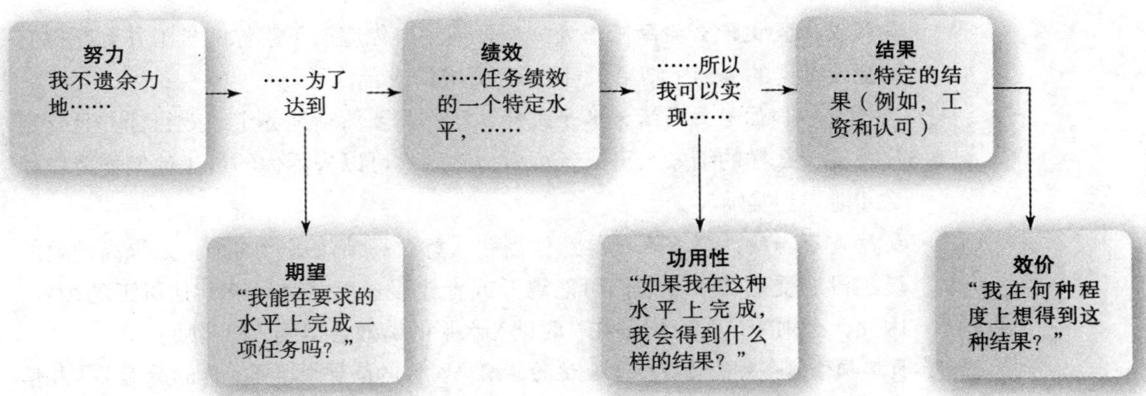

图 12–7 期望理论：主要因素

1. **期望——“我是否可以在所要求的水平上完成一项任务？”**期望（expectancy）是一种信念，即一定程度的努力会得到特定水平的绩效。这叫做努力—绩效期望。

例如：如果你相信在百思买销售视频游戏机时投入更多的工作时间会带来较高的销售额，那么你有高的努力—绩效期望。也就是说，你相信你的努力是重要的。你认为你具有相应的能力、产品知识等，因此投入额外的时间去做销售很可能会提高你的销售额。

2. **功用性——“如果我的表现在这个水平，我将得到什么结果？”**功用性（instrumentality）是指对成功的表现会带来想要的结果的期望。这称为绩效—奖励期望。

例如：如果你相信创造更高的销售额会使百思买给予你一定的奖金，那么你具有高的绩效—奖励期望。你相信如果你能达到你的目标，结果会是值得的。这个要素与先前的那个是相互独立的——你可能会判断你不具有创造额外销售额的能力，但是如果你做到了，你将会得到奖励。（最近，由于公众对教育体系质量的关注，美国学校的董事会和政客们开始执行将教师的收入与绩效相联系的项目。）

3. **效价——“我在多大程度上想要这个结果？”**效价（valence）是一种价值，即一个人对可能的结果或奖励的重要性的认定。

例如：如果你觉得百思买的预期奖金和工资增长很重要，那么你的效价可以说是高的。

要使你的激励程度高，你必须在所有三个因素——期望、功用性和效价上都高。如果任何一个因素低，你将不会受到激励。例如，你的努力—绩效期望可能低，因为你怀疑做出努力会有所改变（因为零售面临太多来自互联网销售商的竞争。）或者你的绩效—奖励期望可能低，因为你认为百思买不会因为你成为销售明星而给予你一份奖金。或者你的效价可能低，因为你认为这份奖金或工资增长不够高而不值得在晚上和周末工作。

运用期望理论激励员工　期望理论最重要的问题是它很复杂。即使如此，其背后的逻辑还是容易理解的，并且研究显示似乎管理者并没有遵循它的原则。

当管理者尝试激励员工的时候，他们应该考虑如下问题：

- **你的员工重视什么奖励？**作为一个管理者，你应该了解你的员工并判断他们重视什么样的奖励（结果），比如工资增长或者认可。
- **工作目标和你想要的绩效水平是什么？**你需要清晰地界定绩效目标并且判定你想要什么样的绩效水平或者行为，然后你可以告诉你的员工他们需要做什么才能得到奖励。
- **奖励是否与绩效联系在一起？**你当然乐意对高绩效进行奖励。如果高绩效的员工没有受到奖励，他们可能离开或者放慢速度并且影响其他员工的绩效。因此，必须使员工意识到在Y时期X水平的绩效会得到Z种奖励。
- **员工相信你会对高绩效给予合适的奖励吗？**你的信誉很重要。你的员工必须相信你拥有权力、能力和意愿，对完成你所要求的绩效，会给予他们你所承诺的奖励。

案 例 **期望理论的运用：丹佛公立学校将教师工资与学生成绩相联系**

通过考察教师绩效工资方面的争论，功用性的概念可以从实践中看出。许多教育和政治上的领导者一直提出要对提高学生成绩的老师提供财政奖励，作为提高公立学校学生成绩和教师素质的一种方法。

由丹佛公立学校和丹佛课堂教师联合会主办的、一项里程碑式的历时四年的绩效工资项目研究发现，将教师补偿金与学生成绩相联系可以引发学校体系的根本改善。试点项目在13%的学区学校中执行，在这些试点项目中，教师为他们的学生制订了两个年度成就目标，这些目标是经过校长同意的。如果学生们能够满足这些目标，教师会得到额外的补偿。研究发现，如果老师有优秀的目标，则这些学生平均说来会得到比其他学生更高的分数。研究结果在小学、初中和高中水平上都保持了正确性。当丹佛项目在2006年推广到全市范围，其标准扩展到包括允许在教学水平落后的学校工作或者教授对全体学员来说都很难的科目例如数学的教师挣得更多。工资浮动范围从一年342美元到9600美元。

类似的项目在其他州或城市也已经开始，包括加利福尼亚州、佛罗里达州、肯塔基州、路易斯安那州、明尼苏达州和芝加哥市、休斯敦市和纳什维尔市。先前的按绩效支付报酬项目不成功是因为它们基于这样的信念，即补偿金是对教师表现出高水平的基本激励，或者它们用来惩罚那些被认为具有低绩效的教师。上面提到的这项研究指出，运转这个项目需要学区间的联盟，并提高课程、讲授方式、监管和培训的质量。另外，学区需要确认他们有高质量的评估体系，这个评估体系可以衡量出学生基于老师要求讲授的内容方面的进步。

思考：

你是否认为一个按绩效支付报酬的项目会起作用，如果它仅仅是强加于老师而没有老师之间的合作？如果是针对学生的按绩效支付报酬项目呢？这种项目正在许多地方试行（比如一个覆盖七个州的项目对在大学考前培训高级课程班上取得合格分数的高中生每人支付100美元奖励。）

目标设置理论：目标应该具体、有挑战性但可实现

目标设置理论（Goal-setting theory）认为员工会受到具体、有挑战性但可实现的目标的激励。这个理论由心理学家**埃德温·洛克**（Edwin Locke）和**加里·莱瑟姆**（Gary Latham）提出，他们认为人们设置目标并为此奋斗是正常的；然而只有当人们理解并接受这些目标的时候，目标设置过程才是有用的。因此，绩效激励的最好方法是以合适的方式设置合适的目标。

设置目标的益处是管理者可以使奖励满足每一个员工的需要，阐明对他们的期望，提供定期的强化并且保持公平。

目标设置理论的三要素 目标定义为一个人通过其努力去完成的目的。根据目标设置理论，要达到高激励效果和高绩效，目标必须是具体的、有挑战性的和可实

现的。

1. **目标应该具体**。像“销售尽可能多的汽车”或者“对顾客更友好”等目标太模糊，因此在激励方面不起作用。相反，目标必须是具体的——通常意味着是定量的。例如，作为一个管理者，公司可能要求你以25%的幅度提高你们单元的收益并减少10%的缺勤，这些都是具体的目标。

2. **目标应该富有挑战性**。目标理论认为你不应该设置许多人都能做到的目标，因为这样的目标不太具有激励性。相反，你们应该设置富有挑战性的目标，它们能迫使人们把注意力集中在正确的地方，并且更加努力和投入他们的工作——换句话说，激励他们获得更高的绩效。

3. **目标应该可实现**。目标当然必须是可实现的。你可能会要求资料录入员在一个小时内在数据库中多录入25%的姓名和地址，但是如果他们没有盲打技巧的话，这个目标就是不能完成的。因此，管理者需要确认员工在必要时受到额外的培训，以完成困难的目标。

运用目标设置理论激励员工 另外，在设置员工目标时，你必须遵循第5章的建议，目标应该SMART，即具体的、可衡量的、可实现的、结果取向的和有时限性。确认员工具有完成他们目标的能力和资源也是重要的。

最后，确认你给予了反馈信息使员工们知道他们的进展——并且不要忘记奖励正在按计划进行的员工。

12.4 工作设计型激励理论

主要问题：工作设计的最佳方式是什么？是人适应工作还是工作适应人？

本节概要

工作设计，即将组织的工作分配给员工，将激励理论运用到工作中，以增加绩效和满意度。传统的工作设计方法是使人去适应工作；现代方法是运用工作丰富化和基于本章前面所讨论的赫茨伯格著名的双因素理论，使工作适应员工。为获得较好工作结果，工作特征模型提供了五种工作特性。

工作设计（job design）是（1）将组织的工作在员工中分配；（2）将激励理论运用到工作中以增加满意度和绩效。可以用两种不同的方式决定如何设计工作，一种是传统的，一种是现代的。传统方式是以岗定人；现代方式是以人定岗。

以岗定人是基于人们能逐渐适应任何工作环境的假设。即便如此，工作仍然必须作出调整，以保证几乎任何人可以完成它们。这种方法常应用于流水线和日常程序性事务类工作。对管理者来说，主要的挑战变为“我们如何使工人最适合这项工作？”

一种技巧是**工作简化**（job simplification），即减少员工完成的任务数目的过程。当把一项工作分解到它最简单的元素时，一个员工就可以专注地去做更多相同的任务，因而增加了员工的效率和产出。例如，在那些由慈善行业运营的企业，为存在智力缺陷的员工设计工作时，这点可能尤其有用。然而研究显示，简单的、重复性的工作会导致工作不满意、心理不健康、低成就感和个人成长。

以人定岗

以人定岗是基于在工作中人员没有得到充分利用，并且他们想要更多变化、挑战和责任的假设。这种理念作为赫茨伯格理论的产物，是工作组在美国流行的一个原因。管理者最主要的挑战是"为了产出高绩效和高满意度，我们怎样才能使一项工作最适合工人？"这种类型的工作设计有两种技巧，包括：（1）工作扩大化；（2）工作丰富化。

工作扩大化：将更多多样性放入一项工作　作为工作简化的反面，**工作扩大化**（job enlargement）包括在一项工作中增加任务数量来增加其多样性和激励。例如，把安装电视机显像管的工作延伸至包括安装线路板。

虽然支持者声称工作扩大化可以改善员工满意度、动机和生产质量，但是研究表明，工作扩大化本身对工作绩效并没有显著的、持续的正面影响。毕竟，完成两项而不是一项令人厌烦的任务并不意味着一项有挑战性的工作。相反，工作扩大化只是工作设计中应该考虑的许多工具中的一个。

工作丰富化：将更多责任和其他激励因素放入一项工作　工作丰富化是基于赫茨伯格的工作满意度双因素激励—保健理论的实践应用。具体地说，**工作丰富化**（job enrichment）包括使激励因素如责任、成就感、认可、令人振奋的工作和晋升等成为工作的一部分。

但是，不是像工作扩大化技术那样简单地给予员工相似难度的额外工作（称为水平负荷），工作丰富化给予员工更多责任（称为垂直负荷）。因此，员工承担了正常情况下由他们的管理者从事的日常工作。例如，一家百货公司授权许许多多的销售员发挥商店经理们的职能，比如应对商品退回问题和核准顾客支票。

工作特征模型：获得更好工作结果的五种工作特性

由研究者**理查德·哈克曼**（J. Richard Hackman）和**格雷格·奥尔德姆**（Greg Oldham）提出的工作特征模型是工作丰富化的演变。**工作特征模型**（job characteristics model）包括：（1）五个核心工作特征；（2）员工的三种决定性心理状态；（3）工作产出——员工的动机、绩效和满意度。下面对模型进行说明。（见图 12–8。）

五种工作特征　五种核心的工作特征如下。

1. ***技能多样性——"你的工作要求多少种不同的技能？"*** 技能多样性描述一项工作要求一个人应用各种不同技能和能力的程度。

例如：技能多样性对火箭科学家的要求要比对快餐厨师高。

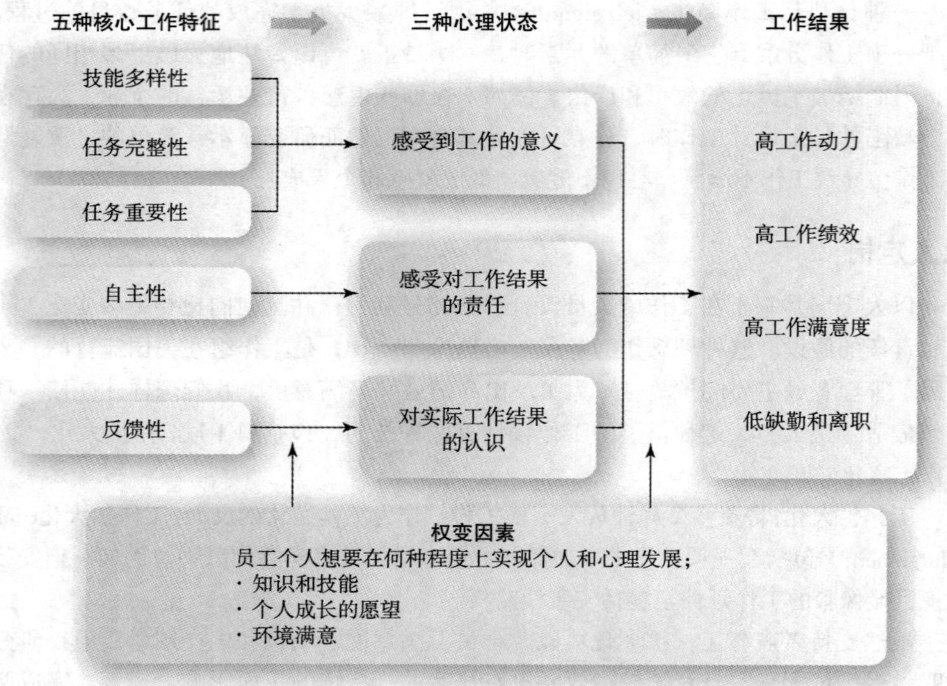

图12-8 工作特征模型

资料来源：From J. Richard Hackman and Greg R. Oldham, *Work Redesign*, 1st edition © 1980. Reproduced by permission of Pearson Education, Inc., Upper Saddle River, New Jersey.

2. **任务完整性——“完成这项工作需要多少种不同的任务？”** 任务完整性描述在多大程度上工作需要作为一个整体来完成。

例如：对一个完成所有的步骤去制造一个手工原声吉他的技工来说，任务完整性的要求比一个只安装汽车挡风玻璃的流水线工人要高。

3. **任务重要性——“你的工作影响多少人？”** 任务重要性描述自己的工作在多大程度上影响其他人的工作或生活——不论是在组织内还是在组织外。

例如：负责保证医院电子设备处于正常运转状态的技师比洗车店洗车的员工具有更高的任务重要性。

4. **自主性——“你的工作给了你多大的自主性？”** 自主性描述工作在多大程度上允许自由、独立以及在具体工作中个人制订计划和执行计划时的自主范围。

例如：大学教科书销售员在计划去哪些大学和访问哪些教授方面有很大的灵活性。因此，他们的行为比由车流量决定的过桥费收费员有更大的自主性。

5. **反馈性——“你发现自己工作好坏的程度？”** 反馈性描述员工能及时明确地知道他的工作的绩效及其效率。

例如：职业篮球运动员对他们的投射中有多少投进了篮筐的命中率收到即刻的反馈。而研究新型武器的工程师，可能要过很多年才能知道他们工作的有效性。

工作特征模型的工作原理 根据工作特征模型，这五种核心特征影响工人的积极性，因为它们影响三种关键的心理状态：工作的意义、对结果的责任感和对结果的认识（再次参考图 12–8）。反过来，这些正面的心理状态会激起高动力、高绩效、高满意度和低缺勤和低离职率。

另一因素——在图 12–8 的底部所示——也需要讨论：权变因素。这指的是个人在多大程度上想要实现个人和心理的发展。只有当员工受到激励，工作设计才起作用。为了达到这一点，他们必须具备三种特征：（1）必要的知识和技能；（2）个人成长的愿望；（3）环境满意——即适宜工作的物质条件、薪水和监管。

工作设计确实有效。最近一项涉及 219,625 人的 259 项研究的综合分析显示，工作设计确实与员工绩效、工作满意度、组织认同感、身体和心理的健康有联系。工作设计也与低缺勤水平和离职意愿相联系。

应用工作特征模型　应用这个模型的时候应该遵循三个主要步骤。

- ***诊断工作环境中有没有问题存在***。哈克曼和奥尔德姆制定了一份管理者所使用的自我评定指南，叫做“工作诊断调查”。这个调查将表明一个人所谓的**激励潜在得分**（motivating potential score，MPS）——与特定工作相联系的内部工作激励量——是高还是低。
- ***决定工作重新设计是否适宜***。如果一个人的 MPS 得分低，应该努力确定核心工作特征中的哪一个导致了这个问题。下一步你应该判断对一组特定的员工来说，工作重新设计是否适合。工作设计在具有必要的知识和技能的员工参与的环境中最可能有效。
- ***考虑如何重新设计工作***。在这里你试图改善那些低于国家标准的核心工作特征。

12.5 激励的强化理论

主要问题：影响员工行为的动机有哪些？

本节概要

强化理论认为，只有产生积极的结果时，相应的行为才会得到重复，如果产生了消极的结果，则不会得到重复。有四种强化类型：正强化、负强化、自然消退和惩罚。本节也描述如何运用一些强化技巧去修正员工行为。

强化理论避开了我们所描述的基于需求和过程的理论时，与激励相联系的人们的需要和思维过程问题。取而代之，**爱德华·桑代克**（Edward L. Thorndike）和**斯金纳**（B. F. Skinner）创立的强化理论关注某个行为的结果在未来如何影响该行为。

斯金纳是条件反射理论之父，条件反射是通过操纵它的结果来控制行为的过程。它以桑代克的效应法则为基础，该法则认为，带来愉快结果的行为很可能重复发生，而导致不愉快结果的行为将不大可能重复。

强化理论（reinforcement theory）以这些研究结果为基础，它试图通过说明具有正面结果的行为倾向易于被重复，而具有负面结果的行为不易被重复来解释行为改变。将强化理论运用于改变人类行为称为行为修正。

强化的四种类型：正强化、负强化、自然消退和惩罚

强化（reinforcement）是引起一个特定行为重复发生或受到抑制的任何因素，可以是表扬一个孩子打扫了他或她的房间，或者把三轮车扔在了机动车道上而责备一个孩子。强化有四种类型：（1）正强化；（2）负强化；（3）自然消退；（4）惩罚。（见图 12–9。）

正强化：给予奖励　正强化（positive reinforcement）是运用正面的结果对某一行

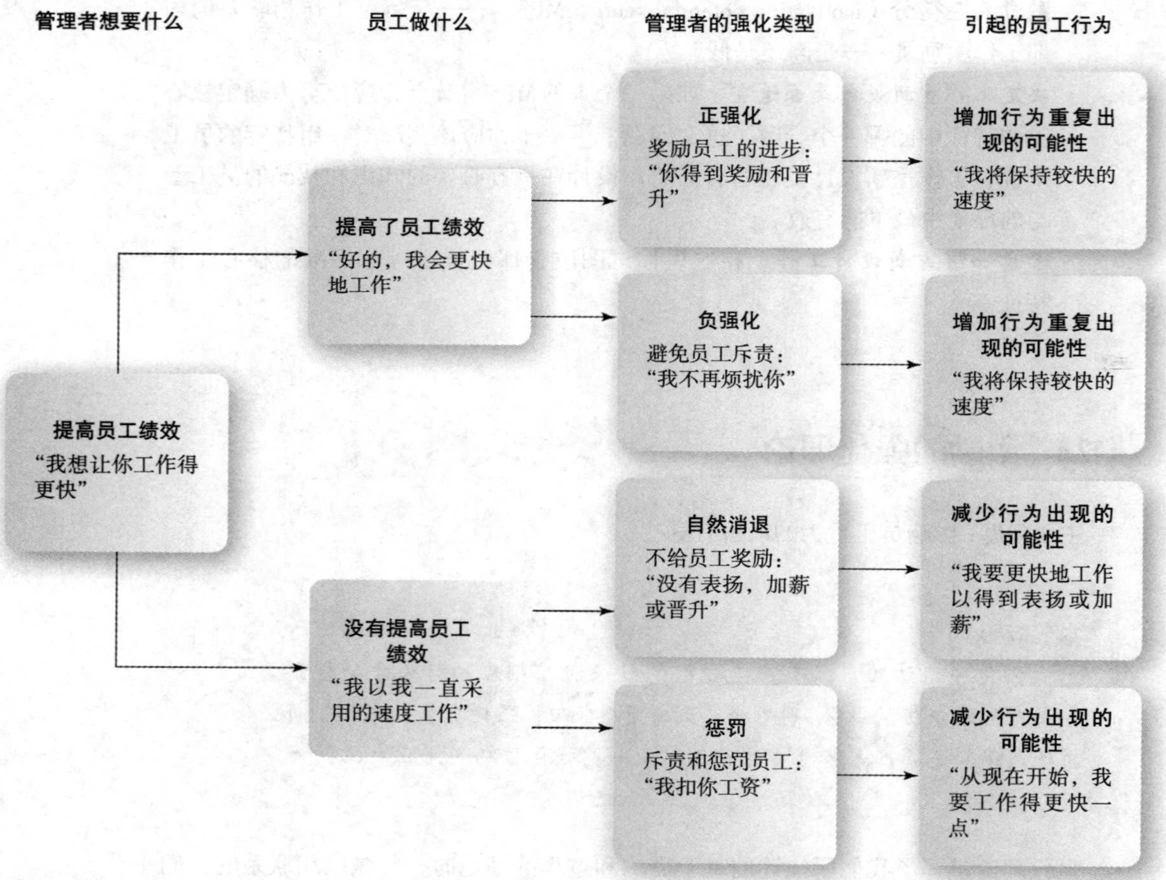

图 12–9　强化的四种类型

这些是改变员工行为的不同方法。

为进行鼓励和肯定。

例子：要求保险销售员卖出更多保险单的管理者可能这样奖励高绩效，他会说："你超出了你的销售份额，这太棒了，你会为此得到一笔奖金。可能下次你会卖出更多，并成为前100名销售员中的一员，还会赢得去巴黎的旅行。"注意这些奖励：表扬、更多的钱、认可、奖品。这将强化这样的行为，而且这位销售代表会在接下来的几个月里工作更加努力。

负强化：避免不愉快的事　负强化（negative reinforcement）是指消除期望的行为所造成的不愉快结果。

例子：责备销售人员的管理者可能会这样停止责备："好了，你已经完成了你的份额。"注意这种中立的说法；没有表扬但也不带有其他任何负面的陈述。这可能会引起销售代表保持他或她现有的行为。

自然消退：不给奖励　自然消退（extinction）是不给或者撤销对期望行为的奖励，这种行为在未来不大可能重复出现。

例如：管理者可能会告诉一个成功的销售员，"我知道你超过了你的份额，但是现在我们公司被另一家公司接手了，我们不再发奖金了。"这将削弱这个销售员在未来努力工作以获得好表现的可能。

惩罚：施加负面结果　惩罚（punishment）是运用负面结果去停止或改变不可取的行为。

例如：管理者可能告诉一个一直懒于拜访客户，并且因此没有完成份额的不成功销售员，"如果这种情况持续下去，那么你可能被解雇。"这可能会改变这个销售员对拜访客户没有兴趣的状态。

运用强化理论激励员工

下面给出了运用两种类型的强化——正强化和惩罚的一些指导原则。

正强化　正强化的很多方面应该成为你管理技巧的一部分：

- **只奖励期望的行为**。你应该只在你的员工表现出期望的行为的时候才给予他们奖励。例如，你不应该对员工准时上班（任何工作都预期如此）提出表扬，而应该表扬早到的员工。
- **尽早给予奖励**。你应该在期望的行为出现后尽早给予奖励。因此，你应该在一个早到的员工一到达时就给予奖励，而不是在这周的晚些时候。
- **阐明所期望的行为**。清晰的沟通很重要。你应该确切地告诉员工期望什么样的工作行为，并且你应该确切地告诉每个人怎么做才能赢取奖励。
- **有不同奖励并且认可个体差异**。认识到不同的人对不同种类的奖励有不同反应，你应当区别对待。因此，对某些人进行口头表扬、另一些人通过电子邮件表扬、还有一些人则可以通过手写便条表扬等。

惩罚 无疑有些时候你需要威胁或者给予一种不合意的结果去阻止员工不可取的行为。有时处理问题最好把惩罚与正强化结合起来。运用惩罚手段的一些建议如下。

- **只惩罚不可取行为**。你应该只在员工表现出经常的不可取行为时，才给予惩罚。否则，员工可能会负面地把你看作是一个残暴的老板。例如，你应该训诫上班大约迟到了半小时的员工，而不是迟到了五或十分钟的。
- **尽早训诫或惩罚**。你应该在不可取行为发生后尽快给予惩罚。因此，你应该在晚到的员工一到达时，对他或她给予训诫。
- **明确什么行为是不可取的**。确切地告诉员工什么样的工作行为是不可取的。并且制订与行为相匹配的惩戒行动或训诫。例如，如果员工只是上班迟到了五或十分钟的话，管理者不应该扣去员工一小时的工资。
- **私下施行惩罚**。你会讨厌老板在员工面前呵斥你，同样，你也不应该在公开场合训诫下属，那样可能对员工的违纪毫无帮助，只会导致愤恨。
- **将惩罚与正强化结合在一起**。如果你在训诫一个员工，一定也要说明他或她如果做了什么正确的事会得到什么奖励。例如，在训诫员工的迟到时，同时说明如果以后几个月有完全的出勤记录，这个员工可能得到一份奖励或晋升。

12.6 运用薪酬和其他奖励来激励

主要问题：怎样用薪酬和其他奖励方式来激励员工？

本节概要

薪酬是绩效的主要激励因素，包括绩效工资、奖金、利润分成、收益分成、股票期权和知识工资等。其他一些非金钱性的没有被满足的激励也应引起注意，如工作与生活的平衡、技能的提升和奉献精神。

"在过去，人们可以立即看到他们的劳动成果：制作一个椅子或制造一个圆形轴承，"《华尔街日报》专栏作家贾里德·桑德伯格（Jared Sandberg）写道。但是在信息时代，人们的大量时间花费在了电脑屏幕前，做一些看起来与整体毫无关联的部分工作，"人们很难从大部分看不到的工作内容中获得满足感。"随着工作变得越来越无形化，更多的工作基于团队而不是个人，而且变得越来越难以衡量，难以界定其是否成功完成——因此也越来越难以激励员工在这些工作中全身心地投入。

难怪现在人们对员工敬业度这一领域表现出如此大的兴趣，**员工敬业度**（employee engagement）定义为员工在组织中因感受到一种情感联系，而让他们在工作中愿意为组织贡献自己的力量。据报道，在一个典型的组织中，只有20%到30%的员工会积极而且愿意贡献自己的最大努力。一项对40家跨国公司长达3年的研究发现，那些在员工雇佣方面获得高分的企业比那些获得低分的企业利润率要高3.44%。

也许你思考激励员工时首先想到的是薪酬——你或你的员工能获得多少钱。但是想想前面提到的对软件工程师Firinn Taisdeal的激励。2003年，他在将获得一次人人羡慕同时可以让他变得富有的职位晋升前辞职。为什么呢？因为与他一起工作的人排斥他。“他们不仅贪婪，”他说，“而且不诚实。”或者想想另一位软件工程师玛丽·莫斯，她曾拒绝了好几份来自硅谷的公司的邀请，这些企业中至少有一家能使她变得富有，而她只想待在一家计算机辅助设计公司Autodesk。原因是什么？她喜欢她的老板。

一份盖洛普问卷调查发现，许多员工更多地关心自己的老板而不是他们所获得的金钱利益。莫斯在很大程度上证明了这一事实。很显然，激励不仅仅包括金钱。

激励和薪酬

许多人的工资是按照小时、周或者月来支付的。当然，这些支付方式易于组织进行管理。但是从它们自身来看，工资本身对于员工努力工作起到很小的激励作用。尽管没有一个单一措施能够改善所有员工的绩效，但薪酬激励计划正试图做到这些。

最佳薪酬激励计划的特征　与我们前面描述的许多激励理论一致，为了使激励措施起作用，应遵循以下原则：（1）报酬必须与可以衡量的绩效挂钩。（2）报酬必须满足个人需要。（3）报酬必须被员工和管理者所认可。（4）对员工来说，报酬必须是可信和可获得的。

流行的薪酬激励计划　你的努力得到什么回报？其中一些最著名的薪酬激励计划是绩效工资、奖金、利润分成、收益分成、股票期权和知识工资。

- **绩效工资**。通常也称为绩效支付，**绩效工资**（pay for performance）基于人们的工作结果来支付。因此，拿着不同工资的员工可能获得不同的工资上涨机会和其他奖励（如晋升），这完全取决于他们的工作成绩。

  例如：一种标准绩效工资计划，是**计件工资**（piece rate），即根据员工生产了多少产品来支付工资，这经常用于农业工人摘水果和蔬菜。另外一种是**销售佣金**（sales commission），即销售代表们的工资是按公司从销售中获得的收入的百分比来支付的，所以他们卖得越多，他们得到的工资也就越多。我们讨论过教师在期望理论下的绩效工资。人们对高管薪酬过高的一个主要批评是它没有与公司绩效联系起来。
- **红利**。**红利**（bonuses）是给予那些达到特定绩效目标的员工的现金奖励。

  例如：尼曼马库斯百货公司对自己公司销售人员的奖励是按他们所卖出货品的收入的百分比支付的。

  不幸的是，许多公司的文件（提交给证券交易委员会的文件）上对员工能够获得奖金所要达到的具体目标并不是很清晰，也不是按法律要求表达的。

- **利润分成**。**利润分成**（profit sharing）是将公司利润的一定百分比分发给员工。

  例如：一个生产T恤衫和运动衫的厂家，每个月将公司税前利润的10%分发给员工，更多的分成在年底时分发给员工。按照每个员工的绩效、出勤率和迟到次数等标准进行分配。

- **收益分成**。**收益分成**（gainsharing）是将节省的钱或"收益"分发给那些削减了成本和提高了可衡量生产率的员工团队。

  例如：目前有许多不同类型的收益分成方法，其中有一个称为斯坎隆计划，它是20世纪20年代一个钢铁业工会的领导人约瑟夫·斯坎隆（Joseph Scanlon）提出的。它将所有节省开支的一部分分发给员工，通常为75%，剩余的25%由公司保留。

- **股票期权**。**股票期权**（stock options）是特定的员工有权利以一定折扣购买将来某个时间的公司股票。这里的激励因素主要是有股票期权的员工会更努力工作来使公司股票升值，从而他们可以用更低的价格来获得股票。星巴克公司每周工作超过20小时的所有员工都有股票期权，从而将其年度流失率维持在60%，而快餐和饭店业平均流失率为300%。（股票期权的使用最近遭到指责，因为许多公司允许它们的高管在先前几天或几周以较低的价格获得公司股票。如一名作者指出的，这种财富的获得类似于已经知道结果后在肯塔基赛马会上赌马一样。）

- **知识工资**。也被称为技能工资，**知识工资**（pay for knowledge）是将薪水与员工与工作相关的技能或学位联系起来。

  例如：教师职业自古以来就是这种激励的例子，初级和中级教师都希望通过获得更高的学历来增加自己的工资。然而，像美国联邦快递公司这样的企业也有知识工资计划。

激励员工的非金钱方式

那些有自主性、解决问题和积极主动的员工，如果自己的需要没有被满足的话，他们也会成为离开公司的人。这些需要主要有：

- **工作与生活的平衡**。普华永道进行的一项对11个国家2500名大学生的调查发现，57%的人将能够在职业和个人生活上得到平衡列为首要职业目标。一份对美国价值观长达25年的研究表明，"员工们越来越不相信工作是人生活中最主要的一部分，且努力工作会使一个人更成功。"人们通常更乐意到能够平衡工作与生活的公司工作。
- **技能的提升**。当看到他们的父母遭受裁员时，年轻的员工会特别将工作视为获得技能的机会，以此使他们能够在将来生活得体面些。
- **奉献精神**。现在，员工希望工作在能够感觉到自己的价值的组织。他们想将自己奉献给他们的职业或团队而不是盲目忠诚于企业。

现在有很多非金钱激励措施来吸引、保留和激励员工。最主要的例子是灵活工作——包括专栏里描述的兼职性工作、弹性工作时间、压缩工作周、工作分担和远程办公。

其他的激励因素可能被简单地称作“友好对待员工”。下面是一些例子。

体贴：友善的价值 步行者信息公司是一家位于印第安纳波利斯的研究公司，

实际行动 灵活工作

随着双亲工作家庭、单亲家庭和其他各种类型的员工越来越多，许多老板认识到灵活工作是一种吸引、保留和激励员工的方法。能够实行的几种工作计划主要有：

兼职性工作——少于40小时

兼职性工作是每周工作少于40小时的工作形式。一些兼职性工作者——所谓的临时工或短工——也想工作40小时或更多，但他们找不到全职工作。同时，一些全职工作的员工也有时兼职。如今企业可以雇用的不仅有兼职文书助理，还有兼职节目编导、市场研究员、律师甚至兼职高层管理者。

弹性工作制——灵活的工作时间

弹性工作制，或灵活工作时间，包括机动工时，或者给予员工可以选择的工作时间计划。例如，如果一个企业的正常工作时间是从早上9点到下午5点，一个弹性工作制的员工可能被允许早一个小时开始或晚一个小时结束。例如，可以是从早上8点到下午4点。主要的要求就是在工作中特定的核心时间，员工能够参加会议和商讨等。通过提供弹性工作时间，企业可以吸引那些有特殊情况如照顾小孩或年长老人的员工。它还有利于那些希望避免上下班高峰期的员工。

压缩工作周——4天工作40小时

在压缩工作周中，员工进行全职工作但不是一周5天标准的8小时（或9小时）工作。最常见的做法是4天、每天工作10小时的一周40小时工作制，这样员工可以连续休息3天（而不是2天）。这样做的好处是企业可以提供给员工更多的自由时间，并减少了员工的通勤费用。其缺点是可能的调度问题、与同事和顾客之间的疏远以及长时间工作产生的身体疲惫。

工作分担——两个人共同完成同一工作

在工作分担中，两个人将同一工作分开完成。通常，每个人工作半天，也可以是其他安排（例如，选择自己的工作日或工作周）。相对于压缩工作周，工作分担给员工更多的个人休闲时间。其缺点是它可能导致与员工和顾客之间的沟通问题。

远程办公和其他在家办公计划

一直存在一些全部时间或部分时间允许在家中工作的人员，他们通过邮件和电话与老板和同事保持联系。传真机、个人电脑、网络和全天候的快递服务使目前的在家办公安排比以前更方便快捷。

在家工作，并在住所与办公室之间保持通信称作远程办公。其优点是提高了员工的生产率，因为远程办公可以减少精力分散而且可以自由安排工作时间。

一份由该公司进行的研究发现老板们很少花费时间做一些对员工表现出关心的事情，如明显地与员工缺乏沟通和缺少对新想法和贡献的兴趣。一份1999年的调查发现，大部分员工感觉自己没有得到正确评价。40%评价老板很差的员工说他们想找一份新工作；只有11%评价自己老板好的员工打算找一份新工作。善待员工，如减少批评、进行表扬或者因为员工特殊表现写感谢信等能使他们热情洋溢地工作。

人们辞职的第一理由是对上司的不满，而不是他们的薪水。因此，产业心理学家林恩·韦尔（B. Lynn Ware）建议，如果你发觉员工不高兴，你应该与他谈一谈。管理者可以通过提供休息时间或其他可以使员工交流和交往的机会来增进员工的感情。这也是许多员工在工作中所关心的。

工作生活平衡福利 按照凯西·林格尔（Kathie Lingle）所说，工作—生活平衡福利体现在“管理者们通过消除影响员工不能在生活与工作之间获得平衡的特定障碍来提高员工的生产率和忠诚度”。

林格尔是会计咨询公司毕马威的全国工作—生活平衡主管，她认为工作—生活平衡福利“不是一种奖励，但却是一种使工作完成的方法”。毕竟，一些员工工作表现不好只是简单地因为缺乏工作—生活平衡，他们对家庭有很大的需要。“如果你只是给那些高绩效的员工奖励，”林格尔说，“那么你便孤立了那些给予一定的支持就能有高绩效的员工。”而且，给予更多的额外时间可以用作奖励高绩效和预防员工疲劳。

除了可选工作时间外，工作—生活平衡福利包括帮助员工节省日托开支甚至在工作地点建造日托中心、新父母的岗位保护以及提供如手机和电脑以使父母在家工作。

环境 一项新研究表明，许多员工在隔间工作时创造力和士气低下，而现代办公室设计者对开放空间和中性色彩的偏爱又导致员工抱怨他们的工作场所太吵或太无味。

康奈尔大学的环境分析教授艾伦·赫奇（Alan Hedge）说，“世界上没有一种事物对每个人都有效。”一个8英尺×8英尺的小空间对于人的大脑很可能不是好事情，那些希望改善员工创造力和生产率的公司应该需要考虑给办公室员工更好的东西来欣赏。

技能发展和培训机会 学习机会可以采取两种形式。例如，经理可以发现员工能从某个同事那里学到知识，于是允许他们也在别的工作或部门间任务下“形影不离”以更好地工作。也可以为员工业余时间在学院或大学深造提供学费补偿。

休假 英特尔和苹果公司认为在每周工作80小时的环境下人们需要放松自己。甚至麦当劳也给员工提供长时间假期，它每年给员工一个月的带薪休假去旅行、学习和做个人事情。当然，这样做的目的是希望使员工得到放松，同时加强他们对组织的忠诚度。

本章小结

12.1　绩效激励

激励被定义为一个心理过程，这一过程调动并引导人们做出目标导向的行为。在一个简化的激励模型里，人们有一定的需要，这些需要激励他们表现出特定的行为来获得奖励，这些奖励作为反馈并满足他们原来的需要。奖励可分为两类：（1）外在奖励，主要是报酬。例如完成某一特定任务从他人那里获得金钱。（2）内在奖励，主要是满足感。例如通过完成特定任务本身得到的成就感。

作为一名管理者，你要激励员工去做有利于企业的行为——加入、留下、以为它工作感到自豪、乐意为它更好地工作和为它付出更多。

四种主要的激励理论是：（1）内容型激励；（2）过程型激励；（3）工作设计型激励；（4）强化理论。

12.2　内容型激励理论

内容型或基于需要的激励理论着重研究激励人们的需要。需要是一种生理上或心理上的缺乏，这些缺乏能够激发人们某种行为。除了麦格雷戈的X理论和Y理论（第1章），基于需要的激励理论包括：（1）需要层次理论；（2）ERG理论；（3）成就需要理论；（4）双因素理论。

需要层次理论是指人们被五个层次的需要所激励：生理需要、安全需要、社交需要、尊重需要和自我实现需要。

ERG理论假设三种基本需要影响人们的行为——生存需要、相互关系需要和成长需要。

成就需求理论提出三种需要——成就需要、合群需要和权力需要——是决定人们工作行为的主要激励因素。

双因素理论提出人们对工作的满意或不满意来自两方面因素——能够使员工满意的因素叫做激励因素，引起员工不满意的因素叫做保健因素。保健因素属于较低层次的需要，它与员工的不满意想关——如工资和工作条件——它们影响人们的工作环境。激励因素属于较高层次的需要，它与员工满意相关——如成就感和晋升——它们影响工作绩效的回报。

12.3　过程型激励理论

过程型激励理论研究人们决定如何行动的思维过程。主要包括三种理论：（1）公平理论；（2）期望理论；（3）目标设置理论。

公平理论强调人们能够感知到相对于他人，自己所得待遇的公平程度。公平理论中最主要的因素是投入、产出（奖励）和比较。（1）投入是员工认为他们投入工作中的时间和努力等。（2）产出或奖励是员工认为他们从工作中得到的薪酬和表扬等。（3）比较是员工将自己的投入产出比与他人的投入产出比作比较。公平理论的三条实用经验：员工的看法才是重要的、员工参与的益处和有上诉程序的益处。

期望理论认为激励水平取决于人们多么想得到某种东西以及认为可以达到预期结果的可能性。激励人们的三个因素是期望、功用性和效价。（1）期望是一定程度的努力会得到特定水平的绩效。（2）功用性是对成功的表现会带来想要的结果的期望。（3）效价是指达到目标对于满足个人需要的价值。按照期望理论，如果想要激励员工，管理者应明确应该达到怎样的工作目标和绩效水平才能获得奖励，奖励与绩效是否挂钩，员工是否相信管理者会对他们的绩效给予奖励。

目标设置理论认为人们会被具体的、有挑战性的、可实现的目标激励。而且，该理论认为目标应该与员工一起设置、可衡量，且有完成期限，同时员工应得到及时的反馈和奖励。

12.4 工作设计型激励理论

工作设计首先将组织的工作分配给员工，然后应用激励理论到工作中来提高员工的满意度和绩效。工作设计的两种方法即以岗定人（传统做法）和以人定岗。

以人定岗假设人的才能没被充分利用，需要更高的多样性。这种形式的两种工作设计方法是：（1）工作扩大化，即提高工作中的任务数量来达到多样性和激励。（2）工作丰富化，即在工作中赋予员工更多的责任、成就、赏识、刺激性和晋升。

工作丰富化的自然结果是工作特征模型，包括：（1）五个核心工作特征；（2）员工的三种决定性心理状态；（3）工作产出——员工的动机、绩效和满意度。五个核心工作特征是：（1）技能多样性———项工作要求的不同技能的数量；（2）任务完整性——完成工作要求的不同任务的数量；（3）任务重要性——工作影响到他人的数量；（4）自主性——工作允许员工多大的自主性；（5）反馈性——员工了解他们工作结果好坏的程度。这五种工作特征决定三个关键的心理状态：工作的意义、对结果的责任、对结果的认识。使用工作特征模型时应遵循三个步骤：（1）诊断工作环境是否有问题；（2）决定工作重新设计是否适宜；（3）考虑如何重新设计工作。

12.5 激励的强化理论

强化理论试图通过如下观点解释人们行为的变化：积极的结果会导致行为重复，消极结果会阻止重复。强化是引起一个特定行为重复发生或受到抑制的任何事物。

有四种类型的强化。（1）正强化：运用正面的结果对某一行为进行鼓励和肯定。（2）负强化：消除期望的行为所造成的不愉快结果。（3）自然消退：撤销或拒绝提供对期望行为的奖励，从而使这种行为在将来能够更少发生。（4）惩罚：用消极的结果来阻止或改变不期望行为的产生。

运用正强化激励员工时，管理者应该只对期望的行为进行奖励，并且要及时，让员工知道因为什么行为得到奖励；针对不同个人提供不同奖励。在使用惩罚时应注意，管理者应该只对不希望发生的行为进行处罚；及时给予训斥或者其他惩戒性的行为；明确什么行为是不可取的；惩罚应该不公开；将惩罚和正强化结合在一起。

12.6 运用薪酬和其他奖励来激励

薪酬只是激励的一种形式。为了使薪酬能够起到激励作用，奖励必须与绩效联系并且可以衡量；它们必须满足个人需要；它们必须被管理者和员工认可；它们对员工来说必须是公平的、信赖的和可获得的。

流行的薪酬激励计划包括以下几种。（1）绩效工资。一种是计件工资，即根据员工生产了多少产品来支付工资；另一种是销售佣金，销售代表们按照公司从他们卖出的产品中获利的百分比拿到工资。（2）奖金。对那些达到特定工作目标的人进行现金奖励。（3）利润分成。将公司利润以一定百分比分发给员工。（4）收益分成。将节省的钱或“收益”分发给那些削减了成本和提高了可衡量生产率的员工团队。（5）股票期权。特定的员工有权利以一定的折扣购买将来某个时间的公司股票。（6）知识工资。将薪水与员工与工作相关的技能或知识联系起来。

也有激励员工的非金钱方式。一些员工想离职是因为他们的工作—生活平衡、技能提升和存在价值的需要没有被满足。为了留住这些人，企业引进了非金钱激励，例如弹性工作制。另外一些留住员工的因素有来自领导的重视；工作—生活平衡福利，如日托；吸引人的工作环境；技能提升和教育培训机会；休假。

管理实践　苏·诺克斯使用多种方法激励员工

这不仅是一个案例。苏·诺克斯（Sue Nokes）是一名时尚、个性好强的女性。她在成长迅速的美国T-Mobile电信公司从事销售和客户服务工作。该公司是德国电信的子公司，价值170亿美元。她在美国掌管着超过15,000名员工。

尽管T-Mobile公司排名第四，占据美国11%的市场份额，次于Verizon、AT&T和Sprint Nextel三家公司，但根据调查，公司自2002年底以来市场份额已经上升了5个点。更令人印象深刻的是，从诺克斯2002年开始任职的两年时间内，公司在JD Powers无线产业客户关怀榜荣居榜首。在半年进行一次的排名中，它已经连续六次排名第一。

这是自2002年以来的巨大转变，当时T-Mobile按照内部调查还排名最后。（J. D. 鲍尔于2003年开始全国无线产业调查。）罗伯特·多特森（Robert Dotson）刚刚上任CEO，就向那时还在沃尔玛网站的诺克斯求助，告诉她公司的客户组织需要进行一次彻底修正。在开展工作前，诺克斯参观了几家呼叫中心，她被看到的景象震惊了。公司每天的缺勤率达12%；年员工流失率达到了惊人的100%以上。公司使用"邻居座位"形式，这是呼叫中心常用的一种技巧，员工们没有固定的座位，而是将他们的东西从一个隔间移到另一个隔间。"我问经理，'你流失过优秀员工没？'他们说，'是的'，"诺克斯说。"我说，'就没有人觉得这不对劲吗？'"

尽管诺克斯很喜欢讲话，但实际上她把大部分时间用于聆听。在Menaul（阿尔布开克的呼叫中心）一个焦点小组，52岁的诺克斯身穿整洁的带有白边修饰的黑色外套，戴着镶有许多宝石的项链和滑稽的黑白相间眼镜，说着她在每个这样的会议上说的话（之后是俏皮似的说她的体重、年龄和下降的精力）。"我有两个问题：什么进展顺利？什么出现问题了？"

一名代表建议，让顾客使用短信形式，从而减少他们的费用；另一名代表塞尔吉奥·华尔多想知道为什么T-Mobile没有西班牙语网站。诺克斯很认真地听着，看上去一点也不担心。在焦点小组以及在更大的大厅会议中，诺克斯直截了当地说，公司没有增加足够的服务代表来支持T-Mobile新的服务。有一个抱怨是登录系统太花费时间，她回应说，鉴于公司有其他技术上的优先事项，很快修复这一问题是不可能的。"现在最重要的是我们要建立一个敢于说出公司缺陷的环境，"诺克斯说，她的个性源于她中西部的成长环境。"当你问出了什么问题时，你最好解决一些事情。"

诺克斯在刚到沃尔玛网站时就认为每个人都是重要的，她为那时的CEO珍妮·杰克逊（Jeanne Jackson）从零开始创建客户服务组织。"苏对于我来说，是世界上最好的管理者，"现在在MSP Capital公司的杰克逊说，"你在晚上睡觉时不必担心她的决定。另一方面，她让你觉得自己是一位聪明的老板——你得到的是诚实的反馈而不是奉承。"杰克逊记起有一天诺克斯在读《取缔闹事法》。"我过去大部分时间都花在工程技术人员身上，她说我得离开办公室，去看看呼叫中心的员工。她是十分正确的。"

诺克斯很快给员工配上了属于自己的座位，并要求用1700万美元来使员工的工资提高50%。她也彻底检查了培训过程（服务代表现在须经过132小时的培训，并每年召开团队会议）开始雇用更多基于工作态度而不是工作经历的员工。她也建立了一套标准的指标体系来考核人员，跟踪通话质量、出勤率，并根据电话解决问题的速度判断计划的可信度。"我从不让你们对与你们的客户或同事无关的事情负责任，"诺克斯在解释之前对她阿尔布开克的助手说——按照她自己独一无二的方式——她期待什么。缺勤（她称为"拉皮条"）是不对的。她说，用一通电话解决问题，才是关键的。"我们开启了顾客的一天，"她说。"他们需要去见朋友和做其他事情。"

为了激励员工这不是一直以来被认为没有前途的工作，诺克斯承诺公司80%的晋升机会留给公司自己的员工。到2007年8月，这项数据达到了82%。她的团队也创造了一种新的"奖励和认可系统"，它通过采用新的考核方法奖励高绩效员工到拉斯维加斯或夏威夷旅行，还有奖品。现在公司的年缺勤率在3%，流失率在42%。员工的满意度也达到最高的80%。

讨论：

1. 苏·诺克斯是怎样应用内容型激励的建议来激励员工的？请讨论。

2. 诺克斯在何种程度上改变了保健因素和激励因素来为员工提供积极的工作环境？请提供例子来证明你的结论。

3. 诺克斯的行动在何种程度上与公平理论和期望理论相一致？请解释。

4. 你从本案例中学到的关键经验是什么？请讨论。

资料来源：From Jennifer Reingold, "Behind T-Mobile's Customer Service Success," *Fortune*, October 1, 2007, pp. 55–58.

自我评估　你对公平差异的反应？

目的

1. 评价你对公平差异的反应。
2. 获得对自己更多的认识。

引言

你看到过有些人因为感觉有些事情不平等喊叫"不公平！"吗？你是否也看到另一些人似乎对不公平毫无感觉呢？根据研究，当人们面对同样的不平等事情时，不同人会根据他们个人的公平敏感度作出不同的反应。人们有各种程度的公平敏感度：

仁慈者是指那些愿意自己的产出/投入比低于与他们对比的人。这些人不介意自己得到较低的报酬。

公平敏感者是指那些愿意产出/投入比保持公平的人。这些人注重自己得到的奖励与别人比起来是公平的。

强势者是指那些愿意自己的产出/投入比高于与自己比较的人。这些人不担心不公平，实际上他们更愿意他们得到过多回报。

这个练习的目的是评价你的公平敏感度。

说明

下面的五个句子是关于你希望你在组织中的关系情况。对于每个问题，在A和B中，你最同意的答案和最不同意的答案之间分为10分。你可以给A和B公平的分数，也可以给它0分。只要你确定在每个问题上用到10分。（例如，如果你认为A十分合适而B完全不合适，那么你给A 10分，B 0分。如果你认为A差不多合适而B不完全合适，那么你给A 7分，B 3分。）将你的分数写在横线上。

在你可能工作的一个组织中……

1. 我认为更重要的是：

A. 从组织中获得 ________

B. 为组织贡献 ________

2. 我认为更重要的是：

A. 帮助他人 ________

B. 只关心自己的利益 ________

3. 我更关心的是：

A. 我从组织中得到了什么 ________

B. 我为组织贡献了什么 ________

4. 我努力工作应该：

A. 使组织获益 ________

B. 使自己获益 ________

5. 我处理组织事情的原则是：

A. 如果你不注意自己，别人也不会 ________

B. 付出比得到更好 ________

将下列选项的得分相加：1B、2A、3B、4A、5B。总分 = ________

分析和解释

你的总分会介于0分和50分之间。如果你得分低于29分，你是一个强势者；如果你的得分在29和32之间，你是一个公平敏感者；如果你的得分在32分以上，你是一个仁慈者。

讨论问题

1. 分析结果与你的自我认知匹配程度如何？请解释。

2. 以该调查的各项问题为基础，管理者怎样激励强势者、公平敏感者和仁慈者？请讨论细节。

资料来源：From R. C. Huseman, J. D. Hatfield, and E. W. Miles, "Test for Individual Perceptions of Job Equity: Some Preliminary Findings," *Perceptual and Motor Skills 62* (1985), pp 1055 - 1064. Copyright ©1985 by Ammons Scientific, Ltd. Reproduced with permission of Ammons Scientific, Ltd. via Copyright Clearance Center.

道德困境　你如何处理员工与顾客之间的冲突?

捷蓝航空公司的乘务员玛拉·阿玛尔辛格，站在拉斯维加斯的机场（2007年6月），等待搭乘飞往纽约的航班来开始她的转机。一名喝醉的女性乘客走到她身边，开始骂她，威胁要殴打她，之后向她脸上吐口水。航班乘务员说她失去了冷静，向顾客大骂，之后她被航空公司以"不恰当行为"解除合同。捷蓝不对个人事情作出评价，但是承认"旅行的乘客因为延误很扫兴同时感觉到服务的失误。"

阿玛尔辛格女士认为"飞行中穿着制服的乘务员成为旅客们遭遇挫折时的移动目标了"，这在她长达6年中的工作"绝对"越来越多。

假设你是捷蓝航空公司的副总裁而且你刚好注意到包括阿玛尔辛格女士在内的情况。你会怎么做?

1. 不做任何事。阿玛尔辛格女士的行为违反了公司对待顾客的规定，她理应受到辞退。改变决定会对其他的员工造成坏影响。

2. 承认员工的行为违反了公司规定，鉴于情有可原，将她重新雇回来。并对阿玛尔辛格女士丢失工作这段时间给予补偿。

3. 顾客实施了攻击和殴打，并且有目的地向阿玛尔辛格女士脸上吐口水。雇她回来并使用公司资源起诉顾客。这样会向你的员工传递一个明确的信息，即你关心你的员工而且捷蓝不会允许自己的员工遭到攻击。

4. 想想其他方法。

资料来源：Excerpted from Susan Carey, "Cranky Skies: Fliers Behave Badly Again As 9/11 Era Fades," *The Wall Street Journal*, September 12, 2007, p. A16. Copyright © 2007 by Dow Jones & Company, Inc. Reproduced with permission of Dow Jones & Company, Inc. via Copyright Clearance Center.

13 群体与团队

你应该能够回答的主要问题：

13.1 群体与团队概述

主要问题：群体间有何差异？

13.2 群体与团队的发展阶段

主要问题：群体如何演进为团队？

13.3 建立高效团队

主要问题：管理者如何建立一支高效团队？

13.4 冲突管理

主要问题：冲突是不可避免的，管理者如何了解冲突并成功处理？

管理者工具箱

穿越时间和空间：管理虚拟团队的挑战

曾经，管理者赞同所谓的50英尺法则，也就是，相距50英尺以上的人彼此之间不能进行合作。然而这个法则在当今时代的虚拟团队中不复存在。虚拟团队（也称为地理上分散的团队）是利用信息技术（电脑和远程通信设备）使成员能够跨越空间、时间和组织界限相互协作的团队。

尽管技术使人们远程工作更加容易，但是这对管理者提出了挑战。不管员工是在几英里外的家中还是在地球的另一端，以下提供了管理虚拟团队的建议：

- 循序渐进与结果管理。当尝试为新员工安排虚拟办公，不要一蹴而就，逐步让他们接受这个挑战。另外，关注工作的完成结果，而不论工作形式，即不管成员是在庭院工作还是晚上10点开始工作，但是要为项目设置最后期限并坚持完成。
- 表明期望。事先让虚拟团队成员清楚你期望从他们那得到什么，以防患未然。例如，对于那些在家工作的成员，事先让他们了解虚拟办公的安排——也许你希望他带上办公电话，并告诉他们你希望他们完成的工作是否有具体方式。
- 记录下来。将工作进度、项目变化记录下来，并持续更新数据。通过邮件、传真或者基于网络的服务将信息分享，使其他成员了解日程并跟进项目。同时在共享数据库中保留所有通信记录，使团队工作的历史资料用于新成员学习。
- 体贴地沟通。团队成员联系对方时应选择在恰当的时间（考虑时区影响）和工作时间表以内的日期（除开文化节日、家庭休假日和工作日以外的时间）进行。确保每个成员能够在正常的工作时间通过电话、邮件、传真或者聊天的形式联系到彼此。
- 注意文化差异。尽管国际化的团队都在使用英语交流，但是注意有些人并不理解俚语、文化上的狭窄表达和美国式幽默。所以一方面应鼓励成员放慢交流语速；另一方面应让成员意识到，例如来自中国和印度的成员由于文化的影响很少说“不”或者碍于面子保持沉默。事实上，由于信任对于建立国际化虚拟团队十分重要，所以团队成员应相互尊重并言行一致。另外，如果成员冲突十分严重，有必要双方面对面解决。
- 定期会面。虚拟接触仍然存在问题，有必要组织团队成员面对面的交流会。定期的见面会不仅能让团队成员讨论近期项目，而且使那些远程工作者能弥补缺失的办公室传闻。外地工作成员应至少维持季度性地与办公室成员见面，以建立工作伙伴关系。

讨论：经常与你从未谋面的成员在线完成工作，你认为最大的困难是什么？你怎样避免和解决这些困难？

本章概要

本章我们比较群体与团队，讨论不同类型的团队；然后我们描述群体如何演进为团队，并讨论管理者如何建立高效团队；最后我们考察冲突的性质，其好的方面和不好的方面。

13.1 群体与团队概述

主要问题：群体间有何差异？

本节概要

团队合作将成为未来管理的基石。团队不同于群体。群体一般以管理为导向，而团队以自我为导向。群体可以是正式的，目的是完成生产性工作；也可以是非正式的，目的是建立人际关系。工作团队要求成员协作努力共同完成任务，按照其在组织中发挥的四种基本功能，包括建议、生产、项目和行动，团队有不同的组织形式。两种不同类型的团队是质量圈和自我管理团队。

美国的运动队在国际舞台上表现如何？如果以2006年为例，答案不令人满意。2006年进行了世界级足球、棒球和篮球竞赛。足球方面，美国队在2006年世界杯中未尝胜绩；棒球方面，美国队在世界棒球锦标赛中被墨西哥、韩国和加拿大击败，未能进入半决赛；篮球方面，美国作为该项运动的开创者，其男篮队在当年世界篮球锦标赛中只拿下了第三名（西班牙队和希腊队之后）。那么美国队能在未来表现更出色吗？这取决于他们如何吸取2006年的教训。

就以美国篮球队为例，尽管拥有德怀恩·韦德和勒布朗·詹姆斯这样的NBA球星，却仍然以95比101在半决赛中输给了希腊队。美国队这些球员在一起有一年多的时间，但是一份报告称这正是美国队不敌希腊队的明显原因所在：美国队员相处时间少，缺乏经验，而希腊队队员共同相处了三年。实际上可能不仅限于这些原因，迈克尔·索科洛夫写道，“我们最好的男球员作为团队的一名成员倒退了，因为多年以来行动自由和丰厚报酬使他们不受所有者的支配，也不乐意与其他球员合作。如果我们最年轻的运动员不足够重视与他人协作付出努力，那将不是一件好事情。”

更多团队合作：当今员工需要作出的改变

20年前，管理大师彼得·德鲁克就预测未来的组织不仅更加扁平化和信息化，而且将围绕团队合作展开，这无疑已经发生。通用电气CEO杰弗里·伊梅尔特（Jeffrey Immelt）说道：“现在是通过构建团队来领导，并且将他人放在首位。这不是你一个人的事情。”“美国有很多关于孤独的天才的神话，”加利福尼亚州帕洛阿尔托的Ideo公司的总经理汤姆·凯利（Tom Kelley）回应道。该公司是一家多元工业设计公司，它创造了苹果鼠标、第一台便携式电脑和欧乐B软柄牙刷。“我们喜欢把事情个人化。但是米开朗琪罗不是一个人在西斯廷大教堂绘画，爱迪生也不是一个人发明了电灯泡。”

如表所示（表13–1），有许多理由可以证明团队是先进管理的基石。不管怎样，在组织中工作，你不要做一个孤独的天才，更不能成为一只孤单的狼，你应该在团队中学会与他人合作。

表13–1　为什么团队合作重要

改　善	事　例
提高生产率	在一个通用电气工厂，团队合作使团队的生产率比其他任何通用电气团队高20%。
提高速度	盖丹特公司是一家制造医疗设备的企业，通过团队合作使其产品推出市场的时间减少一半。
降低成本	波音运用团队合作开发波音777，相比以前成本大大降低。
提高质量	西屋电气利用团队合作提高了卡车部门和电子元件部门的质量。
减少破坏性内部竞争	服饰连锁店Men's Wearhouse解雇了一名没有分享进店客户的销售员，使所有销售员的总销售量大幅提升。
提高工作凝聚力	思科依据高层与同事合作的情况和在三年内实现的利润来决定他们得到或失去30%的奖金。

群体与团队：它们有何差别？

群体与团队是同一个概念吗？大体来说，不是。前者是一群个体，后者是强大的集体绩效单元；前者是管理导向型的，后者是自我导向型的。

我们来分析两者的差异。

什么是群体？许多个体组成的集合　**群体**（group）定义为两个或更多自由互动的个体，他们遵守共同的行为规范、有着共同的目标，并有一个共同的身份。群体不同于人群，人群是大量人流短时间集中，他们之间不互动，如在人行道围观火灾的人群。群体也不同于组织，如工会，它非常巨大以至于其成员也不互动。

工作群体的例子：10个员工聚集在一起交流不同公司关于工资和工作时间的规定。

什么是团队？有共同使命的人员　麦肯锡公司的管理顾问乔恩·卡岑巴赫（Jon R. Katzenbach）和道格拉斯·史密斯（Douglas K. Smith）说，替代性地使用群体和团队这两个术语是错误的。他们认为，成功的团队倾向于掌握自身的命运。因此，**团队**（team）定义为具有互补技能的人们组成的小群体，致力于一个共同目的和绩效目标，为他们共同负责的目标而努力。卡岑巴赫和史密斯也提到，"团队的本质是有共同使命，没有它，群体只是个体的集合；有了它，群体便组成了强大的集体绩效单元。"

团队的例子：2到10个员工聚集在一起研究行业的薪资标准，目的是调整本企业的薪酬等级。

正式与非正式群体

群体可以是正式的，也可以是非正式的。

- **正式群体——完成生产性工作。正式群体**(formal group)是由一个领导者领导、建立起来为组织完成生产性工作的群体。正式群体可以是一个部门、事业部、工作小组或委员会。它可以是长久的也可以是临时性的。总之，成员依据他们的技能和组织的要求进行分工。
- **非正式群体——建立人际关系。非正式群体**（ informal group ）是一群寻求人际关系的人组成的群体，没有正式委任的领导，其领袖人物可能是自发产生的。非正式群体可能是简单的一群人聚在一起，如几个人休息时间聚集一起喝咖啡或者是一个祈祷早餐会、一个保龄球队、一个服务俱乐部以及一些志愿者组织。

作为一个管理者，必须认识到非正式群体能够促进或阻碍正式群体的计划。比如说，正式群体正努力改进工厂装配线或研究工作改革，但是这些努力尝试可能遭受那些午餐后和工作之余一起喝啤酒时八卦的非正式群体的抵触。

案 例　非正式群体与非正式学习：让员工彼此分享技能

作为一名管理者，当你目睹员工在午餐室的咖啡壶旁聊天，你怎么看待这个现象？西门子电力传输与配电公司一间工厂的培训主管这样假定：他们也许在闲聊高尔夫球活动。该工厂位于北卡罗莱纳州的温德尔，那里的管理者曾因员工频繁地小聚在咖啡屋里闲聊而感到担心。但是现在他们不再这样担心了，他们认为这也是工作活动。

事实上，职场发展中心（Center for Workplace Development）进行的一项两年研究发现，员工工作中所需的知识70%来自非正式渠道。考虑到该项研究结论，西门子的管理者要求主管重视非正式群体，甚至在午餐室安装投影仪和放置办公用纸，方便这些非正式群体交流信息。

那些不能聚集在咖啡屋、地理位置分布广泛的员工又如何呢？印第安纳波利斯的ExactTarget软件公司的一名高管指出，“销售代表分布在各地，就像一座座孤岛，相互间很难接触。让每个人保持联络是一项挑战。”所以当公司的75名销售代表为询问销售支持人员产品信息和客户信息而感到头痛时，公司发挥聪明才智组建了一个内联网络，让销售代表在非正式的同事对同事学习环境下提出和解决问题。

思考：

听说过虚拟人生吗？一种在线多人角色游戏，也被描述为“3D网络”或者“虚拟世界”。这些游戏或其他“社交媒体”能用来促进非正式工作合作吗？怎样运行呢？（提示：IBM和PA咨询集团等公司已经使用这种虚拟媒介建立顾客和员工的合作并进行网络招聘。）

但是有意思的是，非正式群体也可以是非常有生产率的，甚至超过正式群体。

团队的四种功能：建议、生产、项目和行动

不同类型的团队，名称各异。以下是一些比较重要的团队类型。（见表13–2。）

表13–2　团队的类型

这些团队并非相互排斥的。例如，工作团队可以是自我管理、跨职能或虚拟的。

类型	说明
跨职能团队	团队成员来自不同部门，如销售和生产部门，追求一个共同目标。
问题解决团队	专家组成一个临时团队专门解决某个具体问题，一旦问题解决团队随之解散。
质量圈	员工和主管自愿组成，周期性开会讨论工作和与质量相关的问题。
自我管理团队	工作单元中成员自己完成全部或大部分工作，没有直接主管，成员进行自我监督。
高层管理团队	团队成员由首席执行官、总裁和部门最高主管组成，致力于帮助组织实现其使命和目标。
虚拟团队	成员通过计算机网络互动，合作完成项目。
工作团队	小组成员需要合作努力完成共同任务；团队的功能包括建议、生产、项目和行动。

通过理解不同类型的组织，你能获益很多。工作团队，即成员通过协作努力完成共同任务的团队，按照它在组织中发挥的功能，可以划分为建议团队、生产团队、项目团队和行动团队四种类型。

1. **建议团队**　它是为管理决策提供信息的团队。例如委员会、审核小组、顾问团、员工参与小组和质量圈。

2. **生产团队**　生产团队负责执行日常工作任务。例如采矿队、航班机组人员、维修队、流水线小组、数据处理团队和制造小组。

3. **项目团队**　项目团队致力于创造性地解决问题，通常借助**跨职能团队**（cross-functional team）——由不同部门的专业人员为实现一个共同目标而组成——成员的专业知识来完成。例如任务小组、研究小组、规划小组、建筑师团队、工程小组和发展团队。

4. **行动团队**　行动团队以任务为中心，要求成员具有（1）专业技能、（2）高水平的合作精神，正如一支棒球队是由相互协作的专业球员组成的。常见的例子如医疗团队、飞机驾驶舱人员、登山探险队、反恐特警队和劳动合同谈判小组。

自我管理团队：员工进行自我监督

为了了解团队如何工作，先来看看自我管理团队。这类团队由**质量圈**（quality circles）——员工和主管自愿组成，周期性开会讨论工作和与质量相关的问题——发

展而来。典型的例子,如一个10到20人的小组一个月举行一至两次60到90分钟的会议,有管理层听取演讲。对成员来说,重要的回报在于这是有意义的参与和技能培训机会。

在许多地方，比如马来西亚的德州仪器工厂，质量圈已经发展为完全的自我管理团队，之前由主管领导的常规小组现在被团队成员替代了。然而，自我管理不是简单地让员工随意做自己的事情。**自我管理团队**（self-managed teams）定义为其成员对自己的工作领域进行行政监督的群体。行政监督涉及计划、安排、监控和配置人员等活动。《财富》1000强企业中近70%创建了自我管理工作团队。

自我管理团队是行为科学和管理实践发展的产物。它的目标在于提高生产率和成员的工作质量。过去的管理者与被管理者之间清晰的界限模糊了，现代组织中员工被赋予了更大的管理权和自治权。

技术和组织再造对于自我管理团队的建设十分必要。自我管理团队需要专门技术。例如，沃尔沃的团队型汽车装配厂就是依赖便携装配平台而非传统装配线。与质量圈一样，自我管理团队是组织的一个完整部分，不是一个补充，因此组织再造十分重要。人事和奖励系统也要变革以适应团队发展。人事决策可能由统一管理转变为成员直接选择他的合作伙伴，个人奖励可能让位于集体奖励，监督机制应由制度导向转为创造自由便利的工作环境。最后，应提供大量的团队训练帮助成员获得更多的技能、掌握整体业务，并学习如何更好地成为团队的一员。

13.2 群体与团队的发展阶段

主要问题：群体如何演进为团队？

本节概要

群体演变为团队可能要经历五个发展阶段：形成期、震荡期、规范期、执行期及解散期。

我们已经阐述了产品和组织会经历若干发展阶段，群体和团队同样如此。一种理论提出了它的五个发展阶段：形成期、震荡期、规范期、执行期及解散期。（见图13-1。）让我们来思考群体发展到团队的这几个阶段，注意这些阶段不一定经历相同的时间和强度。

阶段 1：形成期——“为什么我们在这里？”

第一阶段是**形成期**（forming），即成员了解情况和相互熟知的过程。这一阶段存在极大的不确定性，因为成员们努力打破坚冰，找出谁是领导者以及明确群体目标。譬如，当你将成为某个团队的一员，这个团队正致力于一个项目，作为个人关心的

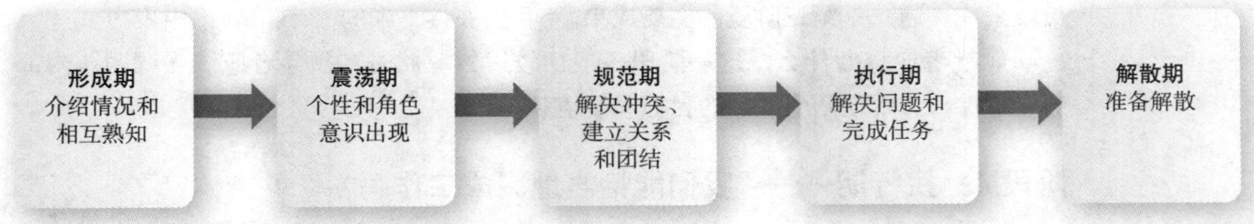

图 13–1　群体和团队发展的五个阶段

问题是“我在这儿合适吗？”，而群体关心的问题是“为什么我们在这儿？”

在这一阶段，成员间互信程度低，在谁负起责任及如何相处上都有所保留。如果正式领导者不能显示他（她）的权威，那么最终会有人取代其满足群体对领导和指示的需要。

领导者应该做什么　领导者常把这段蜜月期错认为能对成员实施永久性控制的命令，但是随之而来的问题会改变其想法。在这个阶段，团队领袖应该为各成员提供相互认识的时间，使成员建立个人关系。

阶段 2：震荡期——“为什么我们要为谁做什么以及谁负责而争论？”

第二阶段是**震荡期**（storming），团队成员的个性、角色意识以及由此而产生的冲突开始显露出来。这个阶段个人关心的问题是“我在这儿的角色是什么？”，而群体关心的问题是“为什么我们要为谁做什么以及谁负责而争论？”这个阶段也许只持续很短时间，也许很长，关键在于群体目标的明朗化和成员是否能达成共识。

这是一个测试阶段。个体在尝试确定如何适应组织的同时测试领导者制定的政策和制度。次级团队在这个阶段形成，伴随轻微的反抗，如延迟交货等。很多群体由于次级团队对政策的抵制公然化，使团队一直处于震荡阶段。

领导者应该做什么　在这个阶段，领导者应该鼓励成员提出建议，表达不同意见，消除大家对于团队任务和目标的不同观点。

阶段 3：规范期——“我们能在团队的成员角色和任务上达成一致吗？”

第三阶段是**规范期**（norming），矛盾得到解决，亲密的关系得以建立，团队达到和谐与统一。这个阶段个人关心的问题是“其他成员期望我完成什么？”，而群体关心的问题是“我们能在团队的成员角色和任务上达成一致吗？”注意，这时群体可能会转变为团队。

团队就成员做什么和如何去做建立规范标准，所以团队开始关注这些问题，例如参加例会、迟到、未能完成任务和成员间如何相处。

由于群体中受大家崇拜的人往往并非领导者，使得群体面临权力斗争等挑战，因此经历了第二阶段的群体通常要建立规范来化解这些问题。对权威的质疑要在一种非情绪化、实事求是的群体讨论下解决。当团队成员认为他们找到了合适的角色，那么团队精神也因此建立起来了。**群体内聚力**（group cohesiveness），即感觉群体成员凝聚在一起，是第三阶段的主要成果。（我们在接下来的13.3节讨论内聚力。）

领导者应该做什么 这一阶段一般比较短暂。此时，领导者应该强调团队内部的一致性，并帮助阐明团队的目标和价值观。

阶段4：执行期——“我们能恰当地完成工作吗？”

在**执行期**（performing），团队集中精力解决问题和完成上级下达的任务。这个阶段个人关心的问题是“如何最佳发挥自己的角色？”，而群体关心的问题是“我们能恰当地完成工作吗？”

领导者应该做什么 这一阶段领导者应该授予成员完成工作任务所需的权力。

阶段5：解散期——“我们能帮助成员过渡吗？”

最后一个阶段是**解散期**（adjourning），团队成员准备解散。成员和谐地相处，共同完成任务，一旦团队解散大家都会有种失落感。这个阶段个人关心的问题是“下一步干什么？”，而群体关心的问题是“我们能帮助成员过渡吗？”

领导者应该做是什么 团队领导者可以以仪式的方式纪念团队的解散和迎接新的开始来帮助成员过渡，比如在重要团队项目结束后举行晚会、颁奖仪式、毕业典礼等。领导者可以强调每个成员要从此次群体活动中吸取宝贵的经验，为将来的团队做准备。

13.3 建立高效团队

主要问题：管理者如何建立一支高效团队？

本节概要

两种类型的变革是被动变革和主动变革。影响变革的因素既包括组织外部的力量，如人口特征、市场变化、技术改进以及社会与政治压力；也包括组织内部的力量，如员工问题和管理者行为等。

在一个组织中，你可能发现管理者常常主观地认为将任何一群人聚集在一起就是一个团队。由于传统的管理者不愿意下放控制权，因此也更不会考虑为“团队”（其实只是群体）提供培训和支持。也就是说，在没有群体成员逃离和对群体失去控制的情况下，管理者对于扩大成员的交际技能、实施薪酬创新或者鼓励其独立性方面没有做出努力。

因此，作为管理者，需要认识到的首要事情是，建立一支高效团队需要采取一些行动。如果成功，回报将会是一个更强大和更高绩效的工作单元。

影响群体转变为高效团队的因素有:(1)绩效目标和反馈:(2)共同责任的驱动;(3)规模;(4)角色;(5)规范;(6)内聚力;(7)群体思维。

绩效目标和反馈

作为个体，你毫无疑问更喜欢可衡量的目标，以及对工作绩效的反馈。团队也是如此。团队不仅仅是一群个体的简单组合，它由一些为实现共同目标的个人组成，并且这个目标应该界定为具体和可衡量的绩效目标，且能对团体成员的表现提供持续的反馈，让他们知道自己的表现如何。

一个典型的例子，就是在电视上看到的在印第安纳波利斯或代托纳海滩举行的赛车。当赛车手将车开到维修站，其他人员立刻云集过来，迅速用千斤顶把车顶起来，更换已损轮胎、加油和清洗挡风玻璃，所有的操作只在几秒钟便完成了。团队的目标就是尽可能快地使赛车重回比赛轨道。操作所花费的时间——也就是赛车手重回比赛时相对竞争对手的位置，能说明他们团队协作完成得如何。

共同责任的驱动

你是独自一人还是身为群体一员时工作更加努力？当团队有了清晰的绩效目标，成员认为这项工作是意义重大的，相信努力会有结果，没有感觉被其他成员排斥，这样一种文化能促进团队合作。团队成员共同负责而不仅仅服从上级能使他们感受到互信和承诺,这是激励成员为团队努力工作的重要因素。为了培养团队的这种文化，管理者应允许员工自主招聘新成员。

规模：小团队还是大团队？

团队的规模，通常由团队的目标决定，它在影响成员的承诺和绩效方面起重要作用。在扁平化组织中，群体可能包括30名或更多成员，而团队一般在2—16人之间，并且5—12人的团队规模通常是最可行的，5—6人的团队规模被认为是最佳的。一项对美国400个工作团队的调查显示，平均团队成员规模为10人，而8人规模最为普遍。

虽然团队成员规模的确定是有点随意的，但是大团队和小团队有各自的特点。

小团队:2—9名成员有更好的互动和斗志　9个人或更少成员的团队有两个优点:

- **更好地互动**。相比大团队，小团队的成员能更好地相互影响，分享信息，提出问题和共同协作。特别是5人以下的团队，为个人讨论和参与提供了更多的机会。
- **更高的斗志**。成员能更好地观察到个人在团队中的贡献价值，从而有更高的忠诚度和满意度。成员没感觉被排斥。团队领导者受到更少且更非正式的要求。

然而，小团队也存在一些缺点：

- **更少的资源**。成员人数少，他们也面临更少的资源，比如知识、经验、技能和完成团队任务的能力都可能相对缺乏。
- **可能较低的创新性**。同事压力的作用使得小团队缺乏创造性和冒险精神。
- **不公平的任务分工**。由于资源和专业优势不同，团队成员可能遭受不均等的任务分工。

大团队：10—16名成员有更多的资源和合理的劳动分工 相比小团队，10—16人的大团队有些优点：

- **更多的资源**。大团队拥有更多的资源，比如更多的知识、经验技能、能力和时间。这能帮助员工实现团队的目标。
- **合理的劳动分工**。另外，大团队能利用劳动分工的优势，团队任务能分成若干部分分配给适合的员工。

但是大团队也存在缺点：

- **更少的互动**。团队成员较多，则彼此之间互动、分享信息和相互协作的机会

案　例　团队规模：最佳成员个数是……

在两位学者的眼里，团队规模的话题让越来越多的人着迷，因为“在过去的十年，团队在各种组织中开始普遍应用，随之对团队效率的研究也开始了。”一个团队的最佳人数是多少？不同的公司有不同的规定。在亚马逊，有一个“两个比萨法则”，也就是说，如果两个比萨都不能满足一个团队，那么这个团队规模过大。其他公司的团队也有他们的理想规模：Titeflex是6—10人；EDS是8—12人；约翰逊维尔食品公司（Johnsonville Foods）是12人；沃尔沃公司是20人。微软认为其软件开发团队最佳规模是8人。

哈佛大学社会和组织心理学教授理查德·哈克曼（J. Richard Hackman）认为他的学生组成的项目小组的最大规模不能超过6人。1970年，哈克曼和他的同事尼尔·维德马（Neil Vidmar）开始研究团队的最佳规模，他们询问了各种大小不同的团队，了解他们的团队规模是否过大或过小，最后得出结论最佳人数是4—6人。

然而，规模并不是团队唯一要考虑的因素。例如，沃顿商学院管理学教授凯瑟琳·克莱因（Katherine J. Klein）认为团队任务是关键因素，因为它决定了完成任务所需的技能和合作形式。

思考：

如果你曾经参与过团队，那么以你的经验而言团队的规模多大为好？在增加成员到多少人时开始破坏团队的绩效，使得成员工作积极性减弱和团队的合作更加困难？

就少。员工倾向于被领导，因此团队领导者可能是正式的和独裁的。而且大团队可能导致内部结党成派。

- **更低的斗志**。成员较难观察到个人在团队的贡献价值，从而表现为更低的忠诚度和满意度，并且流失率和缺勤率提高。他们会表达更多的不满和抵抗，对领导者有更多的要求。
- **社会懈怠**。团队规模越大，团队绩效可能越低，这归因于有名的**社会懈怠**（social loafing）现象，即个人在群体工作时的付出会少于他独自工作时的付出。（今天，社会懈怠者更倾向于被称作拖后腿者，《商业周刊》的专栏作家杰克·韦尔奇认为，组织中的精英一旦发现这种人的出现，就应该在他们将自己的负面影响带入整个团队前处理。）

角色：期望团队成员有怎样的行为

角色（role）是指个体在特定位置被期望的行为表现。作为团队的一名成员，你的角色是参与实现团队的目标。基于团队、组织和自身的期望，团队成员建立他们自身的角色，并承担不同的任务。比如，你也许是团队领导者，有些人也许负责完成工作任务，还有一些人负责与其他团队联络。

两种类型的团队角色是：任务型角色和维系型角色。

任务型角色：完成工作　执行**任务型角色**（task role）或以任务为导向的角色将其时间和精力花在帮助团队完成任务。任务型角色保持团队的运作和任务的完成。如果你在一个团队会议中谈到“这里真正的问题是什么？我们似乎没有什么进展，”那么你正在执行任务角色。

例如：协调者，汇集团队人员的想法和建议；指导者，引导团队实现既定的目标；发起者，提出新的目标和想法；鼓动者，激励团队采取行动，完成更多任务。

维系型角色：将成员维系在一起　执行**维系型角色**（maintenance role）或以关系为导向的角色致力于促进团队成员间的人际关系。维系型角色负责维持团队成员。如果某人在一个团队会议中谈到“让我们听取那些反对这个计划的成员的意见，”那么他或她正在扮演维系型角色。

例子：鼓励者，表扬团队人员的各种观点，促进群体稳固性；标准制定者，评估团队进展的质量；调和者，通过和解和幽默调和群体冲突；妥协者，为减少冲突而让位自己的想法。

规范：针对团队成员的非书面规则

规范比角色更具包含性。**规范**（norms）是指大多数群体或团队成员共同遵守的行为指南或规则。规范界定了可接受和不被接受的行为的界限。尽管规范是非书面和非公开的，但是它对群体和组织行为有重大影响。

为什么需要执行规范：四个原因　促使群体或团队成员加强规范的四个原因：

案例 团队规范：钢铁制造商像对待所有者一样对待工人

纽柯公司（Nucor Corporation）在阿肯色州希克曼的炼钢厂的电网遭受损坏时，电工从亚拉巴马州和北卡罗莱纳州的纽柯工厂开车或乘飞机过来。没有上级主管要求他们这样做，也没有任何财务上的直接奖励促使他们牺牲自己的周末时间来帮忙。这些电工们仅仅在遵循团队的规范。正如《商业周刊》的文章谈到，“他们赶来是因为纽柯公司的扁平层级和放权给前线工人促使他们的员工接纳了作为所有者的心态。”

纽柯的这种亲密文化来自于前任首席执行官肯尼思·艾弗森（F. Kenneth Iverson）的洞察力：如果员工受到尊重，被给予自主权利和丰厚的回报，那么他们会做出格外的努力。《商业周刊》评论说，纽柯不是遵循数十年来传统的美国商业最普遍的命令和控制管理模式，而是管理者通过与员工交流、倾听员工心声、敢于让员工冒险尝试、接受偶尔的失败这些方法激励员工。

完成好工作是有回报的——比如生产无次品的钢材能增加工人两倍的工资——但是没有完成好工作同样也要受到惩罚，他们连正常的红利都不能得到。工资与团队建设密切关联，红利不仅与特定项目绩效有关也与公司整体绩效相关。在公司各工厂间不仅存在适度的竞争也有合作和思想交流。结果是：纽柯在2008年被美国金属市场（American Metal Market）评为最佳钢材制造商，在美国生产最多的钢材；《商业周刊》在2005年和2007年将纽柯位列年度最佳绩效公司排名第一名和第四名。

思考：

你能想出在哪些行业应用纽柯公司加强团队规范的模式不会那么有效吗？如果美国是制造企业、汽车制造商以及一些航空公司复制纽柯公司的工作和薪酬规范，能恢复到过去的绩效水平吗？

- **帮助群体生存——“不做任何伤害群体的行为。”**建立规范能帮助群体、团队或组织生存。

  例子：你所在团队的管理者可能会赞扬你，因为你确保了团队的急救设备准备得很好。
- **明确角色期望——“你需要遵守规定以完成角色期望。”**建立规范能帮助明确和简化角色期望。

  例子：国会的新成员曾经想推翻旧体制，即将重要委员职位任命给老资历人员的一种机制，但是他们被说服遵守规定以便完成他们的国会生涯。
- **帮助个人避免尴尬处境——“不能仅关注自己。”**建立规范能帮助群体或团队成员避免窘境。

  例子：在给高层管理者汇报时，如果你总是试图在讨论中占主导，那么你会遭遇同事的嘲笑（“你是团队的一员，而非炫耀者”）；当你在与顾客交谈时，不应涉及宗教或者政治话题，因为他们的观点也许与你不同。

- **强调群体的重要价值观和身份——“我们作为一个团队应该有特点。”**最后，建立规范能帮助群体或团队注重核心价值观并加强其独特身份。

  例子：诺德斯特龙百货公司竭尽全力提高客户服务；每年一所大学会给学生评选出的最佳教师颁奖。

内聚力：团结的重要性

团队的另一个重要特征是团队的**内聚力**（cohesiveness），指群体或团队团结在一起的倾向。比如，当你成为排球队、兄弟会或者女子联谊会的一员，或者是公司的销售人员，内聚力就是一种感受到团队团结或者以“我们”而存在的感觉。

管理者通过这些行为能提高内聚力，如允许工作小组成员自主选择他们的搭档，允许工作之余的社交，并且促使成员认识并欣赏他人对团队目标的贡献。团队内聚力也能通过这些方法实现，比如缩小团队规模，确保绩效标准清晰和可行，并遵循下表中给出的建议。（见表13-3。）

表13-3　建立协作团队的方法：八个导向成功的因素

1. **投资构建和谐人际关系。**管理人员可以通过作出高度可见的投资来鼓励协作行为——鼓励天窗式的交流。例如，展现他们对协作的承诺。
2. **树立协作行为典范。**在那些高层管理人员展现出高度协作行为的公司，团队协作得很好。
3. **创建一个“赠予文化”。**指导和辅导——尤其是以非正式形式——帮助员工构建他们需要跨越公司界限工作的网络。
4. **确保必要的技能。**人力资源部门教导员工如何建立人际关系，如何沟通顺畅，如何解决冲突等，对团队协作有重大影响。
5. **支持强烈的群体意识。**当人们感受到群体意识时，他们能更舒适地接触他人，更能分享知识。
6. **配备任务导向兼关系导向的团队领导者。**传统的争论集中在任务导向和关系导向哪个能创造更好的领导力，但实际上它们都是成功领导一个团队的关键。通常情况下，在项目一开始更多地倾向于任务导向，一旦工作全面展开逐渐向关系导向转变，这样效果最好。
7. **构建继承关系。**当太多的团队成员是陌生人时，人们可能不愿意分享知识。最好的做法是把一些互相认识的人放到团队中。
8. **理解角色清晰性和任务模糊性。**当团队成员个人的角色被严格界定，而团队如何完成任务的途径较模糊时，协作增加。

资料来源：Reprinted by permission of *Harvard Business Review*. Exhibit from “Eight Ways to Build Collaborative Teams,” by L. Gratton and T. J. Erickson, November 2007. Copyright © 2007 by the Harvard Business School Publishing Corporation; all rights reserved.

群体思维：当同伴的压力阻止“开拓性思维”

内聚力并不总是好的。心理学家**欧文·贾尼斯**（Irvin Janis）认为，可能产生一个不好的副产品，即**群体思维**（groupthink）——一个有凝聚力的团体盲目地不愿意考虑其他选择的现象。在这种现象中，团体或团队成员是友好和紧密的，但他们没有开拓性思维。贾尼斯说，“追求全体成员的一致性阻碍他们切合实际地评价备选行动方案。”

例如：美国参议院情报委员会说，群体思维是美国入侵伊拉克的主要因素，因为政府中的太多人倾向于共同的想法，因此未能挑战有关伊拉克拥有武器能力的基本假设。

但是，这不能说群体的意见总是有风险的。事实上，金融作家《群体的智慧》（*The Wisdom of Crowds*）的作者詹姆斯·索罗维基（James Surowiecki）说：“在恰当的环境下，群体非常聪明，而且往往比他们中最聪明的人聪明。”作为证据，他引用群体如何被用来预测美国的总统选举、找到丢失的潜艇、使体育赛事传播准确无误。

群体思维的征兆 你如何知道你处在一个正遭受群体思维影响的群体或团队中？下面是一些征兆：

- **无可反驳、固有的道德准则、对反对的成见**。由于观点似乎无可辩驳，群体成员幻想没有任何东西出错，滋生过度乐观和冒险精神。成员也可能由于过度自信他们行为的正确性，而忽略了其决策的道德风险。这些信念在对反对的成见中被助长，这会导致团体低估对手。
- **合理化和自我审查**。合理化原则使一些建议不经过质疑便通过群体决策。自我审查也扼杀了关键的辩论。当然，与成功争辩会特别难。但如果有足够的关键人物，例如外界分析师，在它看起来发展得很好时挑战能源巨头安然，就可能不会导致历史上最大的公司破产案。
- **全体一致的错觉、同伴压力和心理防范**。全体一致的错觉，是沉默被理解为同意的另一种说法。但是，如果人们不同意，同伴压力会导致其他成员质问持不同意见者的忠诚度。此外，在群体思维的情况下可能存在被称为心理防范的一些人——自我指定为反对不良信息的保卫者。
- **群体思维与“群体智慧”**。群体思维以一种服从的压力为特征，这种压力会导致持有不同意见的成员进行自我审查——是群体智慧的反面，詹姆斯·索罗维基说，“在群体智慧中每个人都提供其最好的独立预测。这与妥协或一致毫无关系。”

群体思维的结果：决策缺陷 拥有适度凝聚力的群体往往比低或高凝聚力的群体有更好的决策。高度凝聚力的群体成员由于受群体思维的迫害而作出最差的决策——即使他们在这些决策上表示出极大的信心。

群体思维导致的决策缺陷如下：

- **备选方案减少**。群体思维的主要伤害是思维空间的萎缩。决策基于较少的选择作出。一旦最优的选择被决定后，它们不再被复查，当然，被排除的选择也不再被复查。
- **其他信息的限制**。当一个有群体思维的群体已作出决定，其他人的意见，甚至是那些专家的意见，都被拒绝了。如果新的信息被考虑，也会偏向群体之前的观点。因此，假如决策被证明是错误的，就没有权变计划。

预防群体思维：允许批评和其他观点 贾尼斯认为，预防群体思维比治疗它容易。他建议以下预防措施：

- **允许批评**。每一个团队或群体成员应被告知是一个关键评价者，能够积极地提出反对和质疑。群体内的子群体应该被允许讨论和争论想法。一旦达成共识，每个人都应该被鼓励重新考虑他的观点来检查漏洞。
- **允许其他观点**。应该引进外部专家来提出新观点。不同群体的不同领导人应该探索同样的政策问题。高层管理者不能作出未经政策委员会审查就批准的决策。当主要的可选方案被讨论后，有人应作为抬杠者，努力发现所有的负面因素。

案 例 群体思维：戴尔是一匹“只会一招的黑马”吗？

戴尔公司通过一个核心理念成为一个成功的传奇：成为一个精干、出色的直销机器。它使用“戴尔直销”的口号，通过超高效地获取和组装部件（供应链管理）并通过互联网直接销售给消费者，使个人电脑变得很便宜。

然而在2006年，销售开始下降，因为竞争对手加速了他们的努力而且市场转向远离戴尔关键优势的领域。不过，戴尔仍然坚持自己的方式，降低成本以至于他们的客户服务和产品质量受到影响。一个对手说，“戴尔是一匹只会一招的黑马。这是一个超过10年的伟大招数，但我们其他人已经理解了它，而戴尔还没有投入利润来创造一个新招数。”甚至早在2003年，戴尔公司披露了其商业模式的局限。“有这样一些组织，其中的人们如果发明一种新东西，他们就认为自己是个英雄，”当时的首席执行官凯文·罗林斯说，“成为一个戴尔的英雄意味着节省资金。”

戴尔群体思维的深度在新想法不被鼓励的程度上被揭示。一位前经理说，“你必须非常自信、厚脸皮地停在一个不受欢迎的问题上。许多红旗挥动了，但只有一次。”《与达尔文打交道》（*Dealing with Darwin*）的作者杰弗里·摩尔补充说：“戴尔的文化也不是激发灵感的或者梦寐以求的。现在到了他们需要富有想象力的时候，但戴尔的文化只是想谈执行。”最近，一位分析师投给戴尔“2008年最差的股票”一票，主要是因为公司过度依赖在美国的销售，加剧竞争，而且——值得一提的是——缺乏创新产品。

思考：

群体和团队合作的首要性“是如此根深蒂固以至于我们很少停下来想一想，”《公司》杂志的一位作家说。不过，他补充说，“在许多情况下，个人独立做会更好。我们对群体的偏见会适得其反。”如果你是在得克萨斯大学宿舍里创建公司的董事长迈克尔·戴尔，你会怎么做来打破戴尔的群体思维文化？

13.4 冲突管理

主要问题：冲突是不可避免的，管理者如何了解冲突并成功处理？

本节概要

冲突是工作场所的普遍现象，指一方认为其利益受到另一方反对或负面影响的过程。冲突可以是消极的或者建设性的。实际上，过多或过少冲突都影响绩效。本节指出了组织冲突的七个来源，还描述了四种激发建设性冲突的方法。

“这些年来我解雇了很多员工，”一名管理者给一位意见专栏作家写道，“但现在有一个家伙让我害怕。现在有很多的暴力事件，我怕这家伙可能变成暴力狂。”

当然，解雇会产生强烈的情绪，容易引起冲突，尽管被解雇的人很少“失控”——变成暴力狂，报复别人。事实上，美国工作场所杀人事件在1993年至2002年是下降的。（每个星期约16名工人在工作中被杀害，但很少是被愤怒的同事或以前的同事杀害；大约82%的工作场所杀人事件发生在抢劫或其他犯罪过程中。）然而，员工解雇——随着工作量的增加，对更高生产率的要求和其他各种压力——都属于冲突的来源。

冲突的性质：分歧是正常的

提到冲突，很多人想到大喊大叫和打斗。但是作为一个管理者，在一个典型的工作日期间，你将遇到更加微妙的、非暴力类型的冲突：反对、批评、争论。因此，冲突的定义似乎相当广泛：**冲突**（conflict）是一方认为其利益受到另一方反对或负面影响的过程。冲突仅仅只是分歧，其存在是完全正常的。冲突可能有多种形式：个人之间、个人和群体之间、群体之间、群体内部、组织和其环境之间。（要了解你自己的冲突管理风格是什么，请看本章最后的自我评估。）

虽然我们希望过着没有冲突的生活，但现在认识到，某些种类的冲突其实是有益的。因此，让我们区分消极冲突和建设性冲突。

- **消极冲突——对组织有害**。从组织的角度看，**消极冲突**（negative conflict）是阻碍组织绩效或威胁其利益的冲突。作为一名管理者，你需要尽可能避免消极冲突——有时也被称为功能失调冲突。
- **建设性冲突——对组织有益**。冲突中有益的类型是**建设性冲突**（constructive conflict），有利于组织的主要目标实现，为其利益服务。这种冲突——也称为功能性冲突或合作性冲突，在一些条件下被认为是有益的。

案　例　消极和积极的冲突：令人讨厌的老板有更好的绩效吗？

在电影《穿普拉达的恶魔》中，梅丽尔·斯特里普饰演令人恐惧的时尚杂志主编，她让她的助理恐惧得颤抖。这个描绘是真的吗？产妇服装设计师、同时是编辑助理的利兹·兰格说，“如果你恰巧为不合适的编辑工作，你会发现自己在做他们孩子的作业或正在浴室里大叫、哭喊。”不幸的是，这种独裁很普遍，根据Zogby国际的一项调查，37%的美国工人说他们在工作中被欺负。

这种消极的冲突能否取得满意的结果？令人惊讶的是，往往能。一项随机抽取373名员工的研究发现，尽管在面对虐待型的老板时，有些人的反应是做很少或什么都不做，但是其他人表现得更好——部分是为了使自己看起来好，让其他人看起来更差。然而，其他研究表明，虐待在走下坡路，当主管觉得他们受到不公正的对待时，他们可能通过谩骂那些向他们汇报的人来发泄不满。下属通常选择回避，较少选择对抗来应付，在任何情况下都不可能对组织感到忠诚，对外界说不利于公司的话，同时在其他地方寻找工作。

斯坦福大学组织心理学家罗伯特·萨顿发表了一篇短文，他呼吁组织通过采用他所说的“无混蛋规则”，来促进更多的文明（尽管他使用的是比“混蛋”更有力的词），他收到的电子邮件比在其他研究课题上收到的更多，表明问题已经触及神经。他说，混蛋可能无处不在，但关键是要让参加雇佣决策的每一个人都清楚，有较强能力但看不起其他人的候选人在任何情况下都不会被雇用。此外，羞辱、奚落、侮辱性取笑、粗暴打断应该尽快被处理，最好被公司中最受尊重和最有权力的成员处理。

思考：

你是否曾经为混蛋工作过？（或者像萨顿把这类人叫做“暴君、欺凌弱小者、粗野的人、破坏家、心理虐待者”）你是如何回应他们的？

过少或过多冲突能影响绩效吗？

人们很容易认为，一个没有冲突的工作组是一个快乐的工作组，这确实有可能。但这是不是一个高效的小组呢？20世纪70年代，专门研究组织行为的社会科学家提出了革命性的思想——组织可能会从过少冲突中遭受损失。

- **过少冲突——懒散**。工作组、部门或组织经历过少的冲突容易被冷漠的气氛、缺乏创造力、优柔寡断和错过最终期限所困扰。结果是组织绩效受到影响。
- **过多冲突——斗争**。另一方面，过多的冲突，会削弱组织绩效，因为会出现政治斗争、不满、缺乏团队合作和人员流失。工作场所的侵犯和暴力是冲突过度的表现。

因此，适度水平的冲突能诱发创造性和主动性，从而提高绩效，如图所示。（见图13–2。）但是，正如人们所料，至于什么是“适度”，不同管理者有不同的想法。

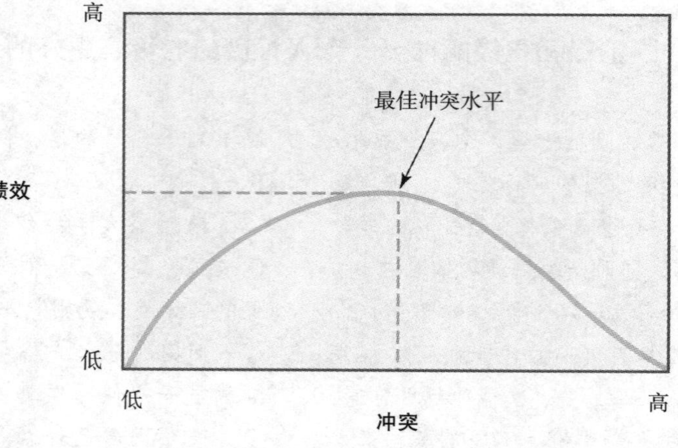

图13-2 冲突水平与绩效水平的关系

过少冲突或过多冲突会使绩效遭受损失。

冲突的七个起因

冲突有许多不同的来源——即所谓的冲突诱因。七个主要的原因如下。通过了解这些，你能够更好地掌握和控制冲突，而不是让冲突出其不意掌握你。

1. 对稀缺资源的竞争：当双方需要同样的东西时 组织内经常存在着重要的稀缺资源——例如，资金、办公场地、设备、员工和奖励基金等。当资源匮乏时，做一个管理者变得更加困难，而且产生冲突的可能性更大。

例如：电脑软件故障很多，但没有足够的程序员解决这些故障。

2. 时间压力：当人们认为没有足够的时间完成工作时 设置最后期限是诱使人们来执行的有效途径。如果员工认为他们的管理者有不切实际的期望时，这可能成为不满、愤怒和冲突的来源。

例如：如果你参与百货公司和礼品店营销圣诞商品的业务，那么你必须为买家会出现的贸易展准备好你的商品。但是，产品展销的最后期限对于公司的生产部门来说可能是完全行不通的，会导致愤怒的冲突。

3. 不一致的目标或奖励制度：当人们追求不同的目标时 对功能性组织中的人来说，追求不同目标和相应奖励是很自然的，但是这意味着冲突实际上在组织中形成。

例如：一个大学教科书出版商的销售经理会因新出版书籍上的优异销售额而得到奖励。但个别销售人员是根据他们总共卖出多少书而被奖励，这意味着他们极力促销以前的旧书目。

4. 模糊的管辖权：当工作界限不明确时 “这不是我的工作，那些不是我的职责。”“那些资源属于我，因为它们是我工作的一部分。”当工作职责不明确时，经常会导致冲突。

例如：酒保和服务员谁负责把酸橙放在杜松子酒里，把奎宁水放在血腥玛丽里？管理层和工会谁应该对工作规则负责？营销部门和研发部门谁应该建立焦点小组来进行新产品想法的探索？

5. 地位的差异：当权力和影响力不一致时 根据组织结构图，较低地位的员工所拥有的权力与其上司拥有的权力不成比例时，也会导致冲突。

例如：如果某家餐馆顾客抱怨其牛排并不是半熟的，厨师是做牛排的人，但地位较低的服务员却是给厨师旨意的人。没有航班人员和地勤人员一定数量的加班工作，航空公司就不能保证他们的时间表按计划进行。但在劳动争议中，飞行员、乘务员和技师完全可以拒绝经理额外工作时间的要求。

实际行动　处理分歧：五种冲突处理风格

即使作为管理者，与群体和团队一起工作也会时常把你置于分歧中，有时甚至是破坏性冲突。你应如何处理？

有五种冲突处理风格或者技术，管理者可以用来处理个体之间的分歧。根据你的经验，哪一种风格你最有可能使用？

回避——“也许问题会消失”

回避包括忽视或抑制冲突。回避适合琐碎的问题，如当情绪很高，需要一个冷静期，或当对抗成本超过解决冲突的利益时。回避不适合困难或日益严重的问题。

这种方法的好处是，它在展开和模糊的情况下赢得了时间。缺点是，它仅是一个临时的解决方法并且回避了根本问题。

包容——“让我们按你的方式做”

包容的管理者也称为“温和的”或“乐于助人的”管理者。包容允许对方的愿望实现。正如一位作家所说：“乐于助人的人忽略他自己关注的事，以满足对方关注的事。”当可能最终得到回报或问题对你不重要时，包容可能是一个适当的冲突处理策略。包容不适合于复杂或日益严重的问题。

包容的优点是鼓励合作。缺点是它只是一个临时的解决办法，不能面对根本问题。

强迫——“你必须按我的方式做”

强迫也称为“支配”，当管理者依赖他的权威和权力来解决冲突时，强迫只是命令一个结果。当不受欢迎的解决方案必须得以落实时，当别人同不同意你的观点不重要时，强迫是合适的。

强迫的优点是速度：它可以迅速取得结果。缺点是，最后还是没有解决个人冲突，反而通过伤害感情和滋生怨恨加剧了个人冲突。

妥协——“让我们折中吧”

在妥协中，双方都为了获得一些东西而放弃一些东西。当双方有相反的目标或具有同等权力时，妥协是恰当的。但当妥协频繁使用以至于不能达到结果时，妥协是行不通的——例如，持续未能按时交货。

妥协的好处是它是一个似乎没有失败者的民主过程。但是，由于许多人以一种胜负态度妥协，他们可能会失望，感到被骗。

协作——“让我们合作达成对我们都有利的双赢方案”

协作是努力去制订对双方都有利的解决方案。协作适合于因误解而困扰的复杂问题。它不适合解决植根于相反价值体系中的冲突。

协作的优点在于它更持久的影响，因为它处理了根本问题，而不仅仅是它的征兆。它的缺点是它非常费时。然而，协作通常是处理群体和团队问题的最佳方法。

6. 个性冲突：当个人差异不能得到解决时 个性、价值观、态度和经验可以是如此不同，以至于有时解决个人差异——个性冲突——的唯一途径便是让两个人分开。

例如：你很随和，但是她很紧张和急迫？他是否总是逃避事实，而你坚持真理？如果你基本上直来直去而他很圆滑，你觉得你能让他适应你的性格吗？也许你应该要求调职。

7. 沟通失败：当人们之间存在误解时 对清晰沟通的需要是一个永无止境、持续不断的过程。即使在最佳情形下，人们也可能因误解他人而导致冲突。

例如：惠普聘请了一家咨询公司探讨收购电脑制造商康柏，在一次关键领导层会议上，咨询师给了惠普董事会成员一份两家公司的文件进行讨论。然而，一个重要的董事会成员、惠普创始人之一的儿子沃尔特·休利特（Walter Hewlett）没有到场。他在别的地方演奏大提琴——这每年一度的事情他在过去的三年中都出现过——并设想董事会将包容他，就像过去一样。但是，董事会事先认为休利特不会缺席这么重要的会议。事实证明，这成为惠普管理层的关键失误。沟通失误最终导致休利特和惠普高层之间，包括首席执行官卡莉·菲奥莉娜的斗争。拥有18%股份的休利特，对菲奥莉娜把他描绘成对董事会决策漠不关心的音乐家和理论家感到很不愉快。

如何激发建设性冲突

作为管理者你不仅要管理冲突，而且也要创造出一些建设性的和适当的冲突，目的是激发绩效。如果仔细监控，建设性的冲突可以在许多情况下非常有成效：如当你的工作团队似乎患有惰性和冷漠，导致低绩效时；当缺乏新思想和抵制变化时；当工作单元中似乎有很多应声虫时（表现出群体思维）；当人员流失率较高时；当管理者似乎过分关心和平、合作、妥协、共识和他们自己的知名度，而不是实现工作目标时。

以下四个方法用于激发建设性冲突：

1. 激发员工之间的竞争 竞争当然是冲突的一种形式，但竞争往往在激发人们产生更高绩效方面是有利的。因此，公司往往通过提供奖金和红利使销售人员处于相互竞争之中，比如表现最好者可获得加勒比海度假之旅。

2. 改变组织的文化和程序 可以通过深思熟虑和高度公开的举措来改变企业文化，从而制造竞争。如对员工宣布，组织将变得更具创新性、奖励原创思维和不同寻常的想法。像文书工作等程序性过程也可以修改。成效可以通过公布奖金、加薪和晋升的有形方式得到加强。

3. 引进外人带来新视角 没有“新鲜血液”，组织成为近亲交配，且抵制变革。这就是为什么管理者通常引进外人——来自组织的不同单元的人、来自竞争公司的新员工、或者顾问。由于这些外来者的不同背景、态度、管理风格，他们可以带来新的视角，可以改变一些事情。

4. 使用程序性冲突：唱黑脸及辩证法 **程序性冲突**（programmed conflict）的目的是在不激发人们个人情感的情况下引出不同的意见。

有时决策团队变得如此陷于细节和程序以至于没有实质内容得到完成。这个想法是让人们通过角色扮演，来保卫或批评基于相关事实而不是个人情感和喜好的想法。

让人们参与到这种思想辩论中的方法，是要做好计划好的角色扮演，两种可行的方法是：唱黑脸和辩证法。

这两种方法如下：

- *唱黑脸——扮演批评角色，目的是测试建议是否可行*。**唱黑脸**（devil's advocacy）是指派某人发挥批评角色的过程，对建议提出可能的反对意见，从而产生关键思考和现实检验。

  定期进行唱黑脸的角色扮演是有益的，它是对发展分析和沟通技能的良好训练。然而，注意角色轮换，这样就不会有人承担坏名誉。
- *辩证法——对一个建议扮演双重角色，以测试它是否可行*。需要比唱黑脸多一点技能培训，**辩证法**（dialectic method）是让两个人或两个组在辩论中扮演相反角色的过程，以便更好地理解提案。结构化辩论结束后，管理者能够更好地作出决定。

无论你为哪种组织工作，你都会从了解如何管理冲突中受益。

本章小结

13.1　群体与团队概述

群体与团队是有差别的——群体是典型的管理导向，团队是自我导向。群体是两个或更多自由互动的个体，他们遵守共同的行为规范、有着共同的目标，并有一个共同的身份。团队定义为具有互补技能的人们组成的小群体，致力于一个共同目的和绩效目标，为他们共同负责的目标而努力。

群体可以是正式的，为了做对组织有成效的事情而建立，由一个领导者带领；也可以是非正式的，由寻求人际关系的人组成，没有正式任命的领导人。

团队有各种各样的类型，但其中最重要的是工作团队，工作团队从事需要协调努力的集体工作。工作团队有四种类型，根据它们的基本目的分为：建议团队、生产团队、项目团队、行动团队。一个项目团队也可能是一个跨职能团队，由追求共同目标的专家组成。

值得了解的两种团队类型，一个是质量圈——由志愿者、员工和主管等组成，通过周期性会面来讨论工作场所和与质量有关的问题。另一个是自我管理团队——定义为其成员对自己的工作领域进行行政监督的群体。

13.2　群体与团队的发展阶段

群体经过五个阶段可以演化成团队。（1）形成期：成员了解情况和相互熟知的过程。（2）震荡期：团队成员的个性、角色意识以及由此而产生的冲突开始显露出来。（3）规范期：冲突被解决，密切的关系形成，团结与和谐出现。（4）执行期：成员集中精力解决问题，完成分配的任务。（5）解散期：成员准备解散。

13.3 建立高效团队

把一个群体建设成为高效团队的过程中，管理者必须考虑到七个因素。

（1）必须树立可衡量的目标，对成员的绩效提供反馈。

（2）必须通过使成员相互负责来激励他们。

（3）必须考虑什么样的规模是最优的。有9名或更少成员的团队有更好的互动和士气，但是他们有更少的资源，可能缺乏创新，且成员之间的工作分配可能不均。有10—16人的团队有更多的资源，可以利用劳动分工的优势，但他们可能互动比较少、低士气和社会懈怠。

（4）必须考虑每个团队成员扮演的角色。角色是指个体在特定位置被期望的行为表现。团队角色的两种类型是任务型角色和维系型角色。任务型角色集中于完成团队任务。维系型角色促进团队成员之间建设性的关系。

（5）必须考虑团队规范，即群体或团队成员遵循的准则或规则。规范往往由群体或团队成员强制执行，理由有四：帮助群体生存、明确角色期望、帮助个人避免尴尬处境、强调群体的重要价值观和身份。

（6）必须考虑团队的凝聚力——群体或团队团结在一起的趋势。

（7）必须意识到群体思维，即一个有凝聚力的群体盲目自信而不愿考虑其他选择的行为。群体思维的征兆有：无可反驳、固有的道德准则、对反对的成见；合理化和自我审查；全体一致的错觉、同伴压力和心理防范；群体思维与“群体智慧”。群体思维的结果可能导致可供选择的想法减少和其他信息的限制。能预防群体思维的两种方法是允许批评和允许其他观点。

13.4 冲突管理

冲突是一方认为其利益受到另一方反对或负面影响的过程。冲突可能是消极的。然而，建设性的或功能性的冲突对组织的目标有利，为其利益服务。过少的冲突会导致懒散，过多的冲突会导致斗争。

冲突的七种起因是：（1）对稀缺资源的竞争；（2）时间压力；（3）不一致的目标或奖励制度；（4）模糊的管辖权；（5）地位的差异；（6）个性冲突；（7）沟通失败。

四种激发建设性冲突的方法是：（1）激发员工之间的竞争；（2）改变组织的文化和程序；（3）引进外人带来新视角；（4）运用程序性冲突，在不激发人们个人情感的情况下引出不同的意见。在程序性冲突中使用的两种方法是：（1）唱黑脸，指派某人发挥批评角色，对建议提出可能的反对意见；（2）辩证法，让两个人或两个组在辩论中扮演相反角色的过程，以便更好地理解提案。

管理实践　团队是ICU医疗公司财务增长的基础

美国公司热爱团队合作。但是很少有公司像ICU医疗公司（ICU Medical Inc.）这么痴迷。

在位于加利福尼亚州圣克莱门特的医疗设备制造商ICU医疗公司，任何员工都可以组成一个团队来解决任何项目。团队成员召开会议，分派任务，并自己设置最后期限。首席执行官乔治·洛佩兹（George Lopez）说，他从未否决过团队的决定，即使他不同意的时候。这些团队已经改变了生产流程，并设立了一个401（k）计划。

多数大公司给团队指定项目。而拥有1480名员工的ICU医疗公司，却允许员工自发组成团队。

内科医生洛佩兹博士在1984年创建了ICU医疗公司。到20世纪90年代初，该公司每年收入约1000万美元，正为上市做准备。公司用于连接病人静脉系统的可来福产品需求量暴涨；洛佩兹博士需要弄清楚如何提高产量。

ICU医疗公司那时只有不到100名员工，但发展迅速。“对于企业的首席执行官来说，处理高速增长和需求是一个极其艰巨的任务，”59岁的洛佩兹博士说。由于仍然自己作出大部分决策，导致他经常在办公室睡觉。

然而，在看他的儿子玩曲棍球时他有了一次顿悟。对方球队有一名球星，但是他儿子的球队与他团结在一起并且胜利了。“球队比一名球星重要，”洛佩兹博士说。他决定下放权力，让员工组成团队，希望帮助他分散决策，鼓励最接近问题的人投入。

有些经理讨厌这种想法，他的首席财务官辞职。新系统到位后，洛佩兹博士告诉员工组成团队来想办法提高产量。这没有起作用。没有领导，没有规则，“什么也不能完成，除了人们花很多时间聊天，”他说。

一年半后，他决定团队应选出领导人，这带来了巨大的进步。1995年，他雇用现在已经是人力资源总监的吉姆·赖茨（Jim Reitz），帮助他创建一个官僚作风最小化的结构。他们开发了核心价值观——“冒险”——和所谓的交战规则——“挑战问题，而不是人”。同时，ICU医疗公司开始基于成员累积工资的百分比向团队支付奖励。

这起作用了。员工投向了团队的怀抱。今天，12—15个团队每季度完成项目，通常一星期左右开一次会议。团队一般有5—7个成员，公司每季度拨出75,000美元奖励那些成功的团队。

团队带动的变化压过了高层管理人员的反对。洛佩兹博士担心成本，不愿意制订401（k）计划，但经一个团队推荐后还是同意了。他现在承认该计划有助于留住员工。

洛佩斯博士可以否决团队的决定，但他表示还没有否决过。他说，对于团队的工作，员工需要感到他们有自主权。“否决必须真的值得，”洛佩兹博士说，“因为团队可能会使公司走上毁灭之路。”

迄今为止，这种情况并没有发生。ICU医疗公司去年的收入增长了28%，达到2. 016亿美元，尽管公司预计今年的收入将下降。在过去的十年中其股价攀升了6倍多。

在ICU医疗公司，团队成员在日常工作中没有得到休息。在团队中服务，在技术上是自愿的，而一些具有特殊专长的员工被“请求”加入。“它超出你的工作，”在ICU医疗公司的十年里已经在许多团队服务的商业应用经理科琳·怀尔德（Colleen Wilder）说，“你仍然必须完成你的工作。”

奖励可以制造紧张。怀尔德女士曾拒绝与只是为了钱而加入团队的员工分享报酬。她建议按团队成员的表现来获得报酬。“我说，‘你什么也没做，那么你什么也得不到，’”她说。团队同意了。

支付系统已更改为按项目重要程度限定奖励的规模。“人们开始思考，‘我们为公司创造了整个新产品，那些家伙给餐厅刷漆，而他们要得到与我们同样多的钱？’”赖茨先生说。他鼓励员工去质疑团队是否真正实现了他们的目标，或项目是否足够重要到应得到高回报水平。

多年来，ICU医疗公司已制定更多的规则来帮助团队顺利运作。一群员工创建了一个25页的手册，具体阐述团队的运作——例如，列出8项关于“第一次会议上我们应该做什么？”——并对常见问题进行答复。团队必须把每次会议的笔录发到公司内部网上，在那里任何员工都可以提供反馈。

讨论：

1. ICU医疗公司使用的是什么类型的团队？请解释。

2. 在何种程度上这些团队是自我管理的？

3. 建立高效团队的七种技巧中的哪些被ICU医疗公司应用？请提供证据。

4. 奖励制造了ICU医疗公司中的紧张。你对公司如何处理团队和团队成员的奖励有何评价？

5. 五种冲突处理风格中的哪种被用来解决有关团队奖励的冲突？

资料来源：Excerpted from Erin White, "How a Company Made Everyone a Team Player," *The Wall Street Journal*, August 13, 2007.

自我评估　你的冲突管理风格是怎样的？

目的

1. 评估你的冲突管理风格。
2. 获得如何管理冲突的见解。

引言

是否曾有教授的观点与你自己的观点相冲突？你曾在一个群体中与某些看起来仅仅是为了引起冲突而持异议的人工作过吗？在这种情况下你是如何反应的？在本章，你了解到有五种处理冲突的方法：（1）回避——这种方法在希望抑制冲突或退缩的人中可以看到；（2）包容——这种方法在把对方的利益凌驾于自己之上的人中可以看到；（3）强迫——这种方法在依赖权力解决冲突的人中可以看到；（4）妥协——这种方法在愿意放弃一些东西来达成解决方案的人中可以看到；（5）协作——这种方法在希望实现双赢局面，努力解决冲突各方的关切和愿望的人中可以看到。这个练习的目的是要确定你的冲突处理风格。

说明

阅读下面陈述的每句话，使用以下尺度来显示你依赖每个策略的频繁程度。

1 = 几乎没有
2 = 很少
3 = 有时
4 = 相当频繁
5 = 总是

1. 无论什么事情我都能胜利完成。	1 2 3 4 5
2. 我努力把他人的需要凌驾于自己之上。	1 2 3 4 5
3. 我寻找双方满意的解决方案。	1 2 3 4 5
4. 我努力卷入冲突中。	1 2 3 4 5
5. 我努力调查和了解卷入冲突的问题。	1 2 3 4 5
6. 我从来没有逃避一个很好的论据。	1 2 3 4 5
7. 我努力促进和谐。	1 2 3 4 5
8. 我协商以获得我所建议的一部分。	1 2 3 4 5
9. 我尽量避免对有争议的问题进行公开讨论。	1 2 3 4 5

10. 当我努力解决分歧时，我会公开分享信息。	1 2 3 4 5
11. 我宁愿选择赢而不是妥协。	1 2 3 4 5
12. 我通过接受他人的建议来解决冲突。	1 2 3 4 5
13. 我寻找一个中间区域来解决分歧。	1 2 3 4 5
14. 我保留自己的真实意见，以避免反感。	1 2 3 4 5
15. 我鼓励对关注的问题进行公开分享。	1 2 3 4 5
16. 我不愿意承认我是错的。	1 2 3 4 5
17. 我努力使其他人在分歧中免于尴尬。	1 2 3 4 5
18. 我强调付出和回报的好处。	1 2 3 4 5
19. 我一开始就屈服而不是对某一点进行争论。	1 2 3 4 5
20. 我陈述我的立场，并强调这是唯一正确的观点。	1 2 3 4 5

评分与解释

在以下五个类别中逐项填入你的答复。把你的答复相加即为五个冲突处理风格中每一个的总和。你的主要冲突处理风格是你得分最高的那个。你的备用冲突处理风格是你得分第二高的那个。

回避		包容		强迫		妥协		协作	
陈述	得分	陈述	得分	陈述	得分	陈述	得分	陈述	得分
4.	______	2.	______	1.	______	3.	______	5.	______
9.	______	7.	______	6.	______	8.	______	10.	______
14.	______	12.	______	11.	______	13.	______	15.	______
19.	______	17.	______	16.	______	18.	______	20.	______
总分＝	______	总分＝	______	总分＝	______	总分＝	______	总分＝	______

问题讨论

1. 你对结果感到意外吗？为什么？请解释。

2. 你的主要冲突处理风格和备用冲突处理风格得分相似还是有很大差距？这意味着什么？请讨论。

3. 你的冲突处理风格可以在许多不同的冲突情境下使用吗？请解释。

4. 你可以改善什么技巧来更加有效地处理冲突？请描述和解释。

资料来源：The survey was developed using conflict-handling styles defined by K. W. Thomas, "Conflict and Conflict Management," in M. Dunnette ed., *Handbook of Industrial and Organizational Psychology* (Chicago: Rand McNally, 1976), pp. 889 - 935.

道德困境　当员工吸食大麻：管理者的困惑

你是呼叫中心的一名主管，与你的工作团队成员和经理保持非常良好的关系。你的一个朋友克里斯蒂娜也是一名主管，她的弟弟布雷克是她的工作团队成员。

克里斯蒂娜邀请你去她家参加生日派对，你高兴地同意了。在派对上，当你走到后院呼吸一下新鲜空气时，发现布雷克和其他几个公司员工正在吸食大麻。你已经在很多场合被你自己的工作团队告之这些人在其他社交活动中吸食大麻。

布雷克和他的朋友们不是你工作团队的一部分，你从来没有注意到他们在工作时有这样的表现。

解决困境

作为一名主管，你会怎样做？

1. 把吸毒者和这件事报告给公司的人力资源部门。

2. 不管闲事。员工不在你的团队，而且似乎并没有在工作时这样做。

3. 告诉你的老板，听听她的意见。

4. 发表其他意见，并讨论。

14 权力、影响力与领导力

你应该能够回答的主要问题：

14.1 领导的性质：施加影响

主要问题：管理者和领导者之间有什么区别？

14.2 特质理论：领导者有独特的个性特征吗？

主要问题：是什么成就了一名成功领导者？

14.3 行为理论：领导者表现出独特的行为模式吗？

主要问题：卓越领导者有相似的行为方式吗？

14.4 权变理论：领导随情境而不同吗？

主要问题：卓越领导者如何根据实际情况灵活变通？

14.5 全范围模型：运用交易型领导和变革型领导

主要问题：如何真正激励员工使其超常表现？

14.6 四种其他观点

主要问题：如果有许多方法成为领导者，哪一个最合适我？

管理者工具箱

推进你的事业：走在下一个工作岗位的前面

有一天或许你会雇用个人职业教练——那些长期以来被体育界和娱乐界明星所使用的人，现在被企业的高层人士所采用。这些人“将市场营销和谈判与管理教练和职业生涯咨询结合起来，”一名客户说。“他们规划职业生涯策略，帮助构建业务联络网，……并塑造他们的客户的形象。”

一名这样的职业发展教练是理查德·诺戴尔（Richard L.Knowdell），他是位于加利福尼亚州圣何塞的职业研究和测试公司（Career Research and Testing）的总裁。他为走在下一个工作岗位的前面提供了以下策略：

- 对你的事业负责，避免误解：是你，而不是别人，该对你的事业负责，并且这是一个持续的过程，你应该制订一个职业计划并且基于这个计划来选择。当你考虑一个新工作或行业的时候，弄清楚那个世界真正是如何运行的，而不是它的名气如何。在考虑一家你可能想要去工作的公司时，通过和其员工们谈话，找到该公司的“风格”或文化。
- 发展新能力：“从长远来看，在几个方面都比较擅长，比仅在一个狭窄的方面杰出要更有利，”诺戴尔说。“一个复杂的世界，不仅需要专业知识，而且还需要普遍和灵活的技能。”
- 预测并适应，甚至拥抱变化：学会在社会和你自己的生活中分析、预测和适应新的环境。例如，当科技改变规则时，拥抱新规则吧。
- 不断学习：“你可以在一个新主题上参加一个为期一天或两天的课程，”诺戴尔说，“首先弄明白你是否想要运用那些特定的技能，并且看看你能否擅长于此。然后，如果与你的期望相匹配，你就可以寻找一个拓展课程。”
- 开发你的人际及沟通技巧：不管有多少通信技术替代了办公场所，对有效的人际关系永远有强烈的需要。特别是要学会倾听。

讨论：你认为这五条规则哪个最重要，为什么？

本章概要

管理者和领导者之间存在区别吗？这是本章考虑的问题。我们讨论领导者权力的来源和领导者如何运用说服力来影响他人。然后我们考察以下领导理论：特质理论、行为理论、权变理论、全范围理论和四种其他观点。

14.1 领导的性质：施加影响

主要问题：管理者和领导者之间有什么区别？

本节概要

做一名管理者和做一名领导者不是一件事。领导者能够影响员工自愿追求组织的目标。领导力对组织变革十分必要。我们描述领导者可以动用的五种权力来源。领导者运用说服力或影响力的力量让其他人跟随他们。领导的五种理论将在后面的五节一一描述。

领导力是什么？它是一种任何人都可以发展的技能么？

领导力（leadership）是影响员工自愿追求组织目标的能力。汤姆·彼得斯（Tom Peters）和南希·奥斯汀（Nancy Austin）在《追求卓越的激情》一书中说，在一个高效组织，领导是在所有层级都存在的，它代表了很多事物的总和。他们认为，领导“意味着愿景、激励、热情、爱、信任、活力、激情、执著、坚持、符号的使用、当某人工作计划的内容列举出来时给予关注、完全戏剧性的事件（包括管理方案）、在各个层级打造英雄、指导、有效地监管及无数其他事情。”

管理者与领导者：并不总是相同

“管理者”和“领导者”两个词总在被交替使用。不过，正如一位领导专家所说，“领导者管理和管理者领导，但这两个活动并不完全相同。”

哈佛商学院的退休教授**约翰·科特**（John Kotter）表示，没有哪一个比另一个更好，事实上，他们是行动上的互补系统。其中的不同是……

- 管理是应对复杂的事情，
- 领导是应对变革。

让我们来考察其中的差异。

作为一名管理者：应对复杂的事情　管理是必要的，因为复杂的组织，尤其是那些能够主导经济格局的大组织，如果没有良好的管理，往往会造成混乱。

据科特所说，企业通过三种方式处理复杂的状况：

- **决定需要做的工作——规划和预算**。企业首先通过制订规划和预算来管理复杂的事情——制订使命或未来的目标，确立实现这些目标的步骤，并分配资源来完成这些任务。
- **确立完成一项议程的人员安排——组织和安排人员**。管理通过组织和配备人员来实现计划。科特说——创建组织结构和雇用合格的人员来填补必要的工作岗位，然后制订实施系统。

- **确保员工做自己的工作——控制和解决问题**。管理通过控制和解决问题来确保计划的完成，科特说。管理者通过报告、会议及其他工具来监督结果和具体计划中的一些细节。然后他们计划、组织，以保证在问题出现的时候解决这些问题。

作为一名领导者：应对变革　随着商业环境变得越来越具竞争性和不稳定性，采取与去年相同的方式（或比之前好5%）已不再是一个成功的模式了。生存需要更多变化——因此领导的需求显现出来。

领导采用三种不同方式应对未来的变化：

- **决定需要做什么——设定方向**。相比通过规划和预算来解决复杂问题，领导通过确定方向争取建设性的变革。那就是，他们需要对未来制订愿景，并且具有实现变革的战略。
- **确立完成一项议程的人员安排——统一思想**。科特说，不同于组织和配备人员，领导者关注统一思想。也就是说，他们与公司里那些能够理解愿景的人交流新方向，并且建立联盟来实现它。
- **确保员工做自己的工作——激励和鼓舞**。相比控制和解决问题，领导者努力通过激励和鼓舞来实现他们的愿景。科特说，他们针对“基本的但往往未被发掘的人类需要、价值观和情感”，来保证员工克服变革中的障碍，朝着正确的方向转变。

科特的思想是否描述了真实商业中的真实领导者？在《哈佛商业评论》召开的研讨会上，许多与会者似乎都同意这个观点。“领导的主要任务是传播组织的愿景和价值观，”联邦快递的董事长兼首席执行官弗雷德里克·史密斯（Frederick Smith）对大家说。“第二，领导者必须为他们所阐述的愿景和价值观争取支持。第三，领导者要巩固愿景和价值观。”

什么能使你成为领导者？　管理者的合法权力（我们将在下文描述）来自他们被指定的职位的正式授权。这种权力允许管理者雇佣和解雇，奖励和惩罚。管理者进行计划、组织和控制，但他们不一定有领导者的特质。

管理是一个许多人都能够学习的过程，而领导更需要有远见。正如我们说过，领导者激励他人，提供情感支持，并努力让员工团结在一个共同目标上。领导者还扮演为组织创造愿景和战略的角色，然后，管理者在其中负责执行。

你有什么能使你成为领导者？了解更多所需的技能并评估自己的领导能力，试试本章最后的自我评估。

五种权力来源

要真正了解领导力,我们需要了解权力和职权的概念。职权是执行或命令的资格,它伴随着工作产生。而**权力**(power)是能够影响他人并使他们响应命令的程度。

人们把追求**个人化权力**(personalized power)——旨在服务自己的权力——作为达到个人自私目的的方式,可能给“权力”这个词带来了坏名声。但是,还有另一种权力,**社会化权力**(socialized power)——旨在服务他人的权力。这就是你听到的诸如“我的目标是对我的社区有强大的影响”的权力表现形式。

组织内通常有五种可供领导者动用的权力来源:合法权力、奖励权力、强制权力、专家权力、威望权力。

1. 合法权力:因为个人的正式职位而影响行为 **合法权力**(legitimate power)是所有管理者都具有的,是组织中管理者的正式职位带来的权力。所有管理者都有源于自己职位的对员工的合法权力,无论职位是建筑监督员、广告客户主管、销售经理或首席执行官。这种权力可能产生积极或消极的作用——比如表扬或批评。

2. 奖励权力:通过许诺或给予奖励来影响行为 **奖励权力**(reward power)是所有管理者都具有的,就是职权赋予管理者奖励他们的下属的权力。奖励的范围可以从赞扬到加薪,从认可到升迁。

例如:“高效与人说话全在于鼓舞人心,”Lifetime电视网的总裁兼首席执行官安德里亚·王(Andrea Wong)说,她尝试使用表扬来奖励积极的行为。“当我需要对某人说一些不好的话时,总是很困难,因为我总是想要用最好的方式说出来。”

3. 强制权力:通过威胁或给予处罚来影响行为 **强制权力**(coercive power)是所有管理人员都具有的,是管理者的职权赋予其惩罚下属的权力。处罚的范围从口头或书面警告处分,到降职再到解约。在一些工作条例中,可能也会采用罚款和停职。强制权力必须有分寸地使用。当然,一个时常采取消极手段的管理者会使员工之间产生许多怨恨。但也有许多这样的管理者被提升为大公司高层——如迪斯尼的迈克尔·艾斯纳(Michael Eisner)、米拉麦克斯电影公司的哈维·韦恩斯坦(Harvey Weinstein)、惠普公司的卡莉·菲奥莉娜——都曾是粗暴和令人畏惧的。

4. 专家权力:通过专业意见来影响行为 **专家权力**(expert power)源自某人的专业信息或专长。专长,或专业知识,可以是很平常的琐事,例如安排工作时间表和给向下属分配任务。或者也可以是复杂的事情,例如有计算机或医学知识。秘书可能具有专业能力,因为他们已在一个职位上工作了很长时间,并且知道所有必要的联系。首席执行官们应具有专业能力,因为他们具有很多人不具备的战略知识。

5. 威望权力:通过个人魅力来影响行为 **威望权力**(referent power)源自一个人的个人魅力。正如我们将在本章后面所看到的(变革型领导力的讨论),这种能力概括了众多有远见的领导人,这些人能够凭借他们的个性、态度或背景说服他们的追

案　例　一个强势的领导者：英特尔公司前 CEO 安迪·格罗夫

他把重塑自己看作能力的象征，安迪·格罗夫（Andy Grove）在他的一生中有三个不同的名字。他1936年出生在匈牙利的一个犹太人家庭，直到1944年，他的名字都叫做Andras Istvan Grof。当纳粹入侵匈牙利，他的母亲为他改名为Slavic Andras Malesevics。次年，当共产党到达后，他又改回Andras Grof。因厌恶共产主义，他在1957年逃到美国，在那里就读于纽约城市大学，改名为Andrew Stephen Grove。

1968年，带着化学工程博士学位，格罗夫加入了两名工程师同事创立的位于加利福尼亚州山景城的英特尔公司，在32岁时，他发现自己在一个制造业新兴公司中扮演起了一个领导者的角色。他在那时才开始自学管理。“格罗夫成功了而另一些人则没有，”历史学家理查德·特德洛(Richard Tedlow)说，“一方面，他把管理作为一门学科来学习。另一方面，有一件真正紧迫的事情使他努力学习：他从来没有失去匈牙利难民天性，即对失败的风险的忧虑。”

到1983年，英特尔已成为价值11亿美元的内存芯片制造商，而格罗夫也成为了公司的总裁。但是随后即将发生的事情，好好地给他上了一课，他后来将其记录在他的著作《只有偏执狂才能生存》中，那就是在生意场上，直到你走到悬崖边，你才能看到悬崖。在80年代中期，英特尔蓦然发觉，日本公司已经掌握了它所创造的产业，并将内存芯片转变为商品，因此在一年中英特尔的利润从1.98亿美元跌至200万美元。

格罗夫的领导力的一个关键在于，他似乎总看起来像我们在文中描述的“循证管理”的一个最早实践者。《商业周刊》评论，他的管理风格是“直接和对抗”的，“他的咆哮声能穿透公司大厅。”特德洛补充道，“在英特尔，他树立了一个‘知识权力’胜过‘职位权力’的文化。任何人都可以挑战其他人的想法，只要是针对想法，而不是针对个人——只要你对‘证明它’做好了准备。这需要数据。如果没有数据，想法只是一个故事——一个现实的描述，然后这个想法会遭到歪曲。”

正是在这时候，格罗夫作出了那个痛苦的决定，放弃英特尔的内存芯片公司定位，解雇了近8000人，把公司未来的赌注押在了微处理器上。个人电脑刚刚产生，随着IBM选择英特尔的处理器芯片，之前的内存公司开始了它11年的成功运行。1986年，它抓住了一个机会，将其386微处理器的授权不仅发售给IBM，也发售给其他计算机制造商。随着微软Windows 3.0的成功，设计来在386芯片上运行的计算机，英特尔开启了近30%的年复合增长率。

特德洛说，安迪·格罗夫作为一名领导者而闻名，是因为他“愿意放弃他的本能——因为那可能是错误的——然后从一个学生的角度来看他自己：从外部大角度地俯视，带着观察者的无私观点……这是一种独特的能力，同时身兼两个角色——主体和客体，演员和观众，导师和学生——将格罗夫分离开来。”

思考：

你认为格罗夫代表了领导权力五个来源中的哪一种？你认为你可以遵循格罗夫的例子吗？

随者。威望权力可能与管理者也有关，但它更像是领导者的特征。

领导力和影响力：使用说服来使你的方法奏效

史蒂夫·哈里森（Steve Harrison）是一家职业管理公司的总裁，陪同他新聘用的首席运营官雷去和一家分公司的员工见面。在问候了接待员梅丽莎并开始领着雷向里面的办公室走去时，哈里森感到自己被拽了回来。他看到雷伸出手，微笑着说："早上好，梅丽莎，我是新来的雷，很高兴见到你！"之后，他开始与明显感到很高兴的梅丽莎交谈。事后，哈里森问雷，"这是怎么回事？""这叫两分钟闲谈，"雷回答说，"我们的接待员在一天内通过会面或电话，比你我在一年的时间里接触到更多对我们公司重要的人。"

雷很可能被认为是一个领导者，因为他有能力影响他人——让他们遵循他的意愿。这里共有九种影响他人的技巧，但其中一些比另一些更有效。一项研究调查中，员工被问到一个问题，即"如何让你的老板、同事、或者下属去做你想要的事情？"以下是九种答案，按照使用频率从大到小排列。

1. **理性说服**。用道理、逻辑或事实说服某人。

例如："你知道，所有的最先进公司都使用这种方法。"

2. **感召力**。通过吸引他人的情感、理想或价值观，去树立热忱或信心。

例如："如果我们以一种善意的姿态来做，客户会喜欢我们。"

3. **协商**。让其他人参与决策或变革。

例如："不知道我是否能得到你关于这个问题的想法。"

4. **迎合策略**。在提要求之前表现得谦虚或友好或使别人感觉良好或感觉自己很重要。

例如："我知道你很忙，实在不想占用你的时间，但你是唯一可以帮助我的人。"

5. **个人魅力**。在提出要求时表现出友好和忠诚。

例如："我们已经了解彼此很久了，我相信我可以依靠你。"

6. **交换策略**。提醒某人过去你对他的支持或提供的帮助，以换取支持。

例如："看在我在上个月的会议上支持你的分上，也许这次你可以帮助我。"

7. **联合策略**。通过其他人对你的支持来努力说服某人。

例如："这个部门的每一个人都认为这是一个好主意。"

8. **压力策略**。用要求、威胁或恐吓获取顺从。

例如："如果这个办不到，你就可以收拾你的办公桌了。"

9. **合法化策略**。基于某人的职权或权利、组织的规则或政策、上级或明示或暗示的支持来提请求。

例如："这件事高层已经同意了。"

这些影响策略被认为是通用的策略，因为它们在组织的各个方面都能应用——纵向的、横向的。前五种影响策略被认为是"软"策略，因为它们比后面的四种"硬"

策略或者压力策略更加友善。巧合的是，研究表明，对于一种影响策略，有三种可能的回应——热情允诺、勉强屈服以及公然反抗——协商、强大的理性说服和感召力策略容易取得好效果。

了解了这些，你认为你具备了成为领导者的技巧么？要回答这个问题，你还需要了解有哪些因素生成领导者的性格。我们会在本章的其余部分考察这些。

五种领导理论

后面的五节将讨论五种主要的领导理论或视角，它们是：（1）特质理论；（2）行为理论；（3）权变理论；（4）全方位理论；（5）四种其他观点。（见表14–1。）

表 14–1　五种领导理论

五种领导理论
1. 特质理论
· 库泽斯和波斯纳的五特质——诚实、有能力、有远见、鼓舞人心、智慧。
· 性别研究——激励他人、促进沟通、产出高质量工作等。
· GLOBE项目的领导课程——有远见并且鼓舞人心的领导者是最好的团队建设者。
2. 行为理论
· 密歇根大学模型——两种领导风格：以工作为中心和以员工为中心。
· 俄亥俄州立大学模型——两个维度：定规行为和关怀行为。
3. 权变理论
· 菲德勒的权变模型——任务导向型和关系导向型——以及控制的三个维度：上下级关系、任务结构、职位权力。
· 豪斯的路径－目标领导模型——明确下属的目标路径、员工特点以及影响领导行为的环境因素。
· 赫西和布兰查德的情境领导模型——根据员工的准备度调整领导风格。
4. 全范围理论
· 交易型领导——明确员工的角色和任务，并提供奖惩。
· 变革型领导——使员工追求组织目标高于追求自身利益，通过感召力、理想化的影响、个性化关怀，激发员工的潜力。
5. 其他领导理论观点
· 领导者－成员交换模型——领导者与不同的下属有不同类型的关系。
· 共享领导——在相互影响的过程中，人们共同承担领导责任。
· 格林利夫的服务型领导模型——向他人提供服务，而不是自己。
· 电子领导——利用信息技术实现一对一、一对多以及组群和集体之间的互动。

14.2 特质理论：领导者有独特的个性特征吗？

主要问题：是什么成就了一名成功领导者？

本节概要

特质理论试图找出成为有效的领导者须具备的独特特征。这节我们主要阐述：（1）库泽斯和波斯纳的特质观点；（2）一些性别研究成果；（3）GLOBE项目的领导课程。

看看两位20世纪末精力充沛的领导人。“每个都是‘顽固’这个词的化身，”《财富》杂志的报告指出，“他们都是将技术智慧与自由开放的商业头脑相结合的敏锐分析者，他们都绝对厌恶失败。”

他们是谁？他们是美国商界最成功的两位前CEO——微软的比尔·盖茨和英特尔的安迪·格罗夫。他们在领导方面，有能够让我们学习的独特个性特征吗？也许是这样的。他们表现出了（1）控制力、（2）智慧、（3）自信、（4）旺盛的精力，以及（5）任务相关的知识。

这就是研究者**拉尔夫·斯托格迪尔**（Ralph Stogdill）在1948年总结出的成功领导者具备的五个典型特质。斯托格迪尔是**领导特质理论**（trait approaches to leadership）的贡献者之一，该理论试图找出成为有效的领导者须具备的独特特征。

特质理论有用吗？

特质在我们如何看待领导者的问题上发挥着核心作用，他们最终影响领导的效果。在过去研究的基础上，我们可以得到一个领导者必备的积极特质列表，如下表所示。（见表14-2。）

假设领导者的角色非常吸引你，你可能希望逐渐培养这些特质来帮助你未来取得成功，用个性测试来评估你自己的长处和短处，以准备一份个人发展计划（也许可以让执行教练来帮助你）。

表14-2 关键积极领导特质

智慧	社交性
自信	解决问题技能
果断	外向性
诚实／正直	责任心

资料来源：R. Kreitner and A. Kinicki, *Organizational Behavior*, 8th ed.（New York: McGraw-Hill/Irwin, 2008）, p. 470.

组织运用特质理论的两种方式如下：

使用个性与特质评估　组织可能将个性与特质评估运用在选拔和晋升过程中（谨慎使用领导特质的有效度量）。

使用管理发展计划　为了提高员工的领导特质，组织可以选送目标员工参加管理发展计划，包括管理课程、辅导班、特质评估等。

库泽斯和波斯纳的研究：诚实是最重要的领导特质吗？

在20世纪80年代，**詹姆斯·库泽斯**（James Kouzes）和**巴里·波斯纳**（Barry Posner）对全美国超过7500名管理者进行了调查，以确认什么样的个人特质是他们所寻找并受他们的上司欣赏的。被访者认为一名值得信赖的领导者应具备五个特质。他或她应该：（1）诚实；（2）有能力；（3）有远见；（4）鼓舞人心；（5）智慧。第一个特质诚实，被认为特别重要，有87%的被访者选择了这一点，这表明人们希望他们的领导人是有道德的。

虽然这项研究的确揭示出了受员工喜欢的特质，但是它并没有揭示出哪些人可能是卓越的领导人。

性别研究：女性是否具有使她们成为更好领导者的特质？

"女性渴望和男性一样成为领袖"，《华尔街日报》的标题赫然在目。纽约一家调查公司的研究发现，55%的女性和57%的男性渴望成为首席执行官，挑战了大多数女性不能成为高层管理者是因为她们不想在那里的观点。而事实上，女性的特质可能会使他们成为比男性更好的管理者——事实上，是更好的领导者。

女性高管的力证　《商业周刊》在美国开展了大量管理研究，企业覆盖范围从高科技企业到制造企业到消费服务行业。总的来说，据该杂志报道，研究表明，"女性高管在她们的同龄人、下属和老板的评价中，各方面都高于她们的男同事——从高质量的工作，到制订工作目标以指导员工。"研究人员在编制数以百计的日常业绩评估和分析结果时，无意间注意到这些性别上的差异。一项针对425名高层管理人员的研究发现，女性在52个技能指标中赢得了42个更高评分。

女性表现优异的什么特质是值得借鉴的？人们经常提及的有团队精神和合作、更具协作性、追逐较少个人荣耀、企业利益高于个人利益、更具稳定性以及较少帮派意识。女性同样也被认为能够更好地完成高质量的工作、识别潮流以及产生新思想并加以实践。下面总结了一些技能的性别比较。（见表14–3。）

女性高管的缺乏　那么，为什么女性担任领导职务的人不多呢？男性和女性在这个问题上产生了分歧。一个研究小组向《财富》100强公司里担任副总裁或更高职位的461名女性和所有的男性CEO咨询了这个问题。CEO们认为女性不担任高级领导职务是因为：（1）她们缺乏重要的一般管理经验；（2）女性在高管人才储备中的时间不够长。与此相反，女性认为：（1）男性的刻板印象；（2）排除在重要的非正式人际网之外，是晋升最大的障碍。

表14–3 女性高管在哪些方面做得更好：记分卡

技 能	男 性	女 性
激励他人		√√√√√
促进沟通		√√√√★
产出高质量工作		√√√√√
战略规划	√√	√√★
倾听他人		√√√√
分析问题	√√	√√★

√表示该组在研究中取得了更高分数；★指在研究中女性和男性在这些类别中的分数基本持平。

资料来源：Data from Hagberg Consulting Group, Management Research Group, Lawrence A. Pfaff, Personnel Decisions International Inc., and Advanced Teamware Inc., in table in R. Sharpe, "As Leaders, Women Rule," *BusinessWeek*, November 20, 2000, p. 75.

另外还有三个可能的解释。首先，正如我们在本书前面所提到的，还有许多女性，虽然辛勤地工作，但是根本就不愿和大多数同样辛勤的男性竞争，或者不愿意作出必要的个人牺牲。（如房利美的前副主席杰米·戈雷利克，是两个分别为10岁和15岁孩子的母亲，在拒绝考虑担任CEO时说："我只是不想让我的生活是那样的节奏。"）第二，女性有过于谦虚以及更多地信任他人的倾向，这会破坏升职和加薪的机会。第三，女性比她们的男性同事更可能成为良师益友。

GLOBE项目的领导课程

你可以回顾第4章，GLOBE项目（全球领导力和组织行为有效性），是一项大型的持续研究，以建立一个基于经验的理论来"描述、了解和预测特定文化因素的改变，对领导和组织流程以及这些流程的有效性的影响"。通过对62个国家951个组织中工作的17,000名中层管理人员进行调查，研究人员确定了某些领导特征受到普遍欢迎或反感。（见表14–4。）那些有远见并且鼓舞人心的领导者是最好的团队建设者，他们普遍表现卓越。以自我为中心的领导者，被看作是孤独者或好面子的人，在全世界普遍不容易被接受。

表14–4 62个国家中普遍欢迎和反感的领导特征

普遍被肯定的领导特征	普遍被反感的领导特征
值得信赖	不合群
公正	自我中心
诚实	不合作
有远见	脾气暴躁
提前做计划	含糊
鼓舞人心	自私自利

积极	冷酷
精力充沛	独断专行
动力激发者	
信心树立者	
有动力	
可靠	
智慧	
果断	
有效的谈判者	
双赢的问题解决者	
精通管理	
善于沟通	
见多识广	
协调者	
团队建设者	
卓越取向	

资料来源：Excerpted and adapted from P. W. Dorfman, P. J. Hanges, and F. C. Brodbeck, "Leadership and Cultural Variation: The Identification of Culturally Endorsed Leadership Profiles," in R. J. House, P. J. Hanges, M. Javidan, P. W. Dorfman, and V. Gupta eds., *Culture, Leadership and Organizations: The GLOBE Study of 62 Societies* (Thousand Oaks, CA: Sage, 2004), Tables 21.2 and 21.3 , pp. 677 - 678.

14.3 行为理论：领导者表现出独特的行为模式吗？

主要问题：卓越领导者有相似的行为方式吗？

本节概要

行为领导理论探究有效的领导者具有的独特风格。我们讨论两种模型：密歇根大学模型和俄亥俄州立大学模型。

对于领导者而言，更重要的也许不是他们的个性特质，而是他们的行为模式或领导风格。这是研究**行为领导理论**（behavioral leadership approaches）的一般思路，即探究高效领导者具有的独特风格。这里的领导风格，指的是领导者在与他人互动时所使用的特质、技能和行为的结合。

所有领导行为模型的共同点是它们都考虑了任务导向和员工导向这两个维度。其中密歇根大学和俄亥俄州立大学提出的两个模型最为经典。

密歇根大学领导模型

20世纪40年代后期，密歇根大学的研究者提出了一个领导模型，这就是后来著名的密歇根大学领导模型（University of Michigan Leadership Model）。**伦西斯·利克特**（Rensis Likert）领导的一个小组通过访谈大量的管理者及其下属，开始研究领导者行为对工作绩效的影响。研究者确定了两种领导风格：以工作为中心和以员工为中心。

以工作为中心的行为——“我更关注工作的需要” 在以工作为中心的行为中，管理者更注重工作本身和工作程序。因此，他们的主要焦点集中在获得生产效率、保持成本下降和保证工作进度。

以员工为中心的行为——“我更关注员工的需要” 在以员工为中心的行为中，管理者更注重员工满意度和创造工作团队凝聚力。通过对下属需要的关注，他们希望建立具备高绩效目标的高效工作团队。

实际行动 职业生涯中的过渡问题：如何避免错误？

你在成为一个优秀的领导者之前需要是一个优秀的管理者。在职业生涯中，从员工跳跃到一些员工的管理者是最困难的事情之一。

虽然公司和管理层可能对培训和指导发出一些声音，但新提升的管理者也许没有看到任何支持，而只是简单地被期望知道做什么。因此，当管理者到达晋升的阶梯时，他们可能遇到一些他们没有预料到的问题。当你升职时，怎样才能避免一些错误呢？这里有一些建议：

- **抱有现实的期望**。新管理者经常关注新工作赋予的权力和特别待遇，而低估责任和义务。
- **不要忘记管理是多方位的**。你不仅需要管理你的下属，而且还需要管理你的同级和上级对你的认识。
- **保持与其他部门管理者的联系**。此外，你需要与其他部门的管理者保持良好的关系，了解他们的需要和优先事项——他们可能拥有一些帮助你完成工作的资源。不要错误地认为自己的部门是宇宙的中心。
- **思考你想成为什么类型的管理者或领导者**。将你前老板的所有好的和坏的特征列出来。这会产生一个关于什么应该做、什么不该做的列表，它能很好地帮助你。
- **从其他管理者那里获得指南**。你也许不会从你的上司那里获得怎样去管理的建议，因为他们晋升你是为了帮助减少他们的工作量，而不是通过提供指导来增加他们的工作量。如果情况是这样，不要羞于向其他管理者或专业组织中的人士寻求咨询。
- **避免孤立**。如果你被晋升到高于小团队主管的职位，你可能得管理几百甚至几千人而非几十人，你将发现最大的意外是孤立。保持联系的方式就是每天和你的高层管理者们交谈，或者和员工们每年进行几次“全体会议”。还有就是使用“走动管理”，使团队聚集在一起交谈。

俄亥俄州立大学领导模型

第二次对于领导者行为的研究始于1945年，由俄亥俄州立大学的拉尔夫·斯托格迪尔（在上一节提到）领导。这次研究涉及领导者行为的许多方面，其研究结果是著名的俄亥俄州立大学领导模型（Ohio State Leadership Model）。在领导者行为的问卷调查中，两个主要的领导行为维度被识别出来：

定规——“为了完成工作，我需要做什么？” 定规（initiating structure）是指组织和定义团队成员应该做什么的领导行为。它包括领导者组织事务和使得工作完成所付出的努力。这与利克特的“以工作为中心的行为”很相似。

关怀——“为了显示对员工的关怀，我需要做什么？” 关怀是指通过建立一种温馨、友好、支持性的氛围来表达对员工的关心的领导行为。这种行为类似于利克特的“以员工为中心的领导行为”，它对下属的想法和感受很敏感，并且它有利于建立互信。

一位管理专家从对密歇根大学和俄亥俄州立大学领导行为的研究中总结出有效的领导者：（1）趋向于拥有员工的支持或者以员工为中心的人际关系；（2）采用团队的而非个人的监督方法；（3）制订高绩效目标。

14.4 权变理论：领导随情境而不同吗？

主要问题：卓越领导者如何根据实际情况灵活变通？

本节概要

有效的领导行为依赖于当前情境，这是三种权变理论支持者的观点。这三种权变领导理论分别是：菲德勒的权变领导模型、豪斯的路径－目标领导模型、赫塞和布兰查德的情境领导模型。

也许领导不是一些普遍重要的特质或行为所能刻画的，没有一种领导风格在任何情境下都适用。这正是**权变领导理论**（contingency approaches to leadership）支持者的观点，他们相信有效领导行为取决于当前情境。也就是说当情境变化时，不同的领导风格与之相适应。

我们研究三种权变理论：（1）菲德勒的权变领导模型；（2）豪斯的路径－目标领导模型；（3）赫塞和布兰查德的情境领导模型。

权变领导模型：菲德勒的理论

最古老的权变领导理论模型由**弗雷德·菲德勒**（Fred Fiedler）和他的团队在1951

年提出。**权变领导模型**（contingency leadership model）研究一种领导风格是（1）任务导向的还是（2）关系导向的，以及这种领导风格对于当前情境是否有效。菲德勒的研究是在30年里80项研究的基础上展开的。

两种领导导向：任务导向和关系导向　你是任务导向的，还是关系导向的呢？也就是说，你是更关心任务完成情况还是员工？

为了得到答案，你和你的员工们需要填一份问卷（即最不喜欢的同事量表，或LPC量表），在这份问卷里你要思考你最不喜欢与之共事的同事，问卷有16对正反描述问题（如友好/不友好、紧张/轻松、高效/低效），每个问题有1到8分，根据最后的得分把进行排序。得分越高的越是关系导向，得分越低则越是任务导向。

情境控制的三个维度　一旦领导导向明确后，你应该决定怎样控制情境——在当前工作环境中领导者有多少控制和影响。

情境控制有三个维度：上下级关系、任务结构以及职位权力。

- **上下级关系——“下属是否接受我作为领导者？”**这个维度是情境控制的最重要因素，它反应了领导者获得团队拥护、忠诚、信任的程度。
- **任务结构——“下属是否表现明确，能容易理解任务吗？”**这个维度涉及任务的常规性、明确性和易于理解的程度。工作越是结构化，领导者的影响越大。
- **职位权力——“是否有权力去奖赏和惩罚？”**这个维度涉及领导者用于安排工作任务和实施奖惩的权力大小。权力越大意味着控制和影响也越大。

对于每一个维度，控制力高时，领导者的决定会产生预期的结果，因为他或她拥有影响工作产出的能力。控制力低时，他或她不再具备这样的预期和影响力。采用高/低排序方法结合三个维度，我们得到8种不同的领导情景。

哪一种风格最有效？　没有哪一种领导风格总是有效的，菲德勒的研究表明，不同领导风格适用于不同情境。

- **任务导向风格最佳的情境**。任务导向风格在高控制或低控制情境下最有效。

  高控制情境的例子（领导者的决定会产生预期结果，因为他或她能够影响工作结果）：假设你是一名监管停车控制职员的领导，他们的工作是对非法停靠在非停车区域、公交车区域以及类似情况的车辆开出罚单。你拥有：（1）高水平的上下级关系，因为你的下属都对你很拥护；（2）高水平的任务结构，因为他们的工作都定义得很清楚；（3）高水平的职位控制，因为你拥有完全的职权去评估他们的业绩和进行少量惩罚和奖赏。因此，任务导向的领导风格在这时会是最有效的。

  低控制情境的例子（领导者的决定不能产生预期结果，因为他或她不能真正地影响结果）：假设你是一所高中的校长，正试图禁止在校园内乱写乱画的现象，只是在放学之后找学生帮忙。你拥有：（1）低水平的上下级关系，因为很多人可能不理解对目标的需求；（2）低水平的任务结构，因为人们可能认为有多种方式去解决这个问题;(3)低水平的职位权力，因为做这些事的人是自愿的,并且人们有离开的自由。在这种情境下,任务导向型比较有用。

· **关系导向风格最佳的情境**。关系导向风格在控制适中的情境下最有效。

例子:假设你在政府工作,管理一群与野火作斗争的消防员。你也许拥有:(1)低水平的上下级关系，即使被提拔到比团队的其他成员高的职位上;(2)高水平的任务结构，因为工作是相当明确的;(3)你也许还有低水平的职位权力，因为这种为人民服务的工作的严肃性禁止你在奖惩方面做得太多。因此，在这样一种控制适中的情境下，关系导向的领导会是最有效的。

如果你的领导导向不能与情境相适应，你会做些什么呢？菲德勒认为,最好努力把领导者放到合适的情境中，而不是努力改变他们的个人特质来适应情境。

路径 – 目标领导模型：豪斯的理论

第二个权变理论由**罗伯特·豪斯**（Robert House）在20世纪70年代提出，并在1996年进行了修订，这就是**路径 – 目标领导模型**（path–goal leadership model），该模型认为有效的领导者通过明确指明实现工作目标的途径或行为来帮助下属，并为下属提供想要的报酬来增加他们的动机，从而使下属实现目标更为容易。因此，卓越的领导者会通过设计有意义的奖励来帮助追随者达成目标、减少障碍和提供支持，目的是增加“下属实现工作目标的个人报酬的数量和种类”。

大量检验豪斯最初的路径 – 目标理论的研究得到了混合的结果。于是，他提出一个新模型，该模型以图形的形式展示如下。(见图 14–1。)

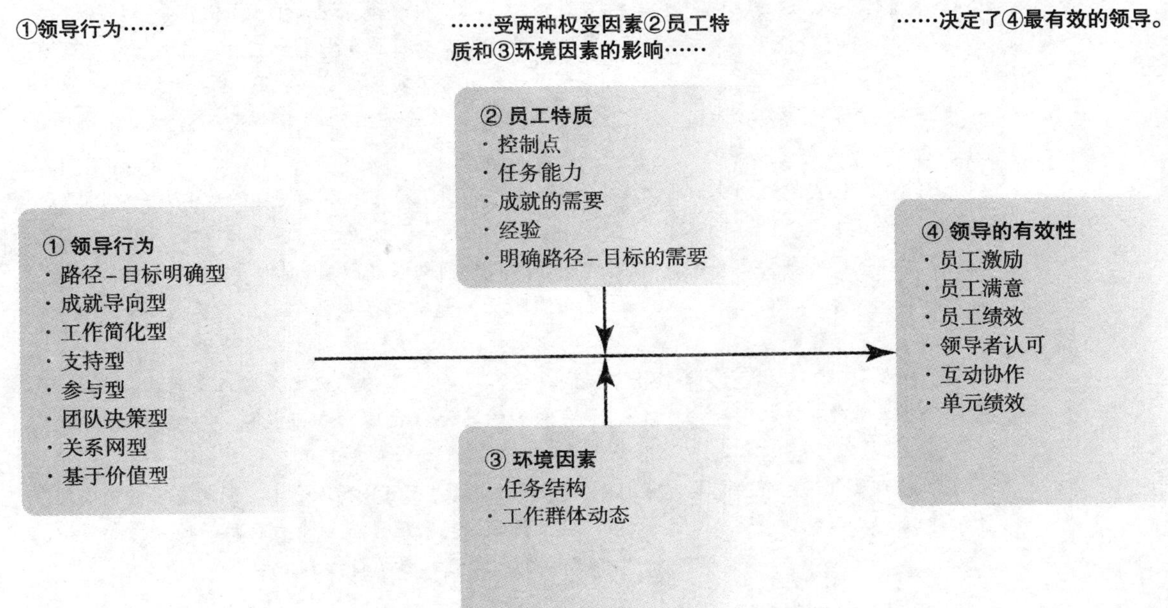

图 14–1　豪斯修订后的路径 – 目标理论的一般表述

什么决定领导的有效性：员工特质和环境因素影响领导行为 如图所示，两个权变因素或变量——员工特质和环境因素——致使一些领导行为比其他的更有效。

- **员工特质**。五个员工特质：控制点（在第11章讲过）、任务能力、成就的需要、经验、明确路径－目标的需要。
- **环境因素**。两种环境因素：任务结构（独立和合作的任务）和工作群体动态。
- **领导行为**。起初，豪斯提出有四种领导行为或领导风格——指导型（我期望你做什么和怎样做）、支持型（我希望事情很愉快，因为这里的每个人都是平等的）、参与型（我需要你的建议来帮助我作出决策）、成就导向型（我对你能完成接下来的艰巨任务充满信心）。修订后的理论将领导行为从4种扩充到8种。（见表14–5）。

因此，比如具备内在控制点的员工更可能偏向于成就导向的领导或者团队决策（之前的参与型）的领导，因为他们相信他们能控制好工作环境。具备高水平任务能力和经验的员工也有相同情况。

表14–5 修订后路径－目标理论的八种领导风格

领导行为风格	对待员工的行为描述
1. 路径－目标明确型（“我期望你做什么和怎样做”）	阐明绩效目标。提供员工怎样完成任务的指南。阐明绩效标准和期望。对绩效运用正向和负向的激励。
2. 成就导向型（“我对你能完成接下来的艰巨任务充满信心”）	选择挑战性的目标。强调卓越。表明对员工能力的信心。
3. 工作简化型（“这是目标；这是我帮助你达到目标所能做的”）	计划、安排、组织和协调工作。提供指导、训练、咨询和反馈来帮助员工开发自身能力。清除障碍，提供资源，授权员工实施行动和决策。
4. 支持型（“我希望事情很愉快，因为这里的每个人都是平等的”）	公平对待。对于员工的健康幸福和需要表示关心。友好、随和。
5. 参与型（“让我们瞧瞧怎样才能一起完成我们的目标”）	强调合作和团队精神。鼓励密切的员工关系，同时分享少数人的观点。促进交流、解决争端。
6. 团队决策型（“我需要你的建议来帮助我作出决策”）	向团队提出问题而非解决方案。鼓励队员参与决策。向团队提供分析所必要的信息。使有见识的员工参与决策。
7. 关系网型（“有一大群人为我工作，也许你想见见他们”）	向其他人显示团队的积极之处和闪亮地方。保持与有影响的其他人之间的积极关系。参与组织社交职能和仪式。无条件帮助其他人。
8. 基于价值型（“我们注定要完成伟大的事情”）	建立一个愿景，显示对它的热情，同时支持它的实现。对于其他人能实现目标的能力表示高度期待和信心。给予积极反馈，表明自信。

资 料 来 源：Adapted from R. J. House, “Path－Goal Theory of Leadership: Lessons, Legacy, and a Reformulated Theory,” *Leadership Quarterly*, Autumn 1996, pp. 323－352.

但是，拥有外向控制点的员工更倾向于把环境视为不可控的，因此他们偏向于支持型或者路径－目标明确型（之前的指导型）领导所提供的结构。对于没有经验的员工，情况也与之类似。

除了把领导行为从4种扩展到8种外，豪斯修订后的理论还更加强调领导者需要通过授权来促使内在动机的生成。最后，他修订后的理论强调参与式领导的观点，这个观点认为员工不需要被监督或者管理者实施领导行为，而是让组织的员工参与领导。

修订后的路径－目标理论有效吗？　还没有使用合适的研究方法和统计程序对修订后的路径－目标理论进行直接的测试，以得到综合结论。但是变革型领导的研究（在14.5节讨论）却支持了这个修订后的模型。

虽然对于这个新模型需要更加深入的研究，但它向管理者提供了两个重要的指示：

- **使用一种以上的领导风格**。有效的管理者拥有并使用多种领导风格。因此，鼓励你学习路径－目标理论中的8种领导风格，目的是你能在情境需要时采用新的领导行为。
- **转变领导风格来适应员工和任务特征**。一些员工特质（能力、经验、独立的需要）和环境因素（任务的自主权、多样性和重要性）是相关的权变因素，管理者应该转变他们的领导风格来适应它们。

情境领导理论模型：赫塞和布兰查德的理论

第三个权变理论是管理学作家**保罗·赫塞**（Paul Hersey）和**肯尼思·布兰查德**（Kenneth Blanchard）提出的。在他们的**情境领导理论**（situational leadership theory）中，领导行为反映了领导者应该怎样根据下属的准备度来调整他们的领导风格。这个模型建议管理者应该灵活选择领导行为风格，并且对员工的准备度要很敏感。**准备度**（readiness）指一名下属为完成某项特定工作而表现出来的能力和意愿水平。高准备度的下属（拥有较高的能力、技能和工作意愿）相对那些低准备度的下属（低水平的能力、培训和意愿）需要一种不同的领导风格。

在对下属准备度（从低到高）和四种领导风格的交叉对比中，可以发现适合的领导风格。（见图14–2。）

情境领导模型的工作原理　让我们看看图14–2展现了什么：

- **领导风格——关系行为和任务行为**。图形的上部分显示的是领导风格，它是基于关系行为（纵轴）和任务行为（横轴）的结合。

  关系行为（relationship behavior）是指领导者采取提供支持、保持沟通来维持与下属的人际关系的程度。

  任务行为（task behavior）是领导者组织和解释下属角色的程度，它依靠向下属说明应该做什么和怎样完成任务来实现。
- **四种领导风格——告知型、推销型、参与型、授权型**。钟形的曲线显示了在什么时候四种风格中的一种——告知型（S1）、推销型（S2）、参与型（S3）以及授权型（S4）——应该被采用。

- **何时采用哪种领导风格依赖于员工的准备度。**你怎么知道该使用哪一种领导风格？你需要知道你下属的准备度，就如底部的量表所描述的，其中R1代表低准备度，而R4代表高准备度。

再思考各种领导风格在何时采用。

告知型表示引导和指挥工作。当下属准备度很低时，也就是说下属既不愿意又没有能力承担责任时，这种领导风格最有效。

推销型指解释决策并且劝说他人参与行动。因为它既提供指导又提供支持，这种领导风格在下属没有能力但愿意承担责任时是最适合的。

参与型鼓励下属独自解决问题。因为它分享决策过程，这种领导风格鼓

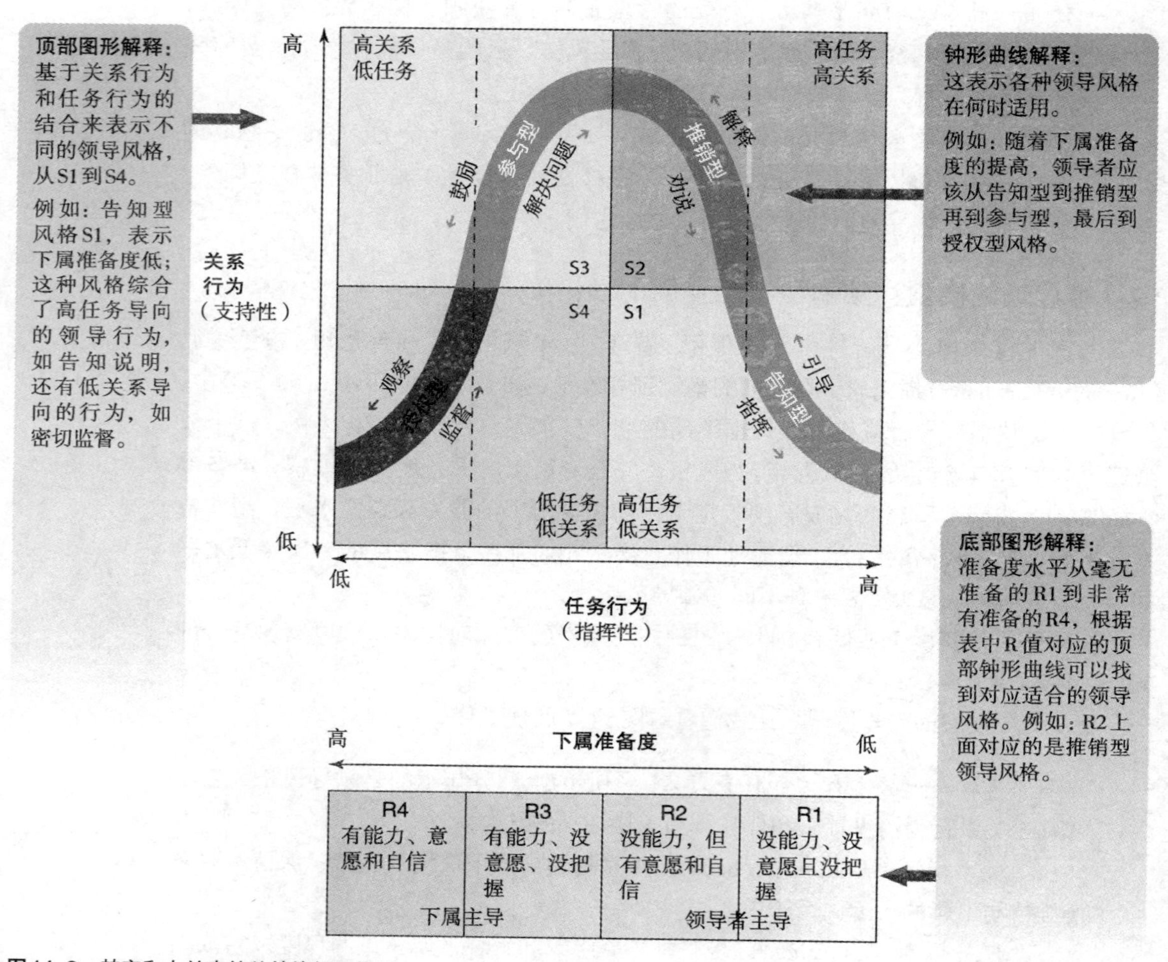

图14–2 赫塞和布兰查德的情境领导模型

资料来源：From P. Hersey, K. H. Blanchard, and D. E. Johnson, *Management of Organizational Behavior: Leading Human Resources*, 8e.

励下属完成任务。因此，它最适合准备度中等偏上的下属。

授权型几乎不向下属提供支持或指挥。因此，领导者的角色是观察和监督。这种领导风格在下属拥有高准备度时最有效，这时他们既有能力又愿意去执行任务。

赫塞－布兰查德模型有效吗？ 情境领导理论被作为一种培训工具广泛使用，但是它不能被科学研究有力地支持。例如，针对459名销售人员的一项研究发现，领导的有效性不能归因于预测的员工准备度和领导风格之间的相互作用。另一项研究也有一致的结果，这项研究通过对57位护士主管的调查发现，她们没有像情境领导理论预测的那样采用授权型领导风格。研究者们得出测量领导风格和下属准备度的自我评估工具不精确的结论。总之，管理者应该谨慎使用该模型。

14.5 全范围模型：运用交易型领导和变革型领导

主要问题：如何真正激励员工使其超常表现？

本节概要

全范围领导描述的是一系列领导风格，其中交易型和变革型领导最为有效。变革型领导者影响员工的四种关键行为是他们激发动机、激励信任、鼓励卓越和精神激励。

为了理解领导，我们已经考察了主要的传统理论——特质理论、行为理论和权变理论。但是新的理论更像是试图确定鼓舞和激发人们超常发挥的因素，来提供更多的东西。

最近由**伯纳德·巴斯**（Bernard Bass）与**布鲁斯·阿沃利奥**（Bruce Avolio）提出的**全范围领导**（full-range leadership），指出领导行为在领导风格的整个范围内变化，从不负责的（放任的）“领导”这个极端，到交易型领导，再到变革型领导的另一个极端。不负责任几乎不能被认为是一种领导（虽然它好像被那些遇到困难的企业的CEO们证实了，比如当他们说“我对于我下属的不道德行为毫无办法”）。但是，交易型和变革型领导行为都是优秀领导者的积极方面。

交易型领导者和变革型领导者

印度出生的英德拉·诺伊（Indra Nooyi），是百事可乐公司的主席和CEO，可能既是一个交易型领导者又是一个变革型领导者。让我们考察其差异。

交易型领导　作为一个管理者，你的权力源于你提供奖励（和惩罚威胁）来交换你的下属进行工作的能力。当你这样做时，你表现出**交易型领导**（transactional leadership)，注重阐明员工的角色和任务要求以及提供业绩上可能的奖罚。交易型领导也包含设置目标和监督业绩过程的一系列基本管理活动。

"你给团队的人一套目标，然后让每个人都沿着这个方向奋斗，那时他们能像移动大山一样把问题解决掉，"诺伊说。《福布斯》杂志在2007年的世界最具影响力女性评选中将她排在第5名。在她的领导下，百事呈交了一份满意的盈利答卷，尽管由于"新产品整合、生产率提高、提高价格以及包装调整"提高了成本，《财富》杂志评论道。

我们不应该把一位交易型领导者看作普通的领导者——实际上，有能力的交易型领导者相当稀缺。但是交易型领导者在稳定的环境中是最有效的。但是正如当今很多组织的遭遇一样，在剧烈变化的环境中，需要的是一位变革型领导者。

变革型领导　变革型领导(transformational leadership)使员工追求组织目标高于追求自身利益。变革型领导者，有人这样描述，"营造信任，设法发展与他人之间的领导关系，表现自我牺牲精神以及像道德模范那样服务，把他们及其下属的注意力集中在那些超越团队当前需求的目标上。"交易型领导者努力使员工做一般的事情，而变革型领导者鼓励他们的员工做卓越的事情——明显更高水平的内在动机、信任、献身和忠诚——这将产生显著的组织变革和结果。

影响变革型领导者的两个因素：

- **个人特征**。这类领导者的性格比非变革型领导者表现得更加外向、随和和主动。(女性领导者比男性领导者更趋于使用变革型领导。)
- **组织文化**。适应性、灵活的组织文化比死板、官僚的文化更可能培养变革型领导。

最好的领导者既是交易型又是变革型

注意到交易型领导是有效领导的一个必要前提是很重要的，而且最好的领导者应该学着在一定程度上展现出交易型和变革型两种领导风格。实际上，研究表明变革型领导在增加或者增添交易型领导行为时才导致了卓越绩效。

这在百事可乐公司CEO诺伊的身上得到了明显证明。她是一个"拥有出色才华的亚洲人"，一位作家评论说。"她能唤起观众并从思想上将他们聚集在一些比如在全公司安装一个新软件的事情上。她的新座右铭是'目的性绩效'，这意味着'凝聚组织'和实现百事可乐全球化。"她的愿景中最重要的一点是将公司从"增添食物的乐趣"(苏打水和咸味小吃)变为让你的食物"更美味"，进而追踪肥胖和可持续发展等热点问题。星巴克与百事可乐是合作伙伴关系，其CEO霍华德·舒尔茨评论说，诺伊"远远在其竞争对手前面把公司转向更健康的产品，她推动百事可乐收购桂格燕麦片公司(Quaker Oats)和Tropicana等，百事可乐远早于其他公司去除其产品中的脂肪。"

变革型领导者的四种关键行为

尽管交易型领导者是冷静的，变革型领导者却乐于调动激情，激发和授权员工超越他们自身利益来最求组织利益。他们呼吁下属的自我意识——他们的价值观和个人身份——来创造他们目标、价值观、需要、信念和抱负的改变。

变革型领导者拥有四种影响下属的关键行为。

1. 激励动机："让我分享一个超越我们所有人的愿景" 变革型领导者拥有**魅力**（charisma），一种让别人接受和支持的人际吸引力。魅力型领导（曾经被认为是一个独立的类别，但现在被认为是变革型领导的一部分）通过提供一个议程、一个宏大的设计、一个最终目标来激发动机——也就是愿景，就如领导专家伯特·那努斯（Burt Nanus）说的那样，是一个为组织设计的"现实的、可靠的、吸引人的未来"。正确的愿景能释放人类的潜能，那努斯认为，因为它代表希望的灯塔和共同的目标。鼓励性激励能提高忠诚度、鼓励员工、创造有意义的生活、建立卓越的标准、追求高理想、修补组织问题与组织目标和抱负之间的间隙。

例子：民权领袖马丁·路德·金（Martin Luther King Jr.）有一个愿景——他所说的一个"梦"——即种族平等。美国劳工领袖塞萨尔·查韦斯（Cesar Chavez）有一个愿景，即给予农场工人更好的工作条件和报酬。"反对酒后驾车母亲协会"的创始人坎迪·莱特纳（Candy Lightner）希望消除酒精引起的汽车事故。苹果电脑的史蒂夫·乔布斯希望发明一种"酷毙了"的台式电脑。

2. 激发信任："我们正在做正确的事" 变革型领导者们有能力鼓励下属之间彼此信任，因为他们通过始终如一、诚实和坚持追逐他们的目标来表现他们的正直。他们不仅表现出高道德标准和良好的价值观榜样，而且还能为团队的利益作出牺牲。

例子：1982年，当发生了7人因服用了含氰化物的泰诺林胶囊死亡后，强生公司CEO詹姆斯·伯克（James Burke）通过药物召回行动挽回了消费者信心。美体小铺化妆品公司（Body Shop）的安妮塔·罗迪克（Anita Roddick）因其坚持公平贸易、环保意识、动物保护、尊重人权等信念而成为一个典范。

3. 鼓励卓越："你在这里有机会成长和超越" 变革型领导者不只是表达对下属幸福的关心。他们通过给予他们有挑战性的工作、更多的责任、授权以及一对一的辅导，从行动上鼓励他们去成长和超越。

例如：在英德拉·诺伊而不是她的朋友迈克·怀特（Mike White）被选择来领导百事可乐公司时，她竭尽全力留住迈克。"我把迈克当作我的伙伴，"她说，"他曾经很容易就成为CEO。"在开会时，她总是确保他坐在她旁边。

4. 激发智力："让我描述我们能一起克服的巨大挑战" 这些领导者善于沟通组织的优势、劣势、机会和威胁，所以下属们对目标有新的认识。员工更少把问题看作不能克服或者"不是我部门的事"。反之，他们学着把问题当作一种个人挑战，他们有责任去攻克、询问现状和探索创造性解决方案。

例如：诺伊有意要平衡利润动机和生产更健康的食品、对环境的负面影响最小以及兼顾百事可乐公司的劳动力。"今天的一些公司比很多经济体都大了，"她说，"我们是一些小共和国……如果公司不做负责任的事情，谁会做呢？"

变革型领导对管理者的启发

研究显示变革型领导产生几种积极的结果。比如，它的积极性表现在：（1）组织有效性的衡量方面；（2）领导有效性和员工工作满意度的衡量方面；（3）员工对其领导者和他们当前工作团队更加认同；（4）高水平的内在动机、团队凝聚力、工作分工以及设置目标与其领导者的一致性。

除了我们提到的事实——最好的领导者既是交易型又是变革型的，变革型领导对管理者还有三个重要的启示。

1. **它能提高个人和团队的成绩** 你能使用刚才描述的四种变革型领导行为来提高个人的成绩——比如工作满意度、组织认同以及业绩。你也能使用它们来提高团队的产出——当今组织的一个重要难题便是，在哪些地方人们倾向于与他人合作而不是独立工作。

2. **它能用于培训任何层级的职员** 不仅是高层管理者，任何层级的人员都能被培训具交易型和变革型行为。这种对员工的领导培训应该基于构成领导人才培养基础的整个公司的理念。

3. **它能被道德的和不道德的领导者使用** 道德的变革型领导者帮助员工增强他们的自我意识。不道德的领导者可能选择或者培养顺从、依赖和服从的下属。为了确保从变革型领导中产生积极的结果，高层领导者应该做到以下：

- **使用道德规范**。公司应该创造和加强建立一套清晰稳定的道德规范。
- **选择正确的人**。招聘、挑选和晋升表现出道德行为的人。
- **使业绩期望反映员工待遇**。围绕员工待遇制订业绩期望；这些期望应该在业绩评估过程中能被评估。
- **强调多样性的价值**。培训员工看重多样性的价值。
- **奖赏高道德行为**。识别、奖赏和公开表扬那些表现出高水平道德行为的员工。

14.6 四种其他观点

主要问题：如果有许多方法成为领导者，哪一个最合适我？

本节概要

我们考察四种其他的领导观点。领导者－成员交换模型强调领导者与不同的下属有不同类型的关系。在共享领导理论中，人们在领导过程中共同承担责任。在服务领导理论中，领导者为员工和组织提供服务。电子化领导理论表示领导者通过信息技术与他人互动。

四种其他领导观点值得讨论:(1)领导者 – 成员交换领导模型;(2)共享领导;(3)服务型领导;(4)电子化领导。

领导者 – 成员交换领导

领导者 – 成员交换领导模型(leader–member exchange model of leadership，简称 LMX 模型)由**乔治·格雷恩**(George Graen)和**弗雷德·丹塞罗**(Fred Dansereau)提出，强调领导者与不同的下属有不同类型的关系。不同于我们所描述的其他关注领导者或下属的行为和特质的模型，LMX 模型关注管理者与下属之间关系的质量。同样，不同于其他预设领导者和下属之间关系稳定的模型，LMX 模型假设每一个管理者 – 下属关系都是独一无二的(这个被行为学家称为“垂直对偶”)。

圈内交换与圈外交换　通过领导者授权和分配工作所产生的这种独一无二的关系，能产生两种领导者 – 成员交换关系。

- **圈内交换**。在圈内交换中,领导者和下属成为伙伴关系,这种关系是彼此信任、尊重、联系和共同命运感。下属或许会接受特别的任务，并且也可能有特别的权利。
- **圈外交换**。在圈外交换中,领导者成为一个监督者,未能够创造一种相互信任、尊重和共同命运感的氛围。比起圈内交换关系，下属得不到管理者足够的时间和重视。

领导者 – 成员交换模型有用吗?　尚不明确为什么领导者选择特定的下属成为圈内交换的一部分，但可能这些选择是出于协调性和能力的原因。当然，积极的圈内交换关系是与组织目标、管理者与员工之间的信任、工作氛围、领导关系的满意程度，特别是对每个雇主都很重要的工作绩效和工作满意度联系在一起的。一项七年时间的研究发现，领导者 – 成员交换模型不仅能预测护士和计算机分析员的流失率，同样能预测包括提升能力、薪酬水平、奖金收入等职业成果。

共享领导

单一的命令领导和多人间的共享领导，哪一个更好?或许，共享领导是最佳的。**共享领导**(shared leadership)是团队同时进行的、持续的、相互影响的过程，人们在其中共同承担领导责任。这是基于人们需要共享信息和共同合作以完成任务的理念。这种领导方式最适合人们在一个团队中工作，参与复杂的项目，或从事知识性工作——需要专业技术人员自愿贡献智力资本。研究人员开始探索共享领导的过程，结果是充满希望的。举例来说，团队中的共享领导被发现与团队凝聚力、组织公民行为、团队效用正相关。

案例 共享领导：科技公司分散权力

各种各样的组织都在进行共享领导。举例来说，各个医室和诊所雇用的员工超过42,000名的著名的梅奥医院，依靠共享领导来提供高质量的健康护理和顾客服务。福特汽车公司最高层的三个人实行共享领导已经有一段时间了。在谷歌，技术总裁谢尔盖·布林（Sergey Brin）、产品总裁拉里·佩奇（Larry Page）和首席执行官埃里克·施密特（Eric Schmidt）三人是共同掌权的。

MySpace是全球发展最快的网站，拥有1.1亿的“朋友”。生活在洛杉矶的汤姆·安德森（Tom Anderson）和克里斯·德沃夫（Chris DeWolfe）创造了这个网站。《财富》杂志这样写道：“为了促进当地粉丝和朋友之间的联系和交流……谁联系了朋友……他们在事业上拥有了一份友谊，并且很快在友谊的基础了建立了一番事业。”当新闻集团首席执行官鲁伯特·默多克（Rupert Murdoch）向MySpace的母公司报价5.8亿美元时，他们接受了这笔交易，但是仍然是主要的决策者，德沃夫是首席执行官，而安德森是总裁。德沃夫是公司的大脑，这个聪明的人拥有引人注目的愿景；安德森是公司的灵魂，他了解用户的需求。

思考：

如果你和一个朋友共同领导一个企业，哪个角色更适合你：公司的大脑还是灵魂？

服务型领导：满足下属和组织的目标，而不是自己的

“服务型领导”这个词是**罗伯特·格林利夫**（Robert Greenleaf）在1970年提出的，这个词不仅体现了他在AT&T公司作为一名管理研究者的背景，同样体现了他作为一名哲人和虔诚的贵格会教徒的思想。**服务型领导者**（servant leaders）关注提供更多的服务给他人——满足下属和组织的目标，而不是满足自己的目标。

被描述为“一个谦逊、努力付出、不求回报而只是帮助他人成功的人”，加利福尼亚大学洛杉矶分校前任教练约翰·伍登（John Wooden）就是这样一个例子。伍登带领这个大学的男子篮球队获得十次全国冠军。沃尔玛公司的山姆·沃尔顿（Sam Walton）认为领导就是向员工提供产品、培训和支持去服务顾客，从而让他们完成工作。家具制造商赫曼米勒公司的前任主席马克斯·德普雷（Max De Pree）和他的员工推行一个“盟约”。他认为，领导者应该给予员工“足够的空间以使双方能够付出和收到诸如创意、坦诚、尊严、欢乐、康复和包容等美好的事物”。星巴克首席执行官霍华德·舒尔茨同样是一个服务型领导的重要实践者。舒尔茨采取措施以确保员工拥有健康保险并且工作在积极的环境中，从而使星巴克的品牌得到很好的延续。

服务型领导并不是一个应急的管理理论，恰恰相反，它是关于生活和工作的一种长期的、变革性的理论。下面描述了服务型领导者的十个特征。（见表14-6。）一个人如果试着采取这些特征，将大有收获。

表 14-6　服务型领导者的十个特征

1. 注重倾听。
2. 能够对他人的情绪感同身受。
3. 关注治愈他人的痛苦。
4. 自我省察优势和劣势。
5. 运用说服力而不是职位权力来影响他人。
6. 广泛的抽象思维。
7. 有能力预见未来的结果。
8. 相信自己是员工和资源的服务者。
9. 对员工成长的承诺。
10. 在组织内部和外部营造和谐。

资料来源：From L. C. Spears, "Introduction: Servant-Leadership and the Greenleaf Legacy," in L. C. Spears, ed., *Reflections on Leadership: How Robert K. Greenleaf' s Theory of Servant-Leadership Influenced Today's Top Management*, John Wiley & Sons, 1995, pp. 1 - 14. Reprinted with permission of John Wiley & Sons, Inc.

电子化领导：全球网络的管理

互联网和其他形式的高级信息技术已经使得组织间的互动（电子商务）和顾客与供应商的互动（电子贸易）有了新的可能方式。在电子技术背景下的领导方式称为**电子化领导**（e-leadership），指利用信息技术实现一对一、一对多以及组群和集体之间的互动。

一个电子化领导者不需要是一个技术大师，不过他（她）需要了解足够的信息技术来改造传统的组织架构。一位作家这样描述电子化领导者，"他们拥有全球化的想法，认识到互联网在打开新市场和改变已存在的事物。"他们不担心在小战役上与对手竞争，因为他们忙于创造包围并摧毁它们的企业。《电子化领导》的作者哈佛商学院教授奎因·米尔斯（D. Quinn Mills）认为，那些个人公司将被更广阔的全球网络所取代，单个CEO将不足够管理。因此他认为，20世纪的管理强调竞争，未来的组织将围绕知识共享和开放式交流展开。

这些观察表明电子化领导意味着处理许多的责任，其中一部分列在了下表中。其中一些责任是：通过合作关系发展商业机会、重组公司以融入全球网络，使公司的组织结构去中央化以及使员工充满活力。（见表14-7。）

表 14-7 成功电子化领导者的六个诀窍

1. **创造未来而不是更好的现状**。不管你现在的事业有多成功，它都可能由于网络经济的迅速变化而一夜间崩溃。关注新的可能性而不只是简单地应对今天的问题。
2. **创造一个“可教愿景”**。当史蒂夫·乔布斯创办苹果公司时，他的可教愿景是将开发出使用起来像自行车那样简单的电脑。想想你的组织需要做哪些与众不同的事情以使其处于行业的顶端。调查企业拥有的最好最亮的明星产品，传统市场是怎样转变的，并且做好抓住新机会的准备。
3. **遵循顾客而不是你自己设定的战略**。忘掉你对自己的产品和服务的喜爱吧。最重要的是你的顾客是否喜爱它们。与你的顾客交流他们的需要，而且你可以怎样更好地服务他们。让顾客设定公司的方向。
4. **培养合作文化**。电子化领导者并不从高层下达指令。他们让团队在组织中有机发展，并且鼓励人们质疑工作方式。开放非正统的战略。
5. **思维全球化**。科技使你可以和全球的顾客、供应商、战略合作伙伴建立联系。不要忽略这个机会。严谨地寻找最适合经营的地方并且寻找机会存在的地方。
6. **以信息为乐**。这包括所有的信息：隔夜销售数据、顾客满意分数、员工流失率、及时发货率、撤单数等。科技使电子化领导者从一切可以察觉到的细节中了解企业。不360度全范围观察企业在发生什么，并且相应地调整战略——你可能忘记要领导企业走得更远。

本章小结

14.1 领导的性质：施加影响

领导是影响员工自愿追求组织目标的能力。管理者和领导者是不一样的。管理是处理复杂的事情，而领导是应对变革。公司通过规划和预算、组织和人事、控制和解决问题来管理复杂的问题。领导则是通过设置方向，安排人们去完成一项议程以及激励和鼓励人们来应对变革。

为了理解领导，我们必须理解职权和权力。职权是执行和命令的权利；它伴随管理者的工作产生。权力是一个人影响他人并使他人服从要求的能力。人们可能追求个人化权力，旨在利己；或者可能追求社会化权力，旨在利他。

在一个组织中领导者可以动用五种典型的权力来源；所有的管理者都拥有前三者。（1）合法权力：组织中管理者的正式职位带来的权力。（2）奖励权力：职权赋予管理者奖励他们的下属的权力。（3）强制权力：管理者的职权赋予其惩罚下属的权力。（4）专家权力：一个人的专业知识和技能产生的权力。（5）威望权力：一个人的个人魅力所产生的权力。

有九种影响策略可以使他人遵循你的意愿，按照使用频率从大到小排列如下：理性说服、感召力、协商、迎合策略、个人魅力、交换策略、联合策略、压力策略和合法化策略。

本章的其他部分讨论了四种主要的领导理论或观点，分别是：（1）特质理论；（2）行为理论；（3）权变理论；（4）新兴理论。

14.2 特质理论：领导者有独特的个性特征吗？

领导的特质理论试图找出成为有效的领导者须具备的独特特征。这种研究方法的代表有库泽斯和波斯纳的观点、性别研究和GLOBE项目的领导课程。（1）库泽斯和波斯纳确定了领导者的五种特质。一个领导者应该诚实、有能力、有远见、鼓舞人心和智慧。（2）女性在完成高质量工作、设置目标、指导员工和其他事项上可能比男性得分更高。女性在某些特质上要更优异，如团队精神和合作、更具协作性、追逐较少个人荣耀、企业利益高于个人利益、更具稳定性以及较少帮派意识。（3）GLOBE项目调查了62个国家的17,000名中层管理者，发现那些有远见并且鼓舞人心的领导者是最好的团队建设者，他们普遍表现卓越。

14.3　行为理论：领导者表现出独特的行为模式吗？

行为领导理论探究有效的领导者具有的独特风格。领导风格是领导者在与他人互动时所使用的特质、技能和行为的结合。我们描述了一些重要的领导行为模型。

在密歇根大学领导模型中，研究者确定了两种领导风格。以工作为中心的行为中，管理者将更多注意力放在工作和工作程序上。以员工为中心的行为中，管理者在员工满意度和团队凝聚力上投入更多的精力。

在俄亥俄州立大学领导模型中，研究者确定了两种主要的领导行为维度：定规是组织和定义团队成员应该做什么；关怀是通过建立一种温馨、友好、支持性的氛围来表达对员工的关心的领导行为。一个专家总结密歇根大学和俄亥俄州立大学的研究提出：有效的领导者倾向于与员工建立相互支持的关系，更多地使用团队而不是个人进行监督，并且设置高绩效目标。

14.4　权变理论：领导随情境而不同吗？

领导权变理论的支持者相信有效的领导行为依赖于当前的情境——随着情境的变化，不同的领导风格变得有效。本节介绍了三种权变理论。

菲德勒权变领导模型确定一个领导者的风格是任务导向的还是关系导向的，以及这种领导风格对于当前情境是否有效。确定了领导者是更偏向任务导向还是关系导向，接下来就需要确定他在当前工作环境下有多少控制和影响。情境控制的三个维度是：上下级关系，反映领导者在工作团队中受到的支持程度；任务结构，反映任务的常规性和易于理解的程度；职位权力，反映领导在奖惩和安排工作等方面有多大的权力。对于每一个维度，领导的控制或高或低。在高控制和低控制的情况下，任务导向型被证明是对工作最有效的；在适度控制的情况下，关系导向型是最有效的。

修订后的豪斯路径－目标领导模型认为有效的领导者应该向下属阐明实现目标的路径，并且向他们提供支持。员工特征和环境因素这两个变量导致一种或更多的领导行为（从最初的4项变为了8项）更有效。

赫塞和布兰查德的情境领导理论认为，领导行为反映了领导者应该怎样根据下属的准备度来调整他们的领导风格。准备度是指下属完成工作的能力和意愿。找到合适的领导风格需要交叉参照下属的准备度（从低到高）和四种领导风格：告知型、推销型、参与型和授权型。

14.5　全范围模型：运用交易型领导和变革型领导

全范围领导描述了一系列领导风格，其中交易型和变革型领导最为有效。交易型领导关注阐明员工的角色和任务要求，并根据绩效提供奖励或处罚。变革型领导使员工追求组织目标高于追求自身利益。变革型领导者受以下两个因素影响：（1）他们的个性倾向于外向、随和和主动。（2）组织文化倾向于更具适应性和灵活性。

最好的领导者既是交易型也是变革型的。变革型领导影响员工的四种关键行为是：激励动机、激发信任、鼓励卓越和激发智力。

变革型领导有三个启示。（1）它能改善个人和团队结果。（2）它能用于培训任何层级的员工。（3）它能被道德的领导者和不道德的领导者使用。

14.6 四种其他观点

四种其他领导观点是：（1）领导者－成员交换领导模型；（2）共享领导；（3）服务型领导；（4）电子化领导。

领导者－成员交换模型强调领导者与不同的下属有不同类型的关系。

共享领导是团队同时进行的、持续的、相互影响的过程，人们在其中共同承担领导责任。它是基于人们需要共享信息和共同合作以完成任务的理念。

服务型领导关注提供更多的服务给他人——满足下属和组织的目标，而不是满足自己的目标。

电子化领导涉及领导者通过互联网和其他形式的高级信息技术和他人互动，这些技术已经使得组织间的互动（电子商务）和顾客与供应商的互动（电子贸易）有了新的可能方式。电子化领导包含利用信息技术实现一对一、一对多以及组群和集体之间的互动。

管理实践　潘伟迪在花旗集团面临巨大挑战

在进入花旗集团成为首席执行官的四个月里，潘伟迪（Vikram Pandit）面临巨大的压力，证明一个注重细节的前教授可以经营好世界上最大但也有最多麻烦的银行。

甚至是那些赞扬他小心谨慎的高管也对他花太长时间作决策表现出了关注。他因为快速处理紧急的财务问题而受到高度评价，同时，高官们和投资者也批评潘伟迪没有阐明他对公司未来发展的规划。一些高管认为他们陷在等待他的团队作决定的泥沼里，并且这些决定事先没有获得如此高的关注。

“像现在这个时候，你真的希望人们和你齐头并进，”策划了1998年合并从而创造了花旗集团的前任首席执行官桑福德·威尔（Sanford Weill）这样说道，他认为潘伟迪依旧在和今天斗争。威尔支持潘伟迪，并建议他利用工作的名望来提高士气并使投资者安心。

威尔说：“领导者需要和员工联系在一起，员工需要知道他们是在追随着谁。”

潘伟迪的一些重要变革引发了争议。举例来说，三月底的高层改组导致了一个复杂的新指挥链：一些高管现在有2个甚至更多的上级，有时候甚至相距几千英里。

“决策在哪里制定？”花旗集团的财富管理业务负责人萨利·克劳切克（Sallie Krawcheck）在一次高管会议上质问潘伟迪。她认为这种新的组织架构可能导致“瘫痪”……

这位首席执行官坚持用他的分析方法来治理公司。潘伟迪在一次访谈上说，因为花旗集团这个在100多个国家拥有37万名员工的庞大公司有许多的问题，没有余地去作一些很小很仓促的决策。

他说：“人们越有耐心，就可能更好地看到公司真正的价值，这大概需要一些时间。”……

他在公司里有支持者。花旗集团的资深资本市场高管詹姆斯·福雷赛（James Forese）说道：“我每一天都采取实质重于形式的策略，我在一星期里的任何一天都会作出决策。”

当被问到他对公司的愿景时，潘伟迪认为首先需要从小事情做起，他说：“只有当我们打好了基础后我们才有权利去谈论愿景。”

他三月下旬的管理层重组不是花旗集团第一次为了这个庞大的企业重建指挥链。2004年发生在日本的丑闻，使花旗银行暂时被剥夺了在日本的个人银行业务执照，被指责部分原因在于向纽约总部的汇报路径不明确。

在最近的管理层重构中，在克劳切克和其他资深高管表达了对模糊汇报路径的担忧后，花旗集团的高官们明确了谁对什么事情负责。

潘伟迪在忙于取缔各种不必要的花费。去年末，他恢复了每年淘汰业绩最差的5%员工的老规矩。花旗集团也开始对低级别员工在体育赛事中使用大人物没有使用的投资银行豪华包厢进行收费……

尽管雄心勃勃，潘伟迪抗拒伴随着在华尔街的成功可以带来的名人地位。像在达沃斯世界经济论坛上一样他不喜欢冗长的谈话，有时候他会坐地铁上下班而不使用花旗集团随叫随到的配车……

为了更好地融入他所领导的公司，潘伟迪和花旗集团当时主管国际消费者业务的彭安杰（Ajay Banga）参加了一个速成培训班。潘伟迪花了几个小时在日本消费金融部门，这是处理客户违约的部门。

花旗集团的高官们认为他们学会了如何像这样去询问，当潘伟迪出现时，他们说：“你用股东的钱干什么了？”这是一个典型的切入点。

然而一些对这位首席执行官治理细节的担忧就是他缓慢的决策。在他接管后不久，他召集了一批顶级投资银行家，探讨如何重组他们的业务以避免重叠。他们花了一个月进行头脑风暴并谈论想法，但是“什么也没有发生，”一位高管这样说道，他认为潘伟迪很喜欢在理论层面上去探索一些东西，但是在实施上却很迟疑。今天(2008年5月)，在那次会议的四个月后，花旗集团准备按照最初的建议来重组组织构架，依照人们对工作的熟悉程度而进行。目标是为了拆除公司与投资银行家间存在已久的隔阂。

类似地，2008年2月在土耳其的一个会议上，一位花旗集团的员工询问什么时候员工不再“需要去纽约”来获得每一个决策的批准。

“这需要一些时间，因为我们需要勤奋，”潘伟迪礼貌地回答。

“我不希望这只是建立在直觉的基础上。”

讨论：

1. 潘伟迪用到了五种权力来源中的哪些？请解释。

2. 潘伟迪用了九个影响策略中的哪些？

3. 潘伟迪展现了哪些不同的领导特质和风格？举例说明并进行讨论。

4. 潘伟迪多大程度上使用了全范围领导模式？请解释。

5. 潘伟迪表现出了负面的领导特质、风格或行为吗？请讨论。

资料来源：Excerpted from David Enrich, “Citigroup’s Pandit Faces Test as Pressure on Bank Grows,” *The Wall Street Journal*, May 6, 2008, pp. A1, A20.

自我评估　你有成为领导者的潜质吗？

目的

1. 学习更多成为领导者所需要的技能。
2. 评估你自己的领导能力。

引言

管理者处理复杂的问题：他们关注需要完成的事情（计划和预算），促使人们一起工作（组织和配备人员），并且确保人们完成自己的工作（控制和解决问题）。然而，领导者是应对变革：他们通过设置方向而不是计划和预算来关注需要完成的事情，通过结盟合作而不是组织和配备人员来促使人们一起工作，通过激励和鼓励而不是控制和解决问题来使人们完成工作。这个测试的目的是评价你的技能，并测定你是否具有成为领导者的潜质。

说明

阅读下面的陈述，划出最符合你自我认知的数字：1 = 非常不同意；2 = 不同意；3 = 既不同意也不反对；4 = 同意；5 = 非常同意。答案没有对错之分。

1. 我能分清楚个人生活和工作/学习。	1 2 3 4 5
2. 我对自己很诚实。	1 2 3 4 5
3. 我能清楚地表达自己的想法。	1 2 3 4 5
4. 我会优先完成我需要做的事情。	1 2 3 4 5
5. 我能准时参加会议或课程。	1 2 3 4 5
6. 我积极和乐观。	1 2 3 4 5
7. 我是解决方案导向型而不是问题导向型。	1 2 3 4 5
8. 我能对自己的行动负责。	1 2 3 4 5
9. 我不会因为自己的错误而责骂他人。	1 2 3 4 5
10. 当我在团队中工作时，我会和成员一起解决和预防问题。	1 2 3 4 5
11. 我不会重做事情，因为我的工作是周密而完整的。	1 2 3 4 5
12. 我不会拖延项目/任务。	1 2 3 4 5
13. 工作于项目/任务时我不会被分心。	1 2 3 4 5
14. 我在团队中工作得很好。	1 2 3 4 5
15. 我是关系导向型的，而不仅仅是结果导向型的。	1 2 3 4 5
16. 我倾听他人，不仅仅是他们说出的话。	1 2 3 4 5
17. 在团队中工作时，比起自己的成绩我更关注团队的成功。	1 2 3 4 5
18. 我能很好地调整不同的沟通风格。	1 2 3 4 5
19. 当他人工作完成得很好时我会表示赞扬。	1 2 3 4 5
20. 我超前完成工作，不过在合理的范围内。	1 2 3 4 5
总分	________

得分和解释

所有20项得分相加得到你的总分。这份调查问题是为了向你反馈下列方面的技能:（1）个人稳定性;（2）生产率;（3）自我管理;（4）沟通;（5）边界设置;（6）工作质量;（7）团队精神。优秀管理者拥有所有这些技能，并且这些代表了领导者所必需的技能。

领导技能的一般评价标准：

卓越的领导技能（95 ~ 100）
优秀的领导技能（85 ~ 90）
中等的领导技能（75 ~ 80）
较差的领导技能（65 ~ 70）
很差的领导技能（60以下）

问题讨论

1. 你对结果感到吃惊吗？为什么吃惊或为什么不吃惊?

2. 看看你得分最低的五个问题。你怎样做能够提高这些技能？请阐述。

3. 得分最低的五项的内容和表14–2有关吗？如果有关系，你能找到另外的方法提高这些特质吗？描述并解释。

道德困境　为一个下岗的朋友掩饰

你为一家大型公司管理一个软件开发团队，几天前你不得不通知你的一个为这家公司工作的朋友被解雇了。虽然他在过去表现得非常好，你也不希望看见他离开，但是由于你的公司失去了与一个大客户的合同，所以他的职位变得过时了。

这名员工想要建一栋房子，并且你知道离他截止贷款的时间还有10天。他已经卖了以前的房子并且和他的岳父母住在一起。他请你帮忙：能不能把他的工作延长10天，从而使他有资格为他的新房申请贷款？不幸的是，你没有这样做的权力，你告诉他你帮不了他。

他告诉你抵押公司将在不久后通过电话获取他还在职的口头确认。如果你的朋友想要为他的新房获得这笔贷款，这次证明是必不可少的。他问，你是否能告诉那家抵押公司他仍然在职?

解决困境

作为管理者，你应该怎么做?

1. 告诉那家抵押公司你的朋友还在职。你的朋友需要休息，并且你有信心他在不久的将来找到一份工作。

2. 拒绝撒谎。伪造关于工作的信息是不道德的。

3. 回避那家抵押公司的电话采访。

4. 想想其他选择，并讨论。

15 人际沟通与组织沟通

你应该能够回答的主要问题：

15.1　沟通过程：什么是沟通，如何沟通

主要问题：我需要了解沟通过程的什么知识以成为有效的沟通者？

15.2　沟通的障碍

主要问题：沟通的主要障碍是什么，如何提高沟通技巧？

15.3　管理者如何融入沟通过程

主要问题：如何根据自身优势采取不同的沟通渠道和形式？

15.4　信息时代的沟通

主要问题：当代管理者如何运用信息技术更有效地沟通？

15.5　提高沟通有效性

主要问题：如何成为更好的倾听者、读者、作者和演讲者？

管理者工具箱　通过倾听来沟通

人们采取破坏行为来抵抗他们的雇主是因为他们不能或者害怕与他们的管理者沟通。这种抵抗采取了“恶意服从”的形式（服从监督者表面上的说明，却忽视真正的目标），保留关键数据，破坏直接反映到管理者身上的项目。

一个书店员工穿过商店并谨慎地将钢笔、铅笔甚至粉笔装进自己的口袋里，然后把它们藏在私下的橱柜里，通过这些方法来恶意报复他不会倾听、易怒的老板。后来据他所说，“我的异常恼怒的老板达到了一种非常恼怒的中风状态。”

有效的沟通是从倾听开始的，注意所讲的话语。“开始时，好像你不懂答案一样来听人们讲话，”内达华州雷诺市的人力资源专家梅格·普莱斯（Meg Price）建议。“这意味着你要询问更多的问题来从对方的角度考虑这种情况。当你认为你明白了，要向对方总结一下你认为讲述者已经告诉你的内容。只有当你确实明白的时候，你才能给出潜在的解决办法或答案。”

当然，有时候会有分歧，聆听也不会改变这个事实。戴维·斯蒂贝尔（David Stiebel）在《当谈话使事情更糟！当沟通失败时解决问题》这本书中定义了分歧的本质：

- 如果你仅仅听对方的话，那么她会感到满足并且停止反对你吗？
- 如果你成功地推销了自己，你能真正改变对方的观点吗？
- 如果对方更多地解释自己，你会改变你的观点吗？

当真正的分歧发生的时候，一个人必须作出一些让步，这样才能让谈判开始。

讨论：你有多擅长倾听呢？你觉得大多数人的水平如何呢？当某人在谈论时，你主要在思考你的回应吗？

本章概要

本章描述人与人之间传递信息和相互理解的过程。本章也讲述讲述三个沟通障碍——物理障碍、语义障碍和个人障碍。然后展示你可以如何根据自身的优势，运用不同的沟通渠道和形式，采取正式的和非正式的沟通方法。本章还讨论杰出管理者如何运用信息技术更有效地沟通。最后，我们讨论如何成为更好的倾听者、读者、作者和演讲者。

15.1 沟通过程：什么是沟通，如何沟通

主要问题：我需要了解沟通过程的什么知识以成为有效的沟通者？

本节概要

沟通是人与人之间传递信息和相互理解的过程。这个过程涉及发送者、信息、接收者、编码和解码、媒介、反馈以及处理“噪音”或干扰。管理者在合适的情境下需要运用合适的媒介进行沟通。

“我开始工作并打开我的电脑（以及我的伙伴名单），让每个人知道我就在这里，”一个把自己定义为高技术沟通者的员工写道，“然后我通常接收即时信息，有时候我同时接收四五条即时信息。随后我会打电话，并且在对话的过程中，我同时回复即时信息，并且打开我的邮箱。我总是同时至少有三件事情要处理，它们将我包围。”

沟通问题是人类生存的一个事实，正如我们在管理者工具箱中描述的那样。近期一份基于636名人力资源专家的调查表明，提高我们的沟通技巧是非常重要的。他们把人际沟通技巧作为改进他们职业生涯的最重要因素。

难怪员工沟通在工作中已经成为一个严重问题。根据一份调查，高管们认为一周40个小时的工作时间中有14%是被浪费掉的，原因在于员工和管理者之间的沟通不到位。那相当于一年中要丢失掉7个工作周的时间。因此，良好的沟通所带来的实际好处是：它能节省钱。

定义沟通：信息的传递和理解

沟通（communication）是人与人之间传递信息和相互理解的过程——是作为管理者不得不做的众多活动中的一种。事实上，一项调查发现，在一个典型工作日，管理者81%的时间都是用在沟通上。

管理者做许多沟通工作的事实并不意味着他们有必要擅长这个——也就是说，他们是有效率的或者是有效的。当你能用最短的时间精确传送你的信息时，你就是有效率的沟通者。当你想要表达的信息被他人精确地理解时，你就是有效的沟通者。因此，你通过邮件向一组人发送训斥信息可以被看成是有效率的；但是如果它令他们生气以至于他们不能接受邮件的内容，它则不是有效的。

通过这些事例可以看出为什么对沟通过程的理解如此重要。

沟通过程如何进行

沟通包含“发送者通过媒介将信息传递给接收者，接收者作出反应”的过程。

让我们看看这个过程的整个部分。

发送者、信息和接收者　**发送者**（sender）就是想要分享信息的人。想要分享的内容就称之为**信息**（message）。**接收者**（receiver）就是信息要发送给的人。如下所示：

发送者 → 信息 → 接收者

编码和解码　当然，沟通的过程不仅是发送者、信息、接收者这样简单。如果你是过去通过电报线用莫尔斯电码通信的电报员，你不得不首先将信息编码，接收者不得不对它进行解码。同样，如果你在同一个房间通过声音将信息传送给另外一个人，情况也是一样的，那时你必须决定用哪种语言说以及使用什么词汇。

编码（encoding）是将信息翻译成能让人理解的符号或者语言。**解码**（decoding）是解读并努力让信息有意义。因此，沟通过程现在是：

发送者（编码）→ 信息 →（解码）接收者

媒介　作为沟通者，采用什么手段发送信息非常重要，无论是通过互联网打字并用邮箱传送信息，还是通过电话线传送声音，或者通过手写的潦草笔记。这就是**媒介**（medium），即信息传播的途径：

发送者（编码）→ 信息（媒介）信息 →（解码）接收者

反馈　"123次航班，你能收到吗？"在电影里，常常听到航班控制员这样说。这就是当飞机被困时，发送无线电给飞行员，看他或她能否接收到先前的信息。然后，飞行员通过无线电回复，"收到，休斯敦，我收到了。"这就是一个**反馈**（feedback）的例子——接收者对发送者的信息作出他或她的反应。

发送者（编码）→ 信息（媒介）信息 →（解码）接收者

（反馈）　　信息

噪音　不幸的是，整个沟通过程可能在几个不同的区域被所谓的**噪音**（noise）打扰——信息传输的所有干扰。噪音能发生在媒介中，就如无线电传输过程中有静电干扰，或者电话里的声音越来越小，再或者在一个嘈杂的伴有吵闹音乐的餐馆努力讲话。噪音也可能发生在编码和解码的过程中，比如医生的字迹很潦草时，药剂师无法阅读他的药方一样。

噪音也发生在非语言沟通中（在本章的后面讨论），我们的肢体动作发送一个与我们所讲述的内容不同的信息；或者在跨文化沟通中（第4章讨论过），我们假设他人的信息是以我们自己的文化，而不是他们的文化为基础。我们在下一节继续讨论噪音。

沟通过程如下图所示。（见图15-1。）

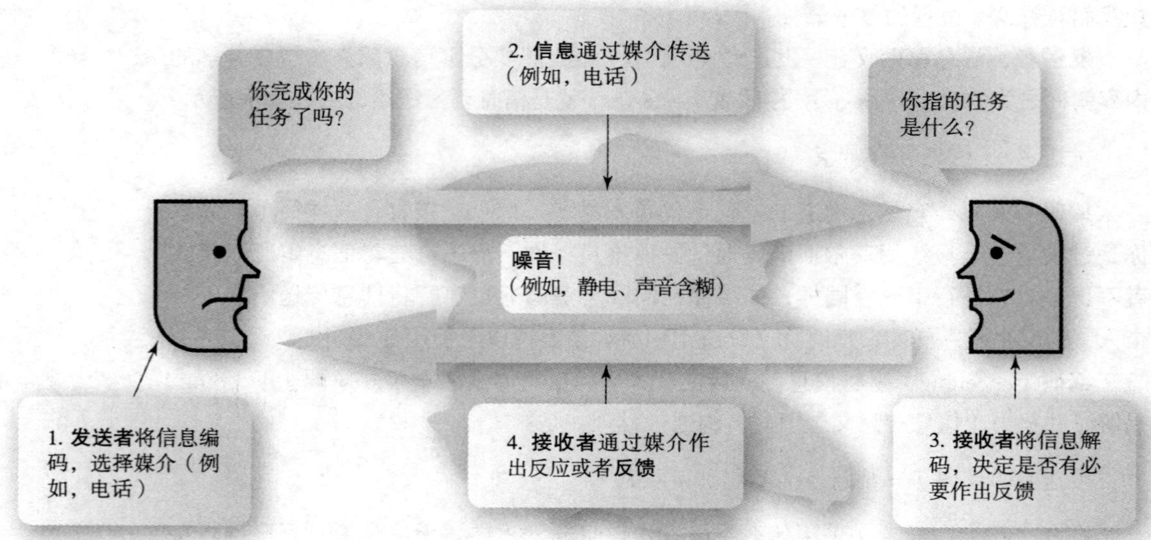

图15–1　沟通过程

"噪音"不仅是噪音或大声的背景声音，而是任何干扰信息传输的事物——静电、声音淡出、分散注意力的面部表情、不舒适的会议场所、其他声音等。

为有效沟通选择合适的媒介

管理者有许多种可用的沟通工具，从一直以来的一对一、面对面对话到大众媒体的运用。然而管理者需要知道如何在合适的情形运用合适的工具，例如在什么时候发邮件、什么时候需要面对面交流。你需要通过口头说出、发送邮件、在办公室咖啡机旁张贴公告的方式来夸奖员工，还是这三种方法都用？当对员工进行训斥的时候又怎么做呢？

媒介的信息丰富度如何？　管理者有多种媒介可供选择，包括对话、会议、演讲、电话、电子邮件、备忘录、信件、公告牌、PPT展示、视频会议、纸质出版物和视频等。除此之外，还包括基于大众媒体的综合沟通，如公共关系；广告；基于纸质、电台、电视、互联网的新闻报道等。

媒介丰富度（media richness）表示特定媒介传播信息和促进学习的能力。也就是说，媒介"越丰富"，就越能更好地传播信息。媒介丰富度这一术语由受人尊敬的组织理论学家理查德·达夫特（Richard Daft）和罗伯特·伦格尔（Robert Lengel ）提出，是他们的媒介选择权变模型的一部分。

依据媒介丰富度从高到低排列，各种媒介可以沿着一个连续体定位：

高媒介丰富度（适用于非常规的、模糊的情形）　　　　**低媒介丰富度**（适用于常规的、清晰的情形）

面对面　　视频会议　　电话　　个人书写媒介（电子邮件、备忘录、信件）　　非个人书写媒介（新闻通讯、传单、一般报告）

面对面沟通是最个人化的沟通形式，也是信息最丰富的。它允许信息的接收者观察多种线索，例如肢体语言和音调。它允许发送者得到立即的反馈，去看接收者是如何理解信息的。在媒介丰富度量表上非个人书写媒介恰恰相反，因为只有一个线索而且没有反馈，因此在丰富度上较低。

在合适的情形运用合适的媒介　大体来说，选择媒介遵循以下准则：

- **丰富媒介**——适用于非常规情形以及避免过度简化。一个丰富媒介在常规情形更加有效。

  例如，你愿意采用哪种方式在一个非常规情形向老板了解那些事实？例如一次主要的公司重组，哪些方面会影响你的工作呢？是通过公告牌上的备忘录（精益媒介）？还是通过面对面的见面，还是通过电话（丰富媒介）？

  对一个常规事情（例如每月的销售报告）用一个丰富度高的媒介的危险在于容易导致信息超载——信息量超出需要。

- **精益媒介**——适用于常规情形和避免信息超载。一个精益媒介在常规情形更有效。

  例如，作为一个销售经理，你愿意通过哪种方式从你的50名销售代表那里获得常规的月度销售报告呢？是通过花时间打电话来获取信息（一定程度上的丰富媒介）？还是通过电子邮件还是手写的备忘录（一定程度上的精益媒介）呢？对于非常规事务（例如公司重组），用精益媒介的危险在于它导致了信息过简，即它不能提供给接收者需要和想要的足够信息。

15.2　沟通的障碍

主要问题：沟通的主要障碍是什么，如何提高沟通技巧？

本节概要

我们描述沟通的三个障碍。物理障碍包括声音、时间和空间。语义障碍包括不清晰的话语和行话的使用。个人障碍包括在沟通技巧、诚信和信誉、刻板印象和偏见以及错误的倾听技巧上的不同。

站起来给一群同事做演讲？康涅狄格州的商人罗伯特·苏霍扎（Robert Suhoza）宁愿选择被大象践踏。“在鸡尾酒晚会上进行短暂的谈话？给他一枪得了。向一屋的陌生人介绍自己？他会立刻逃走。甚至有时接电话似乎是一种不可逾越的难题：他知道他应该接起电话，但是他由于不知道电话的另外一头是谁而困惑，或者为不知道打电话的人想要什么信息而困惑。”

苏霍扎53岁，但是他始终患有社交恐惧症或社交焦虑障碍。在这方面他有许多同伴：八分之一的美国人在他们生活中的某些方面满足社交焦虑障碍的诊断标准，使它成了世界上第三个最普通的精神状况。虽然寻求治疗的男性更多，但是比起男性，女性遭受此种障碍的比例更高。

社交焦虑障碍是沟通障碍的一个例子（虽然是一个极端的例子）。沟通障碍是两个人之间的一切干扰准确沟通的事物。一些障碍被认为发生于沟通过程本身。（见表15–1。）但更实际的做法是将沟通障碍分为三种类型：（1）物理障碍；（2）语义障碍；（3）个人障碍。

表15–1 沟通过程中发生的一些障碍

只要文中描述的沟通过程的一个环节受阻，就会发生沟通失败。思考下面的情形。

- 发送者障碍——没有信息发送。你曾经有一个想法但是因为担心被批评而害怕说出它（像罗伯特·苏霍扎）吗？然后当然没有信息传递出去。

  但是障碍产生不一定是因为心理原因。假设作为一个新管理者你没有意识到（因为没人告诉你），监督你下属的开支账目是你职责的一部分。在那种情况下，你从没有叫员工提交开支预算报告，是可以理解的——为什么，换句话说，没有信息发送。
- 编码障碍——信息没有正确表达。毫无疑问，有时你很难想到正确的话语来表达你对某事的感觉。如果使用的不是你的母语，可能你较难向一个主管、同事或者下属表达你想说的话。
- 媒介障碍——沟通渠道受阻。你联系不上某人，因为他或她的电话总处于忙线中。当电脑网络没有连接的时候，你发送的电子邮件不能传输。这些都是沟通媒介受阻的例子。
- 解码障碍——接收者不能理解信息。你的老板告诉你“lighten up”或“buckle down”，但是由于英语不是你的母语，你不能理解其意思。或者你害怕表现出你的无知，如有人向你抛来电脑术语，并且告诉你你的电脑连接存在“宽带问题”。
- 接收者障碍——收不到信息。因为当管理者通知今天的工作任务时，你正和一个同事谈话，所以你没有听到这一内容，因此你不得不让他或她重复通知。
- 反馈障碍——接收者没有给出足够回应。毫无疑问，你有给人指路的经历，但是因为他们只是点头而没有重复你所指的方向，你不会知道你说的话真正被理解没有。同样的事情也会发生在许多工作情形。

物理障碍：声音、时间、空间等

试试冲着离建筑物较远的人叫喊——越过十几米外推土机的声音——你就知道什么是物理障碍了。其他这样的障碍有时区不同、电话线静电干扰以及崩溃的电脑等。办公室的墙也可能是物理障碍，这也是许多工作场所使用敞开的楼层，用隔间代替办公室的趋势的原因之一。

语义障碍：什么时候词汇很重要

当一个监督者告诉你，“我们要立刻将这件事完成。”这是什么意思呢？“我们”仅仅是指你吗？还是指你和你的同事呢？或者指你、你的同事和老板呢？“立刻”指的是今天、明天还是下个星期呢？这些都是语义障碍。**语义学**（semantics）是对文字的意义的研究。

另外，当我们在与其他文化打交道时可能会遇到语义障碍（如第4章所讨论的）。例如，在用电话与在印度的呼叫中心工作的印度人谈话时，我们可能发现他们的发音不寻常。可能那是因为，据一位印度语音顾问说，“美国人用英语思维，我们用自己的母语思维，在说话的时候将其翻译成英语。”随着我们的社会变得更具技术导向，由于行话的产生，语义含义变成一个问题。**行话**（jargon）是特定职业或群体的术语。作为一个专业领域的管理者，你需要记住有些话语对你来说是普通话语，可能对于外部人士是神秘的话语。

实际行动 注意举止：工作场所礼仪对职业生涯很重要

甚至当你不讲话的时候，你常常也在沟通——非语言的（我们会在本章其他地方讨论）。举止是沟通的一个重要部分。

想一想：当你和商业客户一起吃午餐的时候，你在喝汤时会不断地敲击勺子吗？（这应该是一个失败。）你吃饭的时候会要一杯葡萄酒吗？（最好不要在他人买单的时候喝酒。）如果对面坐着客户，你会把柠檬汁挤到冰茶里吗？（最好不要——你可能会把柠檬汁溅到他或她的眼里。）你会用你的叉子搔你的背吗？

我们要讨论的是一种沟通形式，即礼仪或者行为举止。尽管许多办公场所不那么正式（不仅在星期五，而是在每一天都穿着随便），管理者需要学习商务礼仪——行为举止、礼貌、合适的行为——如果他们希望职业成功。礼仪不仅是餐桌举止；它也显示出体贴。如果每周你要带客户出去吃饭几次，你会很高兴如果你知道用哪个叉子。丹佛大学丹尼尔斯商学院的MBA候选人被要求参加礼仪宴会，麻省理工学院也经营着一个有魅力的学院。这些类似的讲座提供宴会礼仪、电话礼仪等课程。“攀登在成功的滑梯上，”一个礼仪训练公司的创始人说，“人们必须认识到，如果他们的老板和顾客不能看到他们良好的行为举止，他们绝不可能被提升。”

一些需要知道的事情包括：

- **握手和社交意义的吻**。对于陌生人，你仅仅以握手来对待是安全的：以一个角度坚定地握着别人的手，然后两次或三次上下摇晃。脸颊的亲吻对于陌生人绝不合适，或者不适于工作面试的开始。然而，如果你正在接待上级，你应该模仿对方，如果他或她主动，那你就转过去或者呈现你的右脸颊（或者两个脸颊）。
- **介绍**。当你的老板正在会见客户，你应该从你需要尊敬的人开始介绍——客户。（“史密斯先生，这是我的老板珍妮特·琼斯。珍，这是霍雷肖·史密斯，联合成功公司的副总裁。”）而且，为了一个对话的开始，你应该介绍每个人的必要信息。（“珍是我们远西部门的主任，并且她刚刚从攀岩旅游中回来。”）

- **感谢信**。当某人准备了一个你参与的整日或整周项目，寄给他或她一封感谢信。你的老板在她的游船接待你，你要寄给她一个感谢卡。你的客户送给你一次飞机旅行，你寄他一封感谢信。并且，面试完之后一定要记住写一封感谢信。
- **就餐建议和餐桌礼仪**。不要点最贵的菜。在主人吃之前不要吃。避免点你认为处理起来比较困难的容易洒出来的饭菜（例如：汤或面食）。知道怎么吃面包。（拿着面包或者面包卷，把它放在你的盘子上——左边的盘子；如果你把面包掉地上了，不要去捡它；告诉服务员让其处理。）不要在桌子底下脱鞋。关掉你的手机，这样它就不会嗡嗡作响。当你离开桌子并打算返回，把餐巾放在椅子上；当你确实要走，把它放在桌子上。在美国，手肘不能放在桌子上，把手放在桌子下方是比较好的。然而在欧洲国家，相反的做法才是礼貌的。

个人障碍：阻碍沟通的个人属性

“是他们的原因还是我的原因？”

当有人对你所说的一些事情表现出惊讶的时候，你通常想知道这种沟通不畅是怎么发生的呢？让我们看看造成沟通不畅的九种个人障碍。

有效沟通的不同技巧 众所周知，与他人相比，有些人就是更好的沟通者。他们有话说技巧、词汇、面部表情、眼神接触、戏剧性的能力、以高级方式表达他们“空谈的天赋”。相反，其他人没有这个能力。但是好的沟通技巧可以学习。

信息传达和解读的方式不同 你来自一个工人阶级家庭或者有特殊的背景吗？你来自一个特殊的民族群体吗？你擅长数学或者语言吗？你来自一个混乱的充满酗酒和打架的家庭吗？正是这些让你工作分心吗？

因为人们用不同的参照和经历来解释周围的世界，他们对哪些东西对他们有利，哪些东西对他们不利是有选择性的。这些不同影响着我们所说的和所想听的信息。

可信赖性和可靠性不同 如果你和他人之间没有信任，沟通是容易产生问题的。双反都会集中于防御策略，而不是选择沟通，关注交换的信息的含义。作为一个管理者，如果你的前任在工作中欺骗他们，下属如何回应你？他们可能给你怀疑的好处，但是他们也可能等待第一次机会，在信念上确定你将削弱他们的信任。

过度自我 我们的自我——我们的骄傲、我们的自尊、甚至自大——是第五个障碍。自我会造成政治战、地盘战以及对权力、荣誉和资源的热烈追求。自我会影响我们如何对待彼此以及多大程度上接受我们被别人影响。曾经有人对你的主意表示赞同吗？那么你就知道自我感觉会如何强大。

有缺陷的倾听技巧　当你去参加一个晚会，是否有人问你是谁，是做什么的？或者他们愿意讲述自己吗？他们是否似乎在等你结束谈话，然后他们能接着说他们想说的？（但是这里有一个测试：当他们讲话的时候你真正在听吗？）

判断他人信息的倾向　假设班上的其他人看到你在读这本教材并且说，“我喜欢我们正在读的这本书。”你可能说，“我同意。”或者你会说，“我不同意——它有些枯燥。”心理学家卡尔·罗杰斯（Carl Rogers）认为，我们都有一个自然的趋向，我们用自己的观点去判断别人的观点（尤其当我们对此事有强烈的情感）。

不能以理解之心去倾听　以理解之心用心地倾听，你必须站在对方的立场来思考。或者，正如罗杰斯和他的合著者指出的，你必须“从别人的视角去理解所表达的观点和态度，感知对方的感受，理解对方对正在谈论的事情的参照框架。”当你用理解的心去听，你就不会那么防御（即使信息是批评性的），并且能提高你感知信息的能力。

刻板印象和偏见　**刻板印象**（stereotype）是指对特定群体过于简化的看法。例如，常见的关于老人、年轻人、男性和女性的刻板印象。你是否讨厌仅仅根据一些放大的因素——根据你的年龄和性别，来把你分类？（“年轻人轻率。”“老妇人喜欢斥责人。”确实，一些年轻人和一些老妇人就是这样，但是用同样的标准将每个人都归入这些种类是不现实和不公平的。）

本章后面会探讨性别沟通的问题。

非言语沟通　你的肢体语言和面部表情与你的话语矛盾吗？这可能是你没意识到的一种非语言沟通。接下来我们更细致地讨论这一问题。

非言语沟通

非语言沟通（nonverbal communication）是指文字或者话语之外发送的信息的集合。一个作家说，非语言沟通包括“时间和空间的使用、谈话时人与人之间的距离、衣服颜色的搭配、走路的姿势、站立、姿势、座次安排、办公地点和家具”等因素。一些研究人员指出，非语言沟通占到大约60%沟通的信息。其他人估计它甚至高达90%。考虑到非语言沟通的盛行和它对组织行为（例如雇佣决策、他人的认知以及让某人的观点被他人接受）的影响，对非语言沟通的多种来源的熟悉是非常重要的。确实，当你在与世界上其他文化的人打交道时，尤其如此，正如在第4章（4.5节）讨论文化差异时讲到的那样。

非语言沟通体现在以下七个方面：（1）人际空间；（2）眼神交流；（3）面部表情；（4）身体动作和姿势；（5）接触；（6）环境；（7）时间。

1. 人际空间　不同文化的人对可接受的人际空间有不同的观点——即在与别人沟通的时候，一个人应该离多远或者多近。例如，北美人和北欧人在商务对话时趋向于保持3—4英尺的距离。对于拉丁美洲和亚洲的人们，距离大约是1英尺。对于阿拉伯人，距离更近。

这可能会导致跨文化的误解。“阿拉伯人趋向于近距离接触，呼吸在你身上，”

人类学家爱德华·霍尔（Edward Hall）说。“作为接收方的美国人不能确定令他不舒服的所有来源，但是能感觉到阿拉伯人是咄咄逼人的。阿拉伯人在靠近，美国人在后退。阿拉伯人紧随，因为他只有在一定距离上才能互动。”然而，一旦美国人理解阿拉伯人在处理人际距离上的差异，以及“呼吸在别人身上是一种沟通形式”后，霍尔说，情况可能被重新定义，这样美国人会感到更舒服。

2. 眼神交流 眼神交流在沟通中有四个功能：（1）它指示谈话的开始和结束；有一种趋向，讲话开始时眼神从他人身上移开，讲话结束的时候看着他们。（2）它能表达情感；例如，当传递坏消息或消极反馈时，大多数人趋向于避开眼神交流。（3）凝视能监控反馈因为它能反应兴趣和关注。（4）根据不同文化，凝视同样展现了交流双方的关系类型。例如西方人很小的时候就被教育，跟父母说话的时候要看着父母。然而，亚洲人被教育，为了显示服从和辅助，要避开父母或者监护者的眼神。

3. 面部表情 可能你习惯于认为，微笑代表温暖、高兴或者友好；而皱眉代表不满或者生气。但是这些面部表情的解释不能应用于所有的文化。例如，微笑在不同国家传达不同情感。

4. 身体动作和姿势 身体动作的一个例子是前倾，姿势的一个例子是指向。开放的身体姿势，如后倾，体现开放、热情、亲密等，代表沟通的可能性；紧缩的身体姿势，如交叉双臂或者交叉腿，代表反抗。

沟通研究者朱迪思·霍尔（Judith Hall）认为，一些身体动作和姿势更多地与性别有关系。例如，女性点头和挥手比男性多。男性呈现出大的肢体动作，腿部运动比女性更多。

然而，我们需要指出，身体语言的诠释是主观的，因此容易误解，并且它高度依赖于背景和跨文化的差异。当你诠释身体动作时需要细心，尤其当你处在不同文化背景时。

5. 接触 接触的准则世界各地有极大的不同。例如，我们在第4章提到，在中东，两个男性朋友一起握着手走路是正常的——但在美国却不是普通行为。

男性和女性理解接触有差异，女性比男性在谈话过程中倾向于有更多的接触。当女性接触男性时，被看作是性感的；当男性接触另一位男性时，会有同样的解读。但是现在男士握手逐渐演变成一系列更加亲密的姿势，甚至握手和拥抱也在改变——正如一篇文章所述，“一只手臂的拥抱，强有力的肩膀碰撞，紧紧地握住手形成A的形状。”

6. 环境 当你去拜访一个人，他坐在大桌子后并且背光靠着窗户，脸是模糊的，你感觉如何呢？当他从桌后出来，邀请你与他一同坐在沙发上时，这是什么含义呢？办公室的位置（例如，有窗户的角落办公室与没有窗户的低级办公室相比），它的大小以及家具的选择通常可以体现里面人的易接近性。

7. 时间 当你为了与老板的约定而等待老板45分钟时，你感觉怎么样呢？当她仅仅咕哝或者对你的评论用一个音节回应，这说明了什么？作为一个管理者，你应该总是给为你工作的人充足的时间。在与员工会面时，你也应该经常与他们谈论，这样他们才能明白你的兴趣。

表15–2　对非语言沟通的技巧给出了一些建议。

表15–2　非语言沟通技巧

做什么	不做什么
保持眼神沟通	把眼神从演讲者身上移开
向演讲者倾斜	远离演讲者
以适中的速度讲话	说得太快或者太慢
用一种平静的、确定的语调讲话	用一种不开心的语调讲话
微笑和显示活力	过分地打呵欠
表示同意时偶尔点头	闭上眼睛

资料来源：Adapted from W. D. St. John, "You Are What You Communicate," *Personnel Journal*, October 1985, p. 43.

与性别有关的沟通差异

在对起始工资讨价还价的能力上，男性比女性出色得多。确实，一份报告显示，“女性经常在赢得更好工资、任务和工作上熟练性不够——要么因为她们不问，或者因为她们屈服于所做的工作。”换句话说，女性需要训练她们的谈判技巧，否则她们将落后。

表15–3总结了两性之间沟通的一些一般差异。不过，要注意这些不能应用于所有的情形，否则就是刻板印象了。

你认为这些特定风格在管理背景下有多大用处呢？（回顾第14章关于男性和女

表15–3　两性沟通差异

语言特征	男　性	女　性
居功	“我”的陈述更多（例如，“我做了这个”、“我做了那个”）；更可能鼓吹他们的成就	“我们”的陈述更多（例如，“我们做了这个”、“我们做了那个”）；不大可能鼓吹自己的成就。
展现自信	不大可能指出他们对某事不确定。	更可能指出对某事不确定。
提问	较少可能问问题（例如，问方向）	更可能问问题
谈话礼节	避免道歉因为它使他们处于更低的位置	更频繁地说“我很抱歉”
给予反馈	更直接和坦率	更圆滑；趋向于用夸奖批评人
给予夸奖	吝啬于夸奖	比男性更多地夸奖
婉转	在承认错误或者他们不知道某事的时候说话婉转	当告诉别人做什么时说话婉转

资料来源：Derived from D. Tannen, "The Power of Talk: Who Gets Heard and Why," *Harvard Business Review*, September–October 1995; and D. Tannen, *You Just Don't Understand: Women and Men in Conversation* (New York: Ballantine Books, 1990).

性领导力的讨论。）

作家朱迪思·丁莉（Judith Tingley）建议男性和女性应该学习“性别灵活”——暂时用另一性别的典型沟通行为去增加潜在的影响。例如，一个女管理者可能用运动的方法来激励男性群体。

相反，黛博拉·坦嫩（Deborah Tannen）认为，每个人逐渐知道不同的语言风格如何影响我们的感知和判断。例如，在一次会议上，不论性别，“在群体里讲话自如的人，在举起他们的手之前不需要沉静的人，或者不需要等待就能很容易讲出来的人更容易被注意，”她说。

现在，大多数男学生和管理者知道他们应该在两性都承担的工作或角色上避免“大男子主义”的用词，用警察（police officer）代替男警察（policeman）；用监督者（supervisor）而不是领班（foreman）。（相反，秘书、护士和保姆应该不再与“她”相关。）如果你保持警醒，避免那些让女性降低身份的句子结构是相对容易的。（不说“他是”，而是“他或她是”，或“他们是”。）

当然，除了那个还有更多的有效管理沟通办法。确实，有高管培训项目专门教授男性人际关系中的情感价值——用“软技巧”去沟通，建立团队，发展灵活性。“现代商务的性质要求女性更典型的建立共识的模式，而不是自上而下的男性军队模式，”纽约的一家猎头公司的常务董事米灵顿·麦科伊（Millington F. McCoy）说。伦敦的詹姆斯·特雷格（James R. Traeger）有一个项目，帮助参与者打破男性总是想掌管和解

案 例　男性高管在商业上有优势吗？女性与沟通

一个在40多个国家有办公地点的猎头公司高管克里斯·克拉克（Chris Clarke）认为，女性在商业上有两方面的优势。“有更多的证据，”他说，“即女性在多任务处理方面是出众的，这在处理复杂业务时非常需要；而且她们更善于处理人际关系，这对形成有效的团队是非常重要的。”

女性的优势还体现在另一方面，《商业周刊》上的一篇文章指出：不是紧紧控制信息，她们更愿意分享它。这个观点的一个代表是阿努·苏克拉（Anu Shukla），她将其网络营销公司卖了3.9亿美元，使其85名员工中的65名成了百万富翁。“过度沟通效果更好，”她说。她将与所有的员工分享信息，而不是只告诉需要知道的特定员工定为她的政策。此外，她还创造了她所谓的“CEO午餐”，在这个午餐中她一次邀请6—8名员工与她讨论业务。

思考：

明尼苏达大学工商管理教授安妮·卡明斯（Anne Cummings）提出，商业上有“大男子主义”和“大女子主义”风格，男性趋向于更具任务导向、坚定而自信和承担更大的智力风险，而女性倾向于关系导向和“民主”，并且在解决问题上更有效。（当然，所有的这些行为在连续体上操作，并且多数人有多种风格。）你认为一个女性能成功运用“大男子主义”风格吗？一个男性能成功运用“大女子主义”风格吗？

决问题的攻击性、控制性行为惯式，学会在和谐的环境中倾听和工作。

有趣的是，虽然男性占据82%的公司高层职位，但是当他们想要执行教练的建议——一个受过训练的倾听者，帮助他们实现他们的目标和解决个人问题——他们通常求助于女性。而且，事实上，女性总是想要另外的女性做教练。因此，70%的U教练毕业者（最大的执行教练培训学校）是女性。U教练的CEO桑迪·维拉斯（Sandy Vilas）说，因为好的教练是直觉沟通者并且做了许多个人发展的工作。"这种特征趋向于更适合女性，"苏珊·布洛赫（Susan Bloch）说，她领导一项执行教练项目，"当一个男性被指派指导另一个人时，他们有竞争的趋向。男性对男性，他们不得不互相展示他们是多么伟大。"

15.3 管理者如何融入沟通过程

主要问题：如何根据自身优势采取不同的沟通渠道和形式？

本节概要

正式沟通渠道是按照指挥链进行的，有三种类型——纵向、横向和外部。非正式沟通渠道形成于组织的正式结构之外：一类是小道消息和谣言；另一类是走动式管理，管理者和职权线上的所有员工交谈。

在几乎所有类型的组织，如果你曾经在低层次岗位上工作过，你知道在你和该组织的总裁、董事或CEO之间一般存在许多管理层级。如果你有一个建议，你希望他或她听到，你无疑要经过管理通道。这就是正式沟通。但是，你可能在电梯里、在卫生间或在银行排队时偶然遇到高管，这时你可以向他提出你的建议。这就是非正式沟通。

正式沟通渠道：向上、向下、左右和向外

正式沟通渠道（formal communication channels）是跟随指挥链进行、且被认可为官方的沟通渠道。我们在第8章描述的组织结构图展现了官方沟通的常规方式：备忘录、信件、报告、通知。

正式沟通有三种类型：（1）纵向——向上的和向下的；（2）横向——两侧的（左右）；（3）外部——组织外部。

1. 纵向沟通：沿着指挥链上下展开　纵向沟通是信息在组织的层级上下传递的过程：老板与下属沟通，下属与老板沟通。正如你可能预计的，信息传递经过越多的管理层级，就越容易导致一些信息失真。

- **向下沟通：从上到下。向下沟通**（downward communication）是信息从一个较

高的层级流向较低的层级。在小型组织中，信息可能是面对面地沟通而完成自上而下的传递。在较大的组织中，向下沟通是通过会议、电子邮件、官方备忘录和公司出版物传递。

- **向上沟通：从下到上。向上沟通**（upward communication）是信息从一个较低的层级流向较高的层级。通常，这种类型的沟通是由下属向他或她的直接主管进行传递的，如有必要的话主管会把信息转达到更高层级。有效的向上沟通取决于信任气氛。没有哪位下属想成为那个带坏消息给管理者的下级，尤其当这位管理者总是很消极和脾气很坏。

向下沟通和向上沟通的类型如下所示。（见表15-4。）

2. 横向沟通：工作单元之内或之间　横向沟通（horizontal communication）是工作单元之内或之间的沟通，它的主要目的是协调。作为经理，三分之一的时间都用于这种类型的沟通，即与自己同级的同事或工作伙伴打交道。在这种沟通过程中，你必须分享信息、协调工作、解决问题、处理冲突和寻求同事支持。横向沟通广泛应用于委员会、任务组和矩阵型结构中。

横向沟通受以下三种方式的阻碍：（1）通过专业化使人们只关注自己的工作；（1）让工作组和员工之间竞争，这将不利于信息的分享；（3）缺少管理层的鼓励。

3. 外部沟通：组织之外　外部沟通（external communication）是指组织内部人员和外部人士之间的沟通。他们是其他利益相关者：客户、供应商、股东或其

表15-4　向下沟通和向上沟通的类型

向下沟通
大部分向下沟通涉及下列信息类型之一： · 有关具体工作任务的说明。例如，管理者对下属说："星期一将关闭商店来盘点库存。全体员工都要参加。" · 解释两个或多个任务之间的关系。例如："盘点存货时，员工需要知道哪些商品丢失。其中大部分可能是由于店内偷窃引起的。" · 解释组织的程序和做法。例如："开始盘点高货架上的东西，然后逐渐向下。" · 管理者对下属表现的反馈。例如："最好不要盘点得太快。" · 鼓励对组织目标的使命感和献身精神。例如："在商品上贴标签，我们能降低价格，并在提供良好价值上保持声誉。
向上沟通
大部分向上沟通涉及下列信息类型之一： · 当前项目的进度报告。例如："昨天我们关闭商店用来盘点库存。" · 关于需要更高级别人员帮助才能解决的问题的报告。例如："我们无法使商品库存和存货报告相符。" · 新的发展影响了工作单元。例如："今年由于得到其他商店的帮助，商品销售速度真正得到加快。" · 改进建议。例如："每次盘点库存时，各个商店之间应该相互交换员工。" · 员工态度和效率的报告。例如："员工喜欢到其他商店参观、学习，有时他们会发现一些做事情的新方式。"

资料来源：D. Katz and R. Kahn, *The Social Psychology of Organizations* (New York: Wiley, 1966); and E. Planty and W. Machaver, "Upward Communications: A Project in Executive Development," *Personnel* 28 (1952), pp. 304 - 318.

他所有者等。公司高度重视这类沟通，特别是与客户的沟通，因为他们是公司的生命之源。

非正式沟通渠道

非正式沟通渠道(informal communication channels)是形成于组织正式的结构之外，不跟随指挥链进行的沟通——它们跳过管理层级和跨过职权线。

两种类型的非正式渠道是:（1）小道消息;（2）走动式管理。

小道消息（grapevine）是非正式组织中的非官方沟通系统，由一系列所谓的流言、传闻等“员工语言”组成。研究表明，小道消息比正式沟通渠道传递消息更快，大约有75%的准确率，员工使用此方式获取大部分职场信息。

走动式管理（management by wandering around，MBWA）这个词用来描述管理者到他或她的组织走动并与各个层级的员工交谈。走动式管理有助于减少信息失真的问题，而这种失真在多层级的正式沟通渠道中是不可避免的。走动式管理使管理者倾听员工、了解他们的问题以及向员工解释价值观和目标是重要的。

15.4 信息时代的沟通

主要问题: 当代管理者如何运用信息技术更有效地沟通?

本节概要

我们讨论信息技术的七个沟通工具:（1）互联网及其相关的内联网和外联网;（2）电子邮件;（3）视频会议;（4）群组支持系统;（5）远程办公;（6）手持设备;（7）博客。我们还讨论信息技术对生产率的障碍:（1）技术的滥用;（2）使用电脑的烦恼;（3）信息超载。

正如我们在第1章讨论的，使用电脑和信息技术极大地影响管理者和员工许多方面的行为。例如，许多人认为信息技术使他们能够同时进行多项任务并且在更短时间内做更多的事情。然而，研究表明人们实际上不能同时思考两项任务，如果他们可以安排自己的时间以使他们不需要经常在任务之间切换，这样可能会提高员工的生产率。

除了多任务，研究人员还发现了另一个当代沟通趋势——多重沟通。**多重沟通**（multicommunicating）代表通过技术的应用同时参与几个互动。例如，你可以在参加讲座时回复电子邮件，在参加晚餐会时或在参加电话会议时发短信。正如你可能知道，多重沟通具有积极和消极后果。虽然有时使我们可以在更短的时间做更多的事情，但它也可能造成许多不良后果。例如：错误传达信息、增加压力、伤害当事者感情。我们建议谨慎使用多重沟通，并且要知道在何时何地使用是不恰当的。

信息技术的沟通工具

美国是拥有世界上最好的信息和技术基础设施的国家之一。但是落后于丹麦、瑞典和瑞士（由于教育、政府、税收调节等方面的薄弱），这一结论来自世界经济论坛。如果美国要继续成为世界上领先的创新型国家，有许多明确工作要做。在本节，我们探索信息技术的若干重要方面：（1）互联网及其相关的内联网和外联网；（2）电子邮件；（3）视频会议；（4）群组支持系统；（5）远程办公；（6）手持设备；（7）博客。

1. 互联网、内联网和外联网 互联网或者“网络”不仅是一个电脑网络。正如我们在第1章说，这是一个电脑网络的网络。互联网是由独立运行但是相互联系的电脑组成的全球性网络，它将较小的网络连接在一起。互联网连接着组织中从个人电脑到超级计算机在内的一切。

互联网的两个私人用途是内联网和外联网。

- **内联网**。**内联网**（intranet）只不过是组织的私人互联网。内联网有防火墙，用来阻止外部互联网用户访问内部信息。这样做是为了保护隐私和提高公司文件的保密性。使用内联网的四种主要方式是信息共享、信息发布、电子邮件和文件管理。
- **外联网**。**外联网**（extranet）是企业内部网的延伸，连接公司内部员工与选定的客户、供应商和其他战略合作伙伴。例如，福特汽车公司就拥有外联网与其世界各地的经销商相连接。福特的外联网是用来支持销售活动、售后服务和提高顾客满意度的。

2. 电子邮件 电子邮件是指利用互联网在人与人之间发送电脑生成的文本和文件。因为四个主要好处，电子邮件已成为一种主要的通信媒介：（1）降低了信息传播的成本；（2）增加了团队合作；（3）减少了纸张成本；以及（4）提高了灵活性。另一方面它有三个缺点：它会导致（1）浪费时间，例如必须处理**垃圾邮件**（spam），或是不请自来的笑话和邮件；（2）处理这些电子邮件所产生的信息超载；（3）忽视其他媒介。（见表15-5。）

3. 视频会议 正如电话会议一样，视频会议使用视频和音频信号连接电脑，使人们在不同地点可以看到、听到和相互交谈。这使得不同地方的人不必旅行就可以进行会议。视频会议可以显著降低组织的差旅费用。

许多组织使用特别装备的电视摄像机来建立专门的视频会议室。一些较为先进的设备是**网真技术**（telepresence technology），使用高清晰视频会议系统来模拟面对面的会议。传统的视频会议系统可以被设置在传统的会议室，而网真视频会议系统需要一个由多个摄像头和高清晰电视屏幕组成的专门房间，通过系统模拟两组人在同一桌子上开会一样的感觉。

显然，网真技术相当昂贵。其他设备比如小型摄像头、办公桌上的麦克风以及电脑显示器。这使得员工可以进行远程会议和培训课程，而不需要离开他们的办公室或隔间。

表15-5　电子邮件：优点、缺点以及做得更好的建议

优点

- 降低传播信息的成本。一个软件开发人员发现当其员工和经销商被告知使用电子邮件代替手机后，其电话费降低了一半以上。
- 增加团队合作。用户可以发送邮件给任何地方的同事，无论这位同事是在办公室还是在世界各地。
- 减少纸张成本。电子邮件降低了印刷纸张、分配纸张的时间和成本。
- 更大的灵活性。员工可以在任何地方使用便携式电脑、掌上电脑、手机访问他们的电子邮件。

缺点

- 浪费时间。电子邮件可以分散员工对重要工作职责的注意力。现在员工每天平均花费近一个小时来管理他们的电子邮件。
- 信息超载。电子邮件用户往往获得太多的信息，有时候每天收件箱里的120份邮件只有10份是有价值的。
- 忽视其他媒介。由于更多地使用电子邮件，可能会减少面对面互动和降低整个组织的沟通，从而减少组织的凝聚力。

更好地处理电子邮件的建议

- 把所有电子邮件看作是机密的。假装每一封邮件和明信片一样可以被任何人看到。（管理者可能合法地阅读员工电子邮件。）
- 注意笑话和非正式性。由于非口头语言和其他微妙之处的丢失，因此笑话可能会被认为是侮辱或批评。
- 避免草率，但避免批评别人的草率。避免拼写和语法错误，但不批评别人邮件里的错误。
- 当你回复邮件时，只引述其相关部分。把你收到的很长电子邮件编辑成相关段落，然后在上面回复。
- 不是所有的话题都适合电子邮件传递。复杂的话题为了避免误解可以采用电话或私下讨论，这样效果可能会更好。

资料来源：J. Yaukey, "E-Mail Out of Control for Many," *Reno Gazette-Journal*, May 7, 2001, p. 1E; D. Halpern, "Dr. Manners on E-Mail Dos and Don' ts," *Monitor of Psychology*, April 2004, p. 5; and B. K. Williams and S. C. Sawyer, *Using Information Technology*, 7th ed. (New York: McGraw-Hill/Irwin, 2007), p. 91; and P. R. Brown, "Same Office, Different Planets," *The New York Times*, January, 26, 2008, p. 135.

4. 群组支持系统　**群组支持系统**（group support systems，GSSs）采用最先进的计算机软件和硬件，帮助人们更好地在一起工作。群组支持系统使人们共享信息而不受时间和空间的限制。这是通过使用计算机网络来连接不同房间甚至世界各地的人们来实现的。协作应用包括通信和电子邮件系统、日历管理、视频会议和电子白板。GSS应用已经证明可以提高生产率和降低成本。此外，群组在集思广益的过程中使用GSS可以使员工更多地参与和影响质量，产生更多的想法，并且与面对面的群组会议相比员工面临更少的控制。

组织全面使用GSS的话就有能力创造虚拟团队（详见第13章），虚拟团队倾向于使用互联网或内联网系统、协作软件和视频会议来随时与团队成员保持沟通。重要的是要记住现代信息技术使人们能够进行虚拟互动，但它并不能保证有效的沟通。事实上有大量的沟通问题与使用虚拟信息技术相关。

5. 远程办公　远程办公指利用多种信息技术在远离办公室的地方完成办公室里的工作。员工经常通过电话、传真或通过使用调制解调器连接的家庭电脑和办公室电脑来接收和发送工作。其中的好处有：（1）资本成本下降，因为员工在家里工作；

（2）提高员工的灵活性和自主性；（3）招聘难得到的员工时具有竞争优势；（4）增加工作满意度和降低流失率；（5）提高生产率；以及（6）能利用非传统的劳动力资源（如监狱囚犯和闲居家中的残疾人士）。

远程办公在工作中比较常见，尤其在涉及计算机工作、写作和电话或需要集中注意力和怕被打扰的脑力劳动时。位于加利福尼亚州的智库理性基金会（Reason Foundation）的一份报告表明，在美国27个最大的大都市区，目前远程办公人数已经超过乘车上下班者，而三分之二的《财富》1000强企业已经拥有远程办公项目。

虽然远程办公是为了满足员工的需要和愿望，但它需要调整而且并不是适合所有人。例如那些喜欢办公室友情的员工，可能不会喜欢远程办公。其他一些人缺乏在家办公所需的自我激励。

6. 手持设备 掌上电脑和智能手机等手持设备提供了使用者在任何地点工作的可能性。例如，掌上电脑可以用于追踪预约、设计电子表格、管理电子邮件、管理照片、玩电子游戏和观看视频。多媒体智能手机是结合了个人电脑的一些功能的手机，提供了丰富功能：短信、数码相机、音乐播放器、视频游戏、电子邮件接入、数字电视观赏、搜索工具、个人信息管理、GPS导航系统、互联网电话服务，甚至可以作为信用卡使用（其中一些可用于在新一代无线停车计时器上支付停车费）。一些公司甚至直接通过掌上电脑和手机提供培训。对许多行业的蓝领工人来说，移动电话和便携式音乐播放器有着深远的影响，使他们摆脱工作上的单调和身体的孤独。

7. 博客 博客（blog）是一种在线杂志，人们在其中写他们想写的关于任何话题的东西。博客的好处包括提供人们在轻松随意的形式下讨论问题的机会、群组聊天服务，从而提供许多员工和客户的见解给管理者。因此许多像英特尔首席执行官保罗·欧特里尼（Paul Otellini）这样的管理者最先开始使用高管博客，在博客上讨论重要的事情。一些小公司由于不能承受很多营销费用则使用博客来做广告。博客同样提供人们表达观点、不满和创造性观点的机会。此外博客可以用于获得反馈。

但是博客也有一些缺点。其一是对于什么可以贴到网上缺乏法规和组织准则，导致一些员工把公司信息贴到网上之后被解雇（像一些暗示性的图片和公司财务信息）。另一问题是员工可以利用博客说关于雇主的一些不好事情和泄漏机密信息。还有一个关于相信度的问题：你相信博客上的内容吗？例如当博主们被雇来推销产品而未披露时。

工作场所问题：生产率的障碍

首先是大型计算机，然后是桌上的独立个人电脑，后来是联网的计算机被带进工作场所，理由只有一条：提高生产率。但是信息技术的一些方面确实干预了生产率。我们来考察（1）技术滥用、（2）使用电脑的烦恼和（3）信息超载。

1. 技术滥用 员工可能看上去很忙，因为他们皱着眉头盯着电脑屏幕，但有时他们只是在工作时间努力玩视频游戏，或者浏览网上商店、投资网站或色情网站。一项调查表明美国职员平均在8小时工作日中浪费1.86小时，其中最大的时间杀手是使用互联网做自己的事情（52%的人表示他们在互联网上比任何其他方式浪费了更多的时间)。一家休斯敦的殡葬服务公司发现其总部的125员工有70%每天观看大约一小时的网上视频。

2. 使用电脑的烦恼　大多数计算机用户在一定程度上涉及与网络连接相关的工作或经历过由垃圾邮件、病毒和其他互联网恶行引起的挫折。斯坦福大学的一项研究发现，处理垃圾邮件和维护计算机占用了大量时间。实际上，人们每天花费14分钟来处理电脑问题，将这些时间加起来，一年就是10天。另一个困难是"繁杂"，智能机器有太多花哨的东西需要人们不断地监督和纠正。

3. 信息超载　**信息超载**(information overload)发生在一个人收到的信息数量超过其处理能力的时候。显然信息技术是一把双刃剑。手机、笔记本电脑使员工从办公室解放出来，但这些员工与留在办公室里办公的员工相比往往面临更长的工作时间和更严重的期限压力。此外，这些设备与原来倡导的通过引导通信的新时代从而让人们远离厌烦的商务旅行相悖。他们创造了办公室在包里的办公方式，使得商务人士可以在飞机座位、酒店的桌上和他们自己的厨房里继续办公。工作和娱乐之间的区别已经很小了，就如摩托罗拉公司所说的"模糊的生活片段"。

手持设备的制造商声称其便携性和多任务处理功能可以提高人们的生产率，但是网络研究中心总监戴维·格林菲尔德(David Greenfield)认为这种观点"是一个骗局和幻觉"，因为多任务很容易造成工作时玩电脑从而实际上花更多的时间来完成基本任务。可能减少你的信息负荷而提高你的信息处理能力是一个更好的信息管理策略。(见表15-6。)

表15-6　信息管理策略

减少你的信息负荷
· 浏览和忽略信息。当你浏览电子邮件时，迅速浏览主题行并立即删除任何看似垃圾邮件或者那些你不知道的人给你发的信息。
· 过滤邮件。许多电子邮件程序有邮件过滤功能，以便将老板的紧急信息转到你电子邮件列表的顶部。垃圾邮件杀手软件可帮助消除垃圾邮件。一些管理人员把所有的"抄送"电子邮件放在一个特殊的文件夹里并且很少阅读这些邮件。
· 整理你的电子邮件收件箱。建立一个文件夹来保存你想保留的电子邮件。不要使用一般的电子邮件收件箱来存储邮件。
提高你的信息处理能力
· 使用规律。1天只检查电子邮件3次。每封邮件只处理一次。收到电子邮件时立即处理它——阅读它，然后回复、删除或者把文件放在另一个文件夹里。
· 使用一个统一的信息网站。在一个统一的信息网站收发你所有的电子邮件、传真和语音邮件是有可能的。语音邮件是音频文件，你可以收听，而电子邮件可以通过手机里的虚拟(机器人)助理阅读。
· 跟工作有关的电子邮件使用公司邮箱。个人信息使用个人的单独账户。

资料来源：C. Hymowitz, "Taking Time to Focus on the Big Picture Despite the Flood of Data," *The Wall Street Journal*, February 27, 2001, p. B1; R. Strauss, "You' ve Got Maelstrom," *The New York Times*, July 5, 2001, pp. D1, D9; C. Canabou, "A Message about Managing E-mail," *Fast Company*, August 2001, p. 38; C. Cavanagh, *Managing Your Email: Thinking Outside the Inbox* (New York: John Wiley & Sons, 2003); and J. Zaslow, "Hoarders vs. Deleters: How You Handle Your Email Inbox Says a Lot About You," *The Wall Street Journal*, August 10, 2006, p. D1.

15.5 提高沟通有效性

主要问题：如何成为更好的倾听者、读者、作者和演讲者？

本节概要

这节描述你如何成为更有效的倾听者，即学习如何集中于信息的主要内容。我们也描述如何成为有效的读者。关于如何成为更有效的作者，我们提供四点建议。最后，我们讨论如何通过三个步骤成为有效的讲演者。

典型的管理者处理沟通的主要活动包括：倾听，占到40%；谈话，占到35%；阅读，占到16%；以及写作，占到9%。倾听和说话经常在会议场合发生，即使它们不是唯一的场合。根据一项调查，人力资源经理们认为人际沟通技巧是他们提升职业生涯最重要的因素。让我们看看在至关重要的沟通技巧方面，你如何发挥得更有效。

做有效的倾听者

你擅长倾听吗？那么你很出色。专家们认为，一般而言，一个典型的口头信息人们只理解它的35%。三分之二的员工感觉管理者并没有倾听他们的话。有趣的是，讲演者平均每分钟说125个词，而我们每分钟能处理500个词。糟糕的倾听者在信息处理的间隙心不在焉。他们在想其他的事情，这样就错过了正在沟通的内容的重要部分。好的倾听者知道如何有效地运用这些间隙，在心里概括演讲者的内容，权衡观点，沿着字里行间倾听。

如何成为别人认为是优秀倾听者的管理者？这里有一些建议：

集中于信息的内容 不要等到别人结束谈话后再考虑自己要讲的。

- **判断内容，而不是演讲风格**。不要因为他或她的口音、衣着、言谈举止、个性或者演讲风格而对其不加理睬。
- **提出问题，总结内容**。成为好的倾听者不是件容易的事情。提出问题以确保准确的理解。概括出讲演者的演讲内容。
- **聆听主要观点**。不要将注意力过多地放在细节上；将注意力放在主要观点上。
- **不要分散注意力，要表现出兴趣**。不要被其他人正在做的事情、桌子上的文件、窗外发生的事、电视机或收音机等类似的东西分散注意力。时不时地用你自己的话向演讲者重复你听到的内容。
- **以公平的态度倾听**。不要仅仅因为听到一些你不喜欢的词语就排除掉不喜欢的信息，比如“共和党”、“民主党”、“工会”、“大企业”、“反歧视行动”、“公司福利”等你并不喜欢的观点。试着纠正你的偏见。

做有效的读者

阅读和倾听有很多相似的技巧。你需要将注意力集中于信息的内容，判断这些内容而不是风格，并且要集中于主要内容。但是因为管理者经常不得不阅读很多东西，你也需要学习运用其他的一些技巧。

意识到速读没有效果　或许你原来认为，在字里行间的一些地方可以快速阅读。但是总体来说，速读的效果不高。心理学家发现速读或者略读适用于简单或熟悉的阅读材料，但是对于复杂或不熟悉的材料来说就可能产生问题。例如，一项研究发现，当被问及他们对较难资料的阅读时，一般阅读者答对了一半的问题，而速度者只答对其中的三分之一。

学会简化阅读　加利福尼亚大学洛杉矶分校教授和管理顾问凯思琳·亚历山德里尼（Kathryn Alesandrini）对简化阅读提出了许多建议。

- **了解杂志和书籍**。审查你订阅的杂志和报纸，淘汰得越多越好。你可以只订阅一些行业出版物，快速扫描和标记有兴趣的内容，之后再阅读做过标记的内容，然后再看剩余的。阅读浓缩了商业书籍和文章的摘要和评论。
- **转移你的阅读负荷**。你可以先让员工甄选或浏览一些资料，然后对每一项贴上小条以备以后重点阅读。你也可以让你的员工阅读重要的书籍并用四五页纸总结出来。
- **让内部备忘录和电子邮件更有效率**。告诉其他人，在他们的电子邮件、备忘录和报告中首先告诉你他们想让你做的事情。告诉他们在篇幅很长的报告中要包含一份一页的执行摘要。当你和他们沟通时，就会向他们提出针对性的问题。

自上而下阅读——SQ3R　“更好地阅读的关键是成为富有成效的而不是被动的读者，”亚历山德里尼认为。“如果你将已经知道的和你正在阅读的内容联系在一起，那么你得到的将远远不只你阅读的文字。”这就是她所谓“自上而下”阅读策略，是第1章结尾部分的栏目中讨论的SQ3R法的一种变体（调查、发问、阅读、复述、复习）。

自上而下阅读有五个步骤：

- **找到阅读的原因**。找到你阅读的原因（“我为什么要读这些？阅读它能有助于我的目标吗？”）。
- **发问并预测答案**。构想你想通过阅读回答的问题。这将给出你阅读的原因——得到你的问题的答案。
- **调查大概内容**。了解你将阅读的资料，这样你可以对它有一个整体的感觉。可以花费几分钟了解一下大概内容，这样你将更好地带着目的去阅读。
- **浏览主要内容**。浏览类似于调查，但是规模较小。需要寻找每一部分或段落的主要内容。
- **总结**。当你浏览材料时进行总结。用你自己的话口头重述或者写下主要观点。想象或描绘主要观点。当你浏览阅读材料时回答你最初的问题。

做有效的作者

写作是一项更加重要的管理技巧，因为在商业交往中电子邮件已经越来越多地取代了电话。除此之外，精简员工已经淘汰了过去编辑和纠正商业信函工作的行政助理，所以甚至高层管理者现在也经常自己写信函和邮件。然而，很多学生在写作方面没有足够的练习，这成为他们职业生涯中的一项弱点。参加商业写作方面的课程成为一项真正的优势。（的确，作为一名管理者，你可能不得不识别需要进行写作训练的员工。）

下面是更有效地写作的一些方法。这些方法尤其被应用于备忘录和报告中，但是在电子邮件中也具有实用性。

不要表现出你的无知 电子邮件和短信已经使人们对拼写和语法规则更加放任。虽然在朋友之间这不算什么，但作为一名管理者，你需要在写作方面展现更受欢迎的印象。除了在绝大多数句子中运用拼写规则和语法规则外，你还应该在发送之前重新阅读，认真校对。

在写作之前思考策略 下面是在写作中布局观点的三个方法。

- **从最重要到最不重要**。当你希望读者的反应是符合逻辑的而不是很大程度上的套话，这是一个很好的策略。
- **从最无争议到最有争议**。当决策是有争议的或者读者在寻求某一特定的解决办法而不是你提出的主张时，这种策略会逐步建立起支持，而且这种方法也是最好的。
- **从消极到积极**。这种策略与读者建立了一个共同点，并且把积极的观点放到最后，这会使观点更有力。

从目的开始 亚历山德里尼指出，人们经常反向组织他们的信息，将他们真正的意图放到最后。你应该以告知读者意图以及期望读者要做的事情开始你的写作。

写得简单、明确且直接 保持你的文字简单并且用简短的单词、句子、措辞。一定要直截了当而不能模糊不清，且用主动而不是被动的语句。（直接、主动的语句：“请在星期三召集会议。”模糊、被动的语句是：“会议建议在星期三召集。”）

用强大的布局来传达你的信息 用强调和空白来使你的信函尽可能地容易阅读。

- **强调**。强调包括运用黑体字和斜体字来强调重要概念和介绍新的概念，或者着重号——例如你正在阅读的条目前面的小圆点或方块——来强调列表项。（不要过度使用这些方法，否则将失去效果。尤其是除很少的一部分外，不要用全部大写来强调。）
- **空白**。空白包括页边空白和段落之间的空隙，使页面干净而吸引人。

成为有效的讲演者

讲演或谈话涵盖了一系列的活动，从一对一的谈话，到参加会议，到进行正式的演讲。就个人的口头沟通而言，大部分好的建议都以良好的倾听为前提，因为有效的倾听要求合适的谈话。

然而，对一屋子人说话的能力——作一个口头讲演——是你能拥有的最重要的技能之一。美国电话电报公司和斯坦福大学做的一项调查发现，预测能否取得成功和升迁的最重要因素是对在公众面前演讲的喜爱程度以及演讲多么有效。

大多数人在公共场合演讲遇到的最大问题是控制他们的紧张情绪。作家、演说家盖尔·林登菲尔德（Gael Lindenfield）建议：可以一直练习你的讲演直到几近完美为止，想象你自己正光彩夺目地演讲；或者从朋友那里得到信心，早点来到演讲地点，并深呼吸以放松紧张情绪。（并且在演讲前远离酒精和咖啡这些容易使人兴奋的饮料。）

至于演讲的内容，演讲作家菲尔·泰伯特（Phil Theibert）给出了一些简单却有价值的建议。他认为演讲只包含三个简单的规则：（1）告诉他们你将要说什么；（2）说出来；（3）告诉他们你说了什么。

1. 告诉他们你将要说什么　介绍部分应该占你演讲时间的5%~15%，并且演讲的剩余时间要留给听众。避免说笑和类似“我很荣幸今天和你们在一起……”的话，因为你演讲中的每一句话都应该是相关的，努力让它直达重点。例如：

“下午好。身份盗窃这个主题可能离大多数员工关注的问题比较远。但是我打算描述一下所谓的身份盗窃如何袭击我们的个人信用、健康、雇佣和其他记录以及我们如何自我保护。”

2. 说出来　演讲的主体部分占用75%~90%的时间。需要意识到的最重要事情是听众不可能记住很多观点。这样，你就需要决定哪三个或四个观点是需要听众记住的。然后尽可能简洁地描述它们。

演讲的主体部分一定要注意过渡。倾听不同于阅读，倾听者只有一次机会理解你的意思。所以，你要确保时不时向你的听众提供指导和过渡性的语句以便他们能够知道你接下来要讲述的内容。例如：

“私人文档安全性受到影响的方式有五种。第一种是……”

3. 告诉他们你说了什么　结尾部分占5%~10%的时间。许多专业演说家家认为结论部分与介绍部分同等重要，所以不要把演讲就停留在这里。你需要一个牢固的、有力的、有说服性的总结。

运用一些简单的句式来暗示听众们你将结束讲演了。比如：

“让我们回顾一下要点……”

“总之，你能做什么来避免未授权而入侵你的私人档案？我提出了五个步骤。第一，……”

想一想你最后将要说的内容。它可以是一个积极乐观的行动号召、对未来的思考、一个小故事、一段引用。例如：

"我想留给各位最后一点思考……"

"最后，让我以发生在我身上的一些事情结束今天的讲演……"

"正如阿尔伯特·爱因斯坦所说，'想象力比知识更重要。'"

然后说"谢谢"，结束演讲。

本章小结

15.1 沟通过程：什么是沟通，如何沟通

沟通是人与人之间传递信息和相互理解的过程。沟通过程包含：发送者、信息和接收者；编码和解码；媒介；反馈；处理"噪音"。发送者是想要分享信息一方。接收者是信息打算传到的一方。编码是将信息翻译成可以理解的符号或语言。解码是解释和尝试理解信息的过程。媒介是信息传递的路径。反馈是接收者表达自己对发送者的信息的反应的过程。整个沟通过程的任何一点都可能被噪音干扰，扰乱信息的传送。

为了有效沟通，管理者必须选择正确的媒介。媒介丰富度表示特定媒介传播信息和促进学习的能力。媒介越丰富，传递信息的效果越好。面对面的谈话方式是最丰富的；广告传单可能是最不丰富的媒介之一。丰富媒介对于非常规情形是最有效的，而且能够避免过于简化。精益媒介对于常规情形是最好的，而且可以避免超负荷。

15.2 沟通的障碍

沟通的障碍分为三种类型：（1）物理障碍，比如围墙、背景噪音和时区差异等。（2）语义学是对文字的意义的研究。某一特定专业或群体的行话、专业术语可能成为语义障碍。（3）个人障碍是妨碍沟通的个体特征。大概有以下九种：（1）有效沟通的不同技巧；（2）参照框架和阅历的不同影响信息的解读；（3）可信赖性和可靠性不同；（4）过度自我；（5）有缺陷的倾听技巧；（6）判断他人信息的倾向；（7）不能以理解之心去倾听；（8）刻板印象（对某一群体过于简单的信念）和偏见；（9）非语言沟通（文字或者话语之外发送的信息，包括身体语言）。

非语言沟通体现在以下七个方面：（1）人际空间；（2）眼神交流；（3）面部表情；（4）身体动作和姿势；（5）接触；（6）环境；（7）时间。

15.3 管理者如何融入沟通过程

沟通渠道可以是正式的也可以是非正式的。

正式沟通渠道沿着指挥链进行而且被认可为官方的。正式沟通有三种类型：（1）纵向沟通是信息流沿着组织层级上下流动；（2）横向沟通是信息在工作单元内部和之间流动，它的主要目的是协调；（3）外部沟通是信息在内部人员与组织外部人士之间流动。

非正式沟通渠道形成于正式的组织结构之外，且不是沿着指挥链进行。非正式渠道包含小道消息和走动式管理两个方面。（1）小道消息是非正式组织中的非官方沟通系统。小道消息比正式渠道传播得更迅速，有大约75%的准确率，员工们运用它获得大部分的职场信息；（2）走动式管理中，管理者到他或她的组织走动并与各个层级的员工交谈；这样会减低正式沟通导致的信息失真。

15.4　信息时代的沟通

当代的一个趋势是多重沟通，即运用技术在同一时间参与几个互动。当代管理者运用以下七项基于信息技术的沟通工具：（1）互联网，由独立运行但是相互联系的电脑组成的全球性网络，它将较小的网络连接在一起。互联网的两个私人用途是内联网，即组织的私人互联网；以及外联网，即扩展的内联网，它被用于连接公司的内部员工与特定顾客、供应商和其他战略伙伴；（2）电子邮件，运用互联网在人员之间发送电脑生成的文本和文件。电子邮件已经成为一项主要的沟通媒介，因为它降低了传递信息的成本、促进了团队合作、降低了纸张成本以及提高了灵活性。然而，电子邮件有三个缺陷：浪费时间；信息超载，部分是由于垃圾邮件，或是不请自来的笑话和邮件；并且导致人们忽略其他的媒介；（3）视频会议，运用视频和音频连接各个电脑使人们能够在不同的地点开会，相互看见、听见和谈话。网真技术由高清晰视频会议系统组成，它可以在使用者之间模拟面对面会议；（4）群组支持系统，采用最先进的电脑软件和硬件来帮助人们更好地在一起工作；（5）远程办公，利用多种信息技术在远离办公室的地方完成办公室里的工作；（6）手持设备，比如掌上电脑和智能手机，提供了便携性以便于在任何地点工作；（7）博客，是一种在线杂志，作者可以写他们想要表达的任何主题。

影响信息技术生产率的三大阻碍是：（1）技术滥用，比如视频游戏；（2）导致很多由于垃圾信息和病毒引起的清理麻烦；（3）它造成信息超载——收到的信息数量超过了个人的处理能力。

15.5　提高沟通有效性

要想成为一个好倾听者，你应该集中于信息的内容。你应该判断内容，而不是形式；提出问题并且总结讲演者的观点；聆听观点；不要分散注意力，要表现出兴趣；以公平的态度倾听。

为了成为一个好读者，你首先需要意识到速读没有效果。你也应该知道如何对待杂志和书籍，将部分阅读负担转移给一些员工，并且让他们用电子邮件和报告的形式告诉你他们需要你做些什么。一个自上而下的阅读系统是SQ3R系统（调查、发问、阅读、复述和复习）的变体，也是很有帮助的。

为了成为一个有效的作者，你可以遵循一些建议。运用拼写和语法处理软件检查文章。在写作过程中运用以下三种策略来展开你的想法：从最重要的话题到最次要的话题；从最没异议的话题到最有异议的话题；从消极方面到积极方面。在组织信息时，以你的目的作为文章的开始。要写得简单、明白而且直接。运用强调和空白来强调重要的内容。

为了成为一个有效的演讲者，要遵循三个简单的规则。告诉听众你将要讲什么；说出来；告诉他们你讲了什么。

管理实践　有效沟通的作用

高管们都知道公司取得成功依赖于在问题成为危险之前确定并解决它们。这是管理的最基本规则：不论你的战略在纸上看起来多么聪明，如果你不知道它们执行得如何，不知道是否出现了紧急的问题，那么你就不会成功。

管理者爬得越高，他们就越不知道公司里面什么起作用，什么不起作用。很多管理者周围环绕的是所谓的“好好先生”，他们将信息过滤掉；其他的人错过或者逃避成为坏消息的提供者。

“我听过许多管理者告诉员工们要直率，但是如果员工们说出了一个问题或质问一个重要问题，管理者们就会压下他们的声音。”Fatwire公司的总裁兼CEO约戈什·古普塔（Yogesh Gupta）说。Fatwire是美国一家软件公司，它帮助企业管理它们的网站。

当古普塔先生2007年8月从冠群电脑公司来到Fatwire时，他决定不那样做。从那之后，他花费了大量的时间与他的200名员工谈话，并且向他的9名高管征询意见——除了一位之外，其余都是公司中经验丰富的管理者。他频繁地与管理团队中的每一位成员私下会面，所以他们会觉得向他直接发表意见很自由。用这种方式，他可以询问重要的问题：我什么地方做得不对？如果是你来经营这家公司，哪些方面你会做得和我不一样？当你很好地工作时最重要的收获是什么？

他从这些谈话中了解到，Fatwire应该在营销和产品开发方面强化它的员工。有人劝告他改进Fatwire的顾客支持系统。每次他私下得到好建议后，他都会找到一个机会公开地表扬提供建议的管理者，以便其他人将来也会来提建议。

“我知道我不得不一遍又一遍地说，‘你说出来是对的’，因为员工们害怕说出什么不好的事会遭到责备，”古普塔先生说。

大公司的高管在他们与一线员工之间有很多的层级，所以要想知道他们的战略究竟产生什么样的效果就面临很多的挑战。那些想知道准确信息的人需要花费时间了解这个领域——经常是由他们自己来做——而在这些领域他们远离了实际操作者，只能通过引导员工们来为到来的问题做好准备。

荷兰国际集团（ING）的美国财富管理部门销售从养老金到金融计划服务等多种产品。其首席执行官凯瑟琳·墨菲（Kathleen Murphy）管理着3000名员工。她同大群的员工举行市政厅会议，但是承认会议“主要是把我的信息表达出来，因为人们在大型会议中就不那么直率了”。所以，她也定期会见不同层级的管理者们。一次，当一个运营部门抱怨工作流程过于复杂时，她同意他们提出的变革更有效率。

但是她说，她不总是奉行她听到的事情，她相信管理者不得不过滤掉一些不可避免的抱怨，关注至关重要的信息或者是创造一个富有成效且宜人工作地点的想法。

墨菲女士是一位积极乐观的执行者，她拥有团队合作的基因。她在成长过程中习惯于在饭桌上和五个兄弟姐妹们商量事情，并且喜欢做运动。她说她对经常抱怨的人给予“很低的忍耐力”。“那些源于想把事情做得更好而直率的人与那些负能量的人有很大的区别，后者可能是有毒副作用的，”她说。

最近墨菲女士改组了她的部门之后，她从头到尾听完了好几个会议，会议上管理者们提出了很多建议并且表达了他们的忧虑。她鼓励每一个人说出他们反对的理由，她为自己辩护说这些改变可以帮助他们扩大业务，并且能够更好地服务于客户。

他们经历了“一些艰难的阶段”，她承认说。但是到最后，他们寻到了共同点。她的倾听让一切变得不同了。现在她搬到了一个新地方，与她的客户服务人员成为邻居。

讨论：

1. 约戈什·古普塔和凯瑟琳·墨菲采取了哪些行动来降低他们沟通过程中的“噪音”？请讨论。

2. 古普塔和墨菲解决了沟通中九个个人障碍中的哪些？请说明理由。

3. 古普塔和墨菲可能如何使用信息技术工具来增强他们的沟通有效性？请讨论。

4. 关于有效沟通，本案例教了你什么？请解释。

资料来源：Excerpted from Carol Hymowitz, "Sometimes, Moving Up Makes It Harder to See What Goes on Below," *The Wall Street Journal*, October 15, 2007, p. B1.

自我评估 你最舒适的学习风格是什么样的？

目的

1. 了解你的视觉、听觉和动觉学习/沟通风格。

2. 思考如何运用学习/沟通风格上的知识来强化你的沟通有效性。

引言

本练习的目的是发现你最有效的学习风格是什么——也就是说，什么形式的沟通能够使你从中获益最多。你应该不仅从自己的学习风格而且从他人的风格中发现有价值的信息。了解你自己的学习风格也会使你成为一个更有效的学习者。

说明

阅读下面的36个表述，运用下述评定量表，说明每一项陈述在多大程度上符合你的行为：1=几乎没有；2=偶尔；3=有时；4=经常；5=几乎总是。

1. 我记了很多笔记。	1 2 3 4 5
2. 和不与我进行良好眼神接触的人说话时，我觉得很困难。	1 2 3 4 5
3. 我列表单和做笔记，因为写下来我记忆得更好。	1 2 3 4 5
4. 当我读小说时，我对段落中描述服装、布景和设置的段落给予很多的关注。	1 2 3 4 5
5. 我需要把指示写下来以便能够记住它们。	1 2 3 4 5
6. 为了保持我的注意力在主题上，我需要看着跟我说话的人。	1 2 3 4 5
7. 当第一次跟某人见面时，我主要关注其穿衣风格、视觉特征和整洁度。	1 2 3 4 5
8. 当我参加聚会时，我最喜欢做的事情之一是站在后面看别人表演。	1 2 3 4 5
9. 当回顾信息时，我能在大脑中找到它，并且记得是在哪看见的。	1 2 3 4 5
10. 如果我需要解释一个新程序或技术，我喜欢把它写出来。	1 2 3 4 5
11. 空闲时间我喜欢看电视或阅读。	1 2 3 4 5
12. 如果我的上司需要发个信息给我，我更喜欢他或她发给我一个便条。	1 2 3 4 5
A组总计（得分在12到60之间）	________
1. 当我阅读时，我会大声读出来或者蠕动嘴唇在脑海里默读。	1 2 3 4 5
2. 在和那些不对我的话给予反应的人谈话时，我会觉得很困难。	1 2 3 4 5
3. 我不记很多的笔记，但我仍然记得讲演者说过什么。记笔记会分散我的注意力。	1 2 3 4 5
4. 阅读小说时，我对涉及谈话的段落给予很多的关注。	1 2 3 4 5

5. 我在解决问题或写东西时喜欢自言自语。	1 2 3 4 5
6. 我能理解演讲者说什么，即使我没有集中注意力听。	1 2 3 4 5
7. 通过一遍又一遍地重复可以让我更好地记住事情。	1 2 3 4 5
8. 在聚会上，我喜欢做的事情之一是就对我重要的一个话题进行深度交谈。	1 2 3 4 5
9. 相比于报纸，我宁愿从广播中获得信息。	1 2 3 4 5
10. 如果我需要解释一个新程序或技术，我更喜欢口头讲述它。	1 2 3 4 5
11. 闲暇时我最可能是听音乐。	1 2 3 4 5
12. 如果老板需要向我传递信息，我最喜欢他或她通过电话传递。	1 2 3 4 5
B组总计（得分在12到60之间）	________
1. 我不擅长阅读和听指示。	1 2 3 4 5
2. 和别人谈话时，与那些不表现出任何情感支持的人交流，我会觉得很困难。	1 2 3 4 5
3. 我记笔记或心不在焉地乱写，但我从不回头看它们。	1 2 3 4 5
4. 阅读小说时，我会对表现情感、情绪、动作和戏剧等段落给予很多的关注。	1 2 3 4 5
5. 当我阅读时，我会蠕动嘴唇阅读。	1 2 3 4 5
6. 当我记不清我要说的话时，我会变换不同的语句和地方，运用很多的手势。	1 2 3 4 5
7. 我的桌子很混乱。	1 2 3 4 5
8. 在聚会上，我喜欢做的事情之一是享受活动，比如跳舞、做游戏，完全沉浸其中。	1 2 3 4 5
9. 我喜欢来回走动。在开会或者在办公桌前坐下我感觉很受束缚。	1 2 3 4 5
10. 如果我需要解释一项新程序或技术，我更愿意演示它。	1 2 3 4 5
11. 闲暇时我最可能是去锻炼。	1 2 3 4 5
12. 如果老板想传递信息给我，我最希望他/她亲自和我谈。	1 2 3 4 5
C组总计（得分在12到60之间）	________

得分和解释

A组是你的视觉得分____；B组是你的听觉得分_____；C组是你的动觉得分_____。你获得最高分的组别代表了你占优势的学习风格。你能运用这三类风格学习，但是你运用其中的一种风格学习得最好。当你占优势的学习风格与他人的沟通风格保持一致时，沟通效果就会提高。例如，如果你主要是动觉学习风格，而老板向你口头指示，这时你可能觉得沟通起来存在困难，因为如果只是告诉你什么事情，你从中学习或处理信息的能力不是很好。你必须不仅考虑你如何沟通，还要考虑与你一起工作的人如何沟通。

问题讨论

1. 你同意这个评估吗？为什么？说明理由。

2. 了解你的学习风格有什么价值？这有助于解释你为什么在一些学习情境中做得好而在其他情况做得不好吗？请描述和解释。

3. 了解那些与你一起工作的人的学习风格是否重要？请说明理由。

资料来源：www. nwlink. com/~donclark/hrd/vak. html. Used by permission.

道德困境　在博客中作出错误陈述的人应该被起诉吗？

它标榜自己是世界上“最负盛名的大学讨论板”，在上面可以瞥见法学院的入学政策、研究生的社交网络以及主要律师事务所的聘用原则。

但是被法律专业学生广泛用来获取学校和事务所信息的AutoAdmit网站，也被认为是种族主义和性别歧视以及职业毁灭谣言的集合地。

现在，它正处于一起诽谤诉讼的核心，法律专家说该案件能够检验互联网的匿名性。

面对发帖者的下流评论和威胁，耶鲁大学法学院的两位女士2007年6月8日在美国康涅狄格州的纽黑文区法院提起诉讼，包括对该网站28个匿名用户的传票，该网站自2004年以来已经产生了超过700万个帖子。

根据法庭文件，该网站上一个叫做“STANFORDtrol”的用户在2005年开始寻求向耶鲁学生警告该诉讼案件中的一位女士，标题为“愚蠢的坏女人进入耶鲁法学院”。文件说，还有另外一次威胁要强奸她。

本案的原告是一名受人尊敬的斯坦福大学毕业生，在该诉讼案件中代称为“Doe I”,在搬到康涅狄格州的耶鲁大学之前听说了2005年夏天的互联网袭击。这些帖子变得更加危险了。

法庭文件记载，一些帖子对她的学习成绩作出错误的评断，并敦促用户警告律师事务所，或者控告她贿赂耶鲁的官员才获得入学资格并且与耶鲁大学的一名行政官员是女同性恋关系。

原告说，她相信这些持续了近两年的骚扰言论，让她损失了一次很重要的暑假实习。在面试了16家律师事务所之后，她只收到了4个回复并且最终一家也没有录用她——鉴于她的资质，这是不寻常的结果。

另一位女士，代称为Doe II，长时间遭受相似的攻击。这两位女士说她们遭受了严重的“心理上和经济上的伤害”，她们也起诉了该网站的一位前管理者，因为他拒绝删除这些诽谤性的信息。这名管理者援引了宪法第一修正案中对言论自由的规定。

解决困境

你如何看待这些错误而负面的博客？

1. 美国宪法允许言论自由，人们应该被允许说出他们想说的任何事情。还有，人们对他人有不同的看法是正常的。因此，控诉那些对他人有负面看法的人似乎也不公平。

2. 这两位女士的声誉被恶毒的、非真实的负面言论损害。贴出这些言论的个人应该受到惩罚，但是不应该是AutoAdmit网站。网站不能监督贴出的博客的正确性。

3. 作出恶毒负面言论的个人以及网站——AutoAdmit——都应该受到惩罚。AutoAdmit网站应该对自己的做法负责，因为这两名女士曾要求网站管理者删除虚假言论。

4. 设想其他的观点。

资料来源：Copyright © 2007 Reuters. www. reuters. com. Reprinted with permission from Reuters.

16 控 制

你应该能够回答的主要问题：

16.1 生产率管理

主要问题：管理者如何影响生产率？

16.2 绩效控制

主要问题：为什么控制是一个如此重要的管理职能？

16.3 平衡计分卡、战略地图和计量管理

主要问题：平衡计分卡、战略地图和计量管理如何有助于建立标准和衡量绩效？

16.4 控制的层面和领域

主要问题：成功企业如何实施控制？

16.5 财务控制工具

主要问题：对于大多数组织来说，财务绩效是很重要的。我需要了解哪些财务工具？

16.6 全面质量管理

主要问题：优秀企业如何提升它们产品或服务的质量？

16.7 有效控制

主要问题：成功控制的关键是什么，成功控制的障碍有哪些？

管理者工具箱　提高生产率：超越控制技术以获得最佳结果

作为一个管理者，你如何提高生产率——根据你的工作经验使工作做得更好？

在本章，我们讨论能使工作达到更好效果的控制技术。提高生产率的其他方式有哪些呢？这里有一些建议：

- 建立基点、设定目标和衡量结果。为了能够告知你的工作单元你们的工作效率是否提高了，你需要建立衡量体系。你可以从建立基点开始，例如规定每日接待的顾客数、每小时生产的产品数，诸如此类。然后，你可以设定你希望达到的目标水平，并制订能确保实施进展的衡量体系。最后，你能够衡量结果，并在必要的时候修改目标或工作程序。
- 使用新技术。很明显，这是最受欢迎的提高生产率办法。你使用一台文字处理器比用一台打字机能处理更多的页面。你用计算机数据库比用一盒文字卡片能储存和处理更多的信息。然而，计算机也不是万能的，就像我们看到的，信息技术也制造了大量浪费时间的机会。
- 改善员工和工作之间的匹配。你可以采取措施确保员工和他们工作之间最好地匹配，包括增加员工的选择、注重培训、重新设计工作并且提供与绩效挂钩的财务奖励。
- 鼓励员工参与和创新。企业一般通过投资研发部门来提高生产率。作为管理者，你应该鼓励你的员工为提高他们自己的工作效率提出建议，因为他们最接近工作流程。当然，你可以在工作中给予你的员工更多的发言权，允许员工灵活的工作时间，并且对学习新技术和能够承担更多责任的员工给予更多的奖励。
- 鼓励员工多样性。通过雇用不同性别、年龄、种族和民族的员工，你更可能拥有一个具有不同经验、不同观点、不同价值观、不同技能的工作团体。通过融合他们的差异，团队取得的结果很可能超出以前的标准。
- 重新设计工作流程。有些管理者认为可以通过减少成本来提高生产率，但并不总是这样。也有可能是需要重新设计工作流程来减少不必要的步骤。

讨论：很多观察者认为管理者的压力也许比以前更大，因为在我们向信息经济时代进军的时候，这个世界正在经历一场类似200年前工业革命所带来的变革。你们认为应该如何做才能成为适应这场变革的冠军？

本章概要

最后一章讨论最后一个管理职能——控制。控制包括监督绩效、将绩效与目标相比、并且在必要的时候采取纠正行动。在第一节，我们讨论生产率的管理，对它进行定义并阐明它为何重要。接着我们讨论控制，确定需要它的六个理由，阐述控制过程并描述管理者使用的三个控制类型。接下来我们讨论控制的层面和领域。在第五节，我们讨论控制的财务工具——预算、财务报告、比率分析和审计。然后我们讨论全面质量管理，确定其核心原则并阐述一些全面质量管理技术。最后我们以成功控制的四个关键和五个障碍结束本章。

16.1 生产率管理

主要问题：管理者如何影响生产率？

本节概要

管理者的主要任务是作出与四个管理职能有关的决策——计划、组织、领导和控制——促使员工提高生产率并且实现结果。生产率是指在一定时期内产出与投入的比率。生产率很重要，因为它决定组织能否盈利甚至决定组织能否生存。

在第1章，我们指出作为21世纪的管理者，要在一个复杂的环境中经营，并且处理来自六个方面的挑战——（1）竞争优势；（2）多样性；（3）全球化；（4）信息技术；（5）道德标准；（6）你自己的幸福和生活目标。

在这个充满活力的世界，你需要根据本书中的实践和理论知识来为四个管理职能——计划、组织、领导和控制作出相关决策。

最终目的也是为了让你的员工告知你，他们已经达到要求的生产率并实现目标。这个过程描述如下。（见图16–1。）

什么是生产率？

生产率在任何层次都适用，无论是对于个人、还是你管理的工作单元或者是你工作的组织。生产率定义为一定时期内产出与投入的比率。

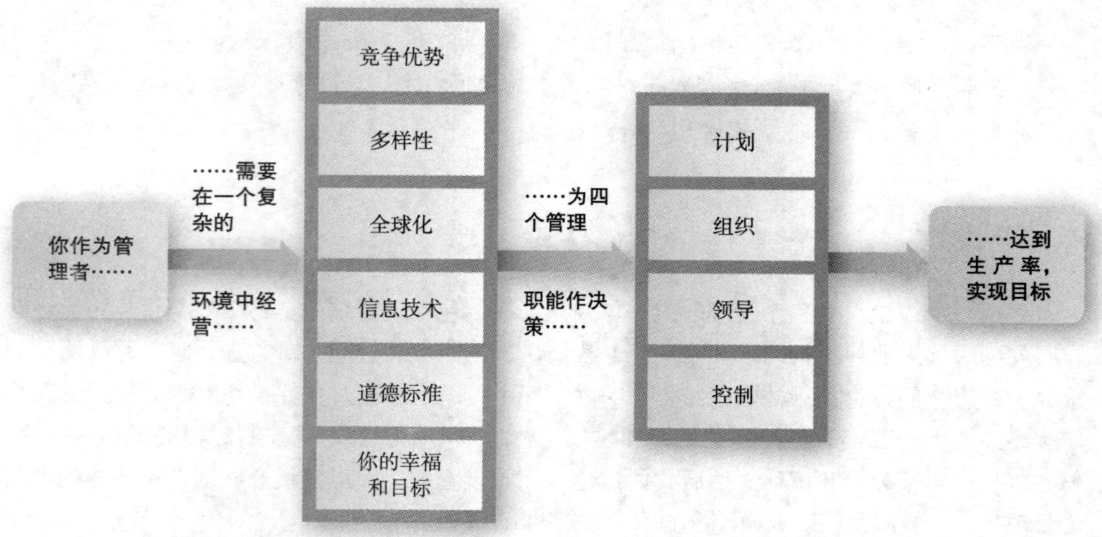

图16–1 生产率和结果的管理

产出是指生产的所有产品和提供的所有服务。投入不仅包括劳动力，还包括资本、原材料和能源。公式如下：

生产率 = 产出 / 投入 或 （产品 + 服务）/（劳动力 + 资本 + 原材料 + 能源）

这对于管理者来说意味着什么呢？它意味着你可以通过要素间的替换或者提高任意一种要素（劳动力、资本、原材料、能源）的效率来提高总体生产率。例如，你可以通过增加在设备或者机器方面的资本投入来提高劳动力的效率，如租用一个推土机来替代用铲子凿洞的劳动力。或者你可以通过增加用途来提高原材料的效率，如木材工厂发现他们不仅能够销售木板，还能销售在花园里用到的木屑和碎片。或者你可以通过把太阳能电池板放在工厂房顶上来提高能源的效率，因为这样组织就不需要向公用事业公司购买这么多电力。

为什么提高生产率如此重要？

前通用电气总裁杰克·韦尔奇说："对于一个企业和国家来说，生产率是生死攸关的大事。"

生产率对企业来说非常重要，因为它最终决定企业能否盈利甚至决定企业能否生存。国家的生产率对我们个人和集体都是很重要的。我们生产和制造的适合我们和用于出口的产品和服务越多，我们生活的质量也就越高。

20世纪60年代，美国的平均年生产率增长达到了2.9%，后来下降到1.5%，这一状况持续到了1995年。由于生产率的下降导致美国人不再能像20世纪60年代那样，享受薪酬和生活质量的提高带来的幸福，数百万民众开始从事第二份工作或者工作更长时间，以保证自己的生活质量不落后。然而，从1995年到2000年，在美国历史上最长的这段经济繁荣时期，生产率每年上升2.5%，产品和服务的产出增长速度快于生产它们需要的工作小时增长速度。从2001年第一季度的经济周期高峰到2007年底，生产率以每年2.7%的速度增长。

大多数经济学家认为最近的生产率增长是组织对信息技术——电脑、互联网、其他电信技术以及电脑控制的生产线的大量投资的结果。例如，大家一贯认为服务业是劳动密集型行业，它的生产率提高很难实现。但是从1995年到2001年，服务业的劳动生产率增长速度达到2.6%，超过了产品生产部门的2.3%增长率。大部分经济学家认为信息技术在其中起了重要的作用。

麦肯锡全球研究所的创始董事威廉·刘易斯（William Lewis）认为，生产率是在商品市场的竞争中应运而生的。举个例子，虽然日本的汽车行业是世界上生产率最高的，但是它的食品加工行业，仍然被夫妻店占据着，且生产率只有美国食品加工行业（在该行业，沃尔玛和其他零售商已经在价格上达成一致，使得批发商提高了它们的经营能力）的39%。因此，日本的消费者要为他们的食品支付不必要的高价格。

维持生产率要依赖控制。让我们接着往下看。

16.2 绩效控制

主要问题：为什么控制是一个如此重要的管理职能？

本节概要

控制就是监督绩效，将绩效与目标相比较，并且在必要的时候采取纠正措施。本节介绍需要控制的六个原因以及控制过程的四个步骤。

控制就是促使组织的活动按照计划展开的过程。**控制**（controlling）定义为监督绩效，将绩效与目标相比较，并且在必要的时候采取纠正措施。控制是第四个管理职能，除此之外还有计划、组织和领导职能，控制的目标很简单——确保绩效符合目标。

- **计划**是设定目标，并决定如何实现它们。
- **组织**是分配任务、人员和其他资源来完成工作。
- **领导**是激励员工努力工作以实现组织的目标。
- **控制**是确保正确的事情在正确的时间按照正确的方式发生。

这些职能相互影响并共同影响组织的生产率。（见图16–2。）

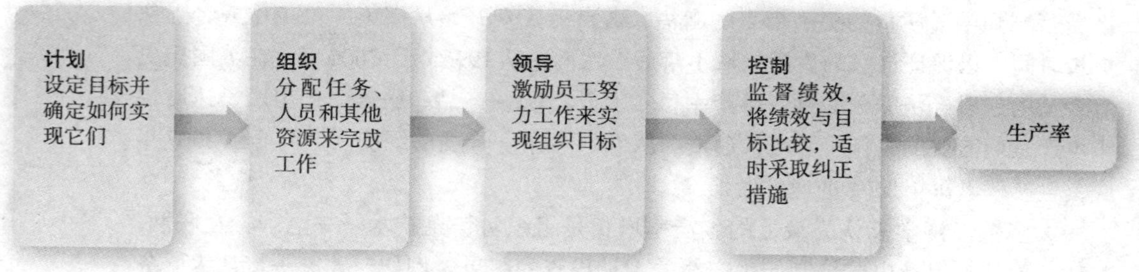

图16–2 生产率控制

你作为管理者要做什么来将事情完成，图上展示了控制与其他三个管理职能的关系。（这些职能不是前后相接的，四个职能同时发生。）

为什么需要控制？

下面介绍需要控制的六个原因。

1. **适应变化和不确定性** 市场变化、消费者喜好变化、新的竞争者出现、新的技术出现、发明了新的原材料、政府监管的改变，所有组织都需要处理这些环境的变化和不确定性。控制系统能够帮助管理者预测、监督并对这些变化作出反应。

例子：目前来说比较明显的是，全球变暖问题已经给很多行业带来了许多变化和不确定性。据太平洋煤气和电力公司的食品服务技术中心说，餐饮行业尤其感觉到转为“绿色”的压力，因为餐饮行业是零售业中最大的能源使用者，一个餐馆每平方英尺使用的能源是其他形式商业建筑的5倍。商业食品服务行业每年使用的80%能源被浪费在低效烹饪、搬运和储存过程中。除此之外，一个典型的餐馆每年能制造10万磅的垃圾。因此，餐馆现在都被告知要通过控制它们能源的使用来减少二氧化碳排放。

2. 发现违规和错误 小问题容易迅速成长为大问题。成本过高、制造缺陷、员工流失、记账错误以及客户不满意都是在短期内可以容忍的问题。但在长期，这些问题有可能导致组织的衰退。

例子：你可能没有经历过信用卡账户上每月丢失1美元。但是当一个网络黑客在成千上万的消费者账户上这么做后，可能会削弱消费者使用信用卡在亚马逊和Priceline. com以及其他网络零售商上进行网上支付业务的信心。因此，采用一套程序来为网上支付时出现的小额且无法解释的减少额进行监控就是非常有价值的控制策略。

3. 降低成本、提高生产率、增加价值 控制系统可以降低劳动力成本、消除浪费、增加产出、提高产品交货周期。除此之外，控制还能增加单位产品的价值，这样消费者更倾向于购买它们的产品而不是竞争对手的产品。

例子：就像我们在前面提到的一样（在本章后面也会继续提到），日本汽车制造行业质量控制的使用，已经让大部分消费者认为日本制造的汽车要比美国的好。

4. 发掘机会 畅销产品、原料的竞争价格、人口趋势的改变、新的海外市场。控制能够提醒管理者抓住机会，否则机会会一瞬而逝。

例子：一些特定杂货商品的减价会增加消费者对这些产品的需求，也是向商店管理发出信号，如果类似的商品减价，销售量也会急速增长。

5. 处理复杂的事情 右手是否知道左手在做什么呢？当一个企业越做越大或者它与另一家企业合并的时候，它会发现它有多个生产线、原料采购政策、客户群、甚至不同文化的员工。控制帮助管理者协调这些不同的因素。

例子：在最近几年，梅西百货已经不得不两次处理它们复杂的事情。2006年，它将一系列不同名字——马歇尔菲尔德百货（Marshall Field’s）、罗宾逊梅（Robinsons-May）、考夫曼（Kaufmann’s）和其他的地方商店——整合到一起，统一用一个名字梅西（Macy’s），采用一个全国推广战略。但是在2007年亏损以后，CEO特里·伦德格伦开始将原来的一种战略方法转变为当地商店设计适合当地口味的商品战略。

6. 分散决策和促进团队合作 控制要求最高管理层分散决策给组织内更低的层级，并鼓励员工积极参与团队合作。

例子：在通用汽车公司，前董事长阿尔弗雷德·斯隆（Alfred Sloan）设定了他期望他的部门能够达到的投资回报水平，使他将决策制定权分散给较低的层级，但同时继续保留对分散的通用汽车整个组织的控制权。接着，通用汽车公司使用控制来促进它与丰田的合资企业在加利福尼亚州的工厂的团队合作。

这六个原因总结如下。(见图16–3。)

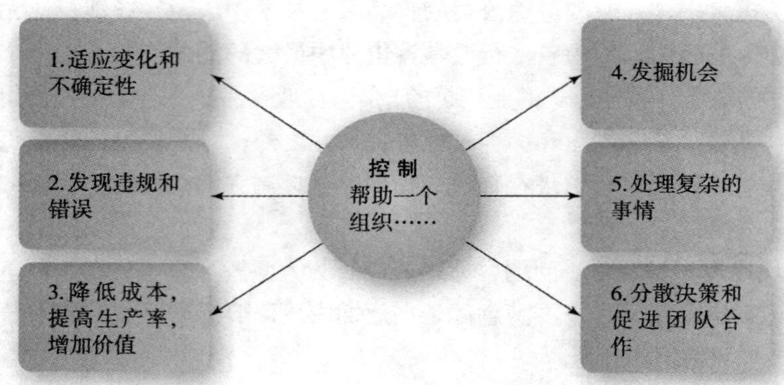

图16–3 需要控制的六个原因

控制过程的步骤

控制系统可能会根据具体的情况而改变，但一般来说它们遵循相同的步骤。这四个**控制过程**(control process)步骤是:(1)建立标准;(2)衡量绩效;(3)比较绩效与标准;(4)采取必要的纠正措施。(见图16–4。)

现在让我们看看这四个步骤:

1. **建立标准:"我们期望的结果是多少?"** **控制标准**(control standard),或绩效标准或者简单地说标准,是给定的目标应该达到的绩效水平。标准可能太窄或者太广,我们几乎仍然可以为任何事情设立标准，但当它们可以量化的时候可以最好地衡量。非营利组织可能对慈善捐款、资助学生的数量以及法律的遵守程度有不同水平的标准。而对于营利组织来说，它们可能会为财务绩效、员工聘用、制造缺陷、市场份额的提高、成本减少的百分比、客户投诉数量以及投资回报设定标准。更多的主观标准，例如员工士气水平也能够被设定，可能通过减少的缺勤和病假天数以及增加

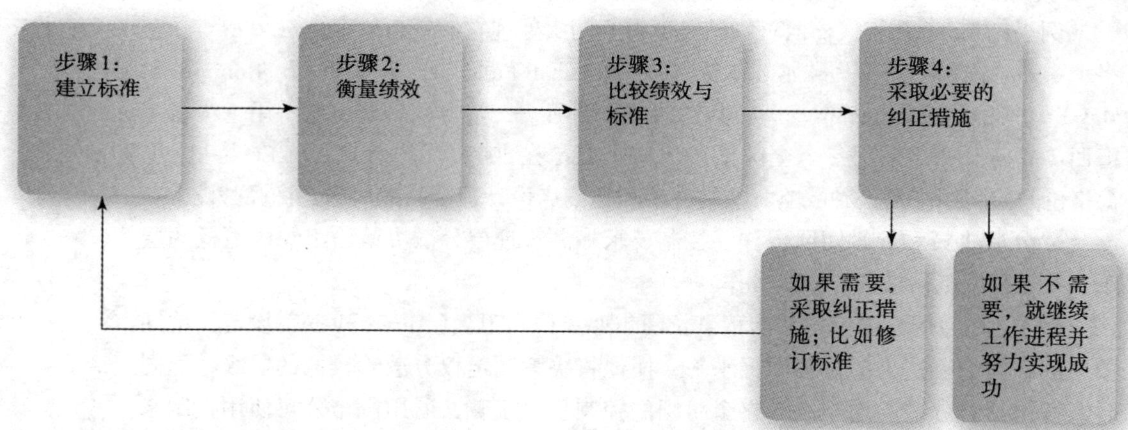

图16–4 控制过程的步骤

的工作申请来使员工士气的衡量量化。

例子：UPS为送货司机建立了某些标准，如行驶里程、送货数和提货数。因为条件因城市、郊区还是农村而改变，于是针对不同的地区，标准也是不同的。

建立标准的一种技术是平衡计分卡，在本章的后面我们会讲到。

2. 衡量绩效："我们得到的实际结果是什么？" 控制过程的第二步是衡量绩效，比如说销售的产品数量、生产的产品数量以及每单位产品的销售成本。更少的量化活动，比如说一个研究专家开发的新产品或专利数，或者一个大学教授写的学术作品，可能通过同行在报告中表达的观点来衡量。

绩效衡量通常从以下三条途径获得：（1）书面报告，包括电脑打印版；（2）口头报告，如一个售货员每周向销售主管口述他们的工作完成情况；（3）个人观察，如管理者随意闲逛到工厂车间顺便看看员工在做什么。

例子：每天，UPS的管理者看着一张电脑打印表格，上面显示了驾驶人员在前一天他们轮班期间行驶里程、送货数和提货数。

就像我们在前面提到的，衡量技术因行业而异，比如制造业和服务业的衡量技术就不一样。在本章的后面我们将继续讨论这一点。

3. 将绩效和标准比较："期望的和实际的结果有什么不同？" 控制过程的第三步是将衡量的绩效与标准相比较。大部分管理者非常乐于绩效超过预期，并将这作为奖励、职位提升的机会。对于绩效低于标准的情况，他们可能会询问：偏差是否很明显？期望与实际的偏差越大，采取措施就越有必要。

多大的偏差是可以接受的？这取决于在第一步建立的标准的偏差范围。例如，在选举政治候选人的过程中，大家都希望没有偏差；就像常说的那样："每一张选票都很重要"（虽然2000年美国的总统选举让很多人大开眼界）。然而在政治选举投票中，3% ~ 4%的偏差是可接受的范围。与割草机零件相比，航天飞机部件的偏差可接受程度就低得多了。

偏差经常应用到计算机系统，且遵循例外管理的原则。**例外管理**（management by exception）是一个控制原则，只有当数据显示与标准有重大偏差时，管理者才需要了解具体的情形。

例子：UPS的管理者将驾驶者的绩效（驾驶里程和送货量和提货量）与为他或她的路线设定的标准相比较。偏差范围要考虑到冬夏季驾驶或者交通状况引起生产率下降等情况。

4. 在必要的时候，采取纠正措施："我们需要做哪些改变来获得我们期望的结果？" 这里有三种可能：（1）维持现状；（2）认可和加强积极的绩效；（3）采取措施纠正消极的绩效。

当绩效满足或超过设定的标准，管理者可以给予奖励，从口头表扬"做得好"到更多物质回报，如提高奖金和晋升来巩固好行为。

当绩效远远低于标准时，管理者应该认真分析原因并采取恰当的行动。有时事实证明标准本身是不现实的，归因于环境的变化，在这种情况下标准需要改变。有时很明显员工未被给予资源去达到标准。有时候员工需要来自管理层更多的关注，作为一种信号释放，即他们在完成自身工作方面表现不足。

例子：当UPS的驾驶者没有完成他们应该达到的标准，监督者会跟随驾驶并为他们的提高提出建议。如果驾驶者还是提高不了的话，就会被警告甚至停职，最终被解雇。

16.3 平衡计分卡、战略地图和计量管理

主要问题：平衡计分卡、战略地图和计量管理如何有助于建立标准和衡量绩效？

本节概要

为了建立标准，管理者经常使用平衡计分卡，它可以提供四个指标的进展情况。平衡计分卡的一个视觉表现是战略地图。计量管理技术有助于管理者衡量绩效。

作为高层管理者，难道你不喜欢将关于销售、订单以及类似的数据实时地从企业软件中抽离出来，以通俗易懂的图形表现出来？这种技术是存在的，它的名字叫：仪表盘，就像汽车上的仪器板一样。“仪表盘使我和越来越多的高管能够实时地接触业务，”弗莱森电讯公司的首席执行官伊凡·赛登伯格（Ivan Seidenberg）说，“观察每天我们获得的成果的人越多，我们作出的决策的质量越高。”

在整本书中，我们都强调了循证管理的重要性——即根据真实世界的数据而不是狂热和直觉作出管理决策。如果恰当地做，就可以使这种管理成为可能，仪表盘就是重要工具的一个例子。其他的有平衡计分卡、战略地图以及计量管理，这些技术即使新的管理者也会觉得非常有用。

平衡计分卡

罗伯特·卡普兰（Robert Kaplan）是哈佛商学院的会计学教授。大卫·诺顿（David Norton）是马萨诸塞州的咨询公司复兴战略集团（Renaissance Strategy Group）的创始人兼总裁。卡普兰和诺顿开发了**平衡计分卡**（balanced scorecard），它给高层管理者一个快速但是全面的通过四个指标来了解组织的方法：（1）顾客满意度；（2）内部流程；（3）创新和成长活动以及（4）财务指标。

“把平衡计分卡想象为飞机座舱的表盘和指示灯，”卡普兰和诺顿写道。对于一个飞行员而言，“仅依靠一台仪器是致命的错误。类似地，管理今天的组织的复杂性要求管理者能够同时在若干领域观察绩效。”卡普兰和诺顿说，简单地衡量财务绩效是不够的，如销售数据和投资回报。运作问题，比如顾客满意度也是同样重要的。

平衡计分卡根据四个“视角”或领域——财务、顾客、内部流程以及创新和学习来建立（1）目标和（2）绩效指标。（见图16–5。）

1. 财务视角：“股东如何看待我们？” 典型的财务目标与盈利、增长以及股东价值相关。季度销售额这样的财务指标被批评为不具有长远意识，且不能反映当前的价值创造活动。除此之外，评论认为传统的财务指标不能提高顾客满意度、质量和员工动力。

然而，只在其他三个经营“视角”上提高，不一定会转变为财务上的成功。卡普兰和诺顿提到一个电子公司的案例，即在制造能力方面作出相当大的改善但结果并没有提高盈利能力。

硬道理就是，“如果绩效的改善未能反应在底线上，管理层应该重新验证战略和使命的基本假定，”卡普兰和诺顿说。“并不是所有的长期战略都是有利可图的战略……如果在记分卡上未能将改善的运营绩效转变为改善的财务绩效，应派管理者回到他们的绘图板，重新思考公司的战略或实施计划。”

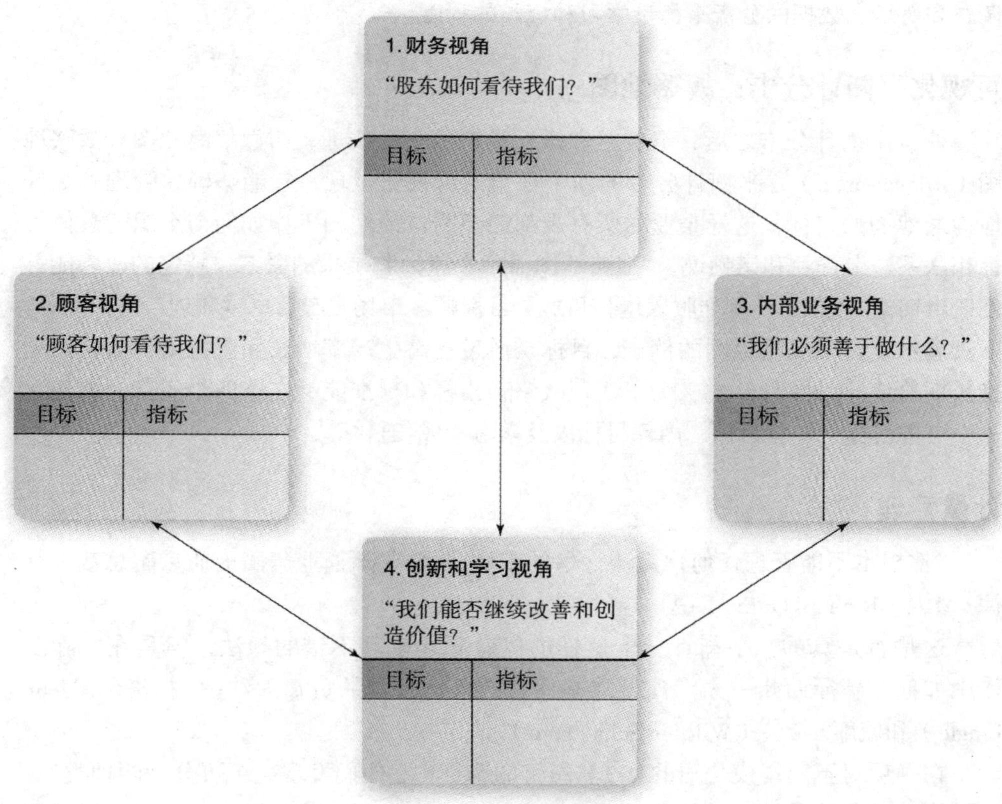

图16–5 平衡计分卡：四个视角

资料来源：Reprinted by permission of *Harvard Business Review*. Exhibit from " The Balanced Scorecard—Measures That Drive Performance," by R. S. Kaplan and D. P. Norton, February 1992. Copyright © 1992 by the Harvard Business School Publishing Corporation; all rights reserved.

2. 顾客视角："顾客如何看待我们？" 很多组织将满足顾客需求作为一件优先考虑的事情。平衡计分卡将顾客服务的使命转变为与顾客有关的具体指标——从下订单到收货所需的时间、质量缺陷水平、绩效和服务以及成本。

顾客指标的例子是回复服务电话的平均时间，与竞争对手相比较的客户对价格和质量的报告卡，以及第三方调查（比如说J. D. Powers汽车质量调查）。

3. 内部业务视角："我们必须善于做什么？" 这部分将公司内部必须做的一些事情转变为满足顾客期望的事情。这涉及一些业务流程，比如质量、员工技能以及生产率。

高层管理者对关键内部流程的判断必须与较低层级员工的行为的指标挂钩，比如处理客户订单、从供应商处获取原料、生产产品以及向客户交付商品的时间。例如，电脑信息系统可以有助于确认延迟交付，将问题追踪到特定工厂。

4. 创新和学习视角："我们能否继续改善和创造价值？" 员工的学习和成长是创新和创造的基础。因此，组织必须创造一种文化，鼓励不同层级的员工对现状提出建议和问题，并且必须为员工完成工作提供必要的环境和资源。企业可以通过员工调查和对培训数据的分析来衡量学习和成长的程度。

可视化平衡计分卡：战略地图

修订平衡计分卡之后，卡普兰和诺顿提出了一个改进，叫做战略地图。**战略地图**（strategy map）是平衡计分卡的四个视角的可视化呈现，它能够确保管理者很好地沟通他们的目标，这样企业的所有人都能够明白他们的工作如何与组织的总体目标相联系。卡普兰和诺顿说，"战略地图显示了原因和结果的联系，特定的改善能够创造出期望的结果。"例如收入增长目标、目标顾客市场、产品卓越和创新的作用等。下页展示了公司战略地图的例子，目标是通过提高生产率增长和收益增长为公司创造长期价值。（见图16-6。）为了实现战略，指标和标准能够在这四个经营领域建立——财务目标、顾客目标、内部目标以及学习和成长目标。

计量管理

"你根本不能管理任何你无法计量的东西，"西尔斯商业集团前质量副总裁理查德·奎因（Richard Quinn）说。

这是否是真的？平衡计分卡这样的概念看起来是不错的想法，但是在实际工作中如何？新泽西州一家专注于战略评估的咨询公司的负责人约翰·林格尔（John Lingle）和威廉·希曼（William Schiemann），决定找出答案。

在一项对不同规模公司的203名高管的调查中，他们发现组织可分为两种类型：计量管理和非计量管理。计量管理的企业是这样的企业：其高级管理层同意用可衡量的指标来判断战略上的成功，管理层每半年更新和审核六个主要绩效领域中的三个或以上。这六个方面是财务绩效、运营效率、顾客满意度、员工绩效、创新/变革以及社区/环境。林格尔和希曼总结道，结果"更高比例计量管理的企业是行业

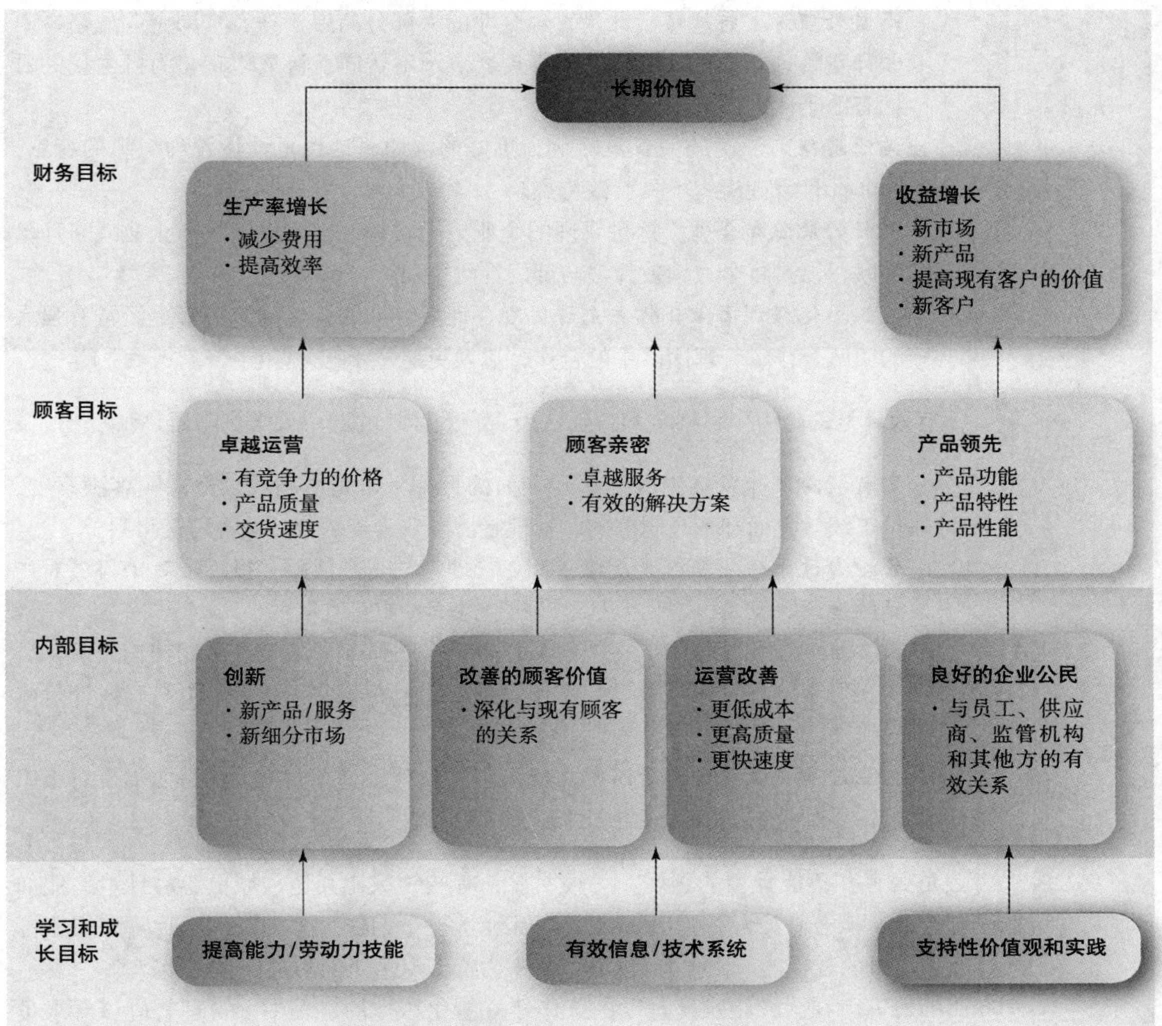

图 16–6 战略地图

该例子可能用于零售连锁，如塔吉特或沃尔玛。

资料来源：T. S. Bateman and S. A. Snell, *Management: Leading & Collaborating in a Competitive World*, 7th ed.（Burr Ridge. 1L: McGraw–Hill/Irwin, 2007）, Fig. 4. 3, p. 124. Adapted from R. Kaplan and D. Norton, "Plotting Success with Strategy Maps," *Optimize*, February 2004, http://www. optimizemag. com/ article/showArticle. jhtml?articleId=18200733（accessed September 18, 2006）; and R. S. Kaplan and D. P. Norton, "Having Trouble with Your Strategy? Then Map It," *Harvard Business Review*, September - October 2000, pp. 167 - 176.

的领头羊，财务位于其行业前三分之一，能够成功地管理他们的变革努力。”（最后的指标认为计量管理的企业更倾向于预测未来，更有可能在一个快速变革的环境中保持领导者地位。）“忘记魔法，”他们说，“我们调查的行业领导者能更好地应付周围的世界。”

为什么计量管理的企业能够成功 为什么计量管理的企业能够优于那些计量性不强的企业？该研究的数据指出有四个机制为这些企业的成功作出贡献：

- **高层管理者支持战略**。计量管理企业的大部分高层管理者赞同企业战略，而非计量管理企业的大部分高层管理者表示不赞同。将战略转化为可衡量的目标有助于使它们更具体。
- **沟通清晰**。明确的信息被转化为更好的沟通，这也是计量管理组织的特点，而非计量管理组织不具有该特点。
- **更好的聚焦和合作**。计量管理的企业更经常将部门绩效计量与企业战略计量关联，以及将个人绩效计量与部门计量关联。
- **组织文化强调团队合作并允许冒险**。计量管理的企业的管理者更经常有强大的团队合作、管理团队中的合作，以及更愿意承担风险。

有效计量的障碍　林格尔和希曼认为，有效计量的四个最常见障碍是：

- **目标模糊**。企业在财务和运营方面的目标常常是明确的，但在顾客满意度、员工绩效方面却不是明确的。管理者需要致力于制订“软”可衡量目标。
- **管理者过于信任非正式反馈系统**。管理者往往高估顾客投诉或者销售员对产品的批评等反馈机制。但是这些机制并不一定是准确的。
- **员工抵制新计量体系**。在他们愿意将自己的财务未来与计量相挂钩之前，员工想要了解计量体系效果如何。计量管理企业倾向于让员工参与开发计量体系。
- **企业过多关注计量活动而不是结果**。太多对计量方面的关注目的不是对组织微调或刺激组织取得成果，这都会白费力气

是否存在不能计量的领域？　很明显，有些领域比其他领域更容易计量，比如说制造业，服务业则相反。我们能够理解计量一个钢铁工人的产出比计算旅馆服务员或教室里的教授的产出更容易。但是，人力资源专家正努力关注员工生产率“指标”方面的研究。在为“很难衡量”的工作建立量化目标的过程中，管理者应该寻求员工的投入，毕竟员工对这些工作的细节更了解。

16.4 控制的层面和领域

主要问题：成功企业如何实施控制？

本节概要

本节描述控制的三个层面——战略层面、战术层面、作业层面，以及控制的六个领域——物质、人员、信息、财务、结构（官僚式和分散式）、文化。

你打算怎样将控制的步骤和类型运用于你自己的管理领域呢？我们从三个步骤来看：首先，考虑你运作的管理层面——高层、中层，还是基层；然后，考虑你所利用的资源领域——物质、人员、信息和/或财务；最后，考虑控制风格——官僚型、市场型或集团型。接下来我们会一一解释。

控制的层面：战略层面、战术层面、作业层面

控制有三个层面，与三个主要的管理层级相对应：高层管理者制订战略计划，中层管理者制订战术计划，基层管理者制订作业计划。

1. 高层管理者的战略控制　战略控制（strategic control）是指监督绩效，确保战略计划正确地实施，并采取必要的纠正行动。高层管理者是实施战略控制的主体，他们通常是CEO或副总裁，从整个组织的视角看待问题。监督一般通过每3、6、12个月或更短时间发布的报告来完成；如果组织处在一个不确定的经营环境中，可能需要更频繁的汇报。

2. 中层管理者的战术控制　战术控制（tactical control）是指监督绩效，确保战术计划（分公司或部门层次）正确地实施，并采取必要的纠正行动。中层管理者是实施战术控制的主体，他们一般有"事业部经理"、"工厂经理"、"分公司销售经理"这样的头衔。汇报一般以周或月为基础。

3. 基层管理者的作业控制　作业控制（operational control）是指监督绩效，确保作业计划（日常目标）正确地实施，并采取必要的纠正行动。基层管理者是实施作业控制的主体，他们一般有"部门经理"、"组长"、"主管"这样的头衔。汇报以天为基础。

这三个层面有很多互动，由低一层的管理者向上级提供信息，上级管理者核实在下面实施的计划的某些重要方面。

控制的六个领域

组织控制的六个领域是：物质、人员、信息、财务、结构和文化。

1. 物质领域　物质领域包括建筑、设备和有形产品。比如用设备控制来监督计算机、车辆和其他机器的使用；存货管理控制用来跟踪储存了多少产品，还需要多少，以及从供应商那里发过来的日期；质量控制确保产品根据既定的标准生产。

2. 人力资源领域　人力资源领域的控制用来监督员工，包括聘用时的个性测试和药物测试、培训过程中的绩效测验、衡量劳动生产率的绩效评估、评定工作满意度和领导力的员工调查。

3. 信息领域　生产日程、销售预测、环境影响声明、竞争分析、公共关系简报都是组织对各种信息资源的控制。

4. 财务领域　是否按时支付账单？顾客应付多少钱？欠供应商多少钱？手头的现金是否足够支付工资？债务偿还安排是什么？广告预算是多少？显然，由于能够影响前面的三个领域，组织的财务控制非常重要。

5. 结构领域　如何从等级或结构的角度安排组织？举两个例子：官僚控制和分散控制。

- 官僚控制（bureaucratic control）**是一种组织控制方法，特征是利用规则、制度和正式职权来指导绩效**。这种控制形式利用严格的规章制度、严密的等级、定义明确的职务说明，以及行政机制如预算、绩效评估、补偿计划（取得结果的额外奖励）等来使员工服从。官僚控制最早的例子可能是传统军队组织。

  当组织中的任务清楚和确定时，官僚控制能很好地工作。当组织刚性时，它是确保实现绩效标准的有效方法。但如果人们寻找各种方式仅仅遵循规则以避开麻烦，或者他们试图通过操纵绩效报告来打败系统，抑或是他们试图主动抵制官僚的约束时，它可能并不有效。
- 分散控制（decentralized control）**是一种和官僚控制相对立的组织控制方式，特征是非正式和有机的结构安排**。这种控制方式利用公司文化、群体规范、员工为他们的绩效负责的方式来提高员工的忠诚度。分散控制在相对扁平化的组织中容易见到。

6. 文化领域　文化领域是一种非正式的控制方法。它通过组成组织文化的价值观和信仰发展而来的规范，来影响工作流程和绩效水平。如果组织文化重视创新和协作，那么就有可能在参加合作活动和提高或创造新产品的程度的基础上评估员工。生物技术公司基因泰克在2006年被《财富》杂志评为美国最适宜工作的公司（2007年第2，2008年第5），是组织提高、衡量、奖励员工动机的好例子。例如，所有科学家和工程师都被鼓励花费工作时间的20%在宠物计划上。基因泰克在过去十年巨大的收入增长明显地受到一系列增强创造力的文化价值观、规范和内部流程的驱使。

16.5 财务控制工具

主要问题：对于大多数组织来说，财务绩效是很重要的。我需要了解哪些财务工具？

本节概要

财务控制尤其重要，包括预算、财务报表、比率分析和审计等。

控制的最重要领域之一是关于资金——财务绩效。正如你要管理个人财务以保证你的生存和避免灾难，管理者也要管理组织的财务。不论营利性组织还是非营利性组织，都要确保收入大于支出。

财务控制有很多种方式，但我们只关注以下几个：预算、财务报表、比率分析和审计。（在其他商务课程中，财务控制介绍得很详细，因此这里主要是对这个话题的概述。）

预算：正式财务预测

预算（budget）是一种正式的财务预测。它以数量形式陈述组织在一定时期内有计划的活动，如钱数、小时数或产品数量。不仅组织整体要制订预算，其内部的部门也要制订。预算的目的是提供一个标准让管理者衡量绩效以及做比较（与其他部门或以前年度的业绩比较）。

两个预算方法：增量预算和零基预算 管理者可以使用两种预算计划方法——增量预算和零基预算。

- ***增量预算——以上一预算期作为参照点。*** 增量预算是预算的传统方法。**增量预算**（incremental budgeting）是以上个预算期作为参照点来增加或减少某一部门的资金；只有预算的增量发生变化后才要求修订。

  一个难点是增量预算易于把部门锁定在一个稳定的支出安排中；它们不能灵活地满足环境的需要。另一个难点是一个部门可能忙碌于许多活动，其中一些活动比其他活动重要，但在各种活动中很难分辨出管理者的表现如何。

- ***零基预算——在每个预算期重新开始。*** 由美国农业部开发，后被德州仪器公司所采用，**零基预算**（zero-based budgeting，ZBB）强调每个部门从零开始为下一个预算期规划资金需求。这样，零基预算促使管理者重新审视他们部门的活动，证明下一个预算期的资金需求是基于那个时期的战略规划。

  零基预算的一个难点是它要求管理者在合理调整资金需求上花费更多的时间。另一个难点就是它在那些资源在减少的较小工作单元或部门里使用效果更好。

固定预算和可变预算 预算有很多种，下面列了一些例子。（见表16-1。）总体来说，预算分为两种类型：固定预算和可变预算。

- ***固定预算——基于单一的成本估计来决定资源的分配。*** 也叫静态预算，**固定预算**（fixed budget）以单一的成本估计为基础分配资源。也就是，只有一种

表16-1 预算的类型举例

预算类型	说 明
现金或现金流预算	预测每天、每周、每月的所有现金收入和现金支出
资本支出预算	预期主要资产的投资额，如土地、建筑和主要设备
销售或收入预算	预测未来的销售，通常以月份、销售地区、产品来划分
费用预算	预测给定时期既定活动的费用（成本）
财务预算	预测组织的现金来源，以及在即将到来的时期如何使用它
经营预算	预测组织将在产品和服务中创造什么、需要的财务资源以及预期利润
非货币预算	处理货币外的其他事务，比如工时或办公室建筑面积

费用设置；这种预算方法不允许随着时间的推移而进行调整。例如，你可能在一年中只有5万美元的预算来买设备，不管你需要的设备是否超过了这个数字。

- **可变预算——允许根据活动的不同水平调整资源的分配**。也叫弹性预算，**可变预算**（variable budget）允许根据活动的不同水平调整资源的分配。也就是，预算可以根据时间调整以适应环境的变化。例如，如果生产超过一定的水平，你的预算允许你雇用临时工人或租用临时设备。

财务报表：总结组织的财务状况

财务报表（financial statement）是组织财务状况一些方面的总结。报表中包含的信息对于管理者保持对组织的财务控制至关重要。

财务报表有两种基本形式：资产负债表和损益表。

资产负债表：特定时点组织财务价值的反映　**资产负债表**（balance sheet）概括组织的整体财务状况，即某个特定时点的资产和负债。

资产是组织控制的资源；它们由流动资产和固定资产组成。流动资产是现金和其他能够在一年时间内变现的资产。比如存货、未收到的销售货款（应收账款）、美国国库券或货币市场共同基金。固定资产是房屋、建筑物、设备，以及使用寿命超过一年但较难变现的资产。负债即赔款或债务，是供应商、出租人和其他非业主组织对公司资产的求索权。

损益表：特定时期内组织财务结果的写照　资产负债表描述一个特定时点组织的整体财务价值。相比之下，**损益表**（income statement）总结组织的财务结果，即一段特定时期（比如一个季度季或一年）的收入和费用。

收入是销售货物或提供服务得到的资产。费用是产出货物和服务花费的成本。收入和费用之差就是利润，呈现出该特定时期发生的盈利或亏损。

比率分析：组织财务健康的指标

利润也许是组织财务健康最重要的指标，但不是唯一的一个。管理者经常用**比率分析**（ratio analysis）——评估财务比率的措施——来决定组织的财务健康状况。

财务比率是用来计算流动性、债务管理、资产管理和回报的比率。流动比率指示组织资产变现的难易。债务管理比率指示组织偿还长期债务的能力。资产管理比率指示组织管理资产的效率，比如组织手头是否有过时或过多的存货。回报比率，通常叫投资回报率或资产回报率，指示在资产上获得回报或盈利的效率怎么样。

审计：外部和内部

当你想到审计师时，你是否想到浏览公司的账簿以找出吞占公款和其他舞弊行为的冷面会计人员呢？那就是审计的功能之一，但除了查证财务报表的准确性和公允性外，还可以是一种管理层制订决策的工具。**审计**（audits）是对组织的财务和经营系统的正式核查。

审计有两种类型——外部审计和内部审计。

外部审计——外部财务专家进行的财务评估 **外部审计**（external audit）是外部专家对组织的财务账目和报表进行正式审查。审计师是工作于会计公司（如普华永道）的独立于被审计组织的注册会计师。他们的任务就是核实组织在准备财务报表和确定资产负债上是否遵循了一般可接受的会计准则。

内部审计——内部财务专家进行的财务评估 **内部审计**（internal audit）是组织自己的人员对组织的财务账目和报表进行审查。他们的工作和外部专家一样，即查证组织的记录和经营活动的准确性。内部审计也帮助发现效率低下以及帮助管理者评估他们控制系统的绩效。

16.6 全面质量管理

主要问题：优秀企业如何提升它们产品或服务的质量？

本节概要

全面质量管理致力于持续质量提升、培训以及顾客满意。两个核心原则是以人为本和以改进为目标。提高质量的技术有员工参与、标杆学习、外包、缩短周期以及统计过程控制。

丽思卡尔顿酒店公司是一个有70家连锁店的世界级豪华酒店，是万豪国际酒店集团的一个独立经营部门。它设立了一个正确做事的奖金。第一年工作的管理者和员工要接受250 ~ 310小时的培训。总裁会见每一个新酒店的员工以确保他或她了解丽思卡尔顿酒店的服务标准。它建立了一个记录着超过一百万顾客的偏好的数据库，以保证每个酒店都能预测顾客的需求。

由于这些努力，丽思卡尔顿酒店两次获得马尔科姆·鲍德里奇国家质量奖（Malcolm Baldrige National Quality Award）。马尔科姆·鲍德里奇国家质量奖由国会在1987年创立，作为美国质量最有声望的认可，每年颁发给美国制造业、服务业、小型企业、医疗机构、教育机构和非营利机构。

马尔科姆·鲍德里奇国家质量奖是20世纪80年代早期美国管理者认识到现实的产物，那时四分之三的美国人告诉调查者“美国制造”的标签不再代表优秀——他们认为海外产品，特别是日本制造的产品等同或超过美国制造的产品。正如我们在第2章中看到的，许多日本产品改善质量的动力来自美国专家爱德华·戴明和约瑟夫·朱兰，他们的工作引领了对全面质量管理战略的投入。

戴明管理：爱德华·戴明对改善质量的贡献

许多日本产品改善质量的推动力源于美国顾问**爱德华·戴明**（和约瑟夫·朱兰）的思想。之前，弗雷德里克·泰勒使工人生产率最大化的科学管理思想一直被广泛运用。但到20世纪50年代，科学管理导致严格的、对员工和顾客不负责任的组织出现。**戴明管理**（Deming management）作为一种新的挑战，提出了让组织更负责、更民主、更节约的理念。这些包括以下原则：

1. **质量应针对顾客的需求**　戴明在书中提到，"顾客是生产线中最重要的一环。"每个工人在产品或服务上的努力应以满足最终使用者的期望和需求为目标。

2. **企业应以改善系统为目标，而不是责怪员工**　戴明认为美国的管理者一直更关注将问题怪在工人身上，而不是组织的结构、文化、技术、工作制度和管理——也就是"系统"。通过善待员工、倾听他们的想法和建议，管理者能够提出产品和服务的改进方法。

3. **提高质量可导致扩大市场份额、提高企业前景、增加雇佣**　当企业致力于提高产品或服务的质量时，他们减少浪费、减少延误、更有效率。更低的价格和更高的质量导致更大的市场份额，也就提升了企业的前景，增加了雇佣。

4. **在硬数据的基础上运用PDCA循环提高质量**　戴明提出应在硬数据的基础上提高质量，实现它的过程就是**PDCA循环**（PDCA cycle），即计划–执行–检查–行动循环，运用观测到的数据持续改善运营。（见图16–7。）

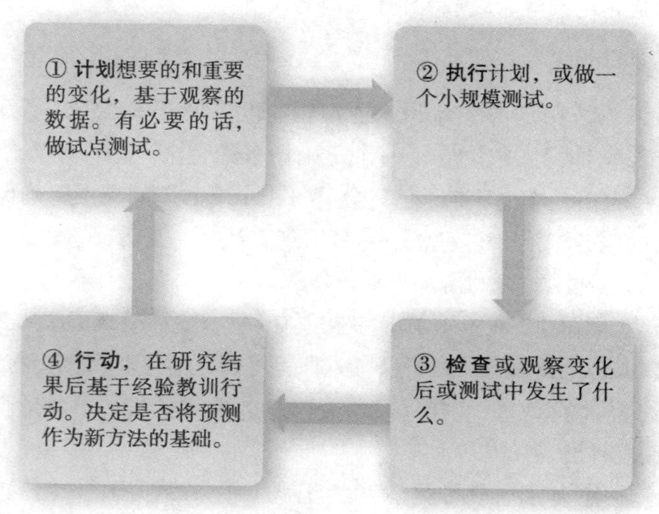

图16–7　PDCA循环：计划–执行–检查–处理

这四个步骤一个接着一个，结果是持续改进。

资料来源：From W. Edwards Deming, *Out of the Crisis*, Figure page 88; "Plan Do Check Act Cycle." Copyright © 2000 Massachusetts Institute of Technology, by permission of MIT Press.

案 例 实施质量补救：皇冠公司重新设计产品线以消除残次品

皇冠公司（Crown Audio）是一家高科技音响设备的制造商，发现更复杂产品的市场需求和生产便宜产品的需求互相冲突，给制造作业带来很大的压力。需要返工的残次品数量的成本达到了400万美元，的确成为一件令人头痛的问题。

解决方案：皇冠公司停止了生产，这样就不再有更多返工发生，然后对所有残次品进行分析和测试。在放回生产流程之前，根据出现的共同问题，将组件分配到不同的组，然后检查减少缺陷的策略。运营副总裁拉里·科伯恩（Larry Coburn）说，这次事件也给公司在需要改变的步骤上提供了一个很好的解决方案。“当我们开始时，我们有几个月甚至接近一年的存货需要修理，现在我们谈论的是返工的小时数。”

思考：

在皇冠公司，质量提高的一个主要部分就是处理“员工敬业度”，通过给生产工人提供作决策的实时数据来鼓励他们。现在不同的生产线和轮班彼此夸耀自己第一次通过生产的成功。“在质量中士气是最重要的，人们想表现得出色，而我们使之成为现实，”科伯恩说。你觉得不需要通过停工来分析每个运营情况而提高员工士气和生产质量是可能的吗？

全面质量管理的核心原则：传递顾客价值并努力持续改善

全面质量管理（TQM）是一个由高层管理者领导、整个组织全面支持的综合方法，致力于持续质量提升、培训和顾客满意等活动。

我们在第2章提到，全面质量管理有四部分：

1. 把持续改善放在首位；
2. 让每个员工参与进来；
3. 倾听并向顾客和员工学习；
4. 用正确的标准识别和消除问题。

这些可以总结为**全面质量管理的两个核心原则**（two core principles of TQM）：（1）以人为本——组织中每个参与的人都要以传递顾客价值为目标；（2）以改善为目标——每个人都应该努力持续地改善工作流程。下面我们进行更深入了解。

1. 以人为本——每个人都以传递顾客价值为目标 采用全面质量管理的组织将人视为最重要的资源——不仅包括生产产品或提供服务的人，还包括接受产品或服务的人。这样，员工、供应商和顾客都掌握更多的决定权。

以人为本遵循以下假设：

- **传递顾客价值是最重要的**。全面质量管理的目标是关注人、资源和工作流程，通过产品和服务为顾客创造价值。
- **如果给予授权，员工将以质量为重点**。全面质量管理假设如果被授权，员工和供应商将注意改善质量。如果顾客能够表达想法，他们也是这个流程中有价值的一部分。
- **全面质量管理要求培训、团队合作和跨职能努力**。员工和供应商需要很好的培训，他们必须进行团队合作。团队合作非常重要，因为许多质量问题会在部门间扩散开来。比如，如果汽车或手机设计专家和市场营销专家交换意见（或者顾客和供应商之间），他们会发现在车里用手机的真正挑战不是打电话，而是在时速65英里时要按11个小小的按钮才能打电话。

2. **以改进为目标——每个人都集中精力于持续改进工作流程** 美国人似乎喜欢大框架、大设计和快速项目。当然这些方法有它们的立足之地，但海外的质量运动的经验是：成功就是持续不断的小改进。**持续改进**（continuous improvement）定义为在组织的各个部分持续微小的、不断增加的改进——所有产品、服务、职能领域和工作流程。

以改进为目标遵循以下假设：

- **第一次就做对花费更少**。全面质量管理认为第一次做对比重复工作要好。明确来说，创造高质量产品和服务要花费很多——比如培训、设备和工具。但是这比处理质量差的产品花费要少些——比如防止顾客流失、废弃材料、把时间浪费在重复工作上、频繁的检查等。
- **持续做小改进更好**。基于这样的假设，即持续改善是每天的事情，任何改进都不会太小，在任何时间都必须不断致力于让事情变得更好一点。
- **必须遵守精确的标准来消除偏差**。全面质量管理强调在工作流程的每个环节都确保精确数据的收集。它也强调精确标准的应用（就像我们讨论的标杆学习）去衡量进步、消除偏差，这是许多质量缺陷的根源。
- **必须有高层的强有力承诺**。员工和供应商不会聚焦于小的持续改进，除非管理者不仅是在嘴上支持高质量工作。例如，2008年，丰田的总裁把公司做成世界上最大的汽车公司定为目标，给他的员工写了一篇满怀激情的呼吁，让他们承担起丰田轿车和卡车的质量责任。

将全面质量管理运用于服务：RATER 维度

制造业提供有形产品（想想婴儿食品的罐子），服务业提供无形产品（想想婴儿护理服务）。制造品可以储存（如仓库里的牙线）；服务一般都被立即消费（如洗牙服务）。服务一般涉及许多人力努力（尽管有一些自动化工具，如银行的自动叫号器）。最后，服务在便利于顾客的地点和时间提供；也就是说，比起制造品，顾客在服务的传递中参与更多。

可能你开始认识到，评价服务的质量不同于评价制造品的质量，因为它需要迎合顾客的满意，这可能是一个认知问题。（毕竟，一些旅馆的顾客、餐厅的用餐者和超市的购物者相对于其他顾客更容易满足。）

我们如何衡量服务的质量呢？我们可以使用**RATER量表**（RATER scale），使顾客从五个维度——可靠性（reliability）、保险性（assurance）、可见性（tangible）、共鸣性（empathy）和响应性（responsiveness）——评估服务的质量，每一项从1（很差）到10（很好）。

RATER 维度的含义如下：

- 可靠性——可信任地、精确地和一贯地执行想得到的服务的能力。
- 保险性——员工的知识、礼貌以及传达信任和自信的能力。
- 可见性——物理设施、设备、个人仪表。

实际行动 什么使一个服务公司获得成功？

超过75%的美国工人受雇于服务业，很多大学开始关注所谓的“服务科学”。这是一个运用管理、技术、数学和工程学的专门知识来提高服务企业绩效的领域，如零售和健康护理。比如，哈佛商学院学者弗朗西斯·弗雷（Frances X. Frei）认为，一个成功的服务企业必须在四个核心元素上作出正确的决策并有效地平衡它们：

- **服务的提供**。了解了顾客的需求之后，公司将哪些服务属性作为追求卓越的目标？将哪些属性作为次级的绩效目标？举个例子，一个银行会不会提供更多便利时间和友好的工作人员（卓越），却不提供有吸引力的利率呢（次级绩效）？
- **筹资机制**。公司应该怎样为其服务筹资？应该让顾客买单吗？这可以像星巴克对咖啡收费更高而为其环境提供资金这样愉快的方法，或者像美国前进保险公司（Progressive Casualty Insurance）那样，通过有效利用自身的代表赶往车祸事故现场来减少欺诈和控诉来在服务方面节约一些。或者公司是否应该用节省运营开支来支持卓越服务的成本，就好像现在花费以后节省，或让顾客来做这个工作？呼叫中心经常对顾客支持收费，但是英图伊特公司提供免费的支持，并且有产品－开发人员和顾客－服务人员，能够通过直接的知识来回答顾客提出的问题。其他公司，像加油站，通过让顾客自己加油来节省开支。
- **员工管理系统**。服务公司需要思考如何使他们的员工能够实现卓越以及如何使他们合理地被激励以实现卓越。举个例子，银行的顾客可能期望工作人员满足很多复杂的需求，但是未经培训的员工往往不能满足这些要求。或者他们没有被激励去实现卓越，因为银行还没有想出如何筛选受雇者，如雇用有意向的人，再培训他们，还是支付更多薪酬来吸引更有动力的人。

· **顾客管理系统**。和员工一样，在服务中顾客也必须经过“培训”，就像航空公司的安检一样。Zipcar公司提供受欢迎的汽车分享服务，公司通过依靠顾客准时为下一个顾客清洗、加油和及时返还车来保持低成本。在培训顾客方面，服务公司需要决定它们应聚焦于哪些顾客，他们想要什么行为，以及哪种技术能最有效地影响顾客行为。

在整合这四个核心元素时，服务公司需要判定它们在一个领域所作的决策是否会被其他领域所支持；服务模式是否能为顾客、员工和股东创造长期价值；应该对所有人做所有的事还是对特定人群做特定的事。

· 共鸣性——向顾客提供关怀、个人关注。
· 响应性——提供迅速的服务和帮助顾客的意愿。

全面质量管理的一些技术

一些技术可用来提高质量。这里我们描述员工参与、标杆学习、外包、缩短周期时间以及统计过程控制。

员工参与：质量圈、自我管理团队和特定目的团队 作为全面质量管理以人为本的一部分，比起没有全面质量管理的组织，员工（以及供应商和顾客）被给予更多的决定权。这里的原因是，实际参与产品或服务的人员处在发现提高质量机会的最好位置。

以下是实现员工参与的三个方式。

· **质量圈**。质量圈在第13章简短地提到过，由小群员工和主管组成，通过周期性会议讨论工作和与质量相关的问题。一个质量小组可能由10—12人组成，每月一两次，每次会面一小时左右，并有管理者听取陈述。质量圈成员试图确认和解决在工作中产生的生产和质量方面的问题，这些工作是他们在公司的工作的一部分。
· **自我管理团队**。自我管理团队也在第13章简短地提到过，是被给予对其工作领域中的活动，如计划、安排、监控和配置人员进行行政监督的群体。自我管理团队的一个共同特点是跨职能性，也就是团队由不同领域的专家组成。
· **特定目的的团队**。质量圈和自我管理团队通常定期开会。有时，一个组织需要**特定目的的团队**（special-purpose team）来解决特殊的或一次性的问题。这个团队在问题解决后就会解散。这些团队一般都是跨部门的，吸收不同部门的成员。举个例子，美国医药公司趋向于以团队为基础来开发特定的应用，涉及许多医生、护士和助理医师。

案 例 寻找“最佳实践”：哪种报纸广告最有效？

标杆学习是探索能应用于自己企业的“最佳实践”。举个例子，西南航空公司研究赛车维修人员来学习如何缩短飞机每次降落时的周转时间。丰田的管理者通过观察美国超市如何补充货架，想到了零库存的方法。

有时公司在寻找能使它们受益的最好实践时走得太远了。田纳西州诺克斯维尔市的QualPro公司运用多变量测试（MVT）——一种起源于第二次世界大战时英国寻求更有效地击落德国轰炸机的统计技术——帮助美国最大的汽车经销商全美汽车租赁公司（AutoNation）测试30个因素中的哪些组合能够让报纸广告更有效。典型的科学试验总是保持其他变量不变，只测试一个变量。但是一次一个的测试要花费很长时间并且错过加入多种变量的情况。QualPro公司同时测试许多变量——比如，半页广告相对于整页广告，或者彩色广告相对于黑白广告——来观察对销售的影响。“得到了一些吃惊的结果，”测试的一个负责人说。“整页广告并不比半页广告有效，彩色的增加——一笔可观的费用——没有带来任何额外的销量。”

思考：

杰弗里·普费弗和罗伯特·萨顿是一本循证管理书籍的作者，他们担心管理者太过随意地使用标杆学习（“通用电气这样做了？我们也应该这样做！”）你注意到某家公司简单地捡起或照搬一种实践却并不起作用的例子吗？

标杆学习：向最优秀的企业学习 我们在第10章简短地讨论过标杆学习。如我们所陈述的，标杆学习是公司将自己的绩效与高绩效组织进行比较的过程。例如，施乐公司通常被认为是第一个使用标杆学习的美国公司，在一个描述中把它定义为，“不断地衡量产品、服务和实践，与最强大的竞争对手或那些受认可的行业领导者对比的过程。

外包：让外部人处理它 外包（第4章讨论过它的细节）是将服务和运营转包给外部的提供商。因为转包的厂商能把这份工作做得更好，所以能够这样做。或者换一种方式说，当服务和运营在内部处理时没有那么有效率，或者他们无法做其他更重要的事情。例如“一场美国革命”，尽管它是一个广为人知的广告运动，雪弗兰将它的雪弗兰春分系列的发动机外包给中国，它发现这样可以在较少花费的基础上得到高质量的发动机。一个研究者说，当IBM和其他公司为新的集成软件系统外包便宜的组件时，离岸程序员使信息技术对于小型和中型企业以及其他还没有享受生产率增长的人来说变成可以支付的。

外包也经常被许多国家和地方政府采用，在私有化的旗帜之下，外包已进入传统的政府服务领域，比如消防、惩教服务和医疗服务。

ISO 9000系列：符合独立审计准则 如果你是美国化学公司杜邦的销售代表，你的海外客户怎样才能知道你的产品具有他们所期望的品质？如果你是俄亥俄州的轮胎公司的经销商，你怎样才能辨别你在海外购买的合成橡胶是否令人满意？

买主和卖主一度只能依靠供应商过去的声望或者个人保证。1979年，在瑞士日内瓦的国际标准化组织（ISO）创建了名为9000系列的一套质量标准——“一种全球贸易的产品质量证明，”一段描述中这样写道。**ISO 9000系列**（ISO 9000 series）由公司必须设置的质量控制程序组成——从购买到生产到储存到运输——这可以由独立的质量控制专家或“注册管理机构”来审计。目的是减少制造中的瑕疵，提高生产率。公司必须记录程序和训练员工们使用它们。举个例子，DocBase Direct是一个可以帮助公司遵循关键ISO管理标准的网络投递文件和表格管理系统，如可追溯的改变和简易报告。

ISO 9000认证已经被世界上100多个国家承认，全球四分之一的公司坚持供应商应具有ISO 9000证书。内布拉斯加州一个工具模具公司陆上产品公司的总经理比尔·厄克勒（Bill Ekeler）说，“如果你没有认证，那你就关上了一些宝贵的大门。”另外，由于ISO流程迫使他从上至下分析自己的公司，他发现了简化生产过程并且提高获利的方法。

缩短周期时间：提高工作流程速度 另外一个全面质量管理技术强调提高组织的运营和程序执行的速度，这就是所谓的**缩短周期时间**（reduced cycle time），或工作流程步骤的减少。如在与供应商签订合同的过程中经历更少的批准手续。关键是通过消除无用的动作、部门之间的障碍、不必要的程序来提高组织的绩效。

统计过程控制：周期性随机抽样 正如这本书在印刷时，印刷工会不时地拿出几页来观察颜色的持续性和墨水附着的质量。这是质量控制的持续人工视觉检查。

所有产品在制造过程中都需要周期性的检查：汉堡肉、早餐麦片、霓虹灯电池、白酒等。检查一般使用的工具就是**统计过程控制**（statistical process control），一种周期性从产品生产中抽取随机样本来看质量是否保持在可接受的标准范围内的统计技术。如果质量不通过，就要停止生产以采取纠正措施。

例如，麦当劳使用统计过程控制技术，以保证无论在世界哪个地方供应的汉堡都是一样的。如英特尔和摩托罗拉这样的公司也使用统计过程控制保证它们产品的

表16–2 一些统计过程控制工具

流程图	用来展示完成一项工程需要做的一系列事情的先后顺序和展示假设场景的图形工具。（见附录。）
帕累托分析	指示哪些问题需要特殊关注的条形图。
因果图	又叫“鱼刺图”；是一种确定问题的潜在原因并追溯根本原因的图形方法。
控制图	展示随时间收集的数据和重复操作的可接受和不可接受的偏差的辅助图形。
直方图	显示偏离标准钟形曲线的条形图。
散点图	描绘两个变量之间相关关系的图形。
趋势图	又叫“时间序列图”，表示一个变量随着时间变化的轨迹或者频率。

资料来源：Adapted from L. R. Gomez-Mejia, D. B. Balkin, and R. L. Cardy, *Management: People, Performance*, Change, 3rd ed.（New York: McGraw-Hill/Irwin, 2008）, p. 656; and R. Kreitner, *Management*, 8th ed.（Boston: Houghton Mifflin, 2001）, pp. 541 - 543.

质量和可靠性。

一些统计过程控制工具在下面展示。(见表16–2。)这些都是帮助控制质量的图形或视觉辅助工具。

六西格玛和精益六西格玛:消除缺陷的数据驱动方法 《财富》的一个作家说,"六西格玛管理技术的最大问题是:听起来太好而不像真的。年毛利润增长20%,紧随其后的是长期利润是现在所能看到的十倍,那么你的公司将会变成什么样?市场占有率年增长4%(或更大)又会怎样?"

六西格玛是什么?这对你来说可能就像天书一样,它是通往管理天堂的路吗?这个名字来源于"Σ"(读作"西格玛"),统计学上用来定义标准差的希腊字母。西格玛值越高,与标准值的偏差越小——也就是说,差错越少。六西格玛由摩托罗拉在1985年所开发,并且被通用电气、美国联信,美国运通和其他公司所接受,**六西格玛**(Six Sigma)是减少制造和与服务相关的流程中的错误的一种严格统计分析流程。通过测试成千上万个变量和排除猜测,公司使用这项技术试图改善质量和减少浪费以达到基本没有错误的状态。从产品设计到制造到销售的所有事项中,六西格玛所能达到的是在100万个产品或程序中不会有超过3.4个错误。

科尔尼咨询公司(A. T. Kearney)的副总裁说:"六西格玛让人们远离认为96%是好的,转而思考在每100万个单位中,有4万个错误是很糟糕的。"六西格玛意味着99. 9997%的完美。相比之下,三西格玛或者四西格玛意味着设定99%的完美——相当于一个月有7个小时没有电,每个主要机场每天有两次或长或短时间的着陆,或者每星期有5000次错误的外科手术。

六西格玛还被认为是一种减少公司业务变动和制订以顾客为导向、以数据为驱动的决策理念。这种方法宣扬使用定义、测量、分析、改进和控制(DMAIC)。团队领导者可能由于使用DMAIC而被授予六西格玛"黑带"的称号。

最近,很多公司使用一种名为**精益六西格玛**(lean Six Sigma)的方法,这种方法致力于在一个定义完善的项目中解决问题和提高绩效——速度与卓越。例如施乐公司,曾经致力于将新产品更快地推向顾客,这就意味着不按设计程序进行同时又保证质量的完整。一台高端的、价值20万美元的每分钟可以印100页的打印机传统来说需要经过三到五个设计周期;减少这些周期中的一个可以节约一年时间上市。杂货连锁店艾伯森公司(Albertsons)在2004年宣告会使用六西格玛培训来降低顾客不满意度,同时将浪费降低到最低的水平。

六西格玛可能不是最完美的方法,因为它不能排除人为错误或控制公司外部的事件。但它仍然能让管理者在数据导向、明确的问题解决方法的假设前提下解决问题。

16.7 有效控制

主要问题：成功控制的关键是什么，成功控制的障碍有哪些？

本节概要

本节描述成功控制的四个关键和五个障碍。

作为管理者，你如何使一个控制系统成功，你又如何识别和处理控制的障碍呢？接下来我们考察这些问题。

成功控制系统的关键

成功的控制系统有一些共同的特征：（1）它们都是战略性的和以结果为导向的；（2）它们是及时的、精确的、客观的；（3）它们是现实的、积极的和可理解的，而且它们鼓励自我控制；（4）它们具有灵活性。

1. **它们都是战略性的和以结果为导向的** 控制系统支持战略性的计划，并且集中于那些真正改变组织的重大活动。因此，当管理者为完成战略目标而制订战略计划时，他们必须专注于制订一些控制标准来衡量目标完成的程度。

例如：科学家说全球变暖正在改变大陆架气候，改变动植物的生命周期，并且调查显示更多的美国人因非绿色的生活而感到愧疚。越来越多的公司发现接受环境安全实践将节约巨额金钱。因此，太阳计算机系统公司（Sun Microsystems）的目标是通过一系列措施在2012年以前减少20%的温室气体排放量，这些措施包括在电脑芯片上使用节能技术或者允许其18,000名员工中的数千名在家里工作。

2. **它们是及时的、精确的、客观的** 好控制系统——就像任何一种好信息——应该……

- **及时——需要时能用到**。信息并不一定要传播得很快，但是它必须在合适的或者特定的时间送达，例如每星期或者每月。当然它还要足以使员工和管理者在有任何偏差的情况下采取纠正行动。
- **精确——意味着正确**。要避免作出错误的决策，精确性是首要的。不精确的销售数据可能会导致管理者错误地减少或者增加促销预算。不精确的生产成本可能会导致产品的错误定价。
- **客观——意味着公正**。客观性意味着控制系统是公平公正的。尽管由于各种原因，信息可能不精确（通信故障、未知数据等），非客观信息不精确的一个特别原因是：它是片面的或者是有偏见的。对于所有包括在内的人来说，控制系统必须被认为是无偏见的，以便他们因为基本目标——提高绩效而受到尊重。

3. 它们是现实的、积极的、可理解的和鼓励自我控制的 控制系统需要致力于服务那些需要和它们共存的人。因此，当它们对于受它们指导的组织人员来说是可接受的时候，它们表现得最好。因此，它们应该是……

- **现实的**。它们应该纳入实际的期望。如果员工们感到完成绩效结果太难了，他们会倾向于忽视或者蓄意破坏绩效系统。
- **积极的**。它们应该强调发展和改进，而避免强调惩罚和谴责。
- **可理解的**。它们应该适合所有涉及的人员，越简单越好，用可理解的词汇显示数据。应该避免复杂的计算机打印结果和数据。
- **鼓励自我控制**。它们应该鼓励良好的沟通和共同参与。它们不应当成为构成员工和管理者之间不信任的原因。

4. 它们具有灵活性 控制系统必须为个人判断留有余地，以便在需要符合新要求时，能作出调整。

成功控制的障碍

成功控制系统的几个障碍如下：

1. 控制过度 一些组织，尤其是官僚组织，努力施加过度的控制。他们可能试图控制员工的所有行为，从着装标准到下午茶的时间。在分析和解释方面给予员工太少的自由可能会导致员工挫败感——对于大学教授和医师这样的专家来说尤其明显。他们的挫败感会引起他们忽视或者蓄意破坏控制进程。

2. 过少的员工参与 正如爱德华·戴明强调的，员工参与可以提高生产率。在计划和执行控制系统方面将员工包含进来，可以增加控制过程的合理性和提高员工的士气。

3. 过分强调方法而不是结果 我们说过，控制活动应该是战略性的和以结果为导向的。它们自身不是结果，而是排除问题的方法。例如，过分强调每周生产份额的责任，会导致生产主管给他的员工和设备施加过多的压力，从而导致缺勤和机器故障。或者它会导致作弊——“破坏系统”——管理者和员工操纵数据来达到短期目标而不是组织的战略计划。

4. 过分强调书面工作 一个错误的努力方向是：管理者强调完成报告，而不顾其他的业绩活动。报告不是所有也不是终结。不适当地强调报告会导致过多关注结果的量化，甚至篡改数据。

例如，一个研究室打算使用实验室取得的专利数量来衡量它的有效性。结果会使专利申请的数量增加，而成功的研究项目数量减少。

5. 过分强调一种而非多种方法 一种控制可能是不够的，通过多种控制活动和信息系统，组织能拥有多重绩效指标，由此增加准确性和客观性。

例如，赌场的一个明显的战略目标是防止员工在现金经过他们的手时将其偷走。因此，赌场通过三种方法控制发牌员。第一，要求他们在被雇佣前有一个发牌员执照。

第二，将他们置于严密的监视中，被现场管理员现场监视，被闭路电视摄影机和头顶上的单向镜来观察。第三，要求他们在每次轮班后写详细报告以便现金和现金等价物（例如，筹码）的转换可以被审核。

本章小结

16.1 生产率管理

管理者必须处理六大挑战——竞争优势、多样性、全球化、信息技术、道德标准以及他或她自身的幸福和生活目标。管理者必须对四项管理职能作出决策——计划、组织、领导和控制——促使员工提高生产率和实现目标。生产率定义为在特定时期内的产出/投入比。因为生产率决定组织能否盈利甚至能否存活，所以生产率十分重要。生产率取决于控制。

16.2 绩效控制

控制定义为监督绩效，将绩效与目标比较以及必要的时候采取纠正措施。需要控制的六个原因是:（1）适应变化和不确定性;（2）发现违规和错误;（3）降低成本、提高生产率或增加价值;（4）发现机会;（5）处理复杂事物;（6）分散决策和促进团队协作。

控制过程有四个步骤。(1）第一步是设立标准。控制标准是在给定的目标下渴望的绩效水平。(2）第二步是基于书面报告、口头报告和个人观察来衡量绩效。(3）第三步是将衡量的绩效与设立的标准相比较。(4）第四步是如果有消极的表现，在必要的情况下采取纠正措施。

16.3 平衡记分卡、战略地图和计量管理

管理者经常使用平衡记分卡来建立标准，平衡记分卡通过四项指标提供对组织的快速且综合的看法:(1）财务指标;(2）客户满意度;(3）内部流程;（4）创新和成长活动。

战略地图是平衡记分卡的四个视角的可视化呈现——财务视角、顾客视角、内部业务视角以及改革与学习视角——使管理者能够沟通他们的目标，以便公司内的所有人员知道他们的工作是如何与组织的总体目标相联系。

采用计量管理的公司采用可衡量的指标来判断战略目标的成功，管理层每半年更新和审核六个主要绩效领域中的三个或以上：财务绩效、运营效率、顾客满意度、员工绩效、创新/变革以及社区/环境。使这样的公司成功的四个机制是高层管理者对战略的认同、清晰的沟通、更好的聚焦和合作、组织文化强调团队协作和允许冒险。有效计量的四个障碍是目标模糊，管理者过度信任非正式反馈系统、员工抵制新管理系统，以及公司过多关注计量活动而不是结果。

有些领域是很难度量的，例如在服务行业领域。

16.4 控制的层面和领域

在运用控制的步骤和类型时，管理者需要考虑:（1）他们所运作的管理层面;（2）他们所利用的资源领域;（3）控制风格。

与三个主要管理层级相对应的是三个控制层面。(1）高层管理者实施的战略控制，监督绩效以保证战略计划的落实。(2）中层管理者实施的战术控制，监督绩效以保证战术计划的落实。(3）基层管理者实施的作业控制，监督绩效以保证日常目标的落实。

大多数组织有六个可以利用的资源领域：（1）物质领域，包括建筑物、设备和有形的产品；这些使用设备控制、存货管理控制和

质量控制。（2）人力资源领域运用个性测试、药检、绩效评估、员工调查等控制来监督员工。（3）信息领域使用生产日程、销售预测、环境影响报告等来监管组织的众多资源。（4）财务领域使用各种财务控制，如我们在16.5节讨论的。（6）结构领域使用层级结构或者其他方式，如官僚控制，其特点是使用规则、制度和正式职权来指导绩效；又如分散控制，其特点是非正式的或者有机的结构安排。（6）文化领域通过组成组织文化的价值观和信仰发展而来的规范，来影响工作流程和绩效水平。

16.5 财务控制工具

财务控制包括:（1）预算;（2）财务报表;（3）比率分析;（4）审计。

预算是一种正式的财务预测。有两种预算方法，增量预算和零基预算。增量预算以上个预算期作为参照点来增加或减少某一部门的资金;只有预算的增量发生变化后才要求修订。（2）零基预算要求每个部门在为下一个预算期计算资金需求时都从零开始。无论是增量预算还是零基预算，预算或者是固定的，以单一的成本估计为基础分配资源；或者是变动的，允许根据活动的不同水平调整资源的分配。

财务报表是一个组织财务状况某些方面的总结。其中一种是资产负债表，总结组织在一个特定时间点的总体财务价值——资产和负债；另一种是损益表，总结组织在一段特定时期内的财务成果——收入与支出。

比率分析是评价财务比率的做法。管理者可以使用这个工具来诊断组织的健康状况，例如流动比率、债务管理比率或回报率。

审计是对一个组织的财务和经营系统的正式审查。审计有两种：外部审计，通过外部专家对组织的财务账目和报表进行正式的核查；内部审计则是通过组织内部的专业人员对组织的财务账目和报表进行正式的核查。

16.6 全面质量管理

质量改善的动力大部分来自爱德华·戴明，他的理念被称为戴明管理，提倡使组织更加负责、更加民主和更少浪费。戴明管理最重要的原则有:（1）质量应针对顾客的需求;（2）公司应以改进系统为目标，而不是责怪员工;（3）提高质量可导致扩大市场份额、提高企业前景、增加雇佣;（4）在硬数据的基础上运用PDCA循环提高质量，即计划－执行－检查－行动循环。

全面质量管理（TQM）是由高层管理者领导、整个组织全面支持的综合方法，致力于持续质量提升、培训和顾客满意等活动。TQM的两个核心准则是以人为本和以改进为目标。

在以人为本方面，组织中的每一个参与者都被要求专注传递顾客价值，专注质量。TQM要求培训、团队合作和跨职能努力。

在以改进为目标方面，组织的每一个部分都应该作出持续微小的、不断增加的改进。这个原则假设，如果在一开始就做正确的事情，一直在微小地改进以及参照精确的标准以消除小偏差，这样成本会比较小。

TQM可以利用RATER量表应用于服务业，RATER代表可靠性、保险性、可见性、共鸣性和响应性。

在改进质量方面有几项技术可以使用。（1）员工参与。可以通过质量圈、自我管理团队或特定目的的团队（为了解决特定的或一次性的问题而组成的团队）来实现。（2）标杆学习是公司将其业绩与高绩效组织相比较的过程。（3）外包是将服务或运营转包给外部厂商。（4）缩短周期时间涉及减少工作流程中的步骤。（5）统计过程控制是一种周期性从产品生产中抽取随机样本来看质量是否保持在可接受的标准范围内的统计技术。

16.7 有效控制

成功的控制系统有四个共同特征:（1）它

们是战略性的并且以结果为导向的;(2)它们是及时的、精确的和客观的;(3)它们是现实的、积极的和可理解的,并且鼓励自我控制;(4)它们具有灵活性。

成功控制系统的障碍如下:(1)组织可能施加过度的控制;(2)员工的参与度可能过低;(3)组织可能过度强调方法而不是结果;(4)过分强调书面工作;(5)过度强调一种方法而不是多种方法。

管理实践 仪表盘开始成为提高组织效能的关键控制技术

随着大型计算机在20世纪50年代出现,很多公司梦想通过电脑来管理他们的业务。但是早期由于技术的限制,计算机往往成本很高,并且也很笨重,因此这种努力是有缺陷的。现在,感谢网络和仪表盘(dashboard),这些梦想才开始成真了。弗雷斯特研究公司(Forrester Research)分析师基斯·贾尔(Keith Gile)估计世界上最大的2000家公司中有40%使用这项技术。一些世界上最杰出的首席执行官是其信奉者,从微软的史蒂文·鲍尔默(Steven A. Ballmer)和弗莱森电讯公司的伊凡·赛登伯格到家得宝的罗伯特·纳德利(Robert L. Nardelli)……

仪表盘是CEO的杀手锏,使高级管理者一瞥就能了解那些容易被庞大的组织埋没的业务细节。这个程序是如此有力,以至于它们开始改变管理的性质,从直观的艺术变得更加科学。管理者瞬时便可以看见业务中的关键变化——当销售人员动摇或者质量下滑时——并且快速地采取纠正措施。在弗莱森电讯公司,赛登伯格和其他高管可以从仪表盘中的300个指标中任意选取。从宽带销售到无线用户的叛逃。在通用电气公司生产电器和照明设备的消费品和工业品部门,其负责人詹姆斯·坎贝尔(James P. Campbell)每天追踪来自顾客的订单数据并将其与目标相比较。坎贝尔说:“我上午的第一件事情是看这个数字仪表盘,这样我就迅速对整个组织的销售和服务水平有一个大体了解。在我们部门,这是一个关键的运营工具……”

当然,仪表盘也有一些批评。批评者说CEO们如果整日黏在他们的显示器上,他们会错过大局。通用电气也同意这个观点。业务部门主管,如坎贝尔,是仪表盘的活跃用户,而CEO杰弗里·伊梅尔特则并非如此,因为他关注的是更广的战略和并购交易,而这是该项技术所不能捕捉的。

其他批评者害怕仪表盘是诱人但却破坏性的力量,是独裁者的最终化身。人们担心公司会使用这种技术侵入员工的个人隐私,并且像鞭子一样地挥舞以保持他们在既定的路线上。甚至连使用仪表盘的管理者都承认这项工具会增加员工的压力,造成办公室内的分歧,导致员工隐藏信息。

一个关注的焦点是仪表盘会挫伤斗志。想想匹兹堡的服装制造企业Little Earth Production的例子。这家公司使用NetSuite公司的工具来监控每个销售员带来的业务量并且将这些数据公布出来。公司的一名销售员罗尼苏·科勒(Ronisue Koller)说:“如果你在这个列表中靠后,你会感觉很沮丧。”

但是大部分管理者仍然认为收益是大于风险的。他们告诫说高管必须慢慢推出这个系统,并且避免凸显个人业绩,至少一开始如此。他们还强调业务领导有必要事先花时间确定追踪哪些指标是最有用的。但这是如何使用这种工具的问题，而不是是否该使用它……

仪表盘的一个大粉丝是微软公司，它自己编写了很多商业软件。微软办公软件部门的主管杰夫·莱克斯（Jeff Raikes）说，微软一半以上的员工使用仪表盘，包括鲍尔默和比尔·盖茨。莱克斯说：“每当我去见鲍尔默的时候，他总是期望我能够带着我的仪表盘。”他说，在一对一的会面中，鲍尔默浏览七个业务负责人的仪表盘，关注销售量、顾客满意度以及开发中的关键产品的状况等指标。

莱克斯说，对于微软的创始人盖茨来说，他在“思考周”会使用仪表盘。当他准备离开办公室时，他会阅读超过100份员工准备的关于技术产业的报告。“他利用仪表盘来追踪他阅读了什么，以及反馈和应该采取的行动，”莱克斯说。

用仪表盘来监测操作层面是很自然的。在制造业，通用电气的高层用仪表盘来跟踪任何产品，从灯泡到洗碗机，以保证生产线的正常运行。在软件公司，莱克斯使用他的仪表盘来跟踪即将发布的Office版本的进展。弗莱森电讯的首席信息官沙伊甘·凯拉德皮尔（Shaygan Kheradpir）在被他的同事称为“沙伊甘墙”的仪表盘中复制了每一个电信巨头的节点。都是绿色是好的。有黄色或红色表示需要注意。红色代表某些地方中断了。他说：“他会让你在该行动的地方行动。”

仪表盘技术同样可以帮助保持顾客开心。在使用NetSuite之前，美国报道（American Reporting Company）的波特认为，客服代表仅仅是回答电话而没有地方存储客户的要求。如今，这家公司的整个客服团队都使用这个软件。现在，客服经理们可以看到谁在回答电话。并且销售代表能够获得每个修复工具，使得解决客户问题变得简单。波特说：“这使我们可以与大公司竞争。”

美国报道并不是唯一受益的小公司。Little Earth的首席运营官杰里·德里格斯（Jerry Driggs）在去年冬天花了4个月将他的业务移到NetSuite系统。Little Earth销售一些朴质的生态时装产品，例如，用回收的车牌制作的手提袋。目前，这家公司的50名员工中有一半使用这个系统来管理他们的生产、销售和财务运作。德里格斯说：“当你看到它是如此的直观，你会好奇我们以前是怎么运营这些业务的。”

事实上，德里格斯通过他的职位来运营业务，这是明显的。因为这家公司没有衡量产品需求和原材料水平的系统，原材料的大多数来自中国，制作和运输一个手提袋需要六周的时间。Little Earth经常被现金问题困扰，因为德里格斯总是买过量的内饰件和旋钮。他说：“你习惯了看见架子上放着现金。”如今使用NetSuite系统，德里格斯可以监督他的订单和存货水平，并且当旋钮或其他部件快用完时，这个系统甚至能向他发出警报。结果Little Earth将它的运输时间缩短为三天。德里格斯说：“以前所有那些让我们抓狂的事情在我们的指尖就解决了。”

讨论：

1. 将仪表盘作为一项控制技术有什么利弊？请解释。

2. 如何将平衡记分卡和战略地图的使用与仪表盘技术进行整合？请讨论。

3. 通过使用仪表盘能够提供控制的三个层面中的哪些？请举例说明你的结论。

4. 如何将仪表盘用来改进质量和客户服务？请解释。

资料来源：From Spencer E. Ante with Jena McGregor, “Giving the Boss the Big Picture,” *BusinessWeek*, February 13, 2006, pp. 48 - 51. Reprinted with permission.

自我评估 你有优秀的时间管理技能吗？

目的

1. 测定你的生产率。

2. 讨论你需要发展的时间管理技能。

引言

正如我们在本章所学的，对公司来说生产率是很重要的，因为它决定公司的盈利能力。对于管理者来说，生产率取决于有效的时间管理，时间管理涉及计划和自我约束的技能，这是需要在大学时期完善的。这项练习的目的是评估你的时间管理技能。

说明

阅读每个问题，回答“是”或“否”。诚实地回答问题，答案不是你觉得你应该的而是你觉得愿意的。

1. 我很难说“不”。	是	否
2. 有时我因为将某事推迟很久而羞于做它。	是	否
3. 我觉得自己总是匆匆忙忙。	是	否
4. 当我不在学习，而是在玩或者偷懒时，我会觉得愧疚。	是	否
5. 当我没有完成自己的工作时，我倾向于找借口。	是	否
6. 我经常觉得自己有太多事情要做。	是	否
7. 我在压力之下做得更好。	是	否
8. 当别人提醒我没有完成我的工作时，我觉得不满。	是	否
9. 在决定如何使用我的时间时，我觉得困难。	是	否
10. 我经常推迟学期任务直到到期前一周。	是	否

解释

数一下你回答了几个“否”。你的时间管理技能可能有如下特点：

9 ~ 10：优秀

8 ~ 9：很好，但是它们可以用细小的方式改进

6 ~ 8：有些不足，你可以通过训练获益

4 ~ 6：差，你需要训练

4或以下：紧急！你对时间管理了解很少，你应该立刻注意这方面

问题讨论

1. 你对这个结果感到惊讶吗？为什么或者为什么不？

2. 评估里的很多陈述代表了拖延，借口和差的时间管理使好的意图黯然失色。你经常拖延吗？

3. 改进你时间管理技能的方法有哪些？讨论一下。

资料来源：www.ecu.edu/aretsci/cas/advising/TimeManagement.com © Thomas Harriot College of Arts & Sciences, Advising Center, East Carolina University, Greenville, NC.

道德困境 公司对员工工作以外的行为是否管得太多了

为了减少医疗保健成本和提高生产率，公司越来越多地试图让员工减肥、停止吸烟和锻炼。例如亚利桑那州的Incentive Logic公司，“跟踪员工从散步到通过健康检查等一切事情所挣得的分数，并且允许员工将他们的分数换成其300万种物品中的iPod、等离子电视或者其他他们想要的物品。

而且，一些公司抱怨对于烟民和体重超标的员工，他们的医疗保健成本要比非烟民和体重不超标的员工高。“针对这些较高的成本，更多的雇主实行禁止雇用烟民的政策，即使他们仅在下班时间抽烟，并且/或者对烟民、体重超标者或者其他种类的员工收取更多的健康保险费用。”

现在，组织正监督和检查烟民和体重超标的员工，其他群体可能是下一个。“同样受到这种‘生活方式’规制的其他群体还有高血压或者高胆固醇患者、社交酒徒和体育爱好者。”

员工工作之外的哪些行为组织应该监管和奖励/惩罚？

解决困境

1. 组织应该避开员工的个人生活。如果我们想要暴饮暴食或者抽烟，这是我们的选择。组织不应该被允许监督体重或者抽烟行为。

2. 组织应该监督员工的体重和抽烟行为，并且根据这些来奖惩。毕竟就健康保险来说，体重超标的人和烟民会花雇主更多的钱。人们以一种或者其他方式为这个增加的成本支付是公平的。

3. 我觉得奖惩那些体重超标的人或者烟民是没问题的，但也只能到这里了。组织不该跟踪我喝多少酒、我喜欢哪种运动或者社交活动。如果我想去跳伞，这是我的事情而不是组织的事情。

4. 提出其他意见。

资料来源：Jane Larson, “Firm’s Reward Program Gets Employees Moving,” *The Arizona Republic*, May 24, 2008, p. D5; and “Off-Duty but on Your Mind,” *Training*, April 2008, p. 11.

后记：管理的未来和成功管理的关键

主要问题：未来的管理模式有哪些，个人管理成功的六个关键是什么？

概要

当我们结束这本书时，本节描述商业大师加里·哈默尔关于管理创新的思想，并且留下一些你可以拿走的人生教诲。

在本书中，我们已经描述了很多有价值的原则。有价值，但并非神圣的，不是死板的。

毕竟，在你的一生中，你需要应对全球竞争者的冲击，来自这个或者那个国家，并且他们会不断创新，而且很精明。企业文化、结构、职位设计和领导形式都在改变。因此，作为我们赖以生存的问题，今天管理智慧的原则很可能会被重写。

管理思想不是固定的而是一项进程：加里·哈默尔的思想

管理创新实验室的共同创始人加里·哈默尔（Gary Hamel）说："每一个伟大的发明，包括管理，都经历了从出生到成熟以及偶尔死亡的进程。"哈默尔被《华尔街日报》评为当今最有影响力的商业思想家，他认为大多数管理理论是过时的或者并不符合当前的组织生活。他认为我们需要将管理看作一个流程，然后系统性和持续性地改善和创新——正是公司过去经常用于设备和技术以改进生产或者运输方法的那种流程创新。换种方式说，如果现在管理者通过创造新产品或者新经营战略来进行创新，他们为什么不能同样在管理他们的公司方面进行创新呢？哈默尔认为管理创新对未来组织的成功是不可或缺的。

这种变革是否有蓝图？哈默尔在他2007年的《管理大未来》一书中描绘了三种截然不同的公司，挑战了目前的管理理念并且认为它们代表了未来的管理模式：零售商Whole Food Market、工业品制造商W. L. 戈尔联合公司（Gore-Tex的发明者）和搜索公司谷歌。

- **Whole Food Market——以小团队的形式授权一线员工**。在大多数零售公司，员工是被主管雇用的（而不是同事），关于订购什么产品的决策是总部的某人作出的，并且员工薪水是保密的。然而在Whole Food，每个商店将其组织成大约八个团队，报酬是跟团队而不是个人绩效联系起来的，并且绩效衡量和报酬是公开的。每个团队都有对他们负责的食品进行改进的使命，每个团队在如何管理其责任、雇用或者解雇成员以及货架摆放等方面都被给予很大的自由；而且在如何响应当地消费者口味变化方面也被给予很大的权力。所以Whole Food的员工既有为顾客做正确事情的自由又有做正确的事情来谋求利益的动机。这种商业模式的财务结果：以每平方英尺衡量利润时，Whole Food是美国最有利可图的食品零售商；在1992年后的15年中，它的股票价格增长了近3000%；从2002年到2007年，它的同店销售额平均年增长11%，是该行业平均增长率的近三倍。

- **W. L.戈尔——允许员工追求自己的想法和挑战管理者**。戈尔同样有小的、自我管理的团队，并给予个人“空闲时间”来追求新想法，而这些想法最终可能对公司的产品作出贡献。与传统管理系统的企业不同，戈尔允许员工推翻他们的管理者，对管理层级的概念提出挑战。员工也自主选择在哪个团队工作，并且他们可以对要求说不。公司没有管理层级，没有组织结构图，几乎没有人有头衔。一些人通过证明有能力把事情做好并且在建设团队方面很优秀而得到“领导”的头衔。随着时间的推移，那些对组织成功作出重大贡献的人吸引追随者。“我们用脚投票，”一名员工说，“如果你召集一个会议，人们出现了，那么你就是领导。”
- **谷歌——运用公司资源时，坚持70–20–10法则**。相当成功的搜索引擎公司谷歌，同样是以小团队为结构，但是与大多数公司不同，团队的领导是在团队成员之间轮流的。而且与其他公司不同的是，它鼓励产品开发部门的员工遵循70–20–10法则追求他们的想法，即将资源的70%贡献给公司的核心业务，20%用于那些可能扩展核心业务的服务，还有10%给那些边缘思想。因此，工程师每周可以花一天左右的时间来做任何自己想做的事情。如何阻止人们在没有出路的疯狂想法中浪费时间呢？首先，有同侪之间的横向沟通，这有利于杀死那些不好的想法和加强好的想法。此外，虽然员工可以跟随他们的激情做事，但是除非他们积累了一些积极的用户反馈，否则他们是不会得到谷歌的很多资源的。所有这些的关键是：使用胡萝卜而不是棍子来给员工创新的自由。

一线员工真的比高层管理者更懂得什么对组织最好吗？这是一种假设。毕竟，他们是与顾客最接近和最熟悉产品的人。虽然公司需要管理者来维持它的稳定，但是哈默尔认为以团队形式组织起来的员工在创新方面更具优势——决定需要什么产品以及需要花费多少时间和金钱。同样需要启发他们去追求激情而不单单是利润。哈默尔说，通过平衡集中控制和一线员工的主动性以及平衡对使命的追求和利益的追求，公司可能同样会达到像中国和印度“自上而下”的公司那样的竞争模式，而这些竞争模式是很难模仿的。

但是万一你并不是从头开始创立一家公司，并且你也不能像Whole Food、戈尔和谷歌的创始人那样革新呢？你如何使其在传统和常规的公司运行呢？哈默尔相信可以通过确认员工对组织的核心信念来找到答案。请回忆一下第8章，信念是组织文化的基础。因此，哈默尔建议我们应该检查使公司从追求管理创新中转移注意力的组织文化组成部分。他认为这些信念可以通过反复问正确的问题而根除，即是：

1. 这个信念值得挑战吗？它在削弱公司吗？它阻碍了我们想要加强的一项重要组织属性吗？
2. 这个信念是放之四海而皆准的吗？有反例吗？如果有，我们可以从这些例子中学到什么？
3. 这种信念是如何满足其信徒的利益的？是否有人从这些信念中得到保证或者慰藉？
4. 为了使这个信念能自我履行，我们的选择和假设需要共谋吗？仅仅因为我们实现了它，这个信念就是真的吗——并且，如果是这样的话，我们能想象其他选择吗？

在学习哈默尔的思想时，我们不是暗示你在前面读到的观点代表着陈旧和无用。相反，研究充分表明，全面地了解这些传统的观点例如设置目标、工作设计、自我管理、变革型领导以及我们讨论过的其他主要观点是百利而无一害的。这个底线是简单的：这个世界是迅速变化的，这就要求你保持最大的灵活性和弹性。

你该做什么？你能指望哪些管理原则？

接下来，你将如何去完成？让我们提供一些从我们的商业经验、研究、教学、咨询以及阅读中提取的建议，那可以使你在组织中成为“管家”，并且帮助你成功。

- **找到你的激情并追随它**。哈默尔写道，“使命很重要，人们因他们关心的事物而改变。”员工并不会因为“增加股东价值”这种概念而得到很多激励，（或者如果他们真的能被激励，结果可能是像安然公司那样的环境，贪婪压倒了高尚的目标。）哈默尔说：“一家公司必须永远在追求比现在更好的路上。”并且，这同样应该运用到你身上。找到一些你喜欢的事情，起劲地去做。
- **鼓励自我发现，并且要现实**。要保持领先，你需要发展自我意识，有一个活跃的思维，并且愿意成长和改变。这是人生的一课：“关于你知道什么，以及下一步你需要得到什么技能，自己要彻底地诚实。”这并不只包括你学到的工具——财务、技术等——更重要的是人际技巧。
- **每个情境是不同的，因此要灵活**。没有一个原则、一个理论是适用于所有情境的。行业、文化、领导者、顾客都是会改变的。安杰利·拉斯伯里（Angeli R. Rasbury）在《黑人企业》（*Black Enterprise*）杂志上建议说：如果你在一项新工作中是一个新手，你必须知道“文化是关键的”。人生一课：“在你开始设定目标之前，了解你所工作的组织。学习员工是如何开展业务和看待成功的，以及公司是如何回报成就的。一个组织的文化确定了它的管理和经营方针。”人生另一课：“将‘这不是我的工作’从你的词汇表中移除。”
- **微调你的人际技巧**。工作场所并不是个人孤独地默默作贡献的地方。如今，我们生活和工作在一个团队宇宙。以Whole Food Market为例，如果获得和保持一份工作取决于你同事的评审，以队友的投票来决定你的命运，你可以看到交际技巧变得相当重要。建议：在你的人际技巧上获得反馈，并且制订一项改善计划。

- **学习如何发展领导技能**。每家公司如果想改进它未来领导者的质量，都应该在其管理者的领导力发展方面投资。但是你也可以发展你自己的领导技能。一个例子和人生一课："等待坏消息到来的领导是有很大风险的，所以学习如何找出风险——例如通过鼓励员工给你带来潜在问题的消息，并且为此感谢他们，不要因为他们的坦率而惩罚他们。"你也可以通过实践"走动式管理"来收集关于潜在的或者是现实的问题的消息。另一个人生课程："如果你将目标设定得很高，即使你没有达到它，最后也会在一个很好的位置——也就是，得到一个很高的分数。"
- **将人们作为相关者来对待，因为他们的确如此**。如果你尊重地对待你的员工和顾客，他们会同样地对待你。以非常成功的在线零售鞋店Zappos为例，一位《哈佛商业评论》的作者在他的博客中写道："它热衷于强大的服务，不仅仅是满足他们，而且是取悦他们。"如承诺在4天内送达，然后在1天内送达。如何做到的？一切在于雇用人员，Zappos在这上面下了很大的工夫。在4个星期的训练后，如果呼叫中心的新员工希望离开，他们会在应得薪酬的基础上给予另外1000美元的报酬——这个理论是拿这些钱的人"明显不具备承诺"，这个承诺是Zappos要求它的员工具备的。（大约10%的学员接受这些钱。）人生一课："公司并不与顾客情感互动——是人们在做。如果你想要创造一个令人难忘的公司，你必须使你的公司充满令人难忘的人。"
- **吸引员工和同事参与你的管理过程**。旧的自上而下、指挥和控制的组织模式转向扁平化、网络化的结构。管理者如今更多地与他们的同事工作，这使得职权线并不总是那么清晰或者根本不存在，这样，一个人的说服力成为关键。权力已经下放到那些最接近顾客的一线员工和那些有余地追求新想法的小的、集中精力的、自我管理的团队。人生一课："最好的组织是那些员工有权力创新，而不只是听从高层指令的组织。"
- **灵活、保持冷静并将自己看得很轻**。事情并不总是按照你的意思发展，所以灵活是重要的。此外，你在困难的情形表现得越冷静，你就越会被你的老板和同事欣赏。幽默感是很有帮助的，因为有足够的人在散布悲观和厄运。人生一课："当你不那么情绪化的时候，你能够更好地评估危机和提出可行的解决方案。"

祝你好运！

安杰洛·基尼齐
布赖恩·威廉姆斯

附录 项目规划者工具箱

主要问题：如何使用规划工具来提高你的业绩并取得最大的成功？

概要

我们在第5章提到过项目规划，它经常使用三个工具：流程图、甘特图和盈亏平衡分析。

项目规划（在定义阶段）可能始于一个草图式的流程，但是客户希望更好地安排时间和投入资金。幸运的是，有各种规划和监督工具来使项目的规划和实施更加准确。项目规划者工具箱的三种工具是：（1）流程图；（2）甘特图；（3）盈亏平衡分析。

工具1：流程图——列出事件顺序和可选决策情景

流程图（flowchart）是一种实用的图形工具，它描绘完成一个项目需要做的事件的顺序，并列出"如果怎样—将会怎样"的情景。流程图已经被电脑程序员和系统分析员使用了几十年，针对所需完成的一系列任务绘制"路径图"。这些专业人士使用他们自己的特殊符号（表示"输入/输出"、"磁盘"等），但是你没有必要把流程弄得很复杂。通常，只需要三种符号：（1）椭圆表示"开始"和"结束"；（2）方框表示主要的活动；（3）菱形表示作出"是或否"的选择。（见图A-1。）

像Micrographix的ABC Flow Charter这样的计算机程序可以用来构建流程图。你也可以用Microsoft Word这样的文字处理程序的绘图程序来绘制流程图。

优点 流程图有两个优点：

- **规划简单直接的行动**。流程图对规划普通的行动非常有用。例如，可以弄清楚购买教科书或汽车的最好方式。它也是表示事件顺序的一种简单方法。例如，构思一个新企业，它将会转化为一种商业计划。

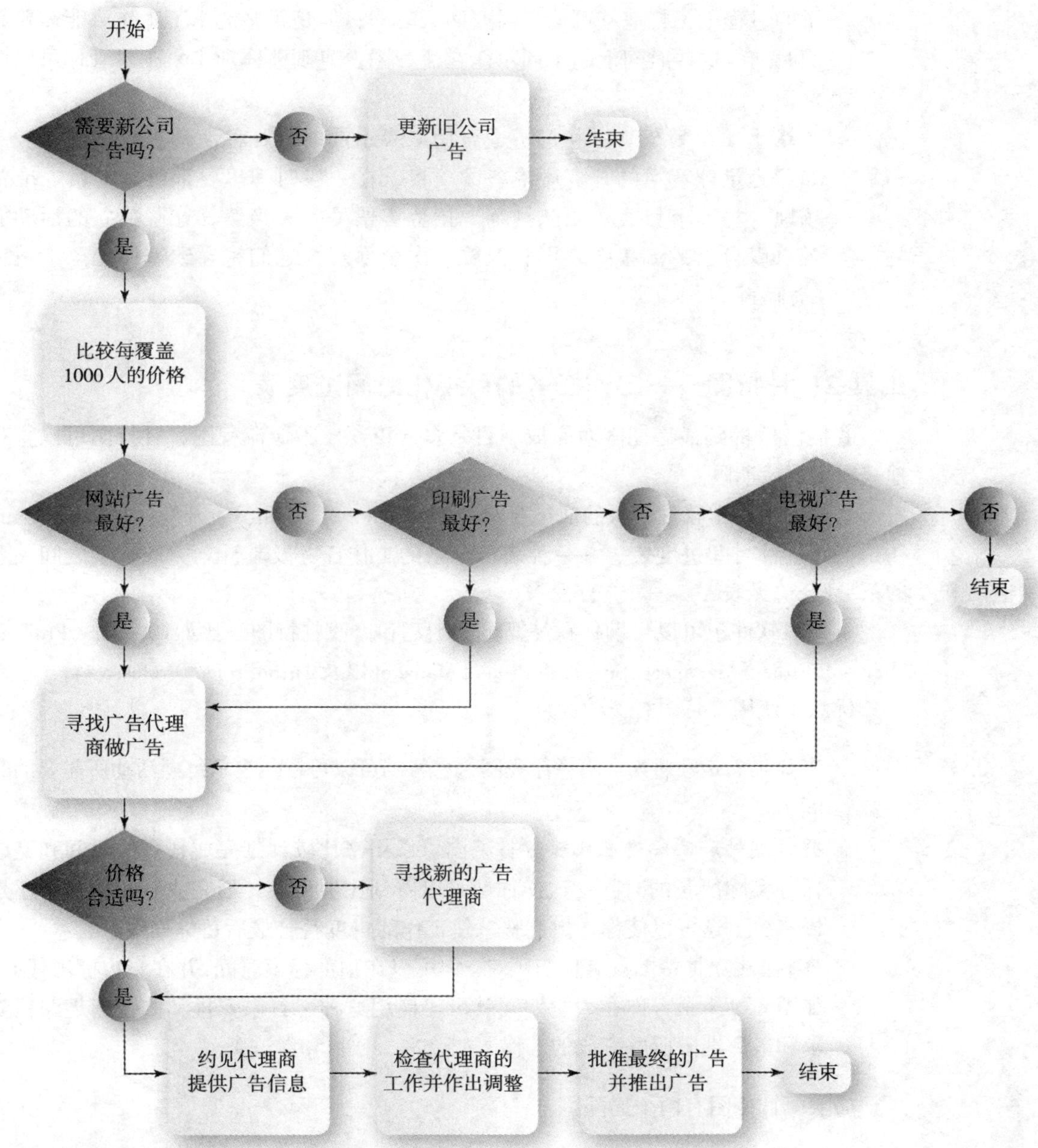

图A–1　流程图：网站、印刷还是电视广告?

改进公司广告的一个流程图的例子。

- **描述选择情景**。流程图对列出“如果怎样—将会怎样”情景也非常有用。如果回答“是”，就执行A计划；如果回答“否”，则执行B计划。

局限　流程图有两个局限：

- **没有时间指示**。它们没有表示出完成项目中不同活动所需的时间。在建造房子的过程中，打地基可能只需要两天时间，但是粗略的木工工作可能需要数周时间。这些时间上的不同不能在流程图上直观地体现出来（尽管你可以做标记）。

- **不适于复杂的项目**。它们不适合用来表示同时有几种活动进行的项目。例如，为足球赛季的开赛做准备的项目，在一段时间里要训练运动员、准备场地、打印节目表、乐队排练、招募售票员等。当然，这些独立的活动能各自以自己的流程图表示。但要一次全部解释它们将导致笨拙甚至不适用的流程图。

工具2：甘特图——工作任务的可视化时间进度表

我们已经提到最后期限对完成项目是多么重要。不像流程图，甘特图可以直观地表示出最后期限。

甘特图由科学管理学派的成员**亨利·甘特**（Henry L. Gantt）所开发。**甘特图**（Gantt chart）是一种时间进度表——一种表示计划的工作任务及其计划完成日期之间关系的条形图。（见表A–2。）

有许多软件包可以帮助你在计算机上创建和修改甘特图。比如CA–SuperProject、Microsoft Project Manager、SureTrak Project Manager以及TurboProject Professional。

优点 使用甘特图有三种优点：

- **可视化表示时间线**。不像流程图，甘特图可以可视化表示每项活动所需要的时间。
- **将计划的和实际进展比较**。甘特图可以用来比较计划完成任务的时间和完成任务实际所花的时间，这样你就可以看到比项目的计划完成时间快多少还是慢多少。这可以使你作出调整来使工作的进度符合最后目标期限。
- **简单**。建立甘特图没有任何困难。你可以在顶部标出时间，并在左边标出任务。如图A–2所示，你在大学期间就可以使用这种工具来安排和监督满足课程要求和最后期限所要完成的工作（如论文、项目和考试）。

局限 甘特图有两个局限：

- **不适合大且复杂的项目**。尽管甘特图能够解释较小项目活动之间的相互关系，但是当它应用于大且复杂的项目时，就变得麻烦和笨拙。这需要像PERT网络那样更复杂的管理规划工具。
- **时间设定是主观的**。显示的时间设定可能纯粹是主观的；完成既定任务所需的“乐观”和“悲观”时间之间没有区间。

已完成的：　||||||||
计划的：　\\\\\\\\

开发阶段	第一周	第二周	第三周	第四周	第五周
1. 调查竞争者的网站	ǀǀǀǀǀǀǀǀǀǀǀǀǀǀǀǀ ǀǀǀǀǀǀǀǀǀ	ǀǀǀǀǀǀǀǀǀǀ			
2. 为你的网站收集信息	ǀǀǀǀǀǀǀǀǀǀǀǀǀǀǀǀ ǀǀǀǀǀǀǀǀǀ	ǀǀǀǀǀǀǀǀǀǀǀǀǀǀǀǀ ǀǀǀǀǀǀǀǀǀ			
3. 学习网页制作软件		ǀǀǀǀǀǀǀǀǀǀǀǀǀǀǀǀ ǀǀǀǀǀǀǀǀǀ	ǀǀǀǀǀǀǀǀǀǀǀǀǀǀǀǀ ǀǀǀǀǀǀǀǀǀ		
4. 创建（设计）你的网站			\\\\\\\\\\	\\\\\\\\\\\\\\\\ \\	\\\\\
5. “公布”到网上					\\\\\\\\\\\\\

图A–2　设计一个网站的甘特图

表示创建一个网站要完成的任务和计划完成任务的时间。

工具3：盈亏平衡分析——卖多少产品可以获利

盈亏平衡分析（break–even analysis）是确定需要多少销售收入才能弥补生产和销售产品的总成本的一种方法。看一下盈亏平衡分析的过程，见图A–3。假设你是男式或女式衬衫的服装制造商，从图的右下角开始，按数字顺序看以下的描述。

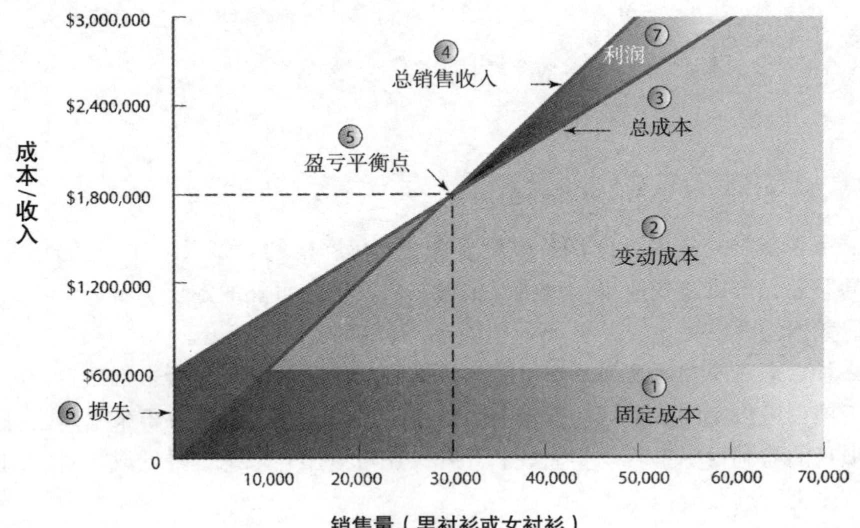

图A–3　盈亏平衡分析

1. 固定成本（区域①）：一旦开始业务，不管商品卖了还是没卖，都有一些变动不明显的费用，如租金、保险金、税金甚至薪酬。这些是固定成本，它是不随销售或产出的变化而变化的费用。固定成本是时间的函数，这些费用必须定期支付，如每周、每月或每年支付一次。该图说明，不管销售多少产品（这里指衬衣），固定成本都是每年60万美元。

2. 变动成本（区域②）：现在假设只生产和销售一种产品（如衬衫）。现在，你要支付原材料、供给品、劳动力、销售佣金和运输费用等。这些叫变动成本，它是直接随着生产和销售产品的数量而变化的费用（毕竟，制造更多数量的衬衫肯定要花费更多的布料）。变动成本是产品数量的函数，其上升和下降取决于制造或销售的产品数量。在这里，如果只卖了几千件衬衫，则变动成本相对很小；但如果卖到7万件，变动成本便大幅上升。

3. 总成本（第一条向右上方倾斜的直线，区域①和区域②的总和）：固定成本与变动成本的总和等于总成本。可用60万～300万美元之间向右上方倾斜的直线来表示。

4. 总销售收入（第二条向右上方倾斜的直线）：这是销售产品的总收入额。销售收入随产品销售数量的变化而变化。例如，如果卖出3万件衬衫，将取得180万美元的销售收入；如果销售4万件衬衫，将获得差不多240万美元的销售收入。

5. 盈亏平衡点（两直线的交点）：盈亏平衡分析的目的就是要找到盈亏平衡点。盈亏平衡点是公司既不盈利也不亏损时的销售收入。在图中，总销售收入线与总成本线相交，两直线相交处即是盈亏平衡点。这个例子中，必须销售3万件衬衫并取得180万美元收入才可以补偿全部成本（固定成本和变动成本）。注意：产品的定价对盈亏平衡点的确定非常重要。如果提高衬衫单价，减少销售数量也可以取得相同收入，但要做到这点很难，因为消费者在产品价格较高的情况下可能会拒绝购买。

6. 亏损（区域⑥）：如果在正常价格水平下（盈亏平衡点）未能销售足够数量的衬衫，则产生亏损。亏损意味着总成本超过总收入。

7. 利润（区域⑦）：处于区域⑦时表明你赚钱了。超过盈亏平衡点数量的衬衫销售收入构成利润。利润是超过总成本的那部分销售收入。这时候，销售的衬衫越多，利润越大。

这里是用图形方法来展示的，同样的分析也可以用代数方法进行。

优点 盈亏平衡分析有两个优点：

- **将来不断确定成本、价格和销量**。通过进行严格的“如果怎样—将会怎样”的假设，可以改变成本、价格及销量，从而确定可能的定价和销售目标。这些数据是内在关联的。所以一个改变，其他都会随之改变。
- **分析已完成项目的盈利性**。虽然盈亏平衡分析通常用于分析未来项目，但由于项目进行期间成本可能变动很大，所以可以用盈亏平衡分析来确定已完成项目的盈利目标是否切实完成。此外，还可以用它来确定降低成本对利润流有多大影响。

案　例　盈亏平衡分析：飞机票价差别为什么这么大

同一段距离，为什么有些航空公司的票价比其他航空公司要高出4倍？

有很多原因可以解释，盈亏平衡分析就是其中之一。

2003年，美国联合航空公司运送每位乘客一公里的平均成本是11.7美分，而西南航空公司只需7.7美分。这是它们各自的盈亏平衡成本，超过这一费用的收入部分就是利润。

这种差别是如何造成的？美国交通部的一项研究表明，其中一个原因是西南航空公司的成本较低。美国联合航空的长途飞行比短途飞行多，成本分摊到更多的公里数上，所以其短途飞行成本要高于西南航空公司的短途成本。

影响票价的另一个原因是乘坐某些特定航线的旅客造成的——支付高额票价的商务旅客和更具价格意识的旅行者。商务旅客经常不在意支付更高票价（公司有补贴）、并且这些航线（如从芝加哥到辛辛那提）倾向于有更多头等舱，这使平均票价升高。而飞往度假胜地的航线（如拉斯维加斯）则通常提供更多低价座位，因为人们不愿意为娱乐支出太多旅费。

航空公司在市场上，经常通过在某一航线打折来降低票价，迫使主要的航空公司适应价格战。航空公司顾问迈克尔·博伊德说：“低价票航空公司的定价低于盈亏平衡成本，经常被逐出市场。”

局限　盈亏平衡分析并非“包治百病”。

- **它过于简单化**。现实中，事情并不总是按此模型发生。例如，固定和变动成本并不总是可明确区分的。固定成本可能随销量增加而变化；并且并不是所有消费者都支付同一价格（一些人可能有折扣）。
- **假设可能错误**。按上面的分析，盈亏平衡分析对确定产品利润很有效。但是如果消费者觉得价格太高，或者销售数字过于乐观，它还有效吗？在市场上，你的价格及销售预测可能只是一个好的猜测而已。

重要词汇

A

absenteeism **缺勤** 员工没有来工作。

accountability **义务** 管理者必须向他们的上级管理者汇报并对工作结果作出说明。

acquired needs theory **成就需要理论** 该理论认为在工作场所成就、合群和权力三方面的需要是决定人们行为的主要激励。

action plan **行动计划** 完成预定目标所需的一系列行动。

adaptive change **适应性变革** 重新引入一种熟悉的做法，并且这种做法已经在组织内实践过。

adaptive perspective **适应观** 认为最有效的组织文化会帮助组织预测和适应环境的变化。

adhocracy culture **偶发型文化** 一种以组织外部为中心，同时注重灵活性的文化。

adjourning **解散期** 团队形成的五个步骤之一，在这个阶段团队成员准备解散。

administrative management **行政管理** 一般指对整个组织的管理。

affective component of an attitude **态度的情感要素** 指一个人对某种情境的感觉或情绪。

affirmative action **平权法案** 强调在组织中获得平等的机会。

Americans with Disabilities Act **美国残疾人法案** 于1992年通过，是一部禁止歧视残疾人的法案。

analyzer **分析者** 让别的企业承担新产品开发和市场开拓的风险，然后模仿（或者微小地改进）做得最好的企业。

analytics **分析法** 用来描述那些复杂的商业数据分析模式，如矩阵分析或者时间序列预测。

anchoring and adjustment bias **锚定和调整偏差** 基于原始数据作决策的倾向。

Asian-Pacific Economic Cooperation（APEC）**亚太经合组织** 由21个太平洋沿岸国家组成，其目的是改善经济和政治关系。

assessment center **评估中心** 是一个公司部门，在这个部门里管理层职位的候选人会参加为期数天的活动，同时会有评委对这些天的活动作出评价。

attitude **态度** 对给定事物的习得倾向；对事实、情况或人的心理评价。

audits **审计** 对组织的财务和经营系统的正式核查。

authority **职权** 执行或命令的权力；同样也指管理职位固有的作决策、发号施令和使用资源的权利。

availability bias **可获得性偏差** 管理者利用记忆中现有的信息作出判断的倾向；他们趋向于对最近发生的事情给予更大的权重。

B

balance sheet **资产负债表** 概括组织的整体财务状况，即某个特定时点的资产和负债。

balanced scorecard **平衡计分卡** 从以下四个方面给高层管理者提供快速而全面的组织整体状况的管理工具：（1）客户满意度；（2）内部流程；（3）组织创新和改进活动；（4）财务

指标。

base pay 基本报酬 由支付给员工的基本工资或薪水构成。

behavior 行为 行动或判断。

behavioral component of an attitude 态度的行为要素 也称为意图要素，指一个人在某种情境下打算或者期望的行为。

behavioral leadership approach 行为领导理论 试图探究有效领导者具有的独特风格。

behavioral science 行为科学 依据对人类行为的科学研究形成理论，并发展成为可供管理者应用的实际管理工具。

behavioral viewpoint 行为观点 强调理解员工行为和激励员工取得成就的重要性。

behavioral-description interview 行为描述面试 是结构化面试的一种，面试者会探索应聘者过去做过哪些工作。

behaviorally anchored rating scale（BARS）行为锚定等级评价法 根据特定行为的尺度来对员工的表现作出评价。

benchmarking 标杆学习 公司拿自身的业绩和其他高业绩组织相比较的过程。

benefits（fringe benefits）福利（附加利益） 额外的非货币形式的补偿。

Big Five personality dimensions 大五类个性维度 分别是：（1）外倾性；（2）随和性；（3）尽责性；（4）情绪稳定性；（5）开放性。

birth stage 出生阶段 非官僚的阶段，指组织的形成阶段。

blended value 综合价值 指所有的投资同时具备经济和社会领域的价值。

blog 博客 人们在其中写他们想写的关于任何话题的东西的一种在线日志。

bonuses 红利 给予那些达到特定绩效目标的员工的现金奖励。

boundaryless organization 无边界组织 一种流动性的、高度灵活的组织，它的成员由信息技术连接在一起，合作完成共同任务。合作者可能包括竞争者、供应商和顾客。

bounded rationality 有限理性 非理性决策的一种类型，指人们在决策时总是受到各种各样的约束，理性是有限的。

brainstorming 头脑风暴 是用来帮助群体为解决问题产生多种想法和选择方案的一种方法。让群体成员会面并且反复探讨需要解决的问题，然后每个成员会被要求安静地给出想法或解决方案，然后会被收集起来进行分析。

budget 预算 一种正式的财务预测。

buffers 缓冲 减少导致员工倦怠的压力源的管理变革措施。

bureaucratic control 官僚控制 一种组织控制方法，特征是利用规则、制度和正式职权来指导绩效。

burnout 倦怠 情绪上、心理上以至身体上疲惫的一种状态。

business plan 商业计划 一份列出拟议的公司的目标和实现目标的战略以及衡量成功的标准的文件。

C

cascading 从上至下 指在由组织目标构成的统一层级结构中，组织层级越低，目标越具体。

causal attribution 因果归因 指通过观察到的行为来推断原因的活动。

Central American Free Trade Agreement（CAFTA）中美洲自由贸易协定 包括美国、哥斯达黎加、多米尼加共和国、萨尔瓦多、危地马拉、洪都拉斯和尼加瓜拉，旨在减少自由贸易的关税和其他贸易壁垒。

centralized authority 集权 重要的决策都由较高层的管理者作出、权力集中在高层的组织架构。

change agent 变革推动者 组织内或组织外具有行为科学背景的顾问，可以帮助组织以新方式处理老问题。

charisma 魅力 一种让别人接受和支持的人际吸引力。

clan culture 团队型文化 组织文化的一种类型，关注组织内部，注重灵活性而非稳定性与控制性。

classical viewpoint 古典观点 它强调找到科学方法提高管理效率，有两个分支：科学管理和行政管理。

closed system 封闭系统 和外界环境交互很少的系统。

code of ethics 道德准则 指导组织行为的正式的、书面的道德标准。

coercive power 强制权力 领导者权力的五个来源之一，管理者的职权赋予其惩罚下属的权力。

cognitive component of an attitude 态度的认知要素 指一个人具有的对某种情境的信念和认识。

cognitive dissonance 认知失调 是由社会心理学家里昂·菲斯汀格提出的，描述由于认知态度和行为的不一致所带来的心理不安。

cohesiveness 内聚力 群体或团队团结在一起的倾向。

collaborative computing 协同计算 应用先进的计算机软硬件帮助人们更好地完成任务。

collective bargaining 集体谈判 管理部门与员工就薪酬、福利、工作条件和工作安全等方面进行的谈判。

common purpose 共同目标 使员工或成员统一起来的目标，让每一个人都理解组织存在的意义。

communication 沟通 人与人之间传递信息和相互理解的过程。

compensation 薪酬 包括三个部分：工资或薪水、激励和福利。

competitive intelligence 竞争情报 获得竞争对手活动的信息，从而可以预期他们的行动并合适地应对。

competitive advantage 竞争优势 组织比竞争对手更有效果地提供产品或服务，从而超越竞争对手的能力。

competitor 竞争者 为顾客或资源而相互竞争的个人或组织。

computer-assisted instruction（CAI）计算机辅助教学 用计算机来提供帮助或减少教学时间的培训。

conceptual skill 概念技能 包括思考和分析问题、将组织看成是一个整体，并理解组织中每一部分是如何有效协作的能力。

confirmation bias 证实性偏差 指当人们寻找支持他们观点的信息时往往不重视那些反面的数据。

conflict 冲突 一方认为其利益受到另一方反对或负面影响的过程。

conglomerate 企业集团 组织类型的一种，指在不同的和不相关的领域经营业务的大公司。

consensus 共识 全体同意；团结一致。

constructive conflict 建设性冲突 有利于组织的主要目标并为组织利益服务的功能性冲突。

contemporary perspective 当代视角 与历史视角相对照，包括：系统观点、权变观点和质量管理观点。

content perspective 内容型激励理论 也称为以需要为基础的理论，着重研究激励人们的需要。

contingency approaches to leadership 权变领导理论 相信有效领导行为取决于当前情境。

contingency design 权变设计 使组织与环境相契合的过程。

contingency leadership model 权变领导模型 是菲德勒在1951年提出的理论，指领导者的有效性既由领导者的个人特性决定又由领导者所处的情境所决定；领导的风格是任务导向还是关系导向，其有效性取决于当前所处的情境。

contingency planning 权变计划 也称为情景规划和情景分析；是不同假设的产物，但也有可能是未来的状况。

contingency viewpoint 权变观点 跟古典观点相反，认为管理方法应该随环境的变化而变化。

continuous improvement 持续改进 组织的各个部分持续微小的、不断增加的改进。

continuous-process technology 连续作业技术 机器可以完成所有工作的高度程序化技术，生产高度程序化的产品。

control process 控制过程 控制过程的四个步骤是：（1）建立标准；（2）衡量绩效；（3）比较绩效与标准；（4）采取必要的纠正措施。

control standard 控制标准 控制过程的第一个步骤，或绩效标准或者简单地说标准，是给定的目标应该达到的绩效水平。

controlling 控制 指监督绩效，将其与目标进行比较，并且在必要时采取纠正措施。

coordinated effort 协同努力 将个人努力协同到团体或组织范围内的努力。

corporate social responsibility（CSR）企业社会责任 组织被期望采取的行动，这种行动并不仅仅是遵守法律法规和创造利润，而是满足社会和企业的共同利益。

cost-focus strategy 成本聚焦战略 波特四个竞争战略当中的一个，以狭窄市场为目标，使产品或服务的成本保持在竞争对手之下，从而使价格更具有竞争力。

cost-leadership strategy 成本领先战略 波特四个竞争战略当中的一个，以广大市场为目标，使产品或服务的成本保持在竞争对手之下，从而使价格更具有竞争力。

counterproductive work behaviors（CWB）反生产工作行为 伤害员工和整个组织的各种行为。

countertrading 对销贸易 用商品交换商品。

cross-functional team 跨职能团队 不同部门的专业人员为实现一个共同目标而组成的团队。

culture 文化 一个群体共有的一套信念、价值观、知识和行为模式。

culture shock 文化冲击 在一个不熟悉的文化中会有不舒服和迷失方向的感觉。

customer division 顾客部门 指围绕共同顾客或客户展开活动的部门。

customers 顾客 指购买公司产品或服务的人。

D

database 数据库 电脑处理的互相关联的文件。

decentralized authority 分权 指重要决策由中层或是基层管理者作出，在整个组织范围内实行授权的组织架构。

decentralized control 分散控制 一种和官僚控制相对立的组织控制方式，特征是非正式和有机的结构安排。

deciding to decide 决断 针对某个问题或机会，管理者认为必须决定怎么做，并采取有效的决策步骤。

decision 决策 在各种可选方案中作出的选择。

decision making 制订决策 识别并选择行动方案的过程。

decision-making style 决策风格 决策者识别相关信息并对信息作出反应的风格。

decision tree 决策树 关于决策以及它们可能的结果的图；它用来制订计划以达到目标。

decisional role 决策角色 管理者的三种角色类型中的一种，管理者运用信息作出决策来解决问题或是抓住良机。四种决策角色就是企业家、危机处理者、资源分配者和谈判者。

decline stage 衰退阶段 产品生命周期中的第四个阶段，在这个时期产品不再受欢迎、组织退出市场。

decoding 解码 解读并努力让信息有意义。

defender 防御者 擅长生产和销售界定得狭窄

的产品和服务。

defensive avoidance 防御性回避 在这种情形中，管理者不能找到一个好的解决办法，随之而来的是拖延、推卸责任或者否认任何消极后果的风险。

defensive strategy 防御战略 也称为紧缩战略；三种大战略之一，是一种减少组织工作量的总体战略。

delegation 授权 向下级管理者或员工分配管理权力和责任的过程。

Deming management 戴明管理 由爱德华·戴明提出，使组织更负责、更民主、更节约的理念。

demographic forces 人口力量 对组织的影响来自于人口特征，比如年龄、性别和种族本源。

development 发展 指培训专业人员和管理人员在他们以后的工作中需要用到的技能。

devil's advocacy 唱黑脸 由于争论而站在不受欢迎观点的一边。

diagnosis 诊断 分析潜在的原因。

dialectic method 辩证法 让两个人或两个组在辩论中扮演相反角色的过程，以便更好地理解提案。

differentiation 差异化 组织的各个部分分散开来的趋势。

differentiation strategy 差异化战略 波特四种竞争战略之一，以广大市场为目标，提供相比于竞争对手更具独特性和更高价值的产品或服务。

discrimination 歧视 偏见；指当人们被聘用或晋升，或者被拒绝聘用或晋升的理由与工作无关。

distributor 分销商 帮助其他组织出售其商品或者服务给客户的个人或者组织。

diversification 多元化 公司经营多种业务以分散风险。

diversity 多样性 指人与人之间在年龄、性别、民族、种族、宗教信仰、性取向、能力以及社会经济背景等方面相同或不同的特性。

division of labor 劳动分工 也称为工作专业化，将一项任务的具体部分安排给不同的人去做。

divisional structure 事业部结构 组织结构的第三种类型，按照相似的产品或服务、顾客或客户或者地理区域，将不同的工作专业分到一个正式的组里。

downward communication 向下沟通 从较高层次向较低层次沟通。

dumping 倾销 公司出口到别国的产品为了压低别国产品的价格而以低于国内市场价格甚至是低于生产成本进行出口的做法。

E

e-business 电子商务 利用互联网来进行商业运营的各个方面。

e-commerce 电子贸易 通过计算机网络购买和销售产品和服务。

e-mail 电子邮件 通过计算机网络传送文本信息和文档。

e-leadership 电子化领导 指利用信息技术实现一对一、一对多以及组群和集体之间的互动。

economic forces 经济力量 一般的经济状况和趋势，如失业、通货膨胀、利率、经济增长等可能影响组织绩效的力量。

effective 效果 意味着取得成果、作正确的决策以及成功地付诸实践，以达到组织的最终目标。

efficient 效率 以较低的成本调动人员、资金、原材料等资源。

electronic brainstorming 电子头脑风暴 通过计算机网络将一群成员聚集到一起以产生想法和备选方案的方法。

embargo 贸易禁令 对特定产品的进口和/或出口的完全禁止。

emotional intelligence **情绪智力** 应付他人、与他人产生共鸣以及自我激励的能力。

employee assistance programs (EAPs) **员工协助计划** 旨在帮助员工应对压力、倦怠、药物滥用、健康问题、家庭和婚姻矛盾以及任何对工作绩效产生负面影响的问题。

employee engagement **员工敬业度** 员工在组织中因感受到一种情感联系，而让他们在工作中愿意为组织贡献自己的力量。

employment tests **雇用测试** 包括雇用选择决策过程中使用的所有程序。

enacted values **所施行价值观** 组织中实际呈现的价值观和准则。

encoding **编码** 将某一信息编译成可以理解的符号或信息的过程。

entrepreneur **企业家** 能够识别出产品或服务的新机会并创办企业来实现这一机会的人。

entrepreneurship **企业家精神** 承担风险试图创立新企业的过程。

environmental scanning **环境扫描** 即仔细监测组织的内部和外部环境，以尽早发现可能影响公司计划的机会和威胁的信号。

Equal Employment Opportunity Commission **平等就业机会委员会** 是美国一家反对就业歧视和其他相关就业法律法规的机构。

equity theory **公平理论** 员工激励领域的一种理论，强调员工在与其他人相比时，他们对自己在多大程度上受到了公平对待的认识。

ERG theory **ERG理论** 由克莱顿·奥德弗提出，认为有三种基本需要影响行为，即生存需要、相互关系需要和成长需要，分别由字母E、R、G表示。

escalation of commitment bias **承诺升级偏差** 尽管有关于项目的负面信息，然而决策制定者仍增加他们对项目的承诺。

espoused values **所信奉价值观** 指受组织欢迎的明确表述的价值观和准则。

ethical behavior **道德行为** 根据认同的道德标准被接受的行为。

ethical dilemma **道德困境** 指必须决定是否执行一系列对你或者你的组织有利、但是不道德甚至是非法的行为。

ethics **道德观** 普遍被接受的影响行为对与错的标准，这些标准在不同的国家和文化之间可能不同。

ethics officer **道德官** 对在工作场所的各种道德事务受过培训的人员，尤其是解决道德困境的事务。

ethnocentric managers **种族中心管理者** 相信自己国家的文化、语言和行为优越于其他国家的管理者。

ethnocentrism **民族优越感** 坚信自己的母国、文化、语言、能力或行为优越于别的文化。

European Union (EU) **欧盟** 由欧洲的27个贸易伙伴组成。

evidence-based management **循证管理** 管理的一种模式，将建立在最佳证据基础上的原则转化为组织实践，将合理性带入决策过程。

exchange rate **汇率** 一国货币可以和他国货币进行交易的兑换比率。

execution **执行** 如拉里·博西迪和拉姆·查兰所提出的，执行不单单是战术层面的事情，它是任何一个公司战略的核心部分；它包含使用质疑、分析以及跟进，目的是使战略与现实相匹配、人员和目标相结合，并实现预期的结果。

expatriates **移居国外者** 生活或工作在国外的人。

expectancy **期望** 相信一定程度的努力会得到特定水平的绩效的信念。

expectancy theory **期望理论** 该理论认为人受到两种因素激励：(1)他们想要得到某种东西的程度；(2)他们认为他们得到它的可能性。

expert power **专家权力** 领导者权力的五个来源之一，来源于专业的信息或专长。

exporting 出口 把在国内生产的产品卖到国外。

external audit 外部审计 外部专家对组织的财务账目和报表进行正式审查。

external communication 外部沟通 组织内部人员和外部人士之间的沟通。

external dimensions of diversity 多样性的外在维度 包括一种选择因素，指一些在人们生活中可以培养、丢弃、改进的个人特征。

external recruiting 外部招聘 吸引来自组织外部的应聘者。

external stakeholders 外部利益相关者 受组织活动影响、并且处在组织的外部环境中的人或群体。这个环境包括任务环境和一般环境。

extinction 自然消退 停止或收回对某种行为的正面奖赏，以减小其将来发生的可能性。

extranet 外联网 是企业内联网的延伸，连接公司内部员工与选定的客户、供应商和其他战略合作伙伴。

extrinsic reward 外在奖励 员工执行一项特别任务而获得的额外奖励，如金钱。

F

Fair Labor Standard Act 公平劳动标准法 1938年通过，确定了州际贸易中工人的最低生活标准，包括联邦最低工资和最长周工作时间的条款。

feedback 反馈 接收者对发送者的信息作出的反应。也指环境对输出的反应产生的会影响输入的信息；是一个系统的四个部分之一，其他三个部分是输入、输出和转化过程。

financial statement 财务报表 组织财务状况的某些方面的总结。

first-line managers 基层管理者 三个管理层次之一，他们制定短期运营决策，指导非管理人员的日常工作。

fit perspective 匹配观 组织文化的观点，认为组织文化必须与它的经营或战略环境相匹配。

fixed budget 固定预算 依据单一成本的估计分配资源。

focused-differentiation strategy 聚焦差异化战略 波特的四个竞争战略之一，以狭窄市场为目标，提供相比于竞争对手更具独特性和更高价值的产品或服务。

forced ranking performance review systems 强制排名绩效考核系统 同一业务单元的所有员工彼此排名，评级是按照钟形曲线分布的，就像学生在大学课程中的评级一样。

forecast 预测 对未来的预期。

formal appraisal 正式评估 在一年的特定时间进行的评估，以事先建立好的绩效衡量体系来实施。

formal communication channels 正式沟通渠道 跟随指挥链进行、且被认可为官方的沟通渠道。

formal group 正式群体 由一个领导者领导、建立起来为组织完成生产性工作的群体。

forming 形成期 形成团队的五个阶段中的第一个，即成员了解情况和相互熟知的过程。

four management functions 四项管理职能 包括计划、组织、领导和控制。

franchising 特许经营 许可的一种形式，公司允许一家外国公司支付费用和分成其利润来使用第一家公司的品牌名称及包装材料和服务。

free trade 自由贸易 国与国之间没有政治或经济壁垒的商品和服务流动。

full-range leadership 全范围领导 指出领导行为在领导风格的整个范围内变化，从不负责的（放任的）“领导”这个极端，到交易型领导，再到变革型领导的另一个极端。

functional managers 职能管理者 只负责一项组织活动的管理者。

functional structure 职能结构 组织结构的第

二种，从事相似专业工作的人被分在正式的组里。

fundamental attribution bias 基本归因偏见 人们把其他人的行为归因于他或她的个性特征而不是环境因素。

G

gainsharing 收益分成 将节省的钱或“收益”分发给那些削减了成本和提高了可衡量生产率的员工团队。

general environment 一般环境 也称为宏观环境，与任务环境相对，它包括六种力量：经济力量、技术力量、社会文化力量、人口力量、政治法律力量和国际力量。

general managers 总经理 对组织中的几项活动负责的管理者。

geocentric managers 地域中心管理者 认为国内与国外的人事和运作存在差异和相似之处，应尽可能利用最高效的技术。

geographic division 区域部门 指按照规定的区域进行活动的一种部门结构。

glass ceiling 玻璃天花板 是一种比喻的说法，指在组织中女性、少数民族等晋升到高管职位的不可见的障碍。

global economy 全球经济体 指的是世界各经济体的活动日益相互依存而形成一个大市场的趋势，而不是许多国家市场。

global outsourcing 全球外包 指利用本国以外的供应商提供劳动力、商品或服务。

global village 地球村 随着航空旅行和电子媒体的出现，时间和距离的概念已模糊化，使世界各国人民之间的交流变得更加容易。

globalization 全球化 世界经济变成一个更加相互依存的系统的趋势。

GLOBE project GLOBE 项目 由罗伯特·豪斯教授于1993年开始，它是一项对涉及领导力和组织程序的九个文化维度进行的大型的、持续的跨文化研究，GLOBE代表全球领导力和组织行为有效性。

goal 目标 在确定的时间内取得一定可衡量结果的特殊承诺。

goal displacement 目标转移 指初始目标变成次要目标了。

goal-setting theory 目标设置理论 认为员工会受到具体、有挑战性但可实现的目标的激励的理论。

government regulators 政府监管部门 建立组织运营的基本规则的监管机构。

grand strategy 大战略 战略管理过程的第二步，它解释如何完成组织的使命。三个大战略是：成长战略、稳定战略、防御战略。

grapevine 小道消息 非正式组织中的非官方沟通系统。

greenfield venture 新建合资企业 外国组织重新建立的子公司。

group 群体 两个或更多自由互动的个体，他们遵守共同的行为规范、有着共同的目标，并有一个共同的身份。

group cohesiveness 群体内聚力 即感觉群体成员凝聚在一起。

group support systems (GSSs) 群组支持系统 采用最先进的计算机软件和硬件，帮助人们更好地在一起工作。

groupthink 群体思维 指一个有凝聚力的团队盲目地不愿去考虑其他备选方案。当群体成员努力达成一致，并因此避开要对决策情形进行评估的过程时就产生了群体思维。

growth stage 成长阶段 产品生命周期的第二个阶段，是最盈利的阶段。在这一阶段，顾客需求增加，产品销售量增长，然后竞争者可能会进入市场。

growth strategy 成长战略 三个大战略中的一种，一种包括在销售额、市场份额、员工数量或者客户数量等方面进行扩张的大战略。

H

halo effect **晕轮效应** 指基于一个单一的特质形成对一个个体的积极印象。

hero **英雄** 那些其成就能够体现组织价值观的人。

heuristics **启发法** 一种简化决策过程的策略。

hierarchy culture **层级型文化** 关注组织内部，注重稳定性与控制性超过灵活性。

hierarchy of authority **权力层级** 或是指挥链，是一种确保正确的人在正确的时间做正确的事情的控制机制。

hierarchy of needs theory **需要层次理论** 由心理学教授亚伯拉罕·马斯洛提出，该理论提出，五个层次的需要可以激励人们:（1）生理需要;（2）安全需要;（3）社交需要;（4）尊重需要;（5）自我实现需要。

high-context culture **高语境文化** 在高语境文化中，人们与他人交流时十分依赖情境所暗示的意义。

historical perspective **历史视角** 与当代视角相对照，历史观点包括三种观点——古典观点、行为观点和量化观点。

Hofstede model of four cultural dimensions **霍夫斯泰德四文化维度模型** 该模型由霍夫斯泰德提出，把民族文化分为四个维度:（1）个人主义/集体主义;（2）权力距离;（3）不确定性规避;（4）男性气质/女性气质。

holistic wellness program **全面健康计划** 这种方法不是减压，而是通过鼓励员工承担个人责任来形成和维持一个健康促进计划从而保持生理的、心理的和社会幸福感之间和谐和有益的平衡。

horizontal communication **横向沟通** 工作单元之内或之间的沟通，它的主要目的是协调。

human capital **人力资本** 指员工知识、经验和行动的经济或生产上的潜力。

human relations movement **人际关系运动** 该运动提出人际关系越好越有助于提高生产率。

human resource inventory **人力资源储备** 它是由姓名、教育、培训、语言及其他重要信息所构成的组织人员名单。

human resource management **人力资源管理** 管理者的活动组成，包括规划、吸引、发展和保留有效的劳动力。

human skills **人际技能** 和他人合作、协调完成工作任务的能力。

hygiene factors **保健因素** 与工作不满意有关的因素——比如薪金、工作条件、人际关系以及公司政策——所有这些都影响人们的工作环境。

I

import quota **进口配额** 是限制一种产品可以进口的数量的贸易障碍。

importing **进口** 指公司购买国外的产品并在国内销售。

income statement **损益表** 总结组织的财务结果，即一段特定时期的收入和费用。

incremental budgeting **增量预算** 以上个预算期作为参照点来增加或减少某一部门的资金；只有预算的增量发生变化后才要求修订。

incremental innovation **渐进式创新** 开发新产品、新服务或新技术，以改善现有的产品、服务或技术。

incremental model **增量模型** 决策的一种非理性模型，即管理者采取小的、短期的措施去解决问题。

individual approach **个人主义方法** 解决道德困境的四个方法之一，是指道德行为由个人最大的长期利益所指导，这最终符合每个人的个人利益。

informal appraisal **非正式评估** 不定期举行，且由较少的员工绩效硬性指标构成。

informal communication channels 非正式沟通渠道 在正式组织结构外进行的同时不遵循指挥链的沟通。

informal group 非正式群体 一群寻求人际关系的人组成的群体，没有正式委任的领导，其领袖人物可能是自发产生的。

information overload 信息超载 发生在一个人收到的信息数量超过其处理能力的时候。

informational role 信息角色 管理者的三种角色之一，指管理者充当监督者、传播者和发言人，同组织内外部的人进行信息沟通。

innovation 创新 在商品或服务中引入一些新的或更好的东西。

inputs 输入 指生产组织的产品或服务所需的人力、金钱、信息、设备和原料；一个系统的四个部分之一，其他三个是输出、转化过程和反馈。

instrumentality 功用性 指对成功的表现会带来想要的结果的期望。

integration 一体化 组织的各个部分聚集到一起以实现一个共同目标的趋势。

internal audit 内部审计 组织自己的人员对组织的财务账目和报表进行审查。

internal dimensions of diversity 多样性的内在维度 指那些在我们生活的每个阶段都能发挥有力、持久效果的差别，如性别、年龄、种族、民族、性取向和身体的能力。

internal locus of control 内控点 指相信自己能够掌控自己的命运。

internal recruiting 内部招聘 从组织内部进行招聘，或者由组织发布职位空缺使人员得以雇用。

internal stakeholders 内部利益相关者 员工、所有者及董事会。

international forces 国际力量 指可能影响组织的经济、政治、法律和技术全球化系统领域的变革。

international management 国际化管理 指监督国外机构经营行为的管理。

International Monetary Fund (IMF) 国际货币基金组织 三个重要国际组织之一，是为了促进国际贸易而设立，旨在帮助各国之间的货币流通更顺畅。

Internet 互联网 由单独运行但是互相关联的计算机组成的全球网络，连接了成千上万的小型网络。

interpersonal role 人际角色 管理者三种角色之一，管理者与其工作单元内部和外部的人互动。三种人际角色包括名义领导者、实际领导者以及活动联络者。

intervention 干预 设法纠正诊断出的问题。

intranet 内联网 组织的私人互联网。

intrapreneur 内部企业家 指在一个现有组织中工作的人，他们看到产品或者服务的机遇后，调动组织的资源去将这些机遇变为现实。

intrinsic reward 内在奖励 就是满足感，比如一个人完成一项特殊的任务本身所获得的满足感。

introduction stage 引入阶段 产品生命周期的第一个阶段，在这个阶段，新产品被引入市场。

intuition 直觉 在没有有意识地思考或是合逻辑地推断的情况下作决策。

ISO 9000 series ISO 9000系列 由公司必须设置的质量控制程序组成——从购买到生产到储存到运输——这可以由独立的质量控制专家或“注册管理机构”来审计。

J

jargon 行话 指特定专业或群体的术语。

job analysis 工作分析 一项工作的基本要素的确定。

job characteristic model 工作特征模型 工作特征模型包括：(1) 五个核心工作特征；(2)

员工的三种决定性心理状态；（3）工作产出——员工的动机、绩效和满意度。

job description 工作描述 概括工作人员应该做什么、如何做以及为什么做这项工作。

job design 工作设计 将组织的工作在员工中分配，并将激励理论运用到工作中以增加满意度和绩效。

job enlargement 工作扩大化 在一项工作中增加任务数量来增加其多样性和激励。

job enrichment 工作丰富化 包括使激励因素如责任、成就感、认可、令人振奋的工作和晋升等成为工作的一部分。

job involvement 工作参与度 对工作的认同或个人参与工作的程度。

job posting 职位发布 将空缺职位的信息和资格要求放到公告板或公司内部网上。

job satisfaction 工作满意度 个人对其工作的不同方面积极或消极的感受程度。

job simplification 工作简化 减少员工完成的任务数目的过程。

job specification 工作说明 描述胜任这份工作需要具备哪些基本条件。

joint venture 合资企业 公司与国外公司组成合资企业，也被称为战略联盟，通过在国外成立一个新企业来共同分担风险和回报。

justice approach 公正主义方法 解决道德困境的四个方法之一，公正的道德行为由对公正和公平准则的尊重所指导。

K

knowledge management 知识管理 通过制度和措施的实行，增加知识和信息在整个组织中共享。

knowledge worker 知识型员工 与体力劳动者相反，知识型员工是指那些主要职责是收集或解读信息的人。

L

large-batch technology 大批量技术 高度机械化的组织所生产的常规产品；大规模生产流水线技术。

leader-member exchange model of leadership 领导者-成员交换领导模型 由乔治·格雷恩和弗雷德·丹塞罗提出的模型，强调领导者与不同的下属有不同种类的关系。

leadership 领导力 影响员工自愿追求组织目标的能力。

leading 领导 激励、引导或影响员工努力工作以达到组织目标。

lean Six Sigma 精益六西格玛 这种方法致力于在一个定义完善的项目中解决问题和提高绩效——速度与卓越。

learned helplessness 习得性无助 严重缺乏对自己控制环境的能力的信念。

learning organization 学习型组织 指在组织内部积极创造、获取和传递知识并能修正其行为以反映新知识的组织。

legitimate power 合法权力 领导者权力的五个来源之一，管理者的正式职位带来的权力。

licensing 许可经营 公司允许一家外国公司向它支付一笔费用以生产或分销该公司的产品或服务。

line managers 直线管理者 指有权作决策并有人向其汇报的管理者。

locus of control 控制点 人们相信通过自己的努力掌控自己命运的程度。

low-context culture 低语境文化 主要通过书面和口头的话来表达意思的文化。

M

macroenvironment 宏观环境 也称为一般环境，包括六种力量：经济力量、技术力量、社会文化力量、人口力量、政治法律力量和国际力量。

maintenance role 维系型角色　由促进团队成员之间建设性关系的行为组成的关系型角色。

management 管理　指通过计划、组织、领导和控制组织资源并整合人员工作，以有效率和效果地达成组织目标的过程。

management by exception 例外管理　只有当数据显示与标准有重大偏差时，管理者才需要了解具体的情形的控制原则。

management by objectives（MBO）目标管理　包括四个步骤：（1）管理者和员工共同参与员工目标的设定；（2）管理者制订行动计划；（3）管理者和员工一起阶段性回顾员工的表现；（4）管理者评估员工的表现，并根据评估结果对员工进行奖励。

management by wandering around（MBWA）走动式管理　描述管理者到他或她的组织走动并与各个层级的员工交谈的一种领导风格。

management process 管理过程　进行必要的计划、组织、领导和控制以完成任务。

management science 管理科学　有时也称为运筹学，是定量管理的分支；注重运用数学来帮助解决问题和作出决策。

market culture 市场型文化　关注组织外部环境，注重稳定性与控制性。

matrix structure 矩阵结构　组织结构的第四种类型，在矩阵型结构中，组织是一个结合职能和部门两条指挥链的网格，所以有两个指挥结构，即纵向的和横向的。

maturity stage 成熟阶段　在这个阶段，组织变得官僚化、庞大并且机械化。也是产品生命周期中的第三个阶段，产品开始不再那么受欢迎，销量和利润也开始下滑。

means-end chain 手段－目的链　目标的一个层级；在管理链（作业的、战术的、战略的）上，低层次目标的实现是实现高层次目标或目的的手段。

mechanistic organization 机械式组织　在这种组织中，权力集中，工作和要求规定得非常清楚，员工被管理得很严。

media richness 媒介丰富度　特定媒介传播信息和促进学习的能力。

medium 媒介　信息传播的途径。

Mercosur 南方共同市场　是拉丁美洲最大的贸易联盟，有四个核心成员：阿根廷、巴西、巴拉圭和乌拉圭。

message 信息　被分享的信息。

middle managers 中层管理者　三个管理层次之一，他们执行高层管理者的政策及计划，监督和协调基层管理者的活动。

midlife stage 中年阶段　组织变得官僚化，并且从成长期逐渐趋于稳定。

mission 使命　组织的目标或存在的原因。

mission statement 使命陈述　表达组织目标的陈述。

modular structure 模块结构　在模块结构中，公司装配由外部承包商提供的产品部分，或者模块。

monochronic time 单一时间模式　美国公司中时间取向的标准类型，即一次只做一件事情。

moral-rights approach 道德权利方法　解决道德困境的四个方法之一；道德行为由对人类基本权利的尊重所指导。

most favored nation 最惠国　国际贸易中，一个国家给予其他国家有利的贸易条约的情况，例如减少进口关税。

motivating factors 激励因素　与工作满意有关的因素——比如成就、认可、责任和进步——这些因素都影响到工作的内容或工作绩效的奖励。

motivation 激励　唤起和引导追求目标行为的心理过程。

multicommunicating 多重沟通　通过技术的应用同时参与几个互动。

multinational corporation 跨国公司　在多个国

家进行商业活动的公司。

multinational organization **跨国组织** 在多个国家运作的非营利组织。

N

National Labor Relations Board **全国劳资关系委员会** 在1935年成立，使员工可以投票选举工会和集体谈判来执行程序的美国委员会。

needs **需要** 引起行为的生理或心理上的不满足。

negative conflict **消极冲突** 阻碍组织绩效或威胁其利益的冲突。

negative reinforcement **负强化** 消除期望的行为所造成的不愉快结果。

network structure **网络结构** 组织结构的第六种类型，指组织有个中央核心，将外面独立的公司通过网络连接起来，把所有外面的公司看作是单一的组织。

noise **噪声** 干扰信息传输的所有扰乱。

nonrational model of decision making **非理性决策模型** 解释管理者如何作出决策；它们假设决策几乎总是不确定的和有风险的，因此管理者很难作出最优决策。

nonverbal communication **非语言沟通** 指文字或者话语之外发送的信息。

norming **规范期** 形成团队的五个阶段之一，它是第三个阶段，在这个阶段冲突得到解决、亲密关系得以建立、团队达到和谐与统一。

norms **规范** 大多数群体或团队成员共同遵守的行为指南或规则。

North American Free Trade Agreement（NAFTA）**北美自由贸易协定** 1994年成立，该贸易联盟包括美国、加拿大和墨西哥。

O

objective **目的** 见“目标”。

objective appraisal **客观评估** 也称为结果评估，是一种基于事实的绩效评估，通常是数字化的评估。

open system **开放系统** 不断和外界环境交互作用的系统。

operating plan **运营计划** 典型的时间跨度是一年，它明确了基于行动计划，组织该如何处理相关业务；同时它确定了明确的目标，例如收入、现金流和市场份额。

operational control **作业控制** 监督绩效，确保作业计划（日常目标）正确地实施，并采取必要的纠正行动。

operational goal **作业目标** 由基层管理者为自己设定，重点放在与实现战术目标相联系的短期事务的目标。

operational planning **作业计划** 决定如何在接下来的1~52周使用已有资源去完成具体工作，是由基层管理者制定的。

operations management **运营管理** 量化管理的一个分支；侧重于对组织的产品或服务的生产和交付进行管理。

opportunities **机会** 可能超越现有目标的情况。

organic organization **有机式组织** 指权力分散、规则和程序较少并鼓励员工相互协调、快速反应的组织。

organization **组织** 共同工作以实现特定目标的一群人。是一个有意识地对两个或两个以上人的活动或力量进行协调的系统。

organization chart **组织结构图** 通过方块和线条形象地反映组织的权力、岗位或工作分工之间的线性关系。

organization development **组织发展** 实施有计划的变革以使组织和员工更有成效的一组方法。

organizational behavior（OB）**组织行为学** 致力于在工作中更好地了解和管理员工。

organizational citizenship behavior **组织公民行为** 指并不直接属于员工工作描述中的行

为的部分——它们超出了员工工作角色的要求。例如，关于部门的建设性报告。

organizational commitment **组织承诺** 反映一个员工认同组织和忠于组织目标的程度。

organizational culture **组织文化** 有时也称作企业文化，它是在组织中发展起来的、指导组织成员行为的共同信念与价值观体系。

organizational life cycle **组织生命周期** 一个四阶段循环：出生阶段、青年阶段、中年阶段和成熟阶段。

organizational opportunities **组织机会** 组织可以利用以获得竞争优势的环境因素。

organizational size **组织规模** 根据全职员工的数量来衡量一个群体的规模。

organizational strengths **组织优势** 使组织在执行战略以追求其使命时给予组织特殊的能力及竞争优势的技术或能力。

organizational threats **组织威胁** 妨碍组织获得竞争优势的环境因素。

organizational weaknesses **组织劣势** 妨碍组织执行战略以追求其使命的弱点。

organizing **组织** 安排任务、人员和其他资源以完成任务。

orientation **指导** 帮助新员工顺利地适应工作和组织。

outputs **输出** 组织运作的结果，如产品、服务、利润、亏损、员工满意或不满等；是一个系统的四个部分之一，与输入、转化过程和反馈共同构成一个系统。

outsourcing **外包** 将服务和作业转包给外部的供应商。利用公司外部的供应商提供产品和服务。

owners **所有者** 对组织拥有合法财产权的人。

P

panic **恐慌** 管理者是如此慌乱不安地处理问题以至于不能现实地去应付危机的状况。

parochialism **狭隘主义** 也称为种族中心主义，指人们只从他们自身的角度来狭隘地看待问题。

participative management (PM) **参与式管理** 让员工参与到以下几个方面的过程：(1) 设定目标；(2) 制定决策；(3) 解决问题；(4) 组织中的变革。

path-goal leadership model **路径-目标领导模型** 该该模型认为有效的领导者通过明确指明实现工作目标的途径或行为来帮助下属，并为下属提供想要的报酬来增加他们的动机，从而使下属实现目标更为容易。

pay for knowledge **知识工资** 员工报酬和他们拥有与工作相关的技能数量或学位挂钩的情况。

pay for performance **绩效工资** 员工报酬是基于他们完成的结果的情况。

PDCA cycle **PDCA循环** 运用观测到的数据持续改善运营的一个计划-执行-检查-行动循环。

perception **认知** 意识；人们解释和理解所处环境的过程。

performance management **绩效管理** 通过目标设定、反馈和辅导、奖励和正强化等方式来提高工作绩效的持续循环。

performing **执行期** 形成团队的第四个阶段，在这个阶段，成员集中精力解决问题并完成所安排的任务。

personality **个性** 指决定一个人身份的稳定的身体和精神上的特征。

personalized power **个人化权力** 旨在服务自己的权力。

philanthropy **慈善事业** 有益于人类的慈善捐献活动。

piece rate **计件工资** 按照员工的产出数量支付报酬。

planning **计划** 设定目标并决定如何实现它们。也指通过制订未来行动过程以达到指定结果从而应对不确定性。

planning/control cycle 计划/控制循环 包含两个计划步骤（1和2）以及两个控制步骤（3和4），如下：（1）制订计划。（2）执行计划。（3）对结果和计划进行比较来控制方向。（4）控制计划按正确的方向执行有两种方式，分别是(a)在计划执行过程中纠正偏差，或是(b)改进未来的计划。

policy 政策 一种常用性计划，它列出对指定问题或情况的一般反应。

political-legal forces 政治法律力量 伴随政治而变化，政治改变法律，法律改变组织的机遇与威胁。

polycentric managers 多中心管理者 认为外国分公司的本土管理者最了解当地的人事和运作，企业高层不应干涉。

polychronic time 多元时间模式 这种时间观念在地中海、拉丁美洲，尤其是阿拉伯文化中盛行。多元时间模式喜欢一次做几件事情。

Porter's four competitive strategies 波特的四种竞争战略 （1）成本领先战略；（2）差异化战略；（3）成本聚焦战略；（4）聚焦差异化战略。前两种战略聚焦于广大市场，后两种战略聚焦于狭小市场。

Porter's model for industry analysis 波特产业分析模型 由迈克尔·波特提出，用来确定一个特定产业的竞争力，他提出业务层次的战略来源于企业环境中五个主要的竞争力量：（1）新进入者的威胁；（2）供应商的议价能力；（3）购买者的议价能力；（4）替代产品或服务的威胁；（5）现有企业间的竞争。

positive reinforcement 正强化 运用正面的结果对某一行为进行鼓励和肯定。

power 权力 能够影响他人并使他们响应命令的程度。

predictive modeling 预测建模 用来预测未来行为和预期变化结果的数据挖掘技术。

proactive change 主动变革 有计划的变革；涉及在面对预测到的或可能发生的问题和机遇时制订精细审慎的变革计划；与被动变革相反。

proactive personality 主动个性 指积极主动并持续影响环境的人。

problems 问题 阻碍目标实现的困难。

procedure 程序 也称为常用性运营程序；是一种常用性计划，它列出对特定问题或事件的反应。

process innovation 流程创新 指改变一个产品或一项服务构想、制造或分销的流程。

process perspectives 过程型激励理论 关注人们决定如何行动的思维过程，主要有三种观点：公平理论、期望理论和目标设置理论。

product division 产品部门 将活动按照相似的产品或服务来组织的部门。

product innovation 产品创新 指改变一个产品或一项服务的包装或性能，或开发新产品和新服务。

product life cycle 产品生命周期 描述一个产品或服务在其可销售期间所要经历的四个阶段的模型：（1）引入期；（2）成长期；（3）成熟期；（4）衰退期。

profit sharing 利润分成 向员工分配公司利润的一定百分比。

program 规划 一种一次性的、包括一系列项目或活动的计划。

programmed conflict 程序性冲突 在不激发人们个人情感的情况下引出不同的意见。

project 项目 一种一次性计划，它没有规划那么大的范围和复杂度。

project management 项目管理 通过计划、安排进度和保持构成项目的活动的进程来实现一系列的目标。

project management software 项目管理软件 用来做计划和安排人员、成本和资源以按时完成项目的软件。

project planning 项目规划 一次性计划或项目的准备。

prospector 探索者 致力于开发新产品或服务和寻找新市场，而不是满足于现状的管理者。

punishment 惩罚 运用负面结果去停止或改变不可取的行为。

Q

quality 质量 产品或服务满足顾客需要的全部能力。

quality assurance 质量保证 关注员工的表现，督促员工为“零缺陷”努力的确保质量的一种方法。

quality circles 质量圈 员工和主管自愿组成，周期性开会讨论工作和与质量相关的问题。

quality control 质量控制 通过管理生产过程的每一个环节将错误最小化的一种确保质量的方法。

quality-management viewpoint 质量管理观点 以质量控制、质量保证和全面质量管理为中心的观点。

quantitative management 量化管理 将量化技术应用到管理中，例如统计和计算机模拟。量化管理的两个分支是管理科学和运营管理。

R

radical innovation 激进式创新 开发新产品、新服务或新技术，以替代现有的产品、服务或技术。

radically innovate change 激进的创新性变革 指引入一种行业内从未有过的新做法。

RATER scale RATER量表 使顾客从五个维度——可靠性、保险性、可见性、共鸣性和响应性——来评估服务的质量，每一项从1（很差）到10（很好）。

ratio analysis 比率分析 是评价财务比率的措施。管理者可以使用这个工具来诊断一个组织是否健康，例如流动比率、债务管理比率、资产管理比率和回报率。

rational model of decision making 理性决策模型 也称为古典模型，阐述管理者应当如何作决策；它假定管理者会作出合逻辑的决策，最有利于促进组织的最大利益。

reactive change 被动变革 在问题或机遇出现时作出改变。

reactor 反应者 只有在环境压力的强迫下才会作出调整。

readiness 准备度 一名下属为完成某项特定工作而表现出来的能力和意愿水平。

realistic job preview 实际工作预览 指在聘用人员之前让他们知道职位与组织的优点和缺点。

receiver 接收者 信息要发送给的人。

recruiting 招聘 为组织中的空缺职位吸引和安排合格应聘者的过程。

reduced cycle time 缩短周期时间 指工作流程步骤的减少。

referent power 威望权力 领导者权力的五个来源之一，来源于领导者的个人魅力。

reinforcement 强化 是引起一个特定行为重复发生或受到抑制的任何因素，包括四种类型：正强化、负强化、自然消退和惩罚。

reinforcement theory 强化理论 该理论试图通过说明具有正面结果的行为倾向于易被重复，而具有负面结果的行为不易被重复来解释行为改变。

related diversification 相关多元化 指同一业主的一个组织经营的不同业务彼此之间相互联系。

relaxed avoidance 轻松回避 在这种情形中，管理者认为不会有大的不好结果产生，所以决定不采取任何行动。

relaxed change 轻松改变 在这种情形中，管理者认识到完全不采取行动会产生消极后果，但是会选择第一个已有的包含低风险的方案。

reliability 可靠性 指对同一事物进行连续的测

量，每次的测量结果都保持一致的程度，假定被测量的对象也是保持不变的。

representativeness bias **代表性偏差** 指从一个小样本或一个单一事件中概括趋势。

responsibility **责任** 指必须完成指定任务的义务。

reward power **奖励权力** 领导者权力的五个来源之一，指奖赏下属的权力。

risk propensity **风险倾向** 指为获得增加收益的可能性而愿意去冒险或是承担风险。

rites and rituals **礼仪和仪式** 有计划或没有计划的庆祝公司历史上的重要事件和成就的活动与典礼。

role **角色** 指个人应当在其特定职位上如何表现的社会期望；人们对某特定职位期望的行为集合。

rule **规则** 一种常用性计划，它指定要求的特定行动。

S

sales commission **销售佣金** 指按照销售人员的销售结果将公司收入的某个百分比支付给相应的销售人员。

Sarbanes-Oxley Act of 2002 **2002年萨班斯-奥克斯利法案** 这个法案确立了公共公司的正确财务记录要求和对违规的处罚。

satisfying model **满意模型** 是非理性决策模型的一种，指管理者寻求方案直到找到满意的一个而不是最优的一个。

scenario analysis **情景分析** 也称为情景规划或权变计划，是不同假设的产物，但也有可能是未来的状况。

scientific management **科学管理** 强调通过对工作方法的科学研究来提高每个工人的生产率的管理方法。

selection process **选择过程** 筛选应聘者以聘用到最合适的员工。

selective perception **选择性认知** 指过滤令人难过的、看起来不相关的或者与个人信仰相抵触的信息的倾向。

self-efficacy **自我效能感** 相信自己有能力胜任某项工作。

self-esteem **自尊** 自我尊重，指人们喜欢或不喜欢他们自己的程度。

self-fulfilling prophecy **自我实现预言** 也称为皮格马利翁效应,它描述了这样一种现象：人们对自己或他人的期望能导致他们采取对应的行动以使这种期望成真。

self-managed teams **自我管理团队** 其成员对自己的工作领域进行行政监督的群体。

self-monitoring **自我监督** 指人们注意自己的行为，且使之与外部情境相适应的程度。

self-serving bias **自我服务偏见** 指人们倾向于为成功而不是失败承担更多的个人责任。

semantics **语义学** 对文字的意义的研究。

sender **发送者** 想要分享信息的人。

servant leaders **服务型领导者** 关注提供更多的服务给他人——满足下属和组织的目标，而不是满足自己的目标。

sexual harassment **性骚扰** 由造成不好工作环境的令人不愉快的性关注构成。

shared leadership **共享领导** 团队同时进行的、持续的、相互影响的过程，人们在其中共同承担领导责任。

simple structure **简单结构** 组织结构的第一种类型，在这种结构中，权力集中于一个人，层级单一，规则少，劳动分工水平低。

single-product strategy **单一产品战略** 在单一产品战略中，企业在其市场只生产并销售一种产品。

single-use plan **一次性计划** 为将来不太可能重复发生的活动制定的计划。这些计划可以是规划或方案。

situational interview **情境面试** 是结构化面试的一种类型，在这种面试中，面试官会给出一个假设情境。

situational leadership theory 情境领导理论 领导者应该根据下属的准备度来调整他们的领导风格。

Six Sigma 六西格玛 减少制造和与服务相关的流程中的错误的一种严格统计分析流程。

skunkworks 臭鼬工厂 指一个项目团队的成员都是从一个正常运作的组织中抽离出来的，并且他们的任务是生产一种创新产品。

small-batch technology 小批量技术 指商品按照客户的定制要求进行小规模生产。

SMART goal SMART目标 指一个目标是具体的、可衡量的、可实现的、结果取向的和有时限性的。

social capital 社会资本 指有力的、信任的和合作性的关系在经济或生产上的潜力。

social loafing 社会懈怠 即个人在群体工作时的付出会少于他独自工作时的付出。

social responsibility 社会责任 指管理者有责任采取行动在给组织带来利益的同时也惠及社会。

socialized power 社会化权力 旨在服务他人的权力。

sociocultural forces 社会文化力量 影响力和潮流，源于一个国家、一个社会或者一种文化可能影响一个组织的人际关系和价值观。

spam 垃圾邮件 不请自来的电子邮件笑话和垃圾邮递。

span of control 控制跨度 指直接向特定管理者汇报的人数。

special-interest groups 特殊利益群体 其成员试图影响一些特殊问题的群体。

special-purpose team 特定目的团队 解决特定或一次性问题的团队。

stability strategy 稳定战略 三个大战略之一，是一种没有或几乎很少重大改变的大战略。

staff personnel 工作人员 有建议职能；他们向直线管理者提供建议、推荐和研究。

stakeholder 利益相关者 利益受组织活动影响的人。

standing plan 常用性计划 为一段时间内重复发生的活动制定的计划。常用性计划包括政策、程序和规则。

statistical process control 统计过程控制 一种周期性从产品生产中抽取随机样本来看质量是否保持在可接受的标准范围内的统计技术。

stereotype 刻板印象 指对特定群体过于简化的看法。

stereotyping 刻板印象 认为当一个群体具有某些典型特征时，属于这个群体的个人同样拥有这些特征的倾向。

stock options 股票期权 特定的员工有权利以一定折扣购买将来某个时间的公司股票。

storming 震荡期 形成一个团队的五个阶段之一，在这个阶段，团队成员的个性、角色意识以及由此而产生的冲突开始显露出来。

story 故事 建立在真实事件的基础上，不断重复讲述，有时加以润色，以突出一种特殊的价值观。

strategic allies 战略联盟 指的是两个组织的关系，它们联合双方的力量获得优势，而不单独行动。

strategic control 战略控制 指监测绩效以确保战略计划的实施并在需要的时候采取纠正行动。

strategic goal 战略目标 由高层管理者为自己设定，重点放在使组织成为一个整体的目标。

strategic human resource planning 战略人力资源规划 包括制订一个系统的、全面的战略以理解当前的员工需求和预测未来的员工需求。

strategic management 战略管理 是一个五阶段过程，组织各个部分的管理者都参与制订和实施战略及战略目标的过程，包括构建使命和愿景、构建大战略、制订战略计划、执行战略计划和保持战略控制。

strategic planning **战略计划**　按照预计可拥有的资源，确定组织未来1~5年的长期目标，由高层管理者制定。

strategic positioning **战略定位**　根据迈克尔·波特所说，战略定位是一个公司试图通过保留某些独特的东西获得可持续的竞争优势。

strategy **战略**　一个大规模的行动计划，它为组织设定方向。

strategy formulation **战略制定**　指在不同的战略之间进行选择并把它们转换成最适合组织需要的过程。

strategy implementation **战略执行**　将战略计划付诸实施。

strategy map **战略地图**　是平衡计分卡的四个视角的可视化呈现，它能够确保管理者很好地沟通他们的目标，这样企业的所有人都能够明白他们的工作如何与组织的总体目标相联系。

strength perspective **力量观**　是一种组织文化观点，认为公司文化的力量与公司的长期财务绩效有关。

stress **压力**　当人们面对或者忍受额外的要求、限制或机会时，并且不确定该如何应对时产生的紧张感。

stressor **压力源**　压力的来源。

structured interview **结构化面试**　向每一个求职者提出同样的问题，然后将所有人的答案与预先设定好的标准答案做比较。

subjective appraisal **主观评估**　是基于管理者对员工的特点和行为的看法。

subsystems **子系统**　构成整个系统的部分的集合。

sunk-cost bias **沉没成本偏差**　或沉没成本谬误，是当管理者把在一个项目上所有已经花费的钱加总起来然后得出结论成本太高而不能简单地放弃它。

supplier **供应商**　指向其他组织供应原材料、服务、设备、劳动力或能源的个人或组织。

sustainability **可持续性**　指经济的发展在满足当前需求的条件下不影响后代的需求。

SWOT analysis **SWOT分析**　也称为形势分析，它是对影响组织的优势、劣势、机会和威胁的探索。

symbol **象征**　是将意义传达给他人的目标、行为、品质或者事件。

synergy **协同作用**　同一公司和管理下相关业务的经济价值的总和比独立运营的价值大。

system **系统**　指相互关联的部分协作运作，以实现一个共同目标。

systems viewpoint **系统观点**　将组织视为相互关联的部分组成的一个系统。

T

360-degree assessment **360度评估**　是一种绩效评估，在这一评估方法中，员工的上级、同事、下属以及客户都会对其作出评估，以提供不同的视角。

tactical control **战术控制**　指监督绩效，确保战术计划（分公司或部门层次）正确地实施，并采取必要的纠正行动。

tactical goal **战术目标**　由中层管理者为自己设定，重点放在完成战略目标所需要采取的行动的目标。

tactical planning **战术计划**　利用他们已有的资源确定他们的部门或类似的工作单元在接下来的6~24个月能做些什么，由中层管理者制定。

tariff **关税**　指关税或税收形式的贸易障碍，主要是对进口进行征收。

task environment **任务环境**　由11个与处理日常事务有关的群体组成：顾客、竞争对手、供应商、分销商、战略联盟、员工组织，当地社团、金融机构、政府监管部门、特殊利益群体和大众传媒。

task role 任务角色 由集中于完成团队任务的行为组成。

team 团队 具有互补技能的人们组成的小群体，致力于一个共同目的和绩效目标，为他们共同负责的目标而努力。

team-based structure 团队结构 组织结构的第五种类型，在团队型结构中，有暂时的或是永久的团队或工作组，用来在整个组织改善横向关系和解决问题。

technical skill 技术技能 包括执行一项特定工作应该具备的所有工作知识。

technological forces 技术力量 指将资源转换成产品或服务的新方法的开发。

technology 技术 包含使原材料、数据或劳动力（输入）转化为产品或服务（输出）的所有工具和理念。它不仅适用于计算机还包括任何能使组织在改变生产最终产品的原材料以获得竞争优势的机器或流程。

telecommute 远程办公 指利用各种信息技术在家工作或者远程工作。

telepresence technology 网真技术 使用高清晰视频会议系统来模拟面对面的会议。

top managers 高层管理者 三个管理层次之一，负责制订有关整个组织发展方向的长期决策，并为其设定组织目标、政策和战略。

total quality management（TQM）全面质量管理 是一个由高层管理者领导、整个组织全面支持的综合方法，致力于持续质量提升、培训和顾客满意等活动。包括四个部分：（1）把持续改善放在首位；（2）让每个员工都参与进来；（3）倾听并向顾客和员工学习；（4）使用正确的标准来查明和消除问题。

trade protectionism 贸易保护主义 利用政府管制来限制商品和服务的进口，以保护其国内的产业来对抗国外的竞争。

trading bloc 贸易集团 也称为经济共同体，是在一个地理区域内彼此同意去除贸易壁垒的国家群体。

training 培训 指训练技术型和操作型员工如何更好地做好当前的工作。

trait approaches to leadership 领导特质理论 该理论试图找出成为有效的领导者须具备的独特特征。

transactional leadership 交易型领导 注重阐明员工的角色和任务要求以及提供在业绩上可能的奖罚的领导风格。

transformation processes 转化过程 是将输入转化为输出所运用的管理和技术方面的能力；与输入、输出和反馈一起构成一个系统的四个部分。

transformational leadership 变革型领导 使员工追求组织目标高于追求自身利益的领导风格。

trend analysis 趋势分析 对过去一系列事件的未来趋势的一种假设性延伸。

turnover 离职 指员工在得到或离开他们工作时进出一个组织的运动。

two core principles of TQM 全面质量管理的两个核心原则 （1）以人为本——组织中每个参与的人都要以传递顾客价值为目标；（2）以改善为目标——每个人都应该努力持续地改善工作流程。

two-factor theory 双因素理论 由赫茨伯格提出，该理论提出工作满意与不满意由两种不同因素引起——工作满意是由激励因素引起的，工作不满意是由保健因素引起的。

Type A behavior pattern A型行为模式 用来描述长期坚定地抱有一个想法，即争取在短时间内完成更多任务。

U

underemployed 大材小用 指工作在一个不需要有自身教育层次那么高的岗位。

unity of command 统一指挥 强调一个员工

应该向不多于一个管理者汇报，以避免冲突。

unrelated diversification 不相关多元化 同一业主运营几种彼此之间没有相互关系的业务。

unstructured interview 非结构化面试 面试官通过问探讨式的问题来了解求职者是什么样的。

upward communication 向上沟通 从较低层次向较高层次的沟通。

utilitarian approach 功利主义方法 解决道德困境的四个方法之一；道德行为是尽量为最多的人带来最大的好处。

V

valence 效价 一个人对可能的结果或奖励的重要性的认定。

validity 有效性 即一项测试测量的是它旨在测试的东西，并且没有偏见。

value system 价值体系 组织内的价值观模式。

values 价值观 在各种情境下指引一个人思维和行为的抽象概念；相对比较恒定、深远，在决定个体行为的时候影响其信念和态度。

variable budget 可变预算 允许根据活动的不同水平调整资源的分配。

videoconferencing 视频会议 即使用视频和音频连接来实现不同地区的人们彼此看到、听到和交流。

virtual organization 虚拟组织 一种成员在地理上分开，一般通过电子邮件、协同计算和其他计算机连接来工作的组织。当他们面对顾客和其他人的时候，经常以一个独立的、联合起来的组织并有一个真实存在的办公地点的形象出现。

vision 愿景 是一个长期目标，它描述一个组织想成为什么。它是对组织未来的方向以及需要采取的行动的一个清晰认识。

vision statement 愿景陈述 说明组织应该成为什么和战略上想要达到什么高度。

W

whistleblower 告密者 指举报组织中不当行为的员工。

wholly-owned subsidiary 全资子公司 某个组织完全拥有和控制的外国子公司。

work teams 工作团队 成员通过协作努力完成共同任务的团队，按照它在组织中发挥的功能，可以划分为建议团队、生产团队、项目团队和行动团队四种类型。

World Bank 世界银行 三个重要组织之一，宗旨是为发展中国家提供低息贷款，以改善它们的交通、教育、卫生和电信等。

World Trade Organization（WTO）世界贸易组织 三个重要组织之一，旨在促进国际贸易，监督和执行贸易协议。

Y

youth stage 青年阶段 组织处于一个有官僚倾向和成长、壮大的阶段。

Z

zero-based budgeting（ZBB）零基预算 强调每个部门从零开始为下一个预算期规划资金需求。

译后记

《认识管理》是美国各大商学院广泛采用的一部经典教材。

在竞争白热化的北美出版市场，这本书之所以受到读者的长期亲睐，我们认为，主要有如下三方面的原因：

一是抓住学生渴望成为“卓越管理者”的内在驱动。不想当将军的士兵不是好士兵。当Facebook的创始人马克·扎克伯格喊出部分美国年轻一代“接管世界”的梦想时，对于大多数学生来说，通过系统学习《认识管理》，由学生成长为一名卓越的管理者，不失为一种理性准备和可行的路径。

二是呈现清晰的管理构架，提供丰富的管理工具库和案例。全书由六篇构成，引言之后，分别是管理环境、计划、组织、领导和控制等五篇，为读者提供一幅触手可及的管理构架。尤其可圈可点的是，全书穿插丰富的管理工具库以及通过网络不断更新的实践案例，使本书在知识系统性的基础上，极大地增强了可操作性与可读性。本书很快在众多管理教材和读物中脱颖而出。

三是帮助学生通过自我评估来检测学习的效果。本书的另外一个鲜明特色，就是每章之后都有“自我评估”的量表与工具，并附有参考答案，从而方便读者在每个阶段通过自查的方式来了解自己学习的效果。

也正因为如此，我们接受了这本教材的翻译任务。一方面是给自己“补课”。求学过程中，理论基础并没有打得很扎实，毕业执教后忙于做课题、写文章，功底不够无论如何是走不了太远的。翻译的过程不轻松，但也是一次愉悦的系统学习过程。另一方面，为国内蓬勃发展的管理学科“添砖加瓦”。国内管理学院或商学院纷纷选择了国际化发展目标，鼓励在国际上发表学术论文、参与国际认证便是很好的例证。我们认为，国内管理学院或商学院在走向国际的过程中，精心选择一些在国外一流大学通用的、学术水平和思想深度公认比较优秀的教材，把它们翻译过来，提供给我们的教师和学生做参考，也是国际化过程的一个不可忽略的环节和举措。

参与本书翻译工作的还包括赵雪云、高凯、屈金照、李婷婷、魏霞、吴莹、郭苗苗、马银亮、王雪、李静、吴晓磊、苏雪琴等。由于每个人水平有限、文风有别，虽然校者和责任编辑几易其稿，其中的纰漏甚至错误再所难免，恳请读者进一步批评指正！

此外，本书的责任编辑徐樟先生，从译文错误到标点符号，他一丝不苟的工作态度和卓越的编辑技能帮助和督促我们减少了许多不应该出现的错误。在此深表感谢！

刘平青

2013年3月

出版后记

在基础管理教材和管理畅销书汗牛充栋的今天，为什么要不遗余力地引进出版这本管理学领域的导论性教材呢?

首先，这不是一部平庸之作。它是被200多所美国高校采用，在管理原理课程上采用最多的教材。从2003年的第1版，到现在的第4版，众多教师、学生和其他读者的持续反馈，使本书在结构、内容和技术运用上趋于尽善尽美，所以能够在竞争激烈的美国教材市场拔得头筹，受到读者的热烈推崇。正如美国肯尼索州立大学的加里·罗伯茨教授所说:“它吸引人且实用,还综合了一系列支持性材料和新技术的运用,以增进对关键概念的掌握。在采用基尼齐的书之前，我们看了十几本教材，我们非常高兴选择了它。”

要系统地学习管理学这门知识，远不是阅读几本畅销书的分散视角就能窥见全斑。而要将管理知识有效地应用于实际的工作和生活,不从其理论和实践中提炼菁华、融会贯通，则会事倍功半。从管理的本质入手来学习和应用管理思维，才能掌握管理的精髓，才是成为卓越管理者的正确方式。

其次，本书的组织架构和内容，可确保读者扎实地掌握管理知识及其在实际工作中的运用。在结构上，本书分为6篇16章，将为什么要成为管理者、管理者的职责以及管理理论背景放在第一篇，将管理环境的变化和全球化管理动态放在第二篇，使读者在心理和认识上做好充分的准备，然后才在后面四篇分别介绍管理的四大职能:计划、组织、领导和控制。在内容上，十分强调实用性，每一章都有一个管理工具箱，并关注以顾客为中心、国际化、多样性、道德规范、信息技术、企业家精神、团队和小企业等前沿议题，且运用大量真实管理者和企业的例子，务求让读者认识真实的管理世界，而不仅仅是学习书面知识。书中还有很多别具匠心的、以读者为中心的细节，这里就不一一说明。

再次，作者安杰洛·基尼齐教授的丰富经验是本书品质的有力保障。在教学上，基尼齐教授多次获得本科生和研究生杰出教学奖，并入选了美国大学名人录。在管理实践上，他是一位知名的国际顾问，与众多《财富》500强企业合作过，他开发的360度领导反馈工具，被美国和欧洲的公司广泛采用。这些教学和实践上的经验，使他能够最好地体察真实世界的管理到底是什么样子，并站在学习者的角度去传授管理知识和实践。

最后，本书可促使读者思考管理中面临的道德困境。相信大多数人会认同，符合道德规范是一名成功的、卓越的管理者必备的特征之一，而商业世界应该尤其重视社会责任和道德规范。但是在实际工作中，管理者经常碰到是否执行对其本人或其组织有利，但是不道德甚至是非法的行为。考察这些道德困境及其解决方法是本书从头至尾都在强调，并在每章最后的道德困境专栏探讨的话题。

感谢刘平青教授精湛的翻译，能够很好地忠实于原著，忠实于作者的写作目标：使管理原理的学习尽可能地简单、有效率和成效。

本书可作为经管类专业的本科生、研究生学习使用，也可作为其他专业读者的管理入门之用，还可作为企业、事业、非营利组织的管理人员在职学习和提高用书。

服务热线：133-6631-2326 139-1140-1220

读者信箱：reader@hinabook.com

后浪出版咨询（北京）有限责任公司

2013年3月

图书在版编目（CIP）数据

认识管理 /（美）基尼齐著；刘平青译. — 北京：世界图书出版公司北京公司，2012.6

书名原文：Management：a practical introduction, 4e

ISBN 978-7-5100-4858-6

Ⅰ. ①管… Ⅱ. ①基… ②刘… Ⅲ. ①管理学 Ⅳ. ①C93

中国版本图书馆CIP数据核字（2012）第143594号

Angelo Kinicki, Brian K. Williams

Management：a practical introduction, 4e

ISBN 0-07-338148-9

认识管理（第4版）

著　　者：（美）安杰洛·基尼齐（Angelo Kinicki） 布赖恩·威廉姆斯（Brian K. Williams） **译　　者：**刘平青 等

丛 书 名：大学堂　**筹划出版：**银杏树下　**出版统筹：**吴兴元

责任编辑：徐　樟　**营销推广：**ONEBOOK　**装帧制造：**墨白空间

出　　版：世界图书出版公司北京公司

出 版 人：张跃明

发　　行：世界图书出版公司北京公司（北京朝内大街137号　邮编100010）

销　　售：各地新华书店

印　　刷：北京嘉实印刷有限公司（北京昌平区百善镇东沙屯466号　邮编102206）

（如存在文字不清、漏印、缺页、倒页、脱页等印装质量问题，请与承印厂联系调换。联系电话：010-010-61732313）

开　　本：787×1092毫米 1/16

印　　张：34.5　插页4

字　　数：776千

版　　次：2013年6月第1版

印　　次：2014年6月第2次印刷

读者服务：reader@hinabook.com　188-1142-1266

投稿服务：onebook@hinabook.com　133-6631-2326

购书服务：buy@hinabook.com　133-6657-3072

网上订购：www.hinabook.com（后浪官网）

ISBN 978-7-5100-4858-6　**定　　价：**78.00元

后浪出版咨询（北京）有限公司常年法律顾问：北京大成律师事务所　周天晖　copyright@hinabook.com